ALBERT SLOSMAN

MOISÉS EL EGIPCIO

ALBERT SLOSMAN
(1925-1981)

Fascinado por el antiguo Egipto y la Atlántida. Profesor de matemáticas y experto en análisis informático participó en los programas de la NASA para el lanzamiento de Pioneer en Júpiter y Saturno. Su intención era encontrar la fuente del monoteísmo y escribir su historia. Su búsqueda de los orígenes de todo y de todos le llevó, de forma curiosa e inesperada, a centrar su atención en la antigua civilización egipcia, cuya formación y desarrollo fue abordado con una mente abierta e independiente a lo largo de su corta vida. Albert fue un luchador de la resistencia durante la Segunda Guerra Mundial, torturado por la Gestapo, y más tarde víctima de un accidente que lo dejó en coma durante tres años. Slosman era una persona de apariencia y salud extremadamente frágil, pero animada por una intensa fuerza interior que lo mantenía vivo, motivada por el deseo de completar una obra de 10 volúmenes que pretendía ser un enorme tejido de la permanencia del monoteísmo a través del tiempo, y que su prematura muerte no le permitió concluir. Un accidente banal, una fractura del cuello del fémur, tras una caída en los locales de la *Maison de la Radio* de París, le quitó la vida, tal vez porque su cuerpo, (su carcasa humana como le gustaba decir) ya bien sacudido, no pudo soportar una agresión adicional, por insignificante que fuera.

MOISÉS EL EGIPCIO

© Omnia Veritas Limited, 2023

Moïse l'Égyptien, Robert Laffont, 1981
Traducido del francés por Antonio Suárez

Publicado por **OMNIA VERITAS LTD**

www.omnia-veritas.com

Reservados todos los derechos. No se permite la reproducción total o parcial de esta obra, ni su incorporación a un sistema informático, ni su transmisión en cualquier forma o por cualquier medio (electrónico, mecánico, fotocopia, grabación u otros) sin autorización previa y por escrito de los titulares del copyright. Ninguna parte de esta publicación puede ser reproducida por ningún medio sin permiso previo del editor. La infracción de dichos derechos puede constituir un delito contra la propiedad intelectual.

A Elisabeth,
por su ayuda en la redacción
de esta "Vida" fuera de lo común,
que le hizo perder a la suya
la noción del tiempo.

PRIMERA PARTE 11

   EL EGIPCIO 11
      A MODO DE PROLEGÓMENO *11*
      INTRODUCCIÓN 12
      LA ESCUELA DE ALEJANDRÍA 21
      EGIPTO EN EL TIEMPO DE MOISÉS 35
      TERMUTIS LA OLVIDADA 43
      TERMUTIS, MADRE 54
      LA SABIDURÍA EGIPCIA 63
      EL JEFE DEL EJÉRCITO DEL NORTE 74
      EN EL PAÍS DE SABA 86
      LA REINA AMALICA Y SU HIJA 96
      ADVENIMIENTO DE AMON-HOTEP 105
      MET Y LA OPRESIÓN DEL PUEBLO 115
      LA TRAMPA 125
      HUIDA A LA TIERRA DE MADIÁN 136
      ESCUCHANDO EL DESIERTO 145

SEGUNDA PARTE. **156**

   EL EXTRANJERO 156
      INTRODUCCIÓN *156*
      SÉFORA LA KENITA 159
      LA FIESTA DEL CORDERO 169
      JETRO 179
      LARGA VIDA A THOTH-MET-AHA 189
      LA ZARZA ARDIENTE 199
      MOISÉS Y AARÓN 210
      CON LOS OPRIMIDOS DEL BARRO 220
      EN LA CORTE DE TUTMOSIS II 231
      LAS PLAGAS CELESTES 242
      ¡OS EXPULSO DE EGIPTO! 252
      EL PASO DEL MAR ROJO 265
      NOTAS *274*
      BATALLA POR EL SINAÍ 278
      EL RESTABLECIMIENTO DE LA LEY 287
      GLORIA A OSIRIS: EL TORO CELESTE 296

TERCERA PARTE **308**

   EL EXPATRIADO 308
      INTRODUCCIÓN *308*

LA RUTA DEL SUFRIMIENTO	312
LA PRIMERA BATALLA DE KADESCH	323
BALAAM SERVIDOR DE DIOS	332
VISIONES Y PESADILLAS	342
EL FINAL DE AARÓN	352
LA BATALLA POR YASER	362
EL REPARTO DE JORDANIA	371
NOCHE DIVINA EN EL MONTE NEBO	381
A MODO DE CONCLUSIÓN	*389*
OTROS TÍTULOS	**393**

PRIMERA PARTE
EL EGIPCIO

A MODO DE PROLEGÓMENO

"He concebido el proyecto de escribir la vida de Moisés, que se considera tanto legislador de los judíos, como intérprete de las Santas Leyes; y queda como un hombre excelente, perfecto en todos los aspectos". (FILÓN DE ALEJANDRÍA. La vida de Moisés).

"Moisés, educado entre los sacerdotes egipcios, conocía toda su ciencia. Si los hebreos se llevaron sus vestimentas, vasos de oro, plata, y sus herramientas para erigir sus tiendas, Moisés también llevó instrumentos de escritura, así como las leyes escritas en rollos de papiro conservados en los santuarios de Egipto". (JUAN SALVADOR. Las instituciones de Moisés).

"Moisés para satisfacer la necesidad del hombre de adorar los ídolos hasta donde lo permitía la verdad del dogma, dio a los israelitas signos sensibles de la religión que no representaban a Dios: el Arca y el Tabernáculo, sin embargo, tanto uno como otro les recordaba la religión del Egipto que habían dejado atrás". (F. VIGOUROUX, sacerdote del Santo Suplicio. Origen mosaico del Pentateuco, 1867).

"Qué lejos estamos del antiguo Dios justo y bondadoso. El nuevo dios que actúa es un dios tribal al nivel más alto. La caída es notoria: Yavé no es más que la confiscación de Eloim en beneficio de los hijos de Israel. Gran decadencia desde el punto de vista de la inteligencia". (ERNEST RENAN. Historia del pueblo de Israel).

"El monoteísmo transmitido por Moisés a Israel será la base común esencial para todos los pueblos civilizados". (ALBERT SLOSMAN).

INTRODUCCIÓN

"No tendrás al egipcio en abominación, porque tú has sido un residente en su país. Los hijos que le nacerán en tercera generación tendrán acceso a la asamblea de Yavé". (Antiguo Testamento. Deuteronomio, XXIII, 8 y 9).

Es muy difícil para un solo hombre en lucha constante contra imponderables como los que han marcado mi vida, emprender la realización de lo que le parece más útil: escribir la verdadera historia del monoteísmo, desde el origen de los tiempos hasta nuestros días. Las peores dificultades que parecían infranqueables han sido superadas y la primera trilogía ya se ha publicado, editada bajo la cubierta de una colección popular con títulos comerciales atractivos[1], siendo prácticamente ignorada por los especialistas en este tema que, probablemente, no la hayan ojeado, excepto dos egiptólogos y varios sacerdotes.

Por supuesto, la crítica es cómoda cuando no se conocen los motivos que me han hecho elegir esta forma de expresión antes que una "Memoria" distinguida presentada en forma de tesis. Quizá lo explique más adelante, pero fue principalmente en contra de los que actualmente erigen doctrinas bajo forma de dogmas irreductibles, a pesar de que sólo están modeladas con polvo y sobre arenas movedizas.

Con el fin de evitar una polémica estéril, donde ninguna de las dos partes hablaría el mismo idioma, sino que sólo buscarían oscurecer todos los datos en una inverosímil e incomprensible charlatanería que cansaría al público, he elegido informar por partes lo más claramente posible, a todos los interesados en este angustioso problema, que, por suerte al ser numerosos, me han facilitado la tarea.

Los diferentes libros de esta primera trilogía han llevado al lector desde el origen de Aha-Men-Ptah, el "Corazón Primogénito de Dios", que fue la Atlántida de Platón, hasta Ath[2]-Ka-Ptah, el Ae-Guy-Ptos de los griegos, nuestro Egipto: El "Segundo corazón de Dios".

---

[1] Son los títulos siguientes: El Gran Cataclismo, 1976. Los Supervivientes de la Atlántida, 1978. Y Dios resucitó en Dendera, 1980.
[2] N. del T. El autor emplea el término "ath" en lugar de "hwt" que es más usado para componer el nombre de Egipto.

La comprensión teogónica, teocrática y la teodicea de lo que es nuestra cristiandad contemporánea ha sido alimentada en la fuente del más antiguo monoteísmo, mucho antes de llegar al país de los faraones, ser transmitida a Palestina, y después a lo largo del mundo occidental. La segunda trilogía que se inicia en esta obra, explicará en tres partes la continuación de este testimonio de la historia. Contará la vida de los "primogénitos" que actuaron, manteniendo como elemento primordial el testimonio importante de su tiempo permitiéndoles la transmisión al futuro del monoteísmo original, mientras que estaba amenazado de desaparecer bajo la locura, la impiedad y la ceguera de los que deberían haberse enorgullecido de ello: Los hombres.

Lo más curioso, que de ninguna forma puede ser calificado de azar o de coincidencia, es que Akenaton, Moisés y Jesús (que salvó la vida gracias a la huida a Egipto de José y María) tienen una relación directa con dicho país. Es muy probable que los exégetas especialistas, y numerosos sacerdotes, piensen haciendo una mueca que no se puede escribir nada nuevo y, menos aún, válido. Pero este trabajo lo mantendré hasta su inevitable conclusión, en vista del cada vez más perturbado monoteísmo. Mantendré esta narración hasta su final porque, a pesar de las apariencias, es prueba de mi propia fe hacia la inteligencia de mi prójimo, que deberá abrirse a una reflexión intensa antes de que sea demasiado tarde.

La fe cristiana se ha visto despojada de toda su esencia desde el final de la II Guerra Mundial en 1946, desgraciadamente, ya no tiene nada en común con las enseñanzas de Jesús; por no hablar de la aberración del Concilio de Nicea, sólo tres siglos después del salvador de nuestras almas, ni del cisma reformador que hizo tanto daño sin aportar solución válida. Es universalmente notorio que los intelectuales de nuestros países siempre han protestado, y a menudo negado, por no decir renegado de los textos de las Escrituras, que son las bases fundamentales del monoteísmo revelado.

No hay duda que nuestros dogmas reposan sobre misterios insondables que nadie puede verificar con la sola luz del saber adquirido. Humildemente se debe aceptar la fe de la revelación divina, históricamente demostrada por el conocimiento transmitido desde Aha-Men-Ptah.

Hemos detallado ampliamente las fuentes originales sobre los muros de Dendera, surgidas en línea recta de esta Atlántida platónica gracias a la resurrección de Usir (Osiris en fonética griega). La segunda madre patria edificada en Ath-Ka-Ptah, gracias a los nacidos de los supervivientes, que reestablecieron el uso de la jeroglífica –la lengua sagrada- permitiendo la estricta conservación de la ley de la creación y los mandamientos que de ella se derivan. De estos episodios, donde no se ven más que dos categorías de sacerdotes, los que no saben obedecer y los que no pueden mandar, nuestra creencia en un Dios justo y bueno es barrida en beneficio de una imagen politizada en la que el sacerdote obrero ya no es servidor del Eterno, sino el doméstico de seres que son su igual, es decir, de seres para los que la misa no es más que una pérdida de tiempo de la que nada puede sacarse.

Nuestra época deja un gusto particularmente amargo a los que se dan cuenta de la completa concordancia de las reminiscencias de este pasado lejano, abundan los escritos antiguos que hacen de bisagra entre la XI y XII dinastías, es decir, hace más de 4.000 años. El papiro de un escriba de ese tiempo ha llegado hasta nosotros revelando al menos una concordancia de actos similares a los nuestros, ya que escribe:

"*El palacio ha sido desmoronado en un instante y el rey lapidado por la muchedumbre, los ladrones están por doquier, las puertas y muros de las villas de los acomodados han sido presa de las llamas, se hacen añicos los preciosos cofres de ébano. En la miseria, las damas de los nobles ya no comen y visten harapos. Los hombres comen hierba y beben agua, la suciedad está en todas partes y ya nadie lleva lino blanco. En las cortes de justicia se tiran los tomos de las leyes por las ventanas que los vándalos pisotean antes de amontonarlos en la plaza pública para quemarlos. Los centros administrativos son desvalijados y los funcionarios asesinados, sólo quedan ruinas y cenizas*".

Este extracto demuestra bien que hubiera podido ser escrito actualmente sin cambiar ni una coma. El Reino Antiguo de Egipto tardó varios siglos en reponerse, ya que la carencia administrativa sólo surgió después del abandono de la motivación espiritual de los sacerdotes que reconocían no saber orar ni dialogar con su creador.

Sin embargo, a través de los textos litúrgicos de las teologías menfita, heliopolitana y tentirita, hoy tenemos un conocimiento perfecto, es incontestable que el monoteísmo de los tiempos antiguos era el original no depurado del que actualmente es válido, y que fue modificado a lo largo de los siglos y las circunstancias políticas.

Los Textos de las Pirámides que el egiptólogo Leclant puso al día nos transmite una transcripción exacta pero interpretada personalmente y no traducida, igualmente los Textos de los Sarcófagos, de los Dos Caminos, de los Dos Hermanos, de los Cuatro Tiempos, del Capítulo XVII del mal llamado Libro de los Muertos, son testimonios indestructibles de esta fe monoteísta que volvió a surgir a través del paso del tiempo y del olvido, a pesar de no ser comprendida por la infidelidad de las traducciones oficiales todavía en vigor, y por el desconocimiento completo de la jeroglífica no fonética.

Por ello, incluso si el lector no desea seguir este relato más allá del primer rey de la I dinastía, Mena o Menes en su fonética griega, es necesario volver a una fecha anterior a nuestra era en 4246 años, momento en el que murió este Per-Aha o Faraón. Ese año, el monoteísmo de Ptah, el dios Uno, era una evidencia, ya que los egiptólogos adjudican a este monarca la construcción del primer templo en Men-Nefer, la Menfis de los griegos, cuyo nombre fue el que se convirtió en Egipto: Ath-Ka-Ptah, es decir, Segundo corazón de Dios.

De hecho, la teogonía espiritual del Dios Uno no sólo estaba elaborada, sino que estaba anclada desde mucho tiempo antes en las almas de las criaturas de Ptah. No sólo existía desde la más lejana antigüedad, sino que se perpetuó más allá de todas las fluctuaciones y las peores atrocidades, ya que permaneció bajos los tolomeos y Cleopatra (todavía podemos admirarla esculpida en Dendera en la forma de la Dama del Cielo con el símbolo divino de Isis en su tocado, pero con el cartucho real junto a su rostro).

Incluso Cambises intentó borrar este monoteísmo de Egipto degollando a todos los sacerdotes, en 525 a.C., pero no lo consiguió ya que el culto a Ptah y a la tríada divina resurgió más tarde con los griegos que se hicieron proclamar faraones siguiendo los ritos más antiguos de este Dios Uno.

Finalmente, fue aniquilado por el edicto de Teodosio en el 389 de nuestra era. Ordenó que no quedase piedra sobre piedra de los monumentos religiosos de Egipto, lo que obedecieron los santos obispos a lo largo de todo el Nilo usando las piedras para construir sus monasterios e iglesias. Debemos añadir para concluir la historia de este triste período que, dos siglos más tarde, el islam triunfante hizo lo mismo con las ruinas faraónicas y los edificios cristianos erigiendo sus mezquitas.

Únicamente los coptos conservaron preciosamente intacta su fe original, a pesar de los múltiples martirios, rechazaron una fe cristiana diferente a la preconizada por el mismo Cristo y una islamización inadmisible para ellos. Para diferenciarse mantuvieron claramente en el momento de su escisión una parte del nombre primordial de Egipto, Ath-Ka-Ptah, preservando lo esencial del corazón de Dios: KA-PTAH, pronunciado COPTOS por los griegos y en nuestro idioma. En ese mismo momento Egipto se pronunció "Misr", que sigue siendo actualmente su nombre oficial árabe.

Es un hecho que ningún país en ningún lugar del mundo ha conocido tal longevidad y estabilidad en su veneración hacia un solo Creador. Siglo tras siglo, milenio tras milenio, dinastía tras dinastía, ya sea menfita, tebana, saita, etiópica, hicsa o tolemaica, el culto de Ptah simbolizó la creación de todas las cosas y todos los seres vivos.

Esta indestructible creencia, así como la historia de este antiguo pueblo lo demuestra ampliamente en sus hechos, ello debería permitir la reflexión de nuestros espíritus tan occidentales, ya que efectivamente aquí tenemos la prueba formal de que son las civilizaciones las que mueren víctimas de la impiedad y ceguera de los que las han creado, y ello desde el momento en que se apartaron, privándose de su dios. Debemos impregnarnos de esta verdad fundamental, ya que sea lo que fuere lo que el hombre aborde en la tierra, jamás modificará el ritmo eterno de la creación. Sólo podrá cambiarse a sí mismo a través de una serie de mutaciones tan desagradables unas como otras y solamente debidas a la única voluntad de destruirse a sí mismo. La humanidad ha olvidado su origen y es como cualquier mueble incapaz de reconocer el bosque de donde procede. Lo más sorprendente de todo esto fue el enorme interés provocado por las investigaciones desarrolladas después de la temprana muerte del joven Champollion. A pesar de las numerosas advertencias de los más eminentes miembros de las sabias sociedades internacionales, los egiptólogos de renombre, decenio tras decenio y aun actualmente, han mantenido el antiguo monoteísmo egipcio como un politeísmo idólatra, zoólatra y bárbaro a pesar de las evidencias.

Sin remontar más allá tomaré como prueba este grabado de Cleopatra en Dendera, del cual los egiptólogos dicen que no se trata más que de una representación descarada de la reina disfrazada de la diosa Hathor, diosa del amor y de las orgías, la Venus de los griegos. Cleopatra lleva en su tocado el jeroglífico que, indudablemente, es el de Isis en su más divino simbolismo que ningún sacerdote se hubiera atrevido a grabar bajo pena de profanar a su Dama del Cielo, al menos que hubiese un imperioso motivo.

En cuanto al término de Hathor, está constituido por dos jeroglíficos: Corazón y Horus, que sencillamente significan que Isis llevó en ella el corazón de su hijo Horus, ya que es su madre. Hathor es el patronímico de Isis como buena madre, al igual que la Buena Madre de Marsella es el nombre genérico de la basílica consagrada a la Virgen María ¿No se llegará a decir dentro de uno o dos siglos que ahí hay dualidad? ¿Y, dentro de cinco milenios, no se llegará a decir que se trata de un politeísmo aberrante?

Es hora de abrir los ojos sobre el sentido del monoteísmo original, cuyo significado profundo, el que preludió claramente al nuestro, ha sido totalmente olvidado; de tal forma que, a su vez, nosotros mismos en unos milenios seremos tratados de politeístas bárbaros. Tal será la lectura de nuestros monumentos si por un motivo o por otro sólo quedase de nuestra civilización cristiana algunas piedras grabadas. ¿A qué y a quién le pareceríamos a las generaciones futuras?

Enfrentémonos actualmente a lo que simbolizaríamos si hoy se detuviese la Tierra. Tenemos una multitud de santos y santas, para los cuales ya no bastan los trescientos sesenta y cinco días del año, tenemos un Cristo descristianizado cuyos más inverosímiles nombres atestiguan diferentes glorias efímeras. Sobre todo, tenemos una Virgen María, Madre de Dios, cuyos diez mil nombres son únicamente válidos ahí donde es honrada y venerada: Nuestra Señora de las Nieves, la Virgen del Mar, la Macarena, la Pilarica... sin olvidar las sencillas denominaciones como la Buena Madre. Además, tenemos múltiples edificios religiosos donde las más escalofriantes escenas están grabadas en los muros de las fachadas. Como el Último Juicio sobre el muro principal, cerca de la gran entrada de *Notre-Dame* de París donde un diablo con rabo, cuernos y pies de animal empuja a los seres a un brasero con una horca, además, sobre ese pórtico se observan los doce signos del zodíaco.

Es exactamente lo que observaron los egiptólogos llegando al templo de Dendera: Un Zodíaco y la misma escena del Juicio Final incluyendo la pesada de las almas. De ahí los informes enviados al ministro de Instrucción Pública[3] con una única conclusión: ¿Cómo gente civilizada podía haber dibujado tales escenas? Así, pues, eran bárbaros, zoólatras, politeístas, etc.

Si dentro de cinco mil años un imponderable reduce a cenizas los vestigios de nuestras regiones quedando únicamente algunos monumentos en ruinas, nuestros descendientes podrán pensar de nosotros y escribir con los medios de información a su alcance las mismas sandeces y aberraciones acerca del cristianismo. ¿Cómo gente que se pretendió civilizada y monoteísta podían tener en el siglo XX diez mil dioses y diosas representados sobre los muros de sus edificios religiosos junto a escenas bárbaras?

Todo esto nos ayuda a comprender mejor la importancia que se debe dar a los escritos de nuestros eruditos egiptólogos que, sin tener conocimiento real alguno de la jeroglífica, se han dedicado a interpretarla siguiendo un único criterio humano: El de su superioridad sobre los antiguos, ya que la civilización en curso no podía ser mejor en el pasado, teniendo en cuenta que Cristo nació mucho después.

Es muy comprensible que en 1820, momento de la floración de los precursores de la egiptología, la censura muy eficaz, perfectamente combinada de una iglesia ciega y presta a recordar el orden a todos los que intentaban poner en duda las Santas Escrituras hacia remontar la cronología egipcia antes de la fatídica fecha del nacimiento de Adán, es decir, 5000 a.C., por no hablar de los que daban una fecha un milenio anterior, esos, sencillamente merecían ser quemados o internados ya que la Tierra no existía según el concepto bien anclado por el Génesis del Antiguo Testamento.

---

[3] N. del T. Órgano administrativo francés.

Sabemos que el famoso Concilio de Nicea, dirigido por el emperador Constantino en el año 325, auto nombrándose obispo, había fijado el dogma primordial de la divinidad de Jesús. Debemos saber que el emperador Constantino aún no había sido bautizado y era herético, y comprender por qué fueron 318 obispos designados los que votaron unánimemente este canon bajo un verdadero golpe de fuerza. Efectivamente, más de dos mil obispos se habían presentado al Concilio el día anterior. Sesenta años más tarde el emperador Teodosio promulgó su edicto ejecutando el último golpe al arte egipcio y a su fe, recibiendo el título de "Grande" por parte de la Iglesia en agradecimiento. Por todo ello es difícil tener en cuenta las versiones bárbaras de los egiptólogos al inicio del siglo XIX.

Lo que al límite era admisible en esa época, actualmente ya no lo es, ya que la Iglesia misma preconiza la investigación cronológica con más exactitud que los primeros capítulos del Génesis, que en ningún momento daba fechas. Las fechas utilizadas en el siglo XIX únicamente provenían de las interpretaciones hebraicas retomadas por los padres de la Iglesia en los primeros años del cristianismo; tema que se tratará ampliamente llegado el momento.

Quizá el profundo mecanismo de la comprensión de la jeroglífica constituyó un muro infranqueable para los que deseaban comprender el monoteísmo egipcio, fuente del nuestro. O quizá fue una cierta vergüenza, cada vez más clara, frente a todas las analogías y concordancias lo que echó hacia atrás a los investigadores. Pero es evidente que esta verdad se ve reproducida en centenares de muros y miles de textos, y no enturbia para nada la historia de Jesús y del cristianismo, sino que la fortalece por sus antecedentes que, efectivamente, surgieron de Moisés, seguidor de este monoteísmo egipcio del que él mismo bebió.

Claro está que Moisés era de origen semita, pero fue criado con toda la sabiduría egipcia. Y el egipcio no ha sacado un solo elemento de su espiritualidad de otra raza, ni ha tomado prestado ningún carácter de su escritura jeroglífica, lengua sagrada, de ningún otro tipo de escritura. A pesar de todo, el monoteísmo y la jeroglífica han brillado más allá de las orillas del Nilo. Moisés, príncipe de Egipto, educado por los grandes sacerdotes de Ptah el Único, conservó uno y otra remodelándolos para armonizarlos en una nueva alianza concedida por Dios a estos rescatados de otro éxodo.

Volveremos a este estudio primordial siguiendo los criterios más esenciales. A pesar de que pueda dar vértigo el impresionante número de papiros que se pudren y se deshacen en polvo en los sótanos de los museos, el repertorio bibliográfico de todos los documentos originales aún está a disposición de los investigadores.

Existen más de mil volúmenes para enumerar únicamente las hojas de papiros y sus títulos, todos consagrados al estudio fundamental de los textos sagrados olvidados en las más famosas bibliotecas del mundo, esperando que algún curioso se digne ojearlos. Cientos de monumentos grabados han sido cuidadosamente restaurados, luego publicados, permitiendo a los turistas extasiarse de admiración muda, ya que nada ha sido escrito sobre ello que les permita una apreciación sensata.

Sin embargo, todos estos edificios religiosos son advertencias solemnes para las futuras generaciones ávidas de la verdad original, del conocimiento primordial, y merecerían un mejor destino y una verdadera lectura en profundidad para excluir la interpretación aberrante, con motivo de impregnarse de la esencia misma de los mandamientos de esta Ley de la Creación que nos condiciona a todos como criaturas del Creador, queramos o no. Esto es de forma concisa toda la diferencia entre el bien y el mal, por ello conviene dejar de ironizar sobre este serio problema lo más rápidamente posible.

Templos, estatuas, necrópolis, mobiliario funerario, amuletos y papiros son los únicos testimonios auténticos que aún esperan ser descifrados, datando de las primeras o últimas dinastías, los rigurosos caracteres de esta lengua sagrada no han evolucionado en este extraordinario espacio de tiempo de 4.000 años. Tanto si se trata de textos dedicatorios, llamados de las Pirámides, fechados en la III dinastía, como de bajorrelieves de la VI, de frescos admirables de la XVIII o de magníficos grabados de los últimos tiempos tolemaicos, todos hacen referencia a rituales religiosos o temas de alta espiritualidad. Su objetivo es único: Hacer comprender que el segundo de eternidad de la vida terrestre humana no es nada frente al infinito del más allá celeste. Por este motivo es conveniente ceñirse a la Ley del Creador, cada aceptación de los mandamientos tiene un sentido muy preciso en la información religiosa, revelando el ingenio de los escribas y sacerdotes en el uso y concepción de las concordancias ideográficas y jeroglíficas.

Incluso, los miles de estatuas llegadas a todos los museos, no son sencillamente unas obras de arte, sino que son instrumentos necesarios al entorno de un culto en el que el Per-Aha, el descendiente del Primogénito, es decir, el Hijo de Dios (Faraón en griego) representaba la autoridad Celeste. Es por ello que muy a menudo estaban cubiertas de inscripciones. Entre las causas que han llevado a profundas modificaciones en las ideas, hay una que desgraciadamente siempre ha sido esencialmente humana: El olvido del pasado. Dentro de este período extremadamente largo del culto monoteísta, en el que únicamente los sacerdotes eran educados en toda la sabiduría de los Primogénitos, el paso del tiempo primero erosionó los dogmas, transformado el culto de forma insensible y muy lentamente, provocando un inevitable cisma posteriormente.

A partir de entonces, las estatuas y los edificios religiosos de "monumentum", es decir de advertencia, se convirtieron en copias de los difuntos, y Amón, el dios Carnero, aseguró su supremacía. En Tebas se adornó esta zoolatría, a los ídolos les fueron entregadas ofrendas de comida imitando los ritos funerarios de Ptah. Lo que permitía entregar de forma ventajosa abundantes vitualias a los sacerdotes de Amón y llenar sus arcas al máximo. Esta práctica llegó a su apogeo al inicio de la XVIII dinastía cuando Iamset, o Amosis, echó de las fronteras a los invasores hicsos, esos reyes pastores de la Asiria semita.

Tres siglos de ocupación extranjera no arreglaron para nada los problemas de Egipto, ya que los adoradores del Sol, a pesar de ser más fuertes, no eran los más numerosos a orillas del Nilo. Por ello, para levantar el país se estableció un yugo dictatorial ya que necesitaba gran número de obreros para realizar los trabajos, y guerreros por decenas de miles para restablecer el Reino en su totalidad.

Amenofis I sucedió a Amosis, fue un gran combatiente, pero aumentó la presión interna. Tutmosis I lo sustituyó y llevó el renombre de Egipto hasta el extranjero, y sus campañas militares llevaron al máximo la esclavitud interna de todo el pueblo: egipcios y judíos conjuntamente. Este Per-Aha sólo mantuvo el cetro doce años. Su último hijo subió al trono con el nombre de Tutmosis II con la difícil tarea de asegurar la estabilidad del nuevo Reino reconstituido. Emprendió grandes trabajos que agravaron a la ya miserable población. Los hebreos estaban tan mezclados en la vida cotidiana que su calificativo de nómadas había caducado, convirtiéndose plenamente en autóctonos.

En el famoso fresco de Tebas, reproducido en blanco y negro en todos los manuales, vemos dibujados los esclavos judíos fabricando ladrillos bajo la vigilancia de guardias armados con látigos y bastones, que al igual que muchas otras interpretaciones, ha llevado a formar esta leyenda carente de todo fundamento. Efectivamente, es fácil leer centenares de comentarios de sabios exégetas a la vista de la reproducción de esta escena para comprender el grotesco origen de esta fabulación. Pero leamos, por ejemplo, el texto de uno de los más eminentes eruditos, el cardenal Meignan, arzobispo de Tours, extraído de su excelente obra sobre el Antiguo Testamento, *Del Edén a Moisés*:

"*Las pinturas de las tumbas egipcias y los diversos pasajes de los papiros encontrados en la necrópolis pintan escenas de trabajos forzados. Se ven obreros de raza semita moldear ladrillos y elevar murallas bajo golpes de látigo de los vigilantes*".

Sin embargo, todas las reproducciones originales de los hipogeos de la región tebana, efectuados en policromía por Cailliaud, siguiendo los colores exactos que tenía frente a él en las tumbas, y es la propia reproducción, con los tintes correctos de los hombres y sus cabellos, los que ofrecen una vista completa de la situación. Observamos perfiles claramente diferenciados entre semitas, egipcios y cautivos reconocibles por sus cabellos, prueba formal de que todos eran confundidos bajo la misma dominación. Los semitas tienen los cabellos pintados de amarillo, los fellahs en negro, y los prisioneros de guerra en blanco. Los guardias egipcios, que portan un látigo o un bastón, los tienen pintados de negro.

Restablecida esta verdad, sabemos pues que el pueblo de Moisés estaba compuesto indistintamente de judíos y egipcios, piedra angular del acontecimiento de Moisés. Su vuelo hacia una gloria eterna sólo fue posible porque su pueblo, el que llevó a través del Sinaí, surgió de todos los oprimidos que vivían en las dos orillas del Nilo. No debemos olvidar que Moisés no sólo era príncipe heredero de Egipto, sino que había sido educado en la sabiduría de este país. Su pueblo era los nacidos que creían en el monoteísmo de los Primogénitos, ya hubiesen nacido de Abraham o de Osiris, todos tenían el mismo Dios Uno.

Moisés creció durante este turbio período, después de la invasión de los hicsos, siendo vencedores los adoradores del Sol, pero siendo los seguidores de Horus aún muy numerosos. En cuanto a los semitas, por primera vez se sentían extranjeros en esta tierra que los había acogido tan fraternalmente a lo largo de milenios, sin interrupción.

Mucho antes de la llegada de Abraham y de su mujer a orillas del Nilo, Egipto era muy conocido por los habitantes de los territorios limítrofes. No sólo por su tierra negra extremadamente fértil y su limo, don divino a su fiel pueblo, permitiendo a todos comer a satisfacción, además las continuas invasiones, en uno u otro sentido, habían mezclado en gran medida las poblaciones. Numerosas pruebas atestiguan esta verdad, como en el Sinaí, donde los grabados rupestres narran la llegada de las tropas de

Snefru o de Keops hace más de cinco mil años[4] con las poblaciones sometidas para perforar las minas de cobre y oro, favoreciendo el mestizaje entre los conquistadores y las mujeres autóctonas.

A partir de ese momento la fusión entre semitas y egipcios fue constante, como lo demuestra la historia y la cronología, ya sea con incursiones continuas en Palestina, Asiria o contra los hititas, ya sea por las perpetuas hambrunas que precipitaban las tribus nómadas de Canaán hacia las orillas del Nilo. La ocupación semita de Egipto por los reyes hicsos duró tres siglos. Cuando éstos se fueron y Amosis en nombre Amón tomó el cetro, el pueblo que veneraba a Ptah y los judíos convertidos en hermanos de sangre sufrieron el yugo de los impíos después del de los malditos. Y esta nueva dinastía, que negaba a Dios para sólo adorar al Sol fue vulnerable espiritualmente hasta el rey Tutmosis II. El lector comprenderá que la situación familiar estaba lejos de ser alegre, todos los elementos para la intervención de Moisés estaban en curso, de manera que la historia de la humanidad no sufriera un nuevo cataclismo. Antes de hablar de la vida de Moisés, gran legislador, es necesario comprender en profundidad el espíritu de los padres de la Iglesia a lo largo de los primeros siglos componiendo los versículos de los primeros capítulos del Nuevo Testamento, porque no hay duda de que todos estos religiosos fueron fuertemente influenciados por los textos escritos en la época de la escuela de Alejandría bajo Filón, Clemente, Orígenes y muchos otros.

Así pues, en el siguiente capítulo, nombraré al padre dominicano F. Vigouroux, miembro de la Iglesia del Santo Suplicio en París, que escribió en 1882 una cosmogonía mosaica cuyo texto se titula "Escuela de Alejandría", y sobre el que no tengo nada que añadir. Ello permitirá una mejor comprensión de la vida de "Moisés el egipcio" a modo de prefacio de esta obra.

---

[4] N. del T. El autor refiere una fecha acorde con los partidarios de la cronología larga de Egipto.

LA ESCUELA DE ALEJANDRÍA

"Moisés, sin duda alguna, no escribió la historia de la creación del mundo para aumentar la suma de nuestros conocimientos científicos. Inspirando a los escritores sagrados, Dios no quiso revelarnos más de las verdades del orden sobrenatural porque superan el alcance de nuestro espíritu". (ABBE BAYLE. San Basilio, arzobispo de Cesárea, 1878).

Para explicar el modo en el que los más antiguos escritores eclesiásticos entendieron el relato mosaico de la creación, debemos remontar más allá de la era cristiana y examinar la explicación que dieron los judíos alejandrinos, ya que los padres de la iglesia tomaron sus ideas en sus escritos[5].

La escuela judea alejandrina y, sobre todo Filón, principal representante, que ejerció la mayor influencia sobre los intérpretes de la santa escritura al inicio del cristianismo, adoptó como sistema de exégesis el método alegórico y explicó el texto sagrado en sentido figurado.

El autor judeo-alejandrino más antiguo del que conservamos fragmentos, Aristóbulo, había compuesto en griego un comentario sobre el Pentateuco, que dedicó a Tolomeo Filopator. Vivió hacia el año 150 a.C. Consideraba la obra de los seis días del Génesis como una alegoría significando el orden y la sucesión que reina en el mundo. La creación de la luz realizada el primer día, no le pareció en el fondo, diferente al descanso del séptimo día. Admitía, pues, lo que se llama la creación simultánea, es

---

[5] Los escritos judíos de Filón y de todos los que le siguieron fueron escritos en griego por los motivos que veremos en las Notas al final de este capítulo, con la única meta de querer demostrar a los helenos que su culto filosófico, del que se vanagloriaban ser los promotores, era de origen egipcio y, por ende, judío. Esta opinión judeo alejandrina acerca de los primeros capítulos bíblicos y de la cosmogonía mosaica irritó mucho a los primeros padres de la iglesia, cuya erudición no llegó hasta haber leído los textos jeroglíficos muy anteriores a una cronología falseada bajo Esdras para dar una supremacía hebraica a la genealogía de las doce tribus de Israel omitiendo a sus hermanos, que no sus primos, a orillas del Nilo. Es por ello que unos sesenta escritos de Filón tienen gran valor, incluso si son contestatarios, ya que todos tienen como objetivo demostrar que el monoteísmo fundado por Dios contenía la mejor de las legislaciones, las creencias más conformes con la verdad, el culto más santo y la ética más pura.

decir, una creación realizada en un solo instante sin intervalo ni distinción de días ni de épocas[6].

El alegorismo que llegó a la comunidad judía de Alejandría tomó en los escritos de Filón, contemporáneo de Cristo, las más amplias proporciones. Filón era un alborotador entusiasta de las doctrinas de Platón, se impregnó tanto de las ideas de este filósofo griego que en Alejandría se decía de él: "*Vel Plato philonizat, vel Philo platonizat*"[7].

Para conciliar las ideas platónicas con la Biblia, las interpretaba en un sentido alegórico cuando el sentido literal no se prestaba a sus especulaciones. Su libro "De mundi creatione secundum Mosem" no es más que un comentario alegórico del primer capítulo del Génesis. Su "Duo libri Sacrae Legis allegoriarum" es la continuación. Según el filósofo judío, el relato de la creación del mundo, del hombre y del paraíso terrestre no es más que un símbolo y una figuración. Junto a consideraciones elevadas elocuentemente expuestas, mezcla muchas sutilezas tomadas prestadas de la Cábala y a la filosofía de su tiempo, tal como se enseñaba en Alejandría, en este babel de erudición profana[8].

El primer capítulo del Génesis no es más que una alegoría. Filón mira el número de los seis días de la creación como simbólico, sin valor real[9]. El número seis es el de

---

[6] La conclusión del padre Vigouroux de la obra de Aristóbulo es evidentemente extrapolada de impresiones personales que no puede confirmar en sus escritos. En su obra "Contra Celso", Orígenes toma el trabajo de Aristóbulo y de Filón siguiendo el método alegórico que permite la comprensión del Hexamerón, el trabajo en seis días. (Leer en Migne, Patr. Gr., tomo XI, col. 1112, y la nota n.° 91, que reproduce los pasajes de los antiguos sobre Aristóbulo, el primero en escribir que los griegos habían tomado prestados los textos sagrados a los israelitas).
Para demostrar que los helenos conocían los escritos de Moisés, afirmó que mucho antes de la versión de la Septuaginta, existía en Egipto una traducción de cinco libros de la Ley. Lo que parecía imposible a los padres de la iglesia, ya no lo era desde Champollion y los descubrimientos de los textos bilingües y trilingües a orilla del Nilo, en los templos y estelas. Un trabajo interesante acerca de este tema fue realizado por Eusebio de Cesárea, retomado en la traducción francesa de Seguir de Saint-Brisson en el tomo II, pág. 10.

[7] "O Platón filoniza, o Filón platoniza". Es un error evidente cuando el padre Vigouroux habla de una inspiración platónica de los textos de Filón, efectivamente Platón se había inspirado en Pitágoras. Y tal como he escrito en el libro "La vida extraordinaria de Pitágoras" este gran sabio griego fue iniciado en los templos y bibliotecas egipcios que tenían los mismos textos que en la biblioteca de Alejandría donde estudió Filón. Además, el estilo epistolar, incluso de Filón, no tiene nada de griego excepto el alfabeto. Todos sus escritos presentan una forma oratoria para ser leídos en tres partes distintas. Así, la vida de Moisés es narrada y explicada en tres disertaciones. La que se refiere a la alegoría de las leyes, la más importante del conjunto descrito por Filón, igualmente se compone de tres discursos.

[8] Profano y pagano son dos términos clásicos bajo la pluma de un religioso para referirse al hombre de forma diferente a lo que las santas escrituras han decidido que es la verdad. El padre Vigouroux intenta justificar aquí la cosmogonía bíblica con todos los artificios a su alcance, blandiendo el arma de la brujería de la Cábala, cuando ésta no existía en tiempos de Filón, incluso si en Palestina algunos eruditos se ocupaban de las ciencias hoy llamada esotéricas, para nada era el caso en Alejandría donde los textos almacenados en el Serapeum remontaban al antiguo Egipto de la noche de los tiempos. Una obra muy interesante de Villemain, "Del politeísmo, cuadro de la elocuencia cristiana en el siglo IV", pág. 53, editada en 1851, permite hacerse una opinión correcta sobre este tema.

[9] Filón nunca dijo que el número seis era inexacto, sólo le parecía erróneo la palabra día, sobre todo porque imaginó que en tiempos de Moisés ninguna boca tenía palabra apropiada para

la perfección porque contiene seis unidades, dos trinidades y tres dualidades, el principio masculino y femenino combinados. Al decir que el mundo fue creado en seis días, Moisés sólo quiso expresar mediante una metáfora el orden perfecto que reina en el Universo. "*Sería de una extrema sencillez pensar que el mundo fue creado en seis días reales*" dijo Filón al inicio de sus *Alegorías de la Ley*[10]. Esta idea de Filón debe ser cuidadosamente subrayada ya que estableció la regla para todos los intérpretes que comentaron en Alejandría, después de él, la cosmogonía bíblica.

Los primeros escritores cristianos admiraron la explicación alegórica que les transmitía la sinagoga, de la que Filón era el principal intérprete[11]. La Iglesia reconoce la existencia del sentido espiritual en las Sagradas Escrituras, pero no aprueba los excesos de los que han sacrificado el sentido literal como el del tema que estamos estudiando.

Los padres de la era apostólica, siempre en la brecha por la defensa de la fe, sólo pudieron escribir algunas páginas rápidas en las que no se ocuparon de la cosmogonía mosaica. Pero ésta, a partir del siglo II, fue objeto de varios estudios especiales. San Jerónimo en su *Catálogo de autores eclesiásticos*, y Eusebio en su *Historia*, han conservado los nombres de Papias de Rhodon, discípulo de Taciano, de Cándido de Apion, de Máximo, que escribieron acerca de la creación de los seis días.

---

explicar popularmente la diferente longitud de los ciclos de la creación. Estos se produjeron en seis períodos de tiempo sucesivos y de desigual longitud. Para comprenderlo mejor se debe leer el capítulo completo que he dedicado en "El gran cataclismo". En este libro se retoma bajo otra forma el momento del noviciado de Moisés en la Casa de la Vida en el templo de Ath-Ka-Ptah en Men-nefer, la Menfis griega.
Veamos la frase escrita por Filón en el tomo I, pág. 40, de su *Sacrae Legis* que levantó la ira del padre Vigouroux negándole cualquier valor real: "*Cuando oyes a Moisés decir que Dios acabó su obra en el sexto día no debes pensar que trata de un intervalo de días, sino del número perfecto que es el seis*".
[10] Al no poder denigrar los textos que comprende mal, Vigouroux, siempre levanta una sospecha de brujería hacia Filón. Sin embargo, este autor judeo alejandrino estaba lleno de sabiduría egipcia, al igual que Moisés cuya piedra angular del fundamento del monoteísmo era la Ley de la Creación divina en seis días siguiendo los números de las Combinaciones Matemáticas Divinas que no tienen nada de cabalísticas. En sus *Alegorías de la Ley*, escritas en tres discursos, Filón observa las reglas fundamentales: Su escritura es griego clásico y no macedonio, lengua popular más o menos corrupta que hablaban únicamente los griegos que vivían en Alejandría y que era el único idioma comprendido por los judíos de esta ciudad, correligionarios de Filón. La multiplicidad y la extensión de los detalles ofrecidos sobre la legislación mosaica, de la vida de los patriarcas, de la celebración del culto, y la minuciosidad con la que todas las descripciones son realizadas, muestran claramente la intención que tenía Filón por acerar los griegos al monoteísmo transmitido por Moisés.
[11] El error del padre Vigouroux es aún más evidente cuando dice que la Sinagoga habla por boca de Filón. Sin embargo, este erudito judío llegó al monoteísmo tanto por Moisés como por los escritos de la biblioteca que leía en jeroglíficos, ambos llenos de concordancias perturbadoras. Sabía que Moisés había compuesto sus escritos de forma deliberadamente alegórica intercalando todas las cosas que debían ser o convertirse en familiares a todos los israelitas, introduciendo lo que podía del conocimiento egipcio en el sentido espiritual más elevado, pero al uso de los espíritus que sentirían la necesidad de comprender. Este sistema de lectura transmitido por Moisés, revisado y explicado por Filón, fue admitido por el anciano padre de la iglesia cuyos comentarios y explicaciones sobre el primer capítulo del Génesis: Teófilo de Antioquía: *Los apologistas cristianos del siglo II*, por Mgr. Freppel, pág. 270, ed. de 1860.

Desgraciadamente sus tratados se han perdido, al igual que el de San Justino, mártir, compuestos sobre el tema según Anastasio el Sinaíta[12].

Los primeros monumentos cristianos que hablan de la cosmogonía bíblica, fueron escritos en los mismos lugares donde floreció Filón, en Alejandría[13]. Cuando la ciencia de la nueva religión nació en la célebre escuela que lleva el nombre de esta ciudad, los famosos maestros que la dirigieron no tardaron en examinar el primer capítulo del Génesis. La escuela de Alejandría no sólo aceptó el principio general de la alegoría, sino también la mayoría de los particulares sentidos simbólicos admitidos por Filón, cuyo recuerdo se mantenía vivo en Egipto y cuyos escritos eran leídos fervientemente. el historiador de Filón, Siegfried, escribió con tintes exagerados, pero con un fondo de verdad: "*El sistema alegórico de Filón había absorbido, como un inmenso depósito, todos los pequeños riachuelos de la exégesis bíblica en Alejandría, para a continuación derramar sus aguas en los ríos y canales de miles de brazos, sobre la interpretación cristiana y judía de las Santas Escrituras*"[14].

Los teólogos de la escuela de Alejandría aceptaron la simbología del autor judío: La unidad fue considerada como el número de la virtud, el dos fue el de la división entre el bien y el mal, el cinco el de los sentidos y la sensualidad, el seis y el diez los de la

---

[12] En el *Migne*, Patr. Gr. tomo LXXXIX, col. 942962 y 966, el análisis que hace Anastasio el Sinaíta de San Justino, indica que este mártir sólo veía en ello un símbolo, al igual que hizo Filón con los seis días cosmogónicos.
[13] El padre Vigoroux admite aquí, de puntillas, que fue en la escuela de Alejandría donde fueron pensados y redactados los primeros textos cristianos de la cosmogonía bíblica.
[14] Esta frase está extraída de Filón, pag.27, ed. 1875, de Siegfried. El hecho de tomar prestado, directa o indirectamente, por los padres de la iglesia los textos de Filón, es generalmente admitido por los exégetas contemporáneos del siglo XX. Sugerimos la lectura del Clemente de Alejandría, de Freppel: *Ensayo crítico e histórico de la escuela judía de Alejandría* por el abad Biet. En cuanto a Cruice, en su *Ensayo crítico sobre el Hexamerón de san Basilio*, escribió en la pág. 4, al igual que lo hizo Filón: "*La mayoría de los cristianos de Alejandría afirmaban que los seis días no eran más que la representación mística del poder del número seis*", reduciendo así la narración de Moisés a una bella alegoría, dando al Ser Supremo un sólo instante para parirlo todo. Pensaban, de esta forma, atribuirle una acción armónica en mejor relación con su poder e inmutabilidad, haciendo único este acto general, reflejando la realización de las primeras palabras del Génesis: "*Al inicio, Dios creó el cielo y la tierra*".
El fragmento del manuscrito de san Justino, conservado gracias a Anastasio el Sinaíta, podría explicar esta opinión mística de los alejandrinos, fortaleciendo la conjetura que más tarde se hizo común para los cristianos de la iglesia primitiva, antes de convertirse en gnóstica y herética. San Justino supone que toda la creación y todo lo derivado de ella, se dividieron en seis ramas principales, utilizando Dios este número como generador de sustancias primarias reguladoras de la vida en la tierra. Resulta así que la creación en seis días es una magnífica clasificación de las obras divinas, ordenadas según su grandeza y utilidad, manifestándose sucesiva y progresivamente partiendo de lo inanimado para llegar a lo organizado, antes de llegar a la meta final: El hombre, criatura a imagen de Dios.
Pero es cierto que este concepto, quizá pitagórico en origen, fue retomado bajo otra forma filosófica por Platón, antes de que los neoplatónicos la transformaran en una viva contestación a los alejandrinos, que poseían los documentos originales anteriores a Pitágoras y a su iniciación en Egipto.

perfección[15]. El préstamo más importante del que ya hemos hablado fue el de la adopción de su sentimiento sobre la creación simultánea[16].

Debemos guardarnos de afirmar que los cristianos recibieron con los ojos cerrados la tradición de Filón, no tuvieron más remedio que admitir que la materia era increada, tal como lo hacían los judíos alejandrinos que se erigían de forma contradictoria contra las Santas Escrituras[17]. Todos enseñaron, por contra, de la manera más expresa, que Dios era el creador, así como el ordenador del mundo. Su cosmogonía se distingue de la de Filón por su carácter cristológico. Los padres, siguiendo a san Pablo, su maestro, ven por doquier el tipo de Cristo, redentor de los hombres.

Pero no debemos detenernos en estas diferencias esenciales[18]. Después de haberlas señalado de paso y haber indicado en qué influyeron los judíos helenistas

---

[15] El valor numérico de los números es mucho más antiguo que Filón, es innegable que el autor judeo alejandrino juega peligrosamente con una ciencia que conoce mucho menos que la jeroglífica. No sólo la verdadera simbología no se encuentra en forma alguna en el texto, sino que además la falsa tesis de Filón es tomada como buen pan por san Justino en su *Hexamerón*. Pero si la espiritualidad impalpable puede describirse perfectamente, no ocurre lo mismo con la numerología que es objeto de leyes y de axiomas. Es por ello que los rollos de papiro del Serapeum conservan escritos jeroglíficos totalmente diferentes en cuanto al valor del sentido literal de los números. Clemente de Alejandría, que hizo una apertura de espíritu más intuitiva y más inspirada, condenó abiertamente los abusos efectuados por algunos eruditos anteriores y contemporáneos en sus tentativas de explicar la numeración incluida en los textos sagrados. Este pasaje se sitúa en el *Stromatas*, libro V, pág. 14. Incluso san Agustín se pronunció contra este uso numérico simbólico de forma más sutil en lu libro *De Civ. Dei*, tomo XI, cap. 10.

[16] El padre Vigouroux insiste mucho sobre el tema de la creación simultánea, que no es ni de lejos el elemento primordial de la obra de Filón el judío. Pero como en el siglo XIX, época en la que vivió el padre autor de este estudio sobre la escuela de Alejandría, la Iglesia era omnipotente en sus dogmas, incluso los más contestables como el nacimiento de Adán en el V milenio antes de Cristo y la aparición de la tierra mil años antes, todos estos errores de estilo o iconografía mental eran buenos para lanzar el anatema contra un texto esencial, volviendo a poner en causa la cosmogonía mosaica revisada y corregida en la Septuaginta, a pesar de la idea errónea que tenían los primeros padres de la iglesia.

[17] Los sabios exégetas están en desacuerdo entre ellos por saber si Filón admitía o no la eternidad de la materia. Se respondió afirmativamente, ya que la jeroglífica a su disposición explicaba por qué y cómo "*La eternidad sólo pertenece a Dios*". Esta frase es el título genérico de los ocho volúmenes consagrados a la historia del monoteísmo, siendo el cuarto la presente obra.
Parece que nuestros sabios cristianos, para determinar mejor el valor de los textos de Filón, deberían haber vuelto a leer el extracto de Justino el mártir, conservado por Anastasio el sinaíta, que es palabra a palabra espejo de una frase de Filón: "*La inspiración es un don que viene de arriba a los hombres santos, para lo cual ellos no necesitan ni retórica ni dialéctica, sino leer sencillamente la acción del Santo Espíritu, para que el arquero divino baje del cielo utilizándolos como instrumento de cuerda para revelar el conocimiento de las cosas celestes*", frase sacada del cap. VIII, pág.41, de la *Historia del canon de las Sagradas Escrituras* escrito por Ed. Reuss. Como verdadero místico que era, Filón quizá se sintió inspirado.

[18] El padre Vigouroux, al contrario, debería haberse detenido largamente sobre estas diferencias esenciales. Efectivamente, tantas analogías chocantes fueron constatadas mucho antes de Filón, entre Moisés y Osiris, luego entre Jesús y los dos Primogénitos que lo precedieron en la tierra, así como entre la Triada Divina egipcia y la Santísima Trinidad cristiana. Al menos debería haber incluido una página de comentarios en su obra.

sobre la escuela cristiana de Alejandría, ya es hora de dar a conocer la cosmogonía de esta escuela en sí, tan célebre en la Iglesia bajo el nombre de Didaskalion[19].

El primer maestro del Didaskalion, cuyas opiniones sobre el primer capítulo del Génesis nos han llegado por sus propios escritos es Clemente de Alejandría que falleció hacia el año 217 de nuestra era[20]. Según él, Dios creó el mundo de toda eternidad, y lo creó sin cesar. El mundo no fue creado en el tiempo, pero el tiempo nació con el mundo. Todas las criaturas han sido producidas a la vez[21]. La distinción de los seis días en el relato mosaico no indica una sucesión real del tiempo, es un modo de hablar con el cual el autor se acomoda a nuestra inteligencia y a nuestra manera de concebir las cosas, representándonos una especie de escala graduada de los seres que componen el universo. El día en que Dios crea el mundo, es el Verbo.

El discípulo de Clemente, Orígenes, es el representante principal de la escuela de Alejandría, cuyas ideas a pesar del descrédito que se unió a su nombre, han ejercido la influencia más extendida en los autores eclesiásticos[22]. Dotado de un maravilloso ingenio y gran capacidad de trabajo, comentó las Sagradas Escrituras al completo, y las estudió en todas sus facetas, de forma que creó una tradición exegética cuya huella volvemos a encontrar en la mayoría de los comentaristas que sucedieron[23].

Actualmente, una importante parte de sus escritos está perdida, pero aún contamos con una traducción latina acerca de la exposición del *Génesis*, cuya primera homilía

---

[19] N. del T. Escuela cristiana de Alejandría en los primeros siglos del cristianismo.

[20] Clemente de Alejandría es para los cristianos, lo que Filón para los judíos. Es interesante observar que san Panteno fue maestro de Clemente, filósofo estoico convertido al cristianismo, compiló un Hexamerón que por desgracia jamás se ha encontrado.

[21] Aquí hay tal analogía con los textos jeroglíficos, que es impensable que no hubiese referencias y préstamo del pensamiento de la teodicea original de Aha-Men-Ptah, llegado a Ath-Ka-Ptah: Egipto. Para comprender mejor esta concordancia debemos volver al famoso texto del *Timeo* de Platón, del que se inspiraron los judeo cristianos, según Vigouroux, que en ningún momento nombra comparación alguna por miedo a ir en contra del propósito que buscaba.
Observemos que la filosofía platónica establece un segundo dios sin que afecte al monoteísmo todopoderoso, lo que es una transmisión pitagórica muy conocida. El logos y el mundo humano no son más que dos palabras designando el conjunto de la creación divina. El logos es Dios pensante, por oposición al Dios creador. Cundo tuvo que describir al logos, Clemente al igual que Filón siguieron un diálogo esencial del *Timeo* de Platón, al cual, sin embargo, ninguno de los dos hace referencia. De hecho, hay muy pocas modificaciones en el discurso del autor sobre el Verbo que no esté en el *Timeo*, donde Dios se dirige a los dioses, hijos de los dioses: "*Oh, tú mi hijo, primer nacido, escucha mis instrucciones, porque las especies mortales aún están por nacer. Ellas deben nacer para que el universo sea perfecto. También para que haya en el conjunto seres vivos a mi imagen, que serán mortales, aplícate según tu naturaleza, a modelarlos tú mismo. De esta forma pondrás el orden en la materia desordenada. Yo sembraré el espíritu inmortal en la carne llamada a convertirse en polvo*". Es el Verbo interpuesto restituido por Filón.

[22] Tillemont, en sus *Memorias para servir a la historia eclesiástica*, tom. III, pág. 585, escribió: "*Creo que podemos asegurar que, desde Orígenes hasta san Crisóstomo, todos los que han trabajado sobre la explicación de las Escrituras, han sido sus discípulos, y ninguno dijo que habáin aprendido de él*". Si nos referimos al maestro de Orígenes, Clemente de Alejandría, no hay duda alguna en cuanto al origen de los textos primitivos. En su *Stromatas*, Clemente asegura que un libro de mil hojas no bastaría para escribir el nombre de todos los griegos que plagiaron y que adoptaron los escritos egipcios.

[23] Se debería escribir un libro sobre la extraordinaria vida de Orígenes, lo que actualmente no entra en mis estudios, pero que consideraría al finalizar mis obras.

trata de la obra de los seis días. También nos quedan algunos fragmentos sobre su comentario del *Génesis*, en el libro IV de su *De Principiis*, al igual que su *Tratado Contra Celsio*, que contiene varias páginas sobre la creación.

Como Filón y como su maestro Clemente, Orígenes cree que el universo ha sido creado todo a la vez. Busca la prueba de su teoría de la creación simultánea en la obra del cuarto día. Pensó que era imposible concebir los días con una noche y una mañana, sin sol y sin luna, por ello lo que Moisés denomina los tres primeros días cosmogónicos no son duraciones en un espacio de tiempo, sino una figura que expresa la gradación de los seres. "*Qué hombre dotado de buen sentido creería que pudo haber un primer día, un segundo y un tercero, una noche y una mañana, sin sol, sin luna y sin estrellas*"[24].

Orígenes comprende la creación simultánea, versículo 4 del capítulo 2, del *Génesis*, y como Celso se apoya en el argumento que acabamos de ver. Orígenes decía para atacar la fe cristiana: "*No hay nada más ridículo que dividir la creación del mundo en varios días antes de que existiesen los días, porque cómo podían existir antes de que los cielos fuesen hechos, antes de que la tierra fuese moldeada y que el Sol hubiese empezado a moverse*". También escribió: "*Consideremos, retomando las cosas anteriores, cuan absurdo es hacer decir al gran Dios con forma de mandamiento: Que esto o aquello se haga, e introducirlo trabajando el primer día en una cosa, al día siguiente en otra, y acercándose al tercero, cuarto, quinto hasta el sexto*".[25]

---

[24] Ello es la evidencia misma. Pero otra pregunta que debería haber sido planteada por el autor de este texto: "*Cómo Moisés, educado en toda sabiduría egipcia por los mayores eruditos del templo de Ath-Ka-Ptah, en Men-Nefer, pudo decir tal cosa*". Para contestar debemos volver a situarnos en el contexto de la época del Éxodo en el desierto del Sinaí, sorprendentemente semejante al que se vio precipitado toda una población extenuada de Aha-Men-Ptah hasta Ath-Ka-Ptah, esta segunda Tierra prometida por Dios como compromiso de una segunda alianza con Él. El primer lesgilador de aquel tiempo era Usir, Osiris en griego, transmitió a su pueblo los mandamientos bajo una forma ilustrada para que fuesen comprensibles a todo el pueblo mermado por una muy larga marcha a través de un desierto interminable. Moisés, de algún modo, volvió a vivir por reminiscencias interpuestas lo que aprendió durante su educación principesca y, a su vez, supo utilizar la alegoría para mantener sus propósitos. Es por ello que Moisés habló de esta manera, utilizando sólo formulaciones fáciles de memorizar por todos, aunque fueran incomprensibles, ya que los mandamientos ante todo eran destinados a ser aprendidos por las futuras generaciones susceptibles de interpretarlos correctamente, tal como los seis días de la creación divina, que por supuesto fijaban de seis períodos sin tiempo fijo, sucesivos pero no idénticos, calculables y calculados por los Maestros de la Medida y el Número mucho antes de ser enseñados a Moisés, tal como veremos en los capítulos siguientes de este libro.

[25] La evidencia de este apunte era tan flagrante en los escritos de los levitas del siglo V, que levantó unánimes contestaciones desde el inicio de la era cristiana, como las de Orígenes y los alejandrinos en general, que tenían ante sus ojos textos comparativos totalmente diferentes de la realidad de la creación divina concebida y realizada en seis períodos y no en seis días.
Por sus escritos apologéticos y explicativos de las religiones judía y cristiana, los alejandrinos y Orígenes ciertamente han ejercido una influencia sobre la teología que se ha convertido en la nuestra a lo largo de los siglos. Y la doctrina calificada de secreta de los padres que no comprendían una alta espiritualidad monoteísta, hizo de Filón un tipo de místico e iniciado inspirado, cosa que por supuesto no era. Por ello, se le reprochó mucho no haber hablado de Cristo en sus escritos, cuando históricamente está demostrado que Filón el judío murió en el año 38 de nuestra era viviendo en Alejandría. Jesús empezó su vocación de hijo de Dios en ese momento, y Filón

Estas objeciones demuestran cuán antiguos son los ataques contra el relato bíblico de la creación, a lo que Orígenes respondía: "*Ya sabemos lo que dependía de nosotros para aclarar estos mandamientos: Que esto o aquello se haga*", aclarándolo con este pasaje: "*Él habló y todo fue hecho, él ordenó y todo fue creado*"[26]. Sin embargo, en cuanto a los seis días de la creación es lo que hemos explicado según nuestra capacidad, en nuestros comentarios sobre el *Génesis*. Y para demostrar que no hay que tomar las cosas al pie de la letra, como hacen los que creen que el espacio de seis días fue efectivamente usado en la creación del mundo, alegamos estas palabras: "*Es esta la historia del cielo y de la tierra, y es así que fueron hechos el día que Dios creó el cielo y la tierra*"[27].

Orígenes siguiendo en todo, las huellas de Filón, no ve más que una alegoría en la obra entera de los seis días. El firmamento es el cuerpo y las dos grandes luminarias son Jesucristo y la Iglesia[28]. Las estrellas son los patriarcas y los profetas, los peces y reptiles son los bajos pensamientos del alma, los pájaros son los pensamientos elevados, etc. Una multitud de mundos precedieron el nuestro y otra multitud lo seguirán. El paraíso terrestre en sí, jamás existió como tal: Es una pura imagen del cielo[29].

Si Orígenes pretendía sacar solamente lecciones morales y edificantes de la creación vista de tal forma, como más tarde lo hicieron san Basilio y san Ambrosio, sólo deberíamos aplaudir, pero cae en una exageración que no podemos aprobar, negando

---

hubiera debido saber, o al menos presentir, que el Mesías sería el hijo de José el carpintero. Sin embargo, la filosofía filoniana deja entrever la imagen de los magos que fueron al nacimiento del cristo, el sacerdocio de Jesús.

[26] Palabras extraídas de *Salmos* XXXII, 9, y de CXLVIII, 3.

[27] Famoso pasaje del *Génesis* II, 4, retomado por Orígenes en su *Contra Celso* VI, 60, donde la palabra día en singular ciertamente no significa un día de 24 horas, además se refiere en hebrero: "Gom", que significa un tiempo indeterminado. Esto parece ser un malabarismo espiritual filoniano, o al menos intelectual, pero algunos pasajes explican otros como este extraído del Libro I, párrafo 29 *Legis allegor*: "*Qué sorpresa hay en lo que de verdad es inaccesible al hombre. El espíritu que habita en cada uno de nosotros nos es desconocido. ¿Quién conoce la esencia de nuestra alma? Y no tacharíamos de insensatos los que debaten acerca de la esencia de Dios, ¿Cómo los que no saben lo que es la esencia de su alma podrían conocer a fondo el alma del universo?*"

[28] Aquí vemos en Orígenes una mención clara de la animación astronómica egipcia, conocida por los textos de la lengua sagrada, con un vocablo ilustrado: Combinaciones-matemáticas-divinas. Todo el cielo está animado con un movimiento geométrico espiraloide, creando unas figuras notables, medibles y calculables, Dios quiso gracias a esta matemática celeste simbolizar los sucesivos movimientos diferentes de la creación, dotándola de vida por sí misma. Muchas protestas surgieron sobre ello, cada cual más errónea y ninguna admitió en sus refutaciones los axiomas retomados por Orígenes. Fue santo Tomás el que tuvo de algún modo la última palabra, escribiendo sobre esta importante cuestión de saber si los astros estaban o no animados, y, de cualquier forma, no entraba para nada en el dominio de la Fe, Libro II, 20.

[29] El número de los primeros padres de la Iglesia que se mostraron contrarios a esta alegoría es impresionante. Desde san Epifanio hasta san Juan Crisóstomo, pasando por Basilio, Eustaquio y muchos otros, sin olvidar a Gregorio de Nicea, Metodo e Hipólito. Pero aquí también sólo debemos ver una cláusula de estilo epistolar de la baja época judeo alejandrina, ya que ninguno de estos autores negó la existencia de un paraíso terrestre. Sólo se situaba en Aha-Men-Ptah donde era bueno vivir en una quietud que hubiera podido ser eterna, si las criaturas humanas que la habitaban no hubiesen olvidado en su ciego orgullo que su creador era el único con derecho de vida y muerte si desobedecían los mandamientos de la ley divina.

al primer capítulo del *Génesis* su sentido literal y natural[30]. Después de Orígenes no encontramos a nadie que haya explicado los primeros capítulos del *Génesis* de una forma exclusivamente alegórica[31]. Las obras de sus discípulos o defensores inmediatos no contienen nada que interesante referente a nuestro tema.

San Atanasio (296/373), ilustre obispo de Alejandría, lugar donde enseñó Orígenes, es el primero después de este doctor en el que encontramos ideas formalmente expresadas acerca de la Creación simultánea. Él acepta la opinión del jefe del Didaskalion: "*Ninguna criatura es más antigua que otra, todas las especies fueron creadas a la vez, juntas, por un solo y mismo mandamiento*"[32]. El gran defensor de la Fe contra el arrianismo, constantemente ocupado en sus luchas contra la herejía, de ninguna manera escribió comentarios tomados de los Santos Libros[33].

Un sucesor de Atanasio, en la sede de Alejandría, san Cirilo, fallecido en 444, comentó el *Génesis*, y se mantuvo fiel en muchos puntos a la tradición de la escuela de Clemente y Orígenes[34]. Pero tuvo cuidado de evitar las exageraciones. Su predilección por el sentido alegórico no excluye el sentido literal, y no admite ni una serie eterna de creaciones, ni la creación simultánea. Además, resume muy escuetamente la historia

---

[30] De hecho, en ningún lugar en sus textos, Orígenes, negó el sentido natural de la cosmogonía mosaica, ni el sentido literal de Moisés, ya que escribió que la creación tuvo lugar en seis Tiempos. Además, en Jerusalén los mismos problemas contestatarios tuvieron lugar. No fue más que a partir de Esdras que la Ley poseyó sus propios representantes religiosos entre el pueblo judío: Los escribas, por esta estatización, la Ley dejó de depender de los profetas y de sus interpretaciones divergentes.

[31] La explicación de Orígenes no era en modo alguno exclusivamente alegórica. El padre Vigouroux extrapoló singularmente una parte del texto para desarrollar mejor su propia tesis poco conformista para el siglo XIX. Y si más adelante ya no hubo alusión a un Hexamerón, es porque los padres se estancaron en comentarios sobre cuestiones teológicas o sobre la fe propiamente dicha.

[32] Orígenes, efectivamente escribió en su *Contra Arriano*: "Todas las criaturas han sido creadas a la vez". Sin embargo, me parece que san Atanasio hubiera debido escribir de otra manera la formulación de su alumno, es decir: "*Todas las criaturas fueron pensadas a la vez, y creadas en seis tiempos*", es cierto que el maestro del *Diskalion* es superado por la ceguera popular que reinaba a su alrededor. Por ello, intentó imaginar e ilustrar con fuerza para una mejor impregnación de las inteligencias limitadas la todopoderosa creatividad del Creador. En un estado exaltado hablaba de una creación simultánea como atestigua el padre Vigouroux.

[33] Aquí, de nuevo, el autor defiende de alguna forma a Orígenes escribiendo: "*Estaba constantemente ocupado en luchar contra la herejía*". Pero, de hecho, no queda nada de los textos excepto breves notas sobre los *Salmos*, así como un *Comentarios sobre el Cantar de los Cantares y el Pentateuco*; la mayoría de sus obras se perdieron. Además, debemos observar que, en los *Salmos*, el sentido alegórico y literal son expuestos objetivamente.

[34] San Cirilo al igual de todos los que le antecedieron y todos sus sucesores en la sede esclesiástica de Alejandría, fue fuertemente impregnado por el significado en forma de advertencia solemne que emanaba de los textos jeroglíficos conservados en la biblioteca del Serapeum. Por este motivo tenía por supuesto, las mismas ideas y reflexiones que Clemente y Orígenes, sin olvidar a Filón, sobre del futuro del monoteísmo a través de sus tribulaciones terrestres. Pero lo que nos interesa comprender es que, aunque Clemente y Orígenes no le hubieran precedido en esta vía tan angosta; San Cirilo la habría abierto, porque hubiera desarrollado el mismo camino meditativo en cuanto a la cualidad única de los textos originales ubicados en Alejandría, última ciudad conservadora de la inmutabilidad del monoteísmo.

de la creación[35]. El sistema alegórico de la escuela de Alejandría fue aceptado hasta el siglo VII, pero con restricciones expresadas por Anastasio Sinaíta. Él escribió once libros de consideraciones anagógicas sobre el *Hexamerón*, en los que nos presenta la creación como una figura de la Iglesia de Jesucristo, tomando prestado a San Basilio, a San Gregorio de Nicea y a San Juan Crisóstomo las aplicaciones alegóricas que forman el fondo de toda su obra[36], sin preocuparse del modo en que fue creado el mundo.

Los últimos imitadores griegos de Clemente y de Orígenes abandonaron la teoría de la simultaneidad de la creación, con acierto ya que esta teoría es desmentida por los hechos.

La geología establece que la creación, o al menos la ordenación del mundo, no fue simultánea, sino gradual y progresiva. La Tierra no apareció súbitamente tal como la conocemos hoy, dividida en mares y continentes, con su manto verde, animada por la presencia del hombre y una multitud de animales de todas las especies. La vida se manifestó por grados sucesivos, siguiendo el orden que pinta Moisés, concordando con los geólogos. La opinión de los alejandrinos es, pues, errónea. Sin embargo, a pesar de ser falsa nos demuestra que los intérpretes de la Escritura no pensaron todos que los seis días de la creación representaban una duración de 24 horas, aunque algunos pensaban que la palabra día era una expresión figurada, metafórica de la que había que buscar el verdadero sentido fuese cual fuese[37].

Ella nos ofrece otra enseñanza: Nos demuestra que en todos los tiempos los escritores cristianos buscaron poner en armonía la ciencia y la fe [38]. El error de los alejandrinos proviene de las imperfecciones de la ciencia de entonces. Filón quiso reconciliar el helenismo con la cosmogonía mosaica, Clemente y Orígenes se propusieron aplicar el espíritu filosófico a los datos de la revelación cristiana, y demostrar que Platón y los grandes genios paganos, en lo que tenían de verdadero, no hablaban de otra forma que la Biblia. Intentaron así profundizar en los dogmas revelados, y hacerlos respetar por la razón corroborándolos a través de la autoridad de todos los sabios venerados en la antigüedad, haciendo servir como auxiliares todas las ramas de los conocimientos humanos. La meta era grande y noble, pero la tarea era

---

[35] Anteriormente hemos visto que Orígenes también ofrecía los dos sentidos que le venían al espíritu para cada una de las frases de la cosmogonía mosaica, de tal forma no omitía con san Cirilo ninguna posibilidad intelectual de cometer exageración. Pero esta forma molestaba profundamente a los escribas que veían un modo indirecto de llevar a la teología un ser intermedio divinizado entre el Creador y sus criaturas, lo que era completamente ajeno al judaísmo. Y de hecho era el gran peligro, ya que estas alegorías hacían nacer imágenes únicamente poéticas a través de las cuales la sabiduría divina era proclamada, y por las cuales Dios habiendo creado todas las cosas, las mantenía en su armonía universal.

[36] El texto griego original de *Consideraciones anagógicas* de Anastasio el sinaita, se conserva cuidadosamente en el departamento de los manuscritos de la Biblioteca Nacional de París. Pero es una pena que únicamente una traducción latina, e incompleta, se haya realizado e impresa, actualmente, un estudio completo en lengua francesa podría aportar muchas sorpresas.

[37] El padre Vigouroux intenta aquí lo imposible: Explicar su propia tesis simulando aprobar a la vez que contesta las otras tesis emitidas sobre el mismo tema: La creación simultánea es indefendible.

[38] Es una de las máximas fundamentales más enérgicas, de la cual Clemente de Alejandría poseía el secreto. Lo escribió en sus célebres *Stromatas*, lib. V, pág 1: "*No hay ciencia sin fe como no puede haber fe sin ciencia*".

dura, y el propio genio de un Orígenes se doblegó bajo su peso. Los maestros del *Didaskalion* imaginaron erróneamente que en la Escritura había pasajes que eran imposibles de defender siguiéndolos a la letra, y para justificarlos recurrieron a la alegoría, siguiendo el ejemplo de Filón. Los paganos les habían enseñado en verdad a utilizar este modo del que abusaban para salvaguardar el honor de sus dioses[39].

Los cristianos pusieron en ridículo, y no sin razón, las aventuras mitológicas del Olimpo. Por medio del alegorismo, los politeístas descubrían en ello mitos y verdades profundas. Los catequistas de Alejandría creyeron deber servirse de un proceso análogo. Pensaban que era imposible admitir como literalmente verdadero, entre otros relatos bíblicos, el de la Creación. Cómo aceptar que Dios hubiese sido, por decirlo de alguna manera, obligado para acabar su obra retomarla hasta seis veces. Y, si así fue, qué pasaba con su omnipotencia. Los naturalistas aún no sospechaban que nuestro globo llegó a su forma actual después de una serie de revoluciones sucesivas. Ignorando la verdad, persuadidos de que el sentido literal del relato bíblico era inconciliable con la ciencia y la filosofía de su época, Clemente y Orígenes concluyeron que el primer capítulo de Moisés sólo era una alegoría, y la interpretaron consecuentemente, tal es su explicación del sistema exegético.

Bien, cambiémoslos de lugar: Supongamos que viviesen actualmente y podremos afirmar con seguridad que estos Clementes y Orígenes saludarían con felicidad los descubrimientos de la geología, ya que no deberían cambiar su principio fundamental, es decir, el acuerdo de la ciencia y la fe, sólo deberían explicarlo de otra manera[40].

NOTA

A propósito de Alejandría

Ante todo, es conveniente volver a situar el puerto y la ciudad de Alejandría en su contexto antiguo, y abordar el problema de la importancia de su famosa Biblioteca de renombre mundial, que fue la que se quemó en el incendio de la flota egipcia ordenada

---

[39] Los paganos que nombra el padre Vigouroux siempre son estos famosos egipcios por los que, a menudo, no puede esconder su admiración. Pero debiendo realizar un trabajo crítico para conservar en el seno de la Iglesia sus catecúmenos, deliberadamente deformó los textos filonianos demostrando, sin embargo, el perfecto conocimiento que tenía sobre el tema, ya que dice: "*Paganos que le han enseñado la alegoría*". Lo que demuestra que esos paganos, en todo caso, eran muy inteligentes.

[40] Para acabar este capítulo, es curioso ver que el padre Vigouroux, autor del mismo, no alude nunca a Valentín el gnóstico, siendo uno de los pensadores esenciales, lo que es una desgracia, ya que su obra fue tan importante como la de Filón. Ello me ha permitido restablecer algunos datos olvidados que leeremos en las siguientes páginas acerca de la vida de Moisés el egipcio.
Para clausurar estas notas con un texto no concordante, voy a citar un extracto de la obra del canónigo G. Audisio, sacerdote de la catedral de San Pedro del Vaticano, de 1885: *Historia de los Papas*. Esto concluirá perfectamente la vida de los dos primeros siglos de la cristiandad bajo los gnósticos de la escuela de Alejandría:
"*Dejemos, pues, a los escritores malos o ignorantes calificar a los cristianos de esta época de oscuros creyentes. En cuanto a nosotros, admiremos el vuelo amplio y elevado de nuestra filosofía bajo el pontificado de Pío I. Esta luz increada del Verbo-Dios, que hace la forma de todas las inteligencias creadas imprimiéndoles su imagen, muestra al hombre que se había revelado con la fe, el noble sentimiento de su origen y de sus sublimes relaciones con Dios, y que los secretos de la divinidad, de alguna forma, se habían desvelado a sus ojos*".

por Julio César, propagándose del puerto militar al casco antiguo. Para ello es útil conocer un poco la historia grecorromana para comprender no sólo el espíritu que insufló en los gnósticos, sino también a todos los que hicieron sus estudios en las Casas de la Vida del antiguo Egipto, ya sea en los tiempos de Menes, Moisés, Pitágoras y todos los sabios judeocristianos que los siguieron.

Fue Alejandro el macedonio que, para marcar su aplastante victoria sobre Darío y los persas en tierra egipcia, decidió la construcción de una imponente y majestuosa ciudad sobre el emplazamiento natural de un puerto desembocando al mar Mediterráneo que anteriormente en jeroglífico se llamaba Rakoti.

Así nació Alejandría, capital querida de los tolomeos. Bajo el impulso de César y varios emperadores, Alejandría alcanzó una importancia que en ningún tiempo a partir de esa época alcanzó lugar alguno en ninguna parte del mundo hasta nuestros días. En cuanto a la biblioteca, al menos la que fue denominada Grande, el auge que le fue dado por Tolomeo Soter y, sobre todo, por Tolomeo III, hizo de ella la más amplia en los libros griegos, hebreos y jeroglíficos.

Antes de Alejandro, existían influencias particulares en esta antigua ciudad que coleccionaba manuscritos y donde el culto a Isis era famoso desde milenios antes. Igualmente, en otro lugar, el nombre de Clearco de Heraclea fue muy nombrado por haber reunido colecciones de rollos sobre los temas que le interesaban. Pero nadie jamás dispuso de los recursos que tenía el rey griego de Egipto para crear una biblioteca, en el mundo entero se compraban libros para Alejandría. Las historias referidas a estas inmensas compras, quizá no sean verdad, pero dan idea del celo que desplegaron los primeros lágidas. Se dice, por ejemplo, que Tolomeo III tomó prestado a Atenas los rollos que el estado guardaba y que contenían los textos auténticos de Esquilo, Sófocles y Eurípides, bajo el pretexto de que quería hacer copias para biblioteca de Alejandría. Tuvo que hacer un depósito de garantía de quince talentos para estos preciosos volúmenes, pero se guardó los originales y devolvió las copias a Atenas, por supuesto que renunció a los talentos.

De hecho, la biblioteca era un centro cultural, filosófico y literario dependiente del palacio real. Era necesario que los hombres de letras encontrasen el tiempo para ser hombres de la corte galante, donde las mujeres daban el tono y las obras de las musas, no queriendo conocer más que las historias de amor. Como Filetas, en tiempos de Tolomeo Soter, todos estos gramáticos y filósofos se las ingeniaron para sacar los libros de las viejas leyendas compiladas por los logógrafos para suplir las pasiones que no sentían. Fue este laborioso juego el que produjo la literatura alejandrina: elegía, tragedia, comedia, incluso epopeya; literatura reconocida incluso en las imitaciones hechas en Roma por su carácter artificial, mezcla de belleza y pedantería, donde los nombres mitológicos se incrustaban profusamente en los versos, despistando al pensamiento en un dédalo de alusiones y comparaciones sin fin, donde se encuentran prodigados los suspiros, las lágrimas, las flechas de amor, y toda la parafernalia que desde entonces se ha usado abusivamente.

Según Tzetzes, Calímaco en persona habría dicho que en la época de Tolomeo III, la biblioteca de Alejandría contenía cuatrocientos mil rollos mezclados y noventa mil rollos no mezclados. Estos últimos eran probablemente los rollos que sólo contenían una obra (o un volumen de una obra en varios volúmenes), en cuanto a los rollos mezclados, posiblemente eran rollos de papiro que contenían dos o tres obras. Se hizo una biblioteca anexa, llamada Biblioteca Sagrada, en el Serapeum. Era el templo de Osiris, el toro celeste Hapy, convertido para los griegos en Serapis, y Serapeum en latín, que Cleopatra anexó a su propio interés haciéndose consagrar la divina reina Isis. La biblioteca de este templo, según el monje Tzetzes, fue creada por Tolomeo II y contenía cuarenta y dos mil ochocientos rollos.

Los edificios fastuosos crearon la gran fama de Alejandría, además de estas dos bibliotecas: La gran biblioteca de Bruchium, con dos millones de manuscritos, y la biblioteca del Serapeum donde estaban depositados cuatrocientos mil manuscritos originales de todos los textos sagrados; no olvidemos nombrar: el Palacio de Justicia, el gran Teatro y Anfiteatro, el estadio, el gimnasio, el Museo, el Paneion, la sinagoga del barrio judío: La Diapleuston, con sus setenta asientos de oro. Esta ciudad también se enriquecía por un floreciente comercio gracias a su gran puerto bien protegido que albergaba decenas y decenas de barcos mercantes, al igual que todos los edificios de la flota de guerra egipcia.

Diodoro de Sicilia asegura que, en su tiempo, 50 a.C., a pesar del despotismo de los últimos tolomeos, Alejandría aún contaba con trescientos mil hombres libres, lo que nos lleva a suponer que en esa época habría cerca de un millón de habitantes. Si es cierto que la guerra de Julio César llevó más tarde la ruina a los suntuosos palacios de los lágidas y a la mayoría de los monumentos faraónicos a cual más espléndido, con el incendio de la flota que se inició en el puerto llevando las llamas a todo el barrio de Bruchium, donde se situaba la famosa biblioteca con los dos millones de rollos manuscritos, reduciendo este antro del saber a humo y cenizas; también es verdad que su "hija menor" en erudición, porque solamente contenía setecientas mil obras: la biblioteca del Serapeum siguió siendo la "hija mayor" del conocimiento desaparecido, ya que los manuscritos en papiro, cerca de trescientos mil, eran bien originales, bien copias de los antiguos que se perdieron en la noche de los tiempos, todos consagrados a la sabiduría, la verdad divina y al conocimiento.

En el mapa a continuación se observa perfectamente donde estaba la Gran Biblioteca incendiada y la del Serapeum. Fue en esta biblioteca que nunca fue alcanzada por las llamas, por estar situada en el barrio de Rhacotis, protegida lejos del puerto, donde nacieron la Escuela y el Gnosticismo. Todos los que formaron parte de ello, y que se volcaron sobre la comprensión de los textos jeroglíficos, eran judíos. Los egipcios no sólo no comprendían los caracteres de la lengua sagrada, sino que no se interesaban en su gloria pasada, ni en todos los monumentos, tanto los destruidos como enterrados en la arena. En cuanto a los griegos, muy numerosos, ante todo se interesaban en el floreciente comercio basado en un fructuoso trueque y en el desvalijamiento del suelo y subsuelo, dejando en manos de algunos de sus sabios el cuidado de filosofar con los judíos.

Sólo será cuatro siglos más tarde que esta inconmensurable pérdida del templo del Serapeum será consumida bajo órdenes de la Santa Iglesia. Teodosio firmó su decreto en el año 389 para que no "*quedase piedra sobre piedra de los monumentos erigidos para ídolos bárbaros sobre todo el territorio de Egipto*".

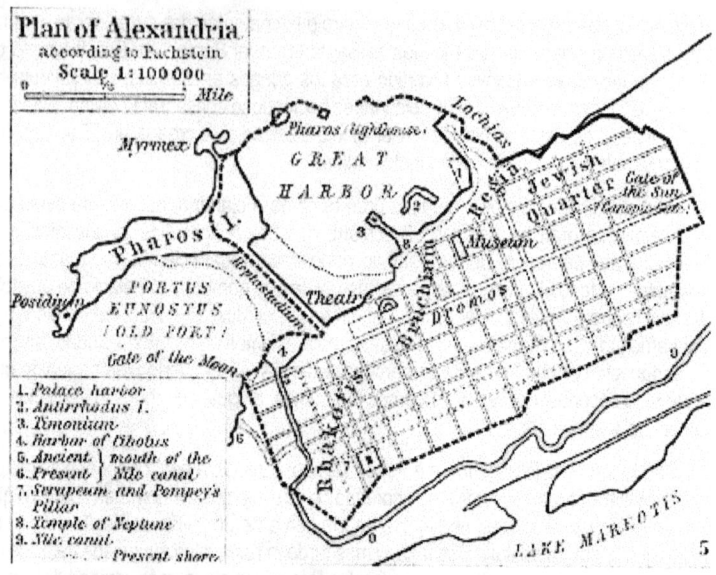

Dos años más tarde la ejecución de esta orden fue acometida, el templo y la biblioteca fueron aniquilados. Varios centenares de monumentos religiosos desaparecieron de las orillas del Nilo hasta Filae, mil kilómetros más al sur de Alejandría, en esos mismos años.

Parece que detrás de este furor de destruir todo lo que había permitido el nacimiento del monoteísmo por Moisés y, por ende, había preparado el nacimiento de Jesús, estaba justamente esta escuela de los gnósticos de Alejandría. Esta escuela, única en su género, fue célebre desde su origen por sus trabajos de exégesis sobre la santa escritura del Antiguo Testamento, que intentó interpretar por el método llamado alegórico que actualmente calificamos de esoterismo. En aquel tiempo, estaba unida por lazos muy estrechos a la escuela judía de Alejandría que no debemos confundir con la de Jerusalén, totalmente opuesta a este tipo de interpretación.

Es todo lo que debemos saber si queremos penetrar abiertamente en el informe histórico de las ideas de esta primera escuela monoteísta que, varios siglos más tarde, levantó la ira de la Iglesia que dependía de la Santa Sede de San Pedro.

EGIPTO EN EL TIEMPO DE MOISÉS

"*Ante todo, bajo la inspiración de Dios, Moisés se propuso conducir los hombres al Conocimiento y enseñarles el modo de vivir conforme a este Conocimiento. Así, lo que escribió es lo que contribuye a este objetivo*". (JEAN PHILIPON. Juan de Alejandría. Sobre la Creación del Mundo, año 554).

"*Educado con toda la ciencia de los egipcios, pero muy superior a su siglo, Moisés nos dejó una cosmogonía cuya exactitud se verifica cada día de modo admirable*". (CUVIER. Discursos sobre las revoluciones del globo).

Según el único cronologista digno de fe de la antigüedad, Manetón, fue un faraón de la dinastía XVIII el que persiguió a los israelitas hasta el mar Rojo, mientras que la expulsión de los reyes pastores, los hicsos, fue acreditada a los últimos reyes de la dinastía anterior, a pesar del más completo desorden proveniente del antagonismo de las dos tendencias religiosas, aunque fraternales, que siempre reinaron en Ath-Ka-Ptah, el *Aeguyptos* de los griegos, el Segundo corazón de Dios.

Los autores que retomaron los textos de esta cronología: Flavio Josefo, Sincelo, Julio Sexto Africano, Teófilo y después otros muchos, cayeron en varias desconsideraciones, tanto a propósito de la dinastía indicada como del nombre del faraón. La consecuencia más importante fue haber tomado la enumeración de los reyes desde Tutmosis a Seti como el contenido de la XVIII dinastía, ya que, en realidad, como los egiptólogos descubrieron al inicio del siglo XIX siguiendo las tablas de Abydos y la cronología de Karnak, lo que se consideró como el final de la XVIII dinastía por Flavio Josefo y todos los que se sirvieron del manuscrito de Manetón, fue en realidad la XVIII, la XIX y parte de la XX dinastía durante las que reinaron los descendientes de Set, los adoradores del Sol, los que nunca aceptaron su sumisión a la voluntad de Ptah, el dios Uno que había elegido a Osiris, medio hermano de Seth y primogénito, para reinar como primogénito de Dios.

Por este hecho, la sucesión de los Per-Aha, pronunciado Faraón por los griegos, fue tan enrevesada que resultó extremadamente difícil restablecer la original. Muy a menudo, los cartuchos de los nombres reales fueron martilleados por los reyes siguientes o poniendo en su lugar el emblema de su religión. También los autores de la antigüedad adjudicaron nombres en fonética helénica para simplificar, el faraón Amenofis podía ser Amonhemat o Amenephtah, por no hablar de los Tutmosis o de los Ramsés de los que hubo hasta trece.

La vida de Moisés cuadra muy bien con la cronología de Manetón, por ello la conservaremos sea cual sea el Amenofis nombrado por este historiador, ya que los cuatro vivieron durante la XVIII dinastía, y sea cual fuere el de los tres Tutmosis, ya que igualmente reinaron en esta misma dinastía. Para comprender aún mejor la vida en Egipto en tiempos de Moisés, conviene remontar a algunos decenios anteriores, es decir, en plena decadencia de la dinastía XVII, justo antes de iniciarse la siguiente que todos historiadores denominaron el Reino Nuevo.

Manetón enumeró la impresionante lista de los reyes de la dinastía XVII, que contenía de hecho todos los nombres de los reyezuelos que detentaron el gobierno en uno o varios nomos o provincias bajo su única autoridad en un Egipto desgarrado. Incontestablemente, desde el inicio de los invasores hicsos, hubo varios reinos simultáneos en diversas partes de lo que había sido un vasto imperio.

En primer lugar, estaban los jefes colaboradores, muy poderosos, que querían salvaguardar lo que consideraban como su patrimonio, luego estaban los adoradores de Amón, los de Set; y, por fin, los de Osiris que contra viento y marea seguían venerando a Ptah. Así, en la más completa confusión tuvieron lugar los ajustes de cuentas al final de esta XVII dinastía, donde el caos sólo fue evitado en el último momento. La lucha de un Apepi, o un Apophis, contra un colaborador vencido de los hicsos, y ello a propósito de un hipopótamo[41], y el ensañamiento que tuvieron las tropas del primero sobre el mismo cuerpo del jefe de los segundos nos aporta un testimonio de los más evidentes.

Si en esta guerra tan sangrienta como obstinada por el poder, Apepi no tuvo la última palabra a pesar del asesinato de Sekenen-Ra en una emboscada. Fue con Kamenset, o Khamose, o Khames, su joven hijo plebiscitado como jefe de los ejércitos que las hordas semitas fueron perseguidas hasta frente de su propia ciudadela, capital de Avaris. Los textos de este tiempo abundan con relatos épicos sobre los acontecimientos militares de algunos soldados valerosos cercanos a Kamenset, y el número de manos cortadas a los inmundos para contar los muertos, era impresionante. Pero el final de este combate no fue contemplado por este joven rey jefe de los ejércitos, ya que él también murió en una emboscada en la nueva frontera de Egipto establecida en el desierto del Fayum, situada a más de cien kilómetros más allá de la que constituía el límite del Reino Medio. Sólo fue con la sucesión del joven Nek-Iamet, el que nació de la Luna, descendiente de Nek-Bet, la Neftis de los griegos, cuando la situación evolucionó favorablemente para Egipto, este Segundo Corazón, que tanto lo necesitaba.

Fue por ello que Iamet, pronunciado Ahmes por los griegos y Amosis por Manetón, fue considerado como el primer faraón de la XVIII dinastía. Y el cetro le fue dado exactamente el día 16 del mes de Choiak, que corresponde al 1580 antes de nuestra era.

---

[41] El lector interesado sobre esto, podrá leer el capítulo XI del libro *Y Dios resucitó en Dendera* de este mismo autor.

Lo más importante, y, que no está recogido en esta cronología manetoniana, es que ese mismo año, nació una envoltura carnal de sexo masculino que no tuvo denominación alguna conocida para sellar la entrada de su parcela divina en el cuerpo. Sin embargo, tres meses más tarde, el nombre de Moses le fue dado por la bella joven Termutis que lo había encontrado en los juncos de la ribera del palacio de verano, donde se bañaba en compañía de sus sirvientas. La joven era hija primogénita del antiguo faraón, y hermana mayor del mismo padre o de la misma madre que este lamet o Amosis, pero siendo estéril no se había casado con él por no poder asegurar la sucesión faraónica.

El acontecimiento tuvo lugar en la indiferencia general de los grandes de palacio, y ello por dos motivos primordiales. Uno, porque la mayoría de los poderosos del reino estaban en el campo de batalla en compañía de Amosis, y otro porque la divina esposa real Nefertari[42] esperaba su primer hijo.

Dejemos un momento la vida de Moses en suspenso, para dibujar brevemente su entorno futuro, porque entre su nacimiento y su huida al desierto del Sinaí, se sucedieron cuatro faraones al frente de lo que se convirtió en el mayor imperio del mundo: Amosis tuvo el cetro desde 1580 a 1555 a.C., Amenofis I reinó de 1555 a 1532, Tutmosis I de 1532 a 1520, y Tutmosis II de 1520 a 1500.

Algunos meses antes de que el legislador de los judíos viniese al mundo, Amosis accedió al reinado desposando a Nefertari, la Bella Compañera. Este 171 faraón, muy joven pero fogoso, inspiró desde su llegada una gran esperanza para todos los ciudadanos del país. Su propio nombre, "Nacido de la Luna", era una llamada a la neutralidad entre los del Sol y los de Ptah, encontrando un espacio de entendimiento para acabar de expulsar fuera de Egipto a los últimos invasores hicsos, los impíos o inmundos.

El ardor de los combatientes se veía sublimado por las legiones nubias, tropas de piel negra que formaban parte integrante del ejército egipcio desde que el Sur había sido anexado al Segundo Corazón. El epílogo de este largo conflicto tuvo lugar en Avaris, última fortaleza de los hicsos, que hasta el final fueron invasores, y los colaboradores.

De ahí viene el odio inextinguible de los seguidores de Horus contra esta horda, calificada de impía e inmunda, que aliaba a los extranjeros semitas y a los descendientes de Set. Este conjunto de fugitivos, que preludió la huida de Moisés, aunque por motivos totalmente opuestos, se llamaba Eber, o Abar, de ahí Avaris, que dieron los hebreos de la Biblia. Los griegos, a esta ciudad Avaris, la denominaron la ciudad de Tifón, que significaba Set en griego. De este modo, Avaris es igualmente la Baal-Tsephon del Antiguo Testamento[43].

Es, pues falso, pretender y escribir, como han hecho muchos egiptólogos, que los egipcios veían a los hebreos como apestados y esclavos, porque habían confundido a

---

[42] Que no debemos confundir con Nefertiti que fue esposa de Akenatón, o Amenofis IV.
[43] H. Ewald, en su libro *Geschichte des Folkes Israël*, tomo 1, pág. 451, dió la concordancia Eber-Hébreu. Y es Manetón, en boca de Flavio Josefo en su libro *Contra Appion* el que habla de Typhon-Set y de su relación con Baal-Tsephon en Éxodo IV-25, y Números XXXIII-7.

estos Ebers y al pueblo que Moisés llevó al éxodo más de un siglo después, pueblo que incluía a todos los oprimidos, judíos y egipcios, tal como ya hemos dicho.

Pero, bajo Amosis, fue verdad que las tribus nómadas instaladas a orillas del río celeste, eran familias semitas descendientes de Abraham y de José, estando en estrecha colaboración con sus hermanos pastores o hicsos. No sólo debido a una afinidad racial, que a la época no significaba nada, sino sobre todo por cuestiones espirituales, siendo su monoteísmo más cercano al de los invasores que a la idolatría tebana reinante en el alto Egipto. Sin embargo, Amosis fue investido del poder de un nombre: Amón-Moses, que por contracción de convirtió en Amhoses, que sencillamente significaba "Amón es su nombre", de ahí la jeroglífica de "Iâhmêt".

La toma de Avaris, la capital "Eber", ha sido tantas veces contada en sus más mínimos y horribles detalles desde Manetón, que es inútil volver a contarlos. Nombremos sencillamente el escrito de un capitán de barco de guerra del Nilo, Hapy, que bien demuestra la adoración que tenía el jefe de los ejércitos: "*Yo también decidí seguir caminando delante de su Majestad. Y cuando Iamet combatió delante del canal que defendía Avaris, yo luché en singular combate con un enemigo al que le corté una mano para llevarla como prueba. Y corté otras dieciocho más. Se le contó al Rey estos hechos, y él mismo me entregó un presente real por mi bravura*".

Manetón, que informó de esta última guerra, también cuenta que finalmente, los hicsos aceptaron rendirse bajo la condición de ser autorizados a dejar Egipto para irse a los países limítrofes. Pero como se concentraron en sur de Judea, fortificando la ciudad de Sharuhen, Amosis los persiguió y sitió la ciudad durante tres años. La hambruna ayudó a la exterminación en toda regla. Lo que no impidió después que remontase el Nilo con su armada hasta más de mil kilómetros para destruir las tribus del desierto que habían invadido y saqueado Nubia.

Fue tomada la ciudad de Khanenefer, situada cerca de la segunda catarata por debajo del actual Asuán, Amosis fue victorioso masacrando prácticamente a todos los rebeldes, volviendo de nuevo hacia Siria, rechazó otra horda de semitas encontrando la muerte. Su hijo de veinticinco años tomó el cetro bajo el nombre de Amenofis I. En ese momento, Moses, o Moisés, cumplió veintiséis años y estaba investido de su propia gloria como jefe de los ejércitos por haber vencido a los etíopes, pero Termutis, siendo princesa de Men-Nefer, es decir de Menfis, por parte de madre; segunda esposa del padre de Amosis, queriendo reconciliarse con la gracia de los sacerdotes de Ptah, había hecho de Moisés un adepto del dios Uno, en detrimento de la idolatría de Ra y el carnero Amón, su doble en la tierra.

Amenofis veía a su medio hermano adoptivo con mucho rencor, ya que éste era mucho más inteligente y, además, extranjero, ya que numerosos prisioneros traídos desde las orillas del Éufrates y Siria se parecían a Moisés. Aunque estos estaban en las canteras tallando bloques de granito o caliza, su hermano adoptivo era príncipe de Egipto. Quizás para compensar este hecho, Amenofis pasó años de su reinado construyendo templos dedicados a Amón antes que guerrear. Además, se hizo construir para su uso personal un magnífico edificio religioso al borde del desierto, en el extremo sur de la necrópolis de Tebas.

Felicidad o desgracia, según nos situemos en el contexto israelita o egipcio, Amenofis no tuvo ningún hijo. Este hecho principal desencadenó contra Moisés todo el poder de los sacerdotes de Amón que de ninguna manera querían un faraón educado en el culto a Ptah. Por ello organizaron una trama para desacreditarlo vergonzosamente, frente al fiel afecto de una facción importante del pueblo a la princesa Termutis y su hijo adoptivo. El logro de esta trama fue casi total, ya que Moisés tuvo que huir no habiendo muerto en un odioso atentado del que fue blanco. Por este hecho maquiavélico pudo tomar el espíritu necesario para organizar el éxodo de su pueblo y convertirse en el legislador terrestre tal como Dios lo quiso, impregnándole desde su nacimiento las coordenadas de su vida mediante las Combinaciones Matemáticas Divinas.

Así, pues, a la muerte de Amenofis, poco después de la huida de Moisés, calificada de vergonzosa, el cetro fue dado a un medio hermano alejado de este faraón, que estaba totalmente sometido a la voluntad de los sacerdotes de Amón en Tebas. Su nombre, Tutmosis I, hijo de Teta, es decir, de Thoth, dejó entrever que las tradiciones ancestrales estaban destinadas a volver.

Este 173 rey extendió la influencia del Segundo corazón hasta límites jamás alcanzados antes de su reinado. Combatió hacia el Este bajo el pretexto de vengar la afrenta padecida por sus ancestros en tiempos de la ocupación de los hicsos, y al mismo tiempo promulgó una política de acercamiento con los territorios limítrofes, firmando numerosos tratados de paz y amistad, y trayendo de esos países, en garantía rehenes en gran número, príncipes y princesas. Egipto se convirtió así en el más glorioso y envidiado de los imperios.

Las conquistas realizadas fueron deslumbrantes, pero el tipo de dictadura resultante empañó singularmente la atmósfera interna de las ciudades y campos. Ya no tenía nada comparable con la vida apacible y comunitaria de las primeras dinastías. Además, para satisfacer las necesidades crecientes, el ejército aplastó con un potente yugo a los más débiles, es decir a la parte del pueblo que veneraba a Ptah y a las familias judías instaladas al Este del Nilo, que se habían enraizado después de la partida de los hicsos. Ellos, se convirtieron en los primeros esclavos de la historia de Egipto, y esos mismos causaron la caída de esta dinastía imperial.

Ello no impidió a Tutmosis I, en su brillante ascenso, colonizar Sudán situado a meses de navegación de su palacio. En la estela fronteriza grabada en Ombos, encontrada intacta en el mismo lugar donde había sido ubicada después de su gran victoria sobre los sudaneses; ilustra perfectamente la gloria y el miedo que inspiraba este jefe de los ejércitos, aureolado por su divinidad. Este texto, a continuación, es de lo más significativo:

"*Gloria a Djou-Atêta, larga vida y salud eterna al que ha vencido al jefe de las cabelleras encrespadas, y que ha dominado a su pueblo con una sola de sus divinas manos. Alcanzó sus fronteras ancestrales y en ambas orillas del Gran Río Celeste no quedó ningún hombre de cabellera encrespada que se atreviera a atacarle, ya que ninguno sobrevivió. Todos murieron durante la batalla, cayeron bajo la espada del Rey, esparcidos en el suelo con sus cuerpos en putrefacción. Sus despojos eran demasiado numerosos para que los innumerables buitres pudiesen dejar los huesos blanquear al sol. Desde ahora, nadie franqueará este lugar sin estar autorizado por el Rey. Como una joven pantera persiguiendo un rebaño de gacelas, la gloria de su Majestad lo golpeará mortalmente de inmediato. Así habló el descendiente de Atêta, que extendió su protección hasta los confines de la tierra para gobernarla con benevolencia, pero siempre dispuesto a abatir con su espada invencible a cualquiera que se oponga a este edicto: Todos quedan avisados".*

Pero su reinado que duró veinticinco años fue ensombrecido por numerosos fallecimientos familiares que precipitaron su final. Primero murió la reina madre, luego su esposa, y simultáneamente sus dos hijos primogénitos que eran su orgullo a pesar de ser de madres diferentes. Al mismo tiempo murió la princesa Termutis, esto no afectó a su medio hermano que la había alejado del palacio y de la que ya no se preocupaba desde hacía tiempo.

Tutmosis tenía, además, otros problemas por resolver, entre otros el de su sucesión. Le quedaban dos hijos legítimos, un niño y una niña. Fue justamente en ella en quien volcó todo su afecto, quizá porque había nacido del vientre de su esposa divina, hija a su vez de un ilustre descendiente de Seth, mientras que su hijo menor, nacido de una concubina, no tenía ni una gota de sangre noble. Quizá, también, porque Amenset, la que se convertiría en la célebre Hatsepsut, tenía una fuerte personalidad, mientras que su medio hermano era enfermizo y sin voluntad. El hecho es el fallecimiento de Tutmosis I dejó algunas semanas en suspenso la dinastía frente a intereses opuestos. Amenset reivindicaba el trono de modo exclusivo, mientras que los sacerdotes de Amón preferían a su hermano. Y, finalmente, éste fue declarado faraón bajo el nombre de Tutmosis II, con dieciséis años. Amenset, que tenía dieciocho años, muy a pesar de ella, fue obligada a desposarlo convirtiéndose solamente en gran esposa real.

La unión no se puede calificar con términos idílicos, sin embargo, de ella nació Nefrura, y una hija: Meritra. A partir de entonces, los padres, no sólo se convirtieron en unos extraños, sino que las peleas que se desarrollaban en palacio fueron el principal objeto de las crónicas. La joven reina Amenset, manipulada por los sacerdotes de Seth, y declaraba a quien quería escuchar que su padre, antes de morir, le había concedido el cetro, y que su esposo era un ladrón.

El desentendimiento llegó al máximo y el rey sólo visitaba sus concubinas del harén real iniciándose una serie de calamidades terribles; hambruna, sequía, plaga de ranas y para colmo la muerte del príncipe heredero Nefrura. Pero un nuevo entendimiento de la pareja se produjo para superar estas desgracias, dando nacimiento a una segunda hija, hecho que desunió definitivamente a la pareja real.

Fue durante este período revuelto cuando Moisés volvió a la tierra de Egipto, y sus negociaciones con los jefes de las familias de Israel pasaron desapercibidos o juzgadas sin importancia. El faraón tenía otras preocupaciones con las plagas que se abatían sobre el país una tras otra. También con la educación de su hijo formado en la más importante Casa de la Vida de los templos de Amón en Tebas y en cuanto el joven príncipe tuvo dieciséis años, fue juzgado apto para secundar a su padre como corregente del Reino. Un decreto lo designó formalmente con este título para oprobio de Amenset que seguía siendo reina consorte. La violenta cólera que la sacudió dirigió ciertamente la sucesión de los acontecimientos cuando el príncipe heredero entregó el alma. Moisés, que preparaba la salida de su pueblo, judíos y egipcios confundidos en una sola familia de oprimidos, fue recibido en última audiencia por Tutmosis II, ya derrotado por la suerte y por Amenset.

La reina seguía los acontecimientos e intervenía a través de consejeros a su sueldo. Su esposo quiso rehusar la salida cuando ella le presionó para deshacerse de los inoportunos a quienes acusaba de poner el país a sangre y fuego. Cuando el Rey cedió, ella le insufló la idea de perseguirles para exterminarlos. La partida a jugar por la reina era fácil, porque además de los judíos, toda una parte de la población huía con ellos: los partisanos del monoteísmo de Ptah que rechazaban plegarse a la voluntad del faraón y de Amón. Todos eran juzgados como impíos de una misma rebelión. Se trataba realmente de un crimen de lesa majestad que no podía quedar impune, y era la última oportunidad de la reina Hatsepsut para tomar el cetro del reino. Ella también fomentó la muerte de su esposo ayudando al azar de esta guerra santa a su favor.

Todo lo que se puede afirmar hoy, es que Tutmosis II murió ese año, 1500 a.C., de forma súbita y desconocida. Mientras que Moisés cruzaba tranquilamente el mar Rojo, Amenset creyó convertirse por fin en reina: Hatsepsut.

Pero los años que siguieron fueron muy confusos ya que un joven príncipe nacido de una concubina, apoyado por los sacerdotes, rechazaba perder la sucesión y se hizo coronar con el nombre de Tutmosis III. Al principio cedió el poder a Amenset, que se convirtió en el "faraón". Luego retomó el poder después de una revuelta en palacio y la muerte de Hatsepsut fomentada por él. De ahí el martilleo en todos los monumentos que llevaban el nombre de esta reina deshonrada y borrar de la historia este reinado maldito. También el martilleo había sido realizado sobre el reinado de Tutmosis II por Hatsepsut para borrar las huellas de su trágico final en el mar Rojo.

Así, pues, la vida de Moisés reconstituida tanto por los revueltos hechos históricos de ese tiempo como por los escritos contenidos en el segundo libro del Antiguo Testamento, designado según la antigua costumbre judía por la palabra *Shemot* que los traductores griegos nombraron *Éxodo*. Pero en este segundo elemento capital, la concordancia no es completa, ni mucho menos como para el primero.

Debemos reconocer que los textos bíblicos de tradición oral, han sido escritos por los sacerdotes levitas, esencialmente cuatro siglos después de la muerte de Moisés, muy fieles al espíritu mosaico. Pero el temor a perder cualquier parte vital llevó a los redactores del texto definitivo a incluir algunos relatos dobles, o variantes sujetas a precaución, además, todo ello se sitúa en el siglo V a.C., es decir, casi mil años después de Moisés. Es por ello que el fondo espiritual del monoteísmo, que remonta a la noche de los tiempos, debe ser visto a través de los pensamientos que animaban a los sacerdotes judíos que lo redactaron en el VI y V siglo, correspondiendo a la deportación a Babilonia, con sus largos años de exilio, y al retorno con la reconstrucción del templo de Jerusalén. Es impensable que las largas meditaciones en el extranjero no hayan influenciado la redacción del texto de un éxodo de un milenio anterior, que recordaba extrañamente la ceguera y decadencia de otro pueblo anteriormente elegido del mismo Dios.

El documento sobre el éxodo se compuso con el único objetivo de aportar enseñanzas estrictas, copiadas de los mandamientos originales, para que Israel sobreviviera en un primer momento y después viviese según los rigurosos preceptos en acuerdo con las Tablas de la Ley y la erección del templo monumental.

A grandes rasgos, el entorno de Moisés se ha situado en su contexto histórico, ahora retomamos paso a paso la lectura de la vida del Liberador, desde el momento en que fue recogido por la hija primogénita del faraón, cuyo segundo año de reinado acaba de iniciarse.

Estamos en 1579 a.C.

TERMUTIS LA OLVIDADA

"Y la hija de Faraón descendió a lavarse al río, y paseándose con sus doncellas por la ribera del río, vio ella la arquilla en el carrizal, y envió una criada suya a que la tomase" (ÉXODO II-5).

Como en esa época hacían todas las damas distinguidas de la corte, la princesa Termutis había dejado su palacio en el período canicular desde hacía dos lunaciones. Men-Nefer[44] con sus espléndidas murallas blancas había vuelto a ser la capital de esta nueva dinastía libre[45], aprovechando para renovarse y curar sus profundas heridas. Toda la ciudad no era más que una inmensa cantera, entregada a los arquitectos y constructores que volvían a priorizar la construcción de los templos en ruinas.

Los innumerables trabajadores extranjeros, prisioneros de Oriente o de Sudán, junto a los obligados, esencialmente judíos y egipcios del pueblo de Ra, esos adoradores idólatras, constituían una tropa como cuatro legiones de soldados que no había seguido al faraón a la guerra, pero formaba una masa compacta que fabricaba en cadena millones y millones de ladrillos o tallaban continuamente enormes bloques de piedras de todo tipo.

La muerte tanto del faraón, padre de Termutis y de su medio hermano, el nuevo poseedor del cetro divino, había suspendido todos los trabajos del estado durante los setenta y dos días necesarios para el embalsamamiento y momificación del cuerpo. Después hubo cinco días más destinados a la inhumación ritual para que todo el pueblo pudiese seguir la solemne ceremonia del juicio final, que era la que permitía acceder sin contratiempo al más allá de la vida terrestre. Al finalizar se retomaron los trabajos de forma acelerada bajo la alta autoridad del nuevo rey, Ah-Moses, que, para calmar los espíritus, había hecho distribuir, diplomáticamente, raciones complementarias de ajo y cebolla para compensar los sudores debidos al fuerte calor. Porque si del lado sombrado del río, los veraneantes privilegiados no sufrían las grandes diferencias de temperatura, no ocurría lo mismo en Men-Nefer, donde el fino polvo de las arenas del desierto cercano invadía la ciudad, manteniéndose en una nube espesa.

---

[44] "El esplendor de Poniente". Este nombre se transformó en los "Muros Blancos", que los griegos pronunciaron Menfis, de Men-Nefer.
[45] Amosis, siendo el primer rey de esta XVIII dinastía, sustituyó la de los invasores hicsos que reinaron casi tres siglos en Egipto, volviendo esta capital a ser libre.

La princesa Termutis, llamada la Solitaria por toda la corte, había cruzado el río Hapy[46] solo acompañada de sus sirvientas y de sus dos seguidoras, medio hermanas de una misma madre concubina en el harén real. Siempre estaba aislada en su amplia propiedad de verano, cercana a la residencia de los faraones, donde residía la divina esposa de su hermano: Nefertari, que cómodamente instalada esperaba el nacimiento de su primer hijo. La reina esperaba que fuese un varón, y era objeto de atención de todas las cortesanas que habían venido a acompañarla con la esperanza de que, al asistir al término de su embarazo, fueran honradas con títulos muy provechosos.

Termutis contrastaba, por supuesto, con el entorno de la princesa y según su costumbre estaba sola, sacudió la cabeza haciendo balancear sus largas trenzas negras, porque, a pesar de su reconocida alma bondadosa, sólo podía envidiar y sentirse celosa de su bienaventurada cuñada. Desde el lugar donde se había sentado, cerca de la orilla observaba por encima del cañaveral y de los juncos el pequeño montículo donde se ubicaba el majestuoso palacio de verano viendo nítidamente la amplia terraza sombreada donde Nefertari estaba tendida en una litera, alrededor de la cual se movían todas las damas.

Ella estaba sola mereciendo el nombre de solitaria, sus dos seguidoras jugaban más allá, aunque atentas a la menor llamada de su maestra, mientras que las criadas vagaban en sus múltiples tareas cotidianas, algunas golpeaban repetidamente la ropa en la orilla del agua. Termutis seguía a solas con sus pensamientos taciturnos.

Con una triste sonrisa, algo crispada, se incorporó y con un suspiro se levantó, prefiriendo andar un poco a pesar de la elevada temperatura para esta temprana hora. No quería caer en la tentación de llorar teniendo un nudo en la garganta, ya que sabía que las mujeres que lavaban la ropa cantando, la observaban de reojo. Algunas de ellas se habían quitado su única prenda, una camisa, para estar más cómodas bajo el calor, y Termutis hizo lo mismo para caminar con más libertad, dejó pues su vestido de lino y sus sandalias y sólo conservó su corta túnica de tela lujosamente tejida en hilo de oro. La finura era tal que su armonioso cuerpo se transparenta con formas perfectas. El conjunto realzado por un rostro cuyos ojos, ligeramente rasgados, autentificaban la descendencia aristocrática de su raza. Tendría un encanto excepcional si sus rasgos no estuviesen impregnados de tristeza. Sus pies desnudos se hundían en la ardiente arena y permitieron a su espíritu recuperar una cierta frescura. Desde su nacimiento, no pudo aceptar su realidad.

En el momento del parto de su madre, más difícil de lo previsto, su joven cuerpo fue víctima involuntaria de la ablación de un órgano que conllevó una ligera malformación de la ingle, casi invisible, pero que le causaba a veces dolores intolerables. El diagnóstico final del médico real fue que la princesa jamás podría tener hijos, que era estéril. No pudiendo convertirse en madre de un faraón, a pesar de ser la primogénita heredera del trono, el Consejo de los Nobles eligió en su lugar a Nefertari para esposar a Amosis. Y para que Termutis no protestase, había sido casada con un joven príncipe extranjero del país hitita, pero residiendo oficialmente en la corte de Men-Nefer para aprender los usos y costumbres de Egipto, aunque, oficiosamente esta

---

[46] Hapy es el doble nombre del Nilo y de lo que conocemos por Vía Láctea, que era el Gran Río Celeste.

presencia principesca, y la de un centenar de nobles de diversos países, era una garantía de la buena conducta de sus padres en sus respectivos territorios de origen.

Ambas uniones tuvieron lugar con todo esplendor, pero con dos semanas de intervalo, la de los príncipes después de la del rey. La reina quedó embarazada y a punto de dar a luz; quizá eso había aumentado su nerviosismo en estos tórridos días, y su necesidad de afecto hacia un bebé que fuera suyo, que jamás tendría, la hacía envidiar el evidente placer de Nefertari esperando el feliz acontecimiento del próximo nacimiento. Meditando con frialdad su infortunio, la princesa llegó a la sombra de sicómoros centenarios donde la alegre plenitud de la reina no dañaba su espíritu acomplejado.

Se sentó allí suspirando, aunque más ligera de corazón y más fresca en su cuerpo apenas cubierto. Apoyó su cabeza contra el macizo tronco rugoso, más tranquila, cerró los párpados con una pobre sonrisa; ella no sería igual a la antigua princesa Nut, cuya historia había aprendido en sus años de estudios en la Casa de la Vida. Recordó la legendaria aventura, quizá verídica, que había llevado a la futura reina Nut bajo un enorme sicomoro en el recinto sagrado donde el rey de ese país dialogaba con su dios: Ptah, el Único. Aquello ocurrió en Aha-Men-Ptah, ese Corazón Primogénito, donde vivieron los ancestros antes de que el Gran Cataclismo los borrase de la superficie de la tierra, ese país demasiado amado por las criaturas que habían intentado sustituir el reinado del Creador por el suyo propio[47]. Sin embargo, deseando salvar a algunos, Dios eligió a Nut. Aprovechando su curiosidad, le había hecho penetrar en un lugar prohibido, y la hizo concebir. A través de su hijo nacido, una multitud se multiplicó en otro continente creando el Segundo Corazón, este Ath-Ka-Ptah donde vivió la descendencia directa de este hijo, Osiris. Precisamente ese día, el 17 del tercer mes de la inundación del primer año del reinado de Amosis[48].

A pesar del transcurso de este tiempo inimaginable, alejado en más de siete milenios, una de las tradiciones más tenaz de la religión, había sobrevivido a todos los golpes del destino, sosteniendo que era bajo un sicomoro, como bajo el que ella descansaba, que se produjo este acontecimiento, haciendo que la princesa virgen Nut se convirtiese en la Gran Dama del Cielo, una reina madre que dio a luz un hijo sin haber sido fecundada por semilla de hombre. La bella Termutis enrojeció bajo este pensamiento, recostándose de forma cómoda en el tronco del árbol venerado. Pensó con lucidez que desgraciadamente, aunque soñase, su esterilidad le impediría cualquier tipo de procreación, quedándose eternamente sola. Además, aunque dirigiese a Dios la más ferviente de las oraciones, éste miraría hacia otro lado, ya que ella estaba dotada de un esposo, a pesar de que éste sólo le concedió un lugar en su lecho durante tres noches. Después, su marido la había dejado, como todos los grandes del reino para acompañar a Amosis, de ello hacía más de siete meses. Junto a la gente de armas, formaba parte del dispositivo para la protección personal del rey durante la campaña militar. Quizá todos los hombres volviesen a tiempo aureolados de numerosas victorias para festejar alegremente el real nacimiento esperado para antes de una lunación.

---

[47] Para saber más, léase el *Gran Cataclismo*, del mismo autor.
[48] En tiempo solar, rectificado con nuestro calendario actual, nos da la fecha del 6 de octubre de 1499 a.C.

En cuanto a Termutis, sola, olvidada, nada tenía que esperar de la vuelta de su esposo. Su esterilidad seguiría siendo el lastre más importante de su existencia sin objetivo. Y qué podría esperar de Dios, incluso suplicándole como nadie lo hizo antes, ya que no podría culminar este deseo de maternidad.

Exhalando su amargura interior, la princesa se durmió con un largo suspiro de apaciguamiento con su alma. Su sueño fue muy corto, ya que fue bruscamente interrumpido por gritos y exclamaciones de sorpresa. De vuelta a una realidad incomprensible sólo abrió sus ojos cuando su nombre fue pronunciado por Bika, la más antigua de las cuidadoras, que hablaba a su hermana con vox excitada:

-Deberíamos despertar a la princesa. Te aseguro que este cuadro la alegraría y quizá quiera tenerlo.

Con un murmullo de aprobación, las mujeres se alborotaron hasta que llegó ella, miró hacia la orilla, al lugar de donde venía todo ese ruido. La mayoría de las sirvientas rodeaban a sus seguidoras, que gesticulaban inclinadas hacia los juncos. Termutis pensó que las mujeres habían visto un cocodrilo muerto a la deriva como alguna vez había ocurrido, y que le gustaría coger su piel para adornar sus espejos. Sacudiendo su cabeza y movida por la curiosidad se dirigió hacia el grupo en contra de su voluntad.

A su llegada, las sirvientas guardaron silencio apartándose e inclinando la cabeza con las manos tendidas en signo de sumisión. Las dos seguidoras, Muba y Bika, recompuestas, le indicaron con el dedo apuntando a la orilla un punto preciso. Era una pequeña cesta hecha con manojos de papiro entrelazados de forma grosera pero sólida, balanceándose entre las pequeñas olas que la acercaron a los juncos que la detuvieron. A pesar de ser rudimentaria, flotaba admirablemente protegiendo el contenido de un eventual naufragio. Este fardo ligero contenía un recién nacido desnudo, algo delgado, pero que sonrió adorablemente tendiendo sus minúsculas manos hacia Termutis, como suplicando su alta protección.

¿Sería por efecto de la corta túnica dorada que vestía la princesa brillando al sol? ¿O era a ella a la que contemplaba el niño? La joven, con una sonrisa de emoción vio en ello un signo de Dios llegado por el río Hapy, era como si del Río Celeste le hubiera sido enviado el tan deseado hijo.

De pronto, se asustó por entrever lo inimaginable en esta llegada, la Solitaria se precipitó hasta las mismas ondas. Este bebé se presentaba para satisfacer la ferviente oración que había dirigido al cielo bajo el sicomoro, y debía actuar con rapidez. Con gestos desordenados y voz temblorosa amonestó a las más jóvenes lavanderas que miraban la escena riendo sin pensar más allá:

- ¿Qué esperáis, pequeñas descerebradas, para traerme ese pobre bebé a la orilla? ¿O deseáis que los haga azotar hasta despellejaros? Que Ptah, en su clemencia, haga que la corriente no lo lleve de nuevo.

Sin pensarlo, dos jóvenes lavanderas se precipitaron en las aguas del río. Una no tomó el tiempo de quitarse la camisa y la otra, ya desnuda, nadó más rápido llegando la primera hasta los matorrales de juncos donde la frágil embarcación esperaba un salvador eventual. Deshizo hábilmente la endeble sujeción mientras que su compañera que llegó hasta ella empujó la cesta bajo la mirada extrañada de este bebé. Las dos jóvenes adolescentes, divertidas, trajeron sin esfuerzo la improvisada barquita hasta el lugar de la verja donde se inclinaba ansiosa la princesa solitaria. Las dos seguidoras se precipitaron ante su maestra metiendo los pies en el agua para recoger la cesta y su contenido, de forma que nadie tomase su posesión, sólo Termutis.

Con los brazos temblorosos, Termutis tomó contra ella el pequeño cuerpo desnudo, su nerviosismo no le impidió ser extremadamente lúcida como descendiente de su ancestro Nek-Beth que era. De inmediato se dio cuenta que el bebé no tenía un mes de edad y, como no lloraba, supuso que había sido amamantado recientemente, y que vendría de un pueblo de familia judía que habitaba la otra orilla, no muy lejos.

-Qué guapo es –dijo Muba interrumpiendo los pensamientos de Termutis.

-Parece complacido en tus brazos, princesa –añadió alegremente Bika con su voz aguda.

La hermana del faraón, que de hecho detentaba la parcela divina uniendo el cielo a la tierra en este Segundo Corazón, se sobresaltó en alma y corazón con esta doble afirmación que había hecho suya. Dios se lo había enviado para que fuera realmente su madre. Sólo le quedaba por encontrar el modo de resolver este problema, menos arduo de lo que parecía.

Por una asociación de ideas similares, un tipo de transmisión de pensamientos, sus dos medias hermanas se miraron fijamente intercambiando miradas mudas y expresivas con Termutis. Ello valía más que cualquier otro diálogo. Frente a la urgencia de la situación, y acunando inconscientemente el joven cuerpo en sus brazos, ordenó imperativamente a todas sus criadas:

-Todo se ha acabado, ya no os necesitamos aquí. Habéis holgazaneado suficiente, idos y no olvidéis que nadie debe hablar de lo ocurrido hoy. Si conozco que alguna de vosotras ha dicho lo que sea sobre este bebé, mi venganza será terrible con todas. La menor sanción será arrancaros la lengua para evitar que habléis en lo sucesivo.

Una exclamación de terror y protesta general aseguraron una entrega total a la princesa, y como ella sabía dar mejor la miel que el palo, añadió:

-En recompensa por vuestra devoción y ayuda, Muba y Bika os darán a cada una tres collares de lapislázuli, ahora volved al trabajo.

Esta vez, un murmullo de felicidad marcó la ocasión, y las criadas, una tras otra, antes de dejar el lugar besaron los pies de la princesa en agradecimiento. Termutis había ganado la partida, sin saber aún de qué trataba, sintiéndose feliz y tranquila ya que las criadas se mantendrían mudas acerca del bebé.

La última en inclinarse frente a ella fue la joven lavandera que se echó al agua con su vestido para traer al niño a la orilla, ya que le llevó un tiempo estrujarlo para volver a vestirse. Indudablemente era de tipo semita, lo que le dio una idea a Termutis y, reteniéndola, le dijo:

-Espera, ¿Cómo te llamas, pequeña?

-El nombre que me fue dado a mi llegada, princesa, es Merit.

-Este bonito nombre te sienta bien, pero cómo te llamabas antes.

-Miriam. Oh, divina. Los dos son complementarios, ya que, si mi nombre egipcio significa amor, mi nombre judío significa esperanza.

-Bien, Merit, siéntate un momento y espérame.

Termutis se volvió hacia su media hermana, y como el bebé estaba adormecido en sus brazos, supo que las decisiones que debía tomar a continuación estarían en perfecta armonía, sin forzar el destino, y dirigiéndose a Muba, dijo:

-Este niño necesita leche urgentemente, por ello decido buscar a su madre enseguida.

-Pero eso es imposible, princesa.

-No, gracias a esta inteligente joven judía a la que ayudarás a cruzar el río y la dejarás cerca del primer pueblo eber, lugar desde el cual ha sido depositado el barquito sin duda alguna, Merit buscará esa madre para que sea la nodriza de mi hijo.

- ¿Tu hijo? ¿Quieres adoptarlo? Si es judío, tal como crees, el divino Amosis, a él larga vida, salud y prosperidad, montará en cólera.

-No lo voy a adoptar. Será mi hijo.

-Pero, ¿Cómo?

-Mientras que busques a su madre con Merit, lo arreglaré con tu hermana. Aún no sé cómo, pero encontraré el medio. Sé que este bebé me ha sido enviado por Hapy para ser mi hijo, y lo será. Ve y vuelve pronto, porque el pequeño no tardará en pedir ser amamantado.

Y dirigiéndose a Merit, le dijo:

-Ven, Merit, acompañarás con Muba para traer una nodriza a este bebé, por el camino ella te explicará lo que debes hacer y a tu vuelta serás recompensada.

La joven lavandera se inclinó sin decir palabra y siguió a Muba.

Estando a solas con Bika, le entregó el bebé que tomó con cautela, éste abrió los ojos un momento, pero, sintiéndose seguro volvió a cerrarlos.

-Qué niño tan guapo –dijo Bika- parece muy maduro a pesar de ser tan joven.

-Será muy inteligente, no puede ser de otra manera, pero por el momento volvamos a casa para encontrar el modo de hacerlo pasar por mi hijo, y quitarlo de todas las miradas hasta que encontremos la solución.

Habiendo instalado confortablemente el pequeño en la litera de su habitación, cubriéndolo de fino lino para que no se enfriase en esta sala ventilada y sombreada, las dos mujeres salieron silenciosamente, y en el salón privado de su estancia, Termutis dijo temblorosa:

-Tráeme mi vestido de lino rojo para prepararme a recibir a la madre de este bebé y convencerla para que sea la nodriza de mi hijo. Así será, estoy segura.

Mientras que su seguidora salía del salón, la princesa contó los meses:

—Llevo aquí dos lunaciones, mi esposo se fue a la guerra cinco meses antes, así que llevo casada siete meses. Nefertari, casada antes que yo, dará a luz en quince días, así que no habrá nada de extraordinario en que yo esté en posesión de un hijo que nacerá dentro de un mes.

Volvió Bika, trayendo la espléndida ropa escarlata en ese mismo momento, al oír sus palabras, abrió los ojos como platos de sorpresa. Y tartamudeó pensando que su maestra había perdido el sentido común dijo:

—Pero es imposible, divina Termutis, ni siquiera tienes un vientre redondeado, por no hablar de la imposibilidad que conoces de tener un hijo.

—Soy de esencia divina, mi buena Bika, y lo sabes ya que tú me atribuyes este título. Así, pues, siempre es posible un milagro si Dios me toma bajo su protección. ¿No crees que él lo ha hecho enviándome este bebé?

—Por supuesto que la divina providencia ha acudido en tu ayuda y que Dios te toma bajo su protección, pero cómo harás para hacer nacer de tu vientre este hijo que será tuyo, porque hace dos meses, estando en el palacio real, a vista de todos, tu vientre era plano para tu desgracia. Oh, Termutis.

La princesa se encogió de hombros al tiempo que se vestía:

—Con cinco meses de embarazo, una mujer aún puede mantener su línea para evitar cualquier murmuración, sobre todo si no está segura que el abombamiento de sus formas sea debido a una fecundación de un marido que sólo compartió tres noches con ella.

Después de unos momentos de reflexión, Bika, sonrió:

—Esto podrá pasar delante del faraón, es seguro, especialmente si todas nosotras, tus devotas criadas, susurramos confidencias secretas en este sentido.

—Está bien hablado, Bika. En cuanto llegue la nodriza de mi bebé, pedirás audiencia a Nefertari para mí.

—Pero ella verá tu vientre plano.

—Es más fácil hacer lo que no existe que quitar lo que es redondeado. Búscame un cojín mediano que abrirás, para vaciar en él el contenido de otros hasta que tome una bella forma y se adapte a mi cintura. Date prisa, y mientras tanto me ocuparé de elegir un bello tejido para simular mi estado en una túnica holgada.

—Larga vida a ti, princesa, y que el nacimiento de tu hijo llegue pronto sin dolor bajo la protección de Iset y Nek-Bet.

La seguidora, sonriente y excitada salió de espaldas con las manos extendidas para ejecutar las órdenes de su ama. Termutis, algo sobrepasada por la rapidez de los acontecimientos, y por los vivos reflejos que había tenido, dirigió los pasos hacia su habitación para mirar con placer este bebé que le caía del cielo. Éste seguía durmiendo sin preocuparse por nada. La princesa, enternecida frente a este inestimable regalo de la divinidad, se preguntaba por qué Dios lo había enviado a ella, y si debía buscar su significado para evitar incidentes peligrosos en futuro más o menos cercano, pero la respiración de este niño seguía siendo tranquila, como si nada pudiera afectar su persona. Aprovechando que estaba sola, se acercó a la cuna arrodillándose para seguir la contemplación del pequeño ser. Instintivamente en un susurro interior dirigió su agradecimiento a las dos gemelas divinas[49]:

-Gloria os sea dada a vosotras, protectoras y celestes habitantes de nuestros corazones. Vuestro poder acaba de ser demostrado nuevamente con la llegada de este bebé sin nombre. Será mío, bajo todo punto de vista, eternamente, y para conmemorar para siempre este acontecimiento excepcional, lo llamaré Met: El Nombre. Que es, de hecho, el de vuestro padre como del mío, ya que no se puede leer ni pronunciarse[50]. Pudieseis ser para siempre, oh tú, la bienaventurada Iset, y tú, oh, divina Nek-Bet, las guardianas de Met, hijo que me ha sido dado por Dios hasta el día del Juicio Final, e incluso más allá de esta vida terrestre. Gracias a vosotras dos desde el fondo de mi corazón.

Con un suspiro de alivio, y totalmente satisfecha por su oración a las dos hermanas, posó su cabeza cerca del pequeño cuerpo adormilado, y se durmió vencida por las intensas emociones de esta extraordinaria mañana.

La princesa se despertó por murmullos furtivos, sus sentidos enseguida se alertaron dispuesta a morder o arañar a cualquiera que se acercase. Se reincorporó bruscamente y quedó aliviada al ver su sirvienta Merit frente a ella, escondiendo a medias detrás de ella a una mujer vestida completamente de negro. Fue Muba la que se apartó y señaló a la mujer:

-Esta se llama Yokhebed, oh, divina princesa, y Merit asegura que es la madre del niño[51].

---

[49] Se trata de las hermanas gemelas nacidas de Nut y Geb, última pareja real de Aha-Men-Ptah: Isis y Neftis en griego.
[50] A propósito del nombre Met: ¿Cómo se convirtió Met en Moisés? El verdadero rompecabezas de la lingüística filológica de los primeros tiempos mezclaba el hebreo, el griego y una fonética poco fiel de un lenguaje popular surgido de la jeroglífica, del que se ha perdido cualquier rasgo no dejando más que pocas parcelas verídicas del origen. Partiendo de bases seguras a nuestra disposición, es decir, los nombres de los cartuchos reales faraónicos, interpretados por los griegos en esta fonética: Amosis, Tutmosis, etc., que son de la misma época que Moisés, y que significaban: "Su nombre es Mosis", "Su nombre es Tut", por Thoth o Ateta, nombre verdadero. Es difícil comprender aquí el proceso de deformación. Ocurre lo mismo con Moisés, que era Mosis en griego, y Met en lenguaje jeroglífico fonetizado.
Así pues, Met, representaba la apelación que unía el pequeño ser a los influjos del cielo. Habiendo sido ardientemente deseado por Termutis, pero que, al no nacer de su vientre, ella le dio el nombre original iniciático: Met. No debemos olvidar que la princesa era la primogénita y, como tal, había sido educada con todo el conocimiento ancestral. Moisés, o Met, era sencillamente El Nombre, el que Dios había elegido para transmitirlo a una multitud.
[51] Un punto exégesis muy interesante, y primordial, no ha sido a menudo abordado con toda la franqueza necesaria, sobre todo por los levitas que escribieron cuatrocientos años después de la muerte de Moisés su genealogía. Este mismo velo, poco conforme a la realidad, subsistió cuando los sacerdotes de Israel, en el siglo V a.C. redactaron los documentos sagrados, de los que hablaremos bajo otra forma en este capítulo. Efectivamente, en nuestras biblias de habla de Jochabed, como se escribe Jehová. Pero la escritura hebraica habla de Yokhebed, tal como nombra Yohovah, Yohva o Yahve.

Levantándose, Termutis se acercó a la mujer y le bajó el velo que le cubría el rostro. Observó rasgos peculiares, y el cansancio por la vigilia, aún tenía los ojos rojos por el llanto, testimonio de largas noches en vela. Compadecida, le preguntó con voz dulce:

- ¿Eres realmente la madre de este niño, triste mujer, cuyo nombre extranjero es impronunciable para mí?

Yokhebed retrocedió un paso, muy preocupada. Merit se acercó a su ama e inclinando la nuca, le dijo:

-Esta mujer no comprende tu idioma, oh, princesa. Si lo permites se lo traduciré.

-Te lo ruego, "Amada", a partir de ahora eres mi esperanza, pregúntale también las circunstancias que le han obligado a abandonar este niño.

Una leve queja seguida de un murmullo de descontento salió de la boca del pequeño Met. Termutis y Yokhebed se precipitaron junto al bebé, y las explicaciones se aplazaron ante la urgente necesidad de comer que tenía el niño. Fue tranquilizado rápidamente por el pecho redondeado que se apresuró a mamar reconociéndolo como exclusivo de su alimentación. No hubo necesidad, ni para la princesa, ni para Merit o cualquier otro testigo que hubiese visto la escena, tener prueba de parentesco entre estos dos seres.

Dejándolos momentáneamente tranquilos, Termutis hizo signo a Muba y a Merit para que la siguieran a la sala contigua, donde les informó de las disposiciones tomadas durante su ausencia acerca del nuevo nacimiento oficial de su hijo, y que ambas debían corroborar. El acuerdo no se hizo esperar aliviando la situación. Pero Muba, son embargo, expresó una justificada reserva:

-Pero ¿cómo explicarás, oh, princesa, la presencia de una mujer judía en palacio, para ser la nodriza de tu bebé? Hay muchas damas nobles egipcias que se postrarían a tus pies para esta ocupación divina y honorífica. No olvides, además, que, si Nefertari da a luz una hija, sería tu hijo el heredero legal del trono: Así será desde su presentación, príncipe heredero de Ath-Ka-Ptah.

La etimología es de vital importancia, ya que el nombre abreviado de Dios, Yô, no puede haber sido revelado a Moisés en su visión en Horeb, donde supuestamente Dios le explicó el sentido de esta nueva palabra, ya que su propia madre se llamaba Yokhebed, es decir, "Yahve es mi gloria". Esta es una de las ocho razones fundamentales que me han hecho escribir que Moisés era egipcio y que se había llevado con él los Mandamientos esenciales de la Ley aprendidos en la Casa de la Vida, inculcados en su educación monoteísta y mística. Además, mucho antes del establecimiento de la I dinastía de los Hammurabi en Babilonia, es decir, anterior a 1780 a.C., dos siglos antes del nacimiento de Moisés, Fenicia ya poseía familias cuyos nombres genéricos se componían de Yah, Yahu y Yahve. Por fin, Yahve ya era el nombre del dios de la zona de Yadi en el norte de Siria.

Los cananeos, durante el reinado de Tutmosis II, denominaron una de sus ciudades Bethya, "la Casa de Yavé", es decir, antes de la huida de Moisés de Egipto con su pueblo, como veremos más adelante, y, por supuesto, antes de la pretendida revelación del nombre de Yavé en el Sinaí.

Lo que no quiere decir que el legislador, huyendo de las orillas del Nilo, hubiese inventado la Ley completa, ya que existía en Egipto desde hacía más de dos milenios. Su iniciación y su gran fe en el Dios Uno indudablemente le inspiraron para restablecer los fundamentos de la religión del Creador Eterno, Yavé, como veremos conforme se desarrolla la vida de Moisés en los siguientes capítulos,

—Soy Termutis, la hija primogénita del faraón. No tengo por qué dar explicaciones sobre mi elección. Además, para llevar a cabo mi plan, Merit volverá a tomar su nombre de Myriam para poder decir a su entorno que, a mi demanda, es su madre para este cometido.

Y sonriendo a la adolescente, le preguntó:

- ¿Te conviene esta solución?

Merit, o, mejor dicho, Myriam, se postró cubriendo con su cabellera los pies de la princesa en signo de sumisión:

—De una hija sin familia, haces de mí, oh, divina Termutis, una joven con una madre con la que vivir y a la que amar. Además, con este bello bebé que llamas Met, haces de mí una primogénita que cubrirá todas sus necesidades: ¿Cómo preguntas si me conviene?

Merit abrazó con pasión los pies desnudos de su maestra y luego se retiró quedando su cara contra la alfombra de lino; sus lágrimas mojaron la tela. Satisfecha de la respuesta, la princesa supo que no se había equivocado acerca de los sentimientos y la inteligencia de esta joven huérfana, que siendo una de sus criadas se convertiría desde ahora en dama de compañía. Y, como conclusión, añadió:

—Ahora que lo principal se ha solucionado, volvamos con la madre, nodriza de mi hijo, es decir, tu madre, Myriam.

Habiendo recuperado su nombre de nacimiento, Myriam se levantó secando sus lágrimas, y con los ojos brillantes de felicidad, la cabeza alta, siguió a la princesa y a Muba.

El bebé había terminado de mamar y Yokhebed lo apoyaba en su pecho meciendo suavemente el cuerpo desnudo y cantándole una canción de cuna de su país. La escena era muy tierna y llena de grandeza, pero Termutis no se dejó impresionar porque lo más difícil quedaba por hacer; convencer a la joven judía quedarse como nodriza sin que jamás demostrase su precisa relación con el bebé, cuya madre sólo sería la princesa.

En realidad, Dios velaba su obra y sus criaturas. Todo se desarrolló en armonía, ya que la mujer era viuda sin ningún otro hijo, y sin recurso alguno no tenía posibilidad de criar este recién nacido de un esposo fallecido súbitamente por un duro trabajo. Con sus fuerzas al límite, Yokhebed estaba muriendo de agotamiento y por haber dejado una parte de ella misma en el Gran Río[52].

---

[52] Aquí debemos destacar un punto particular de la historia de esta familia de la tribu de Leví, de la cual Yokhebed era una de sus hijas. Su esposo, Amram, también era levita. Fue por este motivo que en las listas de los nombres de los hijos de Leví y de sus progenituras, mucho más tarde los sacerdotes de esta tribu añadieron un siglo a su duración de vida afin de ajustarla a la de sus predecesores (*Éxodo* VI-20) mientras que sus días fueron de 37 años. Murió de agotamiento en la tarea para la que había sido requisado, como muchos de sus compatriotas, dejando a su mujer Yokhebed en la más completa indigencia. Además, la tradición oral da una hermana a Moisés, Myriam. Es patente que, con el tiempo, esta hermana adoptiva efectivamente haya pasado como hermana de sangre. Ocurrió lo mismo para Aaron, calificado de hermano mayor. Si lo fue, como

Así, dos semanas más tarde, nació un varón de Nefertari, llamado Amon-Hotep, o la Paz de Amón. La Gran Esposa Real se vio colmada en su más profundo deseo. Y tres semanas más tarde, justo antes de finalizar el período canicular en su residencia de verano, Termutis igualmente dio a luz a un varón llamado sencillamente Met, o El Nombre. La princesa también se vio colmada en su más secreto deseo, ya que este nacimiento no provocaba celos de Nefertari, ni de nadie.

Tres meses más tarde, grandiosas festividades marcaron el nacimiento de Amon-Hotep con el glorioso retorno de la guerra de su padre, el faraón Amosis. Fue muy diferente la conmemoración del nacimiento de Met, ya que el esposo de Termutis había muerto en el campo de batalla, y el duelo excusaba su retiro del entorno de la vida real. Además, ella cortó por lo sano cualquier veleidad o maledicencia, lo que permitió a Met vivir tranquilamente los primeros años de su infancia, mimado entre su verdadera madre y su madre adoptiva, sin saber quién era cual, sólo Dios cuatro años más tarde hubiera podido decirlo.

---

veremos más adelante, no fue por la sangre. Además, todos los exégetas, tanto cristianos como judíos, admiten que este nombre no tiene ningún origen judío, poseyendo, sin embargo, un significado y comprensión en la lengua de las orillas del Nilo.
Además, Yokhebed estuvo totalmente sola cuando Moisés se fue en su pequeña cesta de juncos y hubiese muerto de agotamiento si Myriam no hubiese ido a buscarla.

TERMUTIS, MADRE

> "*Os exhorto a hacer maduras reflexiones sobre Moisés, veréis que este elegido del Creador fue verdaderamente los tres tipos de la triple esencia divina en su creación universal*". (MARTINES DE PASQUALLY. Tratado de la reencarnación, 1765).

> "*Estamos mejor fundados negando al monoteísmo de Israel en sus inicios, el carácter de un monoteísmo absoluto. Es por lo que preferimos calificarlo como una monolatría, para marcar mejor su carácter nativo y nacional con respecto al monoteísmo absoluto y universal*". (R. PITTAZZONI. Formación del monoteísmo).

- ¿Por qué me vistes hoy con bellos ropajes, mi pequeña madre? ¿No quiero parecer como Amon-Hotep?

El joven Met, en su cuarto, ya demostraba una fuerte personalidad. Sus bellos rizos rubios ondulaban bajo el rojo sol del amanecer, mientras que se agitaba haciendo difícil vestirlo con su túnica. Termutis, con una orgullosa sonrisa frente a esta voluntad principesca, tomó un tono severo para decir:

-Ya te he dicho, mi joven príncipe, que siempre debes llamarme princesa real, o, al menos, divina madre.

- ¿Pero no eres mi pequeña madre tan querida?

Unas lágrimas de alegría le llenaron los ojos, ella había renunciado a mejorar la educación del que se había convertido en carne de su carne tan profundamente como si lo hubiese sido de verdad. Termutis prefirió cambiar de tema y con labios temblorosos dijo:

-Soy tu querida madre, Met, tanto como tú eres mi amado pequeño. Y, por ello, quiero que estés guapo para hacer la visita de cortesía que debes a Su Majestad, que, te recuerdo, es tu hermano.

-Pero no quiero parecer como él.

-He hablado. Él es como tu hermano y siempre se viste de este modo, pero, te puedo asegurar que esta mañana él llevará ropa mucho más bonita.

Met, resignado suspiró profundamente mirando su madre la princesa con unos ojos azules muy abiertos y limpios:

-Yo estoy muy bien a orillas del río con los pies descalzos.

-Por supuesto, bonita escapada volviendo más negro que la tierra que es el regalo de Ptah. Hoy te quedarás entre Myriam y yo, sin moverte y sin hacer muecas.

-Odio esta fiesta, a Amon-Hotep y a su padre.

- ¡Calla, o te daré un azote! El padre de Amon-Hotep es el rey y le debes total obediencia. Esta mañana se inicia el año quinto de su reinado; es el Per-Aha la-Met, y ha decidido ofrecer estupendos regocijos para celebrar el final del primer ciclo de su realeza. Habrá miles de invitados, y todos se habrán puesto sus mejores atuendos para gustar al faraón y a su esposa.

-No deseo gustarles.

- ¿Por qué?

-Porque Amon-Hotep no me quiere y siempre me ignora cuando me cruzo con él en algún pasillo del palacio real. Puedes preguntárselo a Myriam o a Yokky.

-Tu nodriza se llama Yokhebed, no le gustaría saber que la llamas Yokky.

-Siempre la llamo Yokky y se alegra tanto que siempre me abraza.

La princesa palideció bajo su maquillaje, pero decidió no seguir hablando del asunto de la nodriza. Acabando de arreglar los pliegues de la túnica de Met, la sujetó con un *abnet*, cinturón hecho a la medida del pequeño príncipe que indicaba a todos que entraría en breve en la Casa de la Vida sacerdotal de Ptah, en Men-Nefer. Este abnet era muy ancho, bordado en oro e incrustado de esmeraldas.

Termutis indicó:

-Si tu nodriza accede a que te portes de forma descortés con ella, lo acepto, pero no debes hacer lo mismo en la corte donde debes mostrarte bello y respetuoso con todos. Siendo mi hijo, príncipe Met, a ti larga vida, prosperidad y salud, debes conducirte según tu rango.

-Pero hay casi diez pequeños príncipes como yo en la corte, sin contar un número mayor de princesas, y más de cien hijos de nobles extranjeros de sangre real, retenidos por la fuerza del padre de Amon-Hotep.

-No son prisioneros, sino huéspedes privilegiados en garantía del buen comportamiento de sus padres, los reyes de los países limítrofes.

-Ellos son prisioneros y quieres que yo también lo sea.

Esta vez Termutis, alcanzada en su corazón, contestó en tono amargo:

- ¿No te avergüenza decir esto cuando te doy todos los caprichos? Y todo esto porque te visto para estar guapo y te pido ser cortés con todos. Estás exagerando, pequeño príncipe.

-No, divina madre. Es porque Amon-Hotep, el bello príncipe, es malo.

Met había pronunciado "divina madre" con tono irónico pero su madre pasó por alto la insolencia infantil.

-No es un motivo para faltar al respeto a su padre, a él larga vida, prosperidad...

-Y salud. Ya lo sé, pequeña madre, pero si Amon-Hotep no quiere jugar conmigo es porque su padre el faraón le habla mal de mí.

-Tienes mucha imaginación, pequeño príncipe.

-No, pequeña madre, es así. Myriam lo ha oído pronunciar a través de las criadas de la reina.

-A ella también larga vida, prosperidad y salud. No debes olvidar jamás añadir estas fórmulas de cortesía cuando hablas de los representantes de Ptah en la tierra.

-Si sólo se preocupan de saber si las fórmulas de cortesía se pronuncian o no, son unos extraños servidores de Ptah.

Encogiéndose de hombros, Termutis renunció a seguir la discusión con Met. No tardaría en seguir las clases y las enseñanzas de los sacerdotes, por ello aún lo dejaba expresarse con toda libertad. Su intelecto estaba muy desarrollado para sus cuatro años y siempre encontraba el modo de expresar sus reflexiones teniendo siempre la última palabra.

Habiendo acabado de arreglar el plisado de su túnica, le puso una capellina con capucha bordada con oro. Emocionada, contempló al pequeño niño que tenía la expresión seria bajo su mirada inquisidora, lo que aumentaba su majestuosidad. Se reprimió para abrazarlo y no estropear su maquillaje que tan pacientemente había llevado a cabo. Sólo restaban las sandalias, frotó los pies desnudos en la alfombra de piel de cabra de pelo largo antes de introducir sus pies en las formas de cuero perfectamente ajustadas para los del pequeño, y se incorporó para ver el resultado de sus esfuerzos.

El niño presentaba al mismo tiempo un aire malicioso y orgulloso, como si se diese cuenta de que esta vestimenta le favorecía. Inconsciente de la admiración a los ojos de su madre la princesa que, una vez más, se sentía dispuesta a enfrentarse a la muchedumbre de los cortesanos para asumir sus responsabilidades como Segunda Dama del reino.

Las habladurías, que no habían cesado de aumentar desde los primeros días del anuncio de su embarazo, no habían llegado muy lejos por falta de argumentos. Y a lo largo de los días, luego de los meses, el pequeño Met se parecía cada vez más al príncipe oriental que debería haber sido su padre. Termutis fue obligada a desposarlo, y el pequeño bebé extranjero salvado de las aguas tenía el cabello rubio y rizado con un tinte ligeramente bronceado, igual que su esposo, es por ello que ninguna de las más venenosas lenguas pudo mantener la menor duda en cuanto a la maternidad de la princesa ni la paternidad del pequeño ser.

Satisfecha con su conclusión interior frente al niño inmóvil, que a su vez contemplaba la belleza de su madre, ésta se dirigió hacia la pequeña mesa de ébano incrustada de marfil de la que tomó su precioso espejo de plata pulida, y manteniéndolo lo más alejado que pudo de ella misma, verificó que todo era correcto en su atuendo. Lo que vio, le dio seguridad.

Sus veintinueve años se han habían desarrollado armoniosamente, como si realmente fuese la madre de Met. La mirada de sus ojos azules era menos profunda y más comprensiva acerca de la realidad. Su cabello negro azabache flotaba en dos largas trenzas, la de la izquierda rodeada de hilo de oro marcaba su divina descendencia, al igual que su nacimiento real. Se puso su más bella diadema, adornos y broches artísticamente entrelazados sin presentar nota desfavorable alguna en su cabellera y atuendo. Su magnífico y ágil cuerpo está cubierto por una finísima tela púrpura cuya transparencia y calidad permitía múltiples juegos de pliegues acentuando la belleza de sus formas sin dejarlas ver. Un ancho cinturón de oro subrayaba la esbeltez de su cintura. Su muda inspección con el espejo confirmó que las demás joyas contribuían a vestirla divinamente, incluyendo su espléndido collar, que más parecía un pectoral, ofrecido por su abuela divina, aún viva, la reina madre Tetishuri, a ella larga vida, salud y prosperidad.

Aunque este regalo era una ostentación contra la esposa del faraón, Nefertari, recordándole a ésta no ser más que una hija de concubina en comparación con Termutis. Este recuerdo le hizo sonreír maliciosamente, porque ella lo heredó y no existía joya equivalente en ningún otro lugar, exceptuando el pectoral que portaba Iamet en las ceremonias oficiales. Esta joya, situada visiblemente sobre la túnica púrpura, se extendía sobre el tejido diáfano que cubría su pecho. El gusto y la imaginación del artesano orfebre habían sido exquisitos para unir el oro al electrum junto a las incrustaciones iniciáticas de alto nivel con las piedras más preciosas. El *oudjet*, ojo sagrado, símbolo de la creación de la que ella había surgido, estaba rodeada de ocho hojas de *sent*[53], árbol tres veces bendito, bajo el que la virgen princesa Nut concibió a su hijo por Ptah.

Con satisfacción, Termutis dejó el espejo sobre la mesa de ébano y cogió de la mano a Met, que esperaba de pie observando a su madre manifiestamente maravillado. Una nueva ola de ternura la inundó y acarició con sus manos los bellos rizos de Met diciendo:

-Met, ya es hora de ver al rey, el sol ya está alto.

-De acuerdo, pequeña madre. –y con una sonrisa maliciosa añadió- Se te ha olvidado decir a él larga vida, salud y prosperidad.

Como única respuesta sintió un fuerte apretón en su mano al salir de la habitación. En ese momento, Myriam llegó de forma intempestiva, casi tropezando con su maestra. En lugar de excusarse se echó a reir con una risa despreocupada y cristalina. Los años que habían pasado, no sólo la embellecieron, sino que su inteligencia se había

---

[53] El *sent* es el sicomoro. Para saber más, leer *El Gran Cataclismo* del mismo autor.

desarrollado rápidamente, convirtiéndose no sólo en una hermana para Met, sino también para Termutis. Había recibido el título oficial de dama de compañía evitando cualquier celo por parte de las seguidoras, su papel estaba definido.

Myriam había conservado su gracia inocente y sus grandes ojos almendrados, tenía largas pestañas marrones que le daban un aire ensoñador. Su tipo semita, con toda su pureza primitiva, se revelaba con trazos claros en su piel bronceada. Únicamente su nariz apenas aguileña marcaba en su rostro su origen que la diferenciaba. Sus cabellos rizados marrones se dividían en una multitud de trencillas que asomaban bajo su tocado de seda, delicadamente anudado a su cuello por un broche de oro, regalo de la princesa. Su vestido azul celeste, delicadamente alisado y sin pliegues dejaba ver sus gráciles formas. Sus pies y sus manos estaban adornados con brazaletes de oro, realzando su esplendor. Su risa admirable enseñaba dos bellas líneas de dientes. Rápidamente levantó sus manos frente a Termutis en signo de respeto antes de decir:

-Muba y Bika os esperan en la escalinata, oh, divina, discutiendo con los porteadores de las literas que están cansados de estar al sol. Aunque creo que tienen prisa para llegar a palacio y disfrutar de su ración de cerveza fresca, regalo de su Majestad a todos los servidores en honor al aniversario de su ascensión al cetro, temiendo que se agote en este día dieciséis de Choiak.

- ¿Ya se ha avisado al corredor para que informe al jefe de protocolo de nuestra llegada?

-Tu hermano ya lo ha dispuesto, y Bika acaba de enviarlo a palacio para que informe, oh, divina.

-En tal caso, salgamos lo antes posible a visitar mi hermano el rey.

-Larga vida, prosperidad y salud. –dijeron a la vez Myriam y Met- Mirándose con complicidad antes de estallar de risa por esta broma.

Bajando la monumental escalera que accedía a la vía real, Met cogió a su hermana por la mano, se sintió orgulloso de estar entre las dos mujeres que más amaba en el mundo, y aprovechó para saltar los escalones.

Detrás de una cortina, una mujer vestida de negro con pliegues amargos en la comisura de su boca, miraba con tristeza esta escena cariñosa y tierna; era Yokhebed. Hacía tiempo que había terminado la servidumbre a su hijo y sabía que pronto sobraría en este palacio, aunque consciente de haber jugado el papel que su Dios esperaba de ella, se iría sin remordimientos.

El cortejo ya estaba recorriendo el polvoriento camino. En su litera, Termutis se balanceaba bajo el paso cadencioso de los ocho porteadores con la piel tintada de ladrillo rojo. Su ritmo era preciso con regularidad en su marcha, a ambos lados de la litera corrían dos jóvenes servidores llevando amplios abanicos de plumas de avestruz blancos con la nieve. Detrás de la princesa también corría un viejo escudero, antiguo oficial de la guardia privada de su padre. Detrás venían las literas de Met y Myriam, y las de sus seguidoras. Las sirvientas y esclavos a su servicio corrían los últimos. Pero, delante, dos voceadores se desgañitaban para despejar el camino a la divina princesa, Termutis, la descendiente legal de Iset en la tierra.

El cortejo llegó rápidamente frente a los altos muros del recinto real. La muchedumbre era considerable este día festivo en el que nadie trabajaba. Los soldados, en gran número, difícilmente podían contener esta muchedumbre ruidosa y gesticulante para dejar vía libre a los diferentes cortejos. Algunos cortesanos ya habían llegado, pero habían sido retenidos esperando la entrada de la princesa, bajo sombra, y la frescura de los abanicos perfumados discurrían acerca del futuro aún incierto de la dinastía. Termutis, muy tranquila y segura de ella misma, levantó el fino velo que cubría la apertura de su litera para observar que todo se desarrollaba según el protocolo establecido. Vio frente a ella su jefe de protocolo con las palmas de sus manos apoyadas en sus muslos como signo de respeto, con el cuerpo en escuadra habló mirando al suelo con voz suficientemente alta para ser oído:

-El cuerpo de soldados Medjai te espera para escoltarte hasta la entrada del palacio real, oh, divina descendiente de Iset. Ocho tambores tocarán tu himno, y cuatro trompetas te anunciarán. A ti, larga vida, salud y prosperidad, al igual que para tu hijo, el divino Met, oh, Termutis.

-Gracias, Djermatupi, que la bendición de Iset baje sobre ti y lo tuyos eternamente.

El jefe de protocolo inclinó aún más su cabeza en signo de agradecimiento por el insigne honor que acababa de recibir, mientras que el capitán de la legión nubia, un negro de cerca de cuatro codos[54] de altura, levantó la mano para indicar la salida. Las trompetas sonaron al unísono melodiosamente durante más de veinte segundos para que el sonido llegara hasta la puerta de la entrada del palacio, a más de mil codos[55] de distancia. Como una mecánica bien engrasada salieron con un paso marcado por el sonido de los tambores, realzado por una cuadrafonía particular de trompetas para la princesa, de gran belleza sonora. Las tres literas seguían el mismo ritmo, mientras que los sirvientes emprendían un camino diferente en el que al final se efectuaba la distribución de la cerveza.

La puerta monumental dedicada a Menes, el primer rey de la primera dinastía, dos veces destruida y otras tantas reconstruida fue dejada atrás. La muchedumbre que abarrotaba la entrada, curiosa por asistir a la llegada de los invitados, igualmente quedó atrás. Y, gran cantidad de notables se apresuraban por doquier realizando cualquier ocupación urgente en un día en que las festividades eran grandiosas.

Por una pequeña abertura situada en el frontal de su litera, Termutis veía las musculadas espaldas negras de la última fila de los ocho nubios porteadores que balanceaban sus caderas haciendo golpear en sus muslos la corta espada tan temida a la hora del combate. Caminaban rígidamente sin preocuparse de lo que les rodeaba, tal y como avanzaban a la hora de la batalla, dispuestos a empujar todo lo que se pusiera frente a ellos. Ellos solos habían asegurado el éxito de las últimas luchas llevadas a cabo por Amosis, inspirando el terror entre los enemigos del rey fijando la consolidación de su trono.

Un sonido más potente golpeó sus oídos interrumpiendo el curso de los pensamientos de Termutis. Era el eco del sonido de las trompetas que rebotaban contra

---

[54] N. del T. Medida equivalente a 0,524 metros.
[55] El recinto real medía en sí mismo casi seis por ocho kilómetros. Así que, desde el pórtico de acceso hasta la entrada del palacio, el camino medía cerca de seiscientos metros.

las paredes del gigantesco muro que acababan de cruzar. El cortejo ya entraba en la corte de honor, donde las colosales estatuas de los antepasados que reinaron anteriormente en Men-Nefer acrecentaban el imponente aspecto del lugar donde los estandartes y oriflamas ondeaban ligeramente.

Se franqueó otro portal, y la pequeña tropa llegó a una explanada rodeada de sicomoros centenarios, bajo los que varias centenas de invitados esperaban pacientemente que los signatarios de alto nivel y los miembros de la familia real acabasen de presentar sus felicitaciones al rey, a su esposa Nefertari y a su primogénito Amon-Hotep.

Realizando un impecable cuarto de vuelta, los soldados dirigieron el cortejo hacia la gran entrada monumental del palacio, enorme ciudadela blanca frente a la que esperaban los chambelanes encargados de conducir a la princesa y a su hijo junto a la familia real en la sala de audiencias, que tenía capacidad para más de dos mil invitados y cortesanos sin parecer exigua.

La paz con los países limítrofes, envidiosos del renacer de Egipto parecía momentáneamente restablecida y, provisionalmente, las dos jerarquías religiosas no se enfrentaban. Termutis observó muchos extranjeros con sus vestimentas abigarradas y los grandes sacerdotes de las dos confesiones; la de Ptah, y la de Amón. Incluso los dos pontífices de los templos de Men-Nefer y de An[56] estaban presentes junto al rey.

Conforme se acercaba, la princesa vio que la agitación creada por la llegada de su cortejo estaba a la altura de su renombre, esbozó una sonrisa divertida, satisfecha de advertir que seguía siendo el segundo personaje del reino, gustase o no a la bella Nefertari a pesar de tener ésta un príncipe heredero varón. De inmediato, volvió a componer su expresión al oír tocar las trompetas una nota más aguda, cuya estridencia indicaba la llegada de la princesa a la entrada principal de palacio.

Un chambelán abrió la puerta manteniéndose respetuosamente inclinado con las palmas de sus manos abiertas contra sus muslos y al bajar, la princesa sólo vio cráneos a la altura de su talle, los nobles estaban cubiertos con pelucas y los sacerdotes de las dos congregaciones, tenían sus cabezas rapadas brillando al sol. Todos, sin excepción, adoptaron la postura protocolaria de respeto debida a la divina descendiente de Iset.

Met, impresionado por esta escena acompasada por el tamborileo lento y sonoro, no se acercó a su madre, sino que, apretó fuertemente la mano de Myriam. Las dos seguidoras, más acostumbradas a este tipo de recepción, se situaron detrás de su maestra que, sin demora, entró en el palacio siguiendo a los cuatro mayordomos que le abrían el camino.

Atravesó una larga galería llena de las estatuas de todos los protectores del país, situadas entre las múltiples ventanas, que daban acceso a un tipo de vestíbulo destinado a refrescarse antes de entrar en la sala de espera, únicamente reservada a los miembros de la familia real y a los más altos dignatarios del reino. Su Majestad, según su antojo, daba órdenes a su primer chambelán indicando qué invitado podía acceder a la Sala de Audiencias hasta los pies del faraón.

---

[56] Se trata de dos ciudades, evidentemente rivales, del Delta, pronunciadas por los griegos como Menfis y Heliópolis.

Met no tenía ningún recuerdo de haber visto esta gran sala y abrió sus ojos apretando fuertemente la mano de Myriam, aunque no estaba impresionado por las estatuas, casi iguales a las que tenía en su propia casa. Pero cuando venía a este palacio era para dirigirse a otra ala, muy diferente de esta, donde se establecían las relaciones entre todos los hijos del harén real que vivían en una comunidad mixta. Ya tenía varios amigos de su misma edad, exceptuando a Amon-Hotep, que nunca iba allí. Y nada era comparable con la solemnidad que reinaba en este lugar.

Termutis no se detuvo en la sala de refresco, y entraron en una sala privada para esperar el deseo del rey. En este lugar se exponían todas las joyas de la corona, algunas fabulosas, como el pectoral de las Dos Tierras. Esta joya simbolizaba la unión indestructible entre Aha-Men-Ptah y Ath-Ka-Ptah, resplandecía con sus miles facetas de oro, bajos los rayos de fuego del sol que se introducían por una abertura situada en el techo inundando literalmente la sala.

Mecánicamente, Termutis puso una mano sobre sus ojos, y Met, igualmente cegado, soltó la mano de Myriam para coger con mucha tranquilidad la joya en sus manos y situarla en otro lugar, lo que le pareció normal fue objeto de exclamaciones horrorizadas de las dos seguidoras y de los chambelanes. Sin embargo, la princesa lo observó con curiosidad, y Myriam sonrió fascinada por lo que Met se disponía a hacer.

Gesticulando y empujándose, los chambelanes, olvidando el grado del portador de la joya, se abalanzaron de tal forma, tendiendo sus manos temblorosas, que Met con mirada inocente, dejó caer la joya sobre el suelo enlosado de mármol, emitiendo tal ruido que todos los presentes quedaron como estatuas. En un silencio absoluto se oyó como una de las piedras preciosas se desprendía rodando sobre el suelo con un nítido tintineo.

La princesa, madre, fue la primera en reaccionar. Se dirigió hacia la esmeralda que recogió, luego tomo el legendario pectoral real y observó que, desde los siglos que la montura se había realizado, el uso había intervenido y que el desprendimiento se hubiera producir en cualquier momento si el faraón se lo hubiese puesto en el pecho. Lo guardó en su mano para entregarlo a su hermano y contarle lo que había ocurrido para que nadie hiciera una montaña de este ligero incidente y no se tradujese como un desgraciado presagio, cosa que hubiese ocurrido si uno de los sacerdotes de An hubiera estado presente. Al girarse para reprender a su hijo, observó que Djaphu-Ra, el pontífice en persona, estaba en el marco de la puerta de la sala y miraba la escena con aire colérico, aunque sus ojos estaban llenos de burla.

El tono que usó dirigiéndose a la princesa dejó entrever todo el jugo que iba a sacar del acontecimiento, se inclinó rápidamente pronunciando estas palabras:

-El pectoral que unía las Dos Tierras se ha roto, oh, princesa Termutis ¿Debo concluir que el pacto que une a los de Usir con los de Set se ha roto?

-Tu tono está fuera de lugar, pontífice. Sabes muy bien que se trata de un accidente y que esta antigualla necesitaba ser reparada. Ha sido una negligencia de los orfebres de palacio y es preferible que me haya ocurrido a mí que, en la sala de audiencias con los embajadores extranjeros y el rey, a él larga vida, prosperidad y salud. ¿No piensas que es mejor así?

-Creo que no tiene importancia alguna, oh, princesa Termutis, sólo el hecho cuenta. Incluso Iset no te ha protegido de esta blasfemia.

Termutis se encogió de hombros a la vez que en su interior maldecía a los de Ra, cuyo odioso antagonismo aprovechaba cualquier ocasión para manifestarse, comprendió que debería luchar para vencer y convencer a fin de salvar a su hijo de un crimen de lesa majestad que no había cometido. Deseando poner en práctica el viejo adagio que consistía en atacar antes que defenderse, se dispuso a contestar abiertamente al pontífice, pero la puerta de doble batiente fue abierta permitiendo penetrar en la sala de audiencias, y el primer chambelán personalmente, ignorando el incidente que acababa de ocurrir proclamó:

-Ia-Met, Per Aha entra hoy en el quinto año de su reinado, habiendo recibido el cetro de manos de su padre, Sekenen-Ra, maestro de las Dos Tierras, cubierto de gloria, habiendo restablecido el orden en Egipto, a él larga vida, salud y prosperidad, siempre vivo, amado de Ptah, amado del Sol, hace saber a su divina hermana, la princesa Termutis, amada de Iset, que la espera cerca de su trono acompañada de su joven hijo Met.

Esta orden formal, permitía el acceso de la madre y el hijo. El pontífice sólo podía esperar hasta el final de la audiencia, para contar al rey su versión del blasfemo acontecimiento, maleficio terrible que no dejaría de influir de forma negativa en el futuro.

Termutis madre, entró con Met, su hijo, con su cabeza inclinada y sus brazos y manos tendidos delante en señal de respeto, sujetando el pectoral con los dedos de su mano derecha.

El rey, sentado cómodamente en su sillón ceremonial con cabezas y patas de león, era abanicado con un ligero espanta moscas hecho de plumas de oca. Su mirada perdida y algo aburrida mostraba la molestia de recibir a esta hermana tan bella que debería haber sido su mujer y que le había sido negada bajo pretexto de que era estéril. ¿De verdad estéril? Met parecía mucho más inteligente que su Amon-Hotep, que estaba sentado tieso como un palo en un asiento junto a su madre, la reina Nefertari, que miraba furiosamente a su cuñada. Pasados unos instantes, el rey comprendió que era debido al pectoral que Termutis llevaba en sus dedos, e indignado, dijo:

- Pero ¿qué haces con esa joya entre tus manos, hermana mía?

Termutis levantó la cabeza y bajó los brazos, su hermano había hablado, y se dispuso a explicarle lo que había ocurrido de la forma más sencilla posible.

LA SABIDURÍA EGIPCIA

"*Moisés fue instruido en toda la sabiduría de los egipcios, y se convirtió poderoso en palabras y obras*". (LA BIBLIA. Hechos de los Apóstoles, 7-22).

"*No subestimemos la sabiduría egipcia, en la que fue educado Moisés, y no caigamos en un maniqueísmo en el que es fácil apartar sin más esta civilización del valle del Nilo*". (Pastor CLAUDE DUVERNOY. Moisés).

Sólo fue más de mil años después de la llegada de los descendientes de los rescatados del Gran Cataclismo a orillas del Gran Río, don de Ptah, el antiguo dios Uno, cuando Menes consiguió unir bajo su estandarte el conjunto de dos clanes hermanos y fraticidas. Orgulloso de este éxito, que imaginó sellado para la eternidad, eligió un lugar donde construir la capital de las Dos Tierras.

Justo en la punta sur del delta del Nilo, donde las ramas principales del río se pierden en el mar, encontró la ubicación ideal. Su simbolismo era obvio con los dos brazos surgidos de un solo cuerpo. Fue, pues, sin duda, el que se convirtió en el primer rey de la primera dinastía, Menes, inició gigantescos trabajos para sanear y secar los nauseabundos pantanales que ocupaban el lugar. Cuando esto acabó, se inició la primera construcción para el templo de Ptah, como agradecimiento por este Segundo Corazón, segunda patria, con los dos miembros de una antigua familia destruida como su propio país, al fin reconciliada. Este edificio religioso terminado recibió, al momento de su consagración, el nombre de Ath-Ka-Ptah. Con ánimo de demostrar su buena voluntad en el seno de la nueva alianza, cada uno construyó su morada, y en poco tiempo Ath-Ka-Ptah se convirtió en el nombre de la capital, y después de todo el país. Fue de esta pronunciación de donde los griegos nombraron Ae-Guy-Ptos, pronunciado Egipto en español, con el significado de Segundo corazón de Dios.

Pero esta primera ciudad, ya bajo la III Dinastía en tiempos del rey Djeser, había tomado el nombre de Men-Nefer: El Esplendor del Atardecer, que los griegos pronunciaron Menfis. Este nombre se comprendía con facilidad, ya que incluía una reminiscencia y resurrección del pasado. Aha-Men-Ptah, el Primer Corazón Tumbado, o hundido, renacía a través de los que se habían convertido en los "Bienaventurados Dormidos" de Amenta, convertido en el reino de los muertos, en los mitos surgidos desde los tiempos más remotos.

Este tiempo de leyendas coincidía, además, con el nuevo cisma provocado por los Hijos de Set, los rebeldes del Sol, que habían construido casi frente a Menfis su capital religiosa, pronunciada por los griegos Heliópolis, la ciudad del Sol. Su nombre jeroglífico, mucho más sencillo; era An, o el Primero, o el Uno. Esta escisión se produjo antes de que acabase la primera Dinastía.[57]

Desde entonces, habían pasado más de dos milenios, reduciendo la verdad y su realidad a simples fenómenos más o menos imaginarios. La cólera de Dios había sido transformada en un cuento para provocar miedo en los niños desobedientes, y el antagonismo de las dos familias en un odio eterno que sólo acabaría con el final de una de las ramas. Así es, de forma esquemática, sucinta, y resumida, lo que se había convertido en el pensamiento cotidiano del hombre del pueblo, ya fuese de uno u otro bando, en el momento de la consagración del faraón Amosis, cuyo nombre jeroglífico era Ia-Met. De tal forma, se desarrollaba la vida diaria de los habitantes de Ath-Ka-Ptah cuando nació un bebé abandonado en un pequeño canasto a la deriva en el Nilo, recogido por la princesa Termutis, hija primogénita del faraón Sekenenra y hermana de Ia-Met, llamado Met, o "El Nombre" sencillamente predestinado.

La invasión de los hicsos y su ocupación que duró cerca de dos siglos y medio, ya no era más que un recuerdo, excepto en el espíritu de algunos religiosos vengativos que deseaban tachar a unos u otros como colaboradores, lo que llevó a Sekenenra, y luego a Ia-Met, a someter al orden a los que eran considerados como rebeldes: los que veneraban a Ptah, los prisioneros, y cada vez más judíos, aunque se hubiesen sometido a Ra desde hacía tiempo.

Ia-Met fue consagrado el día dieciséis de Choiak, en el año 1580 a.C., y Moisés nació el cuarto día del mes de Hathor siguiente, es decir, pocas semanas después de Amon-Hotep, hijo de Nefertari e Ia-Met. Ambos niños llegaron a cumplir los once años sin muchas perturbaciones, ya que ninguno de los miembros de ambas familias sufrió pérdida alguna. Únicamente Yokhebed desapareció de palacio.

Para su undécimo año, los dos niños fueron enviados en lo que iba a convertirse en el centro de su existencia: La Casa de la Vida. Si Amon-Hotep entró en la de An, Met fue conducido por la misma Termutis a la que dependía del templo de Ath-Ka-Ptah. De ahí la diferencia esencial en la evolución mental, y la diferencia capital en la educación religiosa; la misma que existe entre la zoolatría idólatra y la adoración de Ptah, el hacedor de la Creación y sus criaturas.

En cinco años, lo que era poca cosa se convirtió en un foso cavado para siempre, ampliándose año tras año. No sólo el concepto de la vida y su valor no era igual, sino que el modo de concebir el futuro estaba trastocado. Amon-Hotep, príncipe heredero, descendiente de Set y del Sol, cuyos hijos usurparon el poder de Horus, sólo trataba de reducir a la nada los molestos "falsos hermanos", y los "sacerdotes adoradores de Ra" no omitían inculcar en su educación todos los métodos para conseguirlo.

En revancha, en la Casa de la Vida de Ath-Ka-Ptah, el joven Met fue educado con toda la sabiduría de los mandamientos de Ptah. Por supuesto aprendió con detalle el cuento de la historia que trastocó el país de sus antepasados comunes, y la enorme

---

[57] Los lectores interesados en esta verdadera historia pueden leer los tres primeros tomos de la Trilogía de los Orígenes, del mismo autor.

diferencia que residía entre los dos medios hermanos Usir y Set. El primero era hijo divino de nacimiento, y el segundo nacido de seres humanos. Durante sus cuatro primeros años de estudio aprendió todas las disciplinas de la ciencia, las matemáticas con todas sus ramas, la física y la astronomía incluyendo la comprensión de las Combinaciones Matemáticas Divinas. La última revolución solar estaba reservada a la meditación espiritual y al uso de los mandamientos del Creador para mayor bien de sus criaturas que hizo a su imagen.

Amon-Hotep fue llamado a convertirse en corregente del reino por su padre en el décimo octavo cumpleaños del inicio de su reinado, mientras Met acaba sus estudios preliminares de forma brillante accediendo al cuarto grado del sacerdocio de Ptah.

Su Majestad, Ia-Met, regresaba de una agotadora campaña militar que había durado tres meses, dirigida contra los últimos hicsos afincados en Avaris, al Este del Delta, donde se habían establecido los que soñaban con la revancha. Esta ciudad fue transformada al cabo del tiempo en un inmenso campo fortificado, los combates acarrearon numerosas bajas por ambos bandos. El rey en persona había participado en violentas batallas, matando a muchos de sus antiguos pastores semitas, y las manos cortadas que se amontonaron en los canastos en el campo real, eran testimonio incontestable de las proezas guerreras de sus soldados, que rivalizaban para cortar el máximo número posible para recibir oro y subir en el escalafón.

Fue una aplastante victoria cuando los supervivientes de esta hecatombe se rindieron bajo la expresa condición de tener permiso para salir de Egipto hacia un país limítrofe del este, de donde procedían. Ia-Met aceptó satisfecho de acabar con esta guerra duradera, cuando regresó a su capital, no solamente fue recibido como el vencedor de los últimos hicsos, sino también y sobre todo como el vengador de los que habían martirizado al faraón Sekenenra antes de acabar con él. El abuelo, desde ahora, podía reposar en paz entre los "Bienaventurados Dormidos".

Por ello, en cuanto regresó, llamó a su hijo Amon-Hotep para reinar a su lado y descargarse de muchas tareas pesadas, pero si Ia-Met, aun llegando a la cincuentena, seguía siendo un hombre fuerte, ancho de hombros y con ojos prominentes marcados de crueldad, no ocurría lo mismo para su hijo Amon-Hotep que, aún criado en el odio a los semitas, se había convertido en un intelectual con todo el sentido que conviene dar al término en esa época. Indudablemente, era un hombre joven y bello más parecido al físico de su madre; había conservado un gusto por la soledad con una apariencia afeminada, ello era tan obvio que Ia-Met llegó a la conclusión de que su hijo sería un buen gestor, pero jamás un buen jefe de armas.

Esto permite comprender y situar mejor en el tablero egipcio la posición de Met, que también era un joven apuesto, pero con el físico totalmente diferente al de Amon-Hotep. En esta mañana en la que retomamos la narración de la vida de este joven príncipe egipcio, Termutis acababa de entrar en su cuarenta y siete cumpleaños, conservaba su juventud de espíritu y rasgos agradables, se estaba poniendo las joyas para visitar a los sacerdotes de Ptah y volver con su hijo al palacio principesco.

Mientras tanto, en la sala hipóstila del templo de At-Ka-Ptah, el príncipe Met acababa la oración siendo ahora novicio del más alto rango y pronunció la homilía de despedida a los Maestros en nombre de todos los alumnos. El pontífice Men-Nu-Ptah, rodeado de todos los grandes sacerdotes y de los miembros del sagrado colegio, escucharon en silencio el enérgico y sabio discurso, a lo largo del cual Met había proclamado que la esperanza debía surgir de los que nacieron a posteriori del primogénito de Dios, Osiris. El saber y la erudición del joven príncipe fueron tales que dejaron estupefactos no sólo a sus compañeros de promoción, sino también al cortejo de los venerables sacerdotes. Cuando acabó la ceremonia, el pontífice se levantó de su asiento, investido con su vestimenta sacerdotal de gala bendijo las almas de los jóvenes postrados antes de dirigirse con dignidad al centro del ala principal. Se detuvo un segundo frente a Met que, inclinado, le oyó decir:

-Te espero en mi dependencia privada, te ruego vengas en compañía de Aha-An.[58]

Sin esperar ninguna manifestación de cortesía se marchó acompañado por los grandes sacerdotes hasta la puerta privada al fondo de la inmensa sala hipóstila, todos los seguidores le mostraron notorias señales de respeto.

Met se incorporó lentamente dándole con el codo a Aha-An e indicándole con la cabeza que le siguiera. Solamente un brillo en el fondo de sus ojos mostraba la satisfacción que sentía por su discurso y haber sido convocado por el pontífice acompañado de su único amigo. El príncipe era alto y su físico se había desarrollado como su espíritu, recto y bello. Sus rizos habían oscurecido y su rubio rojizo se había tornado marrón oscuro, cubriendo el tono bronceado de su piel.

Para acceder a las estancias particulares del pontífice, debían salir del templo en sentido opuesto a la entrada monumental por un pórtico al poniente, que daba a una rampa privada que ascendía suavemente desde el andén reservado a los religiosos a la orilla del gran río, hasta un camino que rodeaba a continuación todo el camino eclesiástico. Los dos jóvenes parpadearon al llegar bruscamente a la brillante luz del sol.

Ambos se tomaron su tiempo antes de llegar a los apartamentos del pontífice, éste ya tenía una cierta edad y convenía dejarle tiempo para cambiar su vestimenta de recepción. Met se detuvo algunos momentos en el camino de ronda para contemplar la animación que reinaba en los patios interiores de las moradas de los sacerdotes, que conocía perfectamente. En esta mañana festiva, todos los niños disfrutaban de libertad y sus gritos de alegría llegaban hasta los oídos del joven. Elevó la voz para hacerse oír por su compañero indicándole con un dedo el bullicio más abajo.

- ¿De verdad te gustaría convertirte en sacerdote de este templo, tú que eres mi amigo?

-Por supuesto, Met. Desde mi nacimiento estoy destinado al sacerdocio, y mi nombre es el significado mismo de mi vida: Aha-An, el Primero del Primogénito.

-O el Sacerdote de Usir, lo sé. Pero esta predestinación ¿te satisface en lo más profundo de tu ser, o deseas acceder a otro cargo?

Aha-An sonrió sin alegría:

- ¿Es una llamada de atención por tu parte para ofrecerme una función administrativa?

---

[58] Aha-An se pronuncia Aarón en fonética semita.

—Sabes muy bien que no soy más que un príncipe sin autoridad.

—Pero eres el hijo único de Termutis, la reina descendiente de Isis, a ti debe volver el trono usurpado.

—Tonterías. No siento en mi alma el deseo de desplazar a nadie, me intereso por tu futuro como verdadero amigo, estando a punto de dejar este lugar y dejarte a ti.

—Estoy preparado porque es mi vocación y mi profunda aspiración. Comprendo perfectamente que no quieras luchar ni derramar sangre para que reine Ptah, pero por mi parte estoy dispuesto a combatir con toda mi fuerza espiritual para ello, ya sea en esta tierra o en otra.

—¿Te expatriarías?

—Los territorios vírgenes de cualquier idolatría solar no faltan. Implantaré no la supremacía de un hombre, sino la de nuestro Dios todopoderoso.

Met sintió un pellizco en el corazón preguntándose qué sería de él ya que no tenía idea alguna sobre su futuro. ¿Se casaría y tendría muchos hijos como los que veía abajo, o bien estaría llamado a hacer algo extraordinario? Presintió que más bien sería la segunda opción, se encogió de hombros e hizo signo a su compañero de retomar su marcha, esforzándose en sonreír porque no quería que el pontífice viera, una vez más, su sentimiento pesimista sobre su futuro. La villa desfiló bajo sus pasos acabando en los talleres de los sacerdotes artesanos, los alfareros y los forjadores eran la mejor muestra. La fama de los primeros superaba ampliamente las fronteras del país. Su reputación se unía a la del señor eterno de estos lugares: Ptah, o el Gran Maestro Alfarero del Universo, el modelador de las parcelas divinas, es decir, de las Almas.

En el último recodo del camino vieron la morada del pontífice. En este día del mes de Hathor, la luminosidad era perfecta y reconocían los rostros y hábitos de los que estaban cerca del río, la mayoría de los hombres llevaban pequeñas faldas plisadas con el mayor cuidado luciendo sus torsos desnudos al sol, sin embargo, las mujeres con sus finas vestimentas ajustadas caminaban con gracia, algunas llevaban sobre su cabeza cántaros de casi treinta litros de agua. Otras portaban brazaletes en muñecas y tobillos, que brillaban bajo los rayos de Ra.

Llegaron a la escalera de la casa del pontífice que bajaron rápidamente. A todo lo largo aparecían incrustados unos "Tau", esas cruces de Vida cuyo simbolismo era la eternidad. Met sonrió al cruzarse con dos jóvenes sacerdotes de cuarto grado que se inclinaron con respeto frente a ellos, aun teniendo una calificación igual a la suya en este fin de estudios religiosos. Estos jóvenes servidores de Dios no olvidaban que Met era príncipe y que quizá algún día estaría llamado a reinar. Era una profecía que, sin cesar, le fue repetida durante muchos años, no podía negarla incomodándole a menudo, incluso poniéndole de mal humor.

Los dos sacerdotes se dirigieron a él con un mismo tono:

—Bienvenido a la morada de Men-Nu-Ptah, pontífice de Ath-Ka-Ptah y de las Dos Tierras[59], oh, príncipe Met, hijo de la divina descendiente de Iset. El gran sacerdote te espera.

Los dos jóvenes atravesaron el umbral y llegaron a una penumbra llena de frescor. La forma blanca que estaba al fondo de la habitación, levantó un brazo y oyeron la voz del pontífice decir:

—Acercaos hasta aquí, es la hora de tomar algún alimento, acompañad a este anciano si mi vejez no os espanta.

Met protestó con voz indignada:

—Sabes muy bien cuánto os amamos tanto yo como mis compañeros. Ahí donde hay sabiduría, no importa la vejez, y tú eres la sabiduría misma.

—Muy bien expresado este último halago, príncipe Met. Siéntate ahí, igual que el austero Aha-An. Si vuestro apetito es semejante a las palabras pronunciadas, honraréis este frugal almuerzo.

Los ojos del joven príncipe, acostumbrándose a la débil claridad interior, observó el asiento que le indicaba el pontífice y se sentó al igual que se compañero de estudios. La sala, por íntima que fuera, tenía escaso mobiliario, el suelo estaba cubierto de una tupida alfombra muy acogedora. Sin tener más tiempo para su exploración visual, la esposa del prelado entró en la sala seguida por dos criadas que cargaban una inmensa bandeja. Los dos jóvenes se levantaron precipitadamente para desear larga vida e inclinándose frente a esta mujer de cabello blanco y largo cuya frente despejada inspiraba respeto y obediencia.

Sonriéndoles con gracia les indicó volver a sentarse, mientras que las sirvientas depositaban los alimentos y bebidas. Sin decir palabra, las tres mujeres salieron. Fue el pontífice quien, sirviendo la bebida a partir de flores de hibisco[60], dijo:

—La mano gigante, terriblemente creadora, que lanzó las Fijas y las Errantes a través del espacio de tal forma que el tiempo intervenga para engendrar las parcelas divinas siguiendo un ritmo preciso, ha sido de una delicadeza infinita creando nuestras compañeras a nuestro agrado, ha permitido esta deliciosa bebida que regenera los viejos corazones, al igual que los mínimos detalles de nuestro confort en la tierra. El menor acto de nuestra vida, bueno o nefasto, se encadena, a pesar nuestro, en un engranaje que corresponde a nuestro tiempo terrestre, contra el que no podemos hacer nada para aumentar o acortar su duración. Sin embargo, esta verdad fundamental no se nombra por los de Ra, que intentan asegurar una supremacía total por un clero sometido a su devoción, y actualmente detentan el cetro ya que han desviado a Amon-Hotep de sus aspiraciones legítimas aprovechando su indolencia y su disposición

---

[59] No se trata del Alto y Bajo Egipto, que es una mala interpretación, sino de Aha-Men-Ptah y Ath-Ka-Ptah.
[60] Esta bebida aún está en uso en el sur de Egipto a partir de Luxor. Se sirve caliente en invierno y helada en verano. Se trata de una cocción de flores secas de hibisco, muy agradable al paladar y, además, tónico cardíaco.

pacífica, para hacer de él un hombre objeto destinado a asegurar la devoción idólatra de Amón.

El pontífice se detuvo para tomar unos tragos de esta bebida rojiza y, pareciéndole amarga, añadió una cucharada de miel que no quitó la amargura a su voz cuando dijo:

-Podéis escucharme mientras coméis, jóvenes, es necesario alimentar vuestros cuerpos robustos para que vuestras almas se desarrollen aún más.

Met, conociendo la reputación de la esposa del pontífice tomó con rapidez una de las delicias pasteleras depositadas en una bandeja de plata. Aha-An lo imitó. Men-Nu-Ptah volvió a decir:

-No olvidéis jamás que nuestras almas, que tienen su origen en el que rige el universo, contienen una parcela del Espíritu Divino. Es por ello que cuando un humano niega esta evidencia, se rompe el equilibrio. Al igual que cuando cualquier secta busca destruir de forma testaruda el bien creado por la ley que regula nuestro existir. Os pregunto ¿Qué queda de la verdad?

Met, acabando de masticar el trozo de pastel que tenía en la boca, sintió que su respuesta, a pesar de la gravedad de la intensa reflexión, estaba a punto de salir de su boca, y no tardó en decir:

-A menudo me hago esta angustiosa pregunta, oh pontífice, y me siento muy feliz que hayas solicitado mi presencia antes de mi salida, en compañía de Aha-An, ya que justamente estoy preocupado desde hace algunas lunas por la intensidad de las visiones de mi espíritu.

- ¿Cómo es eso, hijo mío?

-Me parece que el Espíritu Divino se revela en mí, y con tal intensidad, oh pontífice, que últimamente y a menudo reconocía escondida en mi propia voz la de Dios que hablaba, hasta tal punto que no me atrevía a abrir la boca por miedo a tartamudear.

-Sin embargo, tu homilía de hoy ha sido una obra de arte, hijo mío.

Una sonrisa de tranquilidad un tanto irónica afloró en los labios del patriarca, pero su mirada tomó tal agudeza y gravedad que era fácil darse cuenta de que el pontífice percibía un fenómeno excepcional que se producía frente a él, a través de este joven salvado de las aguas. Termutis no le había ocultado nada acerca de este hecho, y él ayudó a la princesa a llevar de forma legal este nacimiento, por ello, eligió ser muy franco para seguir este diálogo que había solicitado, diciendo:

-Ese es el motivo de tu silencio, tan frecuente a lo largo de este último año de iniciación, y por ello deseaba que Aha-An estuviera presente en esta entrevista, además siento que en un futuro te será de gran ayuda.

-A lo largo de estos cinco años, Aha-An ha sido como un hermano para mí, sus consejos me han ayudado mucho y se ha convertido en mi hermano mayor en todos los sentidos de este término.

-Me parece muy bien, pero deseaba decirte que tus maestros se han irritado contigo, ya que no comprendían tu reserva cuando antes has sido un alumno extremadamente brillante. Deseaba esclarecer este punto en presencia de tu hermano mayor. Pero ahora es evidente que debemos ir más allá, hijo mío, habla sin temor ya que veo que estamos tres sabios en esta habitación.

Met asintió y con un breve suspiro, añadió:

-Vivo con gran temor desde hace varias semanas, oh venerado pontífice, este es el motivo de mi silencio. Esta voz venida de otra parte se mezcla con la mía, e interfiere incluso contradiciéndome mientras hablo. Por miedo a que mis compañeros se burlen de mi, prefiero callar.

-Sin embargo, debe existir un motivo profundo en esta injerencia poderosa de tu ser interior. Tracemos los hechos con tranquilidad. ¿Dices que esto te ocurre desde hace unas lunaciones? ¿Recuerdas exactamente desde cuándo?

-He reflexionado largamente, pontífice, y recuerdo que empezó cuando nuestro venerable maestro Septschu nos habló de la intangibilidad e inefabilidad de la ley.

- ¿Estás contra esta ley?

-Oh, no, pontífice, al contrario. Esta ley del Creador es soberana en todas las cosas, por ello pienso que el Todopoderoso no usa suficientemente su gloria para asegurar su fuerza. Me pareció que mi alma me dictaba usar la mía para hacer reinar la justicia celeste.

-Mejor deberías llamar a este pensamiento un impulso irrazonable, joven príncipe, porque si cada uno quisiera erigirse en justiciero sólo debería serlo interiormente, así elevaría un trono para su uso personal tomando una hipotética estrella como guía en lugar de seguir la ley del Eterno, que lo tiene todo previsto. Y si crees percibir en ti la voz de Dios para actuar a tu modo ¿Qué quedaría de la ley divina?

Volviendo a coger su taza en la mano, Men-Nu-Ptah lanzó una mirada oblicua hacia Aha-An que se sentía impotente, cuando Met contestó:

-Ya lo sé, venerado maestro, cuando el día en el que esta ley será burlada, el viento del desierto nos sumergirá a todos.

-Ya te lo digo, y Ath-Ka-Ptah se llamará Ath-Men-Ptah, al igual que nuestro Primer Corazón se convirtió en Aha-Men-Ptah después del gran cataclismo, y volveremos a ser otra Amenta, Segundo Reino de los Dormidos.

Met asintió, al igual que su compañero, para Aha-An todo era muy difícil de explicar, y este viejo hombre, sabio entre los sabios, no podía comprender la totalidad de los fenómenos que se manifestaban en ellos. Sin embargo, intentó desarrollar lo que lo obnubilaba:

-Pero si el rey, que es el Per-Aha, desciende del primogénito, sustituye en su título al hijo de Osiris para mejor violar los mandamientos de esta ley de Dios, ¿no puede uno levantarse contra ello, oh, venerado pontífice? Es lo que explicaba a Met.

-El que dirige faltando a la ley, falta a su deber de legislador. Cuando el rey se sometió a otra regla distinta a la dictada en el antiguo evangelio, padecerá las consecuencias. Se ha escrito: "*Soy el Muy Alto, el Primero, el Creador del Cielo y de la Tierra. Soy el Alfarero, el Modelador, el Proveedor de los cuerpos y de las almas, para velar tanto las envolturas carnales como las parcelas divinas llegadas al Segundo*

Corazón. He situado al Sol en una nueva navegación celeste para sellar nuestra segunda alianza"[61]. ¿Recordáis haber aprendido esto, jóvenes?

Ambos jóvenes asintieron y Aha-An contestó:

-De memoria, oh pontífice. Conocemos cada desarrollo y es por ello que siento que corremos a nuestra perdición si no se intenta hacer algo para remediarlo, esto es lo que quería explicar al príncipe Met.

-Tú lo deseas, Met, y yo lo sé. Pero no se debe intentar nada, porque nada que digas o hagas evitará que Dios haga en su momento lo que será necesario para restablecer el equilibrio.

Men-Nu-Path había remarcado la parte de la frase referida al tiempo de Dios. Met, era perfectamente consciente de esta evidencia impuesta por las Combinaciones Matemáticas Divinas que había aprendido con gran interés. Y precisamente porque conocía todos los resultados, deseaba comprender las intenciones divinas, pareció que el viejo maestreo leyó el pensamiento del joven príncipe y sin darle opción a réplica, le dijo:

-No, impetuoso joven sacerdote, no es suficiente tener la fuerza, ni incluso el legítimo derecho, para entablar batalla y matar a tu prójimo. Desde hace tres milenios, con nuestros ancestros instalados en esta tierra, ¿qué ha ocurrido tanto para nuestros hermanos enemigos como para nosotros mismos? El pasado no es más que una interminable continuación de abominaciones cuyos autores han expiado sus crímenes.

-Exactamente, venerado pontífice, pero el pueblo, el de Dios, el nuestro, siempre ha sufrido las consecuencias, y siempre ha sido el gran perdedor.

-Porque siempre se deja aturdir por bellas palabras. El hombre está hecho así, no cultiva el aire que respira, sino miles de bellas frases que agradan a sus oídos. Es por lo que su memoria se ha encogido y marchitado a lo largo de los siglos sin esperanza de mejora.

-Entonces, ¿no hay esperanza, pontífice?

-Sólo el Inefable tiene el poder de abrir los ojos a sus criaturas, y aún no ha llegado el momento. Deja a Dios esta elección y usa tu inteligencia en otras tareas.

-Así, estás de acuerdo en que implante nuevamente una blasfema dominación religiosa en este país.

-No puedo sustituir a Dios, sería tomarme por el Creador.

-Así, dejarás a los impíos que sigan esclavizando al pueblo, cada vez más, hasta una duración ilimitada.

-De lo que estoy seguro es de que esta tiranía idólatra no será eterna. Llegará el día en que retomemos el poder, y quién sabe, quizá gracias a ti, pero más tarde.

---

[61] Para saber más, léase el *Libro del Más Allá de la Vida* del mismo autor.

-Es predicar en un árido desierto, oh pontífice. Ya no quedará nadie vivo en unos años a la velocidad con la que mueren las criaturas bajo el pesado trabajo que están obligados a realizar por orden de la-Met.

-Larga vida, prosper...

Aha-An interrumpió bruscamente y añadió con fogosa juventud:

- ¡Que la peste caiga sobre él, oh pontífice, y no la prosperidad!

-No olvides a quien hablas, joven e impetuoso sacerdote. –dijo Men-Nu-Ptah con una leve sonrisa para suavizar su respuesta.

Pero frente a su cara confundida, y la sonrisa de Met, retomó la palabra sin esperar respuesta:

-Nadie predica en el desierto, hijo mío, siempre habrá alguna alma ávida por recibir la enseñanza divina en su justo valor.

Y dirigiéndose al príncipe, resaltó:

-Tú, eres un vivo ejemplo de ello, pequeño príncipe, llamado a un gran futuro. Por ello debes aceptar el precio de tu fuerza manteniéndote lejos de las trampas y las revueltas que te serán incontestablemente planteadas por los que tienes frente a ti.

-No estoy destinado a tener el cetro, y estando Amon-Hotep en buena salud, me mantendré lejos de palacio, venerado pontífice, así, lejos de todas las intrigas de la corte real.

-Quién sabe, hijo mío. Puedes ser llamado a ostentar altos cargos ya que tu hermano Amon-Hotep no es precisamente un hombre de acción.

-No es tan afeminado como algunos lo pretenden. Frecuenta el harén real y tiene novia.

-Por supuesto, él perpetuará su devota raza, joven príncipe, pero su vigor no llega más allá. No le gusta la sangre ni las batallas, y me llegan malas noticias desde poniente y desde el sur, donde movimientos de revuelta se consolidan contra la opresión que los obliga a trabajos duros e impuestos enormes, por no hablar del coste de la ocupación militar.

-Los valerosos jefes de nuestro ejército pronto volverán a restablecer el orden en ese populacho bárbaro, oh pontífice.

Esta réplica tajante hizo sonreír a Men-Nu-Ptah, que añadió:

-Realmente no estás hecho para convertirte en sacerdote, Met, si no fueses príncipe deberías haberte dirigido a otra función, pero quizás evoluciones cuando hayas luchado en el campo de batalla. Y deseo decirte que, si algún día cambias de opinión y te conviertes en conductor de hombres, en el verdadero sentido de este término, piensa en toda la sabiduría que te ha sido enseñada en esta Casa de la Vida.

-Sea como sea, nunca lo olvidaré, venerable. ¿Puedo saber si hablas de una visión o estás profetizando?

-No, príncipe Met, pero tu nombre: Met, dado a tu envoltura carnal dotada de vida por la divina Termutis, tiene un significado preciso. La princesa recibió la inspiración de Dios para llamarte así, y a lo largo de tu vida esta predestinación influirá en tus actos.

El joven príncipe sacudió lentamente la cabeza indicando que comprendía antes de añadir:

-Por supuesto, Met es mi nombre, oh pontífice, y obedeceré esta señal, aunque sea un enigma para mí. Eso de que únicamente se me llame "Nombre" levanta muchas preguntas a las que quizá puedas contestarme.

Para desviar la conversación, Men-Nu-Ptah señaló la bandeja de pasteles:

-Vuelve a tomar uno de estos pasteles en lugar de imaginar estupideces que te hacen tartamudear por la emoción. Eres Met, y es porque era necesario que fuese así. Si tu madre tiene algo que revelarte sobre ello, lo hará en su momento. Por ahora, añade a tu genealogía a Aha-An para que pueda asistirte más adelante como lo haría un hermano ayudando en momentos de grandes dificultades. El acabará aquí su educación, pero siempre lo tendrás a tu disposición cuando lo necesites. Acuérdate de tu hermano mayor.

El joven sacerdote, tres años mayor que Met, asintió con la cabeza antes de responder con voz lenta y grave:

-Delante de ti, venerado pontífice, hago este juramento solemne: Met, a quien consideraba como hermano espiritual, se convierte a partir de hoy mismo en mi hermano de sangre, mi otro yo.

EL JEFE DEL EJÉRCITO DEL NORTE

> *"El odio de los egipcios contra los hicsos, que durante varios siglos habían dominado Egipto, necesitó unos ciento cincuenta años de guerra para que pudiese triunfar el poder del faraón Amosis, y el vencedor acordó una capitulación con la condición de que los ejércitos enemigos se retirasen al país de Canaán y de Arám".* (VIGOUROUX, Crítica de los Libros Sagrados).

Por primera vez desde la instauración del poder real y de la corte del faraón en la antigua capital de An del Sur, habiendo pasado dos revoluciones solares completas, Met fue llamado al palacio que guardaba la misma estructura de orientación, pero embellecido y agrandado con acondicionamiento semejante al de An del Norte.

Caminando con paso vivo, sus largos rizos oscuros flotaban sobre sus hombros y el joven príncipe no tardó en atravesar el Ankh-Menu, salón privado dedicado a los ancestros, en el que estaban expuestas permanentemente las joyas de la corona. Iba precedido por cuatro chambelanes que corrían para no verse sobrepasados por su ilustre invitado. Si el lugar había cambiado de latitud, no se diferenciaba en nada al que había conocido en un tiempo lejano cuando se apoderó del pectoral dejándolo caer al suelo. La joya, reconstruida, resplandecía bajo el mismo sol, desafiándolo con el brillo eterno de Ra, territorio de los Adoradores.

Sin embargo, el joven tenía otras preocupaciones que esos recuerdos fugaces, ya que el motivo de su convocatoria urgente le excitaba. Efectivamente, la situación política se había agravado hasta tal punto que parecía infinitamente peligrosa, por no decir irremediablemente comprometida. Por ello, en esta radiante mañana, poco le importaba ese pectoral que no era más que un símbolo de decadencia dinástica. La doble puerta de bronce se abrió sin necesidad de ralentizar el paso. Met, levantó la cabeza con orgullo, concentrando toda su energía en los momentos importantes que iba a vivir.

El primer chambelán lo esperaba, manifiestamente agotado por haber corrido para no hacer esperar a su importante huésped, que andaba demasiado rápido. Articuló con dificultad:

-El divino Ia-Met, Per-Aha, poseedor del cetro durante veintidós años, detentando su poder de manos de su padre, Sekenenra, maestro de las Dos Tierras, cubierto de gloria por el restablecimiento del equilibrio y armonía en Egipto, a él larga vida, salud y prosperidad, eternamente vivo, querido de Ra y amado de Ptah, indica al príncipe Met que está dispuesto a recibirlo.

Pero mientras hablaba, el joven ya había penetrado en la gran sala de audiencias, desierta esa mañana, excepto en un extremo donde nueve generales estaban junto a los principales consejeros y el gran sacerdote de Amón, bajo el trono del rey. Met aceleró aún más el paso para cruzar esta inmensa sala.

Habían pasado tres años desde que acabó sus estudios sacerdotales en el templo de Ath-Ka-Ptah. A lo largo de este tiempo se había dedicado a su madre, la divina Termutis, ya que después de su mudanza al sur, con atribución de nuevas tierras, se dedicó a organizar la gestión y administración de los bienes de la segunda dama del reino. El joven se había mantenido alejado de la corte con facilidad, ya que Amon-Hotep le era cada vez más antipático. Éste como corregente, se ocupaba particularmente del ambicioso programa de realización de gigantescas construcciones religiosas dedicadas a Amón, y necesitaba requisar ingentes cantidades de mano de obra de modo arbitrario para asegurar los trabajos de cultivo en los campos. Dado que su padre, el rey, tuvo que formar un importante ejército auxiliar para iniciar una nueva campaña contra los hicsos refugiados que se habían hecho fuertes en tierra de Canaán, quedaban pocos hombres disponibles en una población muy debilitada.

Por ello, esa mañana, Met, fue llamado de forma urgente por Su Majestad. El joven sonreía interiormente acercándose al trono porque conocía perfectamente el motivo de su convocatoria, a pesar de que el rey hubiese mantenido en secreto su objetivo. Era evidente que este paso se hizo con la desavenencia de Amon-Hotep, porque autentificaba un hecho que hacía sonreír a todos los cortesanos. Era sabido que el corregente, déspota duro y cruel con los trabajadores que tenía bajo guardia para efectuar sus trabajos, era inepto para dirigir sus soldados. Sin embargo, la situación militar se degradaba con rapidez, y cada vez era más crítica en todo el país, donde la rebelión y secesión ganaban fuerza a pesar de la reciente victoria sobre los hicsos.

Aprovechando la ausencia del ejército y su comandante, el Per-Aha Ia-Met, retuvo en Canaán las hordas sabeas que llegaban a marchas forzadas al país, destrozando todo a su paso y dirigiéndose hacia la nueva capital. Además, los emisarios llegados hacía pocos días desde el norte anunciaron al rey que otras tropas del mismo país llegaban por la tierra del fin del mundo[62] disponiéndose a asediar An del norte.

Por estas razones catastróficas, se había reunido un consejo de guerra con los nueve generales que habían acudido a pesar de estar muy divididos sobre el modo de actuar. Los miembros estaban divididos en dos facciones siendo incapaces de ofrecer una respuesta eficaz contra los invasores. Dos de estos oficiales propusieron llamar a Met, reputado no sólo por su sabiduría, pero sobre todo por su clarividencia y don de mando sobre los hombres de guerra. Los demás oficiales consintieron circunspectos.

---

[62] La reina de Saba, vivía en el actual Yemen del sur, en el extremo de Arabia, separada de África y Etiopía por un pequeño brazo de mar.

Faltando diez pasos para el trono, Met observó los rostros consternados de los generales. Ia-Met estaba rígido bajo su doble corona de oro, a su derecha, sentado en una silla, Amon-Hotep tenía aire hosco y contrariado expresando lo que sentía frente a este medio hermano al que observaba malignamente. El hijo de Termutis extendió los brazos contra sus muslos en señal de respeto e inclinó la cabeza lo suficiente para mostrar su aceptación anticipada a las decisiones de Su Majestad. Lo que hacía con gran voluntad, ya que conocía a través de los dos generales que pidieron su ayuda el día anterior en gran secreto a su divina madre, esperando que su mandamiento fuese la solución a todos los problemas insolubles a los que la patria se veía sometida.

Ia-Met observaba silenciosamente este bello y fuerte hombre, suspirando resignado al pensar que las vías tomadas por el que era su Dios, el ardiente Ra, eran sin duda inescrutables, ya que para tener apoyo no podía llamar a la carne de su carne, sino al hijo de la que no se había convertido en su esposa con pretexto de que era estéril. Bello ejemplo de esterilidad, pensó viendo esta fuerza de la naturaleza que estaba a sus pies dispuesto a ejecutar sus órdenes. Qué absurdo y estúpido haber escuchado a inútiles médicos de la corte. Pero se reincorporó rápidamente porque el silencio reinante a la espera de sus primeras palabras era muy pesado para su Ka interior. Dejando de admirar la prestancia del que hubiera podido ser su propio hijo, tomó la palabra con un tono que intentó mantener neutro:

-Salud, joven príncipe Met, que tan rápidamente has contestado a mi llamada.

-Larga vida, salud y prosperidad a ti, Ia-Met, amado de Ptah y de Ra, al igual que para toda tu familia. Ha sido una alegría y un honor acudir a tu acuciante llamada.

Acabo este breve protocolo de cortesía, cada uno de los asistentes a esta audiencia se incorporó, excepto Amon-Hotep que mantuvo tercamente su expresión. Los consejeros y generales, llevados por sentimientos muy distintos, esperaban la continuación con interés, y el rey no prolongó su espera entrando de lleno en el tema:

-A pesar de que vives retirado en los dominios de tu madre, mi divina hermana Termutis, bien amada, larga vida a ella, no desconoces los graves acontecimientos que se vienen produciendo desde hace varias lunaciones en nuestro "Corazón".

Ia-Met hizo una pausa para hacer comprender que sus espías le informaban muy bien sobre los hechos y actitudes de su entorno cercano. El joven príncipe inclinó su cabeza para mostrar su comprensión sin hacer comentario alguno. El rey prosiguió con voz más rápida:

-Los hicsos nos desafían de nuevo preparando una espantosa revancha desde sus nuevas fortalezas de Canaán y Arán, han sido aniquilados por nuestros ejércitos, de los que personalmente a la cabeza he sentido su bravura. Hemos perseguido sus restos, que se llamaban humanos, hasta su refugio en Scharoben[63], que destruimos por completo, ya no existen ladrones de Shasu en libertad, hemos traído tantos prisioneros que las benditas construcciones de nuestros edificios religiosos progresan mucho más rápido de lo previsto por nuestros buenos arquitectos. Y el botín es tan numeroso que aún no se ha inventariado completamente por nuestros escribas. Sin embargo, desde mi regreso, semana tras semana, me informan de que nuestros ancestros establecidos

---

[63] Es la ciudad de Scharu-Hem de la Biblia.

en el país de Saba, esta tierra del fin del mundo[64], también han engendrado "Inmundos". Instalados desde hace milenios en un Corazón, ya no quisieron el nuestro, han aprovechado desde hace tres siglos nuestro declive, provocado por la invasión y toma del cetro por los hicsos, para cruzar el mar estrecho e instalarse en Etiopía. En ese momento no había ningún Rey Divino que les recordase a nuestros lejanos primos su solemne juramento de no aparecer jamás en Ath-Ka-Ptah, nuestro Segundo Corazón. Además de esta intrusión ilegal y blasfema, la reina actual de este maldito país, ha ordenado a sus hordas salvajes franquear la línea sagrada de nuestras estelas fronterizas, aprovechando nuestra lejanía combatiendo a los hicsos.

Met reprimió una sonrisa. El ejército sabeo era fuerte sin duda, bien equipado y preparado, y estaba a sólo unos días de marcha y navegación por el río de este palacio real, donde estaba el rey desamparado en su papel de Per-Aha. El joven príncipe no hizo comentario alguno esperando tranquilamente la buena voluntad de Su Majestad, la cual intuía. El rey, sin esperar palabra de su vasallo, levantó lentamente una mano como para apartar sus dolorosas visiones, y prosiguió:

-Al inicio vivían separados de nuestro país por altas montañas y se convirtieron totalmente en extranjeros desconocidos hasta tal punto que habíamos olvidado nuestra común unidad original. Emigraron hace varios milenios de las orillas de nuestro gran río hacia un destino lejano en esa tierra que llamamos el fin del mundo que se encuentra más allá del gran desierto árido. Por ello, nunca mantuvimos relaciones con la corte de Saba, ni intercambio de embajadores, sólo se estableció un fructífero comercio mucho antes de la invasión de los impíos hicsos. Durante varios siglos hemos mantenido observadores que nos informaban regularmente, pero con el reinado de los invasores Inmundos, y el desmantelamiento de nuestra patria, estos lazos desaparecieron, y los sabeos cruzaron el mar estrecho para implantarse en este lado de la tierra, manteniéndose, sin embargo, más allá de nuestro territorio. Habiendo conseguido a lo largo de mi reinado restablecer el orden y la legalidad divina del cetro, pensé en la necesidad de firmar un tratado con este pueblo para establecer relaciones normalizadas sobre bases sólidas. Pero el desarrollo inaceptable de las ambiciones desenfrenadas de las nuevas dinastías femeninas, impidieron alcanzar el pacto que preparé. Este pueblo venido a menos siguió a su estúpida reina cruzando nuestros límites fronterizos. Es contra ella que te voy a enviar, y no creo que te cueste mucho hacer que caiga en tus manos.

Met asintió encontrando normal este requerimiento que ya esperaba. Pero, curioso por naturaleza, hizo esta pregunta:

- ¿Qué sabes sobre esta reina además de su estupidez, oh, divino la-Met?

-En verdad, poca cosa, ya que mis emisarios nunca han regresado del país de Saba. El cetro, por tradición, es sostenido por una reina desde hace varios siglos, no se satisface como hacemos aquí transmitir su sangre divina a su hermano que reina en su lugar. Allí ella reina con título sobre un millón de individuos, es por ello que las

---

[64] La historicidad de la antigüedad de los sabeos se desarrollará al final de este capítulo en una nota.

decisiones que ella ha tomado sin reflexionar, te darán pie a que entre en razón. Ella se llama Nikara.[65]

-Pero ese es el nombre de nuestro país.

-Ello demuestra que jamás debería haber infringido nuestras leyes. Debes darle una lección que sus descendientes recuerden eternamente, si es que queda alguno después de tu paso.

Este final de frase se pronunció con fuerza, y todos los asistentes temblaron excepto Met perdido en sus pensamientos. En el silencio persistente, Met volvió a preguntar:

-Pero, oh, divino la-Met, según los rumores que corren por la ciudad, estos sabeos están a las puertas de An. ¿Cómo ha podido ocurrir esto?

El rey se contuvo y contestó con voz monocorde:

-La situación general que precedió mi ascenso a la corona era desastrosa, ya lo sabes. Los Inmundos habían dejado el país en un lamentable estado antes de su huida. Y a lo largo de las revoluciones solares, el tiempo y las preocupaciones no mejoraron nada. Por ello, los sabeos progresaron lenta pero eficazmente sin encontrar resistencia militar, llegando hace pocos años a nuestra frontera del sur. Así, pues, los que una vez fueron de nuestra carne y sangre se apropiaron de las tierras colonizando los pueblos que vivían apaciblemente. Incluso consiguieron reclutar por la fuerza a los hombres negros gigantes[66] que en estos momentos siembran el terror en nuestro país. Las sucesivas reinas siempre han conseguido desviar el furor de mis predecesores que habían conseguido reducir las tropas enemigas. Por eso, los sabeos siempre han escapado sin pagar pesados tributos, lo que les permitió conservar su desdén hacia nosotros. Por ello, también han mantenido sus posiciones adquiridas, dispuestos a dar un nuevo paso. Hasta tal punto que desde hace veinte años que percibíamos regularmente sus impuestos y tributos, la atención de mis recaudadores se ha desvanecido, y desde hace dos años han penetrado en nuestro Corazón, a pesar de todos sus compromisos de no agresión. Superando mi repugnancia para castigarlos a la medida de sus crímenes, envié dos cuerpos de soldados para contener su avance esperando refuerzos para echarlos. Pero los ataques salvajes y violentos de estas hordas han desecho a nuestros valerosos guerreros, por ello he llamado a todos los jefes de armas y he decidido traer dentro de nuestros muros todas las tropas estacionadas en el poniente con el fin de realizar un contraataque definitivo asegurando la protección de nuestra ciudad santa y de su rey. Yo mismo participaré dirigiendo la contraofensiva que se iniciará muy pronto, con número suficiente y mejor organizados seremos capaces de eliminar totalmente estas hordas, tal como hicimos con los hicsos.

El rey hizo un gesto de rabia como barriendo a un enemigo invisible, pero el joven príncipe, más clarividente y ahora impaciente, imaginaba como si lo viese la caída total de los ejércitos reales, el saqueo de los bienes de su madre y quizá su muerte en abominables torturas. Reincorporándose, solicitó:

---

[65] Véase Nota al final del capítulo.
[66] Se trata de las tribus Masái, cuyo ardor combativo no tenía igual, excepto las legiones Medjai etíopes de la-Met que residían tras al palacio real asegurando su protección.

-En este caso, ¿qué esperas de mí, oh, Ia-Met?

El rey tendió una mano frente a él como para detener la pregunta y hacer comprender que la decisión no dependía de él:

-El consejo excepcional que estás viendo reunido esta mañana, lleva celebrándose cuatro días, y emite el deseo que tomes el mando de las tropas que irán al país de los sabeos para embestir y destruir su capital. Irás por el norte, cruzarás el desierto y llegarás frente a la capital de esta tierra del fin del mundo que destruirás. No tendrás cuartel alguno con estos antiguos hermanos convertidos en salvajes, y te mantendrás en su fortaleza dispuesto a rechazar desde dentro los que huyan desde aquí alcanzando su hogar, después de haberse enfrentado a mí y a mis valerosos soldados que atacaremos por el sur.

Esta táctica tan elaborada sorprendió a Met que no esperaba la división del ejército en dos mandos muy distintos, del cual uno se le escapaba totalmente. Pero como el plan parecía excelente, el joven consintió antes de solicitar explicaciones complementarias:

-El plan es muy bueno, oh divino Ia-Met, demostrando una vez más tu gran clarividencia en las decisiones tomadas. Sin embargo, ¿Puedo saber quién defenderá el acceso a tu capital, al igual que el de las otras grandes ciudades? Ya que, si llevas las gloriosas tropas de tu palacio al sur, y si yo tomo el resto del ejército hacia el norte...

El rey ignoró este requisito irrespetuoso ya que necesitaba la fuerza de la naturaleza que representaba Met, y respondió con frialdad:

-Ya te he dicho que no debe haber piedad alguna con estas hordas salvajes. Ahí donde anteriormente sólo había temor y respeto, deseo que ahora sólo haya espanto y temor. A medida que avancemos no perdonaremos a nadie. Sólo dejarás vivir algunos prisioneros, a los que habrás cortado la lengua y las dos manos, para vuelvan y muestren a sus malditos hermanos de la ciudad de Saba lo que les espera a todos. Nuestro poder y voluntad de vencer debe estallar a los ojos de todos sin discusión posible, por ello no es necesario protección alguna ni en esta ciudad ni en las otras. Ningún soldado enemigo sobrevivirá a nuestro avance. En cuanto a lo demás, la administración del reino será asegurada por mi hijo bien amado, Amon-Hotep, aquí presente, a lo largo de mi ausencia junto con mis consejeros privados igualmente presentes en este consejo. ¿Queda claro?

Met inclinó su torso en señal de asentimiento y lealtad, sólo añadió:

-Eres el divino maestro, oh Ia-Met, tu ordenas y yo obedezco.

-Muy bien, tendrás bajo tus órdenes a cuatro valerosos generales que son Bebira, Djelkai, Merikhent y Tekenen, que tanto desea asistirte en la batalla de la conquista de Saba. Además, pongo a tu servicio al comandante de mi flota de guerra, compuesta de trescientas embarcaciones de combate para transportar a tu estado mayor, las municiones y víveres de las tropas que ya te están esperando en los muros de An del norte. Yo me reservo los cuatro generales aquí presentes para combatir las hordas salvajes del sur. Que la gigantesca tenaza constituida por nuestras valerosas tropas, se cierre inexorablemente aplastando lo más duramente posible a todos los enemigos contenidos en su interior, de forma que los anales futuros repitan incansablemente nuestro poder por el número de muertos y manos cortadas al enemigo.

-Tu manda y yo obedezco, oh tú que eres el descendiente de nuestro primogénito y el consejero profético de nuestro destino.

-En tal caso, no tardes, prepara la campaña con tus generales para estar dispuesto mañana al amanecer de Ra en el gran río. Todos los barcos tendrán sus velas desplegadas.

Met hizo signo de unirse a él a los generales nombrados para asistirle. Juntos, extendieron sus vigorosos brazos sobre sus muslos sellando así su devoción sin restricciones a la causa de Ath-Ka-Ptah, e inclinaron la cabeza como exigía el protocolo. Esta señal de respeto pareció suficiente a Ia-Met, satisfaciendo su orgullo de cara a los consejeros del cetro presentes. El rey hinchó sus pulmones para dar a su voz una resonancia casi celeste en la inmensa sala de las audiencias casi vacía:

-Id. Ptah, que hará levantar mañana temprano a Ra en su brillo cotidiano en el mismo lugar desde el Gran Cataclismo, os asista en esta empresa de purificación de nuestro Segundo Corazón, hasta el día siguiente de nuestra victoria total.

Los cinco hombres se incorporaron al oír esta última fórmula con tinte profético, ello permitió a Met ser el portavoz de sus compañeros al despedirse del consejo:

-Que la victoria sea total y volvamos con un cortejo de tribus aún más importante que el de tu éxito sobre los hicsos, oh, divino Ia-Met, a ti larga vida, salud y prosperidad.

El joven príncipe giró sus talones sin detenerse, ya que tenía prisa en alejarse de esta atmósfera que sentía hipócrita. Le siguieron los cuatro generales a sus órdenes cruzando la amplia sala con paso rápido. Lo que molestaba a su espíritu, sin resentimiento alguno, era la mirada de odio que su primo Amon-Hotep le dirigía a su salida. Era inútil buscar sentido y se alegraba alejarse de la capital y del corregente.

Los chambelanes, junto a la puerta monumental de bronce dejaron pasar a los cinco hombres a la sala de Akh-Menu, llamada de los ancestros, donde las joyas de la corona brillaban en el centro con sus miles de facetas. La puerta se cerró detrás de ellos con su particular sonido metálico. Met, en el exterior, expresó la victoria que había retenido en su corazón a lo largo de la audiencia. El general Tekenen, que tanto había insistido en que el joven príncipe se convirtiera en el jefe de los ejércitos del norte, tuvo una mirada cómplice hacia el que ahora era su jefe, antes de expresar con voz burlona, algo irrespetuosa y muy amistosa:

-Parece que vuelves a tomar conciencia de tu propia personalidad, oh Met, esto me reconforta acerca de nuestro futuro que está en tus manos.

Los otros tres generales se echaron a reír ruidosamente, y el hijo de Termutis respondió sonriendo:

-Sin embargo, no parecías cómodo, Tekenen, mi madre no hubiera reconocido el brillante conversador que eres a su lado.

Ello provocó que los demás compañeros riesen aún más alto. Met, temiendo de que, a pesar del grosor de la pesada puerta, las risas llegasen a oídos de los que aún estaban a la escucha en el otro lado, llevó rápidamente al grupo fuera de palacio:

-Ya tendremos tiempo de poner a punto nuestra estrategia a lo largo de la navegación en el gran río en nuestra barcaza, Como nos queda poco tiempo en tierra, os propongo a ti, Bebirsa, Djelkai y Merikhent, despediros de vuestras esposas e hijos, estando al alba en el Toro Celeste que será nuestro barco insignia.

Los generales nombrados, consintieron con agrado, mientras que Tekenen preguntó:

- ¿Y yo, Met? ¿Ya me envías a bordo?

El príncipe dirigiéndole una sonrisa de complicidad, respondió:

-Bien lo merecerías, tú que sólo eres un valeroso estratega frente al enemigo, pero me acompañarás como escolta personal del comandante en jefe de los ejércitos del norte hasta el palacio de mi divina madre donde resido. ¿O quizá hay alguna joven de la que debas despedirte aún sin estar casado?

-Oh, no. Tu eres mi jefe, tu ordenas y yo obedezco, como ha dicho alguien que conozco, hace menos de una hora, a cierto Per-Aha.

-A quien le he deseado largo vida, salud y prosperidad.

-No lo repetiré, y me dispensarás de esta cansina cortesía. Cuando traspasemos este gran pórtico, por fin respiraremos aire más fresco a pesar del calor.

Met no contestó limitándose a decir a los otros tres generales, que ya eran sus hermanos de armas:

-No separamos aquí, para vosotros es más rápido tomar la puerta del sur para llegar a vuestros hogares, nosotros no dirigimos a la puerta de poniente que está más cerca del palacio de mi madre. Hasta mañana.

Los tres compañeros, inclinaron rápidamente la cabeza y tomaron su camino, mientras que Met y Tekenen giraron a izquierdas, bajando hacia el gran río y la morada principesca. Mantuvieron el silencio hasta el momento que franquearon la monumental construcción llamada puerta de poniente. Desde ahí veían el amplio río y los acantilados del valle de los muertos, erguidos en el otro lado de la orilla, vivo recuerdo del breve tiempo que se vive en esta tierra bendita de Ptah. El príncipe extendió una mano indicando el terreno que no era más que un cementerio, diciendo:

- ¿Crees, bravo Tekenen, que a nuestra vuelta se deberán añadir muchas tumbas en este valle donde el sol se pone cada tarde para tranquilidad de todos los que ahí duermen?

-Muertes habrá siempre, Met, como en cualquier prueba de fuerza. Pero creo que esta vez habrá muchas más que en cualquier otro combate de este tipo.

- ¿Por qué piensas eso?

-Porque no creo en la clarividencia de la-Met en materia militar, las sucesivas derrotas de nuestras tropas, únicamente bajo las órdenes del Per-Aha, nos han llevado a una caída sin precedente, creo que a pesar de tu reclusión voluntaria estás informado.

Met sonrió antes de contestar:

-Desde que has desembarcado para venir a este consejo y visitar a mi madre cada noche ¿cómo ignorar lo que está ocurriendo?

-Deja tus insinuaciones, pequeño príncipe, ¿cuántas veces te he tenido en mis rodillas durante tu infancia? Tu madre y yo hemos sido educados juntos durante doce años desde nuestro nacimiento, no olvides que soy de noble cuna.

-Justamente porque no olvido nada, sé que mi madre siempre se alegra de verte, por eso me permito este comentario.

- ¿Lo crees realmente?

-Mis palabras son francas. Te repito que mi madre es feliz en tu compañía, ha estado sola demasiado tiempo, esa es mi opinión. Dejémoslo ahí si no me crees. Dime más bien lo que temes de nuestra expedición ¿Algún fallo en la preparación por parte de la-Met, o sencillamente escasez de medios?

-No, no se trata de eso, es más sutil, y mi mala sensación es cuestión de atmósfera, creo que hubiésemos podido evitar navegar el gran río hacia el norte para después cruzar ese inmenso desierto infestado de serpientes y llegar a la capital de nuestros primos convertidos en enemigos, nadie comprende el porqué. Hubiera sido muy sencillo salir todos hacia el sur, remontar las cataratas hasta el camino de las caravanas que llevan al mar estrecho, y de ahí hacernos al agua con esta tropa y nuestra potencia militar.

-Es muy justo lo que dices.

-Por supuesto, sin embargo, ahora, en este desierto maldito donde viven millones de serpientes venenosas ¿cuántos de nosotros se verán protegidos para sobrevivir sin ser mordidos?

-Buena pregunta, Tekenen, pero está mal planteada porque ya tengo una solución radical para este problema.

La sorpresa del general hizo dibujar una sonrisa en el rostro de Met, haciéndole perder el aire demasiado tenso y serio que tenía escuchando a su compañero, el cual le preguntó:

- ¿Quizás eres mago o brujo para borrar de la superficie de la arena caliente esta verdadera calamidad?

-Ni lo uno ni lo otro, pero aun así tengo la solución.

- ¿Cuál es, por la veneración de Ptah, mi buen príncipe? Has despertado mi curiosidad, y si lo que dices es cierto, se desvanece la mitad de mi preocupación acerca de este proyecto.

-Otra vez dudas de mis palabras, Tekenen, te repito que lo que digo es la expresión de la verdad.

Llegando al extremo de la suave pendiente que llevaba hasta el muelle a orillas del río, tomaron un pequeño camino llano que llevaba hasta la entrada de la propiedad principesca. En silencio, Met reflexionaba sobre la situación dejando en la intriga a su compañero por algunos instantes antes de darle a conocer la estratagema que le permitiría hacer desaparecer las serpientes.

Una brisa fresca soplaba sobre sus cabezas ahora que andaban bajo los sicomoros que bordeaban el camino. Alargaron el paso y la bella casa apareció a sus ojos resplandeciente de blancura sobre el montículo en el que se elevaba, Met contestó al enigma que desorientaba a Tekenen:

-He aquí cómo actuaremos, bravo y valiente soldado, poco antes de embarcar mañana por la mañana, cogerás algunos hombres y os dirigiréis en embarcaciones planas hacia las marismas para cortar los islotes de juncos que encontréis.

-Pero hay miles, oh Met.

-Harán falta miles, y los más fuertes.

Tekenen no comprendía esta solicitud y, de pronto, expresó algo de temor al pensar que su príncipe había perdido el buen juicio. Met sonrió palmeándole el hombro y dijo:

-No te resistas, por Ptah, aún tengo toda mi alma, esos juncos son necesarios para construir jaulas de tres codos[67] de alto por dos de ancho, y para que no desesperes añado que son para encerrar en ellas ibis que atraparemos a lo largo de la ruta en Nekham-A-Geba, donde viven por legiones[68]. No olvides que su principal alimento es la serpiente. Los ojos de Tekenen se abrieron como platos y su grito de alegría fue tal que llegó al oído de la princesa Termutis que esperaba ansiosamente el regreso de su hijo. Ella también sonrió, lo que la embelleció aún más si ello era posible, ya que reconoció al autor del grito. Se precipitó hacia su habitación para retocarse rápidamente.

NOTA

Acerca del país de Saba (o Yemen).

Entre África y Asia, la península arábiga es como una inmensa barrera desértica situada por la Creación entre los dos continentes. Limita al sureste con una parte del océano Índico, alcanzaría el Mediterráneo sin la interposición de Siria. En el noreste sus variados límites a menudo siguen el curso del Éufrates y del Schat-el-Arab. El golfo que hay al Este, lo separa de Persia, tomando el nombre de este país, pero Arabia da su nombre al golfo occidental bordeando el mar Rojo, o mar Estrecho en jeroglífico, más allá del cual se sitúan Egipto y Etiopía.

Esta posición hace de alguna forma que Arabia sea el centro del esplendor de la civilización primitiva salida de Aha-Men-Ptah, luego de Ath-Ka-Ptah, o Egipto, que

---

[67] Jaulas de 1,50 x 1 metros aproximadamente. El codo real usado es la del Etalon conservado en el Museo del Cairo, que mide 0,524 metros.
[68] Se trata del nombre jeroglífico del actual emplazamiento situado en Nag-Hamadi, a medio camino a orillas del Nilo entre Tebas y El Cairo, donde aun actualmente está la más famosa necrópolis de ibis, "*a las orillas del Poniente, ahí donde Ra se reúne con los dormidos de este mundo*".

algunos adoradores del Sol no reconocen como su Segundo Corazón. Desde la más remota antigüedad, los que huían se esforzaban en trazar un camino de oasis en oasis a través de las áridas arenas franqueando esta movediza barrera para poder establecer eventuales bases protectoras para ellos y sus familias. De hecho, los habitantes de Arabia se mantuvieron mucho tiempo en estado de semi barbarie en un estado nómada que les pareció más conveniente que el sedentario. A continuación, a través de sus desiertos, tomaron el oficio de conductores para la relación entre naciones entre la cuenca del Éufrates, Persia e India y sus lejanos primos egipcios.

Estos corredores comerciales sólo tuvieron una historia después de su establecimiento definitivo en el extremo sur de esta península Arábiga, denominada la Tierra del Fin del Mundo, actualmente Yemen. A partir de la ocupación de esta región por Moisés y sus ejércitos, y más tarde por el establecimiento de lazos aún más estrechos con el rey Salomón, los faraones dividieron la península arábiga en tres grandes regiones determinadas por la naturaleza general del país. En el noreste, la Arabia Pétrea, región de montañas rocosas y estériles, cuyos valles sólo eran susceptibles de ser cultivados para alimentar una población aglomerada abrazando la casi isla del Sinaí, y la orilla oriental del golfo Elanítico, actualmente golfo de Akaba. En el oeste y en el sur, la Arabia Feliz, en la que se incluía los cantones fértiles habitados por una población de agricultores sedentarios, se extendía a orillas del mar Rojo ocupando, sobre todo, la parte meridional de la península hasta entrada del golfo Pérsico. Por fin, el centro de la región del Este recibió el nombre de Arabia Desierta, contiene la mayor parte de superficie de la zona, siendo la más amplia de las tres, y efectivamente estaba cubierta de soledades desérticas donde erraban las tribus nómadas.

La larga cadena montañosa que desciende desde Palestina hasta lel canal de Suez, prologándose casi paralelamente al mar Rojo, hasta la extremidad sur de Arabia, se llama Hedjaz (barrera), y da su nombre a toda la región que cruza antes de llegar al país de Saba, o Yemen. En esta amplia región puede distinguirse cuatro provincias características. Primero, al norte, la Arabia Pétrea, de la que conservaremos su apelación antigua para no complicar la nomenclatura de tantos nombres difíciles de memorizar; ella contiene los dos países, edomitas y madianitas, de los que hablaremos ampliamente en los capítulos de la huida de Moisés en la tierra de Madián, o más bien de su regreso a esta región que había conocido y amado tal como se explica en el siguiente capítulo. Luego viene Hedjaz con sus dos ciudades principales, Yambo y Medina, la antigua Yatrhib. Al sur de esta provincia está Tihama, región caliente o marítima, donde están La Meca y Djeddah. Por fin, la última y más meridional de las cuatro provincias es Asyr o Asur, que confina a Yemen, es decir, el país de Saba donde vivieron los últimos contingentes de los supervivientes de la Atlántida.

El país de Saba es el que está formado por la extremidad suroeste de la península Arábiga, bañado al oeste por el mar Rojo y al sur por el océano Índico. Lindando al norte con el Hedjaz, al Este con el Hadhramaut. Entre las ciudades más notables de este fin del mundo, estaba Saba, arruinada desde hacía tiempo.

Las tradiciones dan como primeros habitantes de Yemen a los que huyeron, supervivientes de los descendientes de los adoradores del fuego y del sol. Este recuerdo está en sintonía con las informaciones contenidas en el capítulo X del *Génesis*, efectivamente observamos que una parte considerable de la descendencia de

Kush ocupó la región vecina, en la cual la antigua presencia de los kushitas está demostrada por los descubrimientos de la ciencia moderna. El libro inspirado da por hijo a Kush, Saba, Sabatha, Sabathaca, y como hijos a Raama, Seba y Dedan. Conforme al sistema constantemente empleado en este venerable documento histórico, son poblaciones distintas.

Saba no hay duda alguna, es el nombre que los escritores de la antigüedad clásica atribuyen unánimemente a los habitantes de Yemen. Observamos en sus propios monumentos que estos habitantes, estos sabeos de los griegos y romanos, llamaban ellos mismos a su país Saba, y algunas veces aplicaban este nombre a su capital, llamada más comúnmente Mariab, actualmente Mareb.

La identificación de Sabatha también es segura. Es el Hadhramaut, cuya capital tiene el nombre de Sabota hasta después de la era cristiana. Tenemos conocimiento de ello por el periplo griego del mar Eritreo, por Plinio, y por las inscripciones indígenas de Yemen. Situamos Sabathaka en la costa africana, ahí donde los monumentos jeroglíficos de Egipto sitúan un pueblo con el nombre de Sabaha, y pensamos, junto a la mayoría de los críticos estudiosos del capítulo X del *Génesis*, que representa las primeras tribus sabeas o kushitas de Arabia que fueron a Abisinia durante la invasión de los hicsos en Ath-Ka-Ptah. Quizás en ese tiempo no buscaban más que acercarse a su madre patria original para reconquistarla y liberarla. Luego, a lo largo de los decenios, después siglos, al observar la decadencia de algunos de los Per-Aha, las sucesivas reinas de Saba pensaron en anexar este país que fue su Segundo Corazón. Pero Ia-Met consiguió de nuevo la unión sagrada.

En el sistema documental genealógico conservado por los historiadores de Moisés, los dos hijos de Raama fueron dos naciones surgidas de este país posteriormente y que se extendieron cerca de sus fronteras. Es en la vecindad de Saba donde debemos buscar Dedan y Seba. El nombre de Seba actualmente se encuentra en la tribu de los Benu-es-Sab, que habitan una parte de Omán y que es un elemento que compone el nombre de la ciudad de Batrasabbe, indicada por Plinio en la misma región. La ubicación de esta localidad no es conocida de forma precisa, pero nos inclinamos a situar Seba al sur de Omán, en el país de Mahrah, que, de algún modo, formaría un vacío entre Sabatha y Raama en la cadena de las poblaciones kushitas que ocupaban toda la costa de Arabia meridional.

En cuanto a Dedan, desde hace tiempo su situación fue reconocida por los comentaristas. Efectivamente, su nombre se ha mantenido en la pequeña isla de Daden, una de las islas de Bahrein. Dedan representa, pues, las tribus kushitas que se establecieron en la provincia de El-Hihsa, o Bahrein, pero sólo pudieron fijar su morada después de la migración de los cananeos, primeros habitantes de la zona. Anteriormente a esta migración, que les proveyó un amplio y fértil espacio donde asentarse, las tribus de Dedan debían habitar al sur de los cananeos, en la frontera de Omán, o quizá detrás de ellos en la parte oriental del llamado Nedjd.

Todas estas naciones kushitas del sur de la península arábiga hablaban dialectos de una sola y misma lengua semítica, la que hemos denominado sabea creando así una alianza de hecho. Esto les permitió una mayor autonomía y una independencia que desarrolló su poder, degenerando en un movimiento de expansión territorial y una negación cada vez más intensa de su origen divino.

EN EL PAÍS DE SABA.

> *"Tharbis, hija de la reina de Saba, quedó prendada de Moisés viéndolo llevar el ejército bajo los muros de Saba. Concibió un violento amor. Y dado que esta pasión persistía, envió a sus más fieles servidores ofreciéndose en casamiento. Moisés aceptó la propuesta a condición de la rendición de la ciudad, comprometiéndose por juramento a llevar los egipcios de regreso, acompañado por Tharbis."* (FLAVIO JOSEFO. Antigüedades judías, cap. X-1).

Desde hacía tres lunaciones completas, Met había instalado sus tropas frente a los altos muros de esta extraordinaria ciudad, de nombre Saba. El cerco era total, pero esta población se había replegado y parecía disponer de gran cantidad de vituallas para evitar las hambrunas en los siguientes largos meses. Todo se había desarrollado favorablemente desde su salida de An del sur, hacía más de un año. El jefe del ejército dudaba entre entablar una lucha que, aunque decisiva, sería mortífera. A pesar de que a lo largo de su avance no habían encontrado resistencia abierta, después de los grandes fracasos padecidos por los sabeos contra An del norte, no era menos cierto que los fugitivos llegados en penoso estado a Saba, harían pagar caras sus vidas junto a todos que allí residían.

Por ello, el joven príncipe se había instalado en compañía de su estado mayor a un día de marcha de la capital, al pie de una alta montaña donde no sólo encontró un frescor muy agradable, además, impetuosos torrentes de agua potable.

En esta mañana el día se anunciaba tan tórrido para las tropas como los anteriores, Met había convocado a sus fieles generales para examinar la situación y encontrar un remedio. Se había levantado temprano, y caminaba a paso veloz junto a las estribaciones de la montaña, cuando vio llegar a toda velocidad desde la mitad de la pendiente a Djelkai, uno de sus cuatro fieles, gesticulando exageradamente y quizá gritando, pero el viento se llevaba sus palabras. El joven príncipe se detuvo perplejo preguntándose qué ocurría. En un parpadeo, su general se detuvo junto a él, necesitó algunos instantes para recuperar el resuello:

-Príncipe, he hecho un extraño descubrimiento, debes venir a verlo sin demora, ya que te podrá dar éxito en esta campaña con más rapidez de la esperada, y sin riesgos.

- ¿De qué se trata, Djelkai?

-Sube conmigo allí, arriba.

-Pero tenemos un consejo en poco tiempo. ¿Lo has olvidado, general sin memoria?

-Esto es mucho más importante, los compañeros esperarán, ya que este será el elemento de nuestra victoria.

-Por Ptah, explícate.

-Mientras subimos, mi príncipe, así ganaremos tiempo.

Llegados a la mitad del ascenso, los dos hombres siguieron subiendo de forma menos dura por haber llegado a un llano hacia oriente. Pocos minutos después llegaron al flanco de la montaña descubriendo un extraño espectáculo. Djelkai no había sido presa de un sortilegio ni de un espejismo; un enorme dique en forma de presa retenía una ingente cantidad de agua. El general rio con hipo por el esfuerzo realizado:

- ¿Tenía yo razón, mi príncipe?

Met asintió con aire satisfecho contemplando este magnífico espectáculo, decenas de abundantes cascadas descendían en ríos impetuosos en las laderas de otras varias montañas, llevando toda el agua hasta un único valle obstruido por una gigantesca obra realizada por la mano del hombre. Mena, el primer Per-Aha dinástico de Ath-Ka-Ptah, no lo había hecho mejor cuando realizó la barrera en las aguas bravas del Gran Río en Siena[69]. Esta magnífica obra remontaba a esta lejana época, ya que emanaba de idénticos arquitectos descendientes[70]. Esta construcción había desviado hábilmente el curso de los torrentes hacia una construcción forzada que serpenteaba entre los dos montes perdiéndose en un túnel subterráneo que, sin duda, desembocaría en las reservas de la ciudad de Saba.

- ¿Qué piensas, príncipe?

-Que eres el mayor estratega de todos los tiempos, Djelkai. Bajemos rápidamente al consejo para preparar la completa derrota de los sabeos desviando el agua que hasta hoy recibían, así no resistirán mucho más.

Esa misma tarde un centenar de soldados iniciaron, con la fiebre del cercano éxito, la perforación de una decena de grandes aberturas en la pared del dique con objeto de que escapase todo el líquido de este reservorio artificial. Siete días bastaron para vaciar completamente la presa, quedando el túnel seco. Los torrentes habían recuperado su libertad esparciéndose en todas direcciones. La espera ya no sería larga, por ello Met mudó el campamento al pie de la fortaleza.

No habían pasado cuatro días cuando un anciano de larga barba blanca se acercó, una mano altamente levantada al frente, y la otra contra su pecho sujetando un pliegue de su túnica que flotaba al viento. Apareció como salido de la tierra ante unos montículos de rocas amontonadas, detrás de él venían dos jóvenes con barba morena bien recortada, a simple vista parecían emisarios importantes.

---

[69] Se encuentra en el lugar de la actual presa de Asuán, hace 6000 años.
[70] Esta presa es la de Sed-Mareb, en árabe El-Arim, cuyas considerables ruinas, aún existen.

El jefe de los ejércitos, Met, fue llamado con urgencia, los miró con atención preparándose a rudas discusiones, aunque este pueblo, de hecho, surgido de la misma sangre que la del suyo, empezaba a serle simpático. Todas las construcciones de la ciudad que observó por encima de las murallas, indicaban un refinamiento digno como el de las habitaciones a orillas de Gran Río, sin olvidar la presa. Esta gente ya no parecían unos salvajes destructores, pero la guerra e invasiones debían terminar. Debería negociar una rendición sin condiciones que fuese efectiva para la eternidad, sin destruir a saco esta admirable civilización. ¿Qué sabrá Ia-Met, y qué diría si volviese con la paz y un botín mucho más considerable que el amasado por el rey de los inmundos hicsos?

Viendo acercarse a los extranjeros, se enderezó y endureció su mirada al tiempo que indicaba a Tekenen y Djelkai situarse a sus costados. El viejo hombre de barba blanca se detuvo a diez pasos de Met mirándole a los ojos sin desviar la mirada, bajó su mano y se dirigió al príncipe en el lenguaje de Egipto, con muy poco acento:

-Saludos a ti, que eres el jefe de estos hombres. Me llamo Hadda, y soy lo que los sacerdotes de tu país denominan profeta. Desde hace muchas lunaciones he profetizado no sólo a la gente del pueblo, sino también a la reina Amalica y a su corte de ciegos e impíos, que el día del castigo deseado por Dios contra sus criaturas de Saba estaba cercano. Durante cuarenta años solares he indicado el momento en que ello se produciría, y el momento ha llegado. Desgracia para ti, que eres el instrumento del destino de mi desgraciado pueblo. Pero esto no son más que palabras y huecas amenazas sin sentido, en boca de un hombre al final de su ruta terrestre. Eres, sin duda, el que Dios ha armado para castigar la arrogancia de quienes lo han olvidado deliberadamente.

Met comprendía muy bien este idioma, que le recordaba al de algunos de sus maestros en las Casas de la Vida, donde había adquirido toda su maestría religiosa y científica. Asintió y con voz grave contestó:

-Soy un combatiente, pero también soy un hombre de bien, que venga tu reina en persona a pedirme el perdón de sus pecados y haga el juramento de no volver a entrar en guerra contra mi país, mantenerse en sus territorios, y entonces aceptaré la rendición de la ciudad y sus habitantes sin matar a nadie. Sólo después, discutiremos indemnizaciones y tributos que nos serán entregados para volver a Ath-Ka-Ptah.

El profeta no había parpadeado y no dejó un instante de mirar al príncipe inquisitivamente. Frente al silencio del que había planteado sus condiciones, aparentemente de modo impecable, preguntó con voz algo temblorosa:

- ¿Y si no?

-Si no, destruiremos la ciudad a fin de que no quede piedra sobre piedra, y pasaremos a cuchillo a todos los habitantes, hombres, mujeres y niños, para que este ejemplo inspire terror a todos los pueblos vecinos que se sientan tentados a imitaros.

El anciano se giró hacia sus dos asistentes y le habló largamente en un idioma incomprensible. Tuvieron un diálogo que llevó algo de tiempo y, al estar el sol cerca del fin de su navegación diaria, Met no perdió la paciencia al observar que la irritación de sus compañeros iba en aumento según pasaba el tiempo, al fin el anciano se volvió de nuevo hacia él, con una mueca que simulaba una sonrisa, para decirle:

-Nuestra bien amada reina Amalica, me delegó como intérprete y no para influir, por ello me limitaré a traducir la petición de los embajadores que ella unió a mi persona.

- ¿Petición?... ¿Embajadores?

Met estalló en risa, imitado por los generales que no creían lo que oían. El príncipe contestó brutalmente en tono muy duro:

- ¿No has dicho a tus embajadores que se trata de una rendición pura y simple, sin ninguna otra condición que tener a mis pies tu reina Amalica?

-Es que, ya ves, tú que eres un jefe valiente e impetuoso, has despertado un tierno sentimiento en la hija de Amalica, que se llama Tharabet, al verte, desde las ventanas de su habitación en el palacio real al otro lado de la muralla, dirigir a los hombres.

Met quedó como si un rayo hubiese caído a sus pies. El hombre parecía sincero y, aparentemente, no había subterfugio en esta revelación que llevaba a un desenlace que Met, de pronto, entrevió. Esta circunstancia lo superaba, ya que no tenía nada en común con el desarrollo de la guerra en curso. ¿Qué hacer? Miró a sus dos compañeros, tan sorprendidos como él, buscando ganar tiempo preguntó con voz firme:

-Precisa el pensamiento de tus embajadores, tú que te llamas Hadda.

El anciano sonrió francamente al oír al maestro llamarlo por su nombre, y contestó en todo distendido:

-La reina Amalica te invita a su palacio con la delegación que quieras llevar, con el fin de presentarte a su hija, la bella Tharabet, bendecida con todas las gracias de la tierra, y, por supuesto discutir contigo las condiciones para que el cese de esta guerra sea efectivo.

Met intentó desarmar el encanto de las palabras del viejo profeta, pero sin conseguirlo, prefirió ganar aún más tiempo:

-Transmite mi respuesta a tus embajadores: Esta noche reuniré mi consejo privado y mañana temprano tendrás mi respuesta. Es inútil que vuelvan contigo. He hablado.

Hadda levantó muy alto su mano derecha en señal de despedida y, girándose, indicó seguirle a sus compañeros, su voz pronto se perdió entre las rocas. El crepúsculo se había iniciado y la noche caería rápidamente. Met indicó a sus compañeros que lo siguieran hasta una tienda donde podrían hablar a la luz de una lámpara de aceite.

Ra, con su magnífico esplendor dorado, apareció al alba en un círculo cegador. El anciano se presentó tan súbitamente como el sol, esta vez solo, tan dispuesto como el día anterior. Fue el general Tekenen quien hizo de portavoz de su jefe acercándose a unos pasos del anciano en signo de benevolencia levantando una mano a modo de saludo. Con Hadda en silencio, el valeroso soldado tomó la palabra:

-El jefe de nuestros ejércitos, que es un gran príncipe en mi país, acepta conocer a la reina Amalica en su palacio. Haz saber a tu reina que se presentará en la puerta principal del muro de occidente en el momento en que los horóscopos señalen la cuarta hora del declive de Ra, de forma que quedará tiempo suficiente de luz para asegurar los preliminares de la entrevista y conocer a Tharabet.

- ¿Quién acompañará al príncipe?

-Sus cuatro generales, entre los que me incluyo, y una escolta de cien soldados. Informa a tu reina que el nombre de mi príncipe es Met.

- ¡Met! Qué extraño, ¿eso no quiere decir que él es EL NOMBRE?

-Él es El Nombre: El que es él mismo y todo el pueblo a la vez.

-Mi reina estará encantada por tal unión con su hija.

-No cantes victoria, anciano, ya que nuestro consejo se opone al sentir frustración por un éxito merecido. Tu pueblo no podría dar suficientes tributos de todo tipo para calmar el ardor y el deseo de saquear de nuestros soldados. Además, si tu salvaje princesa Tharabet, de verdad se ha enamorado de Met, cómo quieres que mi príncipe, a su vez, caiga bajo el encanto bárbaro de alguien que no puede comprender nuestra erudita lengua. La hija de tu reina debería ser una flor excepcional para satisfacer sus ojos, y mejor haría en temer su cólera.

-Estoy demasiado cerca del más allá de esta vida terrestre, como para temer nada de un hombre, por muy valiente mortal que sea, como tú.

-Que la paz quede en ti, sabio hombre.

-De cualquier forma, nuestra cultura y riquezas podrían sorprenderte, no olvides que en tiempos remotos tuvimos los mismos ancestros, no sólo la reina Amalica ha aprendido tu idioma erudito en la escuela de los sacerdotes, sino que, igualmente, lo enseñó a Tharabet, bajo mi solicitud, en espera de vuestra llegada que yo había predicho. Medita sobre estas sabias palabras, oh tú que eres un jefe entre los mejores, nadie debe tener ideas preconcebidas en cuanto al destino que se cierne sobre los hombres. Voy a avisar a nuestra bien amada reina de la llegada del príncipe Met, de sus generales y su escolta en la cuarta hora tras el paso del sol por su cénit hoy mismo. Que los astros de las doce influyan para bien todos tus actos y los de tus compañeros, oh hombre al que el amor ya ha alcanzado.

Acabando estas palabras proféticas, el anciano levantó imperturbablemente su mano asegurándose de reojo que Tekenen devolvía el saludo. Se giró y marchó bajo un sol que ya calentaba.

El general, algo impresionado en su pensamiento por lo que había oído y a lo que su mente rechazaba dar un sentido real, apresuró el paso para dar cuenta a su príncipe del resultado de esta entrevista. Tenía prisa por acabar esta extraña guerra sin sentido, entre gentes de un mismo origen. Aún tenía más prisa para volver con toda su corte al encuentro con la bella princesa Termutis, que tan calurosamente lo había acogido en su último encuentro en An del sur. Veinte años de viudedad no habían quitado nada a su gran belleza de raza divina, tan semejante a la de una joven e inexperta virgen.

-Por Ptah, el anciano te ha embrujado hasta el punto de pasar ante mi sin verme.

La voz ruda e irónica de Met sacaron a Tekenen de su agradable sueño, sacudió su cabeza y sonrió al que quizá algún día cercano se convertiría en su propio hijo. Se recompuso y contestó con el mismo tono:

-Efectivamente, iba encantado, mi príncipe, y si no quieres a la damisela, a mí me basta.

-Bueno, qué te ha dicho ese viejo profeta parlanchín.

-Ya lo verás cuando llegue el momento, ya que la cita tendrá lugar con tu escolta y cien hombres.

-Organiza nuestra partida, toma a diez tamborileros y diez trompetas para llevar un buen ritmo, ya que debemos impresionar a esa reina Amalica. Pienso que sacaremos un buen tributo, más importante bajo el imperio del temor, que cualquier otro. En cuanto a su hija, no será más que un aporte suplementario que sólo aceptaré si está a la altura del tesoro conseguido.

Tekenen, rio abiertamente antes de contestar:

-Ya veo, mi joven y valiente príncipe vencedor.

-No creo haber dicho nada sorprendente, tú que eres un soñador enamorado.

-Sólo pensaba que, según la profecía del anciano, el cazador es cazado.

-Deja de profetizar y vamos a comernos una buena oca y tomar vino antes de ir a Saba para mantener una difícil conversación.

Al inicio de la cuarta hora desde que el Sol bajara de su cénit, el príncipe Met se presentó frente a la impresionante muralla occidental, tras de él sus cuatro generales formaban una sola línea, seguidos por veinte hiladas cuádruples de soldados con sus lanzas levantadas verticalmente de forma impecable. Frente al príncipe y su tropa, caminaban con mismo paso las diez trompetas y los diez tambores, en fila de a dos, anunciando a todo viento esta extraordinaria embajada. Todos desfilaban marcialmente a son del continuo tamborileo, cadenciado por cuatro notas agudas, que emitían sin pausa un embargante sonido.

Las dos puertas macizas estaban abiertas de par en par con una numerosa muchedumbre venida para el espectáculo que aguardaba casi en silencio, más curiosa que hostil, quizá estuviese al tanto de las transacciones con vista a una boda, ya que al paso del príncipe los comentarios se multiplicaban. Met permanecía imperturbable y, si esta población vestida de forma extraña no le impresionaba, no ocurría igual con los edificios que observaba en la ciudad. Desde fuera de las murallas sólo podía verse las construcciones que sobrepasaban los muros, pero frente a él, a ambos lados de las callejuelas, más limpias que las ciudades egipcias, cubiertas por una espesa sombra originada por las increíbles alturas de las moradas de sus habitantes, veía que todas las casas constaban de tres y cuatro pisos, mientras que las construcciones de los nobles descendientes de los Per-Aha, en An del sur, como en cualquier lugar en Ath-Ka-Ptah, sólo tenían uno.

El príncipe no tuvo tiempo de reflexionar acerca de esta arquitectura que demostraba una ciencia del equilibrio y de la armonía asombrosa, que no era de uso en su país, porque la guardia real de la reina Amalica, muy imponente a simple vista, cortaba la calle principal. Met se detuvo y levantó la mano indicando a su tropa marcar el paso detrás de él. Los sabeos no parecían hostiles, su comandante vestido de bronce resplandeciente y un curioso casco en punta, levantó una mano en alto con la palma abierta, devolviendo de esta forma lo que creía ser un saludo. A continuación, la bajó contra su pecho antes de decir con voz clara y fuerte en la querida y sagrada lengua de Met:

-Bienvenido, valeroso príncipe enviado por su gran rey Ia-Met, a él larga vida, salud y prosperidad en la ciudad de Saba. Soy el comandante Kagadon, jefe de la guardia real del palacio de nuestra reina, la bien amada Amalica, y mis dos mil hombres elegidos entre los más valerosos te servirán de escolta hasta el palacio.

Después del bien realizado discurso, destinado a impresionar las tropas en el idioma incomprensible para ellas, siguió una orden breve pero atronadora que reagrupó a los sabeos en una formación militar muy conseguida. Volvieron a sonar los tambores, ahora más numerosos y con cajas resonadoras mejor acabadas, ofreciendo sonidos más graves. Toda esta puesta en escena estaba destinada a influir al embajador de un país todopoderoso que creía haber reducido la ciudad por falta de agua potable, Met empezaba a dudar de su victoria frente a la fastuosidad de esta civilización surgida de la noche de los tiempos, y del mismo pueblo que el suyo, empezando a parecerle cada vez menos bárbara e impía.

Su embajada sólo tenía que seguir el movimiento de la masa, la cual lo llevaba a un lugar determinado acompañada siempre por el silencio y sin reflejar una derrota caramente pagada tal como Met pensaba. Este pensamiento reconfortó al príncipe que se cuadró para seguir mostrando una apariencia real de vencedor, a pesar de que ahora ni sus tambores ni sus trompetas marcaban el ritmo de su marcha.

Un grandioso palacio apareció en la lejanía al tomar un recodo en la ruta principal, por encima de todas las cabezas con un inmenso jardín. Se erigía un imponente edificio de cinco plantas que sólo podía ser la morada de la reina Amalica. Las columnas que sustentaban la construcción parecían frágiles estando finamente decoradas. Met pensó que entraba en los Campos de Ialu[71] donde reposaban los Bienaventurados Dormidos de la patria hundida. Este extraordinario jardín, que atravesaron en amplias avenidas paralelas, estaba plantado con miles de árboles de diferentes esencias, emanando un delicioso olor. Este pueblo tan refinado no podría haber creado tal paraíso y ser depravado, esta civilización, más avanzada que la suya, bien merecía una atención diferente al desprecio de un enemigo vencedor. Met supo que debía tener mucho cuidado.

Por fin acabó el jardín y llegaron a una vasta explanada abarrotada de una multitud popular siempre en silencio. Met tuvo que parpadear varias veces frente a la luminosidad cegadora de Ra que, en sus ojos, como en los blancos muros del palacio se reflejaba como en un espejo. El príncipe prefirió volver a mirar la muda muchedumbre que para él era el elemento más curioso de esta entrada en Saba. Este pueblo diezmado no mostraba ninguna emotividad, ni en sentido hostil o ni en cualquier otro. ¿Qué podía pensar esta gente que sólo dejaba el hueco para que pasaran las tropas? Met no pudo reflexionar sobre esta angustiosa cuestión, ya que se encontró con los

---

[71] Los Campos de Ialu, fueron retomados por su cuenta por los griegos bajo la forma de Campos Elíseos. Representaban el paraíso dado por Dios a los redimidos de la terrible cólera divina que había tragado a Aha-Men-Ptah, la patria original de los descendientes en Ath-Ka-Ptah, y cuya historia formaba parte de la iniciación de los príncipes.

escalones de acceso a la entrada de palacio. Las primeras filas de soldados sabeos se separaron a izquierda y derecha, formando un pasillo de honor para la entrada a palacio.

Una importante delegación de personajes, a cada cual más engalanado, esperaba al pie de las escaleras con rostro austero y algo de reprobación. El único personaje que Met reconoció, el anciano Hadda, vestido con una larga y oscura túnica, se acercó a él con la mano derecha levantada:

-Bienvenido al palacio de mi reina, príncipe Met. Como mis viejos huesos no soportan la ascensión a la terraza superior, donde tendrá lugar tu recepción, y dado que nuestros ministros y consejeros me superan ampliamente para las futuras negociaciones, me limitaré a presentarte al gran Lokiman que habla tu idioma y es el jefe de todos los ministros aquí presentes. También es el consejero privado de la bien amada reina Amalica.

Levantando de nuevo la mano, retrocedió algunos pasos perdiéndose tras los personajes de la delegación, mientras el primer ministro Lokiman avanzaba levantando su mano derecha:

-Bienvenido, príncipe venido del gran país del rey la-Met para asegurarnos tu amistad y protección.

Hablaba sin acento notable, pero esta dialéctica dejó al príncipe mudo por un instante, ya que los sabeos le daban a entender que era un invitado de categoría portador de buenas noticias. La negociación arriesgaba tomar un giro más desagradable de lo esperado, por ello, contestó en tono cortés y sin animosidad:

-Gracias por tu acogida, tú que te llamas Lokiman, ruego que me lleves si más tardar cerca de tu reina Amalica, ya es tarde y debemos volver antes que el sol avance dos horas en su recorrido.

El primer ministro movió su cabeza en sentido negativo:

-No puedes aparecer frente a nuestra reina cubierto por el polvo del camino, oh valeroso príncipe sería poco protocolario, incluso para ti. Nuestros anales no pueden grabar tal falta en los usos, en los tuyos, supongo que tampoco. Acepta, pues, seguirme a los aposentos que se han preparado para ti y tus generales, y después serás recibido por nuestra reina bien amada.

Met quedó pensativo por unos instantes, se giró hacia sus generales que, sin mediar palabra, expresaron con la mirada que no se oponían a refrescarse, aunque esto supusiese una estancia algo más larga de lo previsto en este palacio de ensueño donde brotaban todas las riquezas del universo incluyendo las sabeas, cuya belleza desafiaba la imaginación de los bravos guerreros privados de mujeres desde hacía más de un año. Con un suspiro fatalista, el príncipe se dirigió a Lokiman:

-Bueno, iremos a lavarnos un poco, pero no hemos traído ropa para cambiarnos, ya que no contábamos quedarnos mucho tiempo en esta corta visita, por supuesto, protocolaria, donde sobre todo se tratarán las condiciones de paz que os concederemos si sois comprensivos.

-En vuestras estancias ya tenéis vestidos dignos de vuestras personalidades, en cuanto al resto, el Gran Consejo lleva deliberando desde que el sol está en su cénit, y la reina Amalica está dispuesta a discutir cuanto os plazca. Todo se ha previsto para que nada falte a ti, a tus generales y a tus hombres. ¿Permites que te conduzca personalmente mientras mis ministros se ocupan de tu escolta?

- ¿Qué has previsto para mis soldados?

-Uno de nuestros pabellones ha sido acomodado con prisa para recibirlos de modo agradable, no tengas inquietud alguna sobre ello.

-No hablas de un campamento, sino de vituallas. Si bien comprendo, me hablas del sueño de esta noche.

El ministro respondió a su notable huésped:

- ¿Sinceramente piensas que la discusión sólo tardará una hora? No olvides que se realizará la presentación de nuestra princesa, la muy amable Tharabet, por ello hemos previsto lo que es normal antes de tener que improvisar sobre la marcha. Tu presentación a la reina será una hora antes de la puesta de sol, tienes poco tiempo para prepararte. Sígueme, te lo ruego.

Met asintió con la cabeza, murmurando a Tekenen mantener dos mensajeros con él por si hubiese necesidad de comunicar noticias urgentes a la escolta. Acto seguido, el primer ministro batió fuertemente las palmas y cuatro chambelanes empezaron a subir la monumental escalera precediendo a Lokiman que indicaba a su huésped seguirle con sus generales.

Subieron veintidós escalones antes de penetrar en el amplio recibidor de palacio resplandeciente de oro por todas partes, con el suelo de damero blanco y negro artísticamente trabajado. El grupo llegó frente a la escalera interior de una anchura desmesurada, permitiendo a Met y a sus compañeros subir en una sola línea los pocos escalones. En el cuarto escalón, los chambelanes tomaron un camino siguiendo un largo pasillo y se detuvieron ante una serie de puertas macizas. El primer ministro, acostumbrado a este tipo de escalada, no resopló al tomar la palabra, no ocurría lo mismo para los miembros de la embajada egipcia:

-Estas cuatro puertas dan acceso a los apartamentos de tus generales, el tuyo está más adelante, te ha sido reservado porque hace esquina con los muros oeste y sur. Desde la terraza tendrás una espléndida vista de toda la ciudad de Saba y sobre los miles de terrazas alumbradas por la noche con tantas lámparas de aceite. Las sirvientas ya preparan los baños con plantas perfumadas que os harán recuperar la vitalidad. Aunque, éstas no son esclavas, sino hijas de las familias nobles devotas de nuestra reina, estarán a vuestro servicio durante todo el tiempo de vuestra estancia para cualquier cosa que necesitéis.

La mirada de los generales se llenó de concupiscencia al oír estas palabras, sin embargo, la del príncipe se ensombreció. Su embajada se arriesgaba a tomar otro camino del previsto. Met tomó su tiempo para lavarse y relajarse en el baño de espuma que olía tan bien. A continuación, se vistió con ropa elegante que una joven noble, con túnica corta de tejido sedoso, le entregó. Vestimenta mucho más agradable que la dura tela que vestía desde que estaba en campaña.

Vestido de púrpura y oro, el príncipe Met volvió a sentirse en su papel de negociador victorioso, cuando se dispuso a salir de su habitación algunos golpes resonaron en la puerta. Era el general Djelkai que apareció en el marco:

- ¿Estás preparado, mi príncipe? Qué bien, temía que hubieses sucumbido a la presencia de tu sirvienta y que no estuvieses dispuesto, estoy ansioso por ver lo que nos espera. Si no tienes inconveniente, me gustaría hablarte antes de que estos desgraciados chambelanes vuelvan para llevarnos a la audiencia con la reina.

-Me alegro de verte, yo también estoy muy preocupado. Podemos hablar sin temor ya que he pedido a mi sirviente que se marchara.

- ¿Qué podemos hacer? Espero tus órdenes.

-Por el momento debemos mantenernos en una expectativa vigilante. Tú mismo acabas de hablar de la audiencia con la reina, como si fuese ella quien hiciese el honor de recibirnos.

- ¡Por Ptah que es cierto! Esta atmósfera en la que las mujeres son las reinas y las bellas hijas de las familias más nobles son nuestras sirvientas, no tiene valor frente a mi espíritu de guerrero. ¿Qué diría mi esposa si me viera con este curioso atuendo?

-Contrólate, aunque sea para demostrar que eres un jefe, no te dejes invadir por la debilidad, yo mismo he debido hacer un esfuerzo para no caer en la tentación de tomar la joven belleza que se me ofrecía y que manifiestamente era virgen, aunque algo arisca. Debo guardar mi lucidez para oponerme con todas mis fuerzas a la voluntad de la reina.

-Que Ptah te oiga y te ayude mi buen príncipe.

LA REINA AMALICA Y SU HIJA

> *"Tuvo que haber durante muchos siglos una lenta infiltración sabea entre los abisinios. Pero esta infiltración gradual no es suficiente para explicar la sustitución de los sabeos por los negros africanos formando mucho más tarde la población de Abisinia. Tuvo que haber en un momento dado una emigración muy importante"*. (F. LENORMANT. Historia Antigua de Oriente).

-El imperio que nos legaron nuestros ancestros, durante diez siglos estuvo en manos de las tribus semitas que invadieron vuestro país después de que fuesen desposeídos del nuestro. Y si nuestra superioridad cultural tuvo una influencia profunda en estas tribus errantes, ellas fueron obligadas a utilizar su joven ciencia con otro pueblo que fue el vuestro. ¿Por qué hubiésemos dudado en hacer emigrar sobre las tierras poco habitadas del sur de Ath-Ka-Ptah a toda la población bastarda nacida de esta larga coexistencia con los hicsos, que intentaban volver a quitarnos nuestro antiguo cetro? Así fue como se inició una larga infiltración en el seno de las poblaciones negras incultas y salvajes, dotadas, sin embargo, de inteligencia y espíritu de imitación. Por ello, desde mi ascensión al trono de Saba, esta colonia era semejante en usos, costumbres, instituciones civilizadas e idioma. Se han multiplicado prodigiosamente, porque esta pequeña comarca sólo deseaba extenderse para llevar a otras regiones la misma paz y vida feliz. ¿Por qué no a las del sur de vuestro país, corroídas por la desgracia de los hicsos y la lamentable decadencia de los verdaderos reyes titulares de ese Segundo Corazón? Mis tropas son invencibles y con facilidad hemos contenido a las que se han opuesto a nuestro avance. No fueron los soldados del ejército de tu rey los que nos impidieron seguir adelante. Las débiles ofensivas pronto fueron derrotas por nuestras tropas, al menos al otro lado de mar Estrecho. Porque de este lado, bajo tu mando más iluminado, tus generales han conseguido que retrocedamos hasta esta ciudad sitiada.

Exponiendo esta larga lección de historia de dos pueblos con un mismo origen, la reina Amalica, tomó aliento a la vez que dejó descansar su espíritu de la tensión impuesta por demostrar su dominio de los acontecimientos y de la situación. La reunión extraordinaria de esta embajada se realizaba en el salón privado de la reina. No seguía el protocolo, pero sí dotaba a la asamblea de mayor intimidad.

La habitación estaba decorada con un lujo desmedido. Los divanes, las sillas y el mobiliario que rodeaban el trono de oro macizo de la reina eran de maderas preciosas, realzadas con incrustaciones de ébano y marfil. Vasos de oro y plata estaban depositados con abundancia y cierta negligencia sobre suntuosas alfombras que cubrían completamente el suelo del salón. También había diferentes utensilios cincelados en metal e incrustados de minerales preciosos.

La atmósfera se mantenía extremadamente tensa frente a la actitud glacial de Met recostado descuidadamente sobre un amplio diván, esta actitud fue imitada por sus cuatro generales sentados rígidamente en el filo de sus respectivos canapés. En cuanto al primer ministro parecía una estatua fijada a su base que, en este caso, era un sillón cubierto de bordados de oro y azul. Sus tres consejeros, igualmente inmóviles, estaban sentados sobre su pequeño taburete.

La oscuridad empezaba a llenar la habitación, anteriormente muy iluminada se tiñó de rojo, de tonos púrpura y escarlata. Antes de que la reina retomase la palabra, unas esbeltas sirvientas entraron con grandes lámparas de aceite que dispusieron sobre muebles bajos. Las llamas sólo humeaban un poco y un olor a incienso emanaba de la mezcla grasienta dando a la pesada atmósfera un agradable olor.

Esta pausa permitió a la reina recobrar su dominio, ya que necesitaba absolutamente ganar esta partida frente a los hombres que se pretendían superiores, armonizó su táctica para perturbar las conciencias masculinas. Cuando salieron las sirvientas, sus sombras movedizas sobre los muros esculpidos daban a la entrevista un aspecto fantasmagórico, y la reina retomó la palabra:

-No creáis, vosotros que no sois totalmente extranjeros en este país, que nos habéis reducido a vuestra merced. Hubiéramos podido resistir sin esfuerzo más tiempo del necesario para reduciros a la hambruna. No os riais, ya que solo digo la verdad, las reservas de agua de Saba son mucho más importantes de lo que suponéis, además poseemos un río subterráneo con tres manantiales inagotables. Habiendo destruido deliberadamente nuestra presa no nos habéis privado de agua, sólo del único medio de irrigación que aseguraba los cultivos. Por ello, las tierras que rodean vuestros campamentos pronto se convertirán en desiertos y no encontraréis ni una brizna de yerba para alimentar a vuestras tropas.

Un nuevo silencio permitió a Met juzgar la exactitud de las palabras de la reina. Un sudor frío le recorrió la espalda bajo su túnica frente a esta revelación. Mantuvo una sonrisa imperturbable para demostrar en silencio que no creía una palabra y que disponía, a su vez, de otras fuentes de avituallamiento. La reina lo percibió y, creyendo que la tomaban por mentirosa, subió el tono para seguir su argumentación:

-Sólo digo la verdad, vosotros pensáis que sois los únicos bravos de la tierra. ¿Pensáis que la hipocresía nos ha llevado a ofreceros baños perfumados si no contásemos con importantes reservas de agua? Esto no representa ni una gota de lo que poseemos. ¿Realmente pensáis que no prefiero la paz a esta guerra y que ello es lo que únicamente me ha llevado a concederos esta audiencia? ¿Creéis que es el miedo lo que me empuja a ofreceros a mi hija en el plato de la balanza?

Esta última pregunta se expresó con un inicio de crisis nerviosa en la voz, y la reina se interrumpió bruscamente justo el tiempo de tomar aliento. Las palabras "mi hija" flotaron un momento en el aire. Amelica no vio aparentemente ningún resultado de su discurso en el rostro de los guerreros a los que se enfrentaba. Sintió encogerse de hombros a pesar de sus esfuerzos por conservar la compostura, y con voz menos altiva, dijo:

-Te pregunto, a ti, que eres el enviado de tu rey: ¿Acaso crees que soy el tipo de mujer que concedería, aún a un vencedor, a su hija bajo el miedo?

La palabra le había sido dada y el príncipe se sacudió como para alejar el hechizo del lugar y de esta extraordinaria mujer, luchando sola para preservar lo que, de hecho, estaba lejos de habérsele escapado. Con voz decidida pero esta vez más amistosa, dijo:

-Pienso, oh tú, que bien eres una gran reina, que desvías el fondo del problema. Si estoy aquí, frente a ti, es porque, por supuesto, las mujeres que te han precedido en el sillón que ocupas, han invadido las tierras de mi país queriendo apropiarse el poder real, eso es lo que tus tropas han intentado hacer. Si estoy aqui con mis generales, es porque nuestro rey ha empujado, desde la otra orilla del mar Estrecho, a tus ejércitos que nosotros mismos, desde este lado, hemos rechazado y obligado a protegerse dentro de los muros de tu ciudad. La cuestión de tu hija no está entre mis preocupaciones inmediatas, ya que cualquiera de tus sirvientas es tan bella y celosa de sernos agradable que, en verdad, poco me preocupa una desconocida más. Si la tomo por esposa, sólo será para sellar un acuerdo de paz en beneficio de mi rey, y quedará en mi poder, como garantía, el mantenimiento de tus tropas de este lado del mar.

La reina esbozó una pequeña sonrisa amarga. Perdía fuerza, sin embargo, contestó:

-No conoces a mi hija si crees que ella aceptaría servir como pago de mi buena fe. Tiene mi carácter y ella decide. Mi pesar es que su hermana mayor está hoy ausente por parto, de la que será la heredera de mi trono.

-Será mejor así. Esto evitará discusiones desagradables y me podré llevar la sirvienta que ha preparado mi baño, seguro que será mil veces más agradable y gentil que tu hija. Volvamos, mejor, a la enumeración de los presentes y tributos que piensas dar a mi rey para que te conceda desde ahora asistencia y protección, en lugar de ordenar a sus tropas destruirlo todo para asegurarse tu futura buena fe.

La partida parecía perdida para la reina, que sopesó internamente el coste de la derrota, y con voz glacial, contestó:

-Para discutir acerca de los tributos para tu rey, mi presencia no es necesaria. Mis consejeros aquí presentes tienen toda mi confianza, y mi primer ministro me entregará los documentos a firmar con el sello real de Saba. Pero he preparado una cena oficial en honor a esta embajada a la que debo asistir con la princesa Tharabet. Haremos un descanso antes de ir a la sala de banquetes, después será demasiado tarde para iniciar las bases de las transacciones que deseas. Fijo, pues, el inicio de esta sesión para mañana por la mañana, a la segunda hora del amanecer. He hablado, y nada se añadirá. En cuanto a esa sirvienta de la que me has hablado para sustituir a mi hija, considero un deber favorecer tu deseo y la haré buscar e ir hacia ti, para endulzar tu noche, ya que eso es lo único que cuenta a tus ojos de macho.

El tono despectivo de esta última frase no dejó duda alguna de lo poco que le importaba la propia naturaleza del príncipe que tan fácilmente había encendido el corazón de su hija Tharabet con un simple intercambio de miradas desde una de las ventanas de su habitación. La reina se levantó con brusquedad, un tipo de rabia contra el destino quiso que fuese así. Los consejeros la siguieron rápidamente. Met, el primer ministro, y los cuatro generales hicieron lo mismo.

Todos se encontraron en el dédalo de pasillos de la última planta del palacio procurando no distanciarse de Amalica, que llegaba al ala derecha y a la gran sala de banquetes. Los invitados, muy numerosos, que esperaban en la amplia terraza se sorprendieron. La reina entró sola, seguida en desorden por todos los que se precipitaban acompañándola. De inmediato, los chambelanes indicaron el lugar de cada uno.

Esta espléndida sala de recepción tenía cuatro grandes aberturas cubiertas por amplias cortinas tejidas con grueso hilo de seda protegiendo la entrada de cualquier insecto importuno. Un agradable frescor ambientaba la atmósfera gracias a una sutil corriente de aire a la altura de los rostros. Numerosas y largas mesas formaban un gigantesco rectángulo a cuyo alrededor se sentaron los invitados, pudiéndose mirar cara a cara. La reina estaba sentada entre su primer ministro y el príncipe Met, en uno de los lados más estrechos. Todos los demás invitados estaban repartidos en los otros tres laterales, los generales entre dos mujeres cada uno. Una cincuentena de los miembros más influyentes de la sociedad sabea, asistían a la cena.

Junto a Met había un asiento vacío, lo que parecía preocupar a la reina que no cesaba de ojear rápidamente en esa dirección. Cuando el primer plato llevado por varias sirvientas hizo su entrada, Amalica susurró algo al oído de su primer ministro, que se levantó precipitadamente saliendo de la sala.

Esta mímica divirtió a Met pensando que la ausencia debía ser la desilusionada princesa. Mientras, las ocas cortadas fueron presentadas a cada uno sobre un plato de oro guarnecido con numerosas legumbres de lo más variado, las copas se llenaron con un vino agradable de gran sabor. La reina tomó con sus finos dedos un muslo bien redondo y todos empezaron a comer sin más demora. Hacía tiempo que el príncipe no se había sentado en una mesa tan abundante, y no se preocupó de nada más hasta el momento en que sintió una presencia ocupar el asiento vacío. Sujetando el muslo de oca en su mano y masticando un bocado, levantó su mirada hacia la derecha. No sólo dejó de masticar, sino que se atragantó tosiendo hasta que expulsó lo que tenía en la boca. La princesa Tharabet se levantó rápidamente del sillón y se precipitó para ayudar a su vecino. Su apremio fue demasiado vivo para parecerle natural a Met, pero se dio cuenta del motivo. Esta joven princesa, bella como el día, vestida con una larga túnica de un amarillo aún más brillante por estar entremezclado con hilo de oro, como princesa que era llevaba diferentes y espléndidas joyas del tesoro real. Se trataba de la sirvienta, apenas vestida con una pequeña túnica, que le había preparado el baño de la tarde.

-Un vil trozo de carne te obstruye la boca, príncipe. ¿Debo pedirle a mi madre la reina hacer azotar a los responsables de esta desgracia?

Retomando con dificultad la respiración, Met observó la mirada irónica que brillaba de alegría en el fondo de las pupilas de color amatista de Tharabet. Reprimió un insulto por haberse dejado engañar. Enrojeció por primera vez en su vida, aunque esto pasó desapercibido bajo el color carmesí de sus mejillas por la tos intempestiva, a la que también se le atribuyó el tartamudeo con el que se dirigió a la princesa:

-No... no te preocupes... prin... princesa. Este trozo de carne acaba de pasar, aún sigo siendo bastante robusto para tragar lo que aparentemente era un delicioso manjar tierno y jugoso, pero que, en verdad, no era más que una ilusión.

- ¿En verdad?

Realmente, la princesa estaba mofándose de él bajo una apariencia inocente disimulada por el pequeño drama del ahogamiento, y tomó la palabra con tono dulce lo que exasperó a Met:

-Pienso que las ilusiones no pueden producir tales daños en un cuerpo tan potente como el tuyo y tan acostumbrado al éxito.

-También he digerido lo malo y no por ello he dejado de ser el vencedor en toda circunstancia.

La princesa aparentó temor, aunque su sonrisa y sus ojos burlones lo desmentía. Esta vez alzó la voz para decir:

-Desgracia para mí que no soy una ilusión, sino la princesa Tharabet, tu devota servidora.

Si Met tuvo alguna duda sobre la identidad de la bella desconocida, que le había preparado su baño y vestimenta, ahora lo tenía perfectamente claro. Y frente a la insolencia provocativa de esta joven experta en juegos de palabras, si hubiese tenido otro trozo de carne en la boca se habría atragantado nuevamente. Sin embargo, ninguna palabra susceptible de volver a poner en su sitio a esta fina mosca le vino a la mente, pero replicó:

-En este momento, difícil para mí, aprecio tu ayuda como sirviente, tú que eres digna hija de tu madre. Ahora puedes volver a sentarte a mi lado para seguir con la cena sin preocuparte de mi.

Este diálogo corto y lleno de sobreentendidos, únicamente comprensibles por los dos protagonistas fue oído por todos los invitados en total silencio, que aún no había sido roto por la soberana preocupada por sus sombríos pensamientos con sus cejas fruncidas por el esfuerzo en entender lo que estaba ocurriendo. Parecía que, aún sin conocerse, existía una fuerte atracción entre los dos jóvenes a pesar del enfrentamiento que los oponía. Se sintió satisfecha, aunque no lo comprendiese, se habían reconocido, y pensó dirigirse al altar del fuego para quemar una ofrenda en agradecimiento al Creador. Contenta por este nuevo elemento sobre el tablero político de Saba, y manteniendo actitud vigilante, Amalica retomó su función de reina abriendo con retraso los fastos de la recepción reservados a la categoría de su huésped, rompió el silencio y con nuevo optimismo, dijo:

-Ya que todo está en orden, que empiece la fiesta, que nuestro gran invitado y sus valerosos generales asistan al espectáculo que le hemos preparado. Que los músicos y bailarinas hagan su entrada y cada uno coma y beba a satisfacción. He hablado.

En ese momento se distendió la atmósfera y la velada pasó más rápidamente de lo previsto. Después de un momento de silencio entre los dos jóvenes, Met inició la conversación con Tharabet, que le parecía muy inteligente en la sucesión de respuestas en una justa oratoria que enlazaba de forma cada vez más íntima. Acabaron por salir solos a la terraza, nadie se atrevió a acercarse a ellos, ni siquiera la reina que ardía por saber lo que se estaban diciendo.

El límpido cielo estaba constelado de miles y miles de estrellas. Apoyados en una balaustrada dominando el vacío, Met y Tharabet admiraron los miles de lámpara dispuestas sobre las terrazas, y el príncipe dijo:

-Es muy cierto que vives en una bella ciudad, Tharabet. ¿No te importará dejarla?

La princesa sólo tardó unos segundos en comprender el sentido real de esta pregunta. Su sangre subió a su cabeza y se sintió helada, aunque el fuego le quemaba sus entrañas:

- ¿El sentido de tu pregunta es el que yo entiendo?

-Has demostrado tu inteligencia ridiculizándome a lo largo de esta velada como para que lo dudes.

-Ya ves, he tenido que sobornar a la noble dama que debía ser tu sirvienta para estar cerca de ti. Al verte más guapo, fuerte, y menos maligno de lo que tus actos guerreros presuponían, quedé fascinada. Por ello, sólo tuve una idea en la cabeza: Huir lo más lejos posible de tu presencia antes de que conocieras el subterfugio que usé para acercarme a ti y recibir el castigo por ello.

Met sonrió al oír esta púdica réplica ya que, de hecho, la hubiera rechazado si hubiese sabido que realmente era la princesa. O quizá, él mismo hubiese huido. Por ello contestó con sencillez:

-Te quedaste y te respeté, no sólo porque tu frescor y timidez llamasen mi atención, sino también porque inconscientemente intuí que eras algo más que una sirvienta. Ahora que nos hemos vuelto a ver, tal como deseé en ese momento, te vuelvo a preguntar si estás decidida a dejar esta ciudad, tus amigas, tus compañeros, tu familia, tus costumbres para seguirme al extranjero donde quizá seas mal recibida y debas vivir en otras condiciones.

-Mi respuesta es sí, sí y otra vez sí, a pesar de lo que me anuncias y el poco bien que tendrá mi vida a tu lado, porque ese poco representa más que el resto, sea cual fuere. He sido yo la que he solicitado tomarte por esposo, y tal como es la costumbre en este país, te seguiré.

La repuesta clara y concisa en tono sencillo y natural sólo podía ser la expresión de la verdad. En su interior, Met se sintió trastocado y sólo pudo preguntar:

- ¿Por qué esta abnegación hacia mí, mi princesa, que casi he fallado al no reconocerte como mía?

-Pero lo hiciste sin tardar, oh mi amado, además has conocido a nuestro viejo profeta Hadda ¿cierto? Él es el que aseguró toda la parte de mi instrucción concerniente a los poderes del Cielo, de sus errantes y sus fijas, sobre la tierra y sus habitantes. Por él supe que el destino de cada ser humano está predeterminado desde su nacimiento, pero que, aun así, sólo compete al él mismo modificarlo para bien o para mal. También supe, gracias a Hadda, que muchos acontecimientos maléficos se cernían sobre mi país, pero que un encuentro fortuito con uno de los invasores extranjeros sería de gran peso en el plato de la balanza divina en la que se pesarían las modalidades del tratado del dominio de Saba.

Met sonrió, aunque Tharabet no lo vio a causa de la oscuridad que los rodeaba, y contestó con gentileza:

- ¿Entonces, es por devoción a tu madre que quieres desposarme?

La princesa levantó sus hombros comprendiendo que ahora su compañero se aprovechaba de la situación. Contestó con el mismo tono levantando su rostro para rozar su nariz contra la tupida barba que olía a incienso:

-Te quiero a ti como esposo, y no al príncipe o comandante en jefe de los ejércitos de tu rey. Así debe ser y está escrito que ello salvará a miles de hombres de la muerte y de la esclavitud. Quiero ser tu esposa hasta el final de mi vida, incluso si otros elementos maléficos surgieran en el futuro dificultando el curso de nuestra existencia en común.

Todo iba extremadamente rápido en este amor fulgurante que abrasaba a los dos. Met estaba confundido, no sabía qué hacer con exactitud en esta circunstancia, no podía consultar con sus generales.

De nuevo, Tharabet tomó la iniciativa apoyando su larga cabellera contra el hombro de su compañero sellando un acuerdo que prometía ser perfecto, cada uno de estos dos seres se comprendía sin intercambio excesivo de vanas palabras. El príncipe elevó lentamente una mano para acariciarle el cabello, pero la rodeó fuertemente contra su pecho y la mantuvo cerca de él. Fue su aceptación tácita de la entrega que Tharabet hacía de ella misma, con todo lo que conllevaba a nivel de abdicación personal, no en relación a los tributos y tesoros que recibiría para su tío el rey, sino en las cuentas que debería dar a Ia-Met por no cumplir sus órdenes de la destrucción de Saba y el aniquilamiento de su población.

Prefirió dejar en suspenso este angustioso punto de su historia futura para conocer mejor los usos y costumbres de los sabeos, por ello preguntó:

-Me gustaría que me explicaras cómo las mujeres detentan aquí el poder, así podré comprender mejor tus desconcertantes reacciones. En Ath-Ka-Ptah son los hombres los que poseen el poder de dirigir el reino, aun cuando las mujeres intervienen mucho en las tomas de posiciones de nuestros reyes.

Tharabet sonrió ante esta petición que le parecía en desuso en Saba, sin embargo, se esforzó en contestar con el tono más neutral posible:

-Los antiguos monumentos, aún en pie, que rodean nuestra ciudad demuestran una antigua instalación en este territorio, de más de cuatro mil años. Quince veces cien años pasaron sin problemas hasta el día en que una rebelión de los países del sur de tu patria contra los del norte acarreó tales matanzas que las poblaciones negras, más allá de las fronteras meridionales, dejaron sus tierras para venir a refugiarse con nosotros, cruzaron masivamente el mar Estrecho en unas curiosas embarcaciones talladas en un solo tronco. Llegaron tantos y eran tan salvajes que no tuvieron dificultad en poner bajo su dominio la débil administración masculina, que era la nuestra, dominando completamente el país. Esta nueva situación duró tres veces cien años antes de que un nuevo rey de nuestra raza tomara nuevamente el poder. Fue en esa época cuando las tribus semitas se instalaron a orillas de tu Gran Río. No tardaron en tomar el cetro de tu rey y reinaron mucho tiempo, incluso hubo una tentativa de invasión en el país de Saba después de que hubiesen cruzado la tierra de Punt. Las luchas estallaron entre las diversas facciones de nuestros hombres y extranjeros para asegurarse el poder. Uno de los nuestros venció a todos los demás, pero murió prematuramente, y fue su esposa, en ausencia de cualquier otro pretendiente válido, la que tomó en sus manos el destino de Saba. Se convirtió así en la primera reina y reinó un total de cincuenta y tres años con el mayor éxito, su hija, que le sucedió, tampoco tuvo problema alguno. Desde este tiempo remoto siempre ha sido igual, y no sólo las mujeres eran felices, también los hombres. Y aquí nadie rechaza el primer imperio instituido por nuestros ancestros totalmente destruido por sus guerras, ya que el segundo reino se amplió bajo los mejores auspicios con mi madre.

Tharabet se interrumpió con un desgarrador suspiro. Met, que aún la abrazaba tiernamente contra su pecho, observó:

-Sin embargo, el viejo Hadda, profetizaba desde hace tiempo que este país corría a su perdición.

-En verdad, Hadda lo proclamaba, pero las palabras de desgracia siempre han sido ignoradas porque las victorias se sucedían sin interrupción, así como los pactos de compromiso y tributos de todos los pueblos vecinos. Las tropas negras de élite formadas para suplir la pereza de las nuestras triunfaban por doquier contra las de Ath-Ka-Ptah ¿Cómo hubiésemos podido preveer tal giro de la situación con tu llegada por el árido desierto, tórrido e infectado de serpientes mortales? Os esperábamos por el mar, ahí donde luchaba tu rey al que nos disponíamos a vencer por completo ¿Me puedes decir cómo has conseguido cruzar el desierto que pensábamos era inviolable? ¿Eres también mago?

Met rio alegremente sacudiendo el cuerpo que tenía abrazado. Contestó con tono alegre:

-Despreocúpate, no soy mago ni brujo, la solución fue muy simple. Cada año viene un pájaro grande a posarse en dos lugares a orilla de nuestro Gran Río: El *hib*[72], su cuerpo tiene un plumaje blanco puro, mientras que su cabeza y patas son negras. Además de ser un ave migradora, tiene la particularidad de librarnos de todas las serpientes que son su alimento cotidiano. Todo el mundo lo sabe, y tuve la idea de hacer fabricar más de mil grandes cajas de juncos; luego mis soldados capturaron el mayor número posible en la primera ubicación donde se reunían estas aves para pasar unas lunaciones. Pero como sólo pudimos capturar la mitad, tuvimos que esperar la derrota de las tropas sabeas frente a An del norte para subir en expedición hasta el filo del gran mar Verde, en la provincia de Unu, donde residía el segundo contingente de ibis. Una vez conseguidos todos los ejemplares nos introducimos en el desierto

---

[72] El *Hib* es la pronunciación jeroglífica del ibis.

infectado de serpientes y con sólo oír los gritos desesperados de los grandes pájaros hambrientos, huían las más feroces y venenosas bestias reptantes. Cada día liberábamos una decena, y ello bastaba ampliamente para hacer salir a las más escondidas, desapareciendo en los buches de los pájaros a gran velocidad, créeme.

Tharabet se sintió aliviada ya que todo se había desarrollado de forma natural sin obra de magia o brujería, tal como pretendían los consejeros de su madre la reina. Ya no se resistía y todo parecía arreglarse. Met la devolvió a la realidad diciendo:

- ¿Comunicamos nuestra decisión a Amalica?

-Ahora que soy tuya, debo decirte que tenemos importantes reservas de productos preciosos llegados de la India, y que cierta incertidumbre sobre mi destino hará gran efecto en las negociaciones que empezarán mañana. Tengo prisa para que acaben, y te ruego guardes silencio sobre nuestro acuerdo, será lo mejor.

Met dudó un instante, pero ella no añadió nada y con voz ronca replicó:

-Me parecería bien acceder a tu petición, pero tengo tanta prisa como tu para que seas mía.

Tharabet se puso de puntillas y elevó su nariz frotándola con la de su compañero y le murmuró:

-Acabo de decirte que ya era tuya, oh mi amado, y lo soy en todos los sentidos del término, si lo deseas estaré en tu habitación.

De pronto, la terraza no fue más que una sombra sin presencia humana.

ADVENIMIENTO DE AMON-HOTEP

> El Eterno:
> -¿Quién es el que ha tenido la locura de oscurecer mis designios?
> Job:
> -Sí, he hablado sin comprender las maravillas que me superan y que no concibo.
> El Eterno:
> -Escúchame y te hablaré.
> (ANTIGUO TESTAMENTO, Job, XLII, 6).

Tres lunaciones después del reconocimiento mutuo de dos almas que se llamaban sin conocerse, todo estaba regulado en el país de Saba en cuanto a la "victoria" de las tropas egipcias. Para sellar este acuerdo apoteósicamente, la boda entre el príncipe Met y la princesa Tharabet tuvo un desarrollo fastuoso en medio de la alegría general. Desde la ventana de la habitación de su esposa, el jefe de los ejércitos del norte miraba la imponente caravana de camellos pesadamente cargados tomando la ruta del mar Estrecho para ir al puerto donde los barcos de la-Met ya esperaban. Tharabet, a su vez, preparaba su numeroso equipaje que saldría por la ruta del desierto para detenerse en primer lugar en el An del norte y aguardar el desarrollo de los acontecimientos.

Efectivamente, esta escena histórica ocurrió durante el año veinticuatro del reinado del tío del príncipe Met. El rey, hizo saber que no asistiría a la boda porque estaba enfermo, y que volvería directamente a su capital en An del sur cuando los tributos destinados al tesoro real fuesen embarcados. La insatisfacción de Su Majestad por la no observancia de la destrucción de Saba, era evidentemente una de las causas de su ausencia, pero Ia-Met estaba muy afectado físicamente desde hacía varios meses, lo que lo excusaba.

El príncipe observaba el incesante desfile de los cuadrúpedos con joroba que interminablemente llegaban hasta el horizonte. Habiendo seguido los consejos de la que era su esposa, consiguió el máximo de tributos y regalos a la vez que salvaguardaba el orgullo de la reina Amalica gracias a concesiones sobre los futuros derechos de Ath-Ka-Ptah sobre Saba. Por primera vez tendría lugar un intercambio de embajadas oficiales, lo que allanaría las eventuales futuras dificultades.

Los generales Tekenen y Djelkai se disputaban el honor de estar con él, pero el príncipe sólo conservó a este último reservando al aspirante de su madre el cuidado de informarle sobre los acontecimientos de cara a la parada que debería realizar en el An del norte con su mujer.

Los camellos seguían desfilando uno tras otro. Había cargamentos de piedras preciosas, marfil, sándalo, incienso, enormes balas de algodón, cofres con especias, pimienta y canela. También había madera de ébano, cajas llenas de oro y miles de manojos de plumas de avestruz. Un ejército de camelleros gritaba y gesticulaba, mientras los escribas contaban y recontaban sin cesar el número de paquetes cargados en los dóciles animales con joroba. Algunos de ellos parecían doblarse bajo el peso de su carga transportando piedras duras y pesadas como: ónice, ágata, amatista, muy deseadas por poder montarse en joyas protectoras contra ciertos influjos magnéticos del cielo.

Muchas de estas mercancías habían llegado recientemente a Saba desde India que mantenía constantes relaciones comerciales con los sabeos por el intercambio de diversos artículos provenientes de otras tierras manufacturados o cultivados en el lugar. También había lingotes de plata, instrumentos de hierro y de bronce sin olvidar los tejidos de lino, púrpura, seda, azafrán y una planta medicinal muy buscada por los sacerdotes médicos de las orillas del Gran Río, el *styrax*.

Ia-Met sólo podía sentirse satisfecho por esta cantidad de riquezas, incluso si algunos de sus consejeros y Amon-Hotep expresaban cierta insatisfacción. Las rebeliones, las luchas y la guerra habían empobrecido terriblemente a Egipto a lo largo de tres siglos, aunque la victoria de Ia-Met sobre los hicsos había permitido engrosar un poco las arcas reales, el fabuloso tesoro de los reyes de antaño quedaba lejos de ser recuperado. Por ello, Met se sentía satisfecho del resultado obtenido sin que prácticamente se hubiese derramado sangre.

La delicada mano que se posó sobre su hombro puso fin a su visión del exterior. Alargó una de sus manos para ponerla encima y acariciarla antes de girarse suavemente. Tharabet era semejante a una aparición divina. La buena Isis no le reprocharía ser comparada a esta belleza sabea que se había convertido en su mujer. Ella resplandecía de felicidad, lo que se notaba en cada uno de sus gestos y en todas las expresiones que tenía al arreglar sus asuntos. Met preguntó:

- ¿Crees terminar tu equipaje para esta noche?

-Mi madre en persona ha controlado el embalaje de mis pertenencias en este palacio. En cuanto a lo que está en este apartamento, mis sirvientas se han encargado con placer, sabiendo que has aceptado que las cuatro vengan con nosotros.

-Es lo mínimo, amada mía. Sola en medio de nuestros cien hombres de guardia te habrías sentido abrumada. Cinco carros de gruesos tejidos a modo de techo formarán vuestras habitaciones para este viaje que será largo y agotador.

-Pero por la noche te unirás a mi...

Met rio sonoramente:

-Por Ptah, no me digas que tienes miedo a estar sola de noche.

-No, pero ya que quieres detalles, aquí los tienes: Una esposa no debe jamás estar lejos de su marido por la noche, bajo riesgo de ver un día a otro hombre en su lugar.

- ¡Por Ptah! ¿Quién te ha enseñado eso? ¿El viejo Hadda?

-Es mi madre, ella sabía por experiencia de lo que hablaba, si creo el rumor difundido por otras nobles damas.

-En tal caso te especifico que tu carro ha sido especialmente acomodado para los dos, amueblado para gustarte y acogernos con comodidad durante las noches en las que no habrá otro lugar susceptible de albergarnos, a mí y a mi diosa como pasajera.

- ¿Tu diosa?

Tharabet fingió sorpresa, pero se alegró mucho por la comparación. La ternura de su mirada hizo que Met la tomara por la cintura acercándola, sus labios de unieron suavemente. De nuevo, Met sintió su corazón retumbar en su pecho, hacía cuatro lunas que vivían juntos y seguía sintiendo lo mismo que la primera noche de su encuentro, sabía que ello duraría toda la vida. La desgracia era que cada vez que pensaba en esta felicidad que quería eterna, algo en su interior le advertía que acabaría en un terrible drama. Se sacudió al sentirse tomado por un ligero temblor, Thabaret lo sintió en su carne y frunció el ceño:

- ¿Que te ocurre, amado mío?

Mirándole a los ojos, Met contestó en tono tranquilizador:

-No te atormentes, tú que eres toda mi vida. Una aprensión comprensible pesa en mi corazón. Serás una extranjera para todos los que conocerás a nuestra llegada a Ath-Ka-Ptah. Excepto, por supuesto, para Termutis, mi madre, que te amará enseguida, estoy seguro. Pero los acontecimientos pueden precipitarse en poco tiempo, tal como sabes a través de los mensajeros que han llegado en estos últimos días. Si el hijo de Ia-Met sube pronto al poder verá una amenaza en mí, porque me convertiré en uno de los príncipes herederos y puede que arremeta contra ti. ¿Prefieres quedarte aquí esperando mi llamada?

Tharabet sonrió amplia y demasiado angelicalmente para ser natural y contestó en tono inocente:

-Eres mi bien amado y debería bastarte este motivo, aunque hay miles más para influir sobre mi decisión de ir contigo hacia el país que será el mío. Pero hay otra que pesa más que todas; que tu ordenes que yo te siga voluntaria o forzosamente.

- ¿Ordenar? Por Ptah, estos preparativos de partida han afectado a tu espíritu, esposa adorada.

-A mi espíritu no creo, pero a mi cuerpo con seguridad.

Met movió la cabeza suavemente sin comprender lo que decía su compañera, deseó calmar su inquietud, pero Tharabet estalló de risa y tomó las mejillas de su esposo entre sus manos obligándolo a mirarla a los ojos:

-No, no estoy loca, amado mío. ¡Haz como si volvieras a los bancos de tu primer año de escuela! ¿Tres más uno ¿qué número da?

-Cuatro.

Met había contestado en tono neutro para no agravar la fiebre que brillaba en los ojos de su esposa. Pero ésta, sin alterarse, prosiguió:

-Muy bien, este número cuatro representa el número de lunaciones, desde el día bendito, en que mi deidad se convirtió en tu mujer.

De pronto, los ojos de Met se abrieron desmesuradamente:

- ¿Quieres decir qué?...

Tharabet afirmó con la cabeza y dijo con alivio:

-Has tardado en comprender, oh tú que no eres más que un hombre. No eres tú el que tendrá que soportar el peso en tu vientre, por no hablar de todos los males complementarios.

Met no podía creerlo. Llevó una mano al ancho cinturón bordado de oro de su mujer sin atreverse a apretar, y al fin dijo:

-Pero no estás abultada, nunca hubiera creído que todo ocurriera tan rápido, es magnífico, me siento feliz.

-Por fin. Has tardado en decir que te sentías feliz.

- ¿Yo? Si voy a ser el padre más feliz de la tierra. Vayamos a anunciar la buena nueva a todo el mundo, primeramente, a tu madre.

-Ella ya lo sabe, esposo mío, tan ingenuo y gentil. Abrázame otra vez y ayúdame a terminarlo todo antes de esta noche. Mañana debemos despedir a los generales en tus barcos, nosotros saldremos pasado mañana.

- ¿Prefieres descansar algunos días más de cara al viaje que nos espera?

-La ruta será larga y agotadora como has dicho, cuanto más tiempo me quede en este palacio tanto más difícil será partir más tarde, sólo me sentiré aliviada después de dar a luz, ni siquiera mis servidoras podrán serme útiles en ese momento, mi bien amado.

-Sin embargo, a poco que nos retrasemos en el viaje de vuelta puede originar que tengas que dar a luz a mi hijo en cualquier lugar del desierto.

Con una sonrisa furtiva en la comisura de los labios, su mujer respondió:

-Quieres decir de nuestro hijo, pareces olvidar que soy yo la que sufriré para traerlo al mundo después de llevarlo en mi vientre durante casi diez lunaciones. Esposo mío, sólo lo conocerás cuando te lo entregue en tus manos para contemplarlo.

-Pero ¿Y si estamos en el desierto bajo un calor tórrido?

-La estación fresca llegará con las lluvias y no nos faltará nada si nos detenemos en un oasis. Además, las cuatro sirvientas que he elegido son expertas en el arte de ayudar a una mujer con dolores de parto.

-Sin embargo, aquí estarías mejor atendida si ocurriese algo.

- ¿Tienes miedo por mi o por nuestro hijo? Yo no deseo que vea el día en Saba ¿Queda claro? Oh tú que eres toda mi vida.

-Tu deseo es una orden, mi princesa, e inclino mi cabeza frente a tu petición. Pasado mañana partiremos al amanecer, y seremos tres al llegar a Ath-Ka-Ptah. Voy a dar las últimas órdenes a Tekenen referentes a la carga e instrucciones a Djelkai para nuestro regreso.

Cuatro nuevas lunaciones pasaron en un lento caminar de la caravana en un desierto que parecía sin fin. Se produjo un importante retraso que cada día se ampliaba por el tremendo peso de los carros que frenaban el avance previsto. Sólo quedaba un mes para el parto de Tharabet, y aún no se había atravesado completamente la península arábiga. La larga fila de hombres y camellos aún estaba en el desierto de Nefud, cuando la vanguardia anunció que debían desviarse a izquierdas para no penetrar en el inmenso desierto sin oasis que veían en el horizonte.

Por ello, la pequeña tropa llegó casi frente a la cadena de montañas que protegía el país de los nabateos. La princesa estaba llegando al final de su cansancio, el viaje había sido realmente agotador en el largo periplo realizado para dirigirse al norte a través de este territorio que se llamaba Arabia Feliz. La lentitud de las cortas etapas había cansado mucho a Tharabet, pero felizmente una mano celeste parecía protegerlos poniendo en su viaje una sucesión inagotable de oasis debido a que el invierno había hecho bajar mucha agua de las montañas. Los palmerales estaban cubiertos de frutos grandes y jugosos, los dátiles frescos y apetitosos alimentaban ampliamente a hombres y monturas.

A pesar de todos los avatares, la solidez de los carros fue a toda prueba, y Met no se quejó de la lentitud de su avance. Una vez rodeados los últimos contrafuertes montañosos de la tierra de los nabateos, un espectáculo bañó sus ojos. Toda la naturaleza reverdeció rápidamente en lo que parecía una llanura hasta el horizonte. La caravana tenía a la vista el país de los madianitas donde debería detenerse, ya fuese bien o mal recibida por la población, porque un tiempo de descanso era necesario para la joven esposa que, manifiestamente, no sería de corta duración a juzgar por la frecuencia de los dolores que la atenazaban el vientre. Los hombres de la tropa también necesitaban un descanso después de este largo recorrido.

La vanguardia había salido a reconocer la zona y encontrar un lugar tranquilo a falta de un pueblo acogedor. Efectivamente, los madianitas tenían fama de no ser particularmente hospitalarios, siendo los habitantes más poderosos de este rincón de la tierra, ocupándola hasta Asiria y Palestina, por un lado, y Akaba por otro lado. Met sabía que eran fieros combatientes que invadían ocasionalmente a sus vecinos llegando hasta el fondo del golfo de Edom o la llanura de Moab, incluso hasta la península del Sinaí.

Tenían como particularidad no vivir en una ciudad o grandes pueblos, sino que se agrupaban en clanes nómadas más o menos importantes, además eran muy desconfiados, y a pesar de no estar en guerra con Egipto, los acuerdos comerciales se respetaban con dificultad ya que no existía intercambio de embajadas entre los dos países.

Aquí la seguía era crónica y obligaba a las familias a desplazarse continuamente acarreando inmensas tiendas de pieles buscando los pozos no agotados, intercalando hambrunas y cultivos. Este año, sin embargo, todo estaba verde y Met esperaba recibir una acogida favorable en algún campamento madianita, pero parecía que no era el caso ya que no encontraron ninguna tienda a lo largo de tres días. Los habitantes de esta tierra habrían observado de mala manera esta numerosa tropa extranjera que atravesaba e invadía sus tierras, si bien de modo pacífico.

En el alba del tercer día, el general Djelkai, que había salido de reconocimiento con algunos hombres, alcanzó la orilla de un bosque de robles y robustos terebintos que le dieron una idea, envió al galope un hombre en busca del príncipe y empezó a desbrozar un rincón sombreado quedando a la espera.

Al final del día, no sólo había construido una sólida cabaña gracias a los árboles, sino que el centenar de hombres que lo acompañaban habían edificado dos más para las mujeres y almacenar el grueso de las riquezas transportadas por las monturas con el fin de protegerla eficazmente contra cualquier intrusión indeseable durante el tiempo de descanso. Esa misma noche nació un hijo de la pareja principesca, un hermoso niño que se parecía a su padre.

Para Met era cada vez más evidente que Ptah lo honraba con su protección en todas las circunstancias. Además del providencial lugar encontrado justo a tiempo, se añadió un parto sin grandes dificultades para Tharabet como si fuese algo normal o madre de una familia numerosa. En verdad, el Creador lo satisfacía tanto que pensó en aislarse más a menudo para rezar y dialogar con el Muy Alto, tal como hacía antaño a lo largo de su estancia en los templos. No debía cegarse en su feliz vida mortal bajo pena de desengañarse algún día. A pesar de la felicidad que lo llenaba en este día del bendito nacimiento, la secreta aprensión de futuros acontecimientos no lo abandonaba, y debía profundizar en ello. Pensó que estos días vividos con su mujer y su hijo en las maravillas que le fueron concedidas siempre serían suyas, pero debía escuchar mejor las palabras del Eterno y buscar su significado profundo.

La atmósfera era doblemente acogedora, tanto por las exclamaciones de los soldados que debían oírse a gran distancia, como por un pozo de agua potable descubierto no lejos del campamento. La última nota de optimismo le llegó por medio de una delegación de tres madianitas que traían regalos para la joven madre. Los acontecimientos se sucedían a gran velocidad pareciendo salir de la nada para transportarse por doquier con toda rapidez. Los madianitas se emocionaron profundamente por el nacimiento de un extraño en su suelo natal, quizá consideron esta nueva presencia humana como una señal favorable para ellos. El hecho es que al día siguiente se presentó un sacerdote acompañado de sus ayudantes y numerosos testigos. Después de haberse inclinado ceremoniosamente frente a Met, habló como un erudito que comprendía bien una lengua extranjera pero que no la practicaba con fluidez, con dudas dijo:

—Saludos a ti, que eres un noble de los grandes reyes. Mi pueblo no sabía que tu esposa estaba a la espera de un recién nacido. La delegación que me acompaña trae ofrendas y regalos para ellos, cuya vida sea siempre benéfica. En cuanto a mí, soy Ashur, el pastor de estas familias y me gustaría que aceptaras que yo le diera a tu hijo el nombre de Hombre, tal como se practica aquí y en tu gran país según mis conocimientos.

Met se sintió conmovido por esta señal de gran consideración, y se dio cuenta, para su gran vergüenza que ni él ni Tharabet habían pensado en el nombre que le darían a este niño nacido bajo tan felices auspicios. Por ello, contestó con rapidez:

-Tu bondad, sacerdote de este país, me llena de alegría. Tú eres el pastor del Dios Único al que, sin duda, llamas con otro nombre que Ptah, pero es el mismo. Tu bendición, Ashur, no puede ser más que bien vista por el Cielo. Pero antes debo inquirir a mi esposa acerca del nombre que llevará este niño. Quizá ella misma desee asistir a la ceremonia que realizaremos bajo el techo su morada.

-Esperaré el tiempo que sea necesario hasta que tu esposa esté preparada. ¿Mientras tanto puedo sugerirte el nombre de Hombre para tu hijo?

-Por supuesto, hombre de bien.

-Pienso que *Mahageb* le iría perfectamente. En nuestro idioma significa "el que está en buena salud".

Met, de nuevo, se perturbó por la coincidencia, ya que, en la lengua sagrada a orillas de Gran Río, este nombre, con la misma fonética, significaba "el primogénito que viene de Geb"[73]. Qué más natural para esta semilla principesca, mitad divina, llevar tal nombre. El príncipe vio en ello una nueva señal celeste que imponía su voluntad sobre el futuro de los reunidos en este lugar. Se cuidó de no cambiar ni añadir nada al deseo del sacerdote, y se apresuró a asegurar:

-Tu pensamiento es justo en lo que se refiere a mi hijo, Ashur, se llamará Mahageb. Sólo te pido algo de tiempo para que las sirvientas de mi esposa puedan organizarlo todo.

Esta mágica y sencilla ceremonia se desarrolló entre la sonrisa del bebé que parecía satisfecho por lo que ocurría. Incontestablemente estaba dotado de fuerza, sometiendo a dura prueba los pechos de su madre cuando mamaba fuertemente, pero frente al religioso sólo agitaba sus pequeñas manos en silencio.

Apenas se marchó el sacerdote, aparecieron varias caravanas y plantaron numerosas tiendas en las lindes del bosque. En poco tiempo un poblado entero había sido levantado, una muchedumbre de niños jugaba y gritaban en tanto que las mujeres, unas tras otras, en grupos de seis entraban en la cabaña de Tharabet para saludarla y amontonar regalos. Met estaba confundido frente a tal imprevisible hospitalidad. En cuanto a los hombres, eran mucho más discretos y sólo invitaron al príncipe a beber una decocción caliente, muy agradable, de flores secas de hibisco. Sólo hablaban su idioma, pero en poco tiempo Met había asimilado las particularidades del mismo pudiendo comunicarse con ellos para su gran alegría. De esta forma, todo el mundo supo que era un príncipe muy considerado en su país, que había esposado a una de las princesas de Saba.

---

[73] M'Ahâ-Geb es la contracción que resume toda la historia del último rey de Aha-Men-Ptah: Geb. Léase a este propósito *El Gran Cataclismo* de este mismo autor.

Tharabet se recuperó rápidamente del parto y sus sirvientas le permitieron salir de la cabaña para tomar el aire puro y caminar un poco. Los días pasaban a gran velocidad, y tuvieron que pensar en la partida. La madre y el hijo ya estaban fuertes para soportar el último tramo del viaje que ya era más liviano. La tristeza fue grande entre los madianitas cuando Met anunció que la orden de partida sería para el alba del segundo día siguiente a su anuncio. Pero la noche que siguió, ocurrió un acontecimiento que arriesgó trastocar las decisiones tomadas. En plena oscuridad, el sacerdote Ashur solicitó la urgente presencia del príncipe a uno de sus guardias.

Despertado bruscamente, Met se puso una túnica para acudir a la llamada del religioso, ya que sólo podía molestarlo por un asunto grave. Lo observó en pie cerca de un fuego encendido por los guardias y lo saludó amistosamente:

-Te saludo, tú que vienes en plena noche, espero que no se trate de una mala nueva.

-No sé cómo te parecerá, príncipe, pero es una noticia importante. Unas personas vienen de tu país buscándote se desplazan desde hace varios días preguntando a los hombres de esta tierra, que no sabiendo de qué se trataba le indicaron el buen camino. Ayer por la noche llegaron al campamento de la familia de mi padre para descansar e informarse de nuevo.

Inquieto, sin saber por qué, Met preguntó:

- ¿Están lejos de aquí?

-A cuatro horas de marcha de aquí, pero van en monturas, por lo que pueden tardar menos de una hora.

- ¿Cuántos son?

-Son diez hombres armados, más para proteger a su jefe que para combatir.

Met pensó que este emisario podía ser portador de noticias graves, ya que se molestaba en venir a su encuentro, aunque no pensó que fuese para arrestarlo por una rebelión contra el rey, tal como esperaba. Después de una breve duda, dijo:

-Ya que habíamos decidido salir esta misma mañana, tráelos urgentemente ahora mismo. Aprovecho para agradecerte todas tus amabilidades y las de tu pueblo. Nunca olvidaré.

El sacerdote se inclinó y dijo:

-Quizá te volvamos a ver entre nosotros si algún día las cosas te van mal en tu país, oh noble hijo que ya eres de esta tierra. Me quedaré aquí para asistir a tu partida y uno de mis hijos irá al campamento para transmitir mis órdenes, quedan dos horas para descansar antes de la partida.

Poco antes del alba, saliendo a toda prisa, Met reconoció con asombro el noble porte del general Tekenen acompañado por sus diez soldados. Djelkai, viniendo a informarse de lo que ocurría, gritó de alegría, y en menos de cinco minutos hubo tal alboroto que ninguna palabra podía escucharse. Se encendieron otros fuegos mientras que cada uno recogía sus pertenencias para la partida, dejando a los dos generales en compañía del príncipe, que preguntó:

- ¿Cómo está mi divina madre?

-Tan grácil como siempre. Termutis está ansiosa por verte y conocer a tu esposa de la que le he hablado largamente, os espera en su morada del An del norte, a donde se mudó hace poco.

-Ahora somos tres, valeroso guerrero, acabo de tener un hijo.

-Por Ptah, no has perdido tiempo en ponerte a la tarea, eres el más valeroso guerrero que conozco y te doy mis sinceras felicitaciones por este retoño principesco.

Tekenen expresó una duda en silencio, y Met preguntó:

- ¿Qué hay de nuevo en Ath-Ka-Ptah? Tu precipitación en reunirte conmigo demuestra que algo ha ocurrido.

-Ia-Met murió hace tres lunaciones. Ahora Amon-Hotep es el único poseedor del centro. Sabes bien que nunca soportó su presencia en la corte ni tu prestancia, al igual que tu valentía en combate. En cuanto el cuerpo momificado de su padre, fue depositado en su morada eterna en el Valle de los Reyes, se ha apresurado en hacerte pasar por traidor por no ejecutar las órdenes formales de la destrucción de los sabeos y su reina. Para él, te has dejado engatusar por una enemiga y, como tal, te ha declarado traidor a tu país.

Met dijo amargamente:

- ¿Algo más?

-Tu madre, sin embargo, ha intervenido con toda la fuerza que le conoces, amenazando deponerle si no desistía de su rápida decisión. Tú la conoces, ella muy persuasiva para demostrar que es la sola detentora de la única gota de sangre divina que puede hacer nacer a un Aha. Como sabes Amon-Hotep es débil, y se ha inclinado bajo la fuerte presión de los sacerdotes de Amón, que no ven con buen ojo tu llegada al trono de Ath-Ka-Ptah.

-Así que no soy un renegado.

-No del todo, mi príncipe, pero deberás estar vigilante hasta tu llegada a la morada de Termutis. Debes esperar revueltas en cuanto te acerques a los límites fronterizos, es el motivo de mi embajada. Tu madre te protege y desea que llegues vivo y entero, y lo hubiera hecho con más ahínco si supiera que ya es abuela.

-Agradezco tu devoción, Tekenen, no olvidaré.

-En tal caso espero que intervengas cerca de tu divina madre en mi favor, ya que si bien acepta mi presencia siempre retrasa nuestros asuntos por consideraciones externas.

-Entre las que estoy yo, supongo.

-Exacto, mi príncipe, no olvides que ahora mismo te puedes convertir en príncipe heredero del trono, ya que Amon-Hotep no ha tenido hijos. Y es notorio que este desecho afeminado es incapaz de procrear normalmente.

-Así que soy el punto de mira de toda la sociedad, y no el traidor que has señalado anteriormente.

-Así es, mi buen príncipe, pero tenía que informarte de todo para que estuvieses en guardia, sólo tienes veinticinco años.

-Te lo agradezco de nuevo. Ahora es el momento de dar la orden de partida si todo está listo. Djelkai, asegúrate de ello.

El general, que no había pronunciado palabra limitándose a escuchar, asintió y se levantó. Tekenen dijo:

- ¿Puedo ver a tu hijo antes de partir y saludar a tu esposa?

Met, palmeándole el hombro, dijo:

-Por supuesto, perdona que no te lo haya propuesto.

La larga caravana aumentó en diez hombres y un general adentrándose en las arenas del desierto deteniéndose en los diversos oasis donde ahora eran bien acogidos. El recorrido les pareció mucho más corto que la travesía del Sinaí. La llegada frente a los límites fronterizos se produjo sin incidentes, ya que el general Tekenen había anunciado la llegada del príncipe y de su séquito en su viaje de ida.

En el momento de una oposición dinástica, el ejército siempre era neutral, limitándose a mantener el orden. Todos los desacuerdos, tales como asesinatos, envenenamientos y otros incidentes del mismo tipo, tanto de una parte como de otra pretendiendo el trono, solamente era incumbencia de los sacerdotes.

Hubo, pues, un intercambio de señales de cortesía militar hacia el que había sido el comandante de los ejércitos del norte y que un día, si Ptah le permitía sobrevivir, se convertiría en rey. Los generales estaban satisfechos por no haber tenido que intervenir para asegurar la protección de su jefe.

Sólo quedaba por embarcar el conjunto de la caravana, incluyendo a los camellos, en las gabarras de fondo plano que esperaban su llegada desde hacía varias lunaciones. En pocos días, Met podría presentar su esposa a su madre, y a Mahageb que seguramente derretiría el tierno corazón de la divina Termutis.

MET Y LA OPRESIÓN DEL PUEBLO

> "*Dura era la servidumbre. A lo largo de todos los días y las noches, los hebreos penaban, unos con la paja y el barro para hacer ladrillos; otros elevando casas y ciudades. La peste los devoraba y sus cadáveres multiplicados no podían ser llorados ni enterrados pudriéndose al sol*". (EDMOND FLEG. Moisés).

Desde hace dos milenios, muchos autores se han sentido atenazados entre las orejeras restrictivas del Antiguo Testamente y la verdad lógica y cronológica de la historia de Moisés. Este hombre era príncipe de Egipto, incluso príncipe heredero en el inicio de este capítulo, en el que es inconcebible limitarse a los oprimidos hebreos como elemento fundamental de su pueblo. "Su" pueblo incluía a los monoteístas, todos adoradores del mismo dios, sea cual fuere el nombre que se le diese. Los oprimidos eran tanto los que veneraban a Ptah, como los hebreos, y estas dos categorías de habitantes a orillas del Nilo eran los servidores, los esclavos a tiempo completo de los adoradores del carnero Amón, los adoradores del culto al Sol, siendo Amon-Hotep el verdadero jefe frente al colegio de los grandes sacerdotes, a quienes debía cuentas.

Son pues, todos estos oprimidos, egipcios y hebreos mezclados, los que Met, o Moisés, hizo salir de Egipto posteriormente. Por el momento, la servidumbre no hacía más que administrarse y el príncipe pudo seguir sus premisas con todo detalle apenas desembarcó en el puerto de la ciudad del An del norte acompañado por su esposa que abrazaba fuertemente el pequeño Mahageb.

La animación era extrema en este preciso lugar, las seguidoras rodeaban a la pareja, y los generales daban órdenes a los hombres con prisa por desembarcar e ir a la ciudad. Los bultos y los cofres se amontonaban permitiendo el desembarco de los camellos. Esta activad, por importante que fuese, pasó casi desapercibida frente a la excitación reinante en toda la longitud del puerto.

Tharabet, y sus extasiadas seguidoras abrían los ojos desmesuradamente, ya que la curiosidad primaba sobre cualquier otra consideración, a pesar de manifestar cierto temor frente a tal actividad. Ella temía más por su hijo que por ella misma, y se apretó contra su esposo que le sonrió al tiempo que elevó la mano hacia un punto lejano para decirle:

-Más allá de esos escalones que subiremos en un instante, está la avenida que conduce al palacio ancestral de la divina princesa Termutis. Te recuerdo que este título de mi madre es el previsto por el protocolo para todo mortal, incluidos sus hijos. El edificio que ves más allá, a izquierdas, y por encima de las palmeras, es su morada principesca que también será la nuestra. Ahí nadie te molestará porque esta propiedad es, de hecho, una pequeña ciudad en si misma. Ya ves que aquí las construcciones son diferentes a las de Saba, no suben en altura, todas son de una sola planta. Alrededor del edificio principal donde viviremos, existen una treinta de casas donde moran los dignatarios, seguidores y los servidores más devotos. Nosotros ocuparemos toda el ala oriental, que da al río, donde admiraremos espléndidas puestas de sol. Estaremos suficientemente cómodos, incluso si deseas que una o dos de tus seguidores se quede para vigilar de noche a Mahageb. Dejemos que se ocupen del desembarco para que contemples el conjunto de este puerto, no tardaremos mucho y verás mejor desde arriba la amplitud del andén a tu derecha que va hasta la ciudad.

-Qué hermoso –dijo la joven extasiada- No se parece nada a lo que existe en Saba. Con tanta actividad desbordante cada uno tiene prisa en realizar su trabajo y no se ocupa más que de ello. ¡Cuántos barcos! No podría contarlos, aunque quisiera. Todos los que viven en Saba no serían suficientes para poder descargarlos, parece un hormiguero. ¿Pero por qué algunos, que parecen vigilar, sujetan látigos?

Met frunció el ceño por el esfuerzo que él mismo hacía por comprender este nuevo hecho que también había observado y sobre el que aún no podía contestar. Según su conocimiento, y justo antes de su salida para Saba, los hebreos requisados para confeccionar ladrillos para las construcciones, lo hacían de forma voluntaria para conservar su libertad y recibir alimentos para su familia. Jamás fue cuestión de esclavitud, además los hebreos sólo llevaban un ligero paño mientras que los que actualmente observaba, según sus peinados, sólo podían ser egipcios. Esta situación le pareció incomprensible, así que se encogió de hombros para mostrar su ignorancia a Tharabet y le indicó que le siguiera:

-Tomemos este camino, tengo prisa por saludar a mi madre. ¿No te pesa mucho el bebé? Sabes que puedo llevarlo.

-No pesa, vayamos a ver la divina princesa Termutis que debe estar impaciente por volver a verte.

-Y por conocer a mi esposa e hijo.

Termutis, mientras tanto, se impacientaba sentada en su salón privado esperando la llegada de su hijo. Pensaba menos en la esposa pero deseaba abrazar al bebé cuya noticia le acababa de llegar por un correo que, sin aliento, venía del puerto. Mil veces se levantó de su sillón como para ir al encuentro de la pareja y su hijo, y mil veces abandonó la idea que no era conveniente para la segunda persona del reino, refrenándose con dificultad.

Los jóvenes, que ya estaban en la gran morada, se acercaban a esta pequeña habitación. Un mayordomo engalanado, orgulloso del papel que jugaba en este instante, no quitaba ojo a la madre y al hijo, olvidándose del príncipe al que había visto crecer tirándole del cabello. Los ojos casi le saltaron de sus órbitas cuando llegaron junto a la puerta que golpeó nerviosamente.

A la voz de ¡*Entrad!*, las puertas se abrieron de golpe dejando a las dos princesas cara a cara. Termutis, finalmente, había cedido a la tentación precipitándose a la puerta. Las dos mujeres se escrutaron largamente y en silencio, dejando una cierta distancia entre ellas. Como la inmovilidad se prolongaba, Met se dirigió resueltamente hacia su madre levantando respetuosamente los brazos y dijo:

-La ausencia ha sido larga, mi divina madre, pero te traigo a mi esposa, la princesa Tharabet, hija de la reina de Saba. El que tiene en sus brazos es nuestro hijo que tiene por nombre Mahageb.

Acabando las obligadas palabras protocolarias, tomó el bebé de los brazos de su madre y lo tendió hacia su abuela. Ésta experimentó una gran emoción, olvidando toda animosidad sentida hacia la extranjera sin un motivo preciso. Acunó al pequeño y tímido ser como lo haría la esposa de su hijo, sintiéndose apesadumbrada por su primer impulso. Después de todo, esta mujer quizá sería la que mejor le convenía a su hijo si algún día debiese tomar posesión del cetro de Ath-Ka-Ptah. La espera había sido demasiado larga para ella, la intranquilidad fue la primera causa de su aprensión. Sin encontrar la palabra adecuada para distender la atmósfera, se limitó a sonreír diciendo:

- ¿Has dicho Mahageb? Este nombre le va estupendamente, y ¡cómo se te parece!

Met, a su vez, rio de satisfacción lleno de orgullo, y halagado como cualquier padre después de tal cumplido. Su expresión hizo que las dos mujeres rieran, cómplices frente a esta vanidad masculina. Met no se sintió ofendido alegrándose del momento. Termutis tomó la palabra dirigiéndose a su sillón, hablando a su hijo:

-Si el viaje no te ha cansado mucho, sería útil que vieras sin tardar a mis consejeros que aguardan en la sala de reuniones. He hecho llamar a Djelkai y Tekenen para que asistan a este consejo, la situación es muy preocupante.

-Pensaba instalar a Tharabet...

-Yo misma la llevaré a vuestros aposentos, sus damas de compañía ya la están esperando, al pequeño no le faltará nada. Nos veremos en la mesa a la hora de cenar, estás en tu casa, así que ve sin preocupación.

Met se inclinó asintiendo. Como siempre, su madre tenía todo previsto. Se dirigió a su esposa y dijo:

-Es prudente ir a ese consejo para saber lo ocurrido aquí durante mi ausencia, te dejo en buenas manos, mi amor, nos vemos en la cena.

Tharabet asintió y su esposo salió del salón. Termutis hizo signo a Tharabet de acercarse devolviéndole su hijo, que empezaba a moverse inquietantemente, y dijo:

- Te enseñaré lo que a partir de ahora será tu residencia, espero que te guste.

Ambas mujeres pasaron por largas galerías antes de penetrar en el ala oeste, y a través de grandes vallas cubiertas de telas sedosas Tharabet entrevió una fila de pequeños pabellones en ladrillo rojo con agradables lugares de reposo en medio de bellas plantas, y el inmenso recinto exterior que parecía proteger eficazmente contra las miradas de la población de la ciudad. Varias puertas se abrieron al otro lado de la galería, pero la princesa Termutis no habló hasta llegar a la última y, abriéndola, dijo:

—Empecemos por esta, es el gran salón, tiene vista general al An del norte por un lado y al río por el otro.

La habitación era esplendorosa. Había sido acomodada por Termutis en persona, durante el tiempo en que Met, mucho más joven, deseaba pasar las veladas en compañía de su madre. Era donde Met recibió a sus amigos antes de su partida al An del Sur. La sala estaba pintada con escenas de la vida en el más allá de Amenta en los dos muros interiores. Los dibujantes y grabadores habían puesto tal empeño que ese hijo de Dios que era Usir, parecía salir de su capullo para volver a vivir. La joven sabea se extasió ante tales maravillas.

Mientras tanto, Termutis descorrió las claras cortinas de delicado tejido que cubría las dos entradas que daban acceso al balcón. El sol ya estaba alto en el cielo, pero la brisa procedente del río aliviaba el ambiente haciéndolo respirable. Tharabet, que mantenía a su hijo en brazos como si se fuese a perder, se acercó a su suegra para mirar fuera. Los jardineros regaban un parterre de flores en el que dominaban los rosales trepadores con flores amarillas y escarlatas. Una tela tupida hacía de parasol sobre sus cabezas y Termutis no dudó en sentarse sobre los canapés dispuestos a tal efecto:

—Descansemos un poco, puedes dejar a Mahageb en ese cojín ya que está tan tranquilo.

—Es muy bueno, no llora ni grita, aunque tarde un poco en darle el pecho.

Instaladas frente a frente, Tharabet decidió hablar abiertamente a Termutis, como hija de Saba acostumbrada a actuar siguiendo su antojo, olvidó el protocolo dirigiéndose a la madre de su esposo:

—Divina Termutis, he sentido tu animosidad hacia mí. ¿Por qué?

Frente al atrevimiento de esta pregunta, Termutis, siguió la misma pauta para descubrir el alma de su nuera, y sin ofuscarse contestó:

—Eres del país de Saba, Tharabet, es decir, no sólo una extranjera, de las que muchas han desposado a nuestros hijos, sino una enemiga según la ley sin apelación de este país.

—Tu hijo no me considera como tal, oh princesa. ¿Acaso dudas de su juicio y cordura?

Termutis contuvo una pequeña sonrisa. La rabia de la bella esposa de Met apareció en sus ojos a pesar de la aparente tranquilidad de su respuesta. En el fonde de ella misma, Termutis pensó que no había nada de lo que quejarse sobre esta sabea, excepto precisamente el hecho de que era sabea, y contestó:

— ¿Amas a mi hijo, Tharabet? Me han dicho que sólo eras un regalo suplementario añadido a la balanza de los tributos ofrecidos por tu país para el tratado de paz.

Roja de cólera, multiplicada por la vergüenza de estar puesta en evidencia de tal forma, conteniendo su respiración, Tharabet contestó como orgullosa hija de su pais:

—Sabrás por tu hijo que la guerra estaba lejos de ser perdida por nuestras tropas, hemos firmado un tratado ofreciendo regalos en prueba de nuestra amistad, y nuestros dioses han sellado este pacto solemne haciendo que Met y yo nos reconozcamos como destinados el uno al otro, Mahageb es el fruto de este agradecimiento.

- ¿Amas a mi hijo, Tharabet? La voluntad de tus dioses no es una respuesta válida hacia el único dios que aquí es Usir.

-Amo a tu hijo, Termutis, desde el instante en que lo vi por primera vez con ojos de niña caprichosa, lo quise y lo he tenido, incluso antes de saber que era príncipe y que se podía convertir algún día en el rey de tu gran país. Aún no conozco bien tu religión, aunque tu hijo me ha dicho que es cercana a la nuestra, además todos nuestros antepasados son comunes, aunque remonten a la noche de los tiempos. Este hijo ha recibido su nombre de Hombre de un sacerdote de la tierra de Madián con el mismo significado en su lengua que en la tuya. ¿No será igualmente otra señal?

-Soy la descendiente en título de la parcela divina proveniente del Hijo de Dios. Como tal, tu argumentación me parece sujeta a observación. La alegría que hay en amar no puede ser verdadera si no es acompañada de los preceptos religiosos dependientes de la Ley del Creador. Tu país se enfrentó a nuestro comandante principal, violando nuestras fronteras y matando muchas criaturas de Dios. ¡Cuánto dolor del hombre hacia el hombre!

-Tu tampoco podrás conocer la alegría de amar en este día tan hermoso, ya que me has herido profundamente asegurando que era indigna del amor de tu hijo –replicó Tharabet con voz temblorosa.

Ante estas palabras, Termutis se sintió conmovida. Tharabet lo apreció y se levantó cogiendo a la princesa de las manos, añadiendo impulsivamente:

-Perdóname, oh princesa, ahora tú también eres mi madre y, como a ella, te he dicho la verdad de mi pensamiento, aunque sea el más malo.

Termutis pasó una mano por el cabello de Tharabet y dijo:

-Tienes razón al hablarme con estas duras palabras, pequeña. Me ha hecho recordar varias cosas que había olvidado. Cualquier madre teme perder a su hijo en beneficio de una extraña y quizá algún día tenga oportunidad de contarte la historia del nacimiento de Met, que ni él conoce. Entonces comprenderás mejor por qué en un instante me convertí en una gata sacando las uñas. En verdad, lo siento, porque eres la mujer perfecta para Met... ¿Debes dar de mamar a tu hijo o podemos seguir con la visita?

Al ver que Met dormía, Tharabet dijo:

-Como lo desees, pequeña madre.

Termutis sonriendo dijo a su nuera:

-Me siento extraña al revivir mis años jóvenes, cuando tu esposo no era más que un niño. Intentaba explicarle que el protocolo exigía que me llamara "divina madre" y sólo me decía "pequeña madre" tal como lo acabas de hacer.

-Lo siento, aún no conozco bien el protocolo

-No tiene importancia alguna, bella Tharabet, ese título de *pequeña madre* es muy agradable a mis oídos. Sigamos con la visita de lo que a partir de ahora será tu morada.

En ese momento empezaba la conferencia en la sala de audiencias del ala sur. Met había sido acogido como triunfador por los consejeros de la princesa y sus dos generales de campaña en Saba ya habían contado con todo lujo de detalles la boda de su jefe y de la princesa. Después de esta diversión que distendió la atmósfera, el consejero más anciano tomó la palabra bajo la solicitud de Met para abordar los serios acontecimientos que habían surgido en Ath-Ka-Ptah durante la ausencia de Met:

-Ia-Met, paz para su alma que debe caminar más allá de la vida terrestre hacia la eternidad, se había agotado mucho a lo largo de su victoriosa campaña contra las tribus de Schasu, esos nómadas de Asiria que invadieron constantemente nuestras tierras en el noreste, sin olvidar a los hicsos inmundos que se replegaron más allá y que volvían a tener planes para una nueva invasión. Tú mismo, en persona, valeroso guerrero, has observado el ininterrumpido desfile de los miles y miles de prisioneros traídos por Ia-Met, que Ptah conserve su alma en espera de la eternidad, lo más posible y si puede ser, antes de que se tenga que entablar una nueva batalla, aunque quizá menos dramática para nuestro país. Inmensos tesoros se han sumado a las fabulosas riquezas en los almacenes secretos de los templos de Amón. Esta decisión, tomada con perjuicio para la población, era una necesidad para conciliar las buenas gracias del Carnero, alma del Sol, para una mejor ascensión de la *parcela* de Ia-Met en el más allá etéreo de esta abominación. Además, la fabricación de los ladrillos se ha visto acelerada en todo el territorio de la provincia del An del Sur, donde todos los descendientes varones hicsos y egipcios fueron requisados bajo pena de no poder alimentar a sus familias. Ello para utilizar más cautivos en la construcción de la fastuosa tumba y de los nuevos edificios consagrados a Amón.

Met frunció las cejas diciendo:

-También he visto al desembarcar en el andén, a vigilantes adjuntos en los templos solares de esta ciudad, látigo en mano insultando a los portadores de mercancías. ¿Que yo sepa, no estamos bajo el yugo del Sur?

-Amon-Hotep, que Ptah nos guarde de que este Per-Aha tenga una vida demasiado larga, tomó la decisión de agrandar y modernizar los templos de Amón en toda la ciudad; los muebles y las más variadas mercancías llegan al puerto. El gobernador, por ironía, ha requisado a los servidores de los templos de Ptah para descargar los barcos.

- ¿Nadie ha protestado?

-Desde que tu madre ha vuelto, la divina Termutis en persona ha ido varias veces al palacio real, pero las órdenes no pueden ser derogadas porque no sólo llevan el sello del nuevo Per-Aha, sino también el de la reina madre Aha-Hotep que, a pesar de sus setenta y cinco años, controla con firmeza a su nieto y a la viuda de su hijo, la siempre bella Nefertari. Incluso acaba de ordenar la construcción de una magnífica tumba para su consejero privado, el príncipe Khamit, que Path haga que se lo coman los gusanos antes de ser juzgado por los babuinos y que el peso de su falta haga hundir la balanza. Los prisioneros mueren como las moscas que los devoran al sol del valle de los muertos del An del sur.

-Lo que dices me desconsuela. Amon-Hotep no ha tenido una sucesión fácil al no estar dotado de la misma fuerza que su padre Ia-Met, que Ptah tenga piedad de su alma.

-No se trata de piedad. Por lo que todos sabemos, las tres mujeres que viven en el palacio real informan pertinazmente de la debilidad de Amon-Hotep y de su particular gusto por todo lo que no sea del sexo femenino.

-Eso ya lo sabía, y es un triste ejemplo. ¿Pero por qué hablas de tres mujeres? Sólo conozco a la anciana Aha-Hotep y a Nefertari.

-Se trata de una princesa de Mitanni, que le ha sido impuesta como esposa para tranquilizar a los espíritus en el momento de su toma de posesión del cetro como rey.

-Por una parte, está bien, igual le da un hijo.

El viejo consejero dudó en responder, y al final fue el general Djelkai que después de rechinar, dijo:

-Los sacerdotes de Amón están implicados, y uno de ellos bien sería capaz de preñarla, siempre por una buena causa.

- Pero ¿qué dices?

-No te hagas más ciego de lo que eres, mi buen príncipe, desde ahora eres un príncipe heredero en caso de que Amón-Hotep muriese sin descendencia. En tal caso, sería el final de la supremacía idólatra de Amón, y podremos volver a la religión hecha a imagen del Creador de todo, Ptah.

Todos los miembros del consejo asintieron a esta frase comentándola cada uno a su modo, formando un parloteo incomprensible para Met, que con una sonrisa invitó a la calma a los participantes. Para mejor captar su atención, contrarrestando su juventud habló con voz grave y pausada:

-Nunca me he sentido en la piel de un rey, aún menos después de lo que acabo de oír. Sabed vosotros, que sois mis amigos, y a vez consejeros de mi divina madre Termutis, que jamás fomentaré ni apoyaré una rebelión destinada a tomar el cetro de Su Majestad, mi primo Amon-Hotep. Por supuesto, me apena recibir todas estas noticias, y por los actos horribles de los dirigentes en esta tierra que es nuestro segundo corazón. Reflexionaré hasta encontrar el modo de influir en nuestro rey para cambiar el proceso y utilización de humanos como obreros en las construcciones. Pero todo ello, dentro de la paz deseada por Ptah, que condena formalmente todas las acciones que pueden desencadenar la muerte al prójimo, o sencillamente mermar su libertad.

Después de este firme y corto discurso, se hizo el silencio. Tekenen murmuró para él, pero fue entendido por todos:

-Como guste a Ptah, y que sea igual en el espíritu de Amon-Hotep.

-Qué quieres decir, valeroso general y amigo.

Met lo miró con interés, fijamente, esperando su respuesta. Ésta llegó con evidente franqueza:

—Temo por ti, oh mi príncipe. Si vas a usar tal lenguaje para hablar al rey, parecerá ingenuo, ya que este joven imbécil ha recibido en las escuelas de Amón una educación muy diferente a la tuya. Creerá que eres un hipócrita que busca eliminarlo con dulces palabras, lo que le llevará a preparar un plan del mismo estilo, que sólo él puede imaginar para hacerte caer en una situación de la que no podrás salir.

—Ya veo que también te tomas por profeta, además de por valeroso guerrero.

—No hay que ser profeta para verlo llegar, cualquiera de los presentes llega a las mismas conclusiones.

—Yo creo que le resultaría aún más difícil a Amon-Hotep eliminarme de un modo u otro, temería una rebelión seguida de una guerra civil, que no sólo lo destronaría, sino que acabaría con su vida.

—No olvides que el rey tiene oportunidades, está bien aconsejado por los sacerdotes de Amón que sabrán indicarle el mejor momento y métodos para intervenir. Ellos tienen tiempo y esperarán.

Tekenen calló un instante para seguir con voz más lúgubre:

—Deseo de todo corazón que esto no llegue a ocurrir y que abrirás los ojos mientras estés a tiempo. He hablado.

Met quedó desconcertado por sus convicciones inculcadas a través de sus años de estudios en la sabiduría de Ptah, por ello prefirió momentáneamente dejar este tema para posterior meditación, y dirigiéndose al viejo consejero dijo:

—No me has hablado de la situación de nuestros sacerdotes ¿También ellos están oprimidos?

—No, porque viven como reclusos en los sagrados enclaves de los templos de Ptah, pero sus condiciones son idénticas a las que se vivieron bajo el reinado de todos los usurpadores. Los novicios son objeto de todo tipo de servidumbre, menos mal que las tropas no intervienen, sólo las cohortes de Amón están contra nuestras creencias. Pero, desde hace milenios, siempre superamos las pruebas con fe reforzada, cada vez tenemos más creyentes sinceros en el más allá y en la resurrección.

—Pienso que es lo principal. Amón acabará por ser destronado algún día, al igual que Amon-Hotep, y cuando llegue ese momento, si aún estoy con vida, distribuiré a todos los pobres que han sudado toda el agua que necesiten y todas las riquezas acumuladas en todas las salas de los tesoros de estos templos para satisfacer el orgullo de los sacerdotes del carnero.

—Si lo consigues, oh mi príncipe, sería realmente la libertad y la igualdad para todos en esta tierra. En verdad, Amón es uno de los más detestables idólatras que ha engrosado vergonzosamente, al igual que todos sus devotos, de la ignorancia deseada para el pueblo, estrechamente controlado. Y me parece difícil predicar una igualdad y libertad que seguramente será rechazada por estos ciegos de ojos abiertos.

—Quizá expresas la verdad en tu voz, y en ese caso únicamente pediría que me siguiesen todos los que son capaces de ver la realidad de los mandamientos de Ptah.

- ¿Seguirte? Por Ptah, dónde te seguirían, dónde te seguiríamos nosotros que somos tus amigos. Si no deseas el trono que estamos dispuestos a tomar por ti...

-Me expatriaré a otra tierra diferente y concluiría una nueva alianza con Ptah en una segunda tierra prometida por él como firma del pacto. El suelo no escasea, he recorrido muchísimo a lo largo de las últimas lunaciones, mis generales pueden dar testimonio de ello.

-Por supuesto, mi príncipe, pero no podrás llevar un séquito de millones de desgraciados que son los que forman actualmente la mayor parte de nuestro pueblo y que, además, están atados a esta tierra.

-Nuestros ancestros de Aha-Men-Ptah también lo estaban a la suya. Ptah se enfadó y los supervivientes de buen o mal grado se instalaron en otro lugar. ¿Se te ha olvidado, valiente Tekenen?

-Claro que no, pero no eres Dios para preveer el desarrollo de otro cataclismo en el momento en que quieras dejar tu patria para ir a otro Corazón.

-No tengo tales pretensiones, pero en verdad el que ha aprendido la voluntad divina y ha aceptado seguirla para llegar a todos los mandamientos de su ley, podría conseguir hacerse un aliado indefectible.

- ¿Quieres hacernos comprender que tienes la bendición de Ptah sobre tu persona y que te ayudará en cualquier circunstancia?

-Aún no ha llegado el momento de que me hagáis preguntas sobre ello, pero estoy seguro que llegado el momento estaré apto para dialogar con el Creador y convertirme en su aliado para realizar la felicidad que él siempre ha deseado para sus criaturas sobre la tierra.

-Es conveniente, pues, esperar ese bendito momento deseando que no llegue demasiado tarde, y, mientras tanto, qué hacemos.

-Ahora mismo no veo cómo puedo intervenir de forma eficaz en las condiciones de trabajo y en la desgraciada vida de los que son tratados como esclavos.

-Si te lo tomas de esta forma, mi príncipe, mucha agua correrá en el Gran Río y muchas inundaciones traerán limo para seguir haciendo ladrillos antes de que algo cambie en este país, exceptuando un número incalculable de nuevos cadáveres que se acumularán sin sepultura hasta que las bestias salvajes hayan limpiado sus huesos.

- ¿Preferirías millones de muertos en una guerra fratricida?

Tekenen se encogió de hombros antes de decir:

-Quién sabe. Quizá un paseo por los muelles, por los campos de trabajo o en las canteras, te abrirían los ojos. Ahora es inútil seguir hablando hasta que no te des cuenta por ti mismo.

-Lo haré desde mañana mismo. Ahora deseo ocuparme del acomodo de mi esposa. Nos veremos en compañía de la divina Termutis para cenar. Os agradezco las informaciones y las sinceras opiniones que me han llegado al corazón.

Met se levantó seguido en su movimiento por todos los participantes. Ya era hora de bañarse en la radiante atmósfera a la que su esposa e hijo lo transportaban. Con ese pensamiento vivificante consiguió disipar la amargura de su mente y se dirigió al ala Este.

LA TRAMPA

> *"Esto nos ofrece una indicación acerca de la obra del fundador de la religión nacional: No consistió en inaugurar unos ritos inéditos, sino a infundir un espíritu nuevo a unas costumbres mucho más antiguas"*
> (ADOLPHE LODS. Israel).

El príncipe Met fue enfrentado al hecho de tener que elegir, muy a pesar de él, a lo largo del décimo quinto año del reinado de Amon-Hotep, de un total de veintitrés. Met en ese momento tenía treinta y nueve años, y cuatro hijos de su adorada esposa, Tharabet; dos niños y dos niñas, teniendo la primogénita quince primaveras, y la menor nueve. Fue una verdadera lucha con su conciencia la que animó su vida política y sus decisiones referentes a su vida familiar, llena de felicidad y alegría.

El reinado de Amon-Hotep había seguido, desde su inicio, un camino diferente al de su padre Ia-Met. Si bien, la voluntad de este último había marcado a Ath-Ka-Ptah con su huella personal, el del rey en ejercicio era presa de las decisiones tomadas por las tres mujeres que formaban su familia, aconsejadas éstas por los clanes de los sacerdotes ávidos de poder. La guardia de las fronteras fue dejada a las tropas, prácticamente sin vigilancia desde la capital, mientras que hubo un intenso incremento en la construcción de templos en todo el país. Sin olvidar la multitud de tumbas, a cuál más suntuosa, construidas en las necrópolis al uso en toda la orilla del poniente de Ra, más allá de las célebres necrópolis del reino faraónico diseminadas en los taludes del Gran Río donde el sol iluminaba las paredes como acariciándolas con sus últimos rayos. Las ciudades, en la mayoría de los lugares, hacían frente a los amplios campos que contenían a los Dormidos en espera de la partida de sus almas eternas al más allá de la vida terrestre. La capital, An del sur, residencia de Amon-Hotep, no escapaba a esta regla sagrada, siendo incluso ejemplar en su desarrollo.

Varios valles contenían esta ciudad de los muertos de la gigantesca ciudad de Tebas, cantada por tantos autores griegos admiradores de los setecientos mil hombres que habitaban en edad de portar armas. En estos lugares donde la momificación había alcanzado tal nivel, que aún hoy, se puede reconocer algunos faraones a pesar de la distancia de cuatro milenios en el tiempo; en esa ciudad, cada uno estaba en su justo lugar. Tanto los reyes más grandes como los menos conocidos, estaban enterrados en el valle reservado, cada vez más profundamente y mejor escondidos frente a las miradas de los eventuales profanadores, siempre al acecho a pesar de la infame muerte que les aguardaba si eran sorprendidos.

En cuanto a las reinas y concubinas principales, se beneficiaban de enclaves privilegiados en otro valle cercano al de sus esposos o dueños, para llegar en paz a su reposo eterno. Ocurría lo mismo para las familias nobles y algunos cortesanos ligados estrechamente a las diversas causas reales, eran enterrados en un tercer valle situado en ese mismo grandioso lugar de Poniente.

Esta tradición fue trastocada por la reina madre, que en ese momento tenía setenta y dos años, cuando decidió regalar a su consejero principal, y único confidente a lo largo de su vida, una suntuosa tumba a la medida de lo que este señor había representado a sus ojos. Y esta magnífica construcción que duró tres años, no se hizo expresamente en uno de los valles de esta necrópolis de An del sur, sino en la antigua Abydos, situada mucho más al norte.

Todos los detalles se han conservado gracias a varios papiros muy significativos, uno de ellos, por su tono conmovedor y despojado, tuvo que ser considerado escandaloso en su tiempo. Leamos su contenido dirigido al consejero en persona por su soberana:

"Orden de la reina madre Aha-Hotep, al príncipe Kemit. La reina madre ordena que se haga para ti, que fuiste mi consejero fiel en todas las cosas buenas y puras, una tumba en Abydos cuyo plano ha sido realizado por mí, en reconocimiento por todos los servicios que me has hecho con bondad. La reina madre ordena que sea hecho para ti, como a alguien a quien siempre mucho he amado y que fue durante largos años su único confidente. Fuiste al que ella confió todos sus secretos. Conociste sus más íntimas costumbres. Fuiste también el que arregló sus asuntos en el palacio real, el que allanó sus numerosas dificultades personales y el que hizo más fácil los más desagradables acontecimientos. Al fin, también fuiste quien comprendió las cosas del corazón de tu reina, y el que siempre calló sobre lo que vio u oyó sobre ello. Como no te tomaste un solo minuto de descanso, ni de día, ni de noche, es justo que ahora encuentres, llegado el momento, un descanso que sea digno de tu honestidad. La Balanza que pesará la Parcela divina que habitó esta envoltura carnal única, no podrá ser más que favorable para su paz al más allá de esta vida ejemplar que fue la tuya. Por ello, ordeno en este día, la construcción de tu morada en la necrópolis de Abydos, donde tú estarás en tu lugar, en este lugar santo entre los santos. Este día diecisiete de Hathor, en el año catorce del reinado de Aha-Amon-Hotep, el hijo de mi hijo, a él larga vida, salud y prosperidad".

Esta iniciativa de la reina, anciana aristocrática, desencadenó como era de preveer la cólera, además de una recrudescencia en construcciones mortuorias del mismo estilo, que las mujeres de calidad solicitaban para su sirviente más fiel. Ello provocó la necesidad de una aportación considerable de ladrillos suplementarios bajo el reinado del propio Amon-Hotep, además de una mano de obra que, bajo el inesperado aumento considerado como vital, sólo se pudo hacer por requisición.

La paz reinaba a todo lo largo de las fronteras del país, y el rey dejaba a las tres mujeres ser dueñas de las decisiones de palacio, tanto en lo referente a la administración civil como para la gerencia de los bienes del Estado. Amon-Hotep sólo se preocupaba personalmente, de llevar a cabo todos los deseos expresados por el colegio de los grandes sacerdotes de Amón, que solicitaban la construcción de nuevos templos consagrados al Dios Carnero y a la restauración de los antiguos para que resplandecieran como la luz de Ra. El rey vio que al actuar así los sacerdotes le aseguraban que sería más fácil entrar después de su muerte en ese más allá que tanto le angustiaba.

Porque Su Majestad, no sólo era débil, afeminado en su porte, sino que manifiestamente tomó esa mentalidad. Los sacerdotes se aprovechaban de la situación desarrollando instintos muy particulares en él, para poder controlar mejor la situación, además de adular su vanidad, con el fin de honrar y perpetuar el único culto de su nombre después de su muerte. Actualmente aún se puede observar sus magníficos vestigios en el lugar llamado *Medinet Habu*.

Habiendo satisfecho los sacerdotes la mentalidad vanidosa y el físico trastocado del rey Amon-Hotep, no tuvieron dificultad alguna en hacer de él un instrumento dócil hacia sus conceptos políticos y religiosos, cuyo objetivo era la grandeza de Amón en prejuicio de la de Ptah.

En este décimo quinto año del reinado, en el que se desarrolla la vida de Met, o Moisés, la vida de los seres humanos parecía completamente hundida. Sólo quedaban como eventuales herederos al trono dos categorías de individuos: la casta de los que oprimían y se beneficiaban, y los otros, los que eran los obreros requisados para realizar trabajos obligatorios. Si el obrero enfermaba o no ejecutaba la tarea impuesta, eran su esposa e hijos los que se veían bajo el ejército de los látigos, obligados a trabajar en los templos de Amón. Los sacerdotes del culto al Sol eran grandes beneficiarios de esta ley, que ellos mismos obligaron a su realización.

Esta situación era menos perceptible en Men-Nefer, donde reinaba la divina Termutis, separada del An del norte por la imponente anchura del Gran Río. Aunque la oposición era más sutil no era menos eficaz en las levas, además los mensajes recibidos por Met desde la capital del Sur le llenaban el corazón de amargura. Tenía ahora cuarenta años, el príncipe era particularmente robusto, pero de una dulzura y de una paciencia ejemplar. Su familia lo colmaba de bienestar y si escuchaba todas las penas de los que hasta él llegaban, aún permanecía indeciso acerca del modo en el que debía usar sus fuerzas en el futuro.

Su madre, cuyos cabellos se habían vuelto blancos, seguía siendo solitaria de corazón. El general Tekenen había muerto en una emboscada organizada por los soldados del Sur, poco después de su regreso de Saba. Por ello, voluntariamente se ocupó de las intrigas que debían llevar a su hijo tan amado a la realeza. La organización que existía en este momento para asistir a Met, en caso de una toma de poder, ya estaba decidida gracias a la voluntad de la princesa, aconsejada a su vez por los sacerdotes de Ptah, los mismos que habían educado a su excepcional hijo.

Entre los compañeros de su infancia, volvió a surgir Aha-An[74], ese hermano de sangre perdido, que había sido educado como él en toda la sabiduría antigua, y que, con los años, se había convertido en uno de los cinco principales grandes sacerdotes de primera clase en Men-Nefer. Comprometidos al final de sus estudios con un gran futuro, lo había conseguido y el fuerte lazo que los unía hizo que Aha-An, teniendo

---

[74] Ya hemos hablado de él en el capítulo IV de este libro, el Aarón bíblico.

buenos recuerdos de su "hermano menor", lo volviera a ver a su regreso de Saba. Largas y vivas conversaciones los reunían a menudo a lo largo de discusiones interminables acerca de sus conceptos contradictorios de la libertad y de la igualdad entre los humanos, pero una sólida amistad los unió indisolublemente.

Aha-An era primogénito en tres años al príncipe, había desarrollado su espiritualidad con un sentido mucho más dogmático que Met, demasiado sentimental que basaba sus acciones en sus impulsos; pero siempre escuchaba atentamente las opiniones y consejos de su mayor, incluso si no deseaba tenerlos en cuenta. Y cada semana, cuando la procesión de la barca sagrada se acababa con la buena Dama Celeste Iset agradecida, Aha-An llegaba a palacio empezaba por jugar con los cuatro hijos y acompañar a la siempre bella y joven Tharabet; después iniciaba los largos diálogos con su menor. Pero ese día, el sacerdote había llegado antes de lo acostumbrado, y después de haber presentado sus respetos a la divina Termutis se dirigió a la amplia baranda del ala donde jugaban alegremente los niños bajo la atenta mirada de su cómplice. La pareja principesca estaba sentada junta en un canapé multicolor y mullido, lejos de las preocupaciones exteriores.

El Gran Sacerdote expresaba una exaltación que no conseguía disimular. Los tiempos se acercaban en el que Ptah volvería a tomar el destino en manos de un grande para asegurar la supervivencia y quizá el bienestar de la población oprimida en este Segundo Corazón. Esta fiebre interior del conspirador, acerca del gran día, dirigió sus pies hacia la que pronto se convertiría en la nueva reina madre. Debía conocer el hilo de los acontecimientos antes de dirigirse al rey y a su familia. Aha ya se sentía transportado a otro mundo, transformado en una eminencia oculta.

El camino había sido penoso, para él y sus semejantes encerrados desde años en espera de la revuelta y la derrota del impío poder. Y todos los esfuerzos de todos los del Colegio del Sur no habrían sido en vano. Pronto, el aire se podría volver a respirar en todo el valle del Gran Río. El único punto estratégico difícil a eliminar era esa ciudadela del An del norte, opuesta a Men-Nefer, que aún era el feudo odiado por los adoradores del Sol, símbolo de todo el poder del Carnero y de Amón. Por ello, con voz ronca y aire poco habitual, se dirigió a la menor Merifert que jugaba con un gato negro en el suelo:

-Ah, mi pequeña Merit, está muy bien hacer compañía la personificación de Iset en la tierra, eso te familiariza con la manera de dialogar que deberás hacer tuya cuando estés en la Casa de la Vida para aprender tu oficio de princesa divina de Ath-Ka-Ptah hablando en el nombre de la Buena Madre Celeste.

Met, sentado junto a su esposa en un canapé, levantó las cejas algo extrañado, mientras que Aha-An se acercaba poniendo sus dos manos sobre los muslos y bajando la cabeza en señal de lealtad y respeto hacia el que ya consideraba como su rey:

-Saludos a ti, príncipe heredero que ya no debe esperar mucho más para retomar el lazo transmitido por tus ancestros a tu madre, y del que te ha privado desde hace demasiados años un vil usurpador; tu primo, a través de una concubina interpuesta.

-Saludos a ti, Aha-An, que pareces más un conspirador que un sacerdote cuya alta dignidad debería prestarse a más moderación. Por tu mirada febril y tus venenosas palabras, veo y espero malas noticias... ¿Cuáles son?

- ¿Hablas por tu boca, o por la de nuestros enemigos, divertido hermano del conocimiento? Son buenas noticias las que vengo a anunciar, ya que vengo como mensajero oficial de nuestro pontífice Men-Nu-Ptah.

-Larga vida a él, que nos enseñó de jóvenes, pero él no será el motivo para que yo haga, por la fuerza lo que no me resignaré a hacer mientras viva Amon-Hotep.

-Entonces has olvidado la más clara de las enseñanzas, y que él fue el inspirador de nuestros más íntimos pensamientos.

-Men-Nu-Ptah hizo de mi parcela divina un alma pura, y desde que salí de la Casa de la Vida mi postura se ha mantenido idéntica a la que era cuando me fui. Si eso es considerado como falta grave, te confieso mi insuficiencia y admito mi incapacidad para remediarlo. Dejemos esta dialéctica oratoria y dime lo que te trae frente a mí, ya que lo has anunciado a mi divina madre. Empiezo a creer que tu habilidad como táctico y sacerdote, no supera a la de las mujeres que sólo usan las palabras, y no buenas espadas, para conseguir sus objetivos.

-Mis palabras forjan las almas que accederán a la libertad, oh mi príncipe, nunca forjarán inútiles espadas que no puedan romper las cadenas de la esclavitud. Así que escucha bien: Un joven sacerdote del colegio de Ta-Nut-Ra-Ptah llegó esta mañana totalmente agotado porque apenas se detuvo en su larga ruta para llegar a Men-Nefer en el momento preciso. Este muy santo mensajero ha dicho lo siguiente a nuestro pontífice: La noche de la próxima luna llena, Amon-Hotep será aquejado de violentos dolores en el vientre, lo que ninguno de sus médicos remediará. El alba se levantará con el anuncio de su partida al más allá de la vida terrestre. Su esposa Ahotepa no le ha dado ningún heredero al trono y los infames sacerdotes volverán su mirada hacia uno de sus medio hermanos surgidos de una concubina de Ia-Met, ya que la bella Nefertari no tuvo más varón que Amón-Hotep. Este bastardo no será aceptado por el pueblo sin murmullos, excepto si interviene otra señal opuesta. Y tú te puedes quedar así, en la inercia, mientras todos esperan que tu poderosa mano tome el cetro real que te corresponde por derecho divino de tu divina madre, no lo olvides.

Met asintió con la cabeza, la situación empezaba a ser grave y no podía mantenerse mucho tiempo entre su quietud y el bien del país, y dilató la respuesta preguntando:

-Si aceptase intervenir, lo que por el momento no es el caso... ¿Cuál sería ese signo divino del que me hablas?

Aha-An hizo revolotear las mangas de su túnica blanca y, señalando con una mano hacia el cielo, dijo sonriendo:

-Sin duda que Ptah está con nosotros en todo este asunto. Es el pontífice de Ta-Nut-Ra-Ptah quien en persona ha conseguido interesar a la esposa de Amon-Hotep a nuestra causa.

- ¿Cómo?

-Este inspirado pontífice le ha profetizado un hijo varón y un futuro exento de preocupaciones, si se convertía en nuestra aliada.

-No es posible que una mujer inteligente, princesa de Mitanni, se haya dejado convencer de tal modo en la repentina desaparición de su esterilidad.

-Olvidas el ejemplo flagrante de tu propia madre divina, oh mi hermano.

Acentuando el fruncir de sus párpados, Met gruñó. En varias ocasiones había intentado dilucidar con su madre este punto, pero ésta siempre eludió la respuesta con una risa que no le era común. Met sacudió su cabeza para espantar de su espíritu este punto desgarrador y replicó:

-No mezcles la divinidad de mi madre con este asunto, Aha An, o finalizaremos esta entrevista y dejarás de ser mi hermano.

-De acuerdo, oh príncipe, el hecho es que Ahotepa nos introducirá la noche de la luna llena en la estancia privada de Amon-Hotep, que por supuesto duerme sin esposa. Ella parte de que, si le naciera un hijo de su esposo a título póstumo, sería nombrada regenta o al menos corregenta con Nefertari hasta la mayoría de edad de su hijo, dieciséis revoluciones solares.

-Es el colmo de la estupidez.

-No tanto, Met. La reina viuda Aha-Hotep ya se dejó convencer en su juventud para abrazar nuestra fe. La reina madre Nefertari, su hija, hizo lo mismo por despecho. ¿Por qué esta tercera esposa de du rey impío no haría lo mismo? Ya que nuestro pontífice le profetizó y prometió este prodigio de hijo varón.

Resignado, Met miró a su esposa cuyo rostro estaba iluminado con una sonrisa, dejando entrever que le gustaría ser llamada diosa y servidora de Dios. Con voz fatalista, Met dijo:

-Pienso que es inútil preguntar lo que opinas.

Tharabet, con aire grave respondió:

-No pienses que soy tan vana como aparento, oh mi amado. Simplemente creo, como Aha-An, que ya es hora de que la situación dramática evolucione lo más rápidamente posible. Las leyes más antiguas son blasfemadas, y tú eres el único que puede remediarlo.

-No es tan dramático como dices, mi amada.

-Entonces escucha lo que no quería decirte: Este mañana temprano tuve la visita de la señora Chaloman, de la familia de Dan, una de las tribus de pastores implantadas cerca de la ciudad desde hace siglos. Esta mujer, a lágrima viva, al límite de la desesperación hablaba de ahogarse en las aguas del Gran Río...

- ¿Por qué no has dicho nada?

-Tenía miedo de que te implicases personalmente mezclándote en esta fea querella, y que montases en cólera.

- ¿De qué se trata?

-Sabes que la administración de esta ciudad se ha estructurado tan bien desde nuestra llegada, que hay guardias por doquier vigilándolo todo. No sólo hay un responsable hebreo para controlar el buen desarrollo del trabajo de diez de sus correligionarios, sino que, además, hay un guardia egipcio armado por cada grupo de diez vigilantes hebreos, siendo asignados a esta ingrata tarea por Mutre, el guardia egipcio nombrado por el gobernador para tal función. Siendo Chaloman muy bella, Mutre la deseó. Primeramente, la emprendió contra su esposo, sobre el que tenía cualquier derecho, castigándolo duramente a menudo por faltas que no cometía, hasta el día que lo hizo encadenar frente a su morada a modo de ejemplo. Después se llevó a su esposa a la fuerza para satisfacer su deseo. Los gritos de Chamolan fueron oídos por su esposo que no estaba lejos y casi enloqueció esa noche. Chamolan ha llamado a mi puerta sin saber qué hacer y sin atreverse a volver a ver a su esposo.

-Hazla llamar, que venga aquí.

-Es imposible, mi amado, se acaba de ir para tirarse a los pies de Dathaniel que aún está encadenado. Desea pedir gracia al verdugo y perdón a su esposo.

Después de un momento de silencio durante el que Met apretó fuertemente sus puños. Aha-An vio que el instante era propicio y dijo:

- ¿Qué respuesta debo llevar al pontífice, oh tu que eres nuestra última esperanza para mejorar nuestra vida?

Met con voz dura, dijo:

-Tomaré el cetro en la luna llena.

El gran sacerdote no gritó victoria, pero reservaría para más tarde su canto de alegría. Tenía tareas muy urgentes a realizar. Saludó con respeto a la pareja antes de retirarse de su vista. Desgraciadamente para ellos, él no era el único en hacer proyectos de futuro, en el mismo instante, cerca de ahí, llegaba un sacerdote extenuado a las puertas de un templo, el de An del norte, al otro lado del río, de fervientes adeptos de Amón.

Se le llevó de inmediato frente al pontífice del Sol, el religioso postrándose a sus pies, dijo:

-Oh, tú que eres el sucesor divino de Amon-Ra en la Tierra, te traigo noticias que se convertirán en malas si no tomas lo antes posible soluciones enérgicas para contrarrestarlas. Tales son las palabras que por mi boca te dirige nuestro venerable Gran Sacerdote del An del Sur, Ankhara, a él vida eternamente.

El patriarca en persona ayudó al joven sacerdote incorporarse y le permitió retomar aliento antes de decirle:

-Estoy dispuesto a escucharte y actuar con rapidez. Habla.

-Los inmundos de Ptah, que estaban encerrados desde hace años en los muros de su morada de Ta-Nut-Ra-Ptah se han dispersado por nuestra capital para fomentar una revuelta y anunciar al pueblo que el gran día estaba cerca. Incluso en el palacio real, la esposa de Amon-Hotep, esta extranjera incapaz de dar un hijo a Su Majestad, se ha unido a nuestros enemigos. Uno de sus novicios ha sido capturado y ha confesado que la rebelión empezaría en la luna llena con el envenenamiento del rey .

-Está protegido contra ese tipo de mal.

-No contra el que habría sido utilizado, oh venerable pontífice, pero Ahotepa será neutralizado cuando en la noche el astro aparezca en su apogeo, que su nombre sea maldito eternamente.

- ¿Por qué esperar hasta el último momento?

-Para que los numerosos guardias que rodean y vigilan a cada uno de nuestros enemigos, los exterminen a todos en el momento que crean estar cerca de la victoria, nuestro éxito será total antes que el eco de su derrota, siempre esperando que el arresto de Ahotepa no les llegue a las orejas, las cuales cortaremos a todos para demostrar lo que cuesta fomentar una rebelión contra Amón.

-Perfecto. Nosotros actuaremos en el norte llegado el momento, y eliminaremos para siempre esta maldita raza de hijos que se reclaman de Ptah.

-Es lo que el venerado pontífice del Gran Colegio espera de ti.

-La única dificultad evidente que se plantea es el modo de desembarazarnos del hijo de Termutis al que debemos cortar uñas y dientes sin que nadie pueda acusarnos de injusticia. Debemos llevarle a una situación que le impulse a cometer un agravio que sólo la muerte prevista como castigo podría borrar. Me reuniré esta noche con los miembros del colegio de los Grandes Sacerdotes. Tú ve a descansar, que lo has merecido. He hablado.

El joven sacerdote esperó que el pontífice saliera por la puerta del fondo de la sala, para dirigirse a las zonas comunes reservadas a sus colegas pensando en tener un descanso tras seis días de caminata, con apenas breves paradas en los templos de Amón a su paso.

El pontífice apenas se adentró en el pasillo dirigiéndose a sus aposentos cuando un gran sacerdote vino a su encuentro con paso rápido. Se postró frente a su jefe que esperó en silencio lo que el recién llegado tenía que decirle, cosa que no tardó. Y este anuncio providencial le daría la llave del problema que le atormentaba: Cómo aniquilar a Met.

-Tengo muy importantes noticias que comunicarte, oh tú que eres nuestro brillante rayo de Ra.

-Acompáñame sin demora hasta sala de trabajo, Benthut.

En cuanto se acuclilló frente al sillón en el que se había instalado el pontífice, el gran sacerdote dijo:

-Esta mañana, Mutre, uno de nuestros excelentes guardias que has hecho nombrar por el gobernador, la ha tomado con la mujer de uno de los guardias hebreos, delante de él. Lo había hecho encadenar para castigarlo por el poco celo que ponía en servirnos. Esta perra ha ido a llorar en el regazo de Met, ante incluso de suplicar clemencia a Mutre para su esposo. Y, naturalmente, nuestro buen guardia la ha detenido en el acto por haber ido a implorar justicia a la casa de los traidores, cuando la justicia sólo depende de nuestra guardia.

Con la rapidez del rayo, el pontífice vio lo que podía sacar de este incidente, aparentemente sin interés por su frecuencia, pero en este caso involucrando al execrado príncipe. Se dirigió hacia Benthut:

-Lo que me anuncias es más importante de lo que imaginas. ¿Dónde está esa mujer que tan fácilmente cede a los deseos de nuestros guardias?

-Mutre la ha llevado a los calabozos del templo para que sus lamentaciones no perturben a los trabajadores hebreos.

- ¿Su esposo ya ha sido ejecutado por no satisfacer el contrato que lo ligaba a nosotros?

-Aún no, venerado pontífice, dado que el príncipe se encuentra mezclado en este asunto, he pensado que mejor era informarte previamente.

-Has hecho muy bien. Su lengua será cortada y, después, su cabeza, pero solamente el día de luna llena, no antes.

- ¿Deseas que lo haga llevar igualmente a los calabozos?

-No. Quedará aprisionado en el interior de su morada a modo de ejemplo.

- ¿Y Chaloman, su esposa?

-Ella no tiene importancia alguna. Si es bella, ya que está aquí, que sirva a nuestros más valerosos guardias a nuestro mando.

-Así se hará, venerado pontífice. ¿Algo más?

-El perro hebrero encadenado servirá de cebo para atraer a Met. Será necesario disponer una decena de guardias bien armados que observarán en silencio total en una pieza contigua a la del prisionero. Además, hay que decir que la ejecución de ese hebrero ocurrirá en luna llena y será horrible. Ese perro morirá después de haberle cortado la lengua, despellejado a latigazos, se le cortarán las orejas e igualmente el cuello.

Todo ello fue enunciado con la mayor tranquilidad por el imperturbable pontífice, hasta el punto de que el gran sacerdote se inclinó temblando y dijo:

-Pero, oh venerable, ¿quién será el designado entre nosotros para acometer esa tarea?

Meren-Ra esbozó una sonrisa que reprimió:

-Tú mismo podrías ser designado, Benthut.

- ¿Yo?

La expresión aterrada del gran sacerdote hizo que el pontífice sonriera ampliamente y le aseguró:

-No creo que tengamos que llegar hasta ahí si los rumores que te pido difundir llegan hasta los oídos de Met.

-Velaré por ello, brillante rayo de Ra, puedes estar seguro.

-En tal caso, este desgraciado príncipe se apresurará en salvar al hebreo y caerá en la trampa que lo matará, ya que de ninguna manera debe salir vivo, lo que deberá ser asegurado.

Benthut se sintió aliviado y con voz más tranquila, dijo:

-Velaré también por ello, oh tú que eres la luz.

-Medita un poco más sobre las enseñanzas que prodigas sin descanso a nuestros novicios; pareces haber olvidado sus preceptos que forman la sustancia de tu alma. Ve en paz, Benthut. Ahora voy a rezar para que todo salga bien. He hablado.

En los alrededores nada hacía presagiar la trama que iba a desarrollarse y que inmovilizaría a Ptah en su avance hacia la resurrección de dos siglos al menos. El cielo seguía radiante exento de cualquier nube, magníficamente alumbrado por Ra en su navegación cotidiana. Los obreros requisados caían como las innumerables moscas que se abatían sobre sus descarnados cuerpos en busca de su pitanza. Por mucho que gritaban y gesticulaban los guardias dando golpes con sus látigos de varias puntas, la tarea se realizaba dificultosamente. Toda la población estaba al corriente de lo que había ocurrido en cada del guardia hebreo, y también acerca de la detención de su esposa, la bella Chaloman, sin olvidar del horrible castigo que esperaba al desgraciado en el momento de la luna llena. Sus gritos llenaban tanto el espacio que el último día se le tuvo que amordazar.

Fue únicamente, en ese momento, cuando el príncipe Met fue advertido de lo que iba a pasar por la noche. Desde hacía algunos días, él se retiraba a su rincón preferido para reflexionar sin ser molestado. Efectivamente, la aceptación de convertirse en rey no le satisfacía atormentándolo sin que supiese definir el porqué. Había dado vueltas al problema en todos los sentidos, sin encontrar donde estaba el punto débil que él sabía que existía. Y esta noticia de este hecho concreto acerca de la ejecución de Dathaniel, del guardia hebreo, llegó para excitar su cólera. Sólo podía llevar socorro a ese ser tan humano que, al defender a los de su tribu, había perdido honor y esposa, y sería terriblemente masacrado. Chaloman le había pedido ayuda y había huido por no creer en su poder. Debía decidirse, aunque sólo fuese por no avergonzarse más tarde frente a su conciencia.

Tharabet intentó disuadirle por todos los medios hablándole de una trampa donde podía perder la vida. Su divina madre tenía la certeza interior de que su hijo Met no moriría en ese lugar de venganza, y le recomendó vigilar cuidadosamente los alrededores de la morada mientras liberase al hebreo. Le adjuntó cinco valerosos servidores juzgando suficiente este número, ya que solamente dos guardias vigilaban la puerta esperando al verdugo y los torturadores. Los sacerdotes de Amón vendrían después en masa para asistir a la muerte del que había contravenido las leyes de Amón.

La noche cayó con su habitual rapidez cuando el príncipe juzgó llegada la hora de pasar a la acción. Su esposa, en su desesperación, no sabía cómo detenerlo en esta aventura que, según ella, no sólo acabaría con su muerte, sino con la de todos los que le eran queridos.

Met no se detuvo, una fuerza invisible le empujaba a esta acción de injusticia. Hizo señal a sus compañeros para que le siguieran, y bajo el titileo de millones de estrellas enmarcando al blanco río lechoso de Hapy, la Vía Láctea, el pequeño grupo llegó a la vista de la pequeña morada del guardia hebreo frente a la cual había dos centinelas semejantes a estatuas y tan silenciosos como ellas. No se oía nada por ningún sitio. Curiosamente, fue esta ausencia de movimiento lo que aseguró al príncipe, en vez de despertar su atención; también curiosamente fue la misma causa que perturbó aún más los sentidos de Tharabet. No pudo evitar seguir a su esposo para intentar salvarlo.

Ella vio formas humanas dividirse en dos grupos distintos para rodear a los dos guardias sin que éstos pudieran esbozar el menor movimiento de defensa. Después reconoció la figura imponente de su esposa penetrar en la morada seguido de sus cinco compañeros. Apenas el último había penetrado cuando múltiples sombras destacaron de las casas vecinas para bloquear la puerta, mientras que en el interior se oía un escándalo de gritos, ruidos de armas, lamentos y confusión con gritos de victoria final.

Tharabet, con celo, se precipitó hacia la morada donde su esposo era víctima de la más infame trampa que ella preconizó. Gritando el nombre de Met se lanzó como una condenada arañando y mordiendo a los guardias que le impedían el acceso al interior. Después de dar una vigorosa patada en el muslo a uno de los defensores de Amón, éste gritando de dolor elevó su lanza y atravesó el cuerpo de la princesa a la altura del corazón matándola en el acto.

Esta muerta, clavada al suelo por una pica que aún se balanceaba desvió por un instante la atención de todos los que estaban en el exterior, justo cuando salía Met, único superviviente de la matanza ocurrida en el interior. Vio el cuerpo atravesado de su esposa que, de este modo, le salvó la vida, permitiendo que Met se abalanzara sobre los asesinos antes que pudiesen reaccionar. Con una fuerza multiplicada por el dolor y la rabia mató a seis guardias antes de que los supervivientes emprendieran la huida.

HUIDA A LA TIERRA DE MADIÁN

> "*Moisés buscó refugio en el país de Madián, no por causa de hipotéticos padres de su madre, sino porque con los madianitas podía encontrar una actitud de comprensión y sentirse protegido contra la persecución de los egipcios*". (Z. MAYANI. Los hicsos y el mundo de la Biblia).

La tradición bíblica se desdobla en lo referente al relato de la huida de Moisés a los madianitas y las consecuencias que resultaron. Según la narración del *Éxodo*, cap. 2 al 4, v. 31, es contado como un asesinato puro y duro camuflando a la víctima bajo la arena, por lo que se ve obligado a huir por la denuncia de un hebreo celoso. Lo que no comprendemos es cómo un hombre con un espíritu honesto, educado en todo el conocimiento egipcio, hubiese podido cometer tal crimen, además es ilógico e impensable que este príncipe de Egipto debiese huir sin haberse despedido de su madre como cualquier malhechor de la peor calaña.

Con este capítulo primordial comienza las contradicciones formales con el texto bíblico del Antiguo Testamento. Efectivamente, hasta ahora, la juventud de Moisés no aparecía. Tampoco se hablaba de los años de su vida de hombre y después como padre de familia. Conviene, pues, a modo de preliminares antes de retomar la historia de Moisés el egipcio, aclarar algo más, lo que ha rodeado la redacción de los textos de los *Jueces*, incluyendo los capítulos V, VII y VIII, al igual que el capítulo XXXI de los *Números* donde se habla de la guerra contra los madianitas ordenada por Moisés.

La contradicción con el texto del *Éxodo*, ya que éste, después de describir sucintamente como Moisés antes de huir mató un vigilante de las tareas judías, cuenta como el futuro legislador llegó a tierra de Madián, donde vivió mucho tiempo feliz después de haberse casado y haber tenido un hijo y recibir la revelación del nombre de Yahvé, y también la orden de volver a Egipto para rescatar a sus hermanos de raza.

A pesar de las evidentes e inverosímiles formulaciones opuestas de los pasajes bíblicos, existen, además, diferencias fundamentales que emanan de las fuentes que han servido para componer la Biblia: La *yahvista* y la *elohísta*. Como estas dos tradiciones judías se interfieren, al igual que la redacción efectuada por los sacerdotes levitas, más volcados a defender los intereses de su tribu que los de otras familias de Israel, es necesario volver a encontrar el hilo original de la historia. El primer matrimonio de Moisés acabó dramáticamente con la muerte de la princesa Tharabet, de Saba, nos permite comprender los errores o fallos en los textos refiriéndose a la diferente esposa madianita, según consultemos uno u otro texto bíblico. Fue primero, Tharabet y su hijo Mahageb, mucho más tarde fue Séfora y su hijo Gebta, nombre que se pronunció más tarde en hebreo: Gershom.

Todo esto permite comprender mejor hasta qué punto las relaciones familiares de Moisés con los madianitas, por complejas que fueren, son fácilmente susceptibles de ser situadas en su contexto primitivo. Si Moisés esposó a la madianita Séfora según el libro del *Éxodo* II-21, no es menos cierto que también se casó con una kushita, tal como la tradición bíblica informa en *Números* XII-1.

Es por ello que demasiadas críticas de los textos se han perdido en consideraciones inadecuadas intentando hacer coincidir los dos elementos en el seno de una sola y misma persona de la tribu de Kushan, objeto de la controversia, que es nombrada en el libro bíblico de *Habacuc* III-7 como pudiendo ser Madián. Sin embargo, estas dos apelaciones, que los exegetas no han cesado en hacerlas equivalentes, con dos pueblos que, en realidad, formarían sólo uno, o al menos unidos entre ellos por estrechos lazos de parentesco, son, de hecho, muy diferentes. No se trata sencillamente de dos variantes de un mismo nombre escrito en dos textos bíblicos, sino de dos relaciones, de dos hechos diferentes con un intervalo de una decena de años en dos lugares distintos, pero donde la tierra de Madián fue lugar esencial. Una de esas dos narraciones relata la boda en el país kushita, es decir, en tierras de Saba, entre Tharabet y Moisés, con el nacimiento de Mahageb, el hijo primogénito de la pareja en Madián; y la otra boda, en los madianitas, en un lugar bíblico llamado Kushan, cerca de la zona de Madián. Moisés tuvo un hijo igualmente, pero con Séfora, la hija de Jetro. La similitud en el tiempo contada por los levitas más de mil años después de la tradición oral que estableció los hechos, permitió este error humano, comúnmente admitido por los que no comprendían el proceso de estos dos matrimonios consecutivos. Moisés jamás fue bígamo, jamás contravino los mandamientos de la Ley divina aprendidos durante los años de estancia en los templos. Su primer matrimonio conoció el final trágico que sabemos, y sólo será después de una temporada de soledad e intensas meditaciones, que una de las hijas del sacerdote Jetro, le devolvió las ganas de vivir y de enfrentarse a las dificultades para traer su pueblo esclavo, hebreos y egipcios confundidos, a una nueva tierra prometida en busca de una nueva alianza con Dios, a ejemplo de la historia de los ancestros de Aha-Men-Ptah, pero evitando los mismos errores.

El último punto que debe explicarse antes de seguir el desarrollo de la vida de Moisés el egipcio, es ese período de meditación en tierras de Madián. Si el lector es ateo me seguirá con dificultad, aunque el término ateo no quiere decir nada, ya que ese lector confiará en el azar o en la providencia que, de hecho, son formas materialistas de la entidad que es Dios. Si el lector es creyente, cristiano, musulmán o judío, me comprenderá mejor porque no hay que olvidar que incluso el Corán sigue punto por punto las mismas descripciones limitándose a cambiar algunos detalles, como el de comentar la llegada de Moisés en casa de Jetro, que le dijo: "*Siéntate con nosotros y come*". Lo que Moisés rechazó por considerar este ofrecimiento como el precio del servicio que había prestado a sus hijas, no deseando pago alguno.

Pero esto evidencia que todos los santos libros están de acuerdo en mostrar a Moisés como un ser excepcionalmente puro y honesto, un gran místico y un gran sabio instruido por los sacerdotes de Ath-Ka-Ptah en toda la antigua ciencia monoteísta. Así, es fácil comprender que toda esta armonía que lo ligaba a los mandamientos divinos, hacía de él el hombre que Dios necesitaba para volver a traer sus criaturas a una concepción más sana en la utilidad de su creación.

Habiendo tenido tiempo para meditar en soledad durante meses y meses, tanto en los valles del Horeb como del Sinaí a orillas en el Este del mar Rojo, Moisés tuvo tiempo de observar el movimiento de cada día pastoreando los rebaños de su suegro cuando se casó con Séfora. Acabó por convencerse de que era Dios mismo el que había elegido esta desviación en el camino para permitirle afrontar lo que le esperaba. Efectivamente, todo su conocimiento en el despertar y toda la ciencia que se derivaba de ello, le permitieron reflexionar, meditar y preveer lo que inconscientemente ya tenía inculcado. La vista del Horeb y del Sinaí le revelaron cierta línea de conducta para los futuros acontecimientos, sus estancias a orillas del mar Rojo le ofrecieron la vía ideal para cruzarlo en seco, tan maravilloso que le parecía un milagro. Y, de hecho, fue un milagro si reflexionamos en todo lo que precedió y sus consecuencias. La soledad, la contemplación forzada de la naturaleza y la elevación espiritual innata de los pensamientos de Moisés hacia ese Dios del que Aha-An lo profetizaba maestro llamado a un mayor destino. El legislador de Israel sólo puede serlo después de esta segunda estancia en tierras de Madián.

Esta aclaración era necesaria antes de continuar con la historia de Moisés el egipcio, ya sabemos que tuvo dos matrimonios, aunque el primero fue en el país de Saba, o de Kush, ambos tuvieron la tierra de Madian como centro. Esta tradición de boda está estrechamente ligada a la historia de Egipto, ya que, en los dos relatos, yahvista y elohista, la conectan a la salida de este país. Moisés recibe en tierras de Madián la revelación que le hará volver a las orillas del Nilo para sacar a su pueblo de las garras del faraón, hebreos y egipcios confundidos. La única dificultad que podría mantenerse es la de la ubicación exacta de Madian, pero no hay nada que nos haga dudar del emplazamiento bíblico donde vivía el sacerdote Jetro.

Volvamos al relato que tan dramáticamente habíamos interrumpido. Met había caído en la trampa que había llevado al crimen de su esposa, la princesa Tharabet, ante sus ojos.

Su rabia y dolor fueron tales que el furor pudo sobre cualquier prudencia, se precipitó hacia el grupo de guardias y antes de que ellos pudieran reaccionar dos cráneos se entrechocaban violentamente, empujados el uno hacia el otro, rompiéndose con un siniestro sonido, los cuerpos aún no habían caído al suelo cuando otros dos corrieron la misma suerte. Entonces, Met cogió una lanza atravesando a otro guardia al que empujó con el pie para recuperar el arma y atravesar a un sexto que cayó cerca de Tharabet. La cólera del príncipe se disipó acercándose llorando al cuerpo sin vida de su esposa.

Durante largo tiempo se mantuvo postrado ante su esposa, inerte para siempre, así estaba por haber intentado salvarlo. Todo en él clamaba venganza, pero los guardias que habían escapado ya estaban lejos, y la población aterrada se mantenía dentro de las casas cerradas. El silencio fue roto repentinamente por el sonido de pasos que llegaron a sus oídos antes de ver la luz de las antorchas. Sólo podía ser un cuerpo de guardia que venía a inspeccionar.

La rabia en el corazón anuló cualquier posibilidad de prudencia, Met se levantó tomando la lanza de un cuerpo y la espada de otro, y corrió hacia la tropa. Se detuvo en un cruce del camino sin que los guardias hubiesen percibido su presencia. Arrojó con fuerza la lanza al cuerpo del oficial de los guardias y emprendió la huida volviendo hacia la morada principesca. La persecución fue corta, ya que la monumental puerta que defendía el acceso a los dominios de la divina Termutis no podía ser traspasada sin la orden del faraón.

Si Met estaba seguro, no sería por mucho tiempo, y sabiéndolo no se detuvo en vanas cortesías cuando entró en los apartamentos de su madre. Solicitó a sus seguidoras, adormiladas en la antecámara, despertar a su maestra sin demora. Ésta llegó con sólo una túnica encima de su vestido de noche, su blanca cabellera esparcida a su espalda demostraba el poco cuidado de sí misma en este momento que presagiaba lo peor. Vio a su hijo andando de un lado a otro con los puños apretados contra el cuerpo sacudido por sollozos. Gritó preguntando:

- Met, mi pequeño, ¿qué ha ocurrido?

El hombre fuerte se convirtió en un niño en los brazos de su madre para llorar sin contenerse, cuando quiso explicar lo ocurrido se dio cuenta de que tartamudeaba mucho más que en todos los acontecimientos pasados de su vida. Parecía que se iba a convertir en una enfermedad. Hasta altas horas de la noche intentó la divina Termutis calmar a su hijo, pensando en una solución que no pusiese en peligro la vida de nadie. Creía que mientras se quedase en su palacio ni ella ni los hijos de Tharabet estarían seguros, así que sólo se preocupó de la salida del príncipe a un destino lejano protegido de los perseguidores, soldados del faraón cuya cólera se vería fomentada por sus consejeros al ver alejarse del trono un pretendiente, ciertamente legal, pero peligroso para la dinastía establecida.

Al alba de colores morados antes de que apareciese el sol cegador de la estación caliente, ella convenció a Met para que se dirigiera al templo de Men-Nefer donde Aha-An podría protegerlo de manera eficaz, ya que seguramente estaría al corriente de las dramáticas peripecias de la noche. Acompañado esta vez de varios servidores armados y dispuestos a arriesgar la vida, Met se fue por una puerta escondida del Este después de haber abrazado a sus cuatro hijos y haber pedido a Mahageb, el primogénito, ocuparse de sus hermanos y hermanas en su ausencia. En cuanto quedó a solas, la princesa se sintió invadida por la desesperación, sabía que el fin estaba cerca y que la cólera de Amon-Hotep caería sobre ella y la descendencia de Met. Con mucho dolor tomó la decisión de que, sin tardanza, los cuatro hijos marchasen con una de sus seguidoras a un pueblo alejado de la ciudad, donde vivirían con sus padres, devotos a la causa de Ptah.

Totalmente en soledad, Termutis se sentía desfallecer en este inicio del día, se dirigió al oratorio junto a su pequeño salón para rezar ante la estatua de su antepasada, la buena Iset, y las estatuillas de los ancestros situadas a ambos lados. Se arrodilló y contempló los ojos tranquilos de la que, semejante a la gata que deificaba, había velado con las uñas sacadas sobre su progenitura. Oró en voz alta:

- ¡Oh, tu!, buena dama del Cielo que has visto herido a tu hijo Hor en su carne viva, defendiendo la memoria de su padre, dame la fuerza para enfrentar los futuros acontecimientos, porque por primera vez en mi vida tengo miedo y necesito tu ayuda.

Sólo quedaba aguardar algunos días las decisiones que el faraón tomaría hacia ella después de la huida de Met. Lo que no sabía la divina Termutis era que el gobernador en persona, instruido por los sacerdotes de Amón, e investido de todos los poderes para decidir sobre el destino de Met, acababa de encabezar la compañía real de cuatrocientos soldados para detener a la princesa, a su hijo, y declarar el dominio como propiedad cedida a Amón. En cuanto a los hijos de la extranjera, serían excelentes servidores del dios Carnero si sobrevivían a la terrible infancia que les esperaba.

Mientras Met estaba llegando como fugitivo, sin obstáculo alguno, frente al recinto del templo de Ath-Ka-Ptah, que dos milenios antes había sido el esplendor de los esplendores del primer Per-Aha que había reunido los dos clanes fratricidas en un solo pueblo. ¿Qué quedaba de ello? Suntuosos vestigios, dejados por cada nuevo rey que quiso demostrar a Ptah que era superior en su fe a los que le habían precedido. Y, sin embargo, hoy, bajo la luz cegadora de los primeros rayos de Ra, estos altos muros, de los que algunos sólo eran ruinas, sólo representaban la desolación. Agotado por las peripecias inesperadas a las que se había enfrentado, se dejó caer a los pies del que se decía su hermano.

El religioso procuró no expresar cólera o amargura en el tono de su voz y dijo:

—Oh tú, que eres mi hermano antes que príncipe. ¿Por qué has actuado impulsivamente sin esperar a pasado mañana, que era el día fijado para tu toma de poder?

Tartamudeando, Met contestó:

—El guardia hebreo hubiera muerto, Aha-An, una gran injusticia. Su esposa, que me pidió ayuda, hubiera pesado en mi conciencia si no hubiese intervenido.

—Has adelantado mucho, príncipe, de todos modos, el guardia ha muerto con su esposa. La tuya, Tharabet digna de convertirse en reina, igualmente ha muerto, y la trampa en la que has caído hace de ti oficialmente un asesino en busca y captura, ya que el gobernador que ha tomado en sus manos el asunto, ha camuflado todo lo que podía dejar resquicio a un escándalo. Ahora eres tú el que se ha convertido en el amante de la bella Chaloman que el guardia quería defender contra tu deseo y, sorprendido en el acto del adulterio por Tharabet, la has matado antes de eliminar a ocho soldados, al marido y a la esposa infiel en una crisis de locura que te ha llevado a huir corriendo.

Aterrado, Met se vio en un pozo sin fondo llevado por las peores fuerzas maléficas sin ver la menor rama a la que agarrarse y mantenerse en la superficie. Aha-An puso una mano sobre su hombro como para intentar calmarlo y devolverle su locución normal:

—Parece ser, sin embargo, que el inmenso drama que te alcanza no sea más que una prueba deseada por Ptah para llevarte hacia un destino aún más importante que el de ser rey de un pueblo roto en dos facciones partisanas convertidas en enemigas mortales, sin que nadie sepa ya por qué. La decadencia de este país se ve en los dramáticos acontecimientos de esta noche, donde has perdido lo mejor de ti mismo. Debes salvaguardar tu vida y tu alma para estar preparado a asumir las responsabilidades que, sin duda, Ptah te confiará en el futuro. Buscaré una solución para asegurar tu integridad física, y tú, hermano desesperado, conserva tu espíritu intacto porque lo necesitarás. Aquí estás seguro, o eso espero.

Otra vez tartamudeando, Met dijo:

-Me gustaría que también tomases a mis hijos y a mi madre bajo la protección de este templo, Aha-An.

-Descansa y tranquilízate, tú que eres mi hermano para la eternidad, ahora mismo me voy a ocupar de ese problema, aunque pienso que no deben temer nada en ese dominio que es suyo.

Desgraciadamente para ellos en ese mismo momento el gobernador Hatabu y sus fuerzas invadían la morada matando sin piedad a todos los que se cruzaban. Llegando frente al pequeño salón de la princesa vio a una sirvienta asustada penetrar en el oratorio para arrojarse gritando a los pies de su maestra. Termutis comprendió la situación al instante y se levantó en el momento que el gobernador y su comandante penetraban en la habitación. Y recuperando inmediatamente su impasibilidad preguntó en tono altivo:

- ¿Cómo os atrevéis a entrar a estas horas en mis apartamentos privados asustando a mi seguidora?

El gobernador, fuerte con los poderes que le habían conferido, no se mostró amedrentado, contestó en tono irónico adornado de grandilocuencia solemne:

-En el nombre de Per-Aha, Amon-Hotep, a él larga vida, salud y prosperidad, y en nombre del gran juez de An del norte que me ha otorgado la autoridad legal judicial, te detengo. Debes comparecer este mismo día frente a la alta corte de justicia que decidirá tu suerte respondiendo a un crimen de alta traición. Estás acusada de complot contra la seguridad del estado y la vida del faraón.

El destino estaba en marcha y nada podía detenerlo. La divina Termutis se incorporó y con voz firme en tono de mando, dijo:

-Muy bien, pronto estaré lista, voy a prepararme y ahora os sigo.

El gobernador se inclinó e hizo señal a los guardias para esperar frente a la puerta de la cámara. Mientras, la princesa anudó sus cabellos blancos antes de ponerse la diadema, signo distintivo de su alto nacimiento. Luego se sentó frente a su espejo de plata pulida, antes de tomar un frasco de su cofre de perfumes que contenía una dosis de estricnina que conservaba desde hacía varios años.[75] Después, haciendo como sé que se maquillaba, vació de un trago el contenido del frasco escondido en el hueco de su mano. Algunos segundos más tarde se levantó, vaciló y cayó como un fardo de cara contra el suelo presa de las convulsiones de la agonía. Cuando el gobernador y su comandante se acercaron a ella, Termutis ya había dejado su vida terrestre preparándose a su entrada en la eternidad.

---

[75] La estricnina es un violento veneno, conocido en la más remota antigüedad egipcia. Su huella se encuentra durante el reinado de un rey de la IV dinastía que deseaba "favorecer" la partida de una concubina para el más allá de la vida terrestre.

Met no tuvo conocimiento de este final hasta su partida, a pesar de que Aha-An lo supo durante el poco descanso que el príncipe había tomado. Una tarea aún más penosa esperaba al sacerdote en el despertar de este hermano menor, dolorido en lo más profundo de su ser. La divina madre le había confiado en el caso de ocurrir alguna desgracia la tarea de comunicar a Met su origen semita si ella no lo había hecho antes. Y esto se revelaba indispensable en este momento, ya que debería partir a un retiro temporal fuera de las fronteras de este país. Como los acontecimientos imprevisibles se precipitaban, Aha-An debía revelar la verdad, de la que él era el único depositario aún vivo.

Después de haber realizado sus abluciones matinales como un autómata, Met vio a su primogénito que había velado toda la noche esperando las noticias que traían los jóvenes sacerdotes a medida que se desarrollaban los acontecimientos. Aha-An vio que su compañero seguía aterrado, aunque algo más lúcido y decidió hacer sus revelaciones asignando un asiento a Met para contarle cómo fue su nacimiento y su secreta adopción.

Curiosamente, el conocimiento de los hechos que motivaron a su madre a actuar, haciendo de él el segundo personaje, del mayor reino del mundo, trajo paz a su corazón. En varias ocasiones se había sentido confuso y en desacuerdo total con los conceptos espirituales fundamentales que se alejaban de sus sentimientos. Esta idea lo había desorientado algunas veces en el momento de tomar decisiones importantes, pero ahora comprendía que se trataba de reminiscencias que emanaban de su alma semita, no de una desviación incomprensible de su espíritu rebelde. Sintiéndose liberado de un gran peso, su ternura infinita a la divina Termutis se veía incrementada si eso era posible. Se hizo la promesa de hacer lo imposible para que su nombre no se viera ensuciado y pudiese acabar su vida con la máxima dignidad para partir al más allá rodeada de todos los honores. Met expresó en voz alta su opinión que sobresaltó a Aha-An:

-Debería ir a postrarme ante mi madre y pedirle perdón antes de marchar.

-No estás en condiciones de presentarte ante la divina, mi hermano. Además, hay espías del gobernador que podrían verte, lo que degeneraría en otro drama espantoso.

-Sin duda tienes razón, tú que eres mi primogénito en todas las cosas y de quien siempre escucharé los consejos.

Aha-An respiró más tranquilo, ya que por un momento pensó en el daño irreparable que hubiera representado la llegada del príncipe a la morada, ocupada por el gobernador en nombre del faraón. Sacudiendo la cabeza para alejar esa visión, se levantó y dijo a su compañero:

-Si, así es, es hora de que partas. Dos de mis novicios te esperan cerca de la puerta escondida con lo necesario para llegar más allá del gran desierto, vamos, príncipe, sigue tu destino.

Andando hacia el pasaje abovedado, donde esperaba una pequeña caravana, el sacerdote habló tanto para desviar el dolor de su compañero, como para calmar su propia aprensión por dejarle partir ignorando los últimos hechos graves que acababan de desarrollarse.

-Mira, hoy que eres mi hermano más que ayer, esta terrible prueba que te ha sido impuesta, lo es seguramente por el Muy Alto del cielo, Ptah, nuestro creador y de todas las cosas que nos rodean y ocurren.

-Dudo de todo, Aha-An.

-Por ningún motivo debes dudar, Met, has sido educado con todo el conocimiento y sabiduría que Dios ha puesto a nuestra disposición, debes mantenerte como el más fiel y devoto servidor, sea lo que fuere lo que te ocurra, porque está escrito en las combinaciones celestes desde muy atrás. No me pidas que te traiga pruebas, porque estoy profundamente convencido, como tú deberías estar.

Toda la amargura del mundo estaba en el corazón de Met y no podía resignarse a aceptar estas afirmaciones tranquilizantes como una tisana a base de miel. Con voz gravemente herida y entrecortada por el tartamudeo que parecía crónico, contestó:

-El eterno, Dios, Ptah. Me pregunto lo que ha justificado su cólera contra mí, no pe pidas promesas que me superan, sólo soy un hombre.

-Justamente, no interpretes lo ocurrido como una fatalidad, sino como una necesidad.

- ¿Qué necesidad había en que muriese mi esposa de esa manera tan abominable? Ahora soy un fugitivo, que pasará como un maldito asesino a la posteridad de las generaciones futuras ¡Qué necesidad había de ello!

Aha-An sacudió la cabeza enérgicamente señalando con la mano la entrada a nuevo corredor que llevaba a la pequeña puerta escondida. Después de unos pasos, dijo:

-No puedes ser juez de las intenciones divinas, oh Met, en lo que se refiere a tu porvenir y su necesidad frente a las futuras generaciones. Nuestros pontífices y nuestros sabios ya han contestado a tu dilema a lo largo de los milenios precedentes. Nuestros anales están llenos de casos de malas almas convertidas en buenas bajo la instigación del Muy Alto. ¿Por qué no sería lo mismo cuando alguien que tiene el alma tan pura como la tuya no se decide a actuar en consecuencia según el deseo de Dios? Por ello, han sido los espíritus débiles y malos los que han intervenido en favor de los designios celestes. Y tú, el bueno, te conviertes en malo para que tu fe se fortalezca al tiempo que tu obediencia. Esta prueba ha sido para doblegarte antes de que te conviertas en líder de hombres, con toda seguridad designada por las combinaciones matemáticas divinas.

-No sé qué pensar.

-Entonces no pienses, mi hermano, déjate llevar hasta Madián, allí mismo, donde tu esposa y tú pasasteis tan buenos momentos, donde reflexionarás mejor y comprenderás que el horrible drama que se ha producido esta noche era el único medio de llevarte donde Dios quería. Los caminos de Dios son inescrutables. Desde Aha-Men-Ptah, donde las criaturas que allí vivían eran nuestros antepasados que renegaron de su origen divino, el Muy Alto tiene motivos para desconfiar de la inteligencia de los humanos. Debes asentir, Met, ya que tu existencia estaba predeterminada y decidida en el cielo, marcada por el eterno a pesar tuyo para el bien de su pueblo, que será la continuación lógica para este trágico pasado que, por supuesto, tu no has pedido.

Doblando algo más su cabeza, cuyo largo pelo se había vuelto gris en pocas horas, Met siguió avanzando en silencio. Las bellas palabras de su primogénito no cicatrizaban la herida abierta en su corazón, que aún sangraba hasta por el más pequeño poro de su piel. Aha-An siguió hablando para apartar el espíritu de su compañero del tremendo drama que no cesaba de revivir. Al hablar, el gran sacerdote pensó que Ptah le inspiraba porque sus verídicas palabras sonaban justas.

-Comprende esto, Met, antes de alejarte algún tiempo de esta morada de Ptah mientras que te habla por mi boca. En pocos días, un enviado del gobernador, o él mismo, recogerá el precio de su hazaña y se arrojará a los pies del faraón, después de abrazar sus sandalias, le contará tu aventura. Después de ello, Amon-Hotep y sus inmundos consejeros de Ra, concretarán lo que se deberá contar en todas las ciudades. Se dirá que has deshonrado el cetro con tus actos intentando socorrer a los enemigos de la Doble Corona de Ath-Ka-Ptah después de haber abusado de la mujer de uno de ellos.

- ¿Cómo Ptah puede desear tal cosa?

-El futuro te lo dirá, hermano atormentado. Seguramente será para mejor limpiar tu nombre después de todas las acusaciones, cuando estés fortalecido en tu fe y comprendas mejor lo que Dios espera de ti.

Los dos hombres llegaron a la pequeña puerta formada por una estrecha apertura escondida a la vista por un montículo de arena, ambos cerraron los ojos frente a la brillante claridad reflejada en el inmenso desierto que allí mismo comenzaba. Dos novicios esperaban en cuclillas a la sombra de sus monturas, otro aguardaba al pasajero y otro portaba diversos paquetes. Met dijo:

-Ptah... Ptah... ¿El alma de tus criaturas se ha convertido de nuevo tan miserable y ciega, que tú también me empujes a mi hacia esta humanidad impía?

Esta oración desgarrada sorprendió a Aha-An, pero se mantuvo callado. Los dos jóvenes sacerdotes se inclinaron en silencio frente a ellos e indicaron a los guías montar sus camellos y ayudar a Met a subir a su montura. Las últimas palabras de Aha-An le parecieron dictadas por Dios, ya que el gran sacerdote presentía que no era más que un hasta luego y no un adiós:

-No te quedes en tu amarga derrota, mi hermano, veo en tus ojos que sólo me dejas por un tiempo. Recupérate para poder asumir tu destino, al cual estoy ligado. Si tu juicio como asesino ya está dictado por el faraón, el de Dios te deja la puerta abierta a la gran obra que te destina. Viaja en paz, Met, mi hermano, y vuelve cuando sepas la tarea que se te ha confiado, te mantendré al corriente a través de mensajeros de lo que ocurra aquí.

Después de este último intercambio, las monturas se levantaron sobre sus largas patas y se alejaron con su característico balanceo desapareciendo tras el horizonte hacia la tierra de Madián.

ESCUCHANDO EL DESIERTO

"*Porque el cuidado del rebaño también es un ejercicio a la realeza para quien debe tomar la cabeza del rebaño de los hombres, el primero de todos. Lo mismo que la caza lo es para las habilidades que se destinan a la guerra*". (FILÓN DE ALEJANDRÍA. La vida de Moisés).

A base de cortos días de caminata, Met había seguido su camino en la pista de las caravanas en cuanto sus guías le dejaron a su suerte, seguros de haberle hecho cruzar las últimas líneas de defensa egipcias más allá de los límites fronterizos. Esta ruta del sur era muy frecuentada, ya que se dirigía a Canaán en dirección Este girando al norte, o bien, a Moab si se continuaba recto. Éste fue el itinerario elegido por el que ya no era más que un extranjero.

No teniendo preocupación por el tiempo que pasaba, el que desde ahora era llamado con el seudónimo de "el egipcio" o "el extranjero", hacía pequeñas etapas deteniéndose en los numerosos lugares de reposo en este desierto de Paran que se extendía hacia el sur por en el Sinaí. En estos lugares, tácitamente neutrales, las diversas tribus nómadas, al igual que los comerciantes, descansaban alrededor de un pozo de agua. Muy a menudo se cruzaban clanes enemigos, pero no usaban sus armas, sencillamente se ignoraban. Este acuerdo tácito convenía a Met, aún muy vulnerable a pesar de su estatura, pero cansado por la huida.

Cuanto más se acercaba al país de Moab, tanto menos amistoso era el recibimiento. Met sabía que los moabitas eran crueles luchadores, sin embargo, cuando hacía unos años pasó a la cabeza de su ejército hacia el país de Saba, no encontró nadie a su paso. El miedo que Egipto inspiraba era saludable. Había que remontarse muy lejos en el tiempo para recordar una incursión de castigo, llevada por el padre de Amon-Hotep para imponerse a esta población bárbara que sólo entendía por la fuerza. Pero al extranjero este tiempo le pareció muy lejano, conforme avanzaba observó que la situación había cambiado, y supo que los moabitas se habían extendido hasta el país de Canaán, es decir, más allá del mar salado[76].

Sin embargo, en vez de bajar más al sur para ir a Edom y luego a la tierra de Madián, él siguió la ruta hacia Moab, como si en pleno conocimiento de causa desease

---

[76] Mar salado: Mar Muerto.

ir a la boca del lobo para desafiar la muerte. Consiguió llegar a Hor, en el desierto de Sin, que precedía a la entrada a Moab. Hor era una ciudadela elevada hacía más de un milenio cuando el gran Egipto extendía su autoridad hasta este lugar, había solicitado la protección del primogénito del dios, que le dio su nombre. Y su gloria había durado. Los vestigios visibles de la grandeza del pueblo elegido por Dios, que eran los rescatados del gran cataclismo, aún inspiraban respeto. Met se preguntaba cuántos miles y miles de hombres habían penado vaciándose de toda el agua de su cuerpo para llevar hasta allí los enormes bloques para las construcciones.

El frío recibimiento de la población no le afectó, porque lo esperaba. Manifiestamente, su ropa extranjera, reconocible como la de un egipcio, incomodaba a los habitantes del pueblo instalado cerca de las ruinas. Demasiados moabitas pasaban por las pistas que se cruzaban el centro del pueblo como para que Met recibiera una hospitalidad franca como se había practicado hasta ahora. He aquí otra bravuconada, ya que no cambió sus llamativas vestimentas por una túnica impersonal de nómada viajero del desierto.

Acabó por encontrar asilo en un refugio abierto. Si bien la temperatura era clemente durante el día en este alto lugar de montaña, no ocurría igual durante la noche cuando el frío intenso penetraba por la menor abertura. Habiendo hecho un fuego donde se alimentó después de descargar sus monturas, Met se arropó acomodándose para la noche sobre la tierra desnuda.

Habiéndose relajado profundamente, antes de que los leños se redujesen a cenizas y se apagasen las llamas, el ruido de una galopada le despertó. Antes de poder incorporarse, caras danzantes a las últimas luces del fuego, estaban gesticulando sobre él, blandían cortas espadas apuntando a sus ojos como invitándole a no moverse. El que parecía ser su jefe gritó con rabia en el idioma que era comprendido por todos los caravaneros:

-Levántate, perro, y despacio. Como egipcio no puedes ser más que un traidor y merecerás la muerte, pero mi príncipe quiere verte y, si sobrevives, seguro que serás un esclavo capaz de valer por cuatro.

Muy contento por su ocurrencia, rio a carcajadas mientras los soldados maniataban a Met a la espalda con sólidas cuerdas. Le sacaron del refugio y le ataron con una cuerda a la silla del caballo del jefe del pequeño grupo de diez jinetes más los dos camellos. Cinco días más tarde, penetraban en Dibon[77], la capital de los moabitas. El polvo tragado y la sed acuciante habían disminuido un tanto la apariencia de Met, pero de ningún modo afectó a su resistencia física. Si él había pensado auto destruirse en esta aventura no se veía mal encaminado. Ningún sonido de sufrimiento salió de su boca, los moabitas sintieron algo de respeto por la entereza de este hombre, y el último día de dieron de comer mejor permitiéndole subirse a uno de los camellos.

La entrada en Dibon no pasó desapercibida. Aunque el sol estaba alto en el cielo, el calor no era sofocante. La ciudad estaba construida en un amplio valle, protegida por altas montañas, llena de verdor y vegetación, huertos, grandes árboles y vegas, todo confundido en un color tan deslumbrante como esmeraldas. A estas horas del

---

[77] O Dibongad (*Números* XXI-30 y XXXII-3-34, *Jeremías* XLVIII-18 y *Josué* XIII-17) Tuvo una gran importancia por ser la residencia de los reyes de Moab.

mediodía, la población que volvía de los campos y viñedos lo miraban con curiosidad sin comentarios ni improperios hacia el extranjero, que manifiestamente era de la raza que se pretendía superior a las demás.

Met se sintió como frustrado ante esta ausencia de hostilidad. Pensó que sería lapidado, que le esperaba una muerte violenta, pero al parecer esta entrada sobre el camello lo hubiese protegido, o quizá su escolta era su más eficaz salvoconducto. Curiosamente, ésta fue la primera reflexión sensata desde su partida de Egipto. El que ahora no era más que un extranjero, recordó las palabras de Aha-An acerca de la que él siempre había llamado madre de todo corazón. Si efectivamente, pertenecía al pueblo elegido por Ptah para ser el suyo, él no era únicamente uno de los hijos descendientes de los hijos de Jacob llegado a orillas del Nilo bajo la solicitud de este mismo Dios, conocido por los hebreos con otro nombre. En realidad, Met era de la tribu de Leví, una de la doce en la que los judíos poseían los jefes más honrados, y de la cual, según la tradición, debería nacer un gran unificador semejante a este Mena que fue el primer rey de la doble corona reunida en Ath-Ka-Ptah: El segundo corazón de Dios.

Balanceándose en su montura, Met pensó que ser egipcio o hebrero no cambiaría su suerte, ya ambos eran enemigos de los moabitas. Para distraerse contempló el humo de los cientos de chimeneas humeantes que demostraban la actividad de las mujeres preparando la cena de los que volvían del campo, ello le hizo olvidar su cansancio y las privaciones padecidas. Esta gran ciudad, aunque era más sucia que las egipcias, aparecía idéntica en el resto. Había una gran agitación, los gallos cantaban a todas horas y sus perros ladraban sin propósito. Sin embargo, lo que más le sorprendió no fue el esplendor de algunos edificios, ni la desbordante actividad de los comercios en la calle, sino la presencia visible de soldados armados ininterrumpidamente a todo lo largo de la ruta. Apenas pudo meditar sobre ello cuando penetraron bajo un pórtico abierto entre altos muros. El aspecto del monumento que se presentó a la vista era una mezcla de templo y palacio, sin que se pudiera discernir entre ambos. De hecho, se trataba de la residencia del rey Zebochar, el moabita, que era a su vez el gran sacerdote de su religión, idólatra personificado en una fea estatua gigantesca.

Como su Majestad dormía tranquilamente, Met esperó en un calabozo la buena voluntad real. Al día siguiente, no le sacaron para ser conducido y juzgado por Zebochar, sino para ser llevado a la montaña cercana y ser atado junto a otros prisioneros que excavaban el polvo metálico y el mineral que servían para la confección de armas de hierro. Esta circunstancia hizo que Met salvase la vida. El rey no había juzgado útil interrogar a este extranjero que le habían descrito como robusto y, a falta de manos, le llevó directamente a esta condena, ya que necesitaba un ilimitado número de brazos para asegurar su empresa hegemónica sobre los otros pueblos mediante el uso abundante de las armas. Es probable que, si la perspicacia del rey hubiera detectado su origen, su legendaria crueldad le hubiese llevado a matar a este egipcio de alta cuna con las peores torturas.

La extracción del mineral no era fácil, sometidos a pesada tarea diaria, subalimentados y durmiendo pocas horas en el suelo sin mantas, con el frío de la altitud, morían por decenas. Desde su primer día de esclavitud vio a su compañero de cadenas caer de agotamiento a sus pies y ser rematado con piedras por los guardias que, después de desatarle, lo llevaron al borde de la montaña y lo precipitaron al vacío para fuese presa de los animales salvajes. Los días pasaban en el sufrimiento del cuerpo y la liberación del espíritu. A lo largo de la corta pausa cotidiana al mediodía, en la que se repartía una torta de cereal y un poco de agua, Met se había aliado con un viejo egipcio encarcelado desde hacía tantos años que ya no los contaba, lo único de lo que se acordaba es que estaba en la orilla del Nilo durante el nacimiento de Amon-Hotep. Met comprendió que llevaría unos cuarenta años agonizando en este lugar, y le ayudó en lo que pudo realizando una parte de su trabajo. El anciano le abrió su corazón diciéndole que había sido un buen médico antes de perderlo todo por una mujer. De charla en charla, este prisionero cuyas fuerzas declinaban día a día, insistía cada vez más cuando decía:

-No debes quedarte aquí, tú que aún tienes toda tu robustez. Te indicaré la manera de salir de esta esclavitud llegado el momento. Si hoy no te digo más es porque solamente mi muerte favorecerá tu huida. Será muy pronto, lo sé, y será perfecto porque al menos servirá para algo. Será el triunfo de la inteligencia sobre la bestialidad de esta humanidad a la que sólo le queda el nombre.

-Hablas más como un sacerdote que como un médico, anciano.

- ¿Qué sabes de medicina y sacerdocio, tú que eres de mi país olvidado, eres un erudito?

-Efectivamente, anciano, has olvidado lo que es la inteligencia, de otro modo lo hubieras percibido en mis palabras.

-Desde que estoy aquí he olvidado la importancia de la inteligencia. Los sacerdotes decían, si bien recuerdo, que era el soplo vivificador, creador del espíritu eterno del mundo.

-Así es.

-Así, la inteligencia de nuestra alma, esta parcela divina, debería ser como el limo del Gran Río, sirviendo de alimento a nuestras envolturas carnales. Pues bien, si te quedaras tanto tiempo aquí como yo, te darías cuenta que de eso, nada.

- ¿Y eso, anciano?

-Recuerdo que cuando yo era médico, a menudo me hice preguntas buscando la sede del alma que determinaba la inteligencia. Algunas veces la encontraba en el corazón, otras en la cabeza, pero eran errores groseros. Mi respuesta la encontré aquí mismo desde que estoy encadenado.

-Me interesa conocerla.

-Te la daré de buena voluntad, ya que te servirá después de mi muerte para que ubiques bien tu inteligencia ahí donde debe estar. Hoy sé con absoluta exactitud y certeza que la sede de la inteligencia se sitúa en los brazos y en las piernas desde que estoy aplastado bajo el peso de mi trabajo agotador, vaciándome de todo pensamiento. Ha sido necesario que tú llegaras y me alivies para que pudiese volver a hablar. Estoy tan agotado que sé que mi supervivencia sólo es para transmitirte la manera de liberarte gracias a tus piernas que te servirán de inteligencia.

Las pausas eran bienvenidas, pero con el inconveniente de volver sin demora a la tarea con brazos y piernas deshechos por el cansancio. No pasó una lunación cuando el anciano, sintiendo su fin cercano, desveló su plan a Met:

-Estoy cerca de mi fin, así que escucha con atención. El herrero que sella nuestras cadenas, es un egipcio con la lengua cortada, desde que está aquí los guardias han olvidado en sus consignas indicar que era un enemigo convertido en aliado, servidor modelo de los moabitas. A través de gestos le he indicado lo que debe haber para volver a ser un hombre libre. Yo estoy demasiado débil para acompañarlo, pero tú no. He aquí lo que se debe hacer: El relevo de las tropas se efectúa cada luna llena, es decir, dentro de dos días, y aún se deberán esperar dos días más, espero sobrevivir hasta entonces. A mi muerte, el herrero será llamado para desatar mi cuerpo del tuyo, aprovechará para martillear tu cadena y hendirla suficientemente para que puedas abrirla con tus fuerzas. El herrero guardará mi herramienta de minero[78], y tú tendrás la tuya. Sólo hay doce guardias, entre los dos mataréis al mayor número posible amparados por la sorpresa, y huiréis en dos de sus caballos.

El día de luna llena, Met cargaba las mulas de la guardia con pesados paquetes de minerales, junto a su casi inconsciente compañero de cadenas, no viviendo más que por un esfuerzo de voluntad que Met admiraba y que volvía darle esperanza. Él trabaja por dos, sin preocuparse de las burlas de los guardias que sólo esperaban la caída del cuerpo para rematarlo a patadas. Pero el hombre resistía, su inteligencia se había concentrado en la región del cerebro donde estaba su voluntad, y todo se desarrolló según el plan del anciano.

Durante varios días, dos caballos cabalgaron por el inmenso desierto, esta reducida caravana sólo incluía a Met y su compañero mudo, el herrero. Cuidaban sus monturas sabiendo que no estaban perseguidos, ya que todos los guardias fueron asesinados por los prisioneros desquiciados por la furia. Durmiendo en el mismo suelo, en esta noche loca, todos se levantaron como un solo hombre para intervenir en la lucha de los dos hombres contra los soldados moabitas, borrachos de esperanza y libertad a pesar de estar encadenados en parejas. Fue una carnicería total, en la que los hombres de armas fueron convertidos en una masa informe de carne que nadie reconocería como ser humano. Antes de que nadie hubiese podido liberarse, Met huyó a caballo en compañía del herrero llevando algunos odres de agua, dátiles y carne seca. Se vistieron con la corta vestimenta de los soldados y su curioso casco cónico, Met parecía un oficial moabita acompañado por un esclavo o civil yendo a reclamar justicia a la ciudad.

En dos semanas llegaron más allá del último límite de la tierra de los moabitas. Después de haber bajado al valle desértico llegaron al lugar donde Met se quitó la pesada vestimenta. Llegaron a la vista de un pequeño oasis donde no se veía a nadie, Met por fin sonrió como hombre nuevamente libre. Su tez aparecía quemada, las arrugas de su rostro más marcadas, el pelo blanco, y a pesar de la pobreza de su vestimenta aparentaba ser un hombre en la plenitud de su vigor.

---

[78] La herramienta de los mineros, o tijera, tenía la forma de cola de golondrina, pudiendo convertirse en un arma temible. La suerte de los prisioneros era realmente la descrita en este capítulo. Agatharchide de Ruide, descrito por Diodoro de Sicilia, III-12 a 14, refiriéndose a yacimientos de la Etiopía de ese tiempo que podrían ser los de Moab o, al menos, parecidos.

Al no poder conversar con su compañero más que con gestos leves, Met tomó la costumbre de dialogar con su alma durante las largas marchas bajo el sol. Escuchaba el menor ruido del desierto y buscaba resolver todos los problemas humanos que eran los suyos sin haberlos provocado en lo más mínimo. Necesitando poco sueño para recuperar sus fuerzas físicas, contemplaba largamente las estrellas por la noche, escuchando sus palpitaciones y nombrándolas por el ideograma que había aprendido en su juventud. Cada una parecía contestarle y asegurarle que la armonía celeste no podía ser destruida por los hombres, y que debía entregarse a las decisiones del Creador acerca de su futuro.

En esta escuela del desierto, sus monólogos ininterrumpidos y su escucha desarrollaron incontestablemente sus facultades mentales, haciéndolas perceptibles al menor murmullo, real o de su subconsciente. Cogió algunos dátiles después de haber bebido agua fresca sacada de un pozo, y se sintió revivir para su gran sorpresa. No sólo Dios lo había protegido en todas las etapas dramáticas de su vida salvándolo de las aguas por la hija primogénita del faraón, además, el Eterno le permitía vivir un segundo período como si nada hubiese ocurrido antes. Aunque aún se sentía inquieto pensado que algo iba a ocurrir sin saber por qué.

Al día siguiente lo sorprendió al amanecer una caravana que avanzaba hacia el pozo. Las numerosas mulas que acompañaban a los camellos demostraron a Met que no se trataba de un grupo militar, ya que no había caballos a la vista, ni lanza u otra arma aparente portadas por los caravaneros. Su compañero, el herrero, también había despertado y miraba la larga fila acercarse a ellos sin que ningún temor se manifestase en su rostro.

Met se levantó para acercarse a los que llegaban que, manifiestamente, eran idumeos[79], habitantes más o menos nómadas surgidos de Esaú, ocupantes titulares de

---

[79] A propósito de Edom o Idumea. Edom fue ante todo la región habitada por los descendientes de Esaú (Edom en hebreo). Esaú, dejando la tierra de Canaán, donde habían vivido sus ancestros, vino con sus hijos y sus bienes a establecerse en las montañas de Seir, que Dios le había asignado. (*Génesis, XXXVI, 6 y Deuteronomio II, 5*). Pero no debemos olvidar que, para llegar a esta situación, Esaú tuvo que vencer, cazar o destruir los autóctonos que no querían doblegarse a su autoridad. Estos habitantes primitivos, replegados al sur, eran los horitas, descendientes directos de Hor, o Horus, que no admitieron dos milenios antes, la imposición de los adoradores del Sol en Ath-Ka-Ptah, Egipto, y se exiliaron a esa tierra horita, convertida en Edom a partir del reinado de Esaú.
Es así como se conocen los nombres de las principales ciudades, al igual que el de la capital, y los numerosos reyes que se sucedieron, desde los primeros tiempos bíblicos, que corresponden a la entrada en Egipto de los hicsos, algunos siglos antes del nacimiento de Moisés, las Escrituras muestran la organización práctica bajo la autoridad de algunos de sus jefes, como la lista de los ocho reyes bíblicos, de los cuales el sexto fue el que precedió el Éxodo de Moisés y de su pueblo. Como veremos más adelante, en ese momento hubo embajadas de Moisés con el objetivo de conseguir un salvoconducto para cruzar Edom en paz, y al cual los idumeos opusieron un rechazo cargado de amenazas. (*Números* XX, 14-21 y *Judith* XI, 17).
Según todos los textos, tanto bíblicos como egipcios, destacamos que el país de Edom era medianero en el noreste con el país de los moabitas a lo largo de una zona fronteriza que Eusebio, Josefo y Jerónimo llamaron Gebalene. Volvemos a encontrar el determinativo de Geb interviniendo en la implantación de Hor, nieto de Geb, hasta en esta región. Edom también estaba limitada al Este con el inmenso desierto de Arabia, mientras que, en el sur, el puerto de Eilath delimitaba el final en este golfo de Akaba.

este país. El jefe de la caravana apretó los pies contra los flancos de su montura para que acelerase y llegara hasta el hombre solitario. Habiéndolo examinado rápidamente levantó una mano y dijo brevemente:

-Shalom.

Los ojos sorprendidos de Met intentaron fijar a los de su interlocutor que lo miraba. Después de una breve duda contestó con la fórmula e cortesía hebraica correspondiente a esta palabra de bienvenida:

-Y que la paz esté sobre ti, hombre de Edom. Pero no soy israelita, al menos en el sentido que tú esperas. Mi compañero y yo somos egipcios que buscamos refugio en tierra de Madián, donde nos conocen. No te molestes por el recibimiento mudo de mi compañero, ya que tiene la lengua cortada.

-Que la paz sea con vosotros que parecéis desnudos de todo a pesar de vuestros dos caballos moabitas. Permite que descansemos junto a vosotros.

Met se inclinó con respeto frente a este hombre que tan perspicazmente había observado el origen de los caballos. A un signo de la mano de este hombre, la caravana lo sobrepasó, y él, mientras tanto puso pie en tierra después de haber sentado su camello. Luego levantó una mano indicando al extranjero para que se acercara, y estando a su altura le dijo:

-Pareces un hebreo, tanto que podría equivocarme, pero tu voz distinguida y tu extraño acento demuestra que tus palabras son ciertas.

-He dicho la verdad.

-No lo dudo extranjero, y a pesar de que no me gustan egipcios ni israelitas, nuestro pueblo vive en paz con unos y otros. Así que no temas por tu seguridad o la de tu compañero. Para nosotros, las leyes de la hospitalidad son sagradas, aunque no siempre sean recíprocas. Vendrás y te sentarás cerca de mí para compartir la cena en cuanto esté preparada.

Después de comer y beber a satisfacción por primera vez desde hacía mucho tiempo, Met se sintió aliviado. Sin embargo, estaba preocupado por la mirada de este jefe que lo observaba largamente en silencio, ya que a lo largo de la cena se intercambiaron pocas palabras. Después de que su anfitrión dejara a los hombres afanarse con sus monturas, dijo:

- ¿Así que eres egipcio?

-No de nacimiento, pero fui adoptado poco después por una noble dama egipcia.

-Eso explica la extraña semejanza con los hijos de Jacob que conozco. Pero sólo a nivel físico, ya que tienes la autoridad y prestancia de un noble egipcio. Los israelitas suelen pelearse entre ellos por el simple placer de gritar y lamentarse de su prójimo, lo que no es tu caso. Eres un jefe de nacimiento, y para llegar a esta situación has debido huir de tu país ¿cierto?

Met contestó con una sonrisa amarga:

-Así es.

Los ojos del jefe de la caravana se entrecerraron hasta parecer dos finas líneas, y hablando como para él, dijo:

-Hace varias lunaciones, casi un año, nuestra caravana se encontraba cerca de los límites fronterizos con Egipto, y se vio rodeada por tropas que nos detuvieron e interrogaron sobre el encuentro que hubiésemos podido tener con un príncipe en fuga. Nuestra sorpresa fue mayor cuando supimos que ese noble egipcio, después de cometer un delito de adulterio con una israelita, mató al marido de ésta, luego a su propia esposa que vino a lamentarse y a varios guardias venidos para detenerle antes de huir. Para colmo del horror, la madre de este príncipe, la hija primogénita del faraón en persona, se dio la muerte en una crisis de desesperación por lo ocurrido esa noche. Es por ello que Amon-Hotep, el rey, había enviado numerosas tropas en su persecución, prometiendo una enorme recompensa a quien pudiese dar información susceptible de encontrarlo y arrestarlo.

Met se había incorporado con los ojos saliéndole de las órbitas al conocer de esta manera la muerte de su bien amada madre adoptiva. Y con el tartamudeo que le era propio, dijo:

- Pero ¿qué dices? ¡No es cierto! ¡Dime que no es verdad!

El anfitrión, asintiendo con la cabeza, dijo:

-Así que eres efectivamente el que todo Egipto busca, sin embargo, no tienes aspecto de asesino.

-Te lo ruego, respóndeme, ¿Mi madre, la divina Termutis, se ha quitado la vida?

-Es lo que decían los soldados, noble extranjero, también decían que la cólera del faraón se abatiría sobre la tribu que te protegiese, aunque sólo te diera asilo por una noche.

Met, no se preocupó por esta amenaza, derrumbado por el dolor, lloró:

-Mi pequeña madre, mi pequeña madre...

Manifiestamente, este hombre corroído por la desesperación no actuaba frente al idumeo que lo miraba cada vez más sorprendido. Lo dejó con su dolor para ocuparse de sus asuntos y comprobar que todo estaba en orden para seguir el viaje. Después volvió al lugar donde aún estaba Met, inmóvil bajo el golpe de la terrible noticia. El herrero que estaba detrás en pie miró de al jefe de la caravana haciéndole comprender que la calificación de asesino contra este ser dulce y noble, acusado de cometer los crímenes más espantosos, no era correcta.

Se acercó al egipcio, puso una mano sobre su hombro y dijo suavemente:

-Sean tus faltas cuales fueren, noble príncipe, me doy cuenta por tu auténtica pena que hay mentiras en algún lugar. Si me cuentas lo que ocurrió, quizá pueda ayudarte, porque no sólo soy un caravanero, sino un "beni Edé" a quien todos deben respeto en esta región de Edom. Soy Timelek, de Eilath, hacia donde vamos después de trocar nuestros productos por telas y especias... ¿Y tú? Cuéntame.

Después de un momento de inmovilidad total, como si no hubiese oído nada, Met levantó la cabeza lentamente, miró a su interlocutor con expresión desamparada y dijo:

-Discúlpame, oh tú, que te llamas Timelek, mi dolor ha sido tal al oír tus palabras que pensé que la tierra se deshacía bajo mis pies. Me llamo Met, y mi madre adoptiva era la hija primogénita del faraón.

Contar su dramática historia a un extraño, sentó bien a Met. No podía ocurrirle nada catastrófico, porque sabía que en este día acababa de alcanzar el fondo del abismo.

Timelek, sin necesidad de más pruebas, supo que Met no había mentido, y su compasión le llevó a decir:

-Tú estás en la más terrible de las pruebas morales por mi culpa, ya que, si no te hubiese hablado de tu madre, no estarías en el dolor, acepta, pues, venir con nosotros a Eilath para recuperar tu espíritu. Cuando lo juzgues conveniente seguirás la ruta a la tierra de Madián que tanto te atrae. Esta tierra empieza cerca de nuestra ciudad, que es un puerto sobre el Mar de los Juncos.[80]

Con una tímida sonrisa, intentando no molestar a su huésped por no aceptar su invitación, Met dijo:

-Te agradezco tu proposición, me llega directa al corazón, Timelek. ¿Pero has pensado que puedo ser el que buscan los soldados egipcios?

El idumeo movió la cabeza sonriendo con benevolencia:

-Un buen esposo se reconoce no sólo por sus palabras cuando piensa en su mujer, sino por su conducta cuando está alejado de ella. Debes ser un gran hombre para reaccionar como lo has hecho frente a la noticia de la muerte de tu madre adoptiva. Además, tienes cuatro hijos, de los que dos son varones, así que eres un padre bendecido de Dios que no puede tener los pensamientos adúlteros que se le atribuyen.

Met, se sobresaltó y tomando bruscamente el brazo de su interlocutor, dijo:

-Mis hijos... ¿Oíste hablar de mis hijos? ¡Estaban bajo la protección de mi madre!

Timelek sacudió negativamente y contestó con voz grave, pero con entonación suave:

-Eso no significa, nada, Met, incluso puede ser bueno.

- ¿Cómo quieres tranquilizarme con frases huecas?

-Si nadie ha oído hablar de tus hijos entre los soldados que nos interrogan, puede ser prueba de que nada les ha ocurrido. Si hubiesen sido asesinados de un modo u otro, esos crímenes se hubieran añadido a los que te imputan para añadir más leña al fuego.

- ¡Que Dios te escuche!

-Es Él quien los ha preservado de alguna manera para que el futuro de la sangre de tu carne sea asegurado. Debes recuperarte para volver a verlos algún día, por ello te repito mi solicitud: Deja de vagar y únete a nosotros durante un tiempo al menos.

---

[80] Actualmente, el Mar Rojo.

—Sólo sería temporal...

—Aleja los problemas de tu espíritu y piensa que cada uno tiene su solución escrita en las combinaciones celestes, y el que las ha estudiado sabrá forzosamente, en el momento preciso, cómo resolver todos sus problemas, para mejor.

—Efectivamente, aprendí eso en la Casa de la Vida durante mi juventud y no pensaba que un día, un idumeo me recordaría esas enseñanzas.

—También debes saber que nuestra religión monoteísta es cercana a la egipcia, igual que a la de los hebreos, porque los mandamientos de nuestra ley son idénticos a los vuestros, y su origen es el mismo.

—Es verdad, hombre más sabio que yo.

—Entonces, por el momento, vestirás ropa más conveniente y parecerás un hombre de nuestro pueblo, te unirás a nuestra caravana hasta Eilath. Una vez allí, cuando estés bien recuperado, deliberaremos juntos sobre qué hacer... ¿De acuerdo, noble Met?

—Estoy de acuerdo, sabio Timelek.

—En tal caso, cada noche a la hora de nuestra oración, pediré al Todopoderoso que te conceda un sueño reparador y te permita encontrar tu tierra.

—Que Ptah pueda escucharte, porque esa tierra que tú dices ser la mía, primero es de Él, como lo son los astros, y mi alma en la que ha insuflado una tempestad.

—Es cierto, noble Met, ¿Pero has pensado que quizá más vale vivir esa tempestad interior, que una sola tempestad de arena durante tu avance en el desierto? Es la temporada y no has encontrado ninguna. Agradece más bien a Dios en vez de lamentarte contra él. Doy la orden de levantar de inmediato el campamento, y llegaremos mañana por la noche si Dios quiere.

Eilath está situada en una ensenada en el Mar de los Juncos, era el punto de avituallamiento de todos los comerciantes prósperos debido que su puerto está muy bien protegido. Poco antes de la caída de la noche del día siguiente, la ciudad apareció frente a los ojos de los viajeros en todo el esplendor del sol poniente. Timelek, extendiendo una mano señaló con el índice un punto situado abajo de la pista, dijo con orgullo:

—Esa es mi morada, noble príncipe, será la tuya durante todo el tiempo que aceptes ser recibido como un hermano.

Met admiró el enorme edificio con muros ocres que formaba una enorme mancha cuadrada en el centro de un amplio palmeral lujuriante de vegetación. En ese lugar Met vivió durante dieciséis meses retomando el gusto de vivir en compañía de una familia que había conseguido quitarle sus preocupaciones. Entró en la tierra de Madián con una excelente forma física, acompañado del herrero mudo que se había convertido en su devoto servidor.

NOTA

A propósito de Edom o de Idumea.

Edom fue ante todo la región habitada por los descendientes de Esaú (o Edôm, en hebreo). Esaú dejó la tierra de Canaán donde vivieron sus ancestros y llegó con sus hijos a las montañas compartidas de Seir, que Dios le había asignado. (Génesis XXXVI,6; y Deuteronome II,5). Pero no debemos olvidar que para llegar a esta situación Esaú tuvo que vencer, echar o destruir los autóctonos implantados en el lugar que no se plegaron a su autoridad. Estos habitantes primitivos, replegados en el sur, eran los Horitas, descendientes directos de Hor, o Horus, que, dos milenios antes no se doblegaron a la autoridad de los Adoradores del Sol en Ath-Ka-Ptah, es decir Egipto, y se exiliaron a esta tierra de Horus que se convirtió a partir del reinado de Esaú en Edom.

De esta forma conocemos el nombre de las principales ciudades, los de la capital, y los numerosos reyes que reinaron sucesivamente; todo ello desde los primeros tiempos bíblicos, que corresponden con la llegada de los hicsos en Egipto algunos siglos antes del nacimiento de Moisés. Los escritos muestran la organización práctica bajo la autoridad de algunos de sus jefes, como la lista de los ocho reyes bíblicos, de la cual el sexto fue el antecesor al éxodo de Moisés y de su pueblo; egipcios y judíos confundidos, tal como leeremos más adelante. En ese momento hubo embajadas enviadas por Moisés para conseguir un salvoconducto y cruzar Edom en paz, éstas fueron rechazadas por el Idumeo que además amenazó (Números XX, 14/21; y Judith XI,17).

Siguiendo los textos, tanto bíblicos como egipcios, hay que destacar que el país de Edom era limítrofe en el noreste con el país de los moabitas en una zona fronteriza que Eusebio, Josefo y san Jerónimo denominan Gebalene. Ahí, volvemos a encontrar el nombre de Geb interviniendo a través de Hor, su nieto, hasta esta región. Edom también estaba limitada al Este por el inmenso desierto de Arabia, hasta el sur, donde el puerto de Eilath delimitaba su fin en el golfo de Aqabah.

SEGUNDA PARTE.
EL EXTRANJERO

"*Intercambios y préstamos se han realizado en la cultura intelectual, la literatura y la filosofía, así como sobre otros objetos de la civilización; y nada nos parece hoy más natural que las pruebas de estos hechos son reales, admitiendo en las composiciones literarias de Israel la intervención de libros particularmente amados por los egipcios desde la más remota época*".

RAYMOND WEILL

(Las transmisiones literarias

de Egipto a Israel).

"*Refugiándose en la tierra de Madián, Moisés pone la península del Sinaí entre él y Egipto. Pronto consigue unirse al clan del scheik, esposando una de sus hijas, Séfora. La cosa se lleva a cabo de forma natural sin ninguna nota romántica, al contrario de los casamientos de los patriarcas. Y, cuando nació su primer hijo, el nombre dado por el padre constituye todo un programa: Ger-Shom, que significa extranjero en este lugar*".

CLAUDE DUVERNOY (Moisés).

INTRODUCCIÓN

Esta segunda parte de la vida de Met, o Moisés, ya no es la de un egipcio expulsado de su tierra natal, sino la de un extranjero que no se siente en su hogar en ningún sitio. Sin embargo, en este país de Madián donde había encontrado el descanso y la paz con el nacimiento de su hijo Mahageb, los textos dicen que esta segunda vez volvió a casarse y que el hijo nacido de esta nueva unión llevó el nombre de Gershom, extranjero en este lugar. He ahí por qué.

En este segundo capítulo, Moisés es un extranjero y no un exiliado, no se debe olvidar que fue en esta tierra de Madián donde volvió a tomar contacto con el Dios monoteísta de su infancia, en aquel tiempo en que estudiaba con los grandes sacerdotes de Ptah para perfeccionar su educación principesca. El momento cumbre de su vida, es sin duda su visita al monte Horeb, seguida de otra en la que trae los Diez Mandamientos, convertidos más tarde en el Pentateuco bíblico.

La cuestión de la autenticidad divina de este decálogo ha hecho correr mucha tinta desde las sucesivas composiciones de libros que han formado la Biblia. No se trata de abrir aquí una polémica que se perpetua en estado endémico, sino de demostrar sencillamente que los Diez Mandamientos de la Ley del Dios Uno, ya existían mucho antes de que Moisés los entregara como actualidad en el Sinaí.

Esta regla unificada en el seno de una ética rigurosa, siempre había sido la única y más auténtica base sobre la que se edificaba el monoteísmo retomado por Moisés. Si la salida de Egipto es el acontecimiento liberador de toda una población hebrea y egipcia confundida en una misma huida a la libertad, la búsqueda del antiguo Dios olvidado era el hecho capital, con el fin de firmar con Él una nueva alianza. Nueva, porque la primera había sido tras la resurrección de Osiris, venido para salvar a la multitud por nacer, de un nuevo desastre, concediéndosele un Segundo Corazón, Ath-Ka-Ptah, o Egipto.

Moisés se da cuenta durante esta franja de vida que vuelve a vivir la misma pesadilla de siempre, como la que se había producido milenios antes. La cólera de Dios redujo a su bendito pueblo a tal estado que lo obligó a vivir un éxodo terrible buscando otra tierra prometida por un acuerdo comprometiendo a las criaturas humanas y al Creador. Habiendo perdido su título de hombre, Met, el Nombre, una serie de circunstancias le obligará a reflexionar sobre su condición y la de los demás antes de decidirse a intentar un diálogo en el Horeb con el Creador de la tierra y de todo lo que en ella se encuentra.

La historia real de Moisés y de los Diez Mandamientos, es infinitamente más seria que todas las copias revisadas y corregidas por los sacerdotes levitas a lo largo de los siglos antes de nuestra era y retomadas al inicio de la cristiandad, la siempre narración de los hechos aportará más que cualquier otra tentativa: La contradicción a los que contradicen.

Los que rehúsan reconocer el Pentateuco como emanado de Dios, sólo lo hacen para justificar su mala conciencia, y no su mala fe. No quiero hacer un juego de palabras sobre un tema tan serio. En cuanto a los que dudan de esta realidad por causa de Moisés, ya porque pretenden que este legislador no es más que una invención judía, o porque los mandamientos aportados por Moisés no reflejan de ningún modo el estado de espíritu de los letrados que vivieron quince siglos antes de nuestra era, ya que las poblaciones no eran intelectuales ni religiosas en el sentido de los mandamientos, sino totalmente anormales. A ellos, conviene aportarles esta única precisión que se justifica por ella misma: el Decálogo existía mucho antes que Moisés, y mucho antes de los primeros faraones. Esta civilización avanzada no hubiera caído en decadencia si la usura del tiempo y la influencia del mal, en la voluntad de los adoradores de Sol que usurparon a menudo el poder, no hubiesen precipitado la caída en tiempos de Met.

Tal como se irá leyendo en las páginas siguientes, de todo ello se destaca que los Diez Mandamientos bajados del Sinaí no son objeto de una "revelación" divina, sino más sencilla y naturalmente el deseo inspirado por una ferviente oración de Moisés que en vano buscaba desde hacía semanas el medio de hacer perder la impiedad latente de su pueblo, judíos y egipcios ávidos de libertad, ya que éstos maldecían tanto al Ptah de los antiguos faraones, como al Ra de los nuevos dictadores y tiranos.

El espíritu místico de Moisés le permitió la inspiración, en comunión perfecta con Dios, para una nueva salida hacia la misma fe, ciertamente con otro Nombre, pero manteniéndose la misma estricta regla original del monoteísmo. Por ello, es accesorio la importancia concedida a la transmisión del Pentateuco por Moisés, o bien la revelación que él tuvo, ya que su identidad divina no está puesta en duda de ninguna manera. Se trata de una fecha infinitamente más remota la que se demuestra aquí. El ensañamiento de los que hipócritamente se denominan incrédulos, intentando explicar en nuestra época que la religión sólo es para imbéciles que creen las tonterías proferidas en el Antiguo Testamento, cae por sí mismo. No hay más idiota que el que persiste en un error admisible hasta que no esté clarificado: Sin embargo, la del Pentateuco no es inventada, ya que permanece siendo el reflejo de la verdad incorruptible de la más lejana antigüedad, que es la del Primogénito, el primer Hijo.

El origen del Decálogo tampoco tenía más importancia para la pobre gente que salía en malas condiciones en busca de una tierra prometida, pero antes de esto tuvo lugar el encuentro de Moisés con el sheik Raguel, el medianita, que la Biblia también llama Jetro, dualidad enigmática como vamos a ver.

SÉFORA LA KENITA

> "La tradición escrita que ha conformado el Pentateuco tal como lo conocemos, ha sido precedida de una larga tradición oral, a lo largo de la cual se constituyó lentamente la gesta de Moisés". (ÉMILE GILABERT. Moisés y el fenómeno judeocristiano).

Extenuado, Met contempló la tierra que se extendía a sus pies. Había franqueado el largo territorio desértico siguiendo la costa durante varios días. Después escaló la temible barrera montañosa, ya sólo le restaba bajar hasta ese remanso de paz en el que deseaba vivir. A pesar del agotamiento, no descansó mucho, ya que el viento frío que soplaba reducía sus facultades, y sin saber muy bien por qué, de repente tuvo prisa en llegar. Caminaba sin más equipaje que un odre sin agua, ya que acababa de apurar sus últimas gotas; portaba un bastón nudoso que le servía de apoyo y, ocasionalmente, como arma ofensiva contra algún animal que le podía servir de cena.

Dos años en Akaba, rodeado de la amistad de Timelek y los suyos, le permitieron retomar un cierto gusto por la vida. El que se había convertido en extranjero en todos los lugares, pensaba que yendo al mismo lugar donde ocurrió el nacimiento de su primogénito, le daría el valor de empezar algo. Pero aún no sabía qué.

Dejó, pues, a su amigo, que se había convertido en su hermano, el herrero mudo quedó en esa ciudad donde era experto en su arte de gran utilidad. Un buen caballo y una mula muy cargada le permitirían llegar sin problemas al lugar que deseaba. Después de haber seguido dos días a lo largo de la costa del mar de los Juncos, una violenta tempestad de arena le obligó a buscar protección en un hueco de una montaña cercana. Una avalancha de piedras había aplastado sus dos monturas y su carga. Puedo salvar la vida gracias a sus reflejos y a la agilidad de sus piernas, aún sólidas para sus cuarenta y dos años. Bajando rápidamente la pendiente del monte que acababa de subir con gran esfuerzo, y errando durante cuatro semanas a través de un pedregal que no reconocía, Met se preguntó por qué no resultó aplastado como sus dos bestias y acabar esta vida. Estaba seguro de estar totalmente perdido y lejos del país de Madián, pero ya no tenía fuerzas para volver, además para qué y por qué. En este momento preciso en el silencio de la montaña oyó balidos de ovejas. Se detuvo un momento, pero no vio nada. Sin embargo, el ruido de los animales se oía más claramente, y se levantó dirigiéndose a un contrafuerte de rocas del que provenía.

Un centenar de codos más abajo, vio una especie de meseta a mitad de la bajada, un rebaño se esparcía en esa zona corriendo hacia un pozo, seguido por cinco mujeres. Llegaron riendo, y sin perder tiempo empezaron a sacar agua para llenar dos toscos abrevaderos alrededor de los que ya se juntaban balando los borregos. Met se escondió para contemplar esta escena, ya que a pesar de su sed era consciente de que su aspecto asustaría a esas mujeres que debían ser jóvenes, ya que no dejaban de reír subiendo los grandes odres de piel de cabra llenos de agua.

De repente, Met vio surgir de la otra punta de hondonada, tras unos matorrales espinosos a otros animales acompañados de varios hombres desaliñados, con un aspecto aún más basto que el suyo. Había contado cuatro cuando oyó el grito de advertencia de las mujeres que se reagruparon frente al pozo, mientras que sus borregos seguían bebiendo. De inmediato, Met con plena lucidez, tomó su bastón y bajó en silencio la cuesta lo más rápidamente que pudo. Resultó caer justo delante del pozo mientras que cuatro de las mujeres habían sido empujadas hacia el borde del monte donde estaban detenidas por dos pastores armados de palos que amenazaban con derribarlas riéndose a carcajadas. La última mujer, la mayor en edad, se debatía enérgicamente intentando escapar de los brazos de los dos hombres que intentaban tirarla al suelo. Acaba de morder a uno en la mejilla y, éste, chillando, la golpeó con violencia. Sin embargo, sólo la golpeo una vez ya que se sintió elevado bruscamente del suelo y arrojado más allá donde cayó sobre una piedra desmayándose. El segundo no tuvo tiempo de darse cuenta de la llegada de Met antes de recibir un golpe de bastón que lo derribó.

Los otros dos compañeros fueron con sus palos al rescate, enfrentándose al extranjero que acababa de entrometerse. Se entabló una fuerte pelea cuyo final parecía dudoso. La fuerza de los dos brutos embistiendo al intruso silencioso parecía superar a su habilidad en el manejo del bastón. Met observó de reojo a un tercer oponente levantarse titubeando, y comprendió que debía decidir rápidamente el destino del desigual combate. Fingió un ataque hacia la cabeza de uno de los bandidos, pero le golpeó en la nuca derribándolo. El otro se rindió, los brutos pidieron gracia levantando las manos y prometiendo que no volverían a ese maldito pozo. Reunieron sus bestias y Met los vio partir mientras que se dirigía al pozo donde quedaba un odre medio volcado con agua suficiente para satisfacer su sed. La joven sin decir palabra estaba acabando de ordenar su rota vestimenta, en tanto que las otras cuatro se acercaron después de la huida de los pastores riendo y comentando la derrota de los brutos. Cuando depositó la piel de cabra, una de las mujeres lo tomó del antebrazo apretándolo en signo de gratitud diciendo admirada:

-Que el extranjero, tan fuerte como bravo, acepte mi agradecimiento y el de mis cuatro hermanas. Nos has salvado de la vergüenza y del deshonor[81]. Desde hace varios años, ningún intruso se había atrevido a venir a este lugar que pertenece a Raguel, nuestro padre, el jefe de las tribus kenitas en el país de Madián. ¿Tú quién eres?

-Soy un extranjero en todas las tierras que rodean tu país, y ya no tengo nombre.

---

[81] La Biblia habla de siete hijas, pero los sacerdotes Levitas que redirigieron los Textos Santos mil cien años después de producirse los hechos, lo imaginaron a su placer e introdujeron un símbolo numérico evidente.

-Hablas como un profeta y no te comprendo. Pero eres bueno y fuerte, que es lo principal. Yo me llamo Eliabie, y éstas son Ilohna, Ruth y Noemí.

Eliabie parecía la menor y la más frágil, habiendo presentado a sus hermanas, cada una se inclinó con una mirada de gratitud que alegraría el corazón de cualquier hombre. Pero Met estaba muy cansado y no estaba dispuesto a fanfarronear delante de las mujeres por bellas y jóvenes que fueran. Girándose Eliabie hacia el pozo, señaló a su última hermana con su túnica rota y le dijo:

-Ella es Séfora, la primogénita, la más valiente, nos ha protegido al enfrentarse permitiendo nuestra huida.

Séfora saludó cortésmente a Met, estudiándolo con sus ojos azul verdosos que aún despedían llamas de furor, mientras que Eliabie, imperturbable, señaló al hombre diciendo:

-Y él lleva un nombre que no lo es. Así será difícil agradecerle nada. Tú, que eres nuestro apoyo diario, quizá podrías solicitarle que viniese a nuestro poblado.

Séfora extendió firmemente una mano, y apretó a su vez el brazo de Met, diciendo:

-Bienvenido a la tierra de los kenitas, tú que deseas mantenerte sin nombre. Acompáñanos hasta nuestras tiendas donde nuestro padre se alegrará por recibirte.

En ese apretón, Met sintió de pronto su corazón. Le pareció que a Séfora le ocurrió lo mismo, ya que se interrumpió y dejó caer su mano dejando que la vergüenza se deslizara entre ellos. Met reaccionó y dijo:

-He venido aposta a este país, Séfora, porque sabía que sería bien recibido. Pero debo ir aún más allá, hacia otra tribu donde volveré a encontrar mi nombre. Por ello te agradezco tu hospitalidad, pero sólo me quedaré unas horas para descansar antes de seguir mi camino.

Lo que parecía impresionar a ambos era que sus ojos casi al mismo nivel por la altura de la joven, se sumergían recíprocamente en lo más profundo de cada alma. Un calor lo invadió de nuevo cuando observó enrojecer las mejillas de Séfora, que bajó rápidamente la cabeza en señal de afirmación indicando que era hora de volver al pueblo.

Pronto Met, volvió a estar solo, en un silencio en el que ningún balido molestaba su meditación. Después de haber satisfecho su sed y calmar ligeramente su hambre tenaz, se sentó y quedó adormilado. Se despertó poco tiempo después, según le pareció, y vio que los ojos de Séfora lo miraban ansiosamente y con sorpresa. Él tuvo una sonrisa que transformó su rostro de vagabundo:

- ¡Qué agradable despertar, Séfora! ¿Eres una aparición destinada a atormentarme o estás aquí para velar mi sueño?

La joven, pillada por sorpresa, se reincorporó y dijo:

-Ni lo uno, ni lo otro, hombre sin nombre, mi padre me ha hecho volver sin cenar y me ha reprendido severamente por no haberte llevado al campamento para compartir nuestra humilde cena.

-Lo siento por ti. ¿No dijiste a tu padre que deseaba seguir mi camino sin más?

-Ningún jefe de familia de nuestro clan, se atrevería a hablar después de mi padre, yo aún menos que sólo soy carne de su carne. Sus palabras son órdenes que sólo deben obedecerse. Incluso si es solicitar a un desconocido compartir una cena.

Met se levantó. El descanso le había sentado bien y veía el futuro menos sombrío. ¿Por qué no hacer una pequeña pausa para restaurarse? Así, contestó:

-Que se haga la voluntad de Raguel, tu venerable padre. Te sigo para llenar mi estómago que tanto lo necesita. Estoy agotado después de este día tan duro.

Séfora creyó que Met se refería a la lucha con los brutos que la había salvado, no pudiéndose imaginar hasta qué punto estaba curtido por las pruebas que había padecido. Este hombre estaba quizá de mal humor, o era irascible, nervioso, pero ciertamente no era un malhechor. Así con voz más amistosa, pero con orgullo dijo:

-Eres fuerte y bravo, es verdad, extranjero, pero no olvides que hablas a Séfora la primogénita del sheik Raguel.

Met no se conmovió y contestó:

- ¿Y cómo estás al cuidado de un rebaño luchando contra bandidos en pleno desierto?

-Puedes reírte de mí, pero varias veces he soñado que un príncipe venía a buscarme ahí donde estaba, en el desierto, como tú lo llamas exactamente. No rías ya que digo la verdad: he tenido la visión de todo ello.

- ¿Y aún no has visto ningún príncipe?

La larga cabellera negra siguió el movimiento negativo de la cabeza de la joven:

-Como en nuestra tribu, la primogénita debe casarse la primera, mis hermanas se lamentan por tener que esperar y soy el hazmerreír del pueblo. Por ello mi padre me ha hecho prometer que decidiré tomar esposo en la gran fiesta anual del Carnero, que empezará en cuatro días al amanecer del nuevo sol con el baile sagrado, que seguirá a la ofrenda de los mejores corderos a nuestro Dios. Únicamente las vírgenes pueden asistir a ese baile que les dará esposo.

Met no contestó e iniciaron el regreso al campamento saltando por las piedras, según ambos bajaban hacia la llanura, ella se apoyó en su antebrazo duro y musculoso y se emocionó hasta en las más profundas fibras. Met, que se sobresaltó por el contacto, no dijo nada y en silencio llegaron al campamento. Al acercarse Séfora dijo:

-Qué pena que no seas ese príncipe que esperaba.

- ¿Por qué?

- Porque dentro de cuatro días, en este año nuevo que se inicia, me vestiré con mi mejor vestido para que el más grueso y feo de los nobles sentado junto a mi padre le diga que se decide a tomarme por esposa.

- ¿Por qué ha de ser feo?

- Porque los jóvenes ya se han casado, o esperan que mis hermanas, a su vez, asistan al baile, lo que harán en seguida. Ojalá no te fueras.

Al oír su pensamiento secreto enrojeció, avergonzada de haber pronunciado las miserables palabras. Salió corriendo hacia las primeras cabañas del poblado y Met la siguió.

La tienda personal de Raguel, jefe de los kenitas, estaba algo alejada de las de los otros miembros del clan y también parecía más grande. El interior estaba fresco a pesar de estar en la hora más calurosa del día. Met vio a un patriarca en cuclillas sobre un suelo cubierto de pieles de cabras dando un aire de bienvenida. Pero, sin embargo, sus ojos inquisidores, su voz dulce y firme a la vez demostraban autoridad:

-Bienvenido a ti, noble extranjero que ha salvado a mis hijas. Siéntate para compartir mi modesta cena.

El sheik palmeó y Eliabie apareció en seguida inclinando el busto dijo:

- ¿Qué deseas padre?

-Trae una cubeta de agua para que nuestro invitado pueda lavarse las manos. Después traerás las bandejas con la comida para que podamos agradecer a Dios estar juntos.

Raguel dejó de hablar hasta que le pareció que Met estaba dispuesto, y lo atacó de cara sin temer ese físico que era casi el doble que el suyo:

-Séfora me ha contado tu hazaña para defenderla de una situación que hubiera podido acabar en el mayor desastre. También me ha dicho que comprendías y hablabas perfectamente nuestro idioma, pero que no has querido decirle tu nombre. A lo largo de la cena he visto que tu mirada es huidiza y que tu nerviosismo demuestra un temor que tu físico no siente por su robustez. Si quieres hablar, te escucho, sería bueno que confíes. Si estás de acuerdo, con agrado espero.

Pillado por sorpresa Met levantó los ojos para ver los que le estudiaban más allá de su carne:

-Mi historia es demasiado triste para ser contada, venerable jefe. No te aportaría nada más que fealdad en esta tierra tan apacible y feliz. Acepta que mi pasado es lo que es: pasado. Y que me iré si perdonas mi descortesía hacia ti que me has recibido a pesar de mi aspecto bárbaro.

El venerable anciano asintió la cabeza, como comprendiendo, aunque no lo apoyaba y dijo con voz insinuante:

- ¿Debes seguir tu camino hacia un lugar que quizá no exista?

-Qué dices. Yo quiero ir a tierra de Madián y me he perdido en una tormenta de arena.

La voz del sheik se suavizó:

-Ahí donde deseas ir, también serás un extranjero ya que has dicho venir de lejos y dirigirte más allá. Tu consciencia espera encontrar las respuestas a las preguntas que te haces y que tanto te duelen. Pero tu alma no encontrará el descanso, ni la paz que aquí se te ofrece.

Met se sorprendió por la definición tan breve que hizo de él mismo, y que tan bien plasmaba la realidad. ¿Sería este anciano un profeta? y como respuesta a esta pregunta, el padre de Séfora dijo:

-No soy únicamente Raguel, el sheik de la tribu de los kenitas; para los que se me acercan y vienen de todos los países vecinos a visitarme, soy Yitro[82]. ¿Conoces su significado?

Met asintió, cohibido por el tono que tomaba la conversación:

-Una palabra parecida, en un idioma que conozco significa "Amigo de Dios, su confidente", creo recordar. Es un nombre muy santo.

Al parecer satisfecho por la respuesta, su voz se hizo más suave pero más envolvente para Met:

-Soy considerado como el único religioso capaz de comprender las pausas de Yahvé cuando está en su montaña para advertir a sus débiles criaturas de los peligros que corren si desobedecen.

- ¿De qué montaña estás hablando?

-De la que es la más alta, en la cadena de los montes frente al poblado cuando miras hacia oriente. Su cima está casi siempre entre nubes.

- ¿Cómo puede ese Yahvé impartir justicia en la cima de una montaña desde la que no ve?

-Por doquier los sacerdotes usan las estatuas como soporte. En Egipto se representan por toros vivos o por carneros en oro. Aquí, Dios utiliza mi boca para hacer su justicia y nadie jamás ha contestado. Aunque siempre no está presente, para aparecer elige su época benéfica para nosotros en el cielo. El resto del año, reside en otros lugares. Varios días antes, yo ya estoy avisado de la llegada del Todopoderoso por unas luces rojizas y unas llamas que rodean la cabeza del Hor-em-Geb, y que aparecen días antes de su llegada.

Met con voz viva dijo:

-Hor-em-Geb, ¿dices? Pero si es un nombre egipcio que significa Horus, nieto de Geb. ¿Cómo puede ser?

-Los kenitas vivían aquí mucho antes de que esta tierra fuera la de los madianitas, probablemente vinieran del centro de Ath-Ka-Ptah. Emigraron en una época muy remota a este territorio, donde su abuelo que había tomado el nombre de Hor, se fue para la otra vida. Y fue enterrado en otra montaña que sirve de límite fronterizo con Palestina y que se llama el monte Hor. Aquí Hor-em-Geb sirve de centinela al monte

---

[82] Se trata de la forma proto hebraica de Yithrô que se ha convertido en Jethro en francés, cuyo venerable significado aparece en la nota del tercer capítulo, pág 215

Sagrado[83]. El tiempo pasa, las civilizaciones aparecen y desaparecen. Únicamente Dios, ese Ptah de los egipcios, ese Yahvé de las gentes de aquí, es el Eterno porque es Dios. Así los kenitas y los madianitas no son más que una misma y sola familia que pactó lealtad con los egipcios para vivir en paz. Pero con Amon-Hotep, es más difícil que con Ia-Met.

-Ia-Met, qué lejos, -murmuró Met extendiendo un brazo como para echar una visión desagradable de su espíritu. ¡Cuántas cosas habían ocurrido desde su demasiada rápida desaparición! Iba para diecisiete años, el número divino, el que consagra a la humanidad el recuerdo de su propia condición. ¿Por qué no empezar una nueva vida en este país? Ath-Ka-Ptah, el segundo corazón, ya no era el suyo. Ptah, o Dios, era el único que quedaba para salvarlo, siempre presente, aquí como en las orillas del Gran Río.

El silencio no molestaba al patriarca, pero prefirió no dejar que se eternizara y empezó a hablar a media voz, como para él mismo, pero asegurándose que sus frases fueran escuchadas por su invitado:

-Como intérprete de las voluntades de Yhavé, soy Yitro, el reconocido en todas las tradiciones como el patriarca, que transmite los oráculos, que profetiza, que es consultado acerca de todos los asuntos importantes, los litigios de las tribus vecinas, y de las familias que el odio va a destruir o separar. Soy el árbitro cuyas decisiones son aceptadas como venidas de Dios, pero soy incapaz de inculcar la Ley de Dios y sus mandamientos a estos pobres humanos desgraciados.

Met había escuchado apasionadamente el monólogo de Raguel, que le recordó sus años de juventud y estudios en la Casa de la Vida acompañado por Aha-An que se había convertido en un gran sacerdote, tan místico y profundo como lo era Yitro frente a él, y dijo:

-Es muy difícil influir el espíritu de los humanos con ideas que están encima de sus desgracias. ¿Pero no eres el intérprete de la ley, ya que eres el de Dios?

-No soy el de Dios, sino el de Yahvé, que sólo es reconocido por algunas tribus de madianitas. Soy un ser dulce y sin envergadura. Tú que eres un extranjero en este lugar quizá puedas comprender. Se debe ser de gran inteligencia para poder llevar a hombres de cualquier naturaleza, y ser capaz de enrolarlos en un ejército inmenso, apacible, que sería el del Eterno, cuya bandera sería llevada hasta el confín del mundo. Pero antes de eso, esa innumerable tropa iría a arrodillarse frente al monte sagrado para agradecer al Eterno, el padre de esa multitud, llamándolo con un nombre común único, ya sea Ptah, Yahvé, Elashasaï, Adonaï o Eloha, o con cualquier otro nombre, pero que sólo quede uno, respetado por todos y que para siempre se convierta en el objeto de su veneración. Yo soy demasiado viejo, como ves, nunca he dejado el suelo de mis

---

[83] Se trata del Sinaí. Creemos erróneamente que el monte Horeb y el Sinaí forman una sola cima. El Horeb (contracción de Hor-em-Geb) es el centinela a menos altura en la vertiente oeste del Sinaí.

antepasados ni para guiar las caravanas que cada año llevan nuestros tributos en beneficio de Egipto, hasta la ciudad de Elzerion[84].

-Otras religiones se dirigen hacia las mismas metas, tan nobles y elogiables, venerable, pero todo se queda en el estado de un bello sueño, desde hace milenios. Y parece probable que así permanecerá aún a lo largo de miles de años, si es que la raza humana sigue existiendo.

-Todo el problema reside ahí. La raza de las criaturas surgidas de Dios, sólo se mantendrá si se agrupa bajo el ala protectora de su Creador de una vez por todas.

-Por bello que sea, no es más que una utopía.

-Los profetas de esta región, mucho antes de que yo viniese, han dicho y repetido con una fuerza poco común, que aquí mismo se erigiría un hombre, maduro en edad, capaz de guiar a los hombres hacia Dios, después de haber reunido a todos los desgraciados de las tierras vecinas.

-Un líder de hombres... ¿De qué serviría en este desierto donde no crece nada? Un hombre con familia debe ante todo asegurar el alimento.

-Los patriarcas han dicho, igualmente, que Dios sellaría una nueva alianza con ese pueblo que se ha girado hacia más justos sentimientos de vida, concediéndole un nuevo suelo, más misericordioso, una tierra para ellos.

-Todo esto me recuerda viejas tradiciones egipcias, donde justamente, Egipto ya fue para los desgraciados rescatados de un diluvio, una tierra prometida por Dios.

-Conoces muchas cosas, extranjero, y yo las he aprendido sin moverme de aquí. Mis días están contados mientras que tú estás en toda tu plenitud. Por ello, tú verás un día hasta qué punto mis palabras de hoy son verdaderas.

-Aún vivirás numerosos años y profetizarás felices acontecimientos, ¡oh Yitro! Debo reconocer que tus palabras me han sentado bien, despertando algunas reflexiones, cosa que llevaba tiempo sin ocurrir, por ello agradezco la paz que me han traído.

-Si te quedas algún tiempo en este campamento, sería en tu corazón donde reinaría la paz.

- ¿Por qué dices eso, tan desgraciado soy?

El patriarca hizo un gesto amplio con su brazo izquierdo, indicando que eso era un asunto personal entre él y Dios, y después de un silencio dijo:

-Cada mañana, al amanecer, agradezco a Yahvé por sus bondades hacia mi pueblo kenita. Todos los jefes de las familias hacen lo mismo iniciando sus oraciones con un vibrante: "Hall-Lu-Yah", que significa: "Gloria a Yahvé", no te vendría mal unirte a nosotros durante unos días.

---

[84] Elzerión es Haseroth de la Biblia, en el Sinaí. Moisés aún no ha ido ya que se dirigía a Madian por Aquaba. La tradición bíblica quiere que sea en este Haseroth que Myriam, la "hermana", enfermara de lepra.

-Seguramente conseguiré la serenidad de mi alma, que tanto necesito, pero ¿cómo podría ser útil? Deseo agradecer vuestra hospitalidad.

-Creo que tu Dios mismo te dará la respuesta.

- ¿Tengo algún Dios? –dijo Met con tono desgarrado.

-No soy más que un viejo, perdona la intrusión en tu vida privada, no deseo revelar lo que tú escondes.

Met se reincorporó e intentó aclararse el espíritu en este momento presente, no deseando frustrar a su anfitrión optó por la sinceridad:

-Sin duda eres uno de los hombres más sabios que jamás haya conocido, oh venerable. La vejez no significa ser senil, y no lo eres.

-Así que ¿has conocido a muchos sabios?

-Efectivamente, he conocido a varios, algunos sólo lo pretendían, mientras que otros que no se vanagloriaban lo eran mucho más. Solamente tres o cuatro, aparte de ti, estaban habitados por el conocimiento que debe ser aliado a la sabiduría.

- ¿Eres egipcio?

-Lo fui, pero ya no soy más que un extranjero en cualquier lugar porque he huido de mis responsabilidades.

-Sin conocerte aún, imagino poco que seas un cobarde irresponsable. Habrás tenido motivos poderosos para actuar como fuese.

-Igual, quizá.

- ¿No tienes ningún lazo con Egipto?

-Ningún lugar donde pueda ir. Mi adorada madre murió en terribles circunstancias, mi esposa fue asesinada bajo mis ojos de forma atroz. De ello hará más de dos años.

El patriarca aguantó su respiración para no perturbar el que tanto había sufrido y comprendió su intuición que le hizo dar cobijo a este hombre erudito que estaba agotado mentalmente para poder seguir errando sin objetivo. Se levantó y puso una mano sobre el hombro del hombre que estaba abatido a sus pies:

-Tu angustia, muy comprensible frente a las desgracias que te han alcanzado, no debe hacerte perder de vista la búsqueda de lo que te atañe, ya que aún vives. Si Dios lo ha querido así, es por algo importante.

- ¿Por qué Dios ha deseado mi desgracia borrando lo que más quería en el mundo?

-Las pruebas tan profundas serían una necesidad. Una vida feliz no hubiera engendrado el deseo de convertirte en servidor de Dios. Quizá sin saberlo, eres algo más que un simple mortal. Las vías que llevan a Yahvé son impenetrables. Tú dispones de tus recursos mentales y físicos y estás vivo. Sería la única manera que Dios tendría para alcanzar tu alma.

-Pero nunca he estado en comunicación con Dios, ni con Ptah, o Yahvé, oh venerable.

-Quédate un tiempo y estoy seguro que entrará en comunicación contigo. Estás destinado a realizar un gran cometido y para ello debías llegar al fondo de la desgracia.

-Sin embargo, no puedo esperar con los brazos cruzados y los ojos plantados en el cielo al buen parecer de Dios. ¿Quién me alimentaría por no hacer nada?

El patriarca por primera vez tuvo una pequeña risa y dijo:

-Podrías guardar el rebaño, esposar una de mis hijas... No es bueno para un hombre vivir sólo con los recuerdos, aunque estos estén anclados para siempre. ¿Qué te parece?

-Guardar el rebaño no sería la peor de mis aventuras, pienso que puedo aprender rápidamente y hacerme obedecer. ¿Sería igual para una de tus hijas?

-Séfora es la que más te conviene a pesar de su orgulloso carácter.

-Ella quería esposar a un príncipe.

-Pues se casará con un pastor, nada más. Eso es secundario. Afirmo que, si te quedas en este campamento ahora, tu destino en un futuro tomará una importancia tan considerable que quizá algún día pienses estar soñando.

- ¿Podrías darme más detalles?

-Debo interrogar a Yahvé, y lo haré en cuanto vuelva a visitar su montaña sagrada. Estoy seguro de todo lo que te he dicho, todas las palabras que he anunciado serán verídicas si te quedas aquí.

- ¿Pero, y Séfora?

-Mi primogénita se ha equivocado en sus visiones, que no son más que sueños que ha creído. Haréis buena pareja y más tarde cuando sea el momento, te dará dos hijos.

Met expresó fatalismo. Las visiones de Séfora lo perseguían más que las palabras del patriarca. En un caso como en el otro, sentía que no podía ir contra el designio que Dios le mandaba por boca de su anfitrión y dijo:

-Séfora no se ha equivocado, o venerable. Yo era hace aún dos años, un gran príncipe egipcio dispuesto a sentarse en el trono más poderoso del mundo.

LA FIESTA DEL CORDERO

"¡Aleluya! Bendito sea el nombre Yahvé, desde ahora y para siempre. Desde que el sol se levanta hasta que se pone, loado sea el nombre de Yahvé. (SALMO 113. La Biblia).

Todo el pueblo estaba despierto al alba de la gran fiesta, aunque todavía era de noche, la penumbra señalaba el Este por encima de lo que debía ser el Mar de los Juncos, tras la ciudad de Elzerion. Cada familia se había reunido frente a su cabaña, mirando a su jefe dispuesto a sacrificar el mejor borrego de su rebaño, ayudado por su primogénito. Sujetaba la cabeza del cordero con una mano, mientras verificaba el filo del cuchillo que llevaba en la otra mano para desangrar al animal sin problema.

El día se levantó rápidamente, pasando por todos los tintes, del violeta a la púrpura, del escarlata al rojo y al naranja, justo antes de aparecer el rayo de oro del sol de primavera; el primero de los días que aumentaba en duración. Un grito surgió de todos los pechos humanos antes de que los cuchillos cortasen de un solo tajo las gargantas de los corderos, sus balidos se unían al clamor triunfante de los kenitas. Raguel, al no tener hijo, había hecho solo el sacrificio de un magnífico carnero, sin manchas ni defectos. Era el jefe, y había ofrendado en acción de gracias más que los demás. Era una víctima expiatoria en acuerdo con la voluntad celeste y los movimientos solares en el cielo. Se levantó contento del desarrollo del sacrificio y pensó que Yahvé estaría satisfecho de sus servidores y de él mismo, su confidente. Aborrecía a esos salvajes del país de Moab que sacrificaban al mismo tiempo un toro y un carnero, decían no ofender a ninguno de los dioses. Pero Yahvé era Uno. Había sido el Toro Celeste, era el Carnero y sería el Pez, pescador de las almas de una nueva humanidad más adelante.

El sheik se sentía aliviado. La tradición oral informaba de todo ello proveniente de Egipto y otros lugares. Nunca lo había verificado por él mismo, pero sabía que era la verdad. Él era el confidente de Dios, él era Yitro, y él sabía. Se reincorporó y dejó el puñal ceremonial de bronce cincelado, chorreando sangre, sobre un paño de lino blanco que Met le tendía. Sus ojos brillaban como las luces doradas del Sol que aparecieron, cuyo disco resplandecía con luminosidad cegadora:

-Se ha realizado el rito, Met. El sol acudió a su cita y no habrá hambrunas si Yahvé lo desea. Que las mujeres reaviven el fuego y dispongan a los animales para su cocción en cuanto se hayan llenado los barreños con su sangre.

Indicó a sus hijas que viniesen, aunque faltaba Séfora, ella obedecía a su padre sin buscar comprender, hacía cuatro días, el sheik le había anunciado sin protocolo alguno, que había acordado con el extranjero el derecho de hacer de ella su esposa, y que los casaría antes del baile de la fiesta del Carnero. Desde ese anuncio ella vivía apartada, sin acercarse a su futuro esposo en perpetua conversación con el que sería su suegro. Sabía que no tenía que bailar ni sufrir las miradas de deseo de todos los notables de los alrededores, atraídos por la fiesta y las niñas casamenteras. Era un gran alivio para ella con algo de desencanto por tener que conformarse con un extranjero desconocido, franco y fuerte, pero sin gran futuro, ella, que tanto había soñado con vivir como una dama en Elzerión en una casa de ladrillos con sirvientes. No sabía si sentirse feliz por no tener que casarse con un obeso notable, o sentirse triste por tener que aceptar al que no tenía nombre. Por ello quedó en su tienda pretendiendo tener que acomodarla para cuando llegara su esposo.

Mientras tanto, el sheik y Met penetraron en la augusta tienda del patriarca y se sentaron para restaurarse en vista del largo día que se anunciaba. Lleno de satisfacción, el anciano anunció lo que tenía en mente desde su primer encuentro, y que, desde entonces, había madurado y ordenado:

-Necesitando poco sueño, tengo mucho tiempo para reflexionar y rezar a Yahvé. Por ello, he tomado importantes decisiones que hoy no te detallaré, son irrevocables porque están marcadas por el dedo del Eterno Todopoderoso, tres veces santo. En primer lugar, tu nombre será *Moshé*, el "Salvador de las Aguas"[85]. No me preguntes por qué, ahora no te lo puedo desvelar, aún tienes un largo camino que realizar por ti mismo y tú solo antes de encontrar el sendero que te llevará, paso a paso, a la deslumbrante verdad. Entretanto te convertirás en el hijo que nunca tuve, me representarás en todas las asambleas tribales. Yo no me desplazaré, recibiré aquí y juzgaré los casos más graves, como haré esta noche antes de la cena y el baile. Hoy me asistirás. Ayer di orden de montar una tienda confortable para ti y para Séfora, entregué todos los materiales para ello, y gracias a las cuatro hermanas de Séfora, que han mantenido el secreto, todo está listo desde ayer, ya que hoy es la fiesta sagrada y nadie trabaja. También encontrarás tres cofres con telas y vestimentas para ti, para los distintos momentos de los días, pero por supuesto, ahora mismo, tu principal tarea será vigilar mis rebaños, que son numerosos, con la ayuda de otros pastores. ¿Estás satisfecho, Moshé, hijo mío? Ahora te conviertes en *Moshé ben Yitro*.

Met, o mejor dicho, Moshé, quedó atónito digiriendo con dificultad este flujo tumultuoso de palabras que hacían de él un ser humano completo. Un hombre responsable de sus actos y de los demás. Tragó saliva penosamente y contestó:

-Pero te he explicado, oh tú que aceptas ser mi padre, que soy un fugitivo, un condenado de Ptah, bajo a la venganza de un odioso rey envidioso que quiere mi muerte.

---

[85] La polémica se cierne sobre "salvado" o "salvador". Si embargo, la princesa egipcia que no hablaba hebreo le dio el nombre de Met: El Nombre. Sólo fue más tarde, y por premonición, que se convirtió en el Salvador de las Aguas, Moshé, el héroe que hizo posible el cruce del Mar Rojo, o Mar de los Juncos en aquella época.

- ¿Quién podrá decir el que morirá antes? Sólo Yahvé puede saberlo, tú mismo lo sabrás durante tus meditaciones frente a la montaña sagrada cuidando los rebaños.

El silencio planeó entre los dos hombres, dejando oír el tumulto exterior de los pueblerinos excitados ante la fiesta que se preparaba. A la señal del patriarca, Moshé se sirvió un pequeño pan redondo de gusto áspero y sabor agradable, observándolo contestó:

-Seré merecedor de tu confianza, mi padre, y me conformaré a tus órdenes, aunque todavía no las comprenda. Haré todo lo que pueda para no decepcionar a Séfora, y la haré feliz.

-Esto es menos seguro, hijo mío, Séfora sólo tuvo a su madre hasta los doce años, y jamás tomé otra esposa. Ella se ocupó de sus hermanas y se convirtió en autoritaria y orgullosa. La carne de mi carne es una bella y joven mujer, pero sus pensamientos se dirigen hacia una meta precisa que no es el amor normal entre dos esposos. Ha vivido en un sueño durante diez años y nunca he querido quitarle esa insensata esperanza.

- ¿Por qué no?

-No lo sé. Quizá porque a veces soñar es bueno, o quizá porque pensaba que eso pudiese ocurrir algún día. Pero ya se acabó.

-Séfora merecería algo mejor que yo.

-Ya no puede esperar más. No sólo sus cuatro hermanas envejecen, sino que los que las desean como esposas, se impacientan. Se casará contigo. He hablado.

-No seré yo quien se queje.

-Se paciente con Séfora, mi primogénita. Para nada cedas a sus caprichos si quieres ser feliz, lo que te deseo desde el fondo de mi corazón.

-Así lo haré, pero debes saber que uno o varios espíritus malignos me acompañan y lo destrozan todo. Quizá Séfora podría encontrar su felicidad con uno de tus invitados en el baile de esta noche.

-Ningún espíritu maligno merodea en esta región, donde planea el espíritu de Yahvé. Sus mandamientos son órdenes. Llegaste bajo mi tienda guiado por Él y no por otro, porque es el Todopoderoso. En este lugar de descanso tendrás paz en tu conciencia, permitiéndote poner vendas a tus heridas hasta que sean un lejano recuerdo en tu corazón. Séfora te traerá la tranquilidad física que necesitas, y podrás alimentar tu espíritu a la sombra de la montaña sagrada. He dicho a la sombra, hijo mío, porque no se debe subir bajo pena de muerte.

- ¿Cómo es eso?

-Yahvé no quiere ser visto, jamás nadie se le pudo acercar, todos lo que intentaron esta funesta experiencia nunca volvieron del Hor-Em-Geb, por el que hay que pasar para llegar a la cima del Sinaí.

-Pero para creer en Él, hay que verlo, oh tú, al que llamo padre porque te veo frente a mí.

-Yavhé es omnipresente, está por doquier, y cada uno debe verlo tal como lo imagina su conciencia, por ello su forma debe permanecer invisible para todos, pero basta de charlas, es hora de que te vayas a tu tienda para lavarte, cortar tu barba y vestir la ropa que juzgues conveniente para ser el esposo en el que te convertirás. Y no le digas que eras un príncipe.

-Seguiré tus palabras, mi padre.

-Muy bien. Sin embargo, deberéis asistir al baile sagrado ya que las que se convertirán en tus hermanas, bailarán para encontrar un marido. Realizada esta formalidad podréis iniciar vuestra nueva vida en común con la bendición de Yahvé y la mía.

Moshé se levantó, inclinándose con respeto, y se fue a su tienda a la sombra de la montaña sagrada, que desde ahora sería su nuevo hogar. En este pensamiento se detuvo entrecerrando los ojos bajo el sol cegador buscando el emplazamiento de este alto lugar. El astro del día iluminaba todo el horizonte oeste y la cadena de montañas aparecía nítidamente, sólo las altas cumbres estaban en las nubes[86]. Sus ojos vivos y penetrantes, como los de un águila, captaron un brillo extraordinario a media cuesta de lo que parecía una subida. Reflejos anaranjados extraordinariamente brillantes, captaron su atención de forma hipnótica dejándolo absorto. ¿Estaría Dios manifestándose ya bajo su forma de Yahvé? Moshé permaneció un buen momento observando este brillo intermitente que no era una visión. Fue la voz de Eliabie la que rompió el encanto:

- ¿Qué miras de ese modo, hermano sin nombre? ¿No sabes qué hacer para que pase el tiempo antes de tener a tu bella Séfora en brazos?

-Tu padre decidió que yo me llamaría Moshé.

- ¿Moshé? Qué nombre más extraño para quien vive en un desierto de arena alejado del mar.

-Desde ahora en adelante, será el mío. Y me gusta. Y si dices algo sobre tu hermana y sobre mí te tomaré en brazos, pero para darte una buena corrección.

-Qué malo es este hermano que nos cae del cielo, pero descuida, esta noche tendré otros pensamientos, he tejido un bello vestido de lana de todos los colores para influir en el que se convertirá en mi esposo.

- ¿Te gusta el que has elegido, Eliabie?

-Mucho, Moshé. No tengo grandes pretensiones, es un joven obrero del metal que viene a menudo a hacer trueques para su dueño. Esta noche estará aquí y me tomará para vivir con él en Rephidim.[87]

- ¿Hablaste de ello al venerable Raguel?

---

[86] Recordemos que el Sinaí culmina a 2.639 metros, mientras que el Hor-em-Geb, hoy llamado Horeb, es un contrafuerte de 1.200 metros.
[87] Rephidim. Ciudad de la alta meseta del Sinaí, situada al noroeste de la montaña sagrada.

-Mi padre siempre sabe lo que ocurre en el corazón de sus hijas. No sólo ha dado su consentimiento, sino que dijo que sería muy feliz y que tendría tres bellos hijos que serán la alegría de todos.

Moshé advirtió que el patriarca no le había hablado de una progenitura rápida, sino que, curiosamente, lo había puesto en guardia, era un punto que debería esclarecer...

-Qué dices, Moshé. ¿Vas a prepararte para la bella Séfora? Nos veremos, malo Moshé que ya piensas en castigar a tu pequeña hermana.

Riéndose traviesamente, se fue. Moshé miró furtivamente las montañas antes de irse, ya no había fuego en su flanco, la pared era oscura, y caminando se preguntó si lo había soñado. Sin tiempo de profundizar, llegó frente a su casa que reconoció gracias al estandarte que Raguel puso en alto junto a una cinta nupcial.

Su tienda era casi tan espaciosa como la de Raguel y, seguramente, con más lujo. Sus nuevas hermanas habían dispuesto todo con su arte y los medios del lugar, una habitación susceptible de gustar a unos recién casados. Unas pequeñas cubetas con agua lo esperaban en la pequeña sala reservada en el exterior. Tomó su tiempo para lavarse, cortó una buena parte de su barba rizada y la talló metódicamente lo mejor que pudo, como había visto hacer en Egipto a los peluqueros de la corte real. En la cama de su habitación estaba extendida una tela espesa de color marrón claro, veteada de hilo azul. Se la puso como pudo al no tener un espejo de bronce para contemplarse. Sin embargo, estaba seguro de parecerse a un príncipe o, al menos, a cualquiera de los notables que acudirían esta noche a la fiesta.

Satisfecho con él mismo, y con el resto del mundo, se sentó sobre el blando colchón, hecho seguramente de plumas, y se tendió unos momentos para meditar y soñar en paz. Unas voces, sorprendidas y risueñas, lo sacaron de su estado. Algo aturdido, vio frente a él a dos de sus nuevas hermanas, Noemí y Ruth, contemplándolo con aire de admiración, lo que le tranquilizó acerca del cambio de su rostro y su aspecto general. Noemí, fue la primera que le dirigió la palabra:

- ¿Es realmente el extranjero que será pronto esposa de nuestra hermana, el que está ahí durmiendo tranquilamente el día de su boda, o es un noble cansado de su viaje que ha encontrado una cama acogedora?

-Sí, soy yo, pero no dormía, sólo soñaba, ya que aún queda mucho tiempo antes de que llegue la noche.

Las dos hermanas se echaron a reír, y Ruth dijo en tono malicioso:

-Si te das prisa en salir, verás que el sol se está poniendo.

Moshé se levantó y se dio cuenta que la penumbra entraba rápidamente en la tienda. Los ruidos de la fiesta, tambores y flautas, dejaban oír sus sonidos modulados, y Moshé dijo sin contenerse:

-Pues sí, en verdad, me dormí, pensaba que el sol estaba en su cénit.

Noemí se dirigió a Ruth como si estuviesen solas en la habitación:

-Vaya hermano que tenemos, querida, ya descuida a la que será su esposa, el mismo día de su boda. Pobre Séfora.

-Tienes razón, Noemí, él dormía mientras nuestra hermana lo ha buscado desesperadamente por doquier pensando que había huido dejándola a su suerte en manos de un pastor más bruto y desaliñado que él. Pero ni lo uno ni lo otro, hermana mía, mira qué guapo está.

-Parece un príncipe, bien me dejaría seducir por él si nuestra primogénita no lo quiere.

Estallaron en risas revoloteando con sus deslumbrantes vestidos, y Noemí dijo:

-Bueno, nosotras nos contentaremos con los esposos que Yahvé nos concederá esta noche, pues ya los hemos elegido.

Met estaba desconcertado ante la verborrea de las mujeres habiendo perdido la costumbre. Noeí le sonrió inocentemente y le dijo:

-Si no quieres que Séfora pierda el espíritu esta noche, es hora de que vayas junto a ella para que vea la metamorfosis y le ayudes a recibir los invitados de nuestro venerable padre, el sheik de los kenitas. Sentimos por él un profundo respeto, y por ti, que te has convertido en nuestro bello cuñado. Queremos ver si nuestra primogénita te reconoce o si creerá que eres un nuevo aspirante desconocido que juzgará más digno de ella. Así que no digas nada y déjanos ver la sorpresa en su cara.

La tienda paterna estaba alumbrada por lámparas de aceite dispuestas por doquier. Los notables, en su interior, sentados en el suelo escuchaban con atención una homilía del venerable Yitro. Moshé no se acercó, siguió su camino y llegó frente al lugar donde se desarrollaba la fiesta, donde un centenar de personas estaban agrupadas en el exterior de un círculo en cuyo centro ardía un enorme tronco, alrededor del cual, las jóvenes vírgenes bailarían más tarde. Por el momento, los cantantes habían empezado un himno a las bendiciones de Yahvé que acompañaban dando palmas, con tambores y flautas de cuatro orificios.

Un olor acre y pesado penetraba en su garganta en cada respiración, provenía del oreo de las pieles de los borregos sacrificados ritualmente por la mañana. Sus cuerpos ya estaban asándose en múltiples fuegos añadiendo humo al olor nauseabundo que flotaba en el aire tibio. Esto no preocupaba a Met, ni la luna llena y brillante que hacía su aparición, sólo le preocupaba la acogida que le reservaba Séfora, a la que vio hablando con otras mujeres. Su alta estatura permitía no confundirla, dominaba más de una cabeza a sus compañeras, Met consiguió acercarse e interponerse antes de que ella lo advirtiese, y le dijo en tono grave:

-Saludos a ti, la más bella de esta velada que se convertirá en mi esposa frente a Dios en poco tiempo.

Las otras mujeres miraron al bello desconocido que hablaba su idioma, mientras que Séfora, aturdida, abría los ojos, reconociendo la voz, pero no al hombre. Incrédula, sorprendida y ansiosa, su rostro pasó por todos los grados de la desconfianza:

- ¿Cómo puedes ser el mismo que conocí cerca del pozo? ¿Has usado algún sortilegio o eres una aparición enviada por Yahvé para demostrarme que debo por tomar por esposo a ese ser desmelenado que quiere convertirse en pastor?

-Soy todo eso a la vez, Séfora, y tu padre ha sido el instrumento de la transformación deseada por tu Dios.

-Seguramente lo es, pero ¿Quién te ha lavado, vestido y cortado la barba? Te busqué por todos los sitios para llevarte a mi tienda y ayudarte.

El tono dolido de Séfora, le hizo sonreír. Sabía que tendría problemas en comprender esta mentalidad donde únicamente ella tenía el poder de decidir las acciones de los demás y decidió contemporizar al tiempo que llegaban las dos hermanas, diciendo:

-Tu venerable padre es el responsable de alguna manera, lo dispuso todo para que tus hermanas acomodasen nuestra casa, que se construyó anteayer, completamente equipada para que vivamos desde esta misma noche.

Los ojos de Séfora despedían chispas.

- ¡Pero nadie me ha dicho nada! Me he pasado el día embelleciéndola.

-Servirá para nuestros hijos. Es bueno que cambies de atmósfera para convertirte en una buena esposa.

Dicho esto, en tono tranquilo y pausado, sin réplica, Séfora frunció las cejas y apretó los labios para reprimir una respuesta tajante, que pensaba podría vencer al que se erigía contra sus deseos:

- ¿Qué nombres le darás a esos hijos que ya ves en este mundo para tu mayor gloria? ¿El nombre de "Persona"?

A pesar de la cólera que sintió subir en él, se mantuvo impasible, prefiriendo responder con un tono burlesco que no sentía en el fondo:

-Sólo los llamarás por el nombre que tu padre me permite llevar ahora: El suyo, al que ha añadido la denominación de Moshé ben Yitro.

-Pero... ¿Serías un "salvador de las aguas"?, ¿hijo del confidente de Dios? Pero, qué locura es esta ¿Has perdido la cabeza? No quiero ser el hazmerreír de todo el pueblo.

Met, mejor dicho, Moshé, tuvo un gesto de impaciencia que no pudo controlar y con tono más severo, dijo:

-Es tu padre el que ha hablado, Séfora ¿Lo has olvidado? Además, estoy de acuerdo para llevar la responsabilidad del nombre que me ha dado. Incluso si no me hubiese gustado, hubiese obedecido porque es el jefe de los kenitas y un gran profeta. Harás lo mismo, y no demostrarás enfado ante él, ya que inmediatamente debemos unirnos a él para presidir el festín que ofrece a sus invitados de esta noche, y no olvides que algunos se convertirán en tu familia por la boda con tus hermanas.

Las hermanas que asistieron al altercado quedaron atónitas. Met tomó a Séfora por un brazo y la llevó hacia la tienda paterna. Apenas estuvieron fuera del alcance de la vista, las dos hermanas se echaron a reír, felices de poder contar que la primogénita había encontrado a su maestro.

La fiesta que ya empezaba frente a la tienda del sheik tranquilizó a Moshé y ralentizó el paso para detenerse, cerca del grupo de los cantantes y aflojar el apretón del brazo de Séfora. Eran kenitas del pueblo que salmodiaban al ritmo de los tambores, un canto a la gloria de Yahvé. Al final de cada frase, los asistentes daban palmas, lo que también hicieron Moshé y Séfora metiéndose en el ambiente:

Aleluya, Yahvé, Aleluya,
Alabamos el nombre de Yahvé,
Nosotros, los servidores de Yahvé,
Bendecimos el nombre de Yahvé,
Hoy y para siempre,
Desde el amanecer hasta el atardecer,
Alabado sea el nombre de Yahvé,
Él, que baja a la montaña,
Para residir entre el cielo y la tierra,
Él, Yahvé, es nuestro único Dios,
Del polvo levanta al débil,
Igualándolo a los príncipes,
Que él tome una mujer en el renacer
De la gran fiesta del Carnero.
Alabamos el nombre de Yahvé,
Aleluya, Aleluya a Yahvé.

Este canto de esperanza, dispuesto para celebrar su boda, le llegó al corazón, y esta vez apretó la mano de su compañera con más dulzura. Ésta le contestó con una caricia, y fue con esta especie de tregua que siguieron la velada. La noche era espesa y la luna resplandecía recortando las siluetas de forma extraña cuando se acercaban a la tienda del sheik, Séfora le dijo:

—La asamblea de los hombres aún no ha terminado, te dejo e iré a vigilar los preparativos de la fiesta, hasta pronto mi irascible esposo.

—Hasta luego, esposa de espíritu autoritario.

En la tienda de Raguel reinaba un silencio total, la atmósfera es muy diferente a la de fuera. Todos los sentados sobre pieles de cabra escuchaban apasionadamente las palabras que salían por la boca de Yitro, el incontestado confidente de Dios de los kenitas. Al ver a Moshé, le hizo señal para que se acercara, lo que hizo de la manera más silenciosa que pudo. Después de sentarse se dispuso a hacer como los demás y escuchar la palabra de Dios.

—Por supuesto, todo esto es la continuación de un período tan largo que nuestros espíritus no pueden imaginar. Porque en el inicio, Yahvé estaba solo en ningún lugar, porque no había cielo ni tierra, no había nada. Yahvé estaba solo porque aún no había tomado la decisión acerca de su conducta futura. Él estaba siendo, a la vez de lo que era, lo que sería.[88] Es por ello, que fuerte con todo su poder eterno, infinitamente bueno a la vez, dijo que soledad debía tomar fin. Los tiempos debían cumplirse en el seno de una multitud que sería creada a su imagen y que le obedecería sin reserva alguna. Así, Yahvé, en un primer tiempo, creó el cielo y las tierras. Pero cuanto más lleno estaba el

---

[88] *"Yo soy el que es"* Libro de la Sabiduría XIII,1. *"Él es, él era, él será"* Apocalipsis I, 8.

cielo de su gloria, tanto más pobres y silenciosas eran las tierras negras y vacías, ya que las tinieblas aún oscurecían estas partes alejadas de su bienaventurado reino. Entonces, Yahvé habló por primera vez, y su voz derrumbó el cielo. Yahvé dijo: "*Que la luz sea*", y la luz fue. El Todopoderoso vio que luz era buena y permitía a los ciclos realizarse. Esta luz fue el día, y las tinieblas que habían retrocedido se convirtieron en la noche. Fue así como el primer día terrestre fue seguido de una noche. Una vez realizado esto, Yahvé tomó su tiempo para crear cada cosa en su lugar. Ordenó meticulosamente cada especie terrestre según su género: mineral para las rocas, piedras y montañas, vegetal para los árboles, verduras y cultivos, luego los animales, de forma que cada ser vivo con los que había decidido poblar la tierra, estuviese en su lugar según sus propias características. Por ello, hubo peces en el agua, pájaros en el cielo y animales en la tierra. Esta creación tomó seis largos períodos como es fácil pensar por los miles y miles de especies vivas que nos rodean. Al cabo de un tiempo, Yavhé vio que la realización de su obra estaba cercana, porque a todo lo que vivía, peces, pájaros y animales, les había provisto de alimento. Viendo que todo estaba bien, nuestro Dios el Eterno se decidió perfeccionar su creación introduciendo una forma diferente que sería igual a Él: El Hombre. Entonces, Yahvé insufló otra forma de vida que provenía directamente del cielo conteniendo la parte más importante de Él mismo: Una parcela de su santo espíritu. Con el fin de educar al hombre y mostrarle que Él era su único creador, plantó a su lado el árbol del conocimiento, de forma que el hombre pudiese vivir sus mandamientos, único medio para reinar sobre la tierra y vivir eternamente. Por este motivo, Yahvé le ordenó el principal precepto, que sólo fue conocido por este Primogénito, primer nacido: "*Podrás comer de todos los árboles que crecen en la naturaleza, excepto de este que contiene a la vez los frutos del bien y las flores del mal. Si te atreves a desobedecer esta orden formal: Desgracia para ti. Mi cólera te maldecirá a ti y todos los descendientes hasta las milésima generaciones*". El Primogénito, aterrorizado, dijo: "*Te obedeceré en todas las cosas, oh tú, que eres mi Creador: Yahvé, pero ¿cómo podré tener progenitura si estoy solo?*" Entonces, Yahvé, satisfecho, contestó: "*No es bueno que estés soló, así te haré una ayuda que te complemente*". Y lo hizo de inmediato, Yahvé insufló otra parcela de su divinidad a una forma semejante a la del Primogénito, pero más apta a las necesidades de la maternidad. Y los unió. Es por ello, en verdad, que os repito cada año que el hombre debe dejar a su padre y a su madre, llegado el momento, para unirse a una mujer que debe hacer los mismo saliendo de casa de sus padres, para fundar un hogar donde nacerá una nueva generación que perpetuará la raza de los hijos de Yahvé. Esto es lo que todos habéis venido a hacer esta noche, debéis tomar a las jóvenes que esperan. Todos somos kenitas, hijos de Yahvé, creemos en el mismo Dios único. Os agradezco a todos vuestra presencia.

El patriarca, por fin, marcó un silencio que permitió a todos respirar más libremente, aliviando a los participantes que tenían alguna dificultad para asimilar el flujo de palabras difícilmente comprensibles para la mayoría, pero admitidas como la expresión de la única verdad. Todos esperaban la continuación, pero Yitro no se levantó y levantó un brazo señalando a Moshé:

-Este que acaba de sentarse cerca de mí, ha aceptado por esposa a mi primogénita Séfora.

Un murmullo de sorpresa se levantó entre la asistencia, nadie parecía saber nada. Pero la alegre acogida que mostraron indicaba que la noticia era bien recibida, sobre todo por los que esperaban a las otras cuatro hermanas. El sheik prosiguió:

-Ya no será un extranjero para ninguno de nosotros. Se convertirá en un hijo para mí, ya que también le transfiero mi nombre, y desde ahora se llama Moshé ben Yitro.

Dijo esta frase con fuerza, y fue repetida varias veces por todas las bocas. Como ningún comentario se opuso, el anciano mostró su satisfacción y acabó su oratoria diciendo:

-Gloria eterna a Yahvé, nuestro Dios. Que cada uno recupere fuerzas en el banquete del Eterno, y los que deseen tomar esposa vayan después alrededor del círculo sagrado en cuyo interior bailarán para ellos las jóvenes vírgenes casamenteras. Por esta noche, he hablado.

Los hombres se levantaron lentamente para dirigirse a los lugares donde estaban dispuestos los platos del festín, principalmente los borregos asados, verduras cocidas y dátiles. En cuanto a Moshé, aún no se había movido mirando a este hombre que era su padre, al que acababa de descubrir en esta homilía. Yitro era más que un patriarca y que un profeta, incluso, ¿sería en realidad ese confidente de Dios una imagen de Yahvé mismo? Porque este hombre era más que un santo sacerdote tal como había conocido en las Casas de la Vida que había frecuentado a orillas del Gran Río en el lejano Egipto hacía varios decenios. Se disponía a preguntar, pero el patriarca se adelantó y dijo:

-No, hijo mío, aún no ha llegado el día en que te sea revelado tu futuro destino. Hoy solamente debes ocuparte de tu esposa Séfora. Come con ella la parte de carnero sagrado para que este año que empieza en este día os sea favorable y fértil en todas las cosas. Después asistiréis al baile de vuestras hermanas y podréis desaparecer para vivir vuestra vida de esposos. En cuanto a mi, rezaré a Yahvé para que bendiga todos estos nuevos hogares. Ve, hijo, y que nuestro Dios común, el Único, te asista y proteja.

Moshé se inclinó con respeto antes de dirigirse a la salida. La muchedumbre estaba alegre y satisfecha, encontró fácilmente a Séfora que vigilaba a los que repartían alimentos, aparentemente feliz. Se dirigió gentilmente a su marido acogiéndolo con los brazos abiertos y diciendo en voz alta para que la oyesen las mujeres de alrededor:

-Este es mi esposo desde ahora. Que las veintiocho mujeres que quedan por casar esta noche, encuentren un esposo semejante, es lo mejor que puedo desearles.

Esta frase tranquilizó al buen Moshé que pensó que quizá la belleza podía aliarse a la inteligencia y a la bondad.

JETRO[89]

"Jetro era un sacerdote del verdadero Dios, como Melquisedec. La dignidad sacerdotal era intrínseca a su cualidad de padre de familia, conforme al uso pastoral. Él Adoraba a Yahvé tal como lo conocía por su razón y la tradición patriarcal". (H. LESETRE. Diccionario de la Biblia).

Los días pasaban en el pueblo del sheik de los kenitas, después los meses volaron al tiempo pasado, pareciendo todos iguales, trayendo y llevando dos fiestas anuales del Carnero. Moshé había tomado su papel de pastor como jefe de los rebaños del patriarca, ocupación que tomó muy en serio a pesar de los sarcasmos de su esposa. Guiando el rebaño cada vez más lejos, volvía menos veces al campamento. El primer pretexto fue que había encontrado hierba muy tierna al amparo de los grandes calores, pero su motivo más profundo era acercarse a la montaña sagrada y acampar. Los jóvenes pastores lo miraban recelosos, pero Moisés jamás se alejó en la dirección prohibida, limitándose a escudriñar las cimas en silencio durante horas y sus acompañantes se acostumbraron a él.

Era incontestable que, a lo largo de estos dos años, los rebaños del sheik sólo se componían de animales gruesos y vigorosos, dando mayor fama a toda la región. Por esto, el patriarca estaba muy satisfecho del giro de los acontecimientos, pero no ocurría lo misma para Séfora que, debido al cada vez más frecuente alejamiento de su esposo, veía más difícil abandonar estos lugares donde ya no quería vivir. Deseaba vivir en la ciudad, de modo más cómodo y honorable. Este era uno de los puntos oscuros que incomodaba a Moshé, pero existía un segundo aún más preocupante para el futuro de los dos esposos, como un castigo no merecido que afectaba más profundamente a Moshé, porque no podía imputarlo directamente a su esposa. Efectivamente, sus hermanas Eliabie ya tenía un hijo, Noemí una hija esperando el segundo, Ruth e Ilhona tenían dos hijos cada una. Pero, Séfora no tenía ninguno ni estaba en espera de tal felicidad. La primogénita estaba perfectamente constituida, al igual que sus hermanas, y él parecía tan vigoroso como sus maridos, pero Yahvé parecía desear dejarlos solos y no satisfacer ese bien natural que es la progenitura.

---

[89] Véase la nota al final del capítulo.

La joven pretendía que se debía a que Moshé se obstinaba en tomar una profesión que no era para él, guardar rebaños era una ocupación indigna de él, a lo que él contestaba que ella era demasiado orgullosa para poder criar a un recién nacido. También era la opinión del patriarca que seriamente dijo a su primogénita: "Moshé se entiende perfectamente con los borregos, es mucho más duro dirigir y dar buen alimento a los rebaños que cualquier otra profesión, por ello podrá, llegado el momento, dirigir y alimentar todo un pueblo, pero tú, entonces, ya no serás digna de acompañarlo si continúas siendo tan impaciente".

Estas enigmáticas y proféticas palabras para Séfora tuvieron el don de hacer mutar su mal humor en una cólera aún más peligrosa, ya que a partir de ese día se convirtió en muda. Al no tener que alzar el tono, Moshé pensó que se había tranquilizado y había optado por ser paciente. Por ello, continuó con sus peregrinaciones a la montaña con el espíritu más tranquilo, sus meditaciones sobre la enseñanza que le daba el confidente de Yahvé tomaban otro aspecto mucho más profundo, exaltándolo en la búsqueda personal del camino que debía seguir. Con la paz recuperada en el corazón, pudo seguir paso a paso su búsqueda interior.

Los pastores que acompañaban a Moshé se sentían orgullosos de estar bajo sus órdenes, aún más porque no era un jefe severo mientras la guardia del ganado estuviese asegurada según sus indicaciones. Por ello, no se atrevían a expresar su descontento cuando se acercaban cada vez más a la montaña sagrada de la que eran temerosos. Pensaban que esta proximidad a la montaña santa, sólo podría acarrearles problemas a ellos, simples mortales. Sin embargo, dado que llevaban varios días en una misma zona, los jóvenes pastores volvían a tomar confianza observando a su maestro sentado en un montículo, dominando la meseta donde balaban los borregos, para mirar un punto fijo del Hor-em-Geb cercano. Tenían ocupaciones importantes, como ordeñar el rebaño y hacer quesos, y pronto su atención sólo se dedicó a ello. Así, la meditación de Moshé pudo seguir su curso, el que había sido sólo un nombre impersonal, Met, se convirtió en Moshé ¿Sería por premonición divina que su madre no le puso un nombre del que no querría desprenderse? El hecho es que no tuvo ningún escrúpulo en aceptar el de Moshé, mucho más evocador, además con el nombre completo de Moshé ben Yitro.

A menudo preguntó al patriarca el porqué de "salvador de las aguas", pero el venerable confidente de Dios no lo juzgaba nunca lo suficientemente maduro para revelarle el significado. Siempre tenía presente en espíritu las palabras del que llamaba Yitro, los términos siempre resonaban en sus oídos, y diseccionaba cada elemento para ir más allá de las palabras y por fin recibir la inspiración.

-Tú eres Moshé, mi hijo, porque desde que dejaste Egipto, tu dios se llama Yahvé en nuestro idioma.[90] Me habla en visiones y, si comprendo bien, ya que no trato de entender sus mandamientos antes de que los dicte, me hace saber que aún debes vivir en la tienda de los pastores hasta que los tiempos se hayan cumplido. Por ello, te digo: quedarte aquí con tu paciencia y tu gran inteligencia que sólo piden crecer.

---

[90] "*Yo soy Yahvé, tu dios desde el país de Egipto*" (Oseas XII, 10).

-Justamente, venerado padre, cuanto más reflexiono más preguntas angustiosas me planteo, a pesar de que las rechazo en el fondo de mi espíritu, vuelven sin cesar atormentándome para impedirme dormir. Así, he llegado a varias certezas.

-Muy bien, hijo mío, quizá por ello no duermes bien, pero debo desconfiar de esas preguntas y respuestas que te haces. Dame un ejemplo.

-la primera certeza que se ha anclado en mí, es que Yahvé era el promotor de mi nombre, Moshé, pero ello ha constituido el primer dilema. Si Yahvé ha aceptado este nombre venido de ti como un tipo de ofrenda de mis futuros servicios, es que existe un pacto entre vosotros dos ¿Es así?

Yitro asintió con la cabeza, pero se mantuvo silencioso esperando las siguientes deducciones importantes que cruzaban el espíritu solitario de su protegido. Moshé comprendió que podía seguir su monólogo y dijo:

-Desde el primer día que me viste, pensaste que yo podía ser el "Salvador" que tú esperabas pacientemente durante largo tiempo ¿Para realizar qué tarea? Aún no lo sé, ¿el nombre que me has dado influirá en mi futuro?

-Deberíamos remontarnos a la creación del Creador, hijo mío. Su palabra ha dado un nombre a casa cosa y a cada ser según su rango y el destino que deberá realizar en la tierra acorde con su aptitud. Así, como Yahvé, el nombre en sí ya es una definición personal propia del que lo lleva, aunque sólo sea durante un período de su vida. Un aguilucho que vive bajo el ala de su madre, sólo se convierte en águila cuando extiende sus alas y vuela solo en los aires. Te llamabas Met antes de llegar aquí, ahora eres Moshé. Yahvé existía mucho antes de todo lo que hoy existe, pero su nombre ha evolucionado según el Bien o el Mal hayan triunfado sobre algunas partes de esta tierra. Hoy Él es Yahvé, y necesita un Moshé, y gracias a tu nombre podrás sellar un día una alianza con Él. Yahvé existe, tan seguro como que tú serás el que existe, desde este momento tú lo eres en potencia, en espera de su voluntad que se convertirá entonces en tu existencia. Esto debe convertirse en el fundamento de tu obediencia incondicional a esta voluntad divina.

-Yahvé tiene toda mi obediencia. Desde hace dos años que vivo aquí, lo oigo hacer justicia a través de tu boca y veo esta población feliz de vivir bajo la tutela del Eterno, estoy más allá de las enseñanzas recibidas en Egipto por los sacerdotes de Ptah. Lo que me da miedo es la interrogación que conlleva la humanidad en ella misma, padre. Los primeros habitantes de Egipto venían de un país hundido por la cólera de Ptah, y Egipto mismo, con todos sus ídolos dedicados al Sol y sus inconsecuencias, corre a su perdición ¿Será así hasta el final de los tiempos?

-Esta decisión sólo pertenece a Dios, hijo mío.

- ¿Pero el espíritu de Yahvé que alimenta tus pensamientos podría decirme si yo me convertiré en uno esos salvadores?

-Tú mismo responderás a esta pregunta cuando llegue el momento. El Bien y el Mal nacieron el primer día de la Creación porque conviene que haya una lucha personal para acceder a la eternidad cerca de Yhavé. Si el Bien hubiese quedado inalterado, como era originalmente sobre el árbol del conocimiento, la vida de los bienaventurados se hubiera mantenido en la tierra y no en el cielo. Pero hubo el Mal, que se desarrolló con tal rapidez a pesar de las advertencias de los profetas y del cielo mismo, que ha alcanzado un grado blasfemo insoportable mereciendo su castigo. El acuerdo entre las criaturas humanas y su Creador, se ha roto. El tiempo terrestre se ha distendido en relación al espacio celeste hasta la ruptura.

-Si bien comprendo, padre ¿Existen dos mundos?

-Son enteramente opuestos, esto es fundamentalmente exacto desde que el Árbol del Conocimiento ha sido profanado por una curiosidad malsana. Sí, la obediencia incondicional a Yahvé ha sido despreciada, no lo olvides. Desde ese momento existe un mundo espiritual accesible a los que reconocen al Eterno como su Maestro en todas las cosas; y está el mundo físico, en el que viven los humanos semejantes a rebaños de borregos, cerrando sus ojos a los movimientos del cielo que son los signos de la existencia divina para seguir un camino terrestre mortal.

-Pero esta profecía es terrible, padre.

-Lo que has dicho antes sobre el final de Egipto también lo era.

- ¿No hay medio de evitarlo, oh, Yitro?

-Será posible el día en el que alguien sea apto para levantarse contra el impío que gobierna, también y sobre todo para abrir los ojos de la multitud de ciegos que viven como esclavos en todo el mundo.

-Jamás podré ser tal hombre, padre.

-Sin embargo, has dirigido a soldados.

-Sólo les daba órdenes de combate.

- ¿Y cómo sabes que no es esa voz la que Yahvé busca?

-No puede ser, porque tartamudeo cuando estoy bajo una fuerte emoción.

-Yahvé ha curado males mucho peores a los que creían en Él. Estoy seguro que podrás ser el instrumento de Dios llegado el momento. Debes prepararte y ser digno, incluso si es otro el que sea elegido en otro lugar. Es por ello que tu nombre ya es el fermento que debe permitir a la masa madre tomar la forma definitiva deseada por el Eterno en su momento.

-Envejezco rápidamente, Yitro, los años que me quedan por vivir en esta tierra están contados.

-Este es el tipo de tontería que no agrada a Yahvé, Él conoce el tiempo de tu vida y la mía, así la de todos en cualquier lugar. Espera buenamente a que se manifieste, pronto o tarde qué importancia tiene para ti, tú que estás aquí y puedes meditar en paz, observar lo que quieres y oír los murmullos del cielo.

Moshé sonrió y dijo:

-Séfora volverá a gemir y a lamentarse sabiendo que aún nos quedaremos en el pueblo más tiempo. Ella había deseado que me designaras para escoltar nuestros tributos a Egipto.

-Eso también se hará, pero en su momento. No me preocupa la reacción de Séfora, es la tuya que me preocupa, hijo mío.

-Te obedezco en todo porque me has vuelto a dar un nombre y el gusto por la vida, oh Yitro, confidente de Yahvé.

-No te preocupes por Séfora, no puedes cambiarla.

-Bien padre, me quedaré incluso más tiempo en los pastos de los montes sagrados. Me siento muy feliz de llevar a pastar allí el rebaño, porque la sombra que ofrece, es cada vez más deseada.

-Te sientes atraído por ella... ¿cierto?

-Más que eso, Yitro, no puedo explicar lo que siento cuando estoy en sus parajes.

-No te dejes atrapar por la montaña, hijo mío. Actualmente sólo trabaja tu imaginación para despertar tu curiosidad. Sigue bien este consejo de mi vieja experiencia: No te acerques a la montaña, bajo pena de muerte, porque no estás preparado para soportar el terrible choque de la presencia de Yahvé.

-Te obedeceré, Yitro. ¿Pero tú has estado allí, viste a tu Dios?

-Nunca estuve en la montaña, Moshé, no por miedo o por no ser digno, sino porque tengo otros medios para comunicarme con Yahvé.

-Sin subir a la cima del Sinaí... ¿podría al menos subir al Hor-em-Geb aunque sólo fuese para ver más de cerca el brasero ardiente que aparece en algunas épocas, y del que todos hablan aquí con terror?

-Obsérvalo de lejos, hijo mío. Cuando Yahvé baja para dar su oráculo, no le gustaría ser molestado ni siquiera por ti.

-Recuerdo haber contemplado con estupefacción, el mismo día de mi llegada a este campamento, en la fiesta del Carnero, ese brasero ardiente, que tomé como centelleo del Sol sobre un mineral.

-Aun siendo así, seguiría siendo una manifestación divina en el momento preciso. No siendo, pues, objeto de azar, el hecho no puede estar premeditado más que por Yahvé.

-Así sea, Yitro, me limitaré a mirar para conseguir comprender e intentar oír la voz de Yahvé.

-Así se habla, hijo mío. Vuelve a tus ocupaciones.

Los días fueron pasando, trayendo una fiesta del Carnero más y luego otra. Eliabie esperaba su tercer hijo, Noemí tenía dos hijas, Ruth e Ilhona veían crecer cada año a sus dos hijos, pero Séfora seguía sin ninguna esperanza de progenitura, parecía que la primogénita no tuviese posibilidad de mejorar su posición de pastora. Su padre tenía puesta su mano totalmente sobre su esposo, limitándose a ser un pastor para su gran desilusión.

Moshé era fuerte y parecía inteligente a primera vista, pero sólo como un pastor de los más humildes para la que vivía junto a él, viéndolo entre idas y vueltas a la montaña.

Cuando estaba en el pueblo, pasaba sus días con Raguel en vanas conversaciones, esto es lo que Séfora pensaba. Pero se equivocaba, ya que, en este quinto año de su boda, Moshé iba a ser nombrado embajador de los kenitas para ir y presentar el tributo al rey de Egipto, como todos los vasallos del mundo.

Un grande del reino de Egipto anunció su llegada para determinar en cada pueblo el impuesto exacto a percibir anualmente. Desde hacía algunos años, la suma de las ofrendas era casi nula, y dado que el recaudador venía con numerosos soldados, era previsible que el castigo estuviese a la altura de la ofensa cometida. Únicamente alguien inteligente conociendo perfectamente la mentalidad de los grandes de Egipto podía hacer oír una voz razonable. Tarea ingrata que fue designada a Moshé. Raguel le pidió que se preparara para salir hacia Elzerión a la mayor brevedad en compañía de Séfora.

Moshé quedó sorprendido cuando fue informado por su padre sobre esta particular situación. Volvió a verse como príncipe unos años atrás en esa corte de Egipto en lucha constante a todas las provocaciones de los de Ra. Amon-Hotep seguía siendo el poseedor del cetro real, y seguiría odiándolo como antes. Todo ese tiempo que había conseguido olvidar, le parecía lejano, y ahora Yitro le pedía de algún modo reanudar el pasado en el presente. Seguía siendo un traidor, asesino, fugitivo para los inmundos que lo habían decidido. Los soldados del rey aún debían estar buscándolo, porque Amon-Hotep no era de los que olvidaban a los que eran objeto de su odio. El rey tenía ahora cuarenta y ocho años, como él, en su vigésimo cuarto año de reinado, para el poder era un tiempo muy largo, pero significaba de ninguna manera que tuviese más piedad. Además, nada podía asegurar que entre los que viniesen a Elzerión para recibir los tributos, no hubiese algunos que pudieran reconocer su voz y fisonomía bajo la oscura ropa de embajador kenita. Sin embargo, como Yitro siempre sabía lo que hacía, acató sus órdenes, y durante la gran reunión preguntó sobre temas indispensables para la buena marcha de la embajada:

- ¿A cuánto asciende el impuesto anual ordinario de los kenitas?

-A cien fardos de lana de dos codos y doscientos borregos jóvenes, la mayoría de los tuyos.

-Pero sólo tengo cincuenta, padre.

-Lo sé. Por eso este año sólo podremos enviar la mitad, de otro modo todas las familias deberían privarse de todas las crías.

- ¿Qué ocurrió en años anteriores?

-Sólo enviamos la mitad, y las otras tribus hicieron lo mismo. Los perceptores del rey se dejaron sobornar con algunos regalos personales.

- ¿Y por qué este año no sería igual?

¿Por qué este año han anunciado que viene un grande del reino con un numeroso séquito de soldados para verificar la imposición y, en caso necesario, modificarla para añadir nuevos impuestos? Los escribas que los acompañan poseen documentos donde escribieron los impuestos anteriores debidos y recibidos, la multa que nos caerá puede ser pesada, incluso insoportable. Por ello, este año intentaremos entregarles la totalidad del impuesto para evitar que los soldados vengan hasta nuestros pueblos y cobrar los impuestos ellos mismos, cosa que iría acompañada por un inevitable baño de sangre.

-Mal asunto, padre, conozco demasiado bien el ejército el rey actual ¿No dispondrías de al menos cien animales más en el pueblo? Creo que sería posible.

- ¿Qué quieres hacer?

-Tal como conozco al egipcio, el grande que venga, civil o militar, tendrá la misma mentalidad. Así propongo anunciarle, llegado mi turno, que le ofrezco ciento cincuenta fardos de lana y trescientos borregos jóvenes para glorificar al faraón y agradeciendo la protección eficaz que brinda a los pueblos kenitas.

- ¿Pero quieres nuestra muerte, hijo mío?

-Tú mismo acabas de decir que todos podemos morir al filo de las espadas egipcias. Piensa un poco, Yitro.

El patriarca sonrió maliciosamente y dijo:

- ¿Me tomas por un simple mortal por permitirte hablarme así?

-Disculpa, Yitro, no quería ofenderte, pero conozco bien el espíritu de justicia que anima a los egipcios. Tú razonas con los principios que agradan a Yahvé, que no son precisamente los suyos. Tú eres el Bien y ellos representan el Mal.

-Pero el fondo de sus almas es parecido al nuestro.

-Absolutamente no, Yitro. Ellos son... bueno, ¿te estás riendo de mí, padre? ¡Los conoces tan bien como yo! Nada más, dime tu deseo.

-El motivo que te empuja a ofrecer más de lo que debemos.

-Es muy simple para la mentalidad egipcia. El administrador de los bienes reales que vendrá a Elzerión acompañado de sus soldados y escribas, no puede ser más que una emanación de la justicia real. El faraón, siendo el Primogénito, el hijo de Ptah, su injusticia es divina, y válida en el espíritu de las leyes de Egipto. Dijiste que, desde hace años, el impuesto de este territorio ha sido muy bajo, pero los perceptores se han enriquecido con los regalos recibidos en detrimento de la corona real. Por ello, el grande de los asuntos reales que vendrá para tomar el impuesto de buen grado, o por la fuerza, buscará dar ejemplo en vivo para mostrar la equidad y la justicia del rey de la tierra. En agradecimiento a nuestro aporte superior a lo demandado, él disminuirá nuestra deuda y aumentará la de los demás que, hipócritamente, habrán aportado menos a Elzerion. Y ello, para hacer ver a los habitantes de esta región que es vano considerar a los egipcios como atrasados sin cultura.

-Razonas admirablemente bien, hijo mío, oyéndote podemos bien imaginarnos que puedes ser ese grande de Egipto.

-Hubiera podido serlo, efectivamente.

-Es por ello que tú, y solo tú, podrás realizar la operación. Reuniré a los Ancianos para conseguir los borregos y preparar la salida de tu importante caravana.

- ¿Para cuándo será, Yitro?

-Los emisarios que me informan, preveen la llegada de la embajada egipcia la próxima luna llena, y he fijado tu salida en la sexta mañana.

- ¿Dónde nos reuniremos en Elzerion?

-En la residencia del sheik Abemilek, el que esposó a mi hermana menor hace muchos años. Ha preparado su gran casa para albergar al embajador y su séquito, pero posee edificios secundarios muy amplios, un espacio os será preparado para que podáis estar tú y Séfora.

- ¿Me acompañará mi esposa?

-Es la recompensa que Yahvé le concede por no haber sido demasiado exigente estos cuatro últimos años?

- ¿Cómo llegarán los egipcios a Elzerion?

-Con sus barcos, por el mar de los Juncos. Desde el puerto hay un gran día de marcha hasta la gran ciudad. Espero que tengas razón acerca de la mentalidad de los egipcios, de otra manera los notables de este campamento me retirarán su confianza.

- ¿Dudando de mi éxito, me envías a Elzerion?

El patriarca dejó escapar una corta risa.

-Voy a tener que confiar en tu inteligencia si me adivinas con tanta facilidad.

Un ruido en el exterior impidió a Moshé contestar, ya que tres hombres penetraron en la tienda patriarcal sin tomarse la molestia de hacerse anunciar. Estaban sin aliento y en sus rostros cansados por la larga carrera expresaban emoción. El patriarca los reconoció y no se molestó por esta intempestiva entrada pensando que habría un buen motivo. Interpeló al mayor de ellos que acababa de caer en la cuenta del sacrilegio que acababan de cometer:

- ¿Qué ocurre, mi buen Halkeblad?

-Volvemos de Elzerion, oh Yitro, y el sheik te informa que Amon-Hotep ha muerto, y los embajadores que vienen son los de su sucesor.

Moshé, sobresaltado, preguntó:

- ¿Amon-Hotep ha muerto?...

-Sí, señor Moshé, hace de ello cinco lunaciones, pero lo hemos sabido por la llegada de esta embajada.

- ¿Conoces el nombre del nuevo rey, el sucesor de Amon-Hotep?

-Al morir sin heredero varones, los sacerdotes de Ra han designado un medio hermano que se llama, si no me equivoco, Aha-Jeperkara-Teta.

Moshé creía recordar a ese ser pálido, nacido de una concubina de Ia-Met, sin que hubiese certeza de que fuese hijo del rey. El antiguo príncipe egipcio, sacudió la cabeza, y dijo con desesperación:

-Este rey que ha tomado el nombre del glorioso Thoth para asegurar su eternidad, no será mejor que Amon-Hotep, cuyo reino ha durado veintitrés años... ¡Tantas desgracias y miserias para nada! Y este tiene mucha prisa en enviar un embajador para presionar a los pobres pueblos pretendidamente protegidos.

Con un gesto de rabia, Moshé se preguntó si esta noticia podría cambiar algo. Por comodidad, propuso a su padre buscar otro embajador, pero el patriarca se adelantó a esta solicitud haciendo una pregunta a Halkeblad:

- ¿Conoces el nombre del embajador?

-Es un soldado, oh Yitro, un general, aunque su nombre es difícil de pronunciar, pero algo parecido a Djedda, no... Djeka o Djelkal...

Moshé se dejó caer sobre una piel de cabra con las manos en la cabeza, y con risa nerviosa, dijo:

- ¡Djelkai! Djelkail embajador del nuevo faraón, qué extraño.

NOTA
A propósito del nombre de Jetro.

Con el capítulo dedicado a Jetro, entramos en el meollo de los preliminares que marcaron el giro decisivo en la ajetreada vida de Met, Moses, Moshé o Moisés. La historia sagrada, ya sea de fuente cristiana o judaica, no insiste sobre la empresa espiritual de Raguel, el sheik de los kenitas, sobre Moisés. Sin embargo, el nombre de Jetro se observa varias veces con el nombre de Raguel, sacerdote y patriarca. En realidad, Jetro fue el alma de la transformación de Moisés, le insufló la inspiración y revelación que surgieron durante du estancia en tierras kenitas, en el país de Madián. Jetro es el símbolo eterno, ya que es la primera palabra que inicia el texto de los diez mandamientos.

Si es incontestable que Moisés fue el brazo transmisor de la legislación convertida en mosaica, no es menos verdad que aquella no proviene directamente de Dios en el Sinaí, sino que resurge de un lejano pasado egipcio. Moisés la había aprendido al tiempo que la sabiduría de los sacerdotes de Ptah en Egipto, que le fue confirmada por Jetro, el confidente de Yahvé, a lo largo de los años de su educación a la sombra del Sinaí. Si Moisés no hubiese vivido esos diez años con Jetro, nunca hubiera adquirido esta presciencia espiritual que le permitió a posteriori comunicarse con Dios cuando sentía la necesidad.

No es porque Moisés no compusiera el Pentateuco o el Decálogo en su descripción bíblica que debemos negarle el derecho de haber sido el símbolo vivo en su reinstalación en su nuevo pueblo traído de Egipto, que incluía tanto a judíos como a egipcios huyendo de una opresión cada vez más dura. Así, Yahvé, volvió a ser por un tiempo el Creador eterno, el Todopoderoso. El Dios de los kenitas, semejante a Ptah que había vigilado la infancia de Moisés, tomaba la sucesión bajo el nombre de Yahvé, creador de todas las cosas y todos los seres vivos sobre la tierra. Moisés consiguió ahí su gran obra, para la que había sido predestinado, y que Jetro reconoció en él. Moisés consiguió reunir a una multitud variopinta ansiosa que no creía en gran cosa y hacerla tocar la realidad divina. Por primera vez, el nombre de Yahvé fue alabado y cantado porque este Dios, que habitualmente se manifestaba en los ciclos de las estaciones, había intervenido para redimirles permitiéndoles acceder a una Tierra prometida a condición de que observasen los mandamientos del Decálogo.

Más adelante conoceremos las inmensas dificultades de Moisés para que esta población heterogénea conservara el mismo monoteísmo original, pero bajo otra forma, que se anclaría más sólidamente en los espíritus permitiendo obtener una identidad político religiosa estable. Veamos aquí que el verdadero significado de la palabra Jetro, y del nombre que la portaba, fue la verdadera instigación de un renacer religioso de las criaturas humanas. En el idioma proto hebraico, el significado de Jetro era reservado a los profetas inspirados, ellos eran "imágenes" de Dios. Su nombre se pronunciaba *yitru* y se escribía con las letras V R T Y leyéndose de derecha a izquierda. Más adelante, diversas escrituras judías dieron formulaciones semejantes bajo una forma más moderna. Ya sea en los manuscritos alemanes *aschkénazi* del siglo XIII, o en los denominados *sefardíes* originarios de varios países mediterráneos desde el siglo XII. En todos estos Jetro era la palabra de la paz en el espíritu de Dios.

Es en la más notable traducción aramea del texto hebreo, volvemos a encontrar las cuatro letras ITRO con su fonética de yitru y su significado es formal y está retomado en el manuscrito arameo de Targum d'Ongelos. Es la primera palabra pronunciada por Dios cuando enuncia los Diez Mandamientos. Su significado también lleva el sentido de la paz a los que seguirán los preceptos divinos. Por fin, en la escritura judeo cabalística, debemos observar que las letras que forman la palabra YITRO son portadoras de un simbolismo fácilmente identificable: 6 + 200 +400 + 10

El total, 616, es el número del Conocimiento, es decir el del Bien, su contrario es el 666, el de la Bestia que personifica el Mal.

Este nombre YITRO es la primera palabra en todos los manuscritos originales, en todas las lenguas, figurando en el enunciado de los Diez Mandamientos, lo que equivale a la fórmula que aporta la paz al alma del que obedece las pautas de Dios tal como están enunciadas en la Biblia, pero donde, sin embargo, no se vuelve a encontrar esta palabra en este lugar.

Se sabe que esta omisión fue hecha desde los primeros tiempos de la cristiandad para que Moisés mantuviera la paternidad íntegra de la visión en el Sinaí que forma parte integrante del Pentateuco. La destrucción de los templos egipcios para construir monasterios consolidaba esta tesis, porque todos los papiros que la contradecían fueron quemados o llevados a la Biblioteca Vaticana. Pero la cantidad de copias jeroglíficas fue tal, en previsión, que muchas escaparon a la destrucción, como las conservadas en varios monasterios coptos del Fayum y la tebaida.

LARGA VIDA A THOTH-MET-AHA

> "*Las conquistas del faraón del cual nos ocupamos ahora, Tutmosis I, fueron a la vez el origen de la era gloriosa por excelencia de Egipto, y la causa de su ruina*". (A. WEIGALL. Historia del antiguo Egipto).

La ciudad de Elzerión parecía venirse abajo por el peso de las oriflamas y banderas egipcias indicando a cualquiera la calidad y el grado de las altas personalidades llegadas a tierras de los kenitas. Oficialmente se trataba de una gran fiesta en honor de los invitados a la ciudad. Y sí todo resplandecía bajo el brillante sol, Moshé observó en el trayecto a la residencia del sheik Abemile que la atmósfera real era mucho menos entusiasta entre los nativos. Llevaba una mano en las bridas de la mula que portaba a Séfora, la otra la apoyaba en el lomo de la mula. Tras ellos se alargaba la hilera de burros que llevaban fardos de lana, seguidos por innumerables ovejas balando contraladas por una docena de jóvenes y fuertes pastores contentos de dar un paseo por la ciudad.

Al fin, la caravana llegó a la plaza de la residencia donde fueron dirigidos a la casa que les había sido asignada, en tanto que las bestias y paquetes se dirigían directamente a los depósitos para ser contabilizados por los escribas egipcios. Un trajín increíble reinaba por doquier, decenas de delegaciones semejantes a la de Moshé, convergían hacia el mismo punto.

Séfora tenía un aspecto orgulloso sentada a la amazona sobre su mula junto a su esposo. Se preguntaba si no estaba soñando. Apenas recordaba la última y única vez que vino a esta ciudad de casas de una planta, de piedra o adobe. Algunas, incluso tenían dos pisos, y superaban ampliamente sus bellos recuerdos. La atmósfera de fiesta que la rodeaba le hacía sentir bienvenida olvidando a los egipcios. Pronto llegaron frente a la casa, de construcción simple y toda blanca, pareciéndole a Séfora de un lujo abrumador. Un joven salió al pórtico protegiéndose del sol para saludarlos. Después de haberse inclinado frente a ellos, miró a Séfora con admiración y dijo en tono divertido:

-Bienvenida tú, que eres la hija del hermano de mi madre. Soy el hijo menor del sheik y mi nombre es Josuah.

Encantada, Séfora le tendió la mano para que la ayudara a bajar, mientras que Moshé observaba irónicamente. Luego, Josuah se giró y saludó igualmente al embajador de su tío:

-Bienvenido tú también, que eres Moshé ben Yitro, esta morada será la vuestra durante toda vuestra estancia en Elzerión. Mi padre se excusa por no venir a recibiros y por no recibiros bajo su propio techo. Los graves acontecimientos que le preocupan le han obligado a todos los hábitos de bienestar y cortesía.

Moshé, inclinó la cabeza en signo de agradecimiento y dijo con gentileza:

-Transmite a tu padre, el sheik Abimelek, nuestro agradecimiento por haber delegado en su hijo Josuah para recibirnos, al igual que nuestra gratitud por albergarnos en una de sus casas.

-Mi padre el sheik me ha encargado de transmitiros las órdenes del general egipcio al mando de la embajada extraordinaria del nuevo faraón, y es que todos los jefes de las delegaciones de esta región deben presentarse ante él dos horas después del amanecer de pasado mañana, para rendir cuentas de los aportes realizados al gran Egipto. Bien, intentad ser puntual, porque mi venerado padre teme terribles represalias contra él y su familia si cualquier cosa no fuere como la ha ordenado el general.

- ¿Temes por ti mismo?

-He pasado la edad de tener miedo, Moshé. Entremos en la casa y os enseño las habitaciones.

Mientras Séfora hablaba con las mujeres elegidas por el hijo del sheik para ayudarla a acomodarse, Moshé se apartó con Josuah y le preguntó:

- ¿Viste al general?

-Me parece algo mayor y no tan terrible, a pesar de los estallidos de voz acostumbrados. A los que hay que temer es a los oficiales que le acompañan, por no hablar de los escribas que anotan hasta pequeña nimiedad sin olvidar el menor aspecto.

- ¿El general se llama Djelkai?

-Es el nombre que le dan con deferencia.

- ¿Cómo visten los otros jefes de las delegaciones?

-Más miserablemente que tú, Moshé, siempre es mejor inspirar piedad, por ello la ropa de los embajadores no está a la medida de la fortuna de su pueblo, y quizá debas hacer como ellos si no quieres que te pasen por el filo de la espada por haber aportado poco por la contraprestación protectora que te acuerda el divino Egipto.

-No pareces llevar a los egipcios en tu corazón, Josuah.

- ¿Tú los quieres?

La repentina pregunta dejó silencioso a Moshé. Vio como el joven se alejaba y se giró hacia su esposa que lo miraba extasiada, por fin Séfora revivía. No sólo su belleza se expandió en esta morada, sino que su transformada mirada hacía de ella una esposa dispuesta, sino a todos los compromisos, sí a todas las promesas. Tanto que Moshé se preguntó de repente si no habría cometido un error aceptando venir a la ciudad. Pero se dispuso a concentrar todos sus esfuerzos espirituales en el reencuentro con su viejo camarada de la campaña de Saba, el general Djelkai.

En la mañana del día fatídico, a la hora prevista, Moshé aguardaba en séptima posición con dos notables del pueblo, presentes para asistirle. El general aún no había empezado su audiencia, pero los escribas arreglaban los rollos según el orden de llegada de las delegaciones. El administrador civil se acercó a cada uno para preguntarles cómo debería anunciar en voz alta su presentación. Por suerte, el protocolo preveía que todas las delegaciones debían mantenerse inclinadas con respeto hasta que el general les diese permiso para levantarse. Moshé había vestido voluntariamente una túnica marrón bajo la cual intentaba aparecer más pequeño. Se había dejado crecer la barba desde que supo que venía a Elzerion, y ya no se parecía ni de lejos al antiguo príncipe Met. Hasta ahora nadie le había reconocido, pero él, con sorpresa, había reconocido dos familiares de la corte real mientras hablaban con el sheik.

Al fin, entraron las delegaciones en la sala de recepción donde los escribas indicaban a cada uno el lugar preciso para no perder tiempo en las presentaciones, y de esta forma no hacer perder la paciencia al general para que no sobrecargara a los presentes con nuevos impuestos. Al menos, esos eran los comentarios de los empleados que parecían cada vez más frenéticos por la inminente aparición del gran soldado.

Repentinamente se hizo un gran silencio, y Moshé vio aparecer la figura encuadrada en su uniforme de general egipcio de su viejo camarada de armas. Si sus cabellos habían blanqueados, su rostro se mantenía idéntico al que recordaba, como si no hubiesen pasado seis años, sino seis días. Iba seguido de cuatro adjuntos que tomaron lugar en el estrado, detrás de su jefe, sentándose sobre los sillones de madera oscura realzados con incrustaciones.

Un chambelán batió las palmas y cada uno volvió a tomar aliento. Un ujier empezó, sin más, a llamar a los enviados:

-He aquí Ashad, representante de la tribu de los amonitas, que viven detrás del mar comúnmente llamado Mar Muerto, trae a su graciosa majestad Thoth-Met doscientos barriles de asfalto y doscientos fardos de dos codos egipcios de lana...

Moshé, dejó de escuchar preguntándose qué iba a hacer para no ser reconocido, ya que ahora veía la dificultad a que se enfrentaba. Efectivamente, el nombrado Ashad con el cuerpo inclinado se había adelantado hacia el estrado desde donde el general lo dominaba escudriñándolo antes de preguntar a un administrador para saber si el aporte de los impuestos era correcto. Con el segundo embajador la voz tronante del general Djelkai hizo temblar a los asistentes. El viejo soldado se enfadó con los miserables que se mofaban abiertamente de la bondad y magnanimidad del rey, presentándole desperdicios que sólo sirvían para los caballos de sus soldados.

Esta explosión de violencia emocionó a Moshé, ya que le recordó el tiempo de la estrategia de violencia deseada por Ia-Met hacia los soldados de la reina de Saba y apoyada por otros generales en su momento, aunque no fue aceptada ni por él ni por Djelkai, que era aún más apacible. Esto le trajo a la memoria su primera esposa, la princesa Tarabet, y a sus queridos hijos...

El suave empujón de su vecino, dirigiéndolo al estrado, lo devolvió a la realidad, observó a sus dos compañeros de embajada arreglando sus túnicas cuando el heraldo anunció en vol alta:

-He aquí el príncipe Qadahbatan, hijo del gran rey de país de Moab, que trae al gran hijo de Dios, Thoth-Met, el sublime, a él larga vida, salud y prosperidad, cincuenta potros de pura raza, cincuenta borregos jóvenes y vigorosos, a los que añade cien jarras de este vino tan apreciado, incluso en los territorios de más allá del Gran Mar...

El general escuchaba, al mismo tiempo, los informes que le relataba el administrador que estaba a su izquierda. Con voz dulce pero cargada de intención, el general preguntó:

-Bellos regalos, por cierto, que agradezco al rey de Moab, y su enviado el príncipe Qadahbatan, y los acepto como tales para mi maestro Thoth-Met, rey de Egipto, de las Dos Tierras y de todos los países del entorno. Pero ¿dónde están todos los regalos que el país de Moab prometió darnos cada año para asegurar su protección según el tratado firmado el tercer año del reinado de Ia-Met, y ratificado el cuarto año del reinado de Amon-Hotep?

Un pesado silencio planeó sobre la petrificada asistencia a la espera de las palabras que iban a salir de la boca del príncipe moabita. Pero éste, aparentemente apacible y aún inclinado, era presa de una rabia contenida. Pero qué podía hacer contra tal adversario, sino contener sus palabras, lo que hizo lo más bravamente que pudo, hablando en su dialecto y dejando al intérprete el cuidado de girar las frases con las bellas imágenes que gustasen a estos egipcios.

-Oh, tú que eres un gran soldado del ejército más valeroso del mundo, quizá no conoces la verdadera pobreza de nuestro pueblo, que aumenta de año en año, siendo las lluvias cada vez más escasas en nuestras tierras, antaño tan fértiles. Incluso el mar cercano, tan salado, muerto, ha perdido la mayoría de sus fuentes de agua, nuestras bestias deben ir lejos antes de encontrar hierba. En cuanto a nuestros caballos, cada año empeoran y te hemos ofrecido nuestros ejemplares más bellos y jóvenes, privándonos de elementos reproductores, lo que podría disminuir nuestra siguiente donación. Qué más podría ofrecerte que darte mi vida, oh tú que mandas a todos los hombres de Egipto y regiones vecinas.

El intérprete sudaba a chorros intentando traducir el flujo de palabras, de las que pensaba que costarían la vida al moabita. Pero el general Djelkai rugió levantando el brazo y dijo:

-Dos de mis oficiales y sus soldados irán mañana con el príncipe a su país para dar cuenta de la veracidad de sus palabras. Si ha mentido, que todo sea destruido y que no quede piedra sobre piedra. He hablado. El siguiente.

Dos notables kenitas, temblando como hojas al suave viento del desierto, se situaron a ambos lados de Moshé, que conservó su postura inclinada para no parecer más grande que sus compañeros, pero su ancha envergadura lo destacaba claramente. Por ello, se inclinó aún más acercándose al estrado donde tronaba el general con sus oficiales.

Djelkai frunció sus cejas e hizo ademán de inclinarse, pero en ese momento escuchó la presentación del heraldo que decía:

-He aquí Moshé ben Yitro, el hijo del profeta de Yahvé que también es el sheik de la tribu de los kenitas en el país de Madián, que te trae de ese pueblo no sólo su tributo ordinario de cien fardos de bella y buena lana sino también doscientos jóvenes borregos de pura raza, sin defecto. Además, en honor del nuevo joven y glorioso soberano, Thoth-Met, a él larga vida, fuerza y salud, los kenitas traen en agradecimiento por la protección, que tienen y no merecen, un centenar de los borregos más fuertes de esta raza.

Todos los asistentes quedaron estupefactos por el enunciado que cuadraba mal con la costumbre adquirida de los años anteriores. Pero el general después de esconder una sonrisa con la mano, dijo:

-Los kenitas... ¿eh? He aquí un vasallo que debe ser apuntado en las tabletas por hacer una mención especial al rey, a él larga vida, salud y prosperidad. En cuanto a ti, que te llamas con un nombre tan raro, levántate.

Mosé se irguió con dificultad intentando mantener un perfil bajo, ahogando una pequeña tos tras su mano. El general, cada vez más informal, dijo:

-Pareces muy enfermo para ser un embajador. Repíteme tu nombre.

-Moshé ben Yitro, oh general que comandas valerosos soldados.

Habiendo hablado en kenita, esto le dio tiempo antes de oír la respuesta de Djelkai:

- ¿No hablas egipcio? He creído que comprendías mi pregunta por la rapidez de tu respuesta.

Moshé se mordió la lengua frente a esta grosera metedura de pata, y volvió a toser, mientras el administrador con aire constreñido salvaba la situación contestando en su lugar:

-Todos estos pastores guardianes de borregos tienen tiempo para desarrollar su memoria, aunque no comprenda mucho le ha bastado oír hablar algunas veces nuestro divino idioma para comprenderlo, oh, valeroso general de nuestro soberano, a él larga vida, fuerza y salud.

Djelkai barrió el aire con su brazo, pero no bruscamente sino animado por buenas intenciones.

-En tal caso, he aquí mi dictamen que debe escribirse íntegramente en las tablillas de los escribas y reproducido en nuestros archivos. La tribu de los kenitas, habiendo sido la única hasta ahora en haber entregado los impuestos acordados en el tratado firmado por ambas partes, queda exenta este año, pero únicamente este año. En consecuencia, el representante de los kenitas, cuyo nombre no puedo pronunciar, podrá llevarse los fardos de lana y doscientos borregos que podrá vender a su antojo en el mercado de la ciudad o devolverlos a los kenitas. Pero nos quedamos con los cien carneros como regalo a nuestro soberano bien amado, Thoth-Met, que seguramente te lo agradecerá él mismo en la primera oportunidad. Por hoy he terminado. La sesión se retomará mañana por la mañana a la segunda hora del amanecer.

Cuando el general y sus cuatro oficiales desaparecieron, los dos notables que habían acompañado a Moshé no pudieron contener su alegría y lanzaron gritos de triunfo mientras que Moshé sentía un peso tremendo caer sobre sus hombros. Joshuá se abría paso entre la muchedumbre que rodeaba al héroe de la jornada, seguido de un anciano de noble porte a cuyo paso la gente se apartaba respetuosamente. Moshé supo, antes de que le fuese presentado, que se trataba de Abemilek, el gran sheik de Elzerion, esposo de la hermana menor de Yitro. Se acercó con las manos extendidas y la sonrisa en los labios, diciendo:

-Estoy doblemente feliz de acoger al marido de Séfora, y el hombre que vuelve con lo que trajo.

-Sin embargo, el general se quedó con los cien carneros, venerable sheik.

-Josuah no nos ha presentado, Moshé, eres un hombre protegido de Yahvé por la gran rebaja de los egipcios, deseo que vengas a cenar a nuestra mesa esta noche, con tu esposa Séfora que es como mi hija. Hace mucho tiempo, aquí mismo, la hacía saltar sobre mis rodillas y ella me tiraba fuertemente de la barba riéndose.

-Será un gran placer y honor para nosotros, gran sheik.

-Además la presencia del egipcio no te importunará ya que su sentencia ha sido muy clemente a tu favor.

- ¿Quieres decir que el general estará esta noche con nosotros?

-Sí, como todas las noches, en compañía de sus cuatro oficiales. Forma parte de mis obligaciones, y durante la cena es un conversador agradable que cuenta apasionantes historias. Ha guerreado en muchos países, su mejor recuerdo es la guerra contra el ejército de la reina de Saba.

Observando que su interlocutor parecía estar totalmente desinteresado por lo que contaba, el anciano comprendió por instinto que debía dejar de lado ese tema, así que encadenó la conversación con su caso que debía pasar al día siguiente:

-Dejemos el tema, ya que podrás hablar con él en persona esta noche. Me gustaría solicitarte tu opinión sobre mi propio temor, mañana debo entregar a los egipcios el impuesto de Elzerión que incluye une gran cantidad de cobre, plomo y oro, tres metales de las minas cercas a nuestro próspero pueblo. ¡Tu punto de vista me sería tan preciado como el divino metal!

-Estoy a tus órdenes, oh venerable sheik.

-Como puede llevar algún tiempo, ¿puedo solicitar a Josuah que vaya por tu esposa y la traiga a la sala del banquete?

Moshé inclinó la cabeza afirmativamente, sabiendo que había caído en la trampa, sin encontrar modo alguno para desentenderse.

Las horas pasaban muy rápidamente en compañía de Abemilek. Al final de la entrevista parecía satisfecho por el giro tomado para la ceremonia de la donación del día siguiente. Moshé le había sido de gran ayuda por su conocimiento perfecto de los usos y costumbres, al igual que de la mentalidad egipcia, incluyendo en particular la del general Djelkai.

Ya era hora de prepararse para la cena festiva que se acercaba y aconsejó a Moshé seguirlo a sus apartamentos para lavarse antes de subir a la terraza y esperar la llegada de su esposa, lo que éste hizo con agrado, después volvió a estar solo en la azotea acodado sobre un murete de ladrillo contemplando esta ciudad comercial e industrial, decorada de centenares de oriflamas. ¿Cuánto tiempo estuvo soñando ahí? No podía confirmarlo, la noche ya había caído cuando alguien le dio un toque en el hombro y se giró sorprendido:

- ¿Puedo presentarte ahora mis respetos, mi buen príncipe? O debo llamarte... ¿Cómo era?

-Djelkai... mi buen Djelkai....

Su voz repentinamente se quebró por la emoción contenida demasido tiempo y sintió las lágrimas. Al verlo, el general le dió una palmada en el hombro, pero Moshé no podía dejar de repetir el nombre de su camarada. El fiel compañero de Saba optó por bromear:

-Así que, mi buen príncipe, creías abusar de un servidor bueno y justo de su Majestad Thoth-Met... ¡que el diablo se lo lleve!

Sorprendido por este tono, Moshé encontró su calma para contestarle en tono semejante:

-Ten cuidado, Djelkai, yo podría ser ese diablo y denunciarte a tu rey que creo conocer, pero que no creo que valga más que su hermano Amon-Hotep que el diablo ya se llevó.

Los dos estallaron risas y se abrazaron dándose palmadas. Moshé intentó alejarse para contemplarlo a pesar de la oscuridad que los rodeaba por completo:

-Así que te has convertido en recaudador de impuestos.

El rostro del general se endureció:

- ¿Qué quieres, buen príncipe? En tiempos de Amon-Hotep no hubo guerras y tuve que vivir. Thoth-Met parece querer reorganizar el ejército para volver a hacer Egipto la nación más poderosa y temida de Egipto. Para él ya soy demasiado viejo para comandar, pero aún soy perfectamente válido para tomar el impuesto que servirá para pagar sus soldados. Así debo ser severo y sin piedad. Tú aportación me ha permitido dar un ejemplo de lo más saludable, conservando a la vez una justicia digna de nuestro gran país que es Egipto.

-Pero yo ya no soy egipcio, Djelkai ¿Sigo siendo un proscrito que aún buscan los ejércitos del rey?

-Tienen cosas más importantes que hacer, sabes tan bien como yo que el tipo de trampa en la que caíste no merece la pena ser removida en público bajo riesgo de perder toda credibilidad. Amon-Hotep se dejaba guiar por malos consejeros, lo que no es el caso para Thoth-Met.

-No volveré jamás a Egipto, donde no sería más que un extranjero. Además, me volví a casar con una joven kenita que verás a la hora del festín.

- ¿Tienes hijos con ella, mi príncipe?

-No. ¿Tienes noticias de los míos? Deben estar crecidos.

- ¿Es que no sabes contar y te has convertido en un verdadero extraño?

-Dime, qué sabes de Mahageb.

-Se ha convertido en un sacerdote de Ptah, vive casi recluido, porque los de Ra en tiempos de Amon-Hotep cuando pillaban alguno lo enviaban como esclavo a las minas. Sin embargo, el año pasado, en sus veintidós años, encontró una gentil esposa que no tardará en darle un hijo. Su hermana Nek-Feter, también se ha casado y tiene una hija, y, personalmente, adopté a los dos menores como míos hace cinco años, ya que la persona de confianza que los tuvo bajo el requerimiento de la divina Termutis había muerto. Benuth y Merifert están bien. Tu menor tiene hoy diecisiete años y está solicitada por varios grandes del reino a quienes no les importa tener por padre un general como yo.

-Djelkai... mi buen Djelkai....

De nuevo, Moshé sintió sus ojos llenos de lágrimas. Djelkai prosiguió:

-Por hablar de otra cosa, debes saber que la primera campaña de guerra de Thoth-Met ya ha empezado. Es la primera y verdadera gran guerra desde hace más de veinte años ¿Te das cuenta del acontecimiento, mi príncipe?

-Ya no soy príncipe, Djelkai, ya no soy más que...

-Un extranjero, ya lo dijiste mi príncipe –cortó el general antes de proseguir en tono más rudo- ¿Crees que tu ropa vieja puede engañar a cualquier espíritu por poco que tenga buen criterio? Tú has nacido para ser un grande en este mundo, mi príncipe, o quizá más que eso.

Moshé se sintió perturbado por esta afirmación e intentó desviar la conversación:

- ¿Dónde se desarrolla ahora esa campaña militar?

-En las orillas del Éufrates, que nuestro rey quería descubrir por él mismo. Después de haber sometido de nuevo las poblaciones de Palestina, fue más lejos; hasta los muros de Dammeseq, que se rindió sin combatir por miedo a la aniquilación. Después de ello, el dominio egipcio en toda Siria quedó asegurado. Ahora mismo deberá estar frente a la ciudad de Qarkemisch, a orillas del Éufrates, dispuesto a invadir territorios asiáticos.

-Está muy bien, Djelkai, pero ¿no temes que un imperio tan amplio pueda mantenerse sólidamente implantado en sus bases?

-Ya no es mi problema, mi príncipe, no soy más que un civil encargado de recaudar los máximos impuestos posibles, y no un estratega.

-A este propósito, el sheik Abemilek, que nos hospeda, me solicita que no te enfades demasiado cuando te anuncie que no pudo reunir la cantidad de metales que debía ofrecerte.

Djelkai masculló un impropierio:

- ¡Que la peste caiga sobre estos hipócritas! Mienten como respiran. Sin embargo, debo llevar el máximo en los cofres de Thoth-Met para que pueda pagar sus tropas.

-Si éstas son victoriosas por doquier ¿no se pagarían con las tomas?

-En verdad, sí. Pero sólo debo saber lo que me dice mi rey.

-Debería ocurrir lo mismo para él, en quien tú confías y de quien tienes su confianza...

-Ya te veo llegar, príncipe, y sabes muy bien que en materia de reflexión y estrategia siempre has sido mejor que yo. Me demostrarás, pues, que disminuyendo el impuesto de este malicioso Abemilek, actuaría en una buena causa que es la tuya.

-Por supuesto que me ayudaría mucho para el objetivo que me he establecido.

-De acuerdo, príncipe, le concederé esa reducción excepcional en agradecimiento a su gentileza. Dicho esto ¿no crees que ya se hace tarde? Hace un momento que nos están observando y no quiero que imaginen cosas acerca de ti.

Moshé lanzó una palabrota, ya que al girar la cabeza hacia donde desembocaba la escalera que le había llevado a la terraza, observaba varias pequeñas lámparas sostenidas por manos humanas que esperaban pacientemente el final de la entrevista entre el gran jefe egipcio y el pequeño pastor kenita.

El festín se desarrolló en una atmósfera que no sólo era más distendida que de costumbre, y hasta realmente cordial. Séfora era la reina de la velada. Su sueño más delirante se estaba viendo superado por la realidad. Era mimada y fue objeto de los más cuidadosos detalles no sólo del sheik, maestro del lugar, sino también por el general egipcio que se divertía como un niño adelantándose a sus menores deseos. Ayudada por el vino, la esposa de Moshé dejó su costumbrada actitud altiva convirtiéndose en la más encantadora hacia todo el mundo, incluyendo a su marido al que miraba con admiración y reconocimiento.

El banquete acabó a altas horas de la noche, cada uno se retiró a sus apartamentos. Con los dedos de las manos cariñosamente enlazados, los dos esposos llegaron a su habitación de piedra en una misma comunión de pensamiento. Para Séfora, Moshé casi se había convertido en un príncipe, ya que recibió homenajes del general egipcio y sus oficiales.

Esa noche fue concebido el primer hijo de la pareja, al fin unida en un lance amoroso después de cinco años de vida en común. Por la mañana, Moshé ya no tenía la misma prisa para volver con Yitro. Dejó descansar a Séfora, y se dirigió a la segunda audiencia de Djelkai. Ésta empezó con mucho retraso, ya que el general no se había levantado temprano. El tributo de Abemilek fue sensiblemente reducido después de una refriega verbal tan hipócrita por una parte como por la otra, en la cual el oficial egipcio se divirtió jugando a ser el malo que piensa en la salsa con la que devorará al débil. Moshé, que sabía lo que iba ocurrir, admiró este diálogo en el que cada parte intentaba demostrar a la otra la correcta justicia.

Pasaron aún dos días en los que Moshé y Djelkai tuvieron la oportunidad de hablar en privado. Después, el general antes de ir a su nave, no aceptó la despedida del que seguía llamando príncipe, asegurando que volvería a verlo en tierra egipcia.

Moshé y Séfora tuvieron un nuevo altercado, ya que ésta deseaba permanecer algunos días más en Elzerión pero no podía quedarse sola, tal y como el sheik sabiamente le había hecho comprender, no era bueno contradecir a un esposo tan servicial y valeroso como el suyo. Ella cedió amargamente.

La acogida a su vuelta fue solemne, el patriarca ya conocía todos los hechos realizados por Moshé, y le abrió los brazos diciéndole:

- ¿Estás satisfecho de tu primera salida, hijo mío?

-Lo estoy, padre, y te agradezco haberme permitido conectar con el pasado.

-Ahora estás liberado de ese peso y puedes volver a investigar sobre el futuro cuando quieras.

-Volveré a la montaña sagrada con el rebaño en cuanto haya devuelto su bien a cada uno.

- ¿Séfora también está satisfecha?

Moshé expresó una duda:

-Lo estaba en Elzerion, pero desde nuestra partida no me ha dirigido la palabra.

-No te preocupes, hijo mío, la carne de mi carne, mi primogénita tendrá, para hacer compañía, otra carne a la que alimentar y la ocupará algún tiempo. Ahora, en esta espera, alimenta tu espíritu a la luz de la enseñanza que te prodigará Yahvé.

Moshé digirió toda esta información yendo a su tienda a disfrutar de un tiempo de reposo merecido.

LA ZARZA ARDIENTE

> "Y cuando llegó al lugar del fuego, una voz le gritó desde el lado derecho del valle, en el fondo de una zarza: Oh, Moisés, yo soy el Dios maestro del Universo". (EL CORÁN. 28-30).

- ¿Qué nombre quieres que lleve, Séfora?

-El que te plazca darle, padre, me da igual.

La voz de la joven no sólo marcaba indiferencia, sino también una excesiva frialdad. Séfora no quiso ni mirar a su recién nacido de pocas horas manteniendo sus ojos cerrados. Yitro se giró hacia Moshé que con aire taciturno parecía incongruente frente al feliz acontecimiento que acababa de ocurrir:

- ¿Y tú, hijo mío, deseas ponerle un nombre en especial?

Con una risa amarga, Moshé contestó:

-El nombre que mejor le iría, teniendo en cuenta la circunstancia, es el que me propuse llevar a mi llegada: el Extranjero, ya que es lo que parece, incluso para su madre a vistas de cualquiera en el campamento.

Muy triste el patriarca reflexionó un poco:

-Este nombre: Gershom, podría irle bien, efectivamente, pero por otros motivos más interesantes.

Moshé no contestó, perdido en sus pensamientos contemplando esa pequeña masa de carne rosa que se agitaba, sonriéndole gentilmente a esta vida que acaba de tomarlo en posesión, estaba sobre un paño esperando a que su madre lo abrazara en su pecho. Este bebé era su hijo. ¿Por qué tardaba tanto en ocuparse de él? Pensó que ella siempre se había movido por sentimientos execrables, aunque nunca lo quiso reconocer hasta este instante. Pero este día, que debía ser alegre, presentándose el futuro para los dos bajo los mejores auspicios, no demostraba el menor instinto materno, que manifiestamente no poseía. ¿Por qué Yahvé le hacía pasar por esta prueba? ¿Había hecho alguna cosa para desmerecer sus favores?

Un gran suspiro salió por sus labios entreabiertos, mientras que sus ojos rehusaban cruzar los de su mujer para no medir la magnitud del desastre en el fondo de su mirada. ¿Por qué no aceptaba vivir como todas las demás esposas de los pastores en el campamento de su padre? Todos tenían una vida sencilla y feliz, la misma que él había deseado muchos años. Todas las demás eran felices, pero Moshé se preguntaba si algún día lo sería. Yahvé parecía indicarle que efectivamente otra vía lo esperaba, tal como pretendía el venerable Yitro, este confidente de Dios, en contra del cual ahora deseaba rebelarse con vehemencia. Incluso el nombre que había aceptado ponerle a su hijo, sin pensar, era un signo evidente del destino. Gershom, era él mismo, y siempre lo sería. Gershom será el que acaba de ver el día para la eternidad.

Sin embargo, a partir de ese día, una vez superada la cólera, su reflexión tomó otro giro, más profundo, más agudo, en un sentido meditativo bien definido. Su desprendimiento en las cosas de la vida ordinaria en el campamento se había hecho de forma sencilla, a través de sus prolongadas ausencias en el entorno de las montañas, cercanas a la sagrada, con sus rebaños. Pero su búsqueda del diálogo con Yahvé era encarnizada a lo largo de sus frecuentes paseos en solitario en la vertiente cercana al Hor-em-Geb.

Los meses siguieron pasando, trayendo una nueva fiesta del Carnero que había atraído más aspirantes que de costumbre, el éxito de Moshé con el general egipcio daba una excepcional notoriedad a este pueblo en el fin del mundo. La fiesta también había atraído a varios notables que deseaban sacar ventaja en la próxima visita del recaudador de impuesto en Elzerión. Naturalmente todas estas personalidades más o menos conocidas por el patriarca habían ofrecido numerosos regalos a la pareja, y los que no se atrevían a darlos a Moshé, los entregaban al patriarca, y a Séfora para que los favoreciera frente a su esposo. El mismo Josuah también había venido, no para solicitar algo, sino sencillamente para saludarlos en nombre de su divino padre, ofreciendo un regalo suntuoso por la disminución del peso de metal impuesto por los egipcios. Trajo algo de alegría en la familia, Séfora recibió un collar de oro macizo de un respetable peso. Debido a todo ello, Moshé estuvo retenido en el campamento, hablando con todos los que esperaban algo de él. Él decía que no volvería a Elzerión, que era mejor abstenerse y que tampoco volvería el mismo general, y que más les valía a todos esta vez ser más precavidos. Así cada noche, satisfecho, descansaba en los brazos de su esposa, muy feliz de ser mimada como lo estaba.

Nueve meses después, un nuevo hijo nació en el campamento del sheik de los kenitas, pero Moshé estaba con su rebaño a la sombra de la montaña sagrada y no había juzgado necesario ir a pesar de que un correo especial vino a avisarlo del inminente nacimiento. Además, en su última estancia, Séfora lo había insultado fuertemente y lo había tratado de incapaz, de atrasado y que sólo servía para engendar más pastores. Su embarazo no justificaba sus injurias, por ello decidió quedarse pastando unos días más.

Con paciencia observaba el completo fenómeno de la combustión espontánea de algunos vegetales en la pendiente expuesta al sol poniente del Hor-em-Geb. Ya había observado, en la misma época, algunas semanas antes de la gran fiesta, que no sólo la montaña parecía abrazarse con llamas inmensas a pesar de que al día siguiente las plantas espinosas esparcidas en las pendientes permanecían verdes, porque la sequía no lo explicaba todo. Cuando esta calamidad se producía, era en otro periodo del año, el fuego estaba ahí, efectivamente, destruyéndolo todo, desprendiendo espirales de humo negro espeso que apestaba el aire a miles de codos a la redonda. Sin embargo, durante algunos días, justo en el momento del nacimiento de su segundo hijo, el acontecimiento debía producirse. Algunos centelleos anaranjados eran precursores del fenómeno, tal como había observado muchos años antes, anunciando la proximidad de ese milagro o espejismo, aún no lo sabía bien.

Pero esta vez, estaba muy decidido a dirigirse al preciso lugar del fuego sin humo. Los jóvenes pastores ya tenían por costumbre verlo alejarse un día entero para reflexionar en solitario, y no se preocupaban tanto si se ausentaba varios días para ver de más cerca lo que pasaba "ahí arriba en el Hor-em-Geb", en espera de poder subir al monte Sinaí.

La cuarta noche que observaba el lugar donde se producía el destello de la llamarada, que hacía temer a los pastores, se prometió salir temprano el día siguiente después de haber explicado al mayor de los pastores lo que pensaba hacer. Pero sombríos acontecimientos hicieron que otra cosa ocurriera, ya que esa misma noche llegó un niño del pueblo sin aliento pidiendo a Moshé que volviera de inmediato al campamento de parte del patriarca.

Los primeros rayos del sol iluminaban a su llegada al pueblo después de una marcha forzada agotadora. El niño no pudo decir nada más, y se había imaginado lo peor durante el camino. Con aire de derrota entró en su tienda, para ver dos mujeres desconocidas que ayudaban a Noemí, una de las hermanas de Séfora, a limpiar a dos niños. Antes de que ninguna hablara, preguntó con voz dura:

- ¿Qué le ha ocurrido a Séfora?

Noemí se acercó consternada al desgraciado esposo no sabiendo cómo empezar la historia:

-Pobre Moshé, se ha ido.

Moshé se derrumbó bajo el peso del dolor sentándose sobre un cofre de ropa para llorar. Noemí se acercó avergonzada, ya que había comprendido que la frase daba a entender que su hermana había muerto, lo que no era el caso. Y con voz dulce dijo:

-Séfora no ha muerto, Moshé, se ha ido a Elzerión.

Moshé necesitó unos cuantos segundos para que la frase penetrara en su profundo dolor, se reincorporó y lentamente fijó los ojos de Noemí llenos de lágrimas y dijo:

- ¿A Elzerión?

Noemí asintió con la cabeza al no poder pronunciar palabra. Moshé abrió el cofre donde deberían estar los más bellos vestidos de su esposa, pero no había nada. Dio un grito como una bestia salvaje frente a la muerte antes de salir de su tienda para precipitarse en la del patriarca.

Yitro lo esperaba con aire serio, indicó a su hijo sentarse cerca de él, los dos hombres se miraron a los ojos algunos segundos hasta que Moshé se recuperó de los sollozos. Para evitar preguntas embarazosas, el patriarca describió con voz dulce la sucesión de los acontecimientos:

-Hacía unos días que Séfora estaba triste, como bien sabes. Su embarazo no arregló las cosas, yo no me comunicaba a menudo con ella para no tener discrepancias en este período, complicado para una mujer, anterior al nacimiento. Ella dispuso de todo el tiempo para sufrir y pensar, ya que sus hermanas estaban muy ocupadas para venir a verla frecuentemente, ellas no han montado ninguna historia por el nacimiento de sus múltiples hijos y no comprendían la extraña actitud de su primogénita. Hubiera tenido que avisarlas, pero ello sólo hubiera atrasado lo ineludible, he dejado hacer a Yahvé, sin interceder favores hacia ella. A penas hubo nacido tu hijo, Séfora se sintió aliviada por ese peso que la asfixiaba y de alguna manera ha perdido el espíritu, teniendo solo una idea en la cabeza: irse a Elzerión donde los hombres huelen a algo diferente, siempre están bien vestidos y pendientes de sus esposas que jamás dejan solas.

Yitro se detuvo un momento para permitir a Moshé encontrar su tranquilidad interior, su mirada de aturdido había desaparecido dejando lugar a una expresión fría y dura:

- ¿Se ha atrevido a abandonar a sus hijos para perseguir un espejismo?

-No se trata de una ilusión, hijo mío, es otro concepto, otra forma de vivir que tú has conocido en Egipto, a Séfora le es desconocida, y sólo ha visto sus ventajas. He intentado disuadirla, pero ha sido en vano, he sentido que, si utilizaba la fuerza, una desgracia mayor ocurriría, de la cual me harías responsable, aunque me siento muy apesadumbrado por lo que ha ocurrido.

-Nada es culpa tuya, padre, no tienes nada que reprocharte. Yo sabía en el fondo de mí mismo que algo iba a ocurrir. ¿Quién alimentará al bebé?

-Eliabie aún tiene leche de su último recién nacido y suficiente para dar el pecho a los dos niños. No te preocupes por tu hijo, está bien. ¿Cómo piensas llamarlo?

Moshé sacudió la cabeza bruscamente, esto estaba fuera de su pensamiento, y preguntó:

-Si voy a Elzerión, ¿dónde la encontraría?

Esta vez fue Yitro quien sacudió la cabeza.

-No lo sé, no sé dónde ha ido, pero no creo que sea la mejor solución para ti...

- ¿Por qué dices eso?

-Bien, Séfora se ha ido a vivir con un hombre que conoció aquí en las fiestas que atrajeron a muchos extranjeros; podría estar en casa de Abemilek, o con Josuah. Si la traes de vuelta a la fuerza, tu vida será insoportable.

- ¿Y si me fuera a Elzerión a trabajar, tal como ella siempre me lo ha pedido?

- ¿Eso es lo que realmente deseas? Es tu vida la que sería espantosa y no serías más feliz que en este momento.

Moshé reflexionó un largo momento, antes de volver a suspirar. Comprendía una vez más que Yitro tenía razón. Éste pensando consolarlo dijo:

-Además Séfora volverá un día u otro, puedes estar seguro.

-A partir de hoy, ya no es mi esposa, padre, porque ha abandonado a su propia carne.

- Te comprendo hijo, el tiempo cura todas las heridas, sólo queda esperar haciendo lo mejor para que tus hijos crezcan con buena salud. ¿Cómo quieres que llamemos al último? Es hora que le demos un nombre.

Bajo el golpe de una inspiración repentina, Moshé dijo:

-Dale el nombre de Elzerión, así a lo largo de toda su vida se acordará de la deshonra de la mujer que lo trajo al mundo abandonándolo a su propia suerte para irse a Elzerión, ciudad impía. Que así sea, si Yahvé es verdaderamente un Dios de justicia, y si aún me desea para realizar su tarea especial, voy de inmediato ya que no espero nada más.

Dos días más tarde, cuando regresó junto a sus rebaños cada vez más extenuado por el cansancio acumulado, con voz incisiva y autoritaria ordenó a los pastores reunir los animales y volver al campamento sin demora. Cosa que hicieron los jóvenes muy felices por dejar el lugar y volver a su hogar. Únicamente el mayor se preocupó por dejarlo en esa zona prohibida:

- ¿Por qué no vuelves con nosotros, Moshé?

-Aún tengo que hacer por aquí.

-Tu tono me asusta, ¿qué debo decir al venerable Yitro?

-Dile sencillamente que os he ordenado iros sin mí. Cosa que vas a hacer ahora mismo sin preguntas.

Una vez solo, agotado, se sentó frente a la pendiente del Hor-em-Geb, para esperar a que el sol alumbrara el lugar preciso de la aparición de las llamas anaranjadas y a continuación empezar su ascenso. Fue mucho más tarde, ya pasado de su cénit el astro del día, cuando el color de las rocas empezó a palidecer sobre el ocre. Los centelleos se producían a la altura de un matorral espinoso que desde su punto de observación parecían ser acacias salvajes. Profundamente perturbado Moshé escudriñó el fenómeno con intensidad, como hipnotizado. Deseaba impregnarse del espíritu que presidía esta transformación de los vegetales.

En menos de diez minutos todo el macizo parecía bailar en llamas en una danza circular desordenada que un espíritu maligno impedía fijar. Y para colmo de lo extraordinario, no había humo ni combustión, todo era normal, incluso la prohibición de subir a observar lo que ocurría. De pronto tomó la decisión, localizó el camino que debía seguir para llegar al lugar preciso, situado algo más arriba de la mitad de la pendiente. El sol empezaba a declinar rápidamente, las llamas tomaron un tinte rojo vivo cegador que lo atraían y parecían decirle que se acercara.

Se levantó de un salto gritando: "Yahvé, Yahvé, me estás llamando y ya voy", el eco repercutió ampliamente las palabras lanzadas como una bravuconada a la misma muerte que lo acechaba si fallase. Se agarraba fuertemente con sus dedos a la roca rugosa sujetándose con sus pies descalzos a la pared cuando los últimos gritos del eco aún retumbaban en las paredes. Por supuesto, la subida no era fácil ya que nadie había creado un acceso para llegar a la cima. La noche caía, el camino sería largo y dificultoso, y llegando a un saliente rocoso plano, se sentó y bebió un trago de la bota de leche que le había entregado el pastor. También comió un puñado de uvas, y después durmió de un tirón a pesar de su nerviosismo y la fiebre que lo invadía. Por encima de él, el brasero ya no existía, todo estaba a oscuras y ocurría igual si miraba hacia abajo ya que no se veía nada. En su sueño flotaba disfrutando de esta soledad en la que se sentía tan bien. Esto era lo que necesitaba para encontrar a Dios, y si había fallado en alguno de sus mandamientos, estaba dispuesto a pagar y morir en las llamas de este fuego extraordinario.

El claro amanecer que se doraba en el horizonte opuesto, le hizo abrir los ojos. Se sorprendió por haber dormido toda la noche sin haber sido interrumpido por Yahvé ordenándole volver a bajar, lo que fue un feliz presagio. Se incorporó, levantó la cabeza y reconoció muy por encima de él, el aspecto característico del lugar donde deseaba dirigirse: Un declive en forma de hueco en el seno del cual había varias agrupaciones de acacias salvajes con troncos nudosos.

La montaña sagrada ya no era visible, al menos su cima, pero estaba en la pendiente del Hor-em-Geb, su monte centinela, llameante, del cual, ahora, veía los menores detalles. Enseguida volvió a ponerse en ruta buscando para subir las más mínimas grietas que le facilitarían este extenuante ascenso que, sin embargo, no era inaccesible.

Pronto, el macizo apareció en su totalidad, con sus picos y diferentes alturas. Él estaba entre el cielo y la tierra siendo el paisaje de una belleza incomparable. Pero no se maravilló de ello, porque sus pensamientos estaban en el campamento perdido en la lejanía que creía distinguir, aunque no estaba seguro teniendo en cuenta la espesa bruma que hacía confundir con el cielo el horizonte terrestre.

Poco le importaba que sus manos y pies estuviesen despellejados y sangrando, tenía la voluntad de llegar hasta el punto que se había fijado y sólo eso contaba. Sin embargo, cuanto más le parecía acercarse a la meta, menos la reconocía, sus formas se modificaban considerablemente según ascendía. Lo que parecía un montículo se revelaba ser una meseta rocosa bastante larga y lo que parecía un espolón rocoso se convertía un pedrero enorme casi infranqueable, Moshé tuvo que rodearlo antes de retomar el sendero que le pareció ser el correcto.

Cuando el sol llegó a su cenit, estaba extenuado, tenía hambre y sed, se sentía perdido en esta montaña en la que no reconocía nada. Además, para colmo se situó frente a una pared vertical de la que no podía ver su altura porque sus ojos se cegaban con los rayos del astro del día. Moshé agarró la roca con la punta de sus dedos doloridos que resbalaban, sus uñas se habían roto hacía tiempo y casi no le quedaban. Se dejó caer en el suelo en un estado de aniquilación cercana al fin.

Curiosamente esta situación despertó en él algunas facultades dormidas desde hacía años en el fondo de su subconsciente. Se acordó de las enseñanzas de los maestros de la Medida y del Número que hablaban de las expediciones de los Per-Aha Kufu y Snéfru en este país[91] habían ascendido a las más altas cimas del lugar descubriendo algunos yacimientos de hierro, de cobre y oro. ¿Habría sido esta

---

[91] Se trata de los más grandes faraones de la IV y V dinastía, es decir unos 2200 años antes de Moisés. Kufu era además el Keops de los griegos.

montaña, en la que actualmente estaba a media pendiente? Voces se precipitaban en él obligándolo a reincorporarse y mirar a su alrededor:

-Persevera un poco más, Met, estás cerca de la meta y descubrirás la verdad.

¿Sería uno de los antiguos reyes quien le hablaba, o sería la voz de Yahvé?... Más bien de los primeros ya que lo había llamado Met.

El sol le abrazaba la cara y la pared reflejaba el insoportable calor sobre su cuerpo poco vestido, Moshé se levantó y se sostuvo sobre sus piernas inseguras. De pronto creyó soñar, ya que los rayos iluminaron unos dibujos sobre la pared de roca, como varios alveolos, un tipo de hueco que anteriormente no era visible y que permitía subir a la cima de la pared vertical sujetándose bien. Un hombre fuerte, valiente y sin miedo podía conseguirlo. Moshé se incorporó y gritó:

-Redúceme a cenizas, Yahvé, sin no quieres que llegue a ti, quémame, que caiga hecho cenizas si no deseas verme. Voy a subir. Subiré. ¡SUBO!

No sintiendo ya ni el cansancio ni sus heridas en manos y pies, Moshé se agarró frenéticamente encajando sus dedos y sus dos pies en un hueco por encima de su cabeza, otro hueco le permitió elevarse a pulso de un buen codo. La gran claridad del día le indicó las siguientes grietas a las que debía agarrarse para ascender hasta la cima. Lentamente, muy lentamente, se elevó. Sin aliento y sin fuerzas su mano derecha alcanzó el filo de la pared donde consiguió elevarse con la voluntad de sus puños doloridos. A continuación se dejó caer a un suelo de aspecto caótico, que no tenía nada en común con lo que él conocía. Acababa de llegar a un valle alto, enteramente negro, como maltratado o atormentado por una mano tan potente que parecía estar en otro lugar. Y por extraño que le pareciera, el camino que llevaba a la siguiente pared rocosa tenía arbustos de acacias salvajes esparcidos, uno mucho más grande que los demás casi en el centro del valle brillaba con miles de centelleos resplandecientes que iban del amarillo vivo al rojo chillón, pasando por todos los tonos de naranja y oro.

Después de haber recuperado su respiración y haber intentado en vano humedecer sus labios hinchados y secos, Moshé se incorporó comprendiendo que había llegado al final de su viaje, a pesar de no reconocer el lugar. Una vez de pie observó que el ángulo bajo el que se reflejaban los rayos de sol irisaba literalmente toda esta tierra negra y granulosa que rechinaba bajo sus pies. En cuanto empezó a andar se cortó los pies con las aristas afiladas de las escamas con múltiples facetas brillantes pero negras. Recogió una y la examinó más detalladamente, haciéndola girar en la palma de su mano al sol. Y a pesar de la negrura aparente de este mineral, no pudo fijarlo con la vista de tanto como brillaba[92], la tiró y se acercó al pequeño seto en cuya base estaba el mismo material, iluminando todas las ramas espinosas que se cruzaban, por ello el color anaranjado y extraño resplandecía hasta el horizonte como un gigantesco fuego.

---

[92] Se trata sin duda alguna de "mica negra" o "biotita", escamas divisibles que se encuentran en los terrenos pegmatitas, que es un silicato que contiene hierro, tal como existe en el macizo del Sinaí. Desde miles de años antes de Moisés, las minas de hierro, de cobre, y de oro eran abiertas todo alrededor del Sinaí, las múltiples inscripciones que han sido recopiladas demuestran la intensa actividad que reinaba.

Moshé sacudió su cabeza con aire penoso. La verdad, o al menos lo que él pensaba que era, lo dejaba incrédulo. Había hecho tantos esfuerzos por una cosa tan banal que sintió vacilar su razón. El calor también tenía algo que ver. Se adelantó hacia el matorral que tenía más sombra, resultó ser acogedora bajo un magnífico tipo de acacia que en Egipto era sagrada, el *Sent*. Fue bajo un árbol idéntico y tres veces santo que la reina virgen Nut había sido engendrada por Ptah, o Yahvé, si se creía en la identidad única de Dios tal como la concebía Yitro.

Este magnífico espécimen de Sent, del que nada podía indicar que estuviera ahí en medio de las acacias salvajes, también brillaba con un centelleo particular ya que los destellos más o menos fuertes, a espacios regulares, hacían pensar en los latidos del corazón animando una respiración. Cuando Moshé estaba cerca de los primeros arbustos espinosos, se dio cuenta que tenían bayas salvajes, buenas para tomar y de jugo delicado, se dio prisa en comer para reconfortarse. Satisfecho, pero deseando asegurarse antes de volver a bajar, decidió rodear el macizo para ver si podía llegar hasta el venerado árbol. Como no encontraba ninguno modo, se deslizó bajo los arbustos espinosos arañándose en cada movimiento. ¿Por qué actuaba así y perseveraba en esta tentativa desesperada de buscar otra solución que la obvia y cuyo origen natural no dejaba duda alguna? No lo sabía, pero deseaba apoyarse en la corteza de ese sicomoro sagrado o Sent.

Toda su educación egipcia resurgía para decirle claramente que nada era tan fácil como parecía, y que nada era tan complicado como lo pretendía Yitro. Después de haberse arañado el rostro y abierto la mejilla izquierda obstinándose en franquear la barrera espinosa, Moshé llegó a un pasaje libre, más ancho, cubierto de una hierba alta que lo llevó hasta un pequeño montículo. Sin levantar los ojos, deslumbrado por la claridad dorada, supo que sobre este montón estaba el árbol.

El silencio era total y sintió su corazón en reposo mientras subía la pequeña cuesta, sus pies pisaban una hierba blanda que sanaba sus heridas. Una paz total lo invadió cuando se apoyó contra la corteza del venerable árbol más que centenario. La extraña luminiscencia rosa naranja, le llegaba ahora entre las gruesas ramas y le obligaba a cerrar los ojos por temor a quedar ciego para siempre. Estaba en el lugar santo, el lugar del que había salido la chispa generadora que había engendrado al primogénito de la ingrata multitud que lo había rechazado.

- ¡Pero tú estás ahí, Moshé!

El hombre, confundido al oír la voz se incorporó bruscamente, vibraba en sus oídos, pero era dulce de oír. No podía ser verdad, debía soñar ya que aún tenía los ojos cerrados por no poder soportar la claridad, pero sin embargo replicó, sólo para verificar que estaba despierto:

- ¿Quién eres, tú que hablas así en este lugar?

La misma voz tranquila pero muy clara dijo:

-Soy el Dios de tus padres de Egipto y de esta Tierra, soy el Dios de Osiris y de Abraham, de Hor y de Jacob.

Moshé se dejó caer al pie del árbol y escondió su cara en sus manos, pero ello no le aseguró ninguna protección porque aún veía esa extraordinaria claridad hasta el fondo de su alma, sentía sus tímpanos latir. Un frescor repentino como un viento fresco de altitud le acarició el rostro invitándolo a tranquilizar su espíritu, y la tempestad que brotaba en él se calmó al tiempo que su cansancio y la tensión acumulada durante estos últimos días. Manteniendo aún los ojos cerrados, pero con tranquilidad, dijo:

-Estoy a tus órdenes, Dios, te he buscado desde hace tiempo. Habla y te obedeceré.

-Está bien, he visto la aflicción que está en el corazón de mis criaturas en Egipto. He oído su grito de alarma contra los usurpadores que profanan mis templos pisoteando mi nombre. He guiado tus pasos hasta aquí por este motivo: Deseo que los liberes de esa tierra, desde ahora maldita, de la que pronto no quedará piedra sobre piedra en ningún templo.

-Obedeceré en todo. Oh tú, que eres el Eterno y el Todopoderoso.

-Está bien, porque después de haber sacado este pueblo oprimido de esta tierra que fue mi Segundo Corazón, lo llevaré a una tierra aún más amplia y abundante. Les prometerás en mi nombre la tierra de Canaán, que está en el país de los heteos, amorreos, ferezeos, y jebuseos, todos ellos necesitan reconocer que no hay más que un sólo Creador que reina para siempre sobre todas las criaturas humanas.

-Obedeceré en todo. Oh Señor de la Eternidad ¿Pero cómo lo haré?

-Solicitarás al faraón, que ya no es un Per-Aha, dejarte llevar a los oprimidos de Egipto.

-Pero, ¿quién soy Señor para ir y darle órdenes a Thoth-Met?

-No tengas temor alguno, porque estaré contigo y preveré tus necesidades para mayor éxito de la empresa que consistirá en sacar a las criaturas oprimidas de la tierra de Egipto.

-Pero ellos, tus hijos, ¿aceptarán irse conmigo?

-Te he elegido porque eres honrado y perseverante, te obedecerán porque les impondré mi voluntad, y a todos dirás que soy el Dios único y que te he enviado para liberarlos.

-Te obedeceré. Oh Creador de todas las cosas y de todos los seres, ¿pero con qué nombre debo llamarte?

-Soy el Dios de todas las criaturas vivas. El de Osiris y de Abraham, el de Hor y de Jacob. Los que crean en mi saldrán detrás de ti y me llamarán Yahvé, tal y como Yitro lo hace. Así lo harán los hijos de los hijos de los que me renegarán en esta tierra prometida a quienes enviaré otro Aha para intentar salvarlos: Yesu. Ahora mi nombre Yahvé se convertirá en tu protección a partir de hoy. Yahvé será el nombre que unirá a los oprimidos a mi eternidad. Vete y reúne a los ancianos que hablan con los subyugados, ya sean judíos o egipcios, porque todos son hijos míos y diles: "Es Yahvé, el Dios de todos vuestros padres el que me envía en este día para llamaros a todos y que volváis a él en una tierra que os promete".

- ¿Y me seguirán?

-Me veré obligado a sembrar obstáculos bajo vuestros pasos para fortalecer su fe y estar seguro de que no me vuelvan a abandonar.

Moshé suspiró profundamente, ya que, si Yahvé había hablado de un nuevo salvador, significaba que él no estaba seguro de su éxito. Pero Dios leía en el corazón y su voz se hizo más dulce aún para decir:

- ¡Moshé, Moshé! Has prometido obedecerme en todas las cosas, así que no reflexiones acerca de mis palabras que sólo atañen al futuro. Haré que tu nuevo pueblo sea agraciado cuando estén dispuestos a reconocerme, además no os iréis de Egipto con las manos vacías como fugitivos porque tendrás tiempo para llevarte los textos sagrados que he grabado en Egipto y que se han convertido en letra muerta, también te llevarás los principales ornamentos que son el símbolo de mi poder absoluto.

-Te obedeceré, oh Yahvé, es seguro ¿Pero tendré la voz tan persuasiva como la tuya? Ya sabes que a la menor emoción tengo un tartamudeo que hace reír, mi lengua no es tan ágil como mi alma.

-Olvidas que soy yo el que hace las bocas de los hombres para que hablen, y sus oídos para que escuchen mis palabras, y deseando que tú seas el único en oírme, pondré las Palabras en la boca de Aha-An, tu hermano de sangre, el gran sacerdote egipcio que está de camino para visitarte. En cuanto te vea, te reconocerá y se alegrará de estar contigo, se convertirá en tu voz, pero serás tú quien lo inspire para todas las cosas.

-Oh, Yahvé, sólo debes inspirarme y te obedeceré.

-Perfecto. Ahora, antes de irte, toma el bastón que hay cerca de ti y guárdalo preciosamente, porque es con él que yo te ayudaré a realizar los milagros. Ve en paz y no olvides jamás que YO SOY EL QUE SERÁ.[93]

Moshé, al fin, abrió los ojos en completa oscuridad. La noche había caído hacía tiempo, así que sabiamente decidió mantenerse bajo el árbol esperando el amanecer. ¿Había soñado o realmente había dialogado con Yahvé? Optó por la primera opción, porque jamás, en ningún momento, había visto a Dios, sólo oyó una voz. ¿Pero, realmente la oyó, o el cansancio había engendrado un sueño?

Al alba seguía despierto y perplejo. Cuando se levantó, observó un grueso bastón que estaba junto a él. ¿Estaba ahí la noche anterior? No recordaba haberlo visto. Lo tomó firmemente en la mano y volvió por el mismo camino, pero esta vez, al salir de la espesa masa de espinas, no se hizo daño alguno. Mientras que cruzaba la meseta para volver a bajar, recogió algunas esquirlas negras, pero en este amanecer no brillaban, incluso parecían inertes.

La bajada fue mucho más cómoda, ya que el bastón le ayudaba en esta peligrosa tarea. Cuando estuvo al pie del Hor-em-Geb vio que todas sus heridas habían sanado. ¿Sería el poder regenerador del Sol, o el del bastón? Se abstuvo responderse esta pregunta y decidió bañarse en el Wadi donde los rebaños abrevaban cuando venían a estos lugares. Fue sin sorpresa que vio a Aha-An en el agua mientras que su mula

---

[93] *Fyhe-Asher-Fyhe*. Juego literal de palabras que explica mejor en hebreo que en castellano el verdadero significado del nombre de Yahvé, que une el Pasado al Futuro gracias al Presente.

bebía satisfecha el líquido benefactor. Moshé corrió hasta perder el aliento, feliz por este encuentro que confirmaba la intervención divina en su vida. Embriagado de aire fresco y de gloria, se precipitó en el agua sin quitarse la túnica y gritando:

- ¡Aha-An, Aha-An, mi hermano de Egipto! Al fin aquí.[94]

---

[94] Recordemos que Aha-An se pronuncia Aarón, y que el Aarón bíblico que se da como hermano primogénito de Moisés, no tiene nombre hebreo, sino egipcio, y que era Gran Sacerdote.

MOISÉS Y AARÓN

> "*Después de eso, sin querer insistir demasiado en las preguntas puramente históricas, a fin de mantenerme en mi propósito, fortificado por la visión de la teofanía, Moisés recibió la orden de liberar su pueblo de la esclavitud de los egipcios*". (GREGORIO DE NICEA. La Vida de Moisés).

-Ya que quieres que te cuente la vida con todo detalle en Ath-Ka-Ptah durante tu ausencia, antes de que vayamos al campamento de Yitro, lo haré, pero es muy triste para una nación como la nuestra, que fue la más grande del mundo.

Aha acababa de ceder a la presión de su hermano, que alimentado con víveres que portaba la mula deseaba saciar su hambre intelectual en el acto. Moshé le había contado lo que acababa de vivir en el Hor-em-Geb y el sacerdote egipcio se sintió perturbado. Como su visita al igual que la de Djelkai había sido súbita y evocadora sin que su albedrío tuviera algo que ver, a pesar de su voluntad, se sintió de buen agrado por volver a ver al que se disponía a seguir. El punto divergente era que Moshé deseaba sacar a todos los oprimidos de Egipto, mientras que él deseaba convencer al príncipe para que volviera para tomar el cetro de Ath-Ka-Ptah.

-Desde su más temprana edad Amon-Hotep fue celoso de ti, de tu robustez y sobre todo de tu inteligencia, aunque creo que era inconsciente de que todo eso le faltaba a él. Así en cuanto fue el único detentor del cetro, Amon-Hotep no pensó más que en una cosa: Eliminarte sin que ello recayera sobre él. Todos los vasallos del país aprovecharon su debilidad para romper uno tras otro los lazos que los unían a nosotros. Y él seguía ordenando construir templos, y aún más templos para la gloria de Amón. Era su ídolo y el de los malditos sacerdotes sacrílegos que le aconsejaban, ellos se llenaban las panzas y engrosaban las reservas de su tesoro. Fue, en verdad, el primer inmundo que se glorificó de tal forma. No sólo se hizo construir un nuevo palacio residencial, además un edificio religioso destinado únicamente a su gloria, para asegurar eternamente el culto de su espíritu en la tierra el día en el que se viera llamado a reinar con el Sol. Por supuesto, sólo tuvo dos hijas, las concubinas que Nefertari le permitió tener se las dieron. Pero los espíritus malignos dicen que la reina madre vigilaba personalmente, y que cuando nacía un varón de una u otra barriga, las dos comadronas que asistían al nacimiento ahogaban el cuerpo inmediatamente para sustituirlo por un bebé hembra o un niño nacido muerto el día anterior. La gente de Amón cerraba sus ojos frente a estos hechos sórdidos ya que ellos mismos le habían echado el ojo a un medio hermano de Amon-Hotep que acababa sus estudios para acceder al sacerdocio de Amón, y ya habían pactado: Amón velaría para que su hijo terrestre muriese sin varón en la sucesión para que el joven Djut-Ateta se convirtiera en Thoth-Met al tomar el cetro. Ello ocurrió cuando se convirtió en el Per-Aha número 173.

-No me acuerdo para nada de él, Aha-An, ¿estaba en la corte real cuando yo iba siendo niño?

-Por entonces, ya estaba totalmente bajo la empresa de los de Amón. Tiene tres años menos que tú y es mucho más enérgico que su predecesor. Ha tenido cuatro descendientes: dos varones, luego una hija y otro hijo. Pero únicamente la hija, Amenset, es de su real esposa[95]. Su última campaña de guerra para reconquistar una parte del patrimonio perdido fue coronada con éxito. Volvió seguido de una larga cohorte de prisioneros, trofeos y tomas de guerra que irían directamente a su harén. En cuanto al tesoro de guerra, los inmundos aún no han acabado de repertoriarlo por ser tan abundante y diversificado. De cualquier modo, el primer resultado es que la frontera sur con Nubia ha vuelto a su antiguo trazado. Los nuevos mojones, vanagloriando el valor del sucesor de Thoth, han sido solemnemente sellados en Tombu.

-Está bien, ¿pero ello en qué alivia la opresión que padece el pueblo que me vio nacer?

El rostro de Aha-An se ensombreció con la pregunta:

-La situación, desgraciadamente no deja de empeorar debidos a los de Amón, esa religión se ha convertido en parte integrante del poder determinando todos los actos y gestos de los vivos. Los que no desean adherirse están considerados como sub humanos ya que sólo los que veneran al Carnero-Amón pueden acceder a los empleos considerados. Todos los demás sólo consiguen raciones de alimentos si fabrican ladrillos de barro o construyen templos y tumbas. Es aún peor que cuando estabas ahí, necesitaban tanto que las marismas eran pestilentes por quedarse sin barro. Ahora el número de ladrillos por pisar es el doble y nadie puede moverse del lugar donde está ni para comer una torta. A pesar del tórrido calor, debe seguir ablandeciendo la arcilla con la paja incluso para hacer sus necesidades naturales. Lo que ocurre en esas amplias extensiones de agua estancada y nauseabunda es vergonzoso.

-Por ello Yahvé me ha ordenado liberar mi pueblo prisionero en Egipto y llevarlo hacia una nueva tierra.

-Tienes razón al hablar de tu pueblo, oh príncipe Met.

-Yahvé ha hablado. Y en realidad se trata de todos los oprimidos: Los que son los hijos de Ptah, el nombre egipcio del mismo Dios Uno de la multitud que está apenada por la fabricación de ladrillos para los templos de los inmundos.

-Eres un hombre justo, Moshé. Ya es hora de que intervenga un salvador. Thoth-Met, y su progenitura maldita, asegura la continuación de su dinastía que será fuerte y cada vez más peligrosa para los que no quieren abrazar su religión.

---

[95] Amenset fue la famosa hija de Tutmosis I que se convirtió en la reina Hatshepsut, de la que hablaremos a final de este capítulo.

Aha-An se detuvo bruscamente y miró un momento su hermano de sangre a los ojos, fijamente, antes de seguir algo perturbado:

-Sabes que incluso Myriam, casi tu hermana mayor, a pesar de su edad ha sido sacada del hogar donde tenía una tarea cómoda para su vejez y ha sido llevada a uno de esos pueblos donde viven como rehenes las familias de los fabricantes de ladrillos, para servir como portadora de agua para los encargados de vigilar a esos seres que estaban muriéndose de sed, viendo el agua caer de la boca de los inmundos.

El rostro de Moshé tuvo un aire soñador:

-Myriam, ¡qué lejos queda todo ello! Espero que se pueda venir con nosotros a la nueva tierra.

Aha-An bajó la cabeza antes de contestar:

-No creo que eso sea posible, mi hermano, las últimas noticias que me han llegado de ese pueblo es que la lepra lo ha invadido y todo ha sido quemado para sanear el lugar e impedir la propagación. Los que han escapado han sido internados en una isla en medio del Gran Río, donde mueren poco a poco de hambre y calor.

Deshecho por lo que acababa de saber, Moshé se encogió por la aprensión de las palabras que su hermano aún podía enunciar. El sacerdote se sintió aliviado de un peso considerable, lo principal ya estaba dicho y el resto tenía menos importancia, el peso de la carga ahora estaba sobre el hombre que tanto había soportado. Después de un tiempo, Moshé murmuró:

-Ahora comprendo mejor las intenciones de Yahvé, y por qué me ha elegido sobre cualquier otro. No tiene importancia alguna que yo carezca del don de palabra. Lo importante es lo que represento, aún sin saberlo. Para toda esa gente seré uno de los suyos. ¿Verdad, tú que sigues siendo mi hermano?

-Por supuesto. De príncipe que eras, ahora pasarás por ser su salvador si consigues unirlos. Te convertirás en su única esperanza de una mejor vida.

-Salvador, sí, por ello me llamo Moshé, pero ¿en qué sería yo un salvador de las Aguas? Quizá Yitro se haya equivocado.

-Aún es demasiado pronto para saberlo, yo mismo me equivoqué, ya que pensaba que tú serías el salvador en Egipto convirtiéndote en el nuevo faraón, el verdadero descendiente de Ptah, el Per-Aha Met.

-Demasiado tiempo ha pasado desde mi partida, oh mi hermano, ya no soy nada, y ningún soldado querría seguir mi estandarte. Mejor es seguir la orden de Yahvé y llevar el pueblo a otra tierra, ya que el Eterno se va a desentender de este Segundo Corazón.

-Quizá tengas razón y debamos, en tal caso, estudiar los preceptos de tu Yahvé con el fin de no contradecirlo en nada.

-Creo que será fácil, ya que en verdad lo que Yitro, sacerdote y sheik del pueblo, me ha enseñado, demuestra una extraordinaria similitud con los mandamientos y ritos del culto a Ptah.

-Pues es hora de entrevistarnos con Yitro, según entiendo es muy competente en este oficio.

El venerable patriarca no se sorprendió por la súbita llegada de un digno egipcio para secundar más adelante al que se había convertido en su hijo. Además, sabía que Moshé había encontrado a Yahvé y que las cosas estaban en buen camino para tomar el giro que él había profetizado. Dijo en tono fatalista este enunciado con el mejor sentido:

-Sea hecha la voluntad de Dios, que para inculcar la nueva deseada por el Eterno, nos ha enviado uno de los más notables entre los grandes sacerdotes egipcios. Será él quien enseñe los mandamientos a la multitud que saldrá de Egipto siguiendo a Moshé. Para que todos se acuerden de él, mantendrá el nombre de Aha-An, que en nuestro idioma se pronuncia Aarón. Será el primer gran sacerdote de los hebreos directamente inspirado por el Todopoderoso. Y esta será la estricta verdad que nadie podrá negar.

Pasaron los días, después los meses tornándose en años. Ellos estaban ocupados por los estudios apasionados, interrumpidos por los preparativos de todo tipo acerca de los textos y equipos que deberían llevarse de Egipto. Los tres hombres estaban de acuerdo en diferenciar totalmente el modo de acercarse a Dios por la oración, la adoración y la veneración. Ya no habría estatuas ni animales vivos para representar la imagen divina. No habría más que lo que cada creyente se representase con los ojos cerrados para dirigir su reconocimiento al Creador que le hacía vivir en esta tierra.

Las discusiones parecían fáciles y perfectamente ordenadas entre estos tres hombres, tan diferentes, y, sin embargo, todos estaban borrachos de Dios. Como a propósito del nombre de Yahvé, por ejemplo, donde la escritura proto-hebraica, mezclada con la forma popular de la jeroglífica, de la que derivaba, integraba un conjunto indisoluble; Yitro, Yahvé y Ptah.

Personalmente, Yitro se mezclaba poco en la discusión, pero escuchaba con el mayor interés el debate y sus conclusiones. La mayor parte de las veces lo aprobaba. Moshé se había sentido muy perturbado por la solemne frase de Yahvé: "*Yo soy el que será*", había intentado conseguir una explicación satisfactoria de ambos representantes de un mismo Dios de dos países diferentes:

-Vosotros admitís, como yo, que Yahvé se ha hecho oír por mí de un modo que ningún otro humano puede vanagloriarse de haber experimentado anteriormente. Dios se me ha revelado como un Ser personal, todopoderoso, cuya extrema sabiduría prevee y dirige los acontecimientos del mundo en acuerdo con las acciones que Él ha decidido para algunos hombres, y ello con una anticipación que da vértigo al que ha sido elegido para preparar ese futuro. Así, pues, Dios se ha nombrado como "*el que es y el que será*", es decir, como el que está por encima de la todas las contingencias impuestas por el tiempo que él mismo ha determinado. Todo esto me preocupa y, en verdad, me da mucho miedo.

-Yahvé no puede comunicarte miedo alguno, Moshé, sean cuales fuesen tus preocupaciones. ¿Qué te pasa?

-Cuanto más adelanto en la comprensión divina, tanto más estupefacto quedo frente a la inteligencia incluida en una sola palabra.

- ¿Piensas que es el caso con el nombre de Yahvé?

-Sí, oh Yitro. Yahvé me da vértigo con tan sólo pronunciar su nombre.

-Eso es buena señal, hijo mío.

-Pero no resuelve para nada el abismo que se abre en mi espíritu cada vez que pronuncio el Nombre.

Fue Aarón quien intentó dar una explicación:

-Puedo hablar de mi propia experiencia, tal aprensión jamás me ocurrió cuando era un joven estudiante pronunciando la palabra *Ptah* como dios monoteísta de Egipto, equivalente a Yahvé. Tampoco recuerdo jamás haberte visto temblar frente a él a lo largo de nuestros años de estudios. Ya sé que no era lo mismo, porque aún no te habían llamado a una tarea tan dura donde debes conocer exactamente el sentido de cada letra de las palabras que emplearás. El nombre de Ptah ya correspondía a un conocimiento más profundo de Dios y seguramente el más exacto que han aprendido los sacerdotes, incluso los de primer grado.

- ¿Qué quieres decir, Aarón? Yo pensaba que los verdaderos sacerdotes eran auténticos ascetas a tu imagen, a los cuales nada les era oculto.

-Es que, justamente, la particular vida austera de los ascetas, lo que no es mi caso ya que tengo esposa, conlleva unos difíciles ejercicios físicos y morales, que no engendran la particular apertura de espíritu hacia una verdadera comprensión del significado del nombre del Creador, cuya parcela es el lazo vital que permite identificarse con el Eterno. Dios no debe ser sencillamente el nombre genérico en el que se sobreentiende el poder eterno del Todopoderoso como una manifestación exterior del espíritu. Porque es el alma misma.

- ¿Quieres decir que el nombre de Yahvé posee por sí mismo, interiormente, una fuerza de persuasión mucho mayor que cualquier otra pronunciación, incluida la de Dios?

-Exactamente. El nombre de Dios ha sido tan pisoteado y modelado como la arcilla bajo los pies de los oprimidos que se ha convertido en impopular e incomprendido. Amón es un dios blasfemo a pesar de que para los inmundos sea el nombre de Dios. Es innegable que tu pueblo se sentirá más atraído por el nuevo nombre de Yahvé, y tú serás mejor inspirado por su presencia en el día a día.

- ¿Pero no serás tú mi voz?

-He aceptado esta pesada responsabilidad, Moshé, pero no creas que por ello no entonarás cantos y oraciones para que el nombre del dios Uno, que tu pueblo aún no ha podido pronunciar, tenga el impacto necesario para entregarte toda su confianza.

- ¿Cómo les daremos a conocer el nombre de Yahvé?

-Eso aún debemos descubrirlo, pero estoy seguro que lo sabrás llegado el momento.

-Quizá en una asamblea frente a la montaña sagrada. Podríamos hacer ahí una parada y presentar los Mandamientos de Yahvé en es lugar.

Yitro y Aarón asintieron sin restricciones a esta inspiración, y Aarón comentó:

-Sin duda alguna, hablas con la voz de Yahvé, y esto debemos desarrollarlo más profundamente.

Moshé se sintió reafirmado. La presencia de Dios, a la vez buena y terrible, le daba mucho menos miedo. Nadie podría culparlo de ofrecer una derogación de la teología egipcia de la que se había impregnado a lo largo de toda su juventud. Por mucho que Ptah pudiese ser Yahvé, sería demasiado difícil hacer admitir a los oprimidos del barro, de la dictadura de Amón que existe una diferencia, mientras los humanos no comprendan que deben someterse a las estrictas leyes que rigen toda la Creación.

Ptah era Yahvé, pero debía parecer totalmente diferente para ser aceptado por la masa como el Todopoderoso. Por ello, su segundo gran temor era volver a ver un día a sus tataranietos vivir el espantoso drama de un cataclismo desencadenado por la cólera divina por la repetición de la impiedad en su nuevo pueblo elegido. Entonces, de nuevo, unos recatados deberían huir aterrorizados, después firmar una nueva alianza antes de acceder a una nueva tierra. Nunca más debería reproducirse algo así. Debería maniobrar y reflexionar para encontrar el modo que permitiese hacerles a todos, obedientes a la Ley.

Pasaron los meses y los años cadenciados por la fiesta anual del sacrificio del cordero, que daba oportunidad a los encuentros que traían la información de los países vecinos. En la quinta festividad desde la llegada de Aarón llegó la noticia de la muerte del primogénito de Thoth-Met. En la séptima fiesta se produjo el anuncio de la partida del segundo hijo hacia un mundo mejor. El destino parecía encarnizarse sobre el rey de Egipto, ya que la reina madre murió igualmente teniendo un fastuoso entierro.

Moshé se preguntaba si ya era el momento de dirigirse a las orillas del Nilo para unirse a los que verdaderamente eran sus hermanos de infortunio. Como aún no había recibido la señal que esperaba de Yahvé, sin estar satisfecho por las modalidades de la puesta en práctica de la tan preparada nueva religión, aplazó la salida a un momento más propicio.

La hija de Thoth-Met, Amenset, tenía trece años, y once su hermano menor, pero era de notoriedad, en todo el reinado, que la preferencia del rey se inclinaba hacia su hija. Lo que dejaba presagiar dificultades a la hora de la sucesión para la toma del poder en Egipto. Los sacerdotes de Amón estaban divididos en dos clanes, unos pretendían que se debía apartar del cetro a la joven porque era decidida y autoritaria a pesar de su joven edad, otros preferían su carácter para dirigir mejor su futuro comportamiento. En cualquier caso, la tradición los uniría casándolos. Thoth-Met guerreaba en Siria, a pocas jornadas del campamento donde estaban reunidos los que iban a cambiar el comportamiento dinástico de los egipcios y la ubicación del monoteísmo original restablecido.

En cuanto a los hijos de Moshé, tenían dieciséis y once años respectivamente, ya guardaban los rebaños más cercanos al pueblo sin ninguna ayuda. Esa cercanía permitió a ambos, dotados de una inteligencia excepcional, asistir boquiabiertos a las discusiones sentados en silencio en una esquina. Hasta tal punto, que Yitro decidió ocuparse en persona de su instrucción durante la larga ausencia de Moshé para hacer de ellos grandes sacerdotes que secundarían a Aarón cuando llegara el pueblo a la etapa de la montaña sagrada. Sin embargo, nadie había oído hablar de Séfora, si alguna vez su esposo aún pensaba en ella, su amargura hacia la que no había sido una mujer honorable no la traslucía ante sus hijos.

En el décimo cumpleaños de la llegada de Aarón, es decir, el doceavo año del reinado de Thoth-Met, el anuncio de su muerte fue un elemento decisivo para finalizar tranquilamente los preparativos de Moshé. Efectivamente, las precisas noticias en cuanto a la sucesión faraónica afirmaban que se había hecho con toda legalidad a favor del hermano menor, pero a costa de artificios que disgustaron a Amenset y, sobre todo, a los sacerdotes que veían con mal ojo a este segundo Thoth-Met tomar posesión del trono de Egipto. Antes de su muerte, el primer Thoth-Met había invitado formalmente a sus allegados a nombrar a Amenset como Per-Aha en lugar de su hijo. Pero a la hora de los obsequios, de forma muy oportuna, una estatua de Amón se inclinó frente al hijo designándolo así sucesor, nadie jamás se había atrevido ir en contra del oráculo de Amón, por ello Amenset tuvo que plegarse a la Ley y convertirse únicamente en esposa real. Ambos eran muy jóvenes estando a merced de las decisiones de los tutores totalmente devotos a las órdenes del pontífice de Amón, aunque esto importaba poco a los protagonistas del futuro pueblo elegido en la realización de su proyecto.

Ese mismo día, Moshé y Aarón tuvieron una viva discusión acerca del tabernáculo que convendría transportar durante el viaje. Debía estar definido en sus mínimos detalles de forma a golpear inevitablemente los espíritus de los que lo seguirían en la larga ruta del éxodo hacia la tierra prometida por Yahvé. Nada más natural para un pueblo en marcha hacia un destino desconocido prometido por Dios, que encontrarse cada mañana, a lo largo del extenso camino, en un lugar santo con el fin de agradecerlo y redirigirlos.

Y también es natural que el lugar del tabernáculo sea erigido a imagen de estos nómadas en busca de un lugar donde enraizar. Se usaría una tienda como templo, sustituyendo a los suntuosos edificios religiosos de Egipto convertidos en objetos de admiración y no en lugar de recogimiento. Se debería conciliar el respeto debido a Yahvé con la costumbre de vivir en tiendas.

El lugar sería muy grande, a conveniencia de la majestuosidad de la morada, compuesta de materiales destinados a impresionar los espíritus, como tablas de acacia del Sinaí y cortinas de pieles ricamente decoradas. La magnificencia del conjunto necesitaría trabajos metalúrgicos importantes, y no había duda de que los realizarían los trabajadores especializados en orfebrería y arte, que se unirían a los que salieran de Egipto.

Extenuado, pero satisfecho de la inmensa preparación de la legislación adaptada a la mentalidad humana y no a la teocracia egipcia o a un semidiós, Moshé resumió la situación:

-Estamos preparados para la ruta porque ya ha llegado el momento, aunque aún quedan lagunas en nuestra institución administrativa para que reine el entendimiento en el nuevo pueblo. Los patriarcas de cada tribu ayudarán a plasmar lo que aquí se ha esbozado hasta ahora. Nuestro gobierno se fundará sobre la superioridad natural de la inteligencia del hombre, y no por la fuerza de un espíritu devoto bajo las armas. Yahvé será el único juez, garante de la fidelidad a sus leyes, la nación entera será sometida a sus mandamientos, lo que tendrá como ventaja demostrar a todos la buena moralidad de las costumbres. Hemos tardado diez años en elaborar el plan de nuestras instituciones, hechas para dominar el impulso del genio nacional en expansión en todas las tribus que nos seguirán. Será conveniente que antes de mi muerte, un lazo indestructible las una a todas.

-Haremos todo eso en el camino con la ayuda de Yahvé. Yitro se quedará aquí y esperará todo el tiempo necesario mientras que prepara a los lugareños para la llegada en masa del pueblo elegido, de camino a su esperanza, que se detendrá frente a la montaña sagrada para sellar su alianza con Yahvé y construir todos los elementos de su fe hacia el Eterno.

El patriarca asintió con la cabeza y añadió:

-La ley que has puesto a punto, hijo mío, no podrá explicarse por sí sola, no podrá actuar únicamente bajo el impulso de Yahvé, necesita doctores para vigilar la ejecución de los diversos mandamientos. Deberás atribuir cargas a ciertos hombres, funciones sacerdotales a personas que apenas conozcas, vigila bien al que concedas autoridad, que tenga todas las cualidades esenciales para administrar y juzgar con todo conocimiento.

-Esto ha sido tema de muchas discusiones, y Aarón como gran sacerdote tendrá el discernimiento requerido para juzgar los que sean aptos.

-Muy bien, hijo, sólo queda esperar que el cuerpo administrativo al que adjuntes un consejo supremo, será también de un rigor ejemplar para guiar al pueblo.

-Yahvé me ayudará, Yitro, porque este nombre venerado deberá ser explicado a todos los que aún no lo conocen y ser presentado como Dios de una nueva patria, dirigiéndonos a un remanso de paz, el país de Canaán.

El patriarca añadió con voz maliciosa:

-Correcto. Os esperaré y prepararé bajo la montaña sagrada un campamento a la medida del número de personas, para dos o tres meses. Haréis una etapa en este lugar santo. ¡Que Aarón, nuestro primer gran sacerdote de Yahvé, acepte dar a Moshé el motivo de su aceptación para convertirse en portavoz sin restricción! Id en paz con la bendición del Eterno todopoderoso.

Se aceleraron los preparativos de la salida que se fijó para después de que la embajada kenita hubiese entregado el impuesto al administrador egipcio en Elzerión. Esa misma delegación iría a la corte de Egipto con los presentes para la fiesta del advenimiento del nuevo rey: Thoth-Met segundo.

Informaciones complementarias que llegaban de las orillas del Nilo explicaban mejor el cambio sutil y las diferencias de opiniones entre los sacerdotes de Amón. El padre de este joven faraón había sido un valeroso guerrero, hombre viril que pasaba muchas noches en su harén, sin preocuparse de lo que derivaría. A decir verdad, de los cuatro hijos legitimados, dos aún estaban vivos incluyendo la joven y autoritaria Amenset que había nacido de la reina misma. El menor, provenía de una concubina de renombre y había sido educado en la famosa escuela del Carnero-Amón. Fue una gran decepción para Amenset cuando después de los funerales de su padre, fue el "otro" a quien se nombró oficialmente entronizado como sucesor divino, y fue obligada a su pesar, de esposar este medio hermano menor. Ella tenía quince años y se sentía apta para asumir las cargas del poder, además el rumor público egipcio corroboraba la debilidad de carácter del rey, rodeado de sus tutores. La reina esperaba el momento propicio para demostrar que podía sustituir a su marido en las riendas del país, mientras se corroía de rabia.

La verdad histórica nos muestra que fue esta mujer, la que se convertiría más adelante en la reina Hatschepsut, siendo la primera mujer faraón.

Por el momento, una revuelta de los nubios obligaba a Thot-Met segundo a enviar una gran parte de las tropas reales hacia la tercera catarata del gran río, muy al sur, para castigar a los rebeldes, o mejor aún, exterminarlos. Siendo demasiado joven para dirigir él mismo las tropas, delegó sus poderes a un comandante supremo apto a tomar cualquier decisión en el lugar mismo.

Justo en este momento se inicia la gran epopeya de Moshé en el país que lo había visto nacer y crecer en la sabiduría de las enseñanzas de Path. En el momento en el que la caravana de los kenitas dejaba Elzerión para dirigirse a la corte del Thoth-Met, el segundo de nombre, el destinado a convertirse en el "salvador de las aguas" hizo la pregunta que le quemaba los labios desde que Yitro había hablado con voz maliciosa:

-Oh tú que eres mi hermano de sangre, dime el motivo por el cual has aceptado seguirme sin murmurar, desde el primer instante. Podría ser un impostor.

El gran sacerdote de Ptah y de Yahvé tuvo una sonrisa abatida por el modo en el que el patriarca lo había adivinado:

-El motivo es muy sencillo. Tuve un signo que me demostró que efectivamente eras tú el elegido para realizar esta tarea y que no eras un impostor. Es el nombre de tu madre: Yokhebed, que se confunde con el diminutivo de Yahvé, demuestra que tu estabas predestinado desde tu nacimiento a esta tarea. Met fue tu primer nombre, dejaba presagiar el de Moshé, Salvador de las aguas. Déjate guiar, tú el elegido feliz.

Moshé se emocionó ya que no tenía ningún recuerdo de la que le había dado la vida, murmuró quejándose: "Oh, Yokhebed, Yokhebed mi dulce mamá, ayúdame en este país donde has vivido dolorosamente y del que debo sacar a los compañeros de pena, tus hermanos y hermanas en Yahvé". Aarón también se emocionó y puso afectuosamente sus manos sobre los hombros de su hermano antes de abrazarlo.

La primera parada se realizó en uno de esos pueblos que rodean los campamentos de la esclavitud, pestilentes, lugar donde fabricaban los ladrillos. Aarón tenía sesenta y dos años, y Moshé cincuenta y nueve.

Plano dibujado por el padre jesuita Claude Sicard, en 1718 en el Cairo acerca del Éxodo. El autor añadió en la parte superior, el trazado con flechas de la ruta seguida por Moshé para volver a Gesén.

Fotografía del dibujo de la carta realizada por el padre jesuita Claude Sicard en 1718, en el Cairo acerca del éxodo. El autor añadió en la parte superior, la flecha indicando el recorrido seguido por Moisés para llegar hasta Gesén.

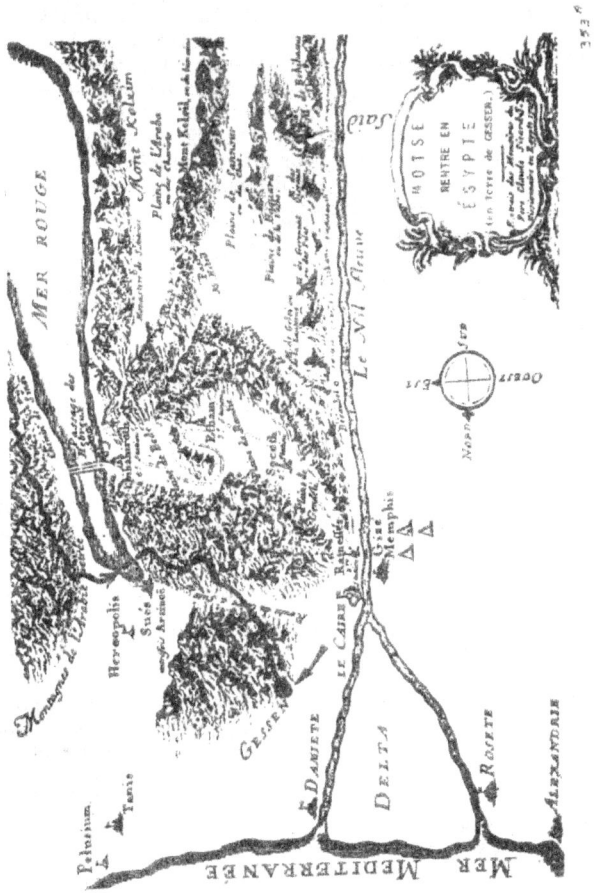

Mapa del Éxodo dibujado por el padre jesuita Claude Sicard en El Cairo en 1718. En la parte superior del mapa, el autor ha añadido la ruta con flechas seguida por Moisés para regresar a Gessen.

CON LOS OPRIMIDOS DEL BARRO

> "*Ese día, levanté la mano sobre ellos jurando hacerles salir del país de Egipto y llevarlos al país que les había elegido, donde corren la leche y la miel, el más bello de todos los países*". (LA BIBLIA. Ezequiel XX,6).

Dominando el camino de las caravanas que seguía la orilla del mar Estrecho, llamado más comúnmente el mar de los Juncos,[96] Aarón indicó con el dedo una patrulla del ejército del faraón, muy por debajo, y que no podía ni imaginar que un equipo de hombres intentaría pasar por las alturas de Arabia Pétrea con sus monturas.

-Ya tendremos todo el tiempo para medirnos un día con ellos. Yahvé haga que sea lo más tarde posible.

Moshé escrutó el horizonte más allá de la patrulla y vio dos grandes ciudades en medio de las arenas del desierto anterior al gran río. El objetivo de su primera parada estaba cerca ya que la tierra de Gesén estaba a la vista, con un suspiro de satisfacción contestó:

-Yahvé haga que todo vaya bien, y que nadie tenga que vérselas con esos salvajes. ¿Cómo vamos a cruzar los límites fronterizos, Aarón?

-Los soldados han convertido en infranqueable este camino que abre el acceso a la ciudad del Sol, así que deberemos empezar a bajar por el hueco que aparecerá después de la siguiente pendiente. Bajo su protección nadie nos verá, alcanzaremos el borde el mar tranquilamente en cuanto caiga la noche.

- ¿Cómo haremos para cruzar el mar? Incluso si bien merece su nombre de mar Estrecho en este lugar, no disponemos de ninguna embarcación y no podremos llevar nuestras monturas.

Aarón sonrió:

- ¿Se te ha olvidado?, oh hermano Moshé la enseñanza, recuerda cuando éramos jóvenes maestros de la Medida y del Número acerca de los movimientos celestes.

---

[96] Se trata del Mar Rojo. Las dos ciudades referenciadas a continuación son Suez (Arsince) y Heliópolis. La ciudad del Sol es Heliópolis.

- ¡Por supuesto que no! Pero no se trata del cielo, ni de la tierra, sino del mar.

-Un solo principio rige todos los movimientos, el cielo respira al ritmo de Ptah, o de Yahvé si prefieres. Son necesarios miles de años para que se reproduzca. El ser humano respira del mismo modo, pero de forma acelerada, a su vez cada animal también sigue una cadencia que le es propia. Ocurre lo mismo para el mar ya que dos veces al día avanza o se retira en ciclo idéntico en todos los lugares. Así que descenderá en las próximas horas, alcanzando el punto más bajo al principio de la noche, justo cuando llegaremos, y podremos cruzar.

-Debo admitir que esta bajada del nivel, mi sabio hermano, será propicia, pero eso no significa que no nos ahoguemos, ya que el mar a pesar de ser estrecho es profundo.

-Efectivamente, es profundo casi por doquier.

- ¿Por qué dices *casi*?

-Existen dos lugares donde podríamos cruzar andando y secos, si fuese el momento de los mayores flujos y reflujos. Pero ahora no es el caso y por ello esta noche el agua nos llegará a nivel de las rodillas, las monturas no se asustarán ya que el piso será firme.

Con ojos admirados Moshé no añadió comentario alguno y con un signo de la mano, que sujetaba el bastón de Yahvé, indicó a la caravana seguir la ruta para alcanzar el valle que les permitiría iniciar la bajada.

Caía la noche cuando llegaron a orillas del mar, ya muy retirado, todo estaba tranquilo y Aarón dio la señal para iniciar esta travesía excepcional, Moshé preguntó:

-Hablaste de un segundo lugar donde también es posible cruzar este mar, ¿está lejos de aquí?

-A un día de marcha más al sur, y es mucho más ancho que este, al menos cuatro veces, parece que Yahvé ha creado una turbulencia que ha sobre elevado el terreno, hermano.

Moshé se sorprendió por la visión que Aarón le daba, el dedo de Dios le indicaba tácitamente el camino a tomar, y comprendió porque su nombre era "Salvador de las aguas" y volvió a preguntar:

-Lo que me acabas de desvelar, oh hermano inspirado por Yahvé, ¿es conocido por los de Amón, o por los soldados?

Aarón hizo un gesto con un brazo antes de contestar:

-Los de Amón son demasiados conscientes de su fuerza para preocuparse por la de la naturaleza deseada por Ptah, o Yahvé. En cuanto a los soldados, quizá algunos lo hayan oído de sus abuelos, pero puedo asegurar que hoy somos los únicos en saberlo, exceptuando algunos maestros recluidos en la soledad de sus escuelas desiertas. Pero dejemos eso, ya que los juncos aparecen y el agua ya no bajará más, es hora de cruzar.

Hombres y bestias se hundieron en las aguas bajas, y al día siguiente poco antes del atardecer tuvieron al alcance de la vista las tierras de Gosén[97]. El pueblo más septentrional era el más cercano a las pestilentes marismas donde se fabricaban los ladrillos. El olor era tan nauseabundo que las monturas rechazaron sencillamente avanzar un sólo paso más acercándose al pequeño promontorio a la entrada del pueblo.

El estómago se les revolvió a todos los hombres al ver el espectáculo. El hedor ciertamente era insoportable para gente acostumbrada a espacios puros, pero el espectáculo sencillamente los motivó a hacer como sus bestias. Una espesa nube de color ocre claro, sucia, planeaba por encima de las miserables casas, haciendo del lugar un sitio fantasmagórico. El calor que salía de la marisma, o cloaca removida por miles de pies, concentraba el hedor que debía hacer enfermar a todos los organismos vivos del lugar. Exceptuando a algunas mujeres mayores que se derrumbaban bajo el peso de los cántaros de agua casi tan altos como ellas, no había nadie fuera de los muros, ningún niño, todos estaban trabajando para ayudar a cumplir el contrato y sobrevivir a pesar de todo.

Sabiamente Moshé ordenó establecer el campamento de la caravana, fuera del promontorio para no tener que sufrir los efluvios del hedor. Deseaba esperar ahí. Se dirigió al control indicando que eran la embajada kenita que se dirigía a palacio para entregar el tributo y algunos regalos. A continuación, junto a Aarón volvió a perderse en esa niebla opaca que daba miedo, de vuelta al campamento Moshé preguntó en voz baja:

- ¿Estás seguro de que encontraremos ahí compañeros de infortunio?

-Cuando cerraron los templos de Men-Nefer por orden de Thoth-Met primero, los jóvenes sacerdotes juraron conservar intactas las enseñanzas de Ptah y se refugiaron ahí donde sabían que pasarían desapercibidos: entre los oprimidos. Es aquí donde yo he vivido, en una casa con tres servidores de nuestro Dios intentando enseñar los mandamientos del Eterno a los que no pensaban más que en gemir y quejarse, incluso del Todopoderoso que permitía que las miserias los alcanzaran de tal modo.

- ¿Qué contestaban los hermanos de Path?

Aarón sacudió los hombros:

-Que todo el mundo quizá había olvidado demasiado pronto las bondades que habían recibido y que deliberadamente habían rechazado.

Moshé no contestó nada, ya habían llegado al pueblo y el paso entre las casas era muy angosto. A su paso se cerraban los velos que había en las puertas de entrada, la ropa que llevaban demostraba que eran extranjeros, o aún peor, que estaban en plena forma física.

A la caída de la noche, los dos hombres se detuvieron frente a una choza de aspecto tan miserable como las demás, pero cerrada por una puerta de madera. Al fin habían llegado a la primera meta de su viaje: tomar contacto con el inmenso pueblo oprimido. La puerta se abrió de inmediato, Aarón abrazó en silencio a los que estaban

---

[97] Véase a propósito de la tierra de Gosén en la nota a final de este capítulo.

en la penumbra. Moshé conmovido por la escena, se había apoyado sobre su bastón augural observando, cerraron todas las aperturas y luego encendieron las lámparas.

La cena fue frugal y Moshé explicó en lo que se había convertido y lo que pensaba realizar. A medida que exponía su parecer los ojos de los jóvenes sacerdotes brillaron y luego se iluminaron con una indescriptible alegría. Aarón resumió muy bien la situación:

-Mis jóvenes compañeros de infortunio te son devotos, no estoy seguro que ocurra lo mismo con los hebreos.

- ¿Por qué eres tan pesimista?

-Porque todos se crean una idea falsa de Dios. Creo que el Eterno los probará antes de liberarlos de esta servidumbre, y temo que tú seas el primero en sufrir las consecuencias.

Uno de los jóvenes no estuvo de acuerdo con lo dicho, se levantó y dijo:

-El que pisotea el barro está desesperado y grita en su interior hasta romperse el corazón: "Que Dios nos salve, sálvanos". El que cava las trincheras de donde se extrae esta maldita tierra, llora lágrimas de sangre y grita en el fondo de su alma: "Dios, ¿a qué esperas para salvarnos?". El hombre que lleva las pesadas cargas de fardos de paja a sus espaldas, las mujeres que se dejan los dedos y manos al cortarla en trozos lloran su odio en común contra el opresor con lágrimas de sangre diciendo con desesperación: "Oh Dios, ¿cuándo nos librarás de esta vergüenza y de este deshonor?". No creas que alguno dudará ni un sólo instante en seguirte. ¡Oh Moshé! Tú también eres uno de los suyos, sólo tendrás que hablarles.

Con escepticismo Aarón replicó:

-Primero debemos persuadirlos de que Moshé no tiene nada que ver con Met, y que su Dios es Yahvé y no Ptah. Entonces su convicción de un éxodo hacia una nueva tierra tendrá más posibilidades de éxito. Ya que el Dios al que todos invocan pidiendo ayuda, se parecerá en todo, excepto al Todopoderoso Eterno de Abraham y de Jacob del que surgieron. En tales condiciones, ¿cómo podrán aceptar un guía, o un salvador que los lleve a un desierto árido, hacia un país desconocido?

El joven sacerdote lo escuchó con atención luego se puso a andar para reflexionar mejor al ritmo de sus pasos y dijo:

-Los patriarcas de las tribus que viven en la esclavitud en esta tierra, siempre hablan de un salvador que vendrá a liberarlos.

- ¿Dicen cuándo?

Aarón había hecho la pregunta y el joven sacerdote caminó más lentamente como si midiese sus pasos, se detuvo y dijo:

-Por supuesto que no, predican pacientemente, saben que son como las aceitunas, cuando estén maduras y a punto, serán recogidas sin miramiento, llevadas a la prensa y machacadas hasta que den todo el aceite que contienen. Aquí los seres que viven, si es que se le puede llamar a esto vida, están cargados de cadenas y asfixiados bajo el peso de las tareas que se ven obligados a realizar bajo pena de verse reducidos a polvo. Llaman a Dios en su auxilio, y no les importará que sea a través de una persona intermedia, como Moshé aquí presente, que se convertirá en un verdadero salvador.

- ¿Están todos los hebreos en esta tierra?

-Por suerte no, hay orfebres y trabajadores del cuero, así como artesanos de todos los oficios que viven en Rakoli, a tres días de viaje hacia el norte de las marismas. Rakoli es un puerto muy rico en la orilla del gran Mar[98]. Los administradores devotos de Amón necesitan sus brazos, incluso algunas veces los protegen y los cubren de honores. No se les puede llamar traidores ya que no conocen las terribles desgracias de los que viven aquí.

-Los de Amón siguen bebiendo y comiendo, también practican el sexo sin coacción, viven felices y arrastran con ellos todos los que necesitan para que se desarrolle el poder del impío. Debe haber algún modo para que cese esta blasfemia contra Yahvé.

Aarón había golpeado la mesa en la que estaba apoyado con su puño y Moshé concluyó esta interesante conversación:

-Es necesario que hablemos con los jefes de los clanes que incluyan a todas las tribus de Egipto desde Jacob. Indícanos cómo comunicar con ellos lo antes posible.

-No hay problema alguno, muy a menudo tenemos reuniones por la noche intentando aliviar el mal de los que sufren.

- ¿Cuántos son?

-Hay doce patriarcas y sesenta Ancianos.

- ¿Son eficaces para poder ayudar a los necesitados?

-Algunas veces sí, pero sobre todo depende del vigilante judío que se ocupa del cuadrante donde está la dificultad.

- ¿Qué significa?

-Hay más de veinte mil almas que sufren y tiemblan frente al contramaestre, el que controla los trabajos es un guardia feroz que tiene el derecho de vida o muerte sobre quinientos humanos bajo su mando en un cuadrado bien delimitado por una amplia carretera. Y todos estos vigilantes responden del buen funcionamiento de los trabajos frente a un único intendente egipcio, secundado por un ejército de soldados y de escribas. A nadie le gusta conocerlo, ya que es señal de muerte para muchos o de un incremento de trabajo.

- ¿Cuándo puedo hablar con los jefes?

-Podemos enviar a un niño para que informe a cada patriarca, ahora es buen momento, no van a tardar en volver del barrizal, y en poco tiempo estarán aquí todos.

-Será perfecto.

---

[98] Este puerto en el mar Mediterráneo ya era próspero en tiempos de Moisés, es decir, doce siglos antes que Alejandro el Grande lo transformara completamente agrandándolo y embelleciéndolo convirtiéndolo en el gran puerto de Alejandría.

Pero, sin embargo, todo no iba bien, en el séptimo día, las discusiones que los patriarcas mantenían por la noche volvían a verse enturbiadas por los preliminares, las dudas y los rechazos. De tal forma que el escepticismo alcanzó su punto álgido y Ammiud, hijo de Ephraïm hablando recio dijo:

-No son más que palabras de un hombre a quién no conocemos. ¿Debemos hacer como el hijo de Eran, que se fue hace unos diez años con toda su familia, en total unas cien personas, y que nadie jamás ha vuelto a ver, en ningún lugar? Se habrán muerto en el desierto y sus huesos estarán blanqueándose al sol.

A esto replicó otro primogénito:

- ¿Estás seguro que se fueron de esta tierra? La ley egipcia se había opuesto a esta partida, hay demasiados traidores dispuestos a vender a sus hermanos por un trozo de pan. Seguro que fueron vendidos y sus huesos descansan en el fondo del gran río o como almuerzo en la barriga de los cocodrilos.

- ¡También nos puede ocurrir a nosotros si seguimos viéndonos todas las noches!

-Nadie nos va a traicionar.

-Y tú qué sabes, la miseria es muy grande. Además, los que se fueron hace diez años no tenían guía, nosotros tenemos a Moshé, nuestro salvador.

-Puede ser un guía, pero para ser el salvador anunciado debe enseñarnos una señal de Yahvé.

-Una señal, una señal. Hombre de poca fe.

Esta última frase fue pronunciada por Aarón que mantenía con dificultad la calma. A ello algunos de los patriarcas se protegían detrás de su profeta y decían:

-Hemos consultado los escritos de nuestros profetas y los días, meses y años no concuerdan con la llegada de un salvador, aún debemos seguir esperando.

Otros por el contrario decían:

-Pero Moshé es nuestro salvador, hemos contado los días, los meses y los años en los libros tres veces santos y el tiempo ha llegado sin duda alguna.

La undécima noche, a lo largo de la interminable discusión estéril, el patriarca Raghiel, el último retoño de la larga línea de los hijos de Joseph, de la tribu de Asser, aseguró que existía una señal, y que era el verdadero medio de reconocer si el que decía ser el salvador efectivamente era el anunciado por los profetas. Una viva curiosidad animó a todos los participantes que solicitaron al hijo de Asser dar mayores explicaciones, cosa que hizo levantándose y observando a Moshé con aire severo dijo:

-Fue Jacob mismo el que en su lecho de muerte confió al oído de Joseph el secreto de la señal que deberá llevar el que se anunciaría como el Salvador. Cuando estaba muriéndose, lo repitió a su primogénito y así correlativamente hasta Sahra, mi madre, que era la única hija del último primogénito. Pero desgraciadamente tiene más de un siglo y se está muriendo, por eso mañana no vendré a la reunión.

- ¿Podemos ir a verla ahora mismo?

-Os he dicho que se está muriendo, ya no tiene bien la cabeza, pero quizá Yahvé pueda ayudarle a abrir su boca y decir la verdad que necesitamos.

Para no despertar sospechas, únicamente tres hombres partieron como delegación ver a la anciana, en compañía del más anciano patriarca. Moshé prefirió esperar el desarrollo de los acontecimientos. Pasó mucho tiempo antes de que volvieran, pero la respuesta que traían era satisfactoria.

A penas habían penetrado en la miserable cabaña, vieron a la anciana sobre una alfombra de paja oliendo ya a muerte. Sahra no abrió los ojos a la pregunta de su hijo, pero con su boca desdentada dijo:

-El bastón del salvador... el bastón es su bastón que ...

No pudo añadir nada más cayendo en coma profundo, previo a sus últimos momentos. Sin más cada uno se puso a observar el bastón de Moshé con respeto, sin preguntar nada, quizá cada uno sobreentendía el porqué. Ahora los diez patriarcas estaban dispuestos a seguir a Moshé a la corte del Faraón a fin de solicitar la autorización para dejar esta tierra de dolor donde habían vivido tantos años desde Jacob y Joseph. Pero sin embargo uno de ellos enunció una nueva dificultad:

-Thoth-Met ¿no verá con mal ojo esta solicitud de partida colectiva, necesitando tantos ladrillos?

-Quizá él no, porque aún le gusta jugar, pero sus consejeros se opondrán categóricamente.

Todos los ojos se giraron hacia Moshé, que con tranquilidad contestó:

-Obligaré al Faraón a obedecer a Yahvé.

- ¿Cómo?

-Es el secreto de Yahvé, y conseguiremos el derecho de partir.

-Como ladrones, sin nuestros bienes. ¿No podrías encontrar otro motivo para justificar una partida honorable?

-La salida es justa porque es deseada por Yahvé.

-En tal caso no podremos coger nada ¿cómo viviremos en el desierto, antes de llegar a la tierra prometida?

Moshé suspiró largamente manteniendo el silencio. Todo parecía más complicado de lo que había previsto, sin embargo, encontró una solución intermedia:

-Podría haber una posibilidad de conciliarlo, si solicitamos, por ejemplo, después de haber ofrecido nuestros regalos, el permiso para sacrificar a nuestro Dios en el desierto, ello nos permitiría realizar los preparativos para la gran partida, sin despertar la atención. Luego volveríamos para partir definitivamente.

Se levantó la sesión con aparente satisfacción de todos los participantes que empezaban por fin a entrever un futuro para su progenitura. Moshé permanecía aún reacio y, cuando estuvo sólo con Aarón, dijo gruñendo:

-No debería haber prometido a Yahvé obediencia. No desean dejar esta tierra desgraciada, prefieren morir aquí como animales. Desean que Dios los coja por la mano y los lleve él mismo, ¡que orgullosos y tontos!

-Tienes razón Moshé, han esperado demasiado el momento en el que conocerían su salvador, para precipitarse con el primer llegado que les afirme que es el anunciado Salvador. Por ello, son cada vez más escépticos y necesitan un signo de Yahvé.

Moshé frunció las cejas a la vez que abría los ojos, sabía que Aarón no hablaba trivialmente, pero por mucho que pensara no comprendía el aire tan grave que veía en su rostro:

-Explícate mejor.

-Toda esta gente ha perdido su buen juicio y ello te ha alejado de la verdad original, has olvidado que cuando estuviste bajo el Sent y te quedaste dormido, Yahvé esa noche te regaló...

-Mi bastón.

Aarón asintió con la cabeza, mientras que Moshé intentó discernir el ángulo oscuro donde estaba el bastón, pero el bastón augural no se movió, parecía desafiar la inteligencia de su poseedor, que sólo pudo decir:

-Si sólo es un bastón que encontré a mi despertar, es un trozo de madera como bien puedes observar.

- ¿De qué madera es? Has olvidado que el Sent es la madera sagrada que usaba Ptah para realizar sus milagros.

-No, también el milagroso nacimiento de Osiris, engendrado por Ptah fue bajo un Sent con la virgen Nut, Todo ello está lejos de mis actuales preocupaciones referentes al poder de Yahvé.

-Ptah es el mismo dios que Yahvé, oh Moshé. La cruz de vida de nuestros sacerdotes de Ptah hecha con el corazón de árbol Sent ha realizado muchos prodigios. Piensa que hay algo de magia, deseada por Dios mismo, ya que especialmente te ha entregado esta madera de acacia. Si observas bien este bastón nudoso, verás que no es una rama.

-Si lo había visto ¿a dónde quieres llegar?

-No es una rama, Moshé, tienes un bastón tallado del mismo tronco, del corazón de un sicomoro, de este tipo de acacia, nuestro Sent, tres veces sagrado. Tú estás en posesión del instrumento de la victoria de Yahvé.

-Pero no sé servirme de él.

-Yo sí. Aprendí este secreto de mi maestro el pontífice.

- ¿Yo podría aplicarlo en este bastón, me enseñas?

-Desde esta noche podrás hacer aparecer serpientes, cambiar la gente en leprosa y devolverles después su salud. Te enseñaré la manera de convertirte en el instrumento de Dios a través del bastón que te entregó para ello.

La noche estuvo llena de fenómenos increíbles, pero como todo ocurría en un recinto cerrado donde nadie había, a excepción de los dos protagonistas, nadie se preocupó. Las noches siguientes pasaron de idéntica manera entre maestro y alumno, tenían mucho tiempo ya que la fiesta conmemorativa de la toma oficial del poder por Thoth-Met, el segundo, sólo ocurriría al inicio de la cuarta semana venidera.

El tiempo pasó rápidamente, y Moshé acabó por estar familiarizado con las inmensas posibilidades que su voluntad conseguía de Yahvé por medio de su bastón augural, a la vez que impregnaba su espíritu de la necesidad de convencer al rey y sus consejeros para dejar partir a los que lo deseasen. Moshé decidió ir un día a trabajar en el campo de barro; nada más valioso que su propia experiencia para advertir las desgracias de los hebreos, y con el fin de poder hablar con la pasión conveniente a su proyecto. Por supuesto, Aarón intentó disuadirlo, pero no lo convenció, por lo que no tuvo más remedio que unirse a él el día siguiente por la mañana, cuando el sol aún no se había levantado, para participar en la prueba que juzgaba temible. Lo que vio superó todo el horror que había imaginado, para colmo de desgracia, estaba en el fondo de una cloaca pestilente, con los pies descalzos, hundiéndose en una tierra grasienta y viscosa.

El lugar no sólo era desolador, sino una increíble abominación, ya que todo estaba a otra escala diferente a la creada para el bienestar de la humanidad, y sin embargo eran mujeres, hombres y niños a la semejanza deseada por Yahvé los que sufrían más allá del límite creíble. No obstante, esta gente era de la misma descendencia que sus torturadores.

En este campo de trabajo, los hebreos estaban en el fondo de amplios agujeros rectangulares, a razón de un centenar por agujero, trabajando durante todo el día apisonando el barro. Cuando las mujeres echaban sus pesadas cargas de paja menudamente cortada, ellos debían acelerar su movimiento y entonces parecían bailar al límite de sus últimas fuerzas. Era imposible salir del agujero antes de que llegar la noche. Cuando el sol llegaba a su cénit, les tiraban tortas de cebada y sólo comían los más fuertes. Las necesidades naturales se efectuaban sobre el lugar. El polvo por encima del grupo, no protegía del calor del sol, pero aseguraba el anonimato de los dos compañeros de infortunio en medio de este grupo de hombres descarnados que parecían muertos vivientes en este infernal pisoteo.

En un momento dado cayó uno, sin queja alguna, muerto de agotamiento. Con el fin de evitar llamar a un contramaestre para hacerlo llegar a los cocodrilos y tacharlo de la lista de los trabajadores de la administración egipcia, Moshé y Aarón lo tomaron de las axilas y siguieron el trabajo. De este modo pudieron acabar el duro día sin llamar la atención del guardia. Cuando llegó la noche, dejaron el cuerpo a su suerte. Moshé jamás había sentido o vivido tal desolación que rozaba lo imposible. Miles y miles de seres humanos se habían convertido en esclavos de unas imágenes que eran sus semejantes. Por primera vez, esa noche, destrozado de dolor sobre su alfombra, comprendió hasta qué punto era necesario intervenir incluso en contra de su voluntad. Para ello, usaría todos los artificios que Aarón le había enseñado.

Éste, menos afectado, le dijo:

-No debes dejarte abatir por lo que has visto hoy, hermano mío, tienes una pesada tarea por delante. Ellos mismos podrían volverse contra ti algún día, porque están ciegos, y lloran sus propias desgracias sin intentar detener la causa.

-Pero de algún modo he conseguido que nos acompañen a ver al rey, y entonces verán las señales que tanto esperan.

Aarón dijo tristemente:

-Aún quedan nueve días para partir... ¿Nos seguirán hasta el final?

NOTA
A propósito de la tierra de Gosén.

El eslabón que falta, el que une los tiempos anteriores de los constructores de las pirámides a la Escuela de Moisés es el constituido por la Tierra de Gosén.[99]

Todo el mundo conoce la historia bíblica del primogénito de Jacob y Raquel, vendido como esclavo por sus celosos hermanos a mercaderes madianitas que iban a Egipto en caravana para ofrecer sus productos. Llegando a la corte del Faraón vendieron José a Putifar, el eunuco, jefe de la guardia personal del rey y pronto se convirtió en el intendente de su casa. Dos años más tarde, entre altibajos, acompañó a Putifar a una audiencia a requerimiento del faraón que había tenido un sueño singular, y no le satisfacía la interpretación de los Maestros de los Secretos del Cielo. José resolvió el enigma de los siete años de abundancia y hambruna. A consecuencia de ello, el rey, hábil y clarividente, le confió la administración del reino.

La hambruna prevista a través del sueño del faraón fue evitada gracias a los importantes depósitos de grano depositados en los silos a tal efecto, esto hizo de él vice rey por haber sido la bendición de Egipto. Esta inmensa hambruna alcanzó a las naciones vecinas, incluyendo Canaán, habitado por Jacob y sus otros hijos. Por ello, los hermanos de José llegaron a orillas del Nilo para comprar alimentos. Después de varias aventuras, José perdonó a sus hermanos y les pidió volver a Egipto con su padre y todas sus familias.

Con la autorización del faraón, José asignó a las setenta y dos personas que constituían su familia la tierra de Gosén, la misma que recibía la bendición de los influjos divinos. El tiempo pasó, y los siglos cambiaron las dinastías cada vez más decadentes. Ocurrió la ocupación semita de los hicsos, con la "colaboración" de los hijos de José y sus hermanos que se habían multiplicado singularmente en esta región de Gosén.

Así, cuando Amosis tomó el cetro para fundar la XVIII dinastía, redujo a la esclavitud a los hebreos después de haber expulsado a los hicsos fuera de los límites fronterizos de Egipto. A continuación, Amón-Hotep, luego Thoth-Met primero, agravaron aún más la esclavitud, añadiendo a los adeptos de Ptah para mayor gloria del Carnero Amón.

---

[99] N del T: Gosén o la Tierra de Gosén es un lugar o nombre mencionado en la historia bíblica de José el Patriarca. La Septuaginta presenta el nombre como Gesan, y Artapano como Kessan, como el egipcio. Gosén/Gesem está a pocos kilómetros al sur de la antigua capital de Avaris, donde fue construida la ciudad de Pi-Ramsés. (Wikipedia).

EN LA CORTE DE TUTMOSIS II

> *"Las otras tradiciones están de acuerdo en hacer volver a Moisés a territorio egipcio, estando muerto el rey de Egipto. Percibimos en estos textos el eco en Madián de un cambio de gobierno en Egipto. Un nuevo rey y un nuevo equipo han tomado el poder.* (HENRI GAZELLES. A la búsqueda de Moisés).

Nefer-Ra fue uno de los más grandes pontífices de An del Norte, siglos y siglos antes que la princesa Termutis encontrase un canasto conteniendo un bebé en el río Hapy, el Gran Río. Él había dado a la ciudad del Sol no sólo su definitivo estilo arquitectónico, sino un ritual religioso mucho más elaborado que el preparado por Moshé.

Cuando Ia-Met emprendió la construcción de un conjunto religioso funerario en An del Sur, dedicó a la gloria de Ra y Amón en An del Norte la erección de un suntuoso edificio. El templo estaba coronado por una pirámide que dominaba toda la ciudad. Una calzada subía partiendo de la orilla del río hasta llegar a una explanada que daba acceso no sólo al templo, sino a todos los servicios administrativos importantes del conjunto. Además de esta calzada, otros dos caminos permitían acceder a la terraza superior: uno por el interior de la ciudad, y otro fuera de los contrafuertes para que las caravanas pesadas no fuesen muy observadas por aquellos a quienes no importaban.

Para no faltar de nada, y a pesar de vivir principalmente en su palacio del sur, Amón-Hotep quiso construir una magnífica residencia real que Tutmosis I siguió embelleciendo a lo largo de su reinado con varias plantaciones de árboles aromáticos, cruzados por avenidas plantadas de acacias que hacían agradable el lugar.

Fue por una de estas vías que desembocaban en el desierto por donde llegó la caravana de Moshé ben Yitro, embajador extraordinario de la tribu de los kenitas del país de Madián, trayendo sus ofrendas al rey Tutmosis II. La ruta estaba particularmente transitada, las delegaciones llegaban de los países orientales casi ininterrumpidamente hasta donde alcanzaba la vista, cada cual más suntuosa que la anterior, con espléndidas monturas decoradas con oro y ricos tejidos.

Únicamente la caravana de Moshé parecía anodina, pero la digna actitud de los patriarcas y de los notables kenitas formando un solo grupo inspiraba respeto. Cuando se intercalaron entre dos delegaciones, nadie emitió la menor protesta, era evidente que todos tenían cierta aprensión por el rey, la guerra e invasiones que se reiniciaban, lo que no dejaba lugar a la alegría.

En la entrada, en la primera gran corte de honor del palacio real, después de haber pasado bajo el arco del inmenso pilono, resonaron los tambores y sonaron las trompetas inspirando un miedo incontrolable en algunos de los patriarcas. De hecho, tres de ellos se eclipsaron como si fuesen perseguidos por la tropa dejando a Moshé y olvidando sus promesas.

La parada en este lugar bastante caluroso, no fue demasiado larga. El servicio administrativo era ágil y numeroso. Los nombres y cualidades de los nombres y miembros de cada delegación estaban anotados por los escribas, al igual que la nomenclatura exacta de todo lo que traían como ofrendas. Después, varios chambelanes escoltaban a cada delegación hacia otro patio donde en una especie de almacén seleccionaban los regalos más comunes; especias raras, animales domésticos, fardos de todo tipo, etc. Sólo se apartaban los regalos en metales preciosos, seda, telas raras, joyas y las ofrendas que no entraban en la clasificación elaborada por los escribas, para ser puestos a los pies del estrado sobre el presidiría el rey y su gran esposa real Amenset.

Mientras la pareja real acababa sus devociones en el templo superior de Amón disponiéndose a recibir las delegaciones, las embajadas fueron introducidas en un tercer patio, más íntimo, donde cuatrocientos soldados formaban un cuadrado codo a codo, en el centro del cual tres trompetas daban incansablemente el tono de bienvenida. En ese momento, otros cuatro patriarcas perdieron la noción de la realidad y salieron a zancadas. Ahora la puerta de entrada a la habitación del palacio parecía una boca engullendo los grupos humanos, uno tras otro, sin que ninguno saliera. Moshé sabía que existía otra salidad, pero a los que lo ignoraban la impresión de entrar a un lugar para no salir, era inquietante.

Cuando llegó su turno, los últimos patriarcas sintieron temblar sus piernas y rehusaron seguir a Moshé y a su primogénito acompañado de tres notables kenitas. A pesar de la violenta cólera de Aarón, los ancianos respondieron que esperarían fuera de los muros, así fue una miserable embajada la que penetró en el pasillo que llevaba a la gran sala de las audiencias. Sólo quedaban cinco hombres, y no disponían de ninguna ofrenda particular, ya que ninguno de sus regalos había sido juzgado digno de gustar a los ojos del *Eterno esplendor de Amón*.

Moshé iba en cabeza sujetando firmemente su bastón augural. Le seguía Aarón y los tres notables kenitas cerraban el grupo. La sala estaba llena de todas las delegaciones anteriores y una importante cantidad de nobles de la corte real. Tutmosis había festejado en su capital del sur la llegada de la crecida del Gran Río, después lo remontó sobre un ligero barco real durante tres días para estar presente, oficial y solemnemente, en su ascensión al cetro como rey. Se mantenía recto sobre su trono de oro con la doble corona en equilibrio sobre su cabeza. Su expresión, joven y aburrida por los fastos de la ceremonia, contrastaba con la de su esposa, más madura, sentada sobre un bajo y sencillo sillón dorado a su lado derecho. La reina Amenset vigilaba todo lo que pasaba ante sus ojos.

Poco tiempo antes, en el templo de Amón, el mismo pontífice había liberado a su representante sobre la tierra de toda tutela real. Por ello, esta recepción de regalos era la primera ceremonia que permitía al rey, y a su gran esposa real, dirigir sin tener que dejar hablar a otras personas de más edad y supuestamente más experimentadas. El rey sería el único en dar instrucciones y la reina vigilaría que éstas concordasen con sus propias decisiones.

Moshé advirtió de lejos esta sutileza, mientras las embajadas precedentes a la suya eran anunciadas y sus regalos más suntuosos eran expuestos en los escalones que permitían el acceso al trono. Los ojos de la reina brillaban de emoción o decepción según el caso, era evidente que vivía plenamente cada uno de los momentos, lo que no era el caso para el joven Tutmosis II, cuya inmovilidad sólo se interrumpía para hacer un gesto con su cetro para indicar que aceptaba las ofrendas y permitía a los oferentes retirarse a un rincón de la inmensa sala a la espera del final de la recepción.

Conforme se acercaba al trono, Moshé reconoció a varios cortesanos mayores del tiempo de Amón-Hotep, que ya habían sido consejeros de la-Met. Tuvo alguna aprensión preguntándose angustiadamente cuántos de ellos estaban en el gobierno del actual rey, y quien de ellos sería el primero en desvelar su personalidad al rey. Su turno llegó demasiado pronto como para profundizar en este pensamiento sobre el que llevaba varias semanas intentando acostumbrarse. Lo que más le preocupaba es que no había reconocido ningún rostro amigable como el del general Djelkai, a quien pensaba pedir noticias sobre sus hijos que vivían en el sur del país. Se resignó a lo peor y se entregó totalmente a Yahvé cuando un chambelán dijo con voz tronante:

-Que el Hijo del Sol, maestro de los dos países, el de la Luz y el de la Sombra, se digne aceptar los regalos de Moshé ben Yitro, embajador de los kenitas viviendo en la tierra de Madián, cuya donación ha sido registrada por los administradores.

Después de la breve lectura de la lista de los presentes, que un escriba cantante enunciaba con voz modulada a la vez que desenrollaba con habilidad su papiro, los ojos de Amenset se encogieron bajo el efecto de la desilusión. A pesar de su alta estatura, estos hombres estaban miserablemente vestidos, hacían perder el tiempo a la que los dominaba, y que esperaba mucho más.

Moshé no se preocupó por esto esperando el momento propicio, sólidamente plantado sobre sus dos pies. Pensaba tomar la palabra al final de la lectura del chambelán. Cuando el faraón empezó a levantar el cetro, completamente indiferente por la ausencia de regalos, Moshé se adelantó tres pasos levantando ligeramente su bastón para llamar la atención del rey diciendo con voz fuerte en el lenguaje egipcio clásico y muy literario:

-Oh tú, que reinas sobre el mundo de los vivos y de los muertos, Tú que tienes los poderes de vida y muerte, en esta tierra y en el otro mundo, desde esta mañana, tengo una solicitud que dirigirte, la cual consagrará para siempre tu bondad hacia los oprimidos que te hacen un gran servicio.

Un silencio de estupefacción dejó como estatuas a los asistentes que buscaban saber quién era aquel ser que se había atrevido a interrumpir el desarrollo protocolario para dirigirse al dios Sol en persona. Por primera vez, Tutmosis mostró interés bajando los ojos a ese hombre de barba mal tallada y larga, que se permitía hablarle mirándole a la cara. Por primera vez se le solicitaba un favor en público. Sea lo que fuese, estaba dispuesto a aceptar para demostrar su poder recién adquirido. Hizo una señal para apartar a los que se disponían a prender al intruso, y con voz monocorde dijo al que puso algo de ambiente en el desarrollo monótono de la ceremonia:

-Habla, tú, extranjero que tan bien dominas mi idioma ¿Qué deseas?

-Tú posees, oh luz del Sol, miles de hombres que viven en la tierra de Gosén y que trabajan como condenados para que tengas el número de ladrillos suficientes para asegurar la grandeza de tus construcciones. Estos hombres desean ir algunos días al desierto para honrar a su Dios, Yahvé, como es conveniente hacerlo al menos una vez al año. Concédeles este favor en nombre de Dios.

Murmullos de desaprobación y exclamaciones brotaron en la sala, pero el faraón, más interesado que descontento, observaba a este hombre de voz apacible y cultivada, que se atrevía a hablarle como un igual a pesar de estar míseramente vestido. Se inclinó un poco, a riesgo de desequilibrar su corona, y dijo:

- ¿Hablas de esos judíos, los hebreos?

-Sí, se trata de los hebreos, oh espléndida luz, tú que has heredado no solamente el poder de Ra, sino también el de la descendencia del Toro Celeste por Horus, deberías comprender esta solicitud.

-Pero los hebreos no son hombres, sólo viven para trabajar. Dime cómo es que tú, que vienes del desierto, hablas perfectamente mi idioma.

-La aprendí en mi juventud, oh rey del mundo. Y la belleza de tal modo de expresión, no se pierde.

-Hablas bien, extranjero, y deberías saber que los hebreos no son una raza de hombres, sino de sub hombres y no pueden tener dios, ni ese que mencionas con un nombre tan curioso.

-Yahvé, oh gran rey. Yahvé es el nombre de este dios que es único.

- ¿Cómo te atreves a decir eso? ¿No observas como la cólera gruñe bajo los cráneos de los sacerdotes aquí presentes?

-Yahvé es el nombre del mismo Dios que tus sacerdotes llaman Ra o Ptah en su idioma, oh Per-Aha de los dos hermanos.

Durante este diálogo, la reina Amenset se rebullía en su pequeño sillón al no comprender por qué su esposo discutía con estos pobres nómadas y tuvo un ataque de tos a propósito interrumpiendo por un instante el diálogo. Pero, el rey no giró la cabeza ya que sabía que era simple impaciencia de su esposa, cuando ella se detuvo, sonrió para sus adentros, y retomó la conversación con el fin de exasperar un poco más a su esposa que demasiado a menudo deseaba interponerse a la menor ocasión:

-No quiero discutir contigo de la supremacía de tal o cual dios, pero es seguro que los hebreos, como los animales, no tienen ninguna divinidad a honrar. He hablado. Puedes partir y te perdono tus descortesías porque eres un extranjero que habla bien.

El pesado silencio permitió a los asistentes tranquilizar la respiración porque todo acababa bien. Pero Moshé no se movía y algunos corazones se aceleraron cuando el bastón augural se elevó mientras que su portador decía con tono amenazador:

-Sin embargo, este dios al que niegas su existencia para los hebreos existe en verdad, oh gran rey. Yahvé está con ellos y les pide sacrificios en el desierto durante la festividad.

Tutmosis, a su vez, elevó peligrosamente la voz:

- ¿Cómo quieres que crea en la existencia de un dios del que nunca he oído hablar?

-Puedo demostrártelo, oh gran rey todopoderoso de esta tierra.

- ¿Cómo podrías, si tú no formas parte de su familia animal, ya que hablas tan bien?

-Porque justamente nací en una de sus familias humanas, y no animales.

-He hablado sobre este tema y es mejor callar antes de que olvide que eres un embajador.

El rey elevó su cetro por segunda vez para indicar el final de la entrevista. Moshé levantó a su vez el bastón, pronunció algunas fervientes palabras, después lo arrojó violentamente a tierra golpeando los pies del estrado. Todos los que estaban cerca, se echaron hacia atrás con exclamaciones de horror, el bastón se retorcía y convulsionaba apareciendo la cabeza de una cobra, una de las serpientes más venenosas acababa de tomar forma y se erguía mirando fijamente al rey. Si su esposa estaba asustada, literalmente aterrada, no ocurría lo mismo para el faraón que sonreía con malicia a la vez que indicó acercarse a un sacerdote, maestro de las ciencias divinas, con vestido amarillo, y dijo:

-Demuestra a este adivinador que no es un dios el responsable de esta magia, haz lo mismo, Raenkera.

Sin decir palabra, el sacerdote tomó el bastón de uno de los tres notables que acompañaban a Moshé, susurró una serie de palabras y lo tiró violentamente al suelo. No fue una, sino dos serpientes las que se convulsionaban reptando en desorden, asustadas por la muchedumbre estupefacta que empezó a gritar, ya que la cobra, en menos tiempo de lo que necesitaban los ojos para ver el fenómeno, había devorado a las dos serpientes.

Entonces, Moshé se agachó tomando al reptil por la cola, lo levantó y estiró hasta convertirlo en el bastón que era, de sicomoro nudoso.

Tutmosis se levantó bruscamente montando en cólera:

-Ya basta, Moshé. Por haber deseado engañar al rey acerca de un poder que no existe enseñando simples trucos de magia, estás condenado a vivir con esos hebreos de los que dices ser congénere. Tus compañeros son libres de volver al país de Madián. He hablado y he terminado por hoy la recepción. Seguiremos mañana.

Amenset hervía con rabia contenida que exhaló apenas estuvieron el en pasillo:

-Ese perro miserable te ha puesto en ridículo en tu primera ceremonia.

-No grites, te lo ruego, no he hecho el ridículo, al contrario, he sido perfectamente justo haciéndole vivir con los que defendía. Y te recuerdo de nuevo, que no debes criticar mis decisiones que, buenas o malas, me incumben exclusivamente.

-Pero soy yo la que dentro de poco daré nacimiento al hijo que te sustituirá más tarde.

El joven rey, con voz más dulce, dijo:

-Me siento muy feliz por este acontecimiento, Amenset, pero el rey soy yo y no tu. La decisión de los sacerdotes y del consejo fue tomada por unanimidad, es innegable.

-Sin embargo, padre dijo que yo debería ser la reina.

-Y bien, lo eres. Basta de discusiones sobre este tema, tengo hambre.

Los dos esposos, alargaron el paso seguidos por los cortesanos, siempre dispuestos a informar de los menores ruidos de discordia en el seno de esta pareja real poco ordinaria.

Amenset volvió a decir con voz implorante:

-Ya que todo lo decides tú, has de forma que el castigo sea ejemplar, y que los hebreos no lo olviden para no volver a molestarnos jamás con esas tonterías para su dios.

-Su dios, por Ra, déjame reír. No tienen ningún dios, son demasiados tontos y no merece la pena un castigo para ese hombre, además hacía tiempo que no me divertía tanto.

Amenset apretó su paso para mantenerse a la altura de su esposo, a quien contestó vivamente:

-Si te has divertido, yo no. Y si la vista de las serpientes me hubiese asustado, me hubiese desmayado y te hubieses quedado sin descendencia ¿eso te habría resultado divertido?

El joven rey se detuvo y desprendió su brazo que Amenset acababa de agarrar sólidamente. Reflexionó un instante y acabó por reír de nuevo diciendo:

-Harían falta más de mil cobras para hacerte perder el espíritu, querida. Tranquilízate acerca del castigo de este hombre, es mucho más feroz de lo que imaginas. La vida en Gosén es insostenible para cualquiera que no sean estos sub hombres, semejantes a perros a los que hay que castigar para que hagan lo que se les pide.

-Hubiera preferido un calabozo con las paredes muy húmedas para matarlo lentamente y que tuviese tiempo para recordar la afrenta cometida.

-Así quizá hubiera pasado por un mártir en la cárcel, mientras que ahora, con lo poco acostumbrado al trabajo de los ladrillos sufrirá mucho más. Será el hazmerreír de los hebreos, y deberá pedir ayuda a su pequeño dios del desierto para descargar su tarea, porque indicaré especialmente al vigilante que use el látigo si no cumple su contrato.

-Eso no impedirá a los demás querer rebelarse contra tu autoridad, o querer tomar el aire del desierto con el pretexto de postrarse ante su pequeño dios en lugar de trabajar para ti.

Thoth-Met hizo una pausa al oír las certeras palabras de su esposa, y asintiendo con la cabeza, dijo:

-Por Ra, que tienes razón, eso hay que detenerlo. El deseo de pasear debe ser olvidado definitivamente. Pensándolo bien, puede que ordene dar latigazos hasta la muerte a este extranjero para que sirva de ejemplo.

Amenset tuvo una chispa de victoria en sus ojos. Con una inteligencia superior a la de su esposa, prefirió sugerirle algo más haciéndole creer que era él quien tenía razón.

-Tu palabra era verdad hace un momento, oh tú que bajas del mismo Cielo, he sido muy viva con mis palabras y te pido perdón, tú tenías razón al decir que se convertiría en un mártir.

El rey la observó de reojo preguntándose qué escondía esta aprobación, pero sólo vio una mirada inocente y, por ello, preguntó:

- ¿Qué harías en mi lugar?

-Nada más que lo que tu harías, oh mi esposo: darles un aumento de trabajo para que estos hebreos no puedan pensar más que en trabajar para entregarte lo que esperas de ellos.

-Sin embargo, es imposible pedirles más ladrillos, porque ya falta espacio para secarlos y almacenarlos.

-Ya encontrarás el medio, tú que eres el representante de Ra sobre la tierra.

-Puedes estar segura de ello.

Lentamente retomaron su marcha y poco antes de llegar a la puerta de su apartamento privado, Tutmosis tuvo la idea que debería obligar a los perros con cabeza humana, lapidar al que había venido representándoles. Estalló en carcajadas inextinguibles y gritó a los que le seguían de lejos:

-Que hagan llamar al escriba Nebset, ¡rápido!

Masticando a dos carrillos un muslo de oca, el rey dictaba un edicto destinado a ser expuesto antes de la caída de la noche en todos los pueblos de la tierra de Gosén, ya que debía entrar en vigor al día siguiente, al amanecer del sol.

Mientras tanto, la delegación volvía a Gosén, después de recuperar a los patriarcas avergonzados por haber escapado. Esperaban un castigo de Yahvé, y no estaban equivocados. Por supuesto, los notables habían decidido quedarse también en esta desgraciada tierra hasta Moshé la hubiese vaciado de sus infortunados habitantes. En cuanto a Aarón, estaba muy triste temiendo más represalias. Conocía muy bien la mentalidad de los grandes de este mundo y sabía que el rey no se limitaría a detener a Moshé como trabajador.

Moshé, por su parte, también sabía que habría más consecuencias para los hijos de las primeras criaturas humanas que habían fallado, sabía que aún debería expiar mucho más antes de que Dios le concediese misericordia.

Poco antes de su llegada a la ciudad de donde habían salido, confiando en un futuro, se cruzaron unas tropas armadas con los carros lanzados a gran velocidad.

También observaron a las ancianas lamentarse ante el anuncio de una ordenanza real recién puesta en una barrera por los soldados que habían visto. Se acercaron para leer y las mujeres huyeron:

> Por orden del rey Tutmosis, maestro de los dos países, tanto el de los vivos como el del más allá de la vida, Hijo amado del Sol, se decreta que a partir de este día, el noveno del mes de Paophi, en el tercer año de su reinado, a él larga vida, fuerza y salud, y ello para evitar que disminuya la cadencia de fabricación de ladrillos, como parece ser el caso por culpa de una solicitud de fiesta suplementaria de varios días, la población entera deberá entregar por cabeza viviente, la misma cantidad cotidiana de ladrillos, pero aportando ella misma la paja para su composición. Todos los jefes de cantera, contramaestres y vigilantes serán responsables de la buena ejecución de esta orden.
>
> El Rey de los Dos Países
> Thoth-Met

Sólo con ver la cara de indignación de los patriarcas a la lectura de este edicto real, y su cambio de actitud, Moshé comprendió que llegaba a un giro dramático en su nueva vida. Cuando todos los que volviesen de su dura labor y comprendiesen el aumento de trabajo ocasionado por su libertador, su vida correría peligro si no tenía tiempo para prepararse a este ataque. También podía huir abandonando esta empresa que parecía desesperada. Aarón lo observaba como siguiendo en su mirada las diferentes etapas de su pensamiento, pero los patriarcas no esperaron y se lamentaron gimiendo:

- ¿Por qué te hemos escuchado? Si te hubiésemos expulsado de nuestro territorio, nada habría ocurrido y todo se hubiese quedado tranquilo.

Moshé no dijo nada pensando que ellos habrían seguido muriendo como bestias bajo la ardua tarea, y tirados al río como pasto para los cocodrilos. Pero cómo explicarles en este delicado momento en el que el rey con su inteligencia demoníaca había encontrado el medio para enfrentarse a Yahvé y hacerle lapidar. Pero Dios lo entendería, era seguro, incluso si tenía que sufrir un tiempo indeterminado, durante el cual los hombres y las mujeres que ahí estaban tuvieran que someterse a un incremento de cargas y desgracias.

Aarón lo cogió por un brazo y le hizo señal de seguirle a la cabaña. Los tres notables volvieron con sus monturas hasta el resto de la caravana establecida en el exterior del pueblo. Con la ayuda de los sacerdotes que le acogieron a su llegada, Aarón preparó una respuesta a la altura del ataque que preveía. Moshé parecía desinteresarse perdido en su desesperada oración interior. Mucho después de la caída de la noche, un niño, apostado frente a la puerta, les confirmó lo que previeron:

-Ya llegan, y son muchos.

Aarón tomó una decisión súbita y ordenó a todos:

-Salgamos de aquí. Son capaces de incendiar la casa en su cólera y destrozarla con nosotros dentro. Vayamos rápidamente al río con todo lo que hemos preparado.

Moshé protestó:

- ¿Lo crees necesario?

-Han sufrido demasiado para comprender que lo que arriesgan no vale más que lo que tienen. Basta de hablar ¿quieres morir tontamente dejando a Yahvé decepcionado? Yo deseo volver a ver a mi esposa Elizabeth y a mis cuatro hijos, vayamos.

Incapaz de resistirse a esta voluntad, Moshé siguió los pasos de sus compañeros justo a tiempo, ya que poco después llegaron los primeros hebreos frente a la puerta gritando contra los que pensaban responsables de sus nuevos males. Dudaron un momento, pero el niño les indicó la dirección de la huida al río. Entretanto, Moshé recuperó su espíritu gracias al frescor de la brisa del río, comprendió que Yahvé lo inspiraba, y ordenó con un tono que no admitía réplica:

-Volvamos a la cabaña, de nada sirve huir porque no podríamos volver. Debemos enfrentarnos.

Aarón consintió añadiendo una restricción:

-De acuerdo, Moshé, pero será con nuestros medios. No sólo debes permanecer vivo, sino que no deben tocarte.

-Si me dejas hacer, no me tocarán.

Aarón se encogió de hombros prefiriendo actuar a discutir, y sólo debía seguir a Moshé que, sin esperar respuesta, se había dado la vuelta al encuentro del grupo de los trabajadores enfurecidos, lo que se produjo a medio camino bajo la pálida claridad lunar. Moshé levantó sus brazos al cielo sujetando el bastón en uno de ellos, y gritó:

-Si me buscáis, aquí estoy.

Su alta estatura, casi fantasmagórica, hizo detener el grupo de hombres, cuyos rostros no eran visibles por estar a contraluz.

- ¿Qué queréis?

Una voz respondió:

-Como si no lo supieras. Tú sabes leer, y tu llegada entre nosotros nos obliga a buscar de noche la paja que debemos incluir en el barro para los ladrillos. Si no lo hacemos, no tendremos comida. ¿Qué es mejor, morir de hambre, de falta sueño, o bien matarte para conjurar la mala suerte?

Murmullos de aprobación surgieron por todas partes, algunos ya se agachaban para recoger piedras y tirárselas. Aarón y los jóvenes sacerdotes que estaban a pocos pasos detrás de Moshé, se habían agachado para no ser vistos hasta que el primogénito diera la señal de contraatacar según las reglas deseadas por Dios.

Moshé intento razonar con estas almas en rebelión contra la mala suerte y el mismo Dios que los había engendrado:

-Escuchadme, hijos de Jacob y de Abraham, soy uno de los vuestros, y sabéis que Yahvé me ha enviado para salvaros.

De varias bocas surgió un bramido:

-Valiente salvador eres, que nos haces derrumbar bajo una tarea desde ahora imposible.

Otro encadenó:

-Hemos creído en tus bellas promesas... ¿dónde están? Y dónde está Yahvé que debería ayudarnos desde este mismo momento. No ha mostrado ninguna señal de su presencia, y nos hemos hundido más profundamente, sólo eres un mentiroso.

-Os ruego, creed en Yahvé en lugar de chillar, si aún no os ha dado una señal seguramente es para poneros a prueba.

-Ya no creemos en Yahvé que nos sobrecarga de trabajo, eso al menos es una señal y tú eres el único responsable de ello.

Varias voces añadieron:

-Lapidémoslo, ¿a qué esperamos? Después de su muerte el dios de los egipcios quizá perdone nuestro error.

Una piedra fue lanzada, desde lejos, golpeando el hombro de Moshé que al levantar su bastón augural como vana protección vio pasar por encima de su cabeza varios trozos de madera que cayeron a los pies de los hebreos que estaban más cerca de él. Estos vieron con terror cómo esos bastones se convertían en serpientes, mientras que otros trozos aterrizaron en medio del grupo. El pánico se desató en una memorable desbandada. Todos creyeron que el bastón de Moshé había engendrado serpientes y que de este modo la cólera de Yahvé se manifestaba claramente con esta señal.

Moshé pensando que los gritos eran hostiles, cuando al contrario eran de los que pedían perdón por haber dudado, dijo con tartamudez:

-Deteneos, de...teneos. Yahvé hará caer su cólera sobre vosotros.

Por suerte las lamentaciones cubrieron su voz. Moshé se centró y observó impasible a sus amigos detrás de él aguantando su deseo de reír. El silencio se hizo dejándolos solos, Aarón se acercó a Moshé y lo miró seriamente antes de echarse a reír, acompañado por sus discípulos menores que tanto necesitan una distracción. Pero Moshé cansado se dejó caer sobre sus rodillas levantando sus dos brazos, tendiendo el bastón hacia el cielo y dijo a Yahvé con voz firme:

-Tú que eres el Eterno Todopoderoso que ha dicho que cumpliría la promesa de que todos los hebreos abandonarán Egipto, ¿por qué me has abandonado esta noche?

Ninguna respuesta surgió, al menos que Aarón y sus compañeros pudiesen oír. Moshé no se movía y su primogénito digo:

-Dios me ha enviado a tu lado como portavoz, pero también para ayudarte a enfrentar tus dificultades, lo que acabo de hacer con su ayuda. Si en la primera prueba que sufres, te lamentas tanto ¿por qué Yahvé te contestaría? Tu debilidad demuestra que no crees en él. Creo que te ves en esta situación para que puedas medirte otra vez con ese faraón de pacotilla y demostrarles a todos que has vencido gracias a Dios, y no por culpa de la debilidad de espíritu de ese niño rey.

Moshé no contestó. Aarón se acercó y le echó el brazo encima del hombro a su hermano trastocado por su propia debilidad:

-Volvamos, debemos descansar para ayudar lo mejor que podamos a estos pobres seres en su pesada labor antes de que preparemos la segunda ronda.

LAS PLAGAS CELESTES

> "*En la ignorancia de la verdadera naturaleza de la plaga, podemos imaginar una epidemia particularmente mortal. El pánico se apoderó de la población. Los más inquietantes rumores circularon por doquier. ¿El hijo del faraón murió en ese tiempo? Es lo que se oía contar.* (ROBERT MICHAUD. Moisés, historia y teología).

Tres años habían pasado desde que ese joven rey dictó la orden bárbara para la fabricación de los ladrillos. La vida en la tierra de Gosén, como en los territorios del sur, era imposible: se trataba únicamente de sobrevivir. Tutmosis II había estado ocupado en varias campañas militares en el país de más allá de las grandes cataratas y no había vuelto a la ciudad del Sol del norte desde entonces. Los escasos momentos de descanso los pasaba en la capital del sur, Ouaset, donde se había instalado cómodamente con su esposa Amenset y sus dos hijos, el pequeño príncipe Nefrura y su hermana menor, la princesa Meritra.

Su majestad se había convertido en un joven guapo con cabellos rizados marrones. No era un apasionado de las grandes hazañas de armas y delegaba sus decisiones al jefe de los ejércitos, limitándose a enumerar el botín amasado y contemplar a los prisioneros en el momento de ejecución, ya que no tenía cuartel alguno para acabar con las incesantes rebeliones.

Amenset estaba en la plenitud, su juventud resplandeciente reunía a su alrededor una corte de consejeros, cortesanos y notables que rápidamente se convirtieron en elemento activo de la dirección del país, en perjuicio de los sacerdotes de Amón. El número de partisanos no dejaba de aumentar, y con más razón ya que a su esposo le gustaba estar con otras compañías y le dejaba tácitamente la responsabilidad de los asuntos corrientes. Pero ella sobrepasaba ampliamente su autoridad y cada vez que el rey aparecía por la corte, renombradas disputas los oponían de tal forma que el rey acabó por pasar las noches en el harén.

Mientras Moshé penaba duramente en el norte de ese país, en esa tierra de Gosén donde seguía pensando en cómo salir con el pueblo que ahí vivía, en contra de su propia voluntad. Sólo podía masculiar contra su infortunio, estaba estrechamente vigilado y no podía hacer gran cosa. Con paciencia esperaba que Yahvé se manifestará para indicarle qué dirección seguir. A menudo era azotado y no se veía aliviado por sus compañeros de infortunio que a la vez que temían los poderes que parecía poseer, aceptaban ser tratados de forma tan humillante. Aarón había acabado por dejar este lugar y volver a su hogar junto a su esposa y sus hijos ya casados. Los notables a su vez también hacía tiempo que se fueron para volver a la tribu de los kenitas e informar a Yitro.

Por fin, Moshé se enteró de la muerte del general Djelkai, y comprendió el porqué de su silencio desde su llegada a Egipto. Tomó al fin la decisión de ponerse en movimiento para dirigirse a la capital donde residía el faraón y la corte. Sólo debía esperar el momento favorable para su huida, que sin duda fue dado por Yahvé algunos días más tarde. Cuando un enviado especial de la gran esposa real Amenset realizaba una inspección de las canteras y campos de construcción en el norte del país. Naturalmente, llegó al lugar mismo donde estaba Moshé, ese mismo día por la mañana había llegado Aarón, portador de buenas noticias. Por ello el alma del que se convertiría en el salvador, cantaba de alegría porque su primogénito le dijo que ambos eran esperados en Ouaset, el An del Sur, para tener una nueva entrevista con el rey.

Pisoteando incansablemente el barro grasiento, se repetía que esa noche huiría al sur, y Moshé no observó la llegada de personalidades extranjeras por encima del agujero en el que estaba. Bailaba con ritmo al igual que lo hacía el centenar de compañeros de infortunio sin darse cuenta cuando uno de ellos caía de fatiga. Nadie le ayudaba, era lo habitual con los que caían. Fueron dos guardias diligentes armados de un garrote o látigo, los que se acercaron rápidamente al borde del cuadro golpeando a diestro y siniestro sin buscar auxiliar al que gemía, el pobre ser intentó levantarse en vano.

El guardia para demostrar sin duda a las personalidades presentes su desempeño, bajo a la fosa y dio sólidos bastonazos en el costado del desgraciado antes de hundirle la cabeza en el barro. Los gritos de hostilidad y de desaprobación despertaron a Moshé que al instante advirtió el horror de la asfixia que se producía a su lado, se acercó y agachándose cogió el pie del guardia desequilibrándolo. Sus compañeros se abalanzaron sobre el que ahora arriesgaba su vida. En este agujero el pánico engendró una desbandada general. Moshé fue atado al igual que seis pobres desgraciados más que no habían conseguido huir, a pesar de no tener nada que ver con el drama que acababa de vivirse. Todos fueron llevados a los pies del enviado especial de la reina, sin miramientos. Éste señalando a Moshé con el dedo peguntó:

- ¿Quién es este cerdo barbudo?

-Moshé ben Yitro, oh tú que eres el servidor de la divina reina.

Los ojos del hombre se entrecerraron:

- ¿No es el nombre de ese gusano que intentó asustar a la gran esposa real con sus trucos de magia?

-El mismo.

-Aún tiene fuerzas para intentar matar uno de tus guardias. Con tal perro la vigilancia no es suficiente, es necesario un castigo ejemplar. La divina Amenset me indicó vigilar que este cerdo fuese tratado como su truco de magia y es lo que vas a hacer frente a mi: Dale cien latigazos y si le duele mucho que implore a su pequeño dios para liberarlo. Y que los cuatro hombres que hagan el trabajo se tomen su tiempo para hacerlo bien, tendrán cada uno doble prima.

Aarón necesitó doce días para poner enderezar a Moshé cuando su cuerpo roto le fue llevado por la noche a la choza. Por suerte conocía los ungüentos necesarios para cicatrizar tales heridas y le fue fácil encontrar las hierbas y preparar la pomada. Como lo habían dado por muerto, o casi, es decir inútil para el trabajo, su partida ya no se planteaba de la misma forma, y no estaría buscado por los soldados del ejército.

La mañana de su partida, Aarón realizó un vendaje que le permitiría viajar mejor hasta su casa donde acabarían esta convalecencia en mejores condiciones. Luego se dirigirían a Ouaset en compañía de Abiu que deseaba seguirles a la tierra prometida.

Fue al inicio del año siguiente cuando la crecida empezaba en el gran río, es decir, los primeros días del mes de Thoth, cuando Moshé, Aarón y dos de sus hijos llegaron a la gran capital del sur. Y fue en ese tiempo, antes de que el rey volviese, que se desencadenó una serie de plagas monstruosas pero naturales, las mismas que los anales inscribieron como catástrofes y que más adelante se convirtieron en los textos bíblicos en las plagas "milagrosas". El hecho principal es, sin embargo, que todos estos acontecimientos "coincidieron" estrechamente con la cronología de la salida de los hebreos de Egipto. Y hubo demasiadas "coincidencias", justamente para que se siguieran llamando así durante los enfrentamientos verbales entre Tutmosis II y Moshé.

En este período de mayor calor, Ouaset estaba tranquila, todas las personalidades habían emigrado a la otra orilla del río donde las residencias de verano eran particularmente concebidas para aprovechar el menor soplo de aire del río.

Thoth-Met había decidido que para él ya era hora de dejar de guerrear y volver a su capital. La destrucción de las tribus nubias rebeldes había acabado. Su presencia ya no era necesaria y empezaba a sufrir el tórrido calor, poco habitual. Sus Maestros de las Horas, los Horóscopos, le habían avisado de varias posibilidades de cataclismos atmosféricos debidos a conjunciones planetarias nefastas, muy extrañas. El propio cielo se teñía hacia oriente de color marrón en pleno día, lo que preocupaba a los soldados.[100]

Por ello, desde los primeros días de la crecida hizo cargar el tesoro en los barcos que constituían su flota y subió a la nave capitana, "*El esplendor de Amón*", poniendo rumbo a Ouaset.

Todo parecía anunciarse bien en este retorno triunfal y su barco iba a buen ritmo, con una multitud de barcos de guerra, más de un centenar, que seguían la estela que dejaba el del hijo de Ra. En los dos márgenes corrían los soldados de infantería en buen orden, de manera a permanecer a la vista de su flota que transportaba el importante botín a repartirse, al igual que bellas esclavas encerradas en el fondo de la bodega.

---

[100] Una explosión volcánica muy violenta se produjo probablemente en ese momento en Santorini, provocando un maremoto y subida de las aguas durante varios días. El cielo se oscureció más de una semana por encima de la laguna de Sirbonis, es decir sobre el Mar Rojo. El color marrón no tiene nada que ver con la plaga que oscureció el cielo.

Pero poco antes de llegar a la gran presa que controlaba la salvaje agresión de las aguas tumultuosas[101] empezó la primera anomalía. Aguas arriba de la ciudad, cuando todos los barcos se disponían al amarre, el agua de repente empezó a ponerse color rosa. En poco tiempo enrojeció y tomó un tinte sangre con un efecto impactante. Al inicio de la crecida los indígenas tenían por costumbre coger agua suficiente en espera de que el río Hapy les devolviese su pureza. Lo que ocurrió ese año, sorprendió por lo repentino y por la extensión del desastre que ese fenómeno conllevó. Efectivamente, si una inundación normal cubría a partir de las cataratas el terreno lateral de las orillas del río compuesto de óxido y de hierro de alúmina, característico en toda la provincia de Asuán, la coloración de las aguas era superficial y nada impedía servirse de ella para beber, pero aquí la brutalidad de la crecida con gran violencia había derrumbado varias colinas reduciéndolas a fino polvo corrosivo y envenenado. No sólo los que bebían el agua padecían fuertes dolores estomacales, sino que numerosas razas de peces desaparecieron de las aguas de este inmenso río.

Tutmosis al inicio se aburrió por el acontecimiento que no era nuevo y por el que no se sentía concernido sabiendo que era pasajero. Pero al día siguiente frente la visión de los miles de peces con la panza hacia arriba, rodeando su barco en esa agua color sangre, hizo que apremiaran levantar el ancla ordenando a todos los barcos seguirle. La suerte es que los soldados bebían cerveza y que la falta de agua no les importaba. Cinco días más tarde desembarcaron en Ouaset, y el agua empezaba a recuperar su color normal, aunque las aprensiones de los horóscopos no desaparecieron.

Amenset acogió con frialdad a su esposo, porque en el palacio, había tenido numerosos problemas resolviendo la plaga que había transformado a Hapy en un río de sangre. Y como algunos notables la consideraban responsable de esta calamidad, prefería pasar a la ofensiva con el rey antes que ser atacada por él.

Lo que había ocurrido era muy sencillo. A lo largo de las audiencias que la gran esposa real había concedido la semana anterior, había recibido, personalmente, un requerimiento dirigido a su esposo por unos extranjeros venidos del desierto. En cuanto los vió, se arrepintió de su curiosidad, ya que de inmediato reconoció al hombre de fuerte estatura, con barba mal cortada, como el mago que quiso asustarla cuando estaba embarazada del pequeño príncipe. Por suerte, sus principales consejeros y cortesanos la acompañaban en la sala de audiencias.

Después de haber saludado respetuosamente, los cuatro hombres se acercaron al trono en el que, sin pudor alguno, se había sentado la reina. Moshé se adelantó al resto de un paso y dijo:

-Oh tú, la divina y graciosa gran esposa real, esperábamos dirigirnos al Hijo del Sol para poder renovar nuestro requerimiento acerca de la partida del pueblo hebreo en el desierto para honrar a Yahvé, su Dios. ¿Podrías darnos una respuesta?, ya que tu palabra en ausencia del rey es la justicia.

Amenset consiguió esconder su miedo y con voz fría dijo:

---

[101] Esta presa, construida por Mena, primer rey de la primera dinastía, sigue actualmente río arriba de la actual en Asuán, aunque remonte al cuarto milenio antes de nuestra era.

—Efectivamente, soy la justicia. ¿No fuiste condenado a realizar trabajos en los campos de ladrillos? El trabajo aún no se ha acabado, y no me parece que este decreto haya sido derogado por mi esposo.

—Así es, oh gran esposa real, pero las circunstancias han permitido mi liberación en esa tarea.

—Poco importa, el rey, mi esposo, jamás cambiará la prohibición que ha establecido en contra de los hebreos que desean dejar nuestro "Segundo Corazón".

—Muchas calamidades podrían abatirse en ese Corazón y en el suyo, oh gran esposa Amenset.

— ¿Me estás amenazando? ¿Como con las serpientes?

—Mi serpiente devoró las de tus sacerdotes, y no se trataba de un truco de magia. Por ello, yo no amenazo, es Yahvé que por mi boca te anuncia que ha llegado el momento de liberar a los hebreos y a los que desean dejar la opresión a la que se ven sometidos, bajo pena de terribles represalias en los días venideros, previstas por Yahvé.

Amenset estalló de risa, sin embargo, varios consejeros fruncieron el ceño frente al tono autoritario y distinguido de esa voz que recordaban haber oído. La reina volvió a tomar un tono serio:

—Las amenazas de tu pequeño dios del desierto, cuyo nombre es impronunciable para mí, no pueden hacer nada contra Amón.

—Debes comprender que Yahvé es el poder mismo, y pasará a la acción, ejecutando todos los actos a los que hayan contravenido sus mandamientos, no habrá suficientes lágrimas para llorar y sólo podrán intentar pedir perdón.

Fuera de quicio, la reina golpeó con el pie la madera del estrado:

—Yahvé, Yahvé. Sólo pronuncias ese nombre que para mí no tiene sentido, ni para todos esos hebreos que deseas tratar como seres humanos cuando no lo son. Ahora basta. Vete antes de que ordene tu detención, aquí también tenemos campos de construcción donde serías útil.

Moshé se inclinó sin añadir palabra alguna, después se giró y elevando su bastón dijo en voz alta enfrentándose a toda la audiencia que retrocedió algunos pasos:

—Todos los presentes, acordaos de las palabras que Yahvé os ha dicho a través de mi boca: "Habéis rechazado dejar salir a mi pueblo al desierto para que pueda ofrecerme los sacrificios. No habéis querido escuchar las palabras de paz expuestas por Moshé en mi nombre de Yahvé. He aquí lo que yo digo por boca de Moshé: Golpearé las aguas con el bastón que Moshé tiene en sus manos, y vuestro gran río Hapy tornará en sangre, los peces morirán y las criaturas que he engendrado no podrán beber el agua".

Aarón gritó entonces con voz atronadora:

—Seguidlo hasta el río si no tenéis miedo a las represalias de Yahvé, ya que sois discípulos de Amón.

Bajo la protección de los dos hijos del primogénito que escoltaban a Moshé, todos salieron hacia la orilla del gran río. Elevó bien alto su bastón para solicitar la ayuda celeste, mientras Amenset había subido a la terraza superior y seguía los hechos y gestos de Moshé con tanta curiosidad como temor. El sol descendía lentamente hacia el horizonte enrojeciendo las aguas llenas de barro por la crecida, y no se observó en la lejanía el auténtico color rojo sangre del agua que venía pintando de rojo todo lo que tocaba. Cuando Moshé tocó el líquido divino, don de Dios, todo el paraje adquirió el mismo tono rojo sangre.

Una exclamación de espanto surgió de todos los asistentes, casi hipnotizados, al no poder observar más que el resultado. Desde entonces, la gran esposa real se preguntaba cómo reaccionaría su esposo, ya que sabía que todo le sería referido a su llegada por los que veían con mal ojo su poder.

Pero Tutmosis no concedió la importancia que debía al incidente de las aguas, y ahora que el río volvía a la normalidad no iba a cambiar su actitud, ni a enfadarse. Tampoco dio importancia a los cortesanos que pretendían haber reconocido en ese hebreo, el fantasma de un príncipe anterior, heredero desaparecido que Amon-Hotep quiso hacer pasar por un asesino, sin mucho éxito. La victoria contra los nubios lo acaparaba, pensaba en el reparto del botín que había traído y en algunas bellas prisioneras que habían captado su atención a lo largo de las noches en su barco. Por despecho y por rabia, Amenset masticó una venganza que le permitiría ser reina algún día. Su padre era el Per-Aha, el descendiente de Horus en la tierra, como lo fue Thoth-Met, pero además su madre poseía la parcela de sangre divina que permite al hijo convertirse en rey esposándola, ya que la sangre de la concubina que fue la madre de Thoth-Met no era más que la de una plebeya.

Mientras que las confabulaciones se tramaban y se deshacían tan rápidamente como nacían en el palacio real entre los partisanos o los enemigos de uno u otro bando, Moshé y Aarón recorrían diferentes campos de fabricación de ladrillos del sur adoctrinando a los desgraciados egipcios fervientes adoradores de Ptah, y a los hebreos encarcelados simplemente porque eran considerados sub hombres sólo válidos para construir ladrillos para las tumbas de la necrópolis del valle de los reyes y otras construcciones de los sacerdotes de Amón.

Las semanas que siguieron a la crecida y a la inundación fueron tórridas, y en las zonas en las que el agua tumultuosa no fue drenada rápidamente, el calor permitió la proliferación de millones de animales que se alimentaban en el limo, y sus bacterias, llevadas por las aguas, seguían matando a miles de peces[102]. Lo que siguió siendo inexplicable, incluso para los magos sacerdotes que achacaban este fenómeno al excepcional verano que padecían, fue, que este hecho excepcional duró casi un año entero. La cantidad microbiana no pudo reabsorberse antes, de hecho, fueron necesarios dos años debido a la temperatura; y mientras, los peces muertos desechados por los cocodrilos se pudrían infectándolo todo con un olor pestilente. Una epidemia desconocida se desencadenó, por suerte no fue la peste, pero vaciaba los vientres a lo largo de todo el día.

---

[102] El nombre de esos animales conocidos por los científicos es *Euglana sanguinea*. Actualmente tiende a reaparecer debido a la nueva presa.

Naturalmente nadie se bañaba en esta agua convertida en impura, tampoco se usaba para las abluciones. Al cabo del tercer año todo empezó a entrar en el orden natural de las cosas, momento elegido por Moshé, Aarón y sus dos hijos para presentarse a la recepción de la fiesta de la crecida del río Hapy.

Su ropaje hacía de ellos una excelente diana y Tutmosis los localizó rápidamente con un fruncido de cejas y contrariado. Mantenía una gran conversación con su esposa y su joven hijo que acababa de cumplir siete años y se convertía en un bello príncipe a imagen de su padre real. Bruscamente se detuvo y los miró fijamente, ello conllevó las miradas de su esposa Amenset y de Nefrura.

La contrariedad del rey era grande, ya que muchos de sus cortesanos le daban a entender, hacía más de un año, que las perpetuas calamidades que padecían desde hacía tres revoluciones solares, provenían de la maldición lanzada frente a su esposa por el hombre con la túnica marrón que se acercaba a ellos lentamente, su bastón en mano era portador de desgracias. Tutmosis empezó a temerlo, pero ya era demasiado tarde para mandar ejecutarlo, ello generaría catástrofes aún mayores. Con tono altivo lo interpeló:

- ¿Qué más quieres, tú que no eres un hebreo, sino que al parecer fuiste un príncipe egipcio?

Moshé con sorpresa y satisfacción a la vez, podía al fin hablar de igual a igual:

-Tú eres el poderoso rey de este país, oh hijo del Sol, pero Yahvé es más poderoso que tú. He sido elegido por Dios, por ser príncipe de Egipto más que por adopción de una segunda madre admirable: la divina princesa Termutis, a ella larga vida en la eternidad del más allá. Nací hebreo y mis compatriotas deben conseguir tu autorización para abandonar Egipto y dirigirse al desierto.

El rey dijo con una mueca nerviosa:

-Los hebreos son necesarios en este país para trabajar, nadie los obligó a venir y nadie los hizo jamás prisioneros en una guerra. Se quedarán ahí.

- ¿No observaste cómo se encolerizó el río bajo la orden de Yahvé, oh gran rey?

Tutmosis que había considerado esa extraordinaria inundación como una afrenta contra su majestad, suspiró de impaciencia diciendo:

-Todo lo ocurrido fue normal, no intentes influir con tu pequeño dios del desierto como hiciste con las serpientes. No lo conseguirás.

-Pues otra serie de calamidades, caerá sobre Egipto, poderoso hijo del Sol, en verdad te digo: Todas las tierras hervirán con el croar de las ranas que infectarán los campos, las frutas, las verduras, y todos los animales. En verdad digo que aún no te has creído el poder de Yahvé sobre las aguas del gran río. Si no aceptas la partida de los hebreos, volveré a golpear las aguas de Hapy y nuevas calamidades se abatirán según el poder de Yahvé. ¿Lo aceptas, oh tú, rey de los Dos Países, el de los vivos y los muertos?

Tutmosis intentó que su voz sonara muy grave y con firmeza dijo:

-Lo niego, ahora vete antes de que mis guardias te echen.

Los guardias retrocedieron instintivamente como si tuviesen miedo, pero no tuvieron que intervenir ya que Moshé y sus tres compañeros hacían ademán de irse. Aarón intervino con una voz que resonó en las cuatro esquinas de la sala de recepción:

-Que los que tengan ojos para ver, nos sigan hasta la orilla del gran río.

El río tenía una belleza apacible, que nada podía perturbar, el sol aún estaba alto y navegaba en un cielo azul sin nubes. Cuando Moshé llegó al borde, elevó su bastón e inició una oración que únicamente Aarón oyó. Amenset volvió a subir a la terraza superior y observaba como lo había hecho tres años antes. Esta vez, tampoco miró al cielo para observar que el sol llegaba a su cenit cuando Moshé se agachó para golpear con su bastón una mata de papiro, a vista de todos los curiosos que se habían congregado. Al instante, las ranas que ahí estaban refugiadas se alejaron para saltar a lugares donde la sombra podía darles cobijo en espera de la noche. En ese momento en todos los lugares sonaron centenares ranas croando, miles se hicieron oír, demostrando que, de alguna forma, todas habían recibido la información de buscar mejor lugar.

Surgió una exclamación de sorpresa de todos los pechos frente a lo que les pareció ser un milagro. Los participantes de esta increíble escena tuvieron más adelante todo el tiempo de maldecir la intransigencia del faraón hacia el extranjero.

Efectivamente, las ranas, en búsqueda de lugares húmedos y frescos para vivir durante el día, invadieron las miserables cabañas, las casas espaciosas de los ricos y nobles al igual que el palacio, donde la invasión fue peor que la de los nubios en las fronteras en tiempos pasados. Este cambio de ambiente provocó que las ranas contrajeran un virus microbiano muy peligroso y cuando murieron en masa, para no contaminar el río, se tiraron en los campos, donde los microbios atacaron a los vegetales, y los cultivos contagiaron a su vez a los humanos.[103]

De nuevo, un largo período fue necesario para poder reabsorber esta avalancha de calamidades encadenadas, consecutivas como si siguiesen una lógica. Fueron necesarios cuatro años para superar aparentemente esta plaga, porque el país aún se resentía.

Pero Tutmosis, segundo de nombre, irritado por estas catástrofes que sabía eran naturales, incluso dictó una orden decretando que el que dijese que la naturaleza no era responsable de estas "plagas" sería ejecutado. Al mismo tiempo, había hecho buscar a Moshé, pero éste se había ido para los territorios del norte. El rey se sintió aliviado. La vida apacible volvió y el faraón decidió ir a castigar a los libios que invadían desde hacía unos meses las zonas fronterizas del oeste del país.

Una bella mañana embarcó con los oficiales de su cuartel general para tomar el mando de las tropas del norte. Como su hijo había llegado a su doceavo año, decidió que le acompañara, dejando a Amenset sola en la capital pudiendo fomentar mejor una rebelión contra el que, al rechazar dejar ir a los hebreos, atraía las desgracias que Amón no quería controlar mientras que Tutmosis siguiera siendo faraón. La gran esposa real

---

[103] Este microbio es muy conocido por los especialistas en temas tropicales, es el *Bacillus Anthracis* que prolifera en algunas estaciones en espera de un momento propicio para su fulgurante desarrollo.

razonaba con sencillez: "Yo soy la que tengo la parcela de sangre divina que permite transmitir la realeza. ¿Por qué debería transmitirla en lugar de usarla yo misma con mayor fuerza y capacidad?". Sus hábiles consejeros apoyaban esta irrefutable lógica.

En la tierra de Gosén, mucho más al norte, las conspiraciones estaban lejos de ser la mayor preocupación de los trabajadores hartos y descarnados. Pero en su desgracia, tenían el beneficio de la protección, el hecho era, que el agua que regaba sus tierras pertenecía a una rama secundaria del río que no había sido contaminada. Los hebreos se hacían a la idea de que Moshé era el promotor de ello, y que sería el que los salvaría de la servidumbre, habían cambiado de actitud hacía él y escuchaban con atención todas sus recomendaciones para la futura partida, las intenciones de Dios hacia ellos. Si algunos ya vieron en ello otra forma de alienación de su libertad, no demostraron nada ya que la mayoría estaba hecha para obedecer completamente a Moshé.

En este ambiente, el rey desembarcó en el An del norte y un hormiguero de soldados se repartió por todo el delta, tanto para reclutar nuevos soldados como para buscar jóvenes porteadores o sirvientes para el ejército. Los hombres más válidos fueron enrolados por dos años. Poco antes del regreso de Libia de los vencedores, en las casas cercanas al gran río, murieron las gallinas, las ocas, los gatos y perros. Moshé que había tenido dos años para prepararse, reapareció en el palacio real del norte con el fin de volverlo a intentar de nuevo. Tutmosis no pudo hacer más que recibirlo acompañado de Aarón y de sus dos hijos. El rey estaba distraído por la borrachera de la victoria contra los libios, había hecho prisioneros a los jefes que pensaba hacer ejecutar cuando la corte se reuniera a su vuelta a Ouaset con su hijo que ahora tenía quince años.

Moshé se apoyó sobre su bastón augural con mano firme, aunque los años empezaban a pesar sobre sus hombros. Tenía prisa por acabar con la tarea de sus responsabilidades, y cuando estuvo frente al rey y a Nefrura, el heredero del cetro, aseguró su voz después de haberse inclinado:

-Eres vencedor por doquier, oh gran rey, esplendor del sol, has vencido a los nubios en el sur, a los libios en el oeste. Todos tus enemigos te temen, pero Yahvé, que es el Creador de todas las cosas y de todas las criaturas humanas, te transmite este mensaje: "Deja ir en paz a los hebreos al desierto, o diezmaré a tus rebaños antes de tomar la última decisión, la única que te alcanzará mortalmente".

Por primera vez Tutmosis mantuvo silencio un momento, como su hijo lo observaba, con voz contenida dijo:

-Es la última vez que te recibo y vuelvo a decirte: No. Si vuelves a aparecer frente a mí, te detendré y condenaré a morir. He hablado y que los escribas lo reflejen en los anales.

Moshé se inclinó y se giró hacia los que estaban inclinados sobre sus rollos de papiros diciéndoles:

-Podéis añadir que Yahvé, el dios de los hebreos, golpeará también a los borregos, luego los asnos, los caballos y los camellos... antes de emprenderla con los primogénitos de los que sigan cegados.

Los escribas apretaron sus plumas con nerviosismo. Tutmosis se contuvo abrazar a su primogénito repitiéndose que todo lo que había ocurrido hasta ahora no era más que producto de la naturaleza que, repentinamente, se había vuelto hostil a Amón, aunque se preguntaba si no haría bien en reconciliarse con los sacerdotes de Ptah.

¡OS EXPULSO DE EGIPTO!

> "*Yahvé respondió a Moisés: Ahora verás lo que yo haré al Faraón; porque con mano fuerte los ha de dejar ir; y con mano fuerte los ha de echar de su tierra*". (ÉXODO VI, 1).

Fue una tarea realmente sobrehumana la que Moshé desarrolló en los meses siguientes. Tuvo que convencer a los diez jefes de las tribus, a los setenta ancianos del consejo que los tiempos prescritos en servidumbre llegaban a su fecha límite. Consiguió conmoverlos y persuadirlos en preparar al pueblo para su próxima y cercana partida. Si la vida en las ramas secundarias del delta del gran Río se mantenía fiel a lo que siempre había sido, no ocurría igual en las tierras vecinas a las dos orillas principales. El tipo de peste transmitida por los animales de cacería y las aves de corral, era llevada por una mosca[104] tropical muy peligrosa que picaba no sólo a los animales, sino también a los seres humanos y especialmente en los terrenos situados en las orillas del gran río. Cuanto más aumentaba el calor, más se extendía el mal hacia el sur que alcanzó casi al mismo tiempo que volvía el faraón a la capital.

En pocos meses, incluso los animales más robustos, como los caballos y los asnos se vieron alcanzados, y en el sur murieron rebaños enteros. Tutmosis se arrepintió de no haberse quedado en el norte, donde la hierba de los prados parecía inmunizar al ganado de todo ataque. Cuando los humanos empezaron a sufrir fiebres dolorosas y morían, el rey no preguntó y embarcó a toda su familia a su residencia en la ciudad del Sol que tenía un aire más sano. Ello trocó los planes de su esposa Amenset que, por supuesto, deseaba permanecer para poner a punto su toma del poder.

Aarón, al conocer la partida del faraón se fue hacia la capital del sur preguntándose cómo conseguiría Moshé su objetivo al estar el rey tan lejos. Pero se quedó aliviado cuando un mensajero recién llegado le informó que el príncipe heredero padecía una fuerte fiebre. Su duda ya no subsistió, agradeció a Yahvé que permitiera de esta forma al Salvador poder llevar a cabo su tarea. Ahora todos los peones estaban situados para la última jugada.

---

[104] Se trata de la mosca *Stomaxys Calcitrans* que ataca a todo lo que vive.

Moshé volvía de una discusión muy desagradable sobre las obligaciones de los creyentes en el desierto, donde se dio cuenta de la dificultad de implantar en los espíritus un dios como Yahvé, sin imagen receptora, cuando cada hebreo tenía un tipo de pequeño dios personalizado en el fondo de su corazón. Con más motivo se alegró de ver a su primogénito con el que aún podía dialogar como en tiempos pasados:

-Los jefes de las tribus no se ponen de acuerdo sobre la representación divina que será la de Yahvé. Desean conservar una u otra figura de sus ídolos, incluso varias, ¿qué debo hacer?

-Déjalos que pisoteen aún unos cuantos miles de ladrillos más, igual después comprenderán.

- ¿No han hecho suficientes?

-Tú que fuiste señor de la guerra y de los ejércitos, en otro tiempo, deberías recordar las cosas importantes. ¿Qué hizo el gran general Met en su campaña en el país de Saba para reducir la capital de la reina? Rodeó la ciudadela con un cinturón de soldados, luego cortó el suministro de agua. Si las tropas hubiesen penetrado en la ciudad, todo hubiera sido perfecto y hubieras entrado triunfante. Pero Ptah, que era el nombre bajo el que tu servías a Dios, deseó probar la fe de unos y otros, y la puerta permanecía cerrada obstinadamente. Entonces hiciste adelantar a tus arqueros e infantería para que hicieran mucho ruido, demostrar la fuerza de tu ejército y asustar a los sabeos resguardados detrás de sus murallas. Pero la puerta permaneció cerrada. Únicamente una ventana se abrió un instante para dejar entrever el rostro de una joven, que el general ni vio. Pero Yahvé velaba bajo el nombre de Ptah, para que el aceite hirviente no cayera desde la muralla y que los soldados obedecieran las órdenes sin pasar al asalto. De este modo Ptah hizo la paz, evitando el desastre para el joven general, ya que, de hecho, a los sabeos no les faltaba nada y hubieran podido soportar un asedio interminable. En lugar de ello, se fue con numerosas ofrendas y una mujer que adoró.

Conforme iba recordando los hechos que habían marcado una parte de su vida, Moshé sintió los ojos humedecerse de lágrimas. ¡Qué lejos quedaba todo aquello! Parecía una vida paralela y, cuando su primogénito acabó de hablar, consiguió decir:

-Tienes toda la razón, es cuando creemos conocer las intenciones divinas que aparecen diferentemente en la realidad, maléficas o benéficas.

-Parece que hoy ocurre lo mismo con la obra de Yahvé hacia el Faraón. Primero se vio privado de agua, tornada en sangre, aunque ello no le hizo cambiar de parecer.

-Sabes que no es así.

Aarón lo interrumpió:

-Es lo que los escribas han escrito en sus rollos para la posteridad y así ocurrió. ¿Quién eres tú para interpretar los hechos deseados por Yahvé?

Moshé no contestó, y Aarón siguió implacablemente con su lógica:

-Entonces Yahvé envió ranas a las casas egipcias, llevando la peste, pero el gran rey siguió negándose a dejar partir a los hebreos. Luego llegaron los parásitos que contaminaron a las bestias, pero el faraón, el esplendor del Sol, siguió rehusando. Y hoy ese ser poderoso de la tierra llega aquí con un hijo moribundo, se arrodillará frente a ti para que lo salves. ¿Crees que lo hará?

Moshé sacudió la cabeza negativamente y dijo:

-La situación es más complicada de lo que dices, oh mi sabio hermano, por una parte, el corazón de Tutmosis está tan endurecido que no estoy seguro que me haga llamar, por otra parte, si lo hace, ¿qué puedo hacer para salvar a su hijo? Además, su situación es muy precaria si creo lo que dicen los ancianos que han oído decir a los guardias egipcios que los sacerdotes de Amón se erigen en contra del faraón, y que vuelve a abrir los templos de Ptah, tal como ya sabes.

-Efectivamente, ya lo sé, aunque mis dos hijos y yo preferimos ir al desierto contigo y enseñar los nuevos mandamientos de Yahvé. Los sacerdotes de Amón, siguiendo la orden del pontífice, hacen correr la voz que, efectivamente, son los hebreos los responsables de todas las desgracias, y que el dios Carnero se ha desentendido por culpa del cambio repentino de la fe del rey.

Moshé contestó con indiferencia:

-Tú y yo sabemos que este cambio de actitud es únicamente para llevar la contraria a Amenset, que tanto desea ser reina y rey usando cualquier astucia. Por ello, dudo que con las preocupaciones que tiene el rey, y a pesar del sufrimiento de ver a su hijo moribundo, acepte la partida de los hebreos. Así, si me hace llamar, no responderé a su llamada. Podría detenernos con sus soldados.

- ¿Cómo puedes decir eso?

-Tú mismo, al recordarme el pasado en Saba, me has sugerido la idea, además, los hebreos no están preparados para irse y empezar un nuevo orden formal.

Aarón suspiró y dijo:

- ¿Lo estarán algún día?

-Sí, seguro que sí, pero puede que aún nos lleve un tiempo. Dejemos este tema, ya que tenemos cosas más importantes que elucubrar sobre el futuro de una humanidad egoísta.

-Por tus palabras, nuestras propias desgracias aún no van a terminar. Mi vida, muy larga ya, no podrá soportarlo mucho más de forma tan pasiva.

-Acaso olvidas, tú que serás mi portavoz en el desierto, que una cosa ocurre irremediablemente después de otra, como el día sucede a la noche, la luz a la sombra. No es monopolio de la ciudad del Sol que el astro nos ilumine también a nosotros. Yahvé así lo ha deseado y no serán los sacerdotes de Amón los que cambiarán las cosas a pesar de sus bellas palabras.

-Sin embargo, son los que Tutmosis ha convocado a la cabecera de su hijo, y no a los de Ptah.

-Por ello, debemos dejar que Yahvé dirija los acontecimientos a su modo. Ahora debemos ir a la reunión prevista en casa del jefe de la tribu de los descendientes de Asser.

Mientras que los patriarcas se preparaban a la idea de salir con sus pertenencias hacia una tierra de libertad, la situación empeoraba en todas las familias egipcias. Por doquier y, sobre todo, en las grandes ciudades sólo se oían gritos de lamentación y de dolor. Un inmenso canto fúnebre resonaba de forma lúgubre en todos los muros, llevando el eco hasta la morada real donde Tutmosis velaba junto a la cabecera de su hijo agonizante. Las plañideras profesionales gritaban tanto como podían en el jardín que daba a la orilla del gran río.

Aunque a sabiendas de que ese hechicero no podía intervenir en esta situación, el rey solicitó requerir a ese maldito Moshé, pero nadie lo encontraba y su hijo se moría. Había hecho masacrar a demasiada gente a lo largo de su reinado. Miles de prisioneros murieron frente a él, decapitados, castrados, degollados, algunos incluso estrangulados con sus propias manos. Ordenó doblar la fabricación de ladrillos, luego quitó la paja para su aglomeración. Había hecho morir a miles y miles más, esta vez hebreos. Sin contar el gran número de novicios de los templos de Ptah que había hecho desaparecer haciéndolos tirar a los cocodrilos. Los sonidos de queja reclamaban venganza por la vida de Nefrura en la balanza celeste.

De repente, con gesto de rabia, Tutmosis ordenó salir a todos los que estaban en la habitación: sacerdotes, médicos, consejeros, cortesanos. Amenset se quedó sola con el rostro apoyado en una mano de su hijo, ya helada. Poco antes de salir de Ouaset había acusado formalmente a su esposo de ser incapaz y responsable del mal de ese hijo en el que durante tantos años había depositado sus ansias de poder. Tutmosis sabía que su esposa deseaba el poder para ella sola, pero, pensaba que no se atrevería a suprimirle ya que sabía que tomaba una poción que los sacerdotes le entregaron para ser insensible a todos los venenos que podían mezclarse en las comidas. Por esto, ella había abandonado esa idea para poner a punto otras. Los hebreos podían ser de ayuda en su fin, aunque aún no sabía cómo y, en su orgullosa alma ávida de venganza, las cosas también se iban ordenando en una secuencia lógica que sería implacable llegado el momento.

De repente sus pensamientos de futuro se detuvieron cuando dejó de oír el silbido de la respiración de Nefrura: El príncipe heredero acababa de dar su último aliento. Sólo quedaba embalsamarlo siguiendo la tradición para que su alma fuera juzgada según sus méritos y fuese a los Campos de Iaru, ahí donde residen los Bienaventurados.

La reina se reincorporó en el momento en el que Tutmosis se hundía en el dolor llorando sobre el cuerpo aún tibio. Lo miró socarrona y con evidente desprecio, se dirigió hacia la puerta, abrió el batiente e indicó al médico sacerdote real entrar para autentificar la defunción y dirigir un proceso verbal por el escriba llamado para este propósito. El duelo nacional de setenta y dos días de momificación se realizó en la ciudad del Sol, contrariamente al protocolo real que establecía que la sepultura de los miembros de la familia reinante fuese en el gran valle, situado en la orilla occidental.

Se inició en Egipto un período muy perturbado, difícil de desenredar incluso en ese tiempo en el que se produjeron los acontecimientos. Los instintos más bárbaros surgieron en los protagonistas de la familia real, se oponían con ferocidad en sus diversificados intereses. Los sacerdotes de Ptah y de Amón formaron dos clanes que ya no retrocedían ante ningún artificio para asegurar su dominio sobre el rey y también sobre la reina. Los partisanos y cortesanos de uno y otro tramaban y organizaban rumores, lo que provocó que muchos notables y nobles desapareciesen acusados sin juicios para mayor rapidez y eficacia.

Para todos, curiosamente, los hebreos seguían siendo el tema de discusión de los dos bandos. Unos pretendían que todas las desgracias padecidas eran por culpa de la obstinación del faraón, y que sólo eran el preludio de catástrofes más espantosas para Egipto si no se levantaba el veto contra la salida del pueblo al desierto. Otros aseguraban que era la impiedad y la hipocresía de los que lloraban y rasgaban sus vestimentas solicitando piedad a un pequeño dios del desierto portador de las desgracias. A ello contestaban los primeros, con apariencia de verdad: "Si desde el inicio de la intervención de Moshé, el rey hubiera autorizado la salida de los hebreos, nada hubiera ocurrido y el príncipe aún viviría, al igual que los miles de egipcios muertos por error."

Unos querían echar al maldito pueblo y los otros deseaban conservar como esclavos a esos indignos, sólo válidos para fabricar ladrillos.

El eco de esta batalla de gigantescas palabras llegó a oídos de los pobres trabajadores que al fin tomaban conciencia plena de su identidad étnica y de su importancia en este mundo donde la debilidad no se admitía. Estos hijos de Jacob y de José vieron que eran seres humanos a imagen no sólo de Yahvé, su Creador, sino a la de cualquier egipcio, incluyendo al faraón mismo. Incluso los guardias de los campos de trabajo observaron un sutil cambio que leían en los ojos de la mayoría de los trabajadores. Dejaban de ser cerdos para convertirse en hombres. Se les devolvió la paja para realizar su trabajo, después desaparecieron los látigos y, como el curso de la producción se mantenía, los vigilantes no sabían exactamente quién dirigía el reino. Tanto los partisanos de los hebreos como los que se manifestaban en contra, mantenían una neutralidad pasiva y benefactora.

Recuperaron tiempo por no tener que buscar la paja, y lo utilizaron para prepararse a la partida, porque la libertad permite concretar con audacia proyectos de utilidad. Cada familia preparó su tienda con los medios que disponía, los borregos fueron esquilados y la lana hilada, luego tejida en largas bandas. Todas las viejas pieles de las cabras fueron utilizadas para hacer odres para contener agua potable. Abrigos cálidos y espesas mantas fueron tejidos a lo largo de las noches que pasaban de forma grata esperando el momento preciso que sería fijado por Moshé, cuyo nombre se había convertido en su significado de Salvador.

Desde ahora y para siempre, el que fue una vez príncipe de Egipto fue elegido como jefe incontestado de los hebreos para conducirlos a la tierra prometida. Recibía a todos los patriarcas y a los ancianos de las tribus, detentaba el mando supremo y la autoridad que le otorgaba esa nominación. Su mérito y valor moral fueron reconocidos formalmente por todo el pueblo que deseaba irse, muchos egipcios se habían unido a esta tropa que pronto estaría bajo el mando de Yahvé.

Los días pasaban lentamente y el Eterno no daba señal de que favorecería la salida en las mejores condiciones. Moshé tuvo un sueño que probablemente fue inspirado por Yitro. Se volvió a ver en la primera fiesta del Carnero, en el campamento del sheik de los kenitas. Ello provocó un tipo de visión que le enseñó lo que faltaba: Una fiesta en la que cada familia sacrificaría a Yahvé para testimoniarle su inquebrantable compromiso. Concibió la Pascua, esa fiesta del *Pekah*, nombre del cordero en la lengua sagrada de Egipto. Enseguida se lo comunicó a Aarón:

-Te quejabas de que la espera era larga, oh hermano. He comprendido por qué el Eterno se mantenía sordo a nuestras quejas, y es porque nunca ha recibido un sacrificio para Yahvé desde que estamos aquí.

-Nunca hemos hablado de eso.

-Exactamente, pero quizá porque ello era tan natural que se nos ha olvidado. Cuando estuve con Yitro, ese sacrificio se realizaba durante la fiesta del *Pekah*, en agradecimiento por los beneficios que concede.[105]

Aarón reflexionó un instante antes de aprobar:

-Está bien, pero a condición de rezar sólo para el futuro, porque los hebreos no tienen noción alguna del verdadero sacrificio, exceptuando la imagen muy antigua de los sucesos antiguos referidos a Abraham con su hijo.

-No se cambiará nada respecto al santuario, celebraremos esta Pascua al exterior, a la vista de todos como signo de agradecimiento a Yahvé, sin sacerdote ni altar, esperando tener como resultado una señal de Dios.

-Ahora estableceremos un sacrificio por clan o por grupo, pero más adelante se hará uno por familia, se cocinará en el exterior sobre grandes hogueras de madera y se comerá con una torta de pan sin levadura, como el que actualmente tenemos, para que eternamente sean conmemorados la víspera de la partida y la indigencia en la que estaba el pueblo hebreo antes de ser unificado.

-Eso es bueno, hermano. ¿No temes que las hogueras sean interpretadas como una despedida por nuestros carceleros?

-No nos esconderemos, les diremos que festejamos la próxima salida al desierto para honrar a Yahvé.

-Puede que les parezca una bravuconada.

-No lo creo, comprenden cada vez más que los hebreos son tan humanos como ellos, o superiores. Es un gran paso, además se sienten muy oprimidos por la catastrófica situación actual y por el desentendimiento real, pronto nos pedirán que nos vayamos. Nuestros hermanos orfebres de la ciudad portuaria ya nos han traído joyas y oro para que los más necesitados no se vayan en la miseria. Todo está listo.

-Tienes razón, voy a hablar con cada uno de los jefes de las tribus para solicitar ese sacrificio de Pascua, ¿Qué día lo haremos?

---

[105] Véase la nota a final del capítulo.

—En unas semanas empieza el nuevo año, la fiesta del Carnero[106] no puede ser en mejor momento. Como necesitamos una luna clara para que cada uno pueda ver y participar, se hará en la luna llena que sigue a la llegada del Sol en el año nuevo.

—Así pues, será el día de luna llena del mes de Nisan.

Una frenética excitación animó al pueblo hebreo, hasta en el trabajo, ya que entregó un excedente de un día en ladrillos. La alegría aumenta de día en día. Aarón había asegurado que la partida sería el día después del sacrificio de los corderos, ya que Moshé lo había visto en una visión reveladora, y todo el pueblo creyó esta afirmación porque todos creían ya que la inspiración divina habitaba el que sería su salvador.

La noche tan esperada llegó por fin y Moshé se dispuso como muchos otros padres de familia a degollar un cordero. Cuando se oyó el tono de la trompeta, con golpe rápido abrió la garganta del animal. ¡Hurras! fueron exclamados por las mujeres que deseaban ver al animal asado y disfrutarlo con la familia reunida.

Los guardias no pudieron negarles que se fueran del campo de trabajo antes de finalizar su jornada, primero porque su tarea estaba sobradamente superada y también porque sintieron que a la menor oposición se verían irremediablemente barridos. Ya no trabajaban como bestias, sino como gente civilizada tal como lo harían los propios egipcios. ¿Pero no había entre ellos también egipcios, sin fe y sin ley que igualmente deseaban adorar un dios diferente a Amón? Sin olvidar a los nubios, los libios y a todos los oprimidos del país donde viven. Los hebreos, en verdad, formaban un pueblo diferente, era seguro.

Algo al oeste de la tierra de Gosén a unas horas de marcha, los fuegos de la alegría y de la esperanza se veían perfectamente desde las moradas más altas de la ciudad del Sol. Los sacerdotes desde las terrazas superiores observaban con ojos temerosos y preocupados. Los notables temblaban y se habían ido con prisas hacia la residencia real para saber cómo se tomaba el faraón este asunto.

Tutmosis tenía una tormentosa discusión con su esposa, lo que no era nuevo, pero esos momentos, no sólo se veían los fuegos en la noche clara, sino que el olor del festín llegaba hasta sus narices. Fue el colmo para el rey, pero no suficiente para el proyecto que la reina meditaba, y para el que necesitaba que el rey entrase en tal estado de furia que perdiese los nervios, y ella participaría para que ello ocurriese. Las voces se oían más allá de las tres puertas que cerraban los apartamentos de la pareja, espacio en el que nadie podía penetrar. Los consejeros y cortesanos esperaban pues con paciencia en el pasillo de la primera planta, desde donde se dominaba el desierto permitiéndoles asistir a la evolución de las llamas de los fuegos de los hebreos. A la vez que observaban, escuchaban a la gran esposa real que hablaba con rabia:

—Eres el único responsable de lo ocurrido a tu hijo, es como si lo hubieras matado con tus propias manos.

—Cállate, te lo ruego, ¿no ves cómo sufro?

---

[106] El 20 de marzo, con la llegada de la primavera, que correspondía al primer día del mes de Nisan.

Amenset se rio y con tono lúgubre contestó:

-Sabes que me convertiré en Faraón en lugar de Nefrura, eso es lo que te duele. Si hubieras dejado ir a esos miserables esclavos, nada hubiera ocurrido.

-Sabes muy bien que todo lo ocurrido es natural, víbora.

-Si es natural, ¿por qué lloras la muerte de tu hijo, sin hacer nada en contra de los que te desafían? Mira esos fuegos que demuestran su alegría. Se están mofando de ti.

-No se reirán mucho más, mañana mismo daré orden al ejército de exterminarlos a todos.

Amenset volvió a reírse:

- ¿Y crees que tus generales estarán bastante locos para ejecutar la orden?

- ¡No me sugerirás liberarlos!

- ¡Y por qué no! Pobre ciego hijo del Sol. Tienes suficientes prisioneros para la construcción de los ladrillos, y para torturarlos a tu antojo. Basta ya de desafiar a ese pequeño dios del desierto y concede ese favor insignificante a los que te lo han solicitado de forma tan convincente.

-Ese dios, no lo es.

-Tú tampoco, a pesar de que te hagas llamar Per-Aha, no eres descendiente de nadie, y aún menos del hijo del Sol.

-Los sacerdotes me entronizaron otorgándome ese derecho.

La reina aprovechó para reír aún con más fuerza, de forma estridente haciendo vibrar los oídos de los que no perdían palabra:

-Ah, ah. Escuchad a ese pobre desgraciado que pretende ser un doble dios y que no ha sido capaz de salvar a su hijo. Incluso tus famosos sacerdotes advirtieron el peligro que representaba ese nómada convertido en príncipe antes de representar de nuevo a hombres inferiores a tu semejanza. Eres un falso dios que dio vida a su heredero para disfrutar del encarcelamiento de unos cuantos miles de esclavos. ¡Bella divinidad!

Todos los que estaban en el pasillo podían imaginar la reina gesticulando y andando en la estancia con pasos acelerados frente a su esposo inmóvil y derrumbado por el dolor. Deseaban que llegasen a algún tipo de conclusión mientras que oyeron al rey decir con voz fuerte:

- ¡Cállate, cállate, te lo ruego!, o dame una solución que pueda restablecer la vida normal en este país como en mi corazón.

-Libera a los hebreos, permíteles dejar definitivamente este país, y todo irá mejor.

-Eso no me devolverá a mi hijo.

-Aún somos jóvenes y puedo tener un segundo hijo.

Nadie esperaba tal proposición por parte de la reina, y todos se quedaron estupefactos aguantando la respiración durante el silencio que reinó a continuación. Al fin, Tutmosis dijo:

—Pero ¡cómo te atreves a reírte de mí! Después de todo lo que acabas de decir.

—Sólo he hablado con la voz del sentido común. Echa a los hebreos, expúlsalos definitivamente de Egipto e intentaremos forjar una continuidad dinástica. He hablado y así será si tal es tu voluntad.

Los auditores de forma involuntaria retrocedieron, liberando espacio detrás de la puerta, ya que pensaban que el altercado inesperadamente zanjado tendría rápidas consecuencias. Efectivamente, el rey salió y reclamó un chambelán para enviar a la tierra de Gosén un emisario en carro, y rápidamente requerir a Moshé su presencia en la corte.

Al quedarse la reina sola, suspiro de alivio. Todo se había desarrollado según lo previsto, aunque lo más difícil quedaba por hacer. Visitó de inmediato al general en jefe de los ejércitos del norte y le ordenó ejecutar con precisión el plan previsto. El momento había llegado. Se puso un abrigo y se dirigió precipitadamente hacia la escalera. Ya no se amedrentaría frente al débil reinado del rey y tomaría el poder. Su decisión estaba tomada: Tutmosis, segundo de nombre, debía perecer y la salida de los hebreos le daría la posibilidad, aún más satisfactoria, porque la muerte pasaría por un accidente, o probablemente como la venganza de ese pequeño dios del desierto.

Moshé comía tranquilamente en el exterior su tajada de cordero, pensando en todas las que había degustado junto a Yitro al que no tardaría en volver a ver, cuando un carro que venía a gran velocidad se detuvo en seco provocando una nube de polvo. La claridad lunar permitía reconocer, sin duda alguna, al enviado especial de la corte real que dijo a Moshé:

—Su majestad te reclama inmediatamente frente a él. Es una orden que debo cumplir usando la fuerza si es necesario.

Un silencio rodeó la planicie, luego se dejaron oír murmullos, y cada uno se preguntaba lo que iba a ocurrir. Moshé dejó la loncha de carne que tenía, se limpió las manos y dijo con tranquilidad al mensajero:

— ¿Puedo subir contigo?

—Su majestad ordenó que estuvieses junto a mí.

Una sonrisa brotó de los labios de Moshé y dijo a sus hermanos:

—No os preocupéis, hermanos, a mi vuelta tendré la orden de partida para todos.

La residencia apareció mucho antes que el alba dibujara las primeras sombras. Moshé fue directamente llevado frente al rey que estaba solo en el apartamento real. Al verlo, el rey, sin preámbulos, señaló a los dos escribas sentados tablilla en mano y rollo de papiro abierto entre sus dos piernas separadas, con sequedad dijo:

—Este es Moshé ben Yitro. Escribid la orden siguiente y que esté expuesta en todos los lugares públicos del reinado, así como en todos los templos. He aquí lo que ha decidido el rey de los Dos Países referente a la tribu llamada comúnmente los hebreos.

Yo la expulso enteramente del país, y todos los que intenten volver a cruzar los límites fronterizos serán inmediatamente ejecutados. He hablado. Cuando este texto esté listo, pondré mi sello personal.

Con alivio y satisfacción, al fin miró a Moshé que estoicamente se había mantenido de pie, impasible, a la espera. El rey tenía una expresión glacial, sin rasgo humano y con voz dura añadió:

-Lo has comprendido bien, te expulso. Os expulso a todos de Egipto. Ahora desaparece, no deseo volver a verte jamás, o serás hombre muerto.

Con estas últimas palabras, el rey salió sin esperar saludo alguno ni agradecimiento por parte del que había sido la causa de todos sus males. Moshé tampoco esperó y salió rápidamente, no podía perder un minuto, además, deseaba que algunos salieran esa misma noche.

Una actividad febril reinó durante todo el día en la tierra de Gosén, cada uno empaquetaba sus bienes de valor. Los rebaños estaban listos desde hacía meses para el acontecimiento y también todos los materiales, los más diversos, necesarios para la construcción de un tabernáculo en la montaña sagrada. Sería un tabernáculo portátil con instrumentos de culto. Además de la gran masa de hebreos, deseaban tomar el culto monoteísta libios, nubios y egipcios. Aarón ya había nombrado las diferentes familias de obreros de los metales y orfebres que se unirían a ellos aportando sus materiales, herramientas y conocimientos. Así a lo largo de este día, que siguió a la primera luna, que era la sexta del mes de Nisan, el pueblo elegido por Dios dio un nuevo giro. Ese mismo día, el soplo de las Doce designó un enorme cambio en la vida egipcia. Después de una noche atormentada, Amenset había decidido que el general Senbek preparara la muerte del faraón con un plan demoníaco que se inició al alba del día. Debía dirigirse al faraón con aspecto furioso y estar acompañado por cuatro oficiales para que sus palabras tuviesen más peso y influyeran en la decisión. Y Sembek, general en jefe en la entrevista urgente solicitada al rey dijo:

-Oh tú, esplendor del Sol en la tierra, dinos que no has dado la orden a los hebreos de dejar el país.

Tutmosis asombrado por la actitud contesto:

-Pero no lo entiendo, todo el mundo desea que se vayan...

-Ningún soldado de tu ejército lo comprendería. Sería una gran debilidad, oh rey todopoderoso. Los hebreos se llevan con ellos un importante tesoro de guerra que es el fruto de sus rapiñas. No lo puedes consentir.

-Son sus ahorros de varios siglos, lo que se llevan según lo que mis espías me informan, no se trata de ningún robo.

-Sin embargo, ese fabuloso tesoro te pertenece, y a tus soldados que siempre han asegurado tus victorias.

-He dado esta orden con todo el conocimiento de la causa y en acuerdo con la reina Amenset.

El momento crucial había llegado y el general tomó el aire serio requerido para insinuar:

- ¿La gran esposa real está de acuerdo? Me sorprende, oh esplendor de Ra: Amenset está maquinando con el que se hace llamar Moshé, gracias a él debe tener un gran botín que algún día le permitirá derrocarte si no se tiene cuidado.

Tutmosis apretó los puños, lo que su general le anunciaba sólo lo sorprendía a medias. La duplicidad de su esposa no debía demostrarse, por ello no elevó protesta contra la acusación y se limitó a preguntar:

-Y ahora que ya he dado la orden, ¿cómo podría retractarme sin perder la cara, mi general?

-Los hebreos deben cruzar el mar Estrecho para dirigirse al desierto de Oriente. Tengo tiempo para preparar mis tropas e intervenir en el momento justo. Dos días sobran.

La duda del rey no tardó ni un minuto:

-Sí, perfecto, si es patente que los hebreos han robado una gran parte del tesoro real para asegurar su vida en el desierto, serán tratados como cerdos que perseguiremos y castigaremos como se debe.

-Por eso, gran rey, y por muchas otras cosas más deben expiar.

- ¿Qué más por ejemplo?

-Centenares de egipcios enviados a los campos de trabajo por su locura religiosa, se unen a esos perros. En otras ciudades muchos también se unen, sin hablar de todos los prisioneros nubios, libios que vuelven a recuperar su libertad. Si se van todos, no sólo se llevan una parte de tu tesoro de guerra, sino también miles de brazos válidos que hubieran servido en tu próxima guerra como porteadores.

-Tienen cien veces razón, general Senbek. Esto es inadmisible, es un crimen de lesa majestad. Toma de inmediato la dirección de la tropa y redúcelos todos a la muerte, ya sean hombres, mujeres o niños.

El general aguantó su respiración y su sonrisa de victoria ya que aún no había llegado a la meta propuesta por Amenset, que era su amante. Ambos esperaban convertirse en algo más si el rey llegara a aceptar el segundo punto de su objetivo, e inclinando la cabeza dijo:

-Oh, rey todopoderoso, obedeceré tus órdenes, pero no será igual para tus soldados si no eres tú el que vaya en cabeza, con tu carro invencible.

- ¿Y eso?

-Porque ha habido tantas calamidades en Egipto desde que esos inmundos cerdos han solicitado su partida, y ese jefe hebreo les parece iluminado por la chispa de la divinidad que yo no poseo para asegurar una lucha eficaz. Sólo conseguiremos una victoria segura si el propio hijo del Sol, en persona, que es el Aha descendiente del Toro Celeste, está en cabeza, ya que ningún hechizo puede alcanzar su augusta y santa persona. Sin ti, oh grande y divino rey, nadie se atrevería a dar el golpe mortal al que fue una vez príncipe de Egipto.

Tutmosis se puso a caminar por la sala, viéndolo y para evitar una reflexión demasiado larga, el general añadió:

-Por supuesto, si lo deseas estaré junto a ti y le daré con mi propia espada el golpe mortal pero únicamente tu presencia me permitirá realizar el acto.

El rey no se lo pensó más, deseaba ser el héroe de esta aventura militar sin riesgo:

-Bien, estaré en la cabeza del ejército e impediré a los hebreos y a los egipcios desertores llevarse el tesoro real.

- ¡Por la victoria! Poderoso guerrero, esos perros no pasarán el mar Estrecho, incluso estando seco.

-Prepara el ejército. He hablado.

Se saludaron respetuosamente antes de girar sus talones. El general mantuvo el rostro bajo para que nadie pudiese leer en sus ojos el brillo de alegría por haber llevado a cabo el elaborado plan. No sólo mataría a Moshé con su espada, sino que además clavaría su puñal en el corazón del rey para que Amenset pudiera al fin convertirse en el verdadero faraón de los dos países.

NOTA
Acerca de la Pascua convertida en judía.

Una vez más la etimología de esta palabra lleva a confusión desde el inicio, ya que los rabinos compiladores de los primeros textos no están de acuerdo entre ellos acerca de la supremacía de su significado. El texto griego de *La Vulgata* retoma la forma judía siguiente: "*pesah hu la Yehovah*", lo que significa literalmente: Porque es el pasaje de Yahvé. Exodo XII, 11. y la palabra "pasaje" ha tomado el significado de Pascua en los textos a partir de la cristiandad. No hay duda alguna sobre ello, la pasabra *pesah*, pasaje, viene de la raíz hebraíca: *pasah*, que siempre ha significado: pasar.

Los exégetas antiguos decretaron, pues, para justificar una décima plaga alcanzando a los recién nacidos egipcios y sólo a ellos, que Yahvé había pasado por encima de las casas de los hebreos para evitar la muerte de los que dejarían Egipto. Esta décima plaga no sólo es un añadido de los sacerdotes levitas, que aquí también deformaron la verdad, sino que es aberrante cuando sabemos que los Diez Mandamientos prescriben, entre otros, no matar al prójimo (se sobreentiende aun siendo enemigo), y *amarás a tu prójimo como a ti mismo*.

Los hechos históricos demuestran suficientemente las calamidades que se abatieron sobre los egipcios en el momento que los hebreos pensaban partir hacia una Tierra prometida, de forma que no se puede negar una intervención divina en los momentos más propicios de esta realización de los hechos. Nada fue una coincidencia en este éxodo. Entonces, para qué crear una imaginería que ni siquiera es arquetípica, y que actualmente un niño de seis años vería ridícula por el buen motivo de que es aberrante.

La circuncisión, al igual que la aspersión de la sangre de las víctimas expiatorias, sólo han sido acreditadas únicamente por los sacerdotes levitas, que eran los únicos en ser circuncidados y querían imponer esta costumbre a los de las otras tribus. Para conseguirlo, crearon el añadido de la aspersión de la sangre animal, refiriéndose al hecho de que estas dos órdenes fueron trasmitidas por el mismo Moisés, con el fin de impedir la exterminación de los recién nacidos el día del paso de Yahvé.

La *Pekah*, o fiesta del Carnero, destinada a honrar a Dios, para que deje en perfecta armonía al cielo con la vida terrestre en esta época, se transformó con la transcripción hebraica en *Pesah*, después, la segunda transcripción bajo Esdras: *Phase*, que se transformó en el Nuevo Testamento en *Pascha*, que se fonetizó *Pasca*, y de ahí *Pascua*.

En realidad, tal como hemos visto en este capítulo, se trata de la preparación de la partida hacia el Éxodo, con su primera dificultad, el paso del mar Rojo, que generó el sueño de Moisés y determinó esta fiesta de Pascua para atraer la benevolencia de Yahvé y agradecerla de antemano. No es mi intención plantear una polémica más, así que sólo me ceñiré a este enunciado.

EL PASO DEL MAR ROJO

> "*Como las diez plagas de Egipto, el paso del Mar Rojo es un milagro de Dios donde, por una parte, intervienen las causas naturales. Se ha constatado la existencia de un vado en el lugar donde cruzaron los hebreos. Por supuesto, Bonaparte franqueó el golfo a caballo. Pero desde que admitimos la verdad histórica del relato nos es imposible explicar el acontecimiento con la simple ayuda de fenómenos extraordinarios*".
> (S.E. EL CARDENAL MEIGNAN. Del Edén a Moisés, 1895).

En el undécimo día del mes de Nisan, que sería el último día del reinado de Tutmosis II, Moshé miraba con ansiedad el cielo que estaba por encima de la tierra de Gosén. Aún era de noche y Moshé no esperaba la aparición del sol para dar la orden de salida a la multitud de los que se convertirían en "su pueblo", sino que esperó la llegada celeste de la "nube divina", tal como se producía cada mañana antes del alba. Era como una protección eficaz en esta parte de la tierra de Egipto que había sido acordada, hacía mucho tiempo, a Jacob y a sus hijos. El Salvador estaba ansioso sin razón, y sólo sus nervios le habían hecho llegar antes de su hora. Por fin la luz tenue resplandeció sobre el suelo en efervescencia luminosa, literalmente extraterrestre[107]. Nadie se asustó, ya que este fenómeno era regular. Cada uno suspiro de alivio y se puso en marcha siguiendo el gesto del brazo de Moshé que sujetaba el bastón convertido en mando.

El hijo de Aarón servía de guía al pueblo y se lanzó en la pista para alcanzar la rama de gente que venía del sur de Succoth, donde esperaba su padre, y la procesión patriarcal que traía el sarcófago conteniendo las cenizas de José traídas de su sepultura, realizando así su última voluntad, ya que en el momento de su muerte expresó que deseaba descansar en paz en la tierra donde vivían los antepasados.

No muy lejos de ahí, un punto de concentración para otros desgraciados dispuestos al exilio había sido previsto en una explanada cubierta de matorrales. Se extendía desde el norte, a poniente del cerro muy elevado por la arena que se había acumulado en Ath-Ka-Ptah, cerca de la nueva ciudad de Men-Nefer. Ahí mismo donde según la

---

[107] Véase Nota 1, a final de capítulo acerca de la radiación cósmica denominada "Nube" en el Éxodo Bíblico.

antigua tradición, yacía, totalmente cubierto por el olvido, el inmenso templo construido en tiempos del primer rey dinástico en agradecimiento a Ptah por haber dado esta tierra a unos rescatados como ellos. De nuevo se trataba de un símbolo benéfico que "coincidía" admirablemente con las intenciones de Yahvé.

Desde ese punto la numerosa multitud inició su marcha hacia el mar Estrecho siguiendo las señales dejadas de forma evidente por los que desde hacía dos días habían franqueado el lugar como avanzadilla. Un día y una noche pasaron tranquilamente. La parada se efectuaría con la aparición de la "columna de fuego" y la salida con la de la "nube" antes del amanecer del sol. Las primeras dificultades no tardaron en aparecer en el segundo día. Cada familia liberada, ya se creía superior a la que caminaba junto a ella y buscaba sacar ventaja a los demás. Los que tenía masa sin levadura para cocer las tortas pretendía que era por la gracia de Yahvé. Cada clan miraba con mal ojo al otro e intentaba medir con la mirada lo que llevaba el vecino. Cada uno de los doce jefes de las tribus intentaron acaparar la atención de Moshé únicamente para sí, deseando acompañarlo situándose a su derecha y no a su izquierda, ninguno quería estar en la última posición tras él. Así los de Judá y los de Benjamín se tiraron piedras mucho antes de llegar a la primera parada importante, la que la naturaleza imponía a su paso; franquear el mar Estrecho. Las preguntas sobre ello no dejaban de atosigar a Moshé que contestaba que Yahvé proveería.

No le preocupaba lo más mínimo, ya que él mismo había franqueado el vado en varias ocasiones, el paso entre los lagos amargos y el mismo mar le eran conocidos. La segunda noche, la nube de fuego pareció cubrir una parcela de tierra más al sur del lugar donde habían parado. Por la mañana Moshé se había despertado mucho antes para vigilar la "nube de luz natinal", estaba claramente más al sur. Sin buscar comprender, dio la orden de bajar a lo largo de la orilla occidental en lugar de seguir hacia Belsefon para franquear el estrecho en ese vado. Aarón llegó corriendo para comprender su razonamiento:

- ¿Por qué esta nueva ruta, Moshé? Varios centenares de los nuestros ya nos están esperando más al norte.

-No te puedo dar el motivo, oh hermano primogénito, pero sé por Yahvé que no debemos dirigirnos hacia el lugar elegido anteriormente. Esta noche acamparemos cerca de la orilla, junto al desierto. Yahvé nos indicará el lugar con la llegada de la nube.

-He observado que la nube no estaba sobre nuestro campamento esta mañana, esto nos aleja mucho del lugar donde pensábamos cruzar sin mojarnos con toda esta multitud.

-Ya lo sé, pero no puedo ir en contra de un signo celeste.

Tutmosis, en ese mismo instante, también se preparaba para partir, sus esclavos lo cubrían con su cota metálica y le ponían las insignias divinas del mando. El general Senbek había preparado una división completa de caballería, compuesta de mil carros, además cien centenas de soldados de infantería habían salido el día anterior a paso de desfile hacia el lugar preciso donde estaba prevista la unión con la caballería presidida por el rey. Justo en el lugar donde los hebreos se disponían a franquear el cuello de rocas que separaba los lagos del mar.

Satisfecho por haber tomado la decisión de perseguir a los hebreos y aniquilarlos, el faraón, ya dispuesto, bajó rápidamente hacia la explanada de su residencia donde lo esperaban los oficiales del estado mayor en sus carros. El general Senbek estaba junto a un carro, enganchado a tres caballos negros espléndidos, en lugar de los dos que habitualmente se disponía para tirar.

Con un saludo impecable, el general acercó las riendas al rey que se instaló cómodamente antes de hacer la señar a su adjunto de subir, luego se giró hacia los oficiales y gritó:

-Por la mayor gloria de Egipto, masacremos a los perros que se han atrevido a desafiar nuestra cólera. ¡Muerte a todos!

- ¡Muerte a todos! ¡Muerte a todos! Larga vida al hijo del Sol.

El carro real se lanzó bajo un único latigazo de Tutmosis, pasó frente a todos los demás y galopó hacia el pórtico. En el exterior, perfectamente ordenados en cinco inmensas columnas, la cohorte esperaba el paso del fararón y de sus oficiales para seguirlos.

Un día era suficiente para alcanzar a los fugitivos y no había duda alguna que antes de la noche, caballería e infantería se abalanzarían sobre esos pobres indigentes para sólo dejar una pasta sangrienta que no tenía defensa posible.

Sin embargo, observó que la avanzadilla, poco antes de la llegada al punto previsto para el ataque, se detuvo indecisa esperando las órdenes del rey. Efectivamente, la inmensa columna se había bifurcado en ese lugar hacia el sur sin que pudieran haberlo previsto. Sabiamente los consejeros militares sugirieron al rey hacer una etapa en el lugar. Senbek pareció contrariado, pero aceptó este retraso sin decir palabra, ya que ni él mismo podía preveer hasta dónde bajarían los hebreos por ese lugar, y si cruzarían el mar.

A la mañana siguiente, mientras la multitud de los hebreos estaba reunida en el promontorio que dominaba el mar Estrecho, donde la reverberación cósmica con forma de nube celeste indicaba una ruta al este que parecía inaccesible, Moshé ordenó levantar el campamento, aunque desorientado por este cambio de rumbo que podía acabar en desastre. Pensó a la siguiente noche, considerando que hubiera un error, si debería dar la orden de retroceder y perder la confianza de la multitud. Miró esta gigantesca humanidad de más de cien mil almas, quizá doscientas mil, recorriendo el camino hacia la tierra que Yahvé les había prometido a través de su boca. Sentía un hormigueo indescriptible sobre esta inmensa planicie desértica que, en este amanecer, el sol ya alumbraba con vivo color dorado.

A varias horas a galope de caballo, se despertaba otro campamento, éste militar, reagrupaba a diez mil infantes y a mil jinetes en la explanada sin fin que se extendía al sur de Pitom. Las tiendas, hasta donde se perdía la vista, testimoniaban el buen orden y la disciplina de este ejército de élite que era el más poderoso del mundo. Tres carros recorrían los caminos trazados entre las largas hileras, distribuyendo antes de la partida las raciones de vino de los odres, algunas veces directamente en la boca de los soldados, el humor aumentaba para enfrentarse a esos hebreos en una única batalla.

Una hora después de su salida a paso de carrera, el rey, llevado por ocho oficiales en un palanquín de ébano oro pasaba revista a los caballeros en posición de guardia frente a sus carros con las insignias bien puestas. Todo seguía el rigor militar y era impecable, satisfecho, su majestad dio la señal de partida al general Senbek y cada uno pudo tomar su posición. Los oficiales que llevaban al rey, lo depositaron delicadamente frente a su triple tiro, llevando el emblema del cinocéfalo, atributo de Thoth.

Sólo quedaba una pequeña escuadra en el campamento que no necesitaba ser desmontada para tan corta batalla. Era hora de ir y reunirse con los infantes para dar el golpe violento que echaría a los hebreos al mar.

Los primeros carros de los emigrantes llegaban en ese momento a orillas del montículo que descendía, por suerte, en una pendiente suave hacia el mar que tenía pocas olas espumosas. El cielo estaba claro, y se divisaba nítidamente, al otro lado del agua, la tierra con la pendiente que la dominaba y que era el símbolo de la libertad tan caramente adquirida. Moshé miraba sin aprensión, aún sin saber cómo cruzaría ya que un brazo de mar que parecía infranqueable los separaba.

La fila de vehículos pesados atados con los más variados animales, desde el robusto asno gris, al camello desgarbado que parecía mofarse de todos lo que llevaba, sin olvidar los bueyes, los caballos e incluso machos cabríos. Esta cohorte heteroclítica se alargaba hasta el lejano horizonte. Moshé, sin saber por qué, sentía prisa en hacer subir a los atrasados antes de que llegara la noche, deseaba encontrar la siguiente señal divina que le indicaría la ruta a seguir. En esta retaguardia el ruido era mínimo y centenares de oídos repentinamente oyeron un ruido extraño, algo lejano en primer lugar semejante al eco de un redoble de tambores ininterrumpido, que pronto se convirtió en un ruido infernal.

Moshé advirtió mucho antes que cualquiera que se trataba de un gran número de ruedas de carros lanzados a toda velocidad. Eran seguramente los egipcios precipitándose sobre ellos, no podían tener buenas intenciones. Y, sin embargo, en ese preciso instante, tuvo la respuesta a la pregunta que tanto le preocupaba: Aarón le había hablado de un vado que se situaba aproximadamente hacia el lugar donde el convoy se dirigía. El dedo de Yahvé se manifestaba de nuevo para su bien. Tutmosis imaginó que todos estaban en un punto sin retorno.

El primogénito, que acudió de inmediato al comprender la amenaza que representaba ese redoble de tambores que ahora hacía temblar el suelo, le gritó:

-No podemos seguir a lo largo de la orilla. ¡Debemos cruzar!

- ¿Recuerdas que había un canal practicable por aquí?

-Si bien recuerdo está bajo el montículo sobre el que hemos acampado.

-Seguramente tengas razón, ya que la nube indicaba esta ruta, y yo no lo había comprendido. Envía a tu hijo Abiu comprobar qué altura tiene el mar en ese canal, mientras solicita a los jefes de las tribus reunir alrededor de ellos en un grupo compacto todos los miembros de sus clanes para estar listos y cruzar lo más rápidamente posible. Yahvé haga que las aguas estén cerca de nosotros. El sol no lleva ni media hora en el horizonte, que los que estén listos desciendan a orillas del mar sin más demora.

Por suerte, Yahvé hizo coincidir la llegada del pueblo elegido con la hora de la marea baja, y los matorrales de juncos estaban casi secos. Los primeros hebreos se introdujeron en este tipo de canal que por milagro parecía abrirse en el mar para permitirles escapar a los soldados del faraón. La alegría de dejar atrás el lugar maldito, mezclada al temor innato de saber cercanos a sus verdugos, provocó un movimiento de solidaridad sorprendente después de los días de animosidad latente vivida entre las tribus.

Los hombres más valientes de la tribu de Efraim, por ejemplo, apoyaban a los mayores de las de la tribu de Manasés en sus vacilantes pasos sobre el suelo resbaladizo y pedregoso. De misma forma, las mujeres más jóvenes de la tribu de Benjamín, en un impulso cogían en sus brazos los niños de las mujeres de la tribu de Zebulón para que todos pudieran salir lo más rápidamente posible del peligro.

Ninguno de esos hebreos comprendía el movimiento del flujo y reflujo de las aguas, pero la confianza reinaba frente al milagro y al paso despejado. ¿Cuánto tiempo duraría? Ni Moshé podía predecirlo con certeza, el nivel parecía subir poco a poco y la larga fila de los carros más pesados acababa de pasar. Como el paso en sí mismo no era muy ancho, el Salvador de las Aguas, había preferido hacer cruzar el máximo número de esos vehículos para que no se vieran frenados por el agua. Además, todos seguían ayudándose y Moshé consideró este espectáculo como el verdadero milagro de este éxodo.

Todo parecía ir correctamente y Moshé pensaba que las tropas de Tutmosis llegarían demasiado tarde. Al otro lado del mar la tiranía y la esclavitud dejarían de existir. Con este pensamiento se introdujo en el vado con el agua hasta las rodillas, llevando sobre sus hombros una pequeña niña, y su bastón augural como apoyo.

Al posar al fin su pie en la arena seca de la otra orilla, cuando aún los últimos refugiados estaban a medio camino, los primeros carros aparecieron en la cima del montículo. Creyó reconocer en uno de ellos el propio estandarte del rey, pero no pudo asegurarse porque los gritos de los que se creían atrapados en la trampa del mar captaron su atención. Amontonados en la otra orilla, los desgraciados parecían esperar su última hora sin moverse. Y los carros en un frente de diez por quince entraron en línea recta en el mar, siguiendo a su rey, descendiente de los todopoderosos dioses y con el conocimiento de los cielos en su cabeza.

Pero Tutmosis, el segundo, nunca había sido un buen alumno en las casas de la Vida que lo habían acogido. Y un vado surgiendo en una marea baja no significaba para él un paso estrecho, sino un tipo de ancha ruta en pleno desierto sin obstáculos. Por ello una buena parte de la mitad de la caballería se hundió fuera del canal, murieron por el peso de su equipamiento y la rapidez de la caída que les impedía remontar a la superficie. El resto embestía a rienda suelta detrás del carro del rey que por suerte pilló la pista, pero fue ralentizado por la masa de agua que subía creando corrientes de aspiración que atrapaban hacia el fondo las piernas de los caballos fuera del sendero. La marcha fue detenida, desordenada, las monturas resbalaban y se hundían, lo que provocó que un tercio se diera media vuelta.

El rey al ver la huida en desbandada, a menos de diez codos de su carruaje, para evitar una muerte segura se dio la vuelta sin darse cuenta de que los últimos hebreos habían conseguido cruzar sin apenas mojarse por una banda de tierra cercana situada sobre una elevación.

El general Senbek, aterrado por el desastre sin precedentes en su ejército, ahora sólo pensaba en sobrevivir. Estaba tan en cólera contra este rey inútil que incluso si no hubiese tenido la intención de matarlo, hubiera cometido un crimen para aliviar al país de esta tara. Con una mirada rápida a sus espaldas, sólo pudo ver tres carros en desbandada, los conductores intentaban controlar la situación. Aprovechó que Tutmosis estaba dando latigazos a sus caballos, para poder avanzar, desenvainó su daga y la hundió rápidamente tres veces en su espalda. El rey cayó hacia atrás sin dar ningún grito y su cabeza se cubrió, por un momento, por el agua. El agua tumultuosa apenas enrojeció. El segundo Thoth había muerto: ¡Viva la Reina Hatschepsut! pero éste no fue el pensamiento del general que oraba para salvar su vida, sin saber nadar, con su carro sin conductor, desviado del sendero y con una rueda hundida profundamente.

Curiosamente todos los de infantería que se habían mantenido en la orilla occidental habían observado el desastre total sin poder intervenir de modo alguno. También habían visto desaparecer al rey y al general en jefe, sin entrever el verdadero drama. Y en la otra orilla los hebreos contemplaban la sensacional victoria de Moshé sobre los egipcios sin tan siquiera la necesidad de elevar su bastón. Todos habían asistido al fin de esta caballería tan temida en el mundo por sus gran resistencia y combatividad. No quedó un sólo carro, ni un sólo jinete, ni el general en jefe, ni siquiera el rey.

Subiendo la orilla, Moshé temblaba alcanzando la cima del pequeño montículo desde donde dominaba a los centenares de seres libres, y entonó este admirable canto, retomado rápidamente en los estribillos y pasajes importantes por las voces de los hombres, fue acompañado con ritmo por redobles de tambores sacados de los carros por las mujeres:

Deseo cantarte, Oh Yahvé,
que acabas de demostrar tu poder
para agradecer nuestra obediencia:
Los caballos y caballeros, para salvarnos,
los has hundido en el mar.
El Eterno es nuestro amado
bajo el venerado nombre de Yahvé.
Los carros del Faraón, su ejército,
ni el Rey han sido salvados
de la cólera que soplaba sobre el mar.
Con tu soplo, Oh Yahvé,
las aguas sobre ellos se han desencadenado.
La marea se ha cerrado
sobre los cuerpos amontonados.
Gloria al Eterno que ha guiado el mar.
El Faraón dijo: "Matemos a Yahvé,
será aniquilado por mi espada."
Y los soldados gritaron:
"Por nuestras lanzas serán exterminados,

tiraremos a todos esos judíos al mar."
Entonces tu cólera, Oh Yahvé,
tras el cielo se levantó,
cubriendo los carros estancados.
Como plomo se han hundido
en las profundidades del mar.
Por tu gracia, Oh Yahvé,
nuestros pasos han sido guiados.
Nosotros, el pueblo de los redimidos.
Tu poderosa voz nos ha guiado
para cruzar este mar.
Protege tu pueblo, Oh Yahvé.
Que el desierto también sea cruzado,
y las dificultades superadas.
Que tu soplo en la Montaña Sagrada
anime nuestras almas como con el mar.
Que tu soplo, Oh Yahvé,
conduzca a tus hijos para ser implantados,
salvados,
en el lugar prometido y preparado,
donde para siempre reinarás.[108]

Un inmenso grito de alegría subió al cielo, llegando a los oídos de los diez mil infantes al otro lado del mar Estrecho, aún asombrados por lo que acababan de vivir, rechazando creer la realidad que había golpeado la gran parte de su ejército.

El nuevo pueblo preparaba ahora con alegría su campamento para la noche. Dos jóvenes mujeres, como cada noche, montaban la tienda del Salvador, algo apartada desde la primera noche. Aarón y sus dos hijos vigilaban como siempre a que todo se desarrollará bien e intentaban que la concordia reinara cuando alguien se peleaba. Pero esa noche no tuvieron que intervenir, todos comentaban la experiencia milagrosa, que sólo podía imputarse a Dios que desde ahora llamarían Yahvé.

Moshé, en cuanto a él, extenuado por un día diferente a los demás, se había echado sobre su cama de pieles de animales amontonadas unas sobre otras. Acababa de cumplir sus 79 revoluciones solares, y se sentía muy muy viejo. No sólo la edad superaba la imaginación de lo que había vivido, sino de lo que aún le esperaba al tener que conducir esta masa de seres humanos que no ayudaban en mucho. Hoy todos lo habían aclamado, pero ¿sería igual mañana cuando estuvieran en pleno desierto?, seguro que algunos se quejarían por tener sed.

Y, sin embargo, era el inicio de un largo viaje, que en una primera etapa los llevaría por un tiempo indefinido a los pies de la montaña sagrada. La construcción de todos los elementos necesarios para el nuevo culto de la religión en honor a Yahvé no sería sencilla. Moshé había traído dos baúles llenos de pieles de camellos, sólidamente

---

[108] Este admirable texto fue posteriormente retomado en la Biblia, con variados aditivos. Éxodo XV, del 1 al 18.

atados, conteniendo textos esenciales recuperados gracias a Aarón en los archivos de la abandonada casa de la vida de Ath-Ka-Ptah.

Con la ayuda de estos textos tres veces santos pero dedicados a un culto prácticamente perdido, intentaría reformar una síntesis monoteísta original a la vez que seguiría los estrictos mandamientos de la ley de la creación del creador. Sólo después de ello, esta multitud heterogénea sería capaz de abordar la tierra prometida en las mejores condiciones receptoras de los influjos divinos. Y entonces se podría sellar una alianza con el Eterno todopoderoso cuyo nombre se había convertido en Yahvé.

El nuevo pueblo, reelegido de alguna forma gracias a la infinita paciencia divina, era de diversos orígenes ya que tenía negros, egipcios y hebreos, todos debían seguir de forma imperativa todos los mandamientos vueltos a poner en uso. Las dificultades no faltarían, por supuesto, sembrando trampas de todo tipo bajo los pasos de todos estos extranjeros mezclándose con las doce tribus, cada una deseando adquirir primacía sobre las demás. La unificación en una sola etnia dotada con un único pensamiento y una sola voluntad hacia la misma meta unificadora, que no estaba cerca en este momento.

Moshé se giró, intentando recuperar el sueño reparador. Su meta era sencilla: crear una entidad homogénea que se convertiría en "los hijos de Yahvé". Únicamente bajo esta condición, esta multitud accedería a la vida eterna en el más allá de esta vida terrestre que tan mal los había tratado.

El sol, ya amanecido, lo despertó, su enfado no duró mucho ya que vio que todo el campamento se había levantado y estaba a punto de partir. No había podido ver la dirección indicada por la "nube", pero pensó que de alguna forma la dirección a seguir sería la misma. Como había soñado con Tharabet, que parecía llamarle tendiéndole los brazos, se preguntaba cuánto tiempo de vida terrestre le exigiría Dios antes de que lo autorice a reunirse con ella. Para él, ella fue la única esposa, a pesar de no haber vuelto a tener noticias de sus cuatro hijos. Sin embargo, los hijos del campamento de Yitro, que ahí lo esperaban, simbolizaban menos, quizá por el comportamiento de Séfora con la que nunca consiguió mantener una comunicación espiritual.

Se levantó despacio y aseguró su bastón de mando en su mano derecha, era la más sólida, tendió las corvas de las rodillas y enderezó su cuerpo pesado por la edad. Levantó la cortina que tapaba la entrada de la tienda, y se dispuso a dirigirse hacia el lugar donde estaban dispuestas las tiendas y los carros de la multitud, pero se detuvo boquiabierto. La muchedumbre estaba ahí, sentada en silencio esperando su llegada y el brazo que indicaba la ruta a seguir. Aarón y sus dos hijos eran los únicos en estar de pie. ¿Cuánto tiempo llevaban ahí, plantados como estatuas? Moshé no tuvo tiempo para pensar ya que una gigantesca ovación sin fin se elevó. Con las lágrimas en los ojos, levantó su mirada al cielo, agradecido a ese Dios tan grande que lo mantenía en vida para llevar a bien una tarea que lo sobrepasaba. A continuación, levantó el brazo que tenía el bastón e indicó el camino del sur que Abiu ya había reconocido en compañía de su padre. Necesitaría cinco días para llegar a la montaña sagrada, y fuera de los puntos de agua, la que había era salobre e imbebible, sólo había arena árida hasta perderse en la vista. Prefirió no pensar en ello, ni en lo que ocurriría pasado mañana cuando la mitad de los emigrantes habrían agotado la poca agua potable que habían llevado con ellos.

Desgraciadamente, la situación empeoró en la sexta hora de caminata en el primer día en el desierto, bajo un sol particularmente tórrido. Varias decenas de familias habían perdido todos sus enseres en la travesía del mar Estrecho. Eran las que estaban situadas en la retaguardia, avanzaban más despacio por las personas mayores, enfermas o impedidas, es decir las más necesitadas. Y sin embargo, los grupos que tenían mucha agua y podían compartirla, pretendían venderla o intercambiarla contra los pocos enseres salvados del desastre.

Cuando Moshé se enteró, entró en cólera de tal forma que los grupos, avergonzados, o al menos aparentándolo, hicieron acto de contrición y dieron algunos odres en agradecimiento a Yahvé que los protegía. Para que tal situación no se reprodujese, el Salvador se entrevistó con Aarón en un descanso en secreto, recordaron que, con la madera de cierto árbol, un ser con capacidad podría encontrar agua ahí donde Dios lo habría previsto, incluso si nadie le veía. El primogénito asintió y se dirigió hacia los matorrales a los pies de las primeras montañas, donde podría haber esos arbustos de madera buscados para señalar el agua. Justo antes de dar la señal de salida a la inmensa cohorte, Aarón ya había vuelto con una rama ahorquillada, la tendió a Moshé diciendo:

-Esto es lo que necesitas, hermano, conozco su uso, pero no sé utilizarla. Tú tienes el don, y si hay agua por aquí la encontrarás gracias a esta horquilla. La sujetas por las dos extremidades, en paralelo con el terreno que estudias, cuando sientas la punta picar al suelo irresistiblemente, harás cavar un agujero y el agua brotará.

Junto a estas indicaciones Moshé se adelantó con los dos hijos del primogénito para apoyarlo en esta tarea. Aarón se quedó con el fin de retrasar un tiempo la partida de la cohorte.

Caminaron despacio, de derechas a izquierdas, a lo largo de la colina que dominaba el acceso al mar, por el filo del monte dirigiéndose hacia las montañas. Una hora no había pasado y dirigiéndose hacia la orilla con la mirada fija en su barita, Moshé se topó con un montículo en el instante en el que la rama se inclinó hacia abajo, justo en ese minúsculo túmulo. Su respiración se aceleró y los dos hijos de Aarón dieron un grito de júbilo.

Como habían caminado lentamente y en zigzag, la avanzadilla con Aarón a la cabeza llegaba precisamente en ese momento frente a ellos. En menos tiempo del que hace falta para describirlo, la aglomeración alrededor del montículo de rocas era considerable. Moshé permanecía en silencio y como paralizado, temiendo otra vez el error y la consecuente pérdida de autoridad. Aarón se acercó y sus dos hijos le indicaron con la cabeza que habían asistido al descubrimiento. Levantó sus brazos y en el silencio gritó con voz potente:

-Todos vosotros que estáis sedientos. Orad a Yahvé y agradecerle de antemano haberos entregado tal Salvador y tal guía. Él rezó al Eterno explicando la desesperación que se abatiría sobre vosotros si no hubiera agua, y Yahvé le ha contestado indicándole este montículo de rocas.

El gran silencio permaneció, los rostros atónitos y escépticos ya que el sol pegaba fuerte, las gargantas estaban ya muy secas por haber sido racionada el agua para todos. Uno de los hebreos de la tribu de Leví dijo en voz alta lo que cada uno pensaba para sus adentros:

-Pero, gran sacerdote Aarón, sólo hay una roca con arena y no hay agua.

-Hombre de poca fe. Observa lo que hará Moshé, nuestro guía, en el nombre tres veces bendito de Yahvé.

El primogénito indicó a Moshé golpear enérgicamente con su bastón la base misma de la roca, en el hueco entre lo que parecía ser dos gruesas piedras. En un tipo de estado segundo, preguntándose cómo podía hacer algo tan ridículo como golpear la arena del desierto para hacer brotar el líquido salvador, golpeó con una ferviente oración y un "Ah" brotó simultáneamente de miles de bocas con estupefacción y alegría, al tiempo que el líquido roció con la fuerza de un chorro dulce y agradable.

Luego poseído por un súbito frenesí, Moshé apartó a los que le molestaban para rodear completamente el montículo, y golpeó otras siete veces violentamente los puntos de unión entre las piedras, y siete veces más brotó el agua. El total de las ocho fuentes chorreaba suavemente repartiéndose en los ocho agujeros. Todos los que tenían sed, bebieron, todos los odres se llenaron gratuitamente con el don que Yahvé había ofrecido a todos. Y el pueblo elegido retomó la ruta hacia la tierra prometida[109].

NOTAS

Nota 1.

Acerca de una radiación cósmica llamada "nube" en el Éxodo Bíblico.

Esta "nube" ha sido estudiada detalladamente en: *La Astronomía según los egipcios*, del mismo autor. Trata acerca del cielo antiguo aún utilizado por sus propiedades específicas en tiempos de Moisés con los egipcios. Nada se hacía o se escribía sin hacer referencia a la lejana sirio. Los poderes de la luz zodiacal son objeto de descripción en ese texto, es una radiación particular que emana de sirio y alcanza la tierra en el momento de la aurora y el crepúsculo presentando una visión piramidal gigantesca casi fantasmagórica. Unos ojos no acostumbrados y sin buscar a ver esa visión se preguntarían si no han soñado.

Esta claridad resplandeciente emana sin duda de la región celeste a lo largo de la Vía Láctea (Hapy Celeste o Gran Río Celeste) donde se sitúa la muy brillante sirio (Sothis en griego, o Sep'ti en jeroglífica). Desciende a la tierra, iridiscente pero lechosa en su difusión translúcida, según los Antiguos irradia radiaciones con propriedades especialmente benéficas (las doce constelaciones zodiacales).

Bien, esta radiación cósmica, por motivos fáciles de comprender debido a la inclinación del globo terrestre en el espacio, sólo es visible en una estrecha banda situada en una y otra parte de lo que nuestros geógrafos han llamado "el trópico de Cáncer".

---

[109] Véase nota (2) a final del capítulo, acerca de las "Fuentes de Moisés" y el paso a pie del Mar Rojo por Bonaparte.

Para los lectores que ya han leído el *Gran Cataclismo*, del mismo autor, comprenderán que los rescatados siguieron esta luminosidad como una señal de Dios para guiarlos hasta su segunda patria: Ath-Ka-Ptah, pronunciado en griego *Aeguyptos*, que en jeroglífico se decía: "Segundo corazón de Dios".

A través de una renovación de las circunstancias, el éxodo decidido para salvar una segunda población y llevarla a una nueva tierra prometida por Dios, bajo otro nombre: Yahvé, ese mismo resplandor celeste, convertido en *nube* bíblica, indicaba la ruta a Moisés desde la tierra de Gosén, ya protegida por esta radiación renovada cada mañana y cada noche.

Era perfectamente visible, al igual que actualmente, tres cuartos de hora antes del amanecer y tres cuartos de hora después del atardecer en dirección a este paralelo precisamente. Es por lo que el Éxodo del Antiguo Testamento precisa textualmente: "*Yahvé los precedía, durante el día bajo la forma de una columna de nube para indicarles la ruta, y por la noche bajo una forma de columna de fuego para alumbrarles; de esta forma podían proseguir su marcha día y noche. La columna de nube jamás faltó precediendo al pueblo durante el día, ni la columna de fuego durante la noche*" (Capítulo 13, versículo 21 y 22).

Innegablemente, se trata de la descripción bíblica del relato de la larga marcha a través del desierto que se inició con este capítulo. Efectivamente, esta radiación cósmica surgida de sirio, aparecía, como se ha dicho, antes del amanecer cuando el sol, que aún no se había levantado, ya alumbraba la tierra en su espacio, mostrando en la oscura noche una forma cónica translúcida, como irradiada, dibujando la nube del día. Y al caer la noche, cuando el sol ya había desaparecido, sobre la tierra se veía esta "columna" con unos reflejos morados y anaranjados, movedizos, que hacen pensar en una "columna de fuego". Este fenómeno aún es actualmente visible en el paralelo de Dendera, en el Alto Egipto, ahí donde estamos investigando.

Nota 2.

Acerca de las "Fuentes de Moisés" y el paso a pie del mar Rojo por Bonaparte.

Cuando en uno de los más de doscientos libros que he consultado para escribir esta obra sobre la vida de Moisés, en una citación, leí que el general Bonaparte cruzó a pie el mar Rojo (citación del cardenal Meignan en el epígrafe de este capítulo) busqué activamente el informe tipo proceso verbal oficial de este acto histórico. Varios relatos atestiguan el acontecimiento y he elegido uno de los más concisos y de los más notables para transcribirlo a continuación.

Se trata del *Livre général de l'histoire des français*, en el tomo dedicado a la expedición de Egipto y de Siria, publicado en 1826 bajo la dirección del general Beauvais, general adjunto de esta campaña. Las páginas 136 y 137 se reproducen in extenso, las únicas palabras en cursiva en este texto original eran: "Las fuentes de Moyse", helo aquí:

> "*Mientras los preparativos de la expedición de Siria hervían de actividad, Bonaparte hizo un viaje a Suez, con el propósito de reconocer el antiguo canal que unía el mar Rojo al Mediterráneo. Varios miembros del Instituto lo acompañaban en esta exploración. Efectivamente, encontraron las huellas de un canal a dos millas y media al norte de Suez. Siguieron su lecho durante*

cuatro horas, hasta los lagos Ammers, donde perdieron el rastro. Su existencia se vuelve a desvelar de nuevo en el oasis de Huareb, a algunas millas de Belbeis. Las inmensas arenas del desierto, siempre en movimiento, sepultaron los demás vestigios de este monumento de los antiguos maestros de Egipto. Los sabios que estaban con Bonaparte acordaron fechar la datación de estos trabajos en los tiempos de los califas Fatimitas. Pero la insuficiencia en las investigaciones no les permitió discernir si, efectivamente, el canal había servido de comunicación entre los dos mares.

Bonaparte aprovechó el viaje para visitar las "Fuentes de Moisés", ahí donde según la tradición del país, el legislador de los hebreos hizo brotar de unas rocas aguas vivas y claras. El general francés, después de haber cruzado el mar Rojo a pie, practicable en marea baja, llegó a este lugar situado a tres cuartos de legua de la costa. Vio ocho fuentes dejando escapar agua a borbotones en la cima de algunos montículos de arena: El agua es potable, aunque un poco salobre.

A su vuelta, como la marea alta ya cubría el vado por donde pasó durante la mañana, remontó hacia el golfo para encontrar otro paso. Los guías calcularon mal el nivel del flujo y Bonaparte se hubiese visto engullido y llevado por las aguas, si uno de sus soldados no lo hubiese cogido por los hombros. Poco faltó para padecer el destino del Faraón cuando antaño este mar tragó sus ejércitos".

Hemos leído la redacción oficial de la campaña de Egipto, escrita en 1826. Este texto es chocante por su autenticidad, además, el paso del mar Rojo en sí mismo parece normal al autor en comparación con las ocho fuentes en pleno desierto, donde por doquier sólo existen lagos de aguas amargas y arroyuelos de aguas salobres.

Aquí también, en su relato, La Biblia arregla la realidad deseando aparentar un milagro sobrenatural, ahí donde la Creación del Creador había previsto de antemano esta llegada. Estas fuentes provienen, de hecho, de una capa inferior a la de las aguas amargas, protegida por una capa impermeable en ese lugar.

Para concluir estas notas, presentaré algunas referencias geográficas de las que se ha hablado anteriormente:

Succoth: Esta ciudad ha sido identificada con el jeroglífico *TEKU* convertido en árabe, actualmente Tell el Mashkuta, ahí donde desemboca el wadi Tumilat, cerca de Ismailia, que es una de las puertas del desierto del Sinaí. Fue por este camino natural por donde huían los esclavos, intentado encontrar una precaria libertad que a menudo acababa en una muerte horrible por sed y calor. Unos modelos de cartas en el Museo del Cairo, de la época de Moisés, atestiguan la realidad de estos hechos, una de ellas fue enviada al jefe del puesto de Teku para que buscase en su sector dos esclavos fugitivos de la ciudad del Sol.

Belsefon: Es el Baal de Ras Shamra, cuyo culto más tardío a la salida de Moisés provocó importantes errores cronológicos. De hecho, los griegos adoptaron este culto aún más tarde para convertirlo en el de Zeus Kasios. No es más que por una carta del siglo VI antes de nuestra era que recuperamos las huellas de Baal. Antes Belsefon era auténticamente devota al culto de Isis, aún en tiempos de Moisés. Es, pues, falso pretender que la parada frente a la estatua de Baal estaba destinada a reducir el espíritu idólatra. Además, a partir del sigo VI, después de la invasión de los persas, dirigida por Cambises, el culto de Baal se vuelve a encontrar en varias ciudades del delta del Nilo, incluyendo a Menfis que era la ciudad privilegiada de Ptah.

Migdol: Es el nombre de la ciudad que el Antiguo Testamento señala como lugar extremo del itinerario del Éxodo antes de retroceder el camino. Este punto es perfectamente visible en la carta adjunta, en la parte inferior a izquierdas. Pero es ilógico que ello haya ocurrido tal como se describe en *Números XXXIII, 7*, porque el ejército del Faraón hubiese aniquilado a los hebreos por la pérdida suplementaria de tres días de tiempo. El trayecto indicado es el válido.

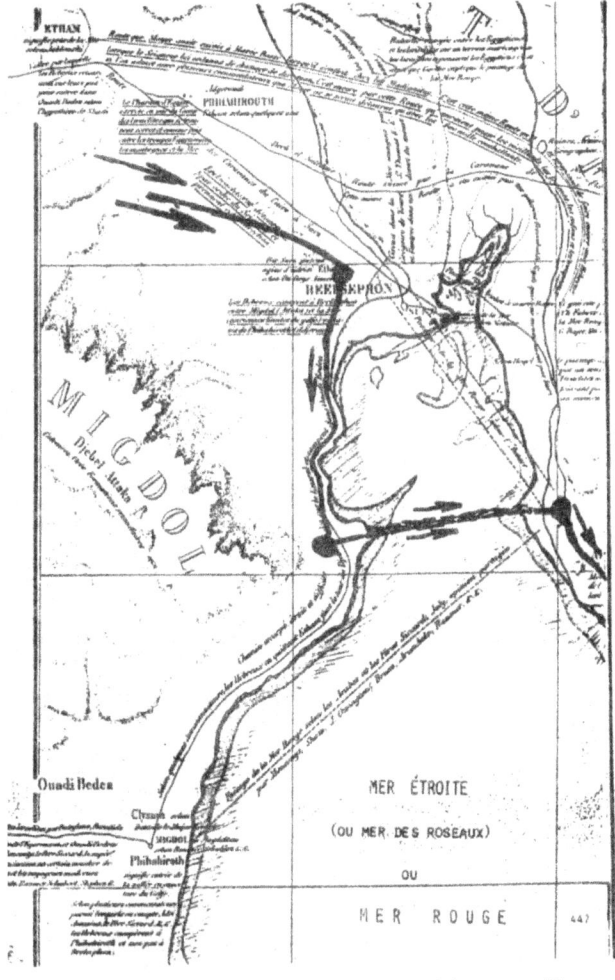

Lugar exacto del cruce del Mar Rojo por Moisés y su pueblo

BATALLA POR EL SINAÍ

> "*Efectivamente, el jefe de este país, temiendo el pillaje, había armado a los jóvenes y caminaba a su encuentro con la intención de rechazarlos por las armas, lo que debía ser fácil enfrentándose a hombres agotados por la marcha, la falta de alimentos, sed y todas las dificultades que, una tras otra, los habían asaltado*". (FILÓN DE ALEJANDRÍA. La vida de Moisés).

Moshé llevaba inquieto varios días, porque la retaguardia de la inmensa columna de emigrantes era asaltada por lo que creyó ser una banda de nómadas ladrones ávidos de despojar a los que sabían al límite del agotamiento. Aarón había constituido una especie de brigada de defensa compuesta por varios voluntarios robustos, pero resultó que estos hombres defendían débilmente a sus hermanos y hermanas atacados, por no querer recibir malos golpes antes de llegar a la tierra prometida. El camino había sido largo, sembrado de dolorosas etapas, el descontento reinaba por doquier, los ojos ya no querían ver los buenos aspectos del pasado, y las orejas ya no querían oír las llamadas a la paciencia.

El guía estaba, pues, muy preocupado porque la avanzadilla que había enviado a unas horas de marcha, aún no había regresado. El hostigamiento a la retaguardia sólo era el preludio de una acción directa que entreveía sin saber el motivo. Así, al undécimo día de la travesía de las aguas, se dirigió a Aarón dudando:

-Estoy angustiado, hermano. Estos incesantes combates contra nuestros desgraciados impedidos demuestran una planificación inteligente, más profunda que la de los nómadas.

-También lo he pensado, hermano, aún no hemos atrapado a ninguno de esos ladrones porque los que nos dan protección no son capaces de defenderse.

- ¿No tenemos a alguien que pueda darles formación militar?

-He buscado entre los jóvenes fuertes y robustos, pero desconocen el arte militar.

-En tal caso debemos esperar un desastre, ahora que llegamos a la montaña sagrada.

-No me sorprendería. Desde hace unos diez días observo que tenemos frente a nosotros un pueblo que cada vez desea menos vivir en una nueva tierra, pero son niños coléricos, salvajes y desprovistos de reconocimiento hacia lo que hemos hecho.

-Tienes razón, Aarón, en cuanto ese pensamiento me acecha, lo expulso enérgicamente diciéndome que Yahvé no nos habría hecho venir hasta aquí para que nos exterminasen.

- ¿Seguro que no te has equivocado al traernos a esta montaña agrada, en lugar de dirigirnos directamente hacia la tierra prometida cerca de los Cananeos?

-Vaya, tú también...

-No, no pienso como ellos, ya que ejecuto hasta el menor de tus deseos. Pero ya no eres joven y podrías equivocarte en la interpretación de tu inspiración. La montaña sagrada es el lugar que has elegido para construir el tabernáculo y dictar las leyes de la Creación rehechas al uso de este nuevo pueblo elegido. ¿Lo he comprendido bien?

-Es exacto, efectivamente así es.

-Sería perfecto si no hubiese habido lugares más cercanos a la tierra de Canaán, en lugar de realizar este inmenso desvío en las peores condiciones.

-Desconozco si hay otros lugares o no. Lo seguro es que aquí Yahvé me ha dado la orden de detenerme el tiempo necesario para enseñar a su pueblo y construir el tabernáculo. Ya hablamos todo eso en su momento con Yitro. ¿No lo recuerdas? Oh hermano, cuya vela vacila, ¿No será que tu consciencia se ve atormentada por la particularidad de mi alma debido a mi avanzada edad?

-Siento mi ceguera, Moshé -murmuró Aarón.

De repente, un alboroto interrumpió la conversación que se había convertido en agridulce. Los dos hombres levantaron sus cabezas para ver llegar frente a ellos un grupo de cinco personas, siendo el primero un conocido para Moshé. Cuando él bajó de su montura para acercarse, la fisionomía apareció a plena luz y el Salvador reconoció al jinete con gran sorpresa a pesar del tiempo transcurrido:

- ¿No eres Josuah, el hijo de Abemilek, sheik de Elzerión?

-Tienes muy buena memoria, Moshé ben Yitro. Yo te saludo respetuosamente al igual que mi padre. También tienes el fraternal saludo de Yitro que se dispone a recibirte, a ti y a tu pueblo, como merecéis, en la amplia explanada al pie de la montaña sagrada.

- ¿Ya sabe Yitro que llegamos?

-No es el único, todos los habitantes de la región tienen miedo de la masa de hebreos que cruzan el territorio. Mi padre ha conseguido tranquilizar a todos los que viven bajo su protección, ellos forman una buena parte de esta tierra, pero no ha ocurrido lo mismo con la parte que pertenece a los amalecitas.

- ¿Los amalecitas? Si precisamente hemos evitado sus ciudades para no molestarlos.

-Pero ellos os hostigan desde hace varios días.

—Sí, los confundimos con ladrones.

—De hecho, lo son, ya que, desde la muerte del faraón, se han emborrachado de libertad al no temer las represalias del ejército egipcio totalmente desecho por perseguiros. Desde hace varios días, los amalecitas invaden nuestras tierras y ciudades, robando las casas aisladas, llevándose a las mujeres. Esto debe cesar, por ello mi padre ha decidido unirse a vosotros para combatir a esos canallas.

—Pero, Josuah, no estamos en guerra contra los amalecitas.

—Quizá no, pero ellos no van a tardar en estarlo contra ti.

—¿Qué quieres decir? Contesta sin rodeos.

—Los espías de mi padre, que viven en Barak, ahí donde vive Amaleq, jefe de los amalecitas, dicen que han formado una inmensa tropa para exterminaros.

—¿Y por qué? Nosotros no luchamos contra ellos.

—Pero tu pueblo transporta considerables riquezas que atraen a Amaleq para mataros a todos.

—Gracias por avisarme, Josuah, pero no somos combatientes y no serán nuestros palos o manos desnudas los que asegurarán una defensa contra esos salvajes sanguinarios. Rezaré a Yahvé para que me inspire sobre la conducta a seguir.

Josuah detuvo un momento a Moshé:

—Un momento, venerable Moshé. Los cuatro hombres que me acompañan son oficiales del ejército de mi padre. El venerable Yitro ha propuesto un pacto para asegurar la protección de los kenitas y reducir para siempre a los amalecitas que, bajo la borrachera de libertad, nos aniquilarán. Por ello mi padre, el gran sabio Abemilek, ha tomado la decisión de levantar un ejército y luchar ahí donde los amalecitas surjan inopinadamente lanzándose por doquier sobre tu pueblo desarmado.

Emocionado, Moshé se acercó a Josuah y le pudo el brazo sobre sus hombros:

—¿Cómo hacerte comprender mi gratitud?

Una gran sonrisa iluminó el rostro el hombre:

—Dejándome tomar el mando como jefe de todos los que están aquí, y que sean válidos. Mis oficiales van a empezar de inmediato su instrucción para que se unan a mi ejército cuando llegue mañana con los carros que traerán las lanzas.

Moshé miró Aarón asintiendo antes de decir con naturalidad:

—Mis dos hijos te acompañarán a través del campamento, Josuah, para que no haya escapatoria alguna y que todos los hombres válidos entrenen con los oficiales.

—Gracias, Aarón. Sólo nos queda desplazar el campamento para la noche y ocupar un terreno más propicio para una mejor estrategia, mis oficiales lo explicarán, ya han empezado a sermonear a la multitud acerca de lo que pronto ocurrirá.

Josuah miró con duda a Moshé antes de decir:

-Yitro también me ha encargado otra misión para ti, oh venerado Salvador. Al pie de la montaña sagrada encontrarás no sólo el avituallamiento necesario para la vida de la población, con el ganado: ovejas y vacas; sino también cierto número de servidores de Yahvé instruidos para el sacerdocio que les espera. Tus dos hijos están entre ellos. Gershom y Elzerión han realizado estudios meritorios y esperan con profunda alegría el momento de servirte. Yitro también se ha llevado a Séfora.

Moshé sintió por un instante, que ese nombre se pronunciaría, así no demostró emoción, el implacable pasado resurgía, con su egoísmo, sus banalidades, y su animación bestial con figura humana. ¿Por qué se encarnizaba, en el umbral del más allá de su vida terrestre, en querer asegurar la supervivencia de una población que sólo escucharía el tiempo de asegurar la ocupación de un territorio? Sacudió su larga cabellera blanca deseando desechar sus visiones interiores. Para agradecer las buenas noticias de Josuah, y reconfortado por los pensamientos venerables del patriarca, sonrió. Josuah creyendo propicia la situación añadió:

-Desde hace tiempo, Séfora ha vuelto arrepentida con Yitro, que le ha permitido volver a vivir con sus hijos. Se ha convertido en una mujer ejemplar que tiene un papel importante en la preparación de todo lo necesario bajo la Montaña...

Moshé se mantuvo de pie, apoyado en su bastón sin oír a Josuah, sus oídos rechazaban escuchar ni una palabra más sobre esa mujer que debería haber sido su apoyo, la segunda parte de él mismo, en lugar de dejarlo bajo el pretexto de que no era adorada como una princesa con el mundo a sus pies para ejecutar el menor de sus deseos. Pero no tuvo tiempo de seguir enumerando en él todas las desilusiones, porque las primeras tropas aliadas llagaban al enorme campamento con el sonido de sus trompetas. Josuah terminaba una frase que Moshé no había escuchado. Hizo un signo afirmativo al hombre que se excusaba por interrumpir, solicitando que verificaran la preparación de la contraofensiva prevista para pasado mañana con las primeras luces del alba.

Moshé salió para dirigirse a su tienda y descansar, dejaría a otros el cuidado de ocuparse de esta guerra que parecía inevitable. Al día siguiente se levantó con fiebre, quizá debido al viento cálido que se había levantado repentinamente y que cubría el campamento con un polvo pesado, irritante para los ojos y malsano para el espíritu. Y si llegara a durar cincuenta días[110], tal como su nombre indica, la batalla prevista se desarrollaría en terribles condiciones.

Aarón estaba preocupado al ver a Moshé en un momento tan crítico, ausente de sí mismo, pero estaba desbordado por los preparativos de la guerra y la falta de valentía de los hebreos para empuñar una espada o una lanza, aunque fuera para defenderse, y debía amenazarlos con los peores castigos celestes para conseguir que cooperaran.

A la mañana siguiente cuando el campamento parecía dormido y tranquilo, el ejército dirigido por Josuah vigilaba armas en mano y dispuesto a entrar en acción. Si los disciplinados soldados del Sheik Amélibek se habían colocado en posición en las

---

[110] Es un viento muy cálido que sopla en abril y mayo, dura cincuenta días, de ahí su nombre árabe actual: *Khamsin*.

crestas cercanas, no ocurría lo mismo con los emigrantes, que sólo colaboraban bajo amenazas.

Cuando los primeros rayos del sol aparecieron, los amalecitas dirigidos por Amaleq se lanzaron en gran número contra el campamento que creían dormido. Lo que no sabían era que todos los hombres válidos estaban junto al ejército madianita en posición, dominando a los amalecitas borrachos de sangre y de botín.

Con el fin de evitar muertes inútiles, Josuah ordenó la batalla demasiado pronto, cuando Amaleq y los suyos vieron llegar a hombres por todas partes gritando y blandiendo sus armas, se asustaron, sus tropas estaban poco acostumbradas a tener resistencia frente a ellas y, sorprendidas, se esparcieron en desorden por doquier sin poder calcular el número de los atacantes. El efecto de sorpresa no duró y reagrupándose hicieron una intervención rápida, el impulso combativo de los emigrantes sólo había sido ficticio y no se enfrentaron. El final de la primera batalla quedó incierto. Las mujeres gritaban encerradas en sus tiendas protegiendo sus hijos mientras que los hombres se mataban entre ellos en una atmósfera irreal debida al ardiente viento que los quemaba.

La niebla era menos espesa cuando el sol alcanzó su cenit, pero su opacidad aumentaba y deformaba a los combatientes, cuya violencia levantaba un polvo insoportable. Hacía horas que los gritos salvajes habían cesado por falta de voz. Las gargantas estaban totalmente secas y los soldados entraban al azar en cualquier tienda para poder respirar. Ninguno pensaba ya en el pillaje, sólo en protegerse del ambiente. A medida que el día declinaba, el calor fue tal que algunos caían muertos por falta de aire. Las dificultades respiratorias fueron tan atroces que Amaleq hizo sonar las trompetas anunciado la retirada antes de ser totalmente derrotado.

El campamento se vio liberado, los hombres yacían en el suelo vaciados de su sustancia espiritual, asfixiados, otros estaban deshidratados por la violencia del viento tórrido, la transpiración se había detenido y estaban presos de un entumecimiento indefinible. Otros fueron presa de una fiebre ardiente que les quemó la sangre mientras la mayoría veía paralizada su facultad mental.

Había muchos muertos en la tierra y Josuah ordenó juntar los cadáveres en un montón fuera del campamento y observó que había más de los suyos que de los emigrantes que había protegido.

Bajo su tienda, Moshé parecía no haberse preocupado de nada a lo largo de este espantoso día, agotador y trágico a la vez. Por la noche la fiebre lo había dejado, pero aún estaba afectado y muy débil. Aarón lo visitó al volver de su control en el campamento y en el campo de batalla, reconfortando según el caso a las familias las más afectadas. El Salvador lo recibió con los ojos bien abiertos, el sudor lo había dejado y como Josuah había explicado lo que les esperaba al pie de la montaña, Aarón comprendió repentinamente que la dolencia del guía provenía de otra causa, además de la fiebre y del viento cálido, y tenía el nombre de Séfora. Moshé se había quedado tan en shock con las noticias recibidas, que al saber que la iba a volver a verla, intentó por todos los medios borrarla de su memoria. Por ello, dijo con brutalidad:

-Deja de hacerte el muerto, hermano, por una mujer que no vale la pena. He dejado mi esposa en el país para seguirte a pesar de que contaba con ella para terminar nuestros días juntos en la tierra. Tú al menos tienes suerte, si no la quieres, repúdiala, o hazla lapidar, pero deja de comportarte como un niño.

Al rojo vivo, Moshé se levantó respondiendo a su vez con violencia amarga:

-No la repudiaré, y me comporto como un ser normal que ha padecido y soportado demasiado.

-No te lo puedes permitir, tienes decenas y decenas de miles de personas a tu cargo y no solamente una. La diferencia es tal que ni siquiera la idea se te debería haber pasado por la cabeza.

- ¿Y qué quieres que haga, cantar un himno a la victoria?

-Si no te hubieses quedado acostado, quizá hubieses podido hacerlo, pero desgraciadamente la primera batalla no la ha ganado nadie y es probable que los amalecitas se hagan más fuertes. Debes venir a ayudar a nuestras tropas con tu fuerza moral, que es tan importante como la física en un combate.

-Pero, ciertamente, tenía fiebre.

-Con este viento que nos quema, todos tenemos fiebre y la boca reseca, pero estamos en pie y combatimos.

-Es de noche y me voy a acostar, mañana estaré mejor.

-Más nos vale, sino mañana será la derrota total. Te enviaré a mis dos hijos para apoyarte, te serán de utilidad.

- ¿Y qué debo hacer?

Aarón dudo un momento, ya que ni él mismo lo sabía, pero suponía que la vista del Salvador quizá daría a los combatientes las fuerzas necesarias para conseguir la victoria, así que prefirió evadir su respuesta diciendo:

-La vista de tu persona ya sería un bálsamo para las heridas, oh mi hermano. Y quizá Yahvé te inspire esta noche sobre qué conducta llevar en la siguiente batalla. Harás lo mejor que puedas, como siempre, y sin tener en cuenta tus preocupaciones personales por importantes que te resulten.

Al alba, los dos ejércitos estaban preparados para enfrentarse, Abiu y Nadab, los dos hijos de Aarón, apoyaban a Moshé en su escalada a la colina que dominaba la explanada de Refidim. Su mano izquierda le pesaba por una debilidad insuperable y apenas sostenía su bastón. El viento tórrido seguía soplando con violencia. La noche no lo había reducido, ni enfriado, ni agotado, cosa que no ocurría con los combatientes que empezaban a dar gritos agresivos.

Se inició una lucha sin cuartel, mucho más violenta que la del día anterior, a pesar de la dificultad de ver en la niebla opaca que permanecía, haciéndose con las horas más intensa hasta cegar los que luchaban con las lanzas.

Apenas conseguían los dos hijos de Aarón atravesar esta bruma opalescente apoyando a Moshé en el combate. El tiempo pasaba y observaron que, según el emplazamiento hacia el cielo de las manos del patriarca, y por consiguiente de su bastón, la incierta lucha los favorecía, mientras que, si el bastón se situaba a altura de la rodilla, los amalecitas retomaban fuerzas. Y cuando, por el contrario, el bastón de sicomoro se tendía hacia el cielo para acompañar una oración muda, levantándolo bien alto, los madianitas hacían retroceder a los bandidos que pensaban llevarse el botín. Tal fue la observación, que en un momento dado Nadab mantuvo firmemente la mano y el bastón augural muy alto a sorpresa de Moshé. Y la "coincidencia" continuó, los amalecitas retrocedieron más allá de la explanada hasta la derrota. El miedo engendró la huida, la desbandada fue total, y Josuah y sus tropas ayudadas por los emigrantes no perdonaron a nadie. Sólo algunos desgraciados escaparon a la masacre para contar en el Barak las abominables desgracias que les habían ocurrido.

Después de esta batalla ganada por la lucha, los emigrantes se impregnaron de un nuevo sentimiento antes desconocido para ellos. Habían sido esclavos, luego llevados a una aventura de la que aún no habían comprendido su envergadura. Cuando todo iba bien, les parecía normal, y cuando algo no era bueno, la emprendía contra Moshé que, de un modo u otro, volvía a colocar las cosas en orden, entonces acataban pareciéndoles natural. Pero ahora que habían participado en la defensa de sus propias vidas, como en un principio hicieron contra su voluntad, no era sólo debido a Moshé, brazo terrestre de Yahvé, sino a su intervención personal que la situación había evolucionado a su favor. Por ello, la fiesta triunfal los unió a todos esa noche en un sentimiento fraternal. Por supuesto, fueron vitoreados Moshé, Aarón, Josuah, y sus oficiales cubiertos de alabanzas, pero en el fondo de ellos mismos sabían que eran las personas que se felicitaban las unas a las otras. Únicamente Abiu y Nadab observaban al Salvador preguntándose lo ocurrido, pero no dijeron nada.

En la alegría general se olvidó todo el cansancio a pesar de que el viento caliente persistía. La larga cohorte se volvió a poner en marcha permitiendo a los soldados volver a Elzerión. Josuah permanecía con Moshé, ya que se había convenido que participaría en la elaboración de las nuevas leyes escritas cerca de la Montaña.

La mañana anterior al día de la llegada al lugar santo, una delegación de kenitas esperaba con Yitro a la cabeza, para desear la bienvenida al pueblo de Dios en el territorio tres veces bendito. El viento soplaba en el lugar de forma aún más desordenada, golpeando con violencia las paredes de granito negro veteadas de malaquita verde. El sonido era melodioso pero extraño, y acentuaba el ambiente fantasmagórico del encuentro con Yitro, que doblado por la edad, se mantenía sobre su asno gris. Moshé, a su vez agotado, intentaba enderezarse sobre su mula manchada de blanco, el Salvador de las Aguas intentaba mantenerse imperturbable y recto, sabía que Séfora y sus hijos lo observaban a pesar de no poder reconocerlos en esta niebla espesa. Llegado frente a su padre espiritual, inclinó el busto bajando su bastón hacia el suelo, permitiendo a Yitro hablar en primer lugar:

-Te saludo a ti, Moshé, te esperaba. No hay grito que pueda expresar la admiración de tu victoria sobre los amalecitas. Hasta aquí han llegado los extraordinarios hechos que han permitido tu salida de Egipto, incluso la muerte del Faraón. Y aquí estás. Te agradezco en nombre de los kenitas haberte deshecho de los ladrones de Amaleq antes de que nos matasen a nosotros también.

-Fueron los soldados de Abémilek que lo han hecho todo en compañía de Josuah. Se ha convertido en un jefe de ejércitos, tal como me hubiera gustado ser en mi juventud. Me he limitado a mirar y me alegro mucho de verte en tan buena salud.

Con estas últimas palabras bajó de la montura ayudado por Abiu que vigilaba la menor dificultad a la que se enfrentaba el patriarca. Se acercó a Yitro y besó un paño de su túnica de color crudo de una limpieza impecable:

-Que esta estancia, en este lugar sea propicia a la firma de la alianza con Yahvé, tal como habías previsto.

-Nada ha cambiado, oh hijo mío, todo está en orden y te entrego a Séfora y a tus dos hijos, Guershom y Elzerión.

Con los ojos nublados tanto por la emoción como por la niebla, Moshé vio acercarse a una mujer en su cuarentena con dos grandes personajes a su lado. En Guershom reconoció su parecido, seguro que era el mayor de sus hijos. El otro tenía un bello físico y un aire maduro y grave que le gustó. Sólo después miró con atención la que le había dado esos dos hijos que, desde ahora, vivirían con él. ¿Qué quería después de tanto tiempo? No tuvo tiempo de pensar en ello, ya que, frente a la muchedumbre, ella se arrodilló para besar su sucia túnica. Le pidió que se levantara, avergonzado de esta escena en público. Yitro, satisfecho del giro de la situación, indicó a todos que le siguieran.

Desde ahora estaba al mando del pueblo hasta su acomodación al pie de la montaña sagrada, ello daría tiempo a Moshé y a su familia reanudar los lazos. Durante la velada, en la tienda de los jefes de las tribus en la que Yitro era el huésped de honor, Moshé contó en detalle todas las peripecias de su viaje desde la partida de Egipto.

La mañana siguiente al amanecer, el patriarca de los kenitas insistió para ofrecer el holocausto del Carnero a Yahvé como agradecimiento de sus favores a los hijos que formarían el pueblo elegido en esta tierra de Canaán. Luego Moshé se instaló para actuar como juez en las diferencias que, cada vez más numerosas, oponían a unos y otros.

Muy sorprendido, Yitro le preguntó:

- ¿Por qué haces eso a tu edad? Si te sigues agotando con ello, nunca podrás cumplir tu tarea.

-El pueblo espera sus leyes, por el momento es como un niño que no obedece, es necesario que alguien lo haga por él.

-En tal caso, forma algunos hombres que conozcas como justos para que te sustituyan en hacer reinar el orden. El esfuerzo que realizas no es razonable, deberías utilizar tus fuerzas en los debates importantes, eso te dejará tiempo para preparar en detalle los ritos precisos que servirán de culto a Yahvé.

-Ya he empezado.

-Perfecto, tu principal meta es hacer observar los mandamientos de Dios. Con esa condición el pueblo podrá ir tranquilamente hacia la tierra prometida por Yahvé.

Satisfecho de la aceptación de Moshé, el patriarca añadió:

-Mañana por la mañana volveré a mi hogar para acabar tranquilamente mi vida terrestre, tus dos hijos te ayudarán en tu ardua tarea, les he enseñado todo lo que sabía, tenéis un día de marcha para llegar al Hor-em-Geb, que la población descanse aquí el tiempo que necesite. Yo me iré temprano, por ello me despido y os doy mis deseos de prosperidad para vuestros hijos y los de la centésima generación a condición que sepan respetar la unidad de la tierra prometida de las Doce en Un único Yahvé.

Todos los jefes habían oído religiosamente las palabras del santo hombre, sheik de los kenitas, pero bajo sus cráneos protegidos la mayoría por cabelleras blancas, pensaban a su antojo. Aarón, indignado por la poca comprensión y recepción que demostraban sentía que a la primera ocasión se injuriarían, y preguntó:

-La unidad del pueblo elegido no se ha realizado hasta ahora, oh venerable Yitro, y parece que no lo hará hasta el día del Juicio final cuando ya sea demasiado tarde.

El patriarca pensó en silencio antes de contestar:

-Ya lo sé, Aarón. Pero es posible que, un día, otro profeta haga una unión para perjuicio del nuevo pueblo, y ese día se acabará la gloria efímera como ha ocurrido con Egipto, ese pueblo que renegó de Dios.

Ante estas palabras proféticas, se levantó imitado por todos los jefes respetuosos de los Sabios que poseían la verdad, incluso si nunca deseaban preocuparse. Aarón llevó a Moshé hasta la gran tienda donde Séfora esperaba. Le ayudó a acostarse. ¡Estaba ya tan viejo!

Después de unos días de reposo reparador, la larga cohorte se introdujo por los desfiladeros que llevaban al Hor-em-Geb. A lo largo de esta etapa, se oyeron gritos de admiración, de temor y de estupor frente a la nueva visión de la espléndida naturaleza del lugar. El viento cálido seguía soplando, lo que cambiaba el aspecto de las montañas vecinas. La planicie, que dejaba ver los contrafuertes del monte Sinaí, fue invadida, las tiendas ya estaban montadas, alineadas y dispuestas para recibir a las familias con menos recursos. La de Moshé estaba sobre un pequeño promontorio, era muy espaciosa y bastante alejada de las más cercanas para permitirle meditar y redactar los textos legislativos con toda tranquilidad. La primera etapa se había acabado, pero la segunda, la más importante y dura, quedaba aún por recorrer. Hasta ahora había superado las dificultades y sabía en su interior que con la ayuda de Yahvé ganaría la batalla del Sinaí.

EL RESTABLECIMIENTO DE LA LEY

> *"Apenas mis oídos escucharon esta advertencia, mis fuerzas me abandonaron, y le contesté: -Maestro, si esto es así, la empresa es imposible porque no existe hombre provisto de un alma suficientemente pura para ser librado de los ocho defectos".* (ALBERT ABECASSIS. La Merkabah).

El Khamsin soplaba aún con más violencia que los días anteriores y quemaba más, si es que ello era posible. Los emigrantes se mantenían a la sombra bajo la precaria protección de sus tiendas. El aire era irrespirable en el exterior, secando y arañando violentamente las pieles de los que se aventuraban a salir.

Los artesanos encargados de preparar los utensilios necesarios para el culto de Yahvé, también habían instalado unas tiendas para poder montar su material. Los herreros buscaron un lugar para que funcionaran sus fuelles, y los carpinteros otros emplazamientos donde tallar las maderas sin riesgo de insolación.

La atmósfera ya no era tan pálida ni opaca, pero había tomado un tinte ocre, como si la arena estuviese en suspensión continua a la altura de los ojos. Al poder durar este tiempo aún más, Moshé se decidió a salir para su ascensión, todo estaba dispuesto para que las Escrituras, preparadas según los textos que había traído de Egipto, retomaran su lugar en las nuevas, adecuadas para la tierra prometida. El último eslabón era el del restablecimiento de la ley y de sus mandamientos.

Los patriarcas de las tribus habían solicitado como favor acompañarlo en desagravio por haber huido en el momento de la entrada al palacio del faraón. Aarón y sus dos hijos también lo acompañaban y Josuah se había ofrecido siendo aceptado como agradecimiento por su devoción en la batalla contra los amalecitas. El ambiente en la explanada, junto a los contrafuertes del macizo montañoso, era particular debido a la constitución del suelo del Hor-em-Geb. Los reflejos dorados que se veían en algunos momentos, hacían cerrar muchos ojos, con cierta inquietud y sin motivo aparente hacia un fenómeno que no comprendían. Veían muchos más reflejos surgiendo de las rocas volcánicas o de vetas de cobre, de oro y diversos materiales como la malaquita.

En la noche de este día particularmente agotador, el pueblo, sabiendo que el ascenso se iniciaría al día siguiente, se había reunido bajo el montículo de la tienda de

Moshé para demostrar su apoyo al guía. Si bien el viento no se había calmado, el calor era menos opresor. Séfora preparaba los odres de agua y las reservas que debían ser llevadas al día siguiente al alba. Se sentía renacer desde que su marido había aceptado que retomara su lugar en la tienda augural. Estaba dispuesta a hacer lo que fuera, el tiempo en el que soñaba con un palacio había pasado. Era la sirviente de un Salvador, lo que valía mil veces más que ser princesa.

En el momento en el que Moshé salió de su tienda apoyándose en su bastón, recibió una gran ovación. Esperó con paciencia que volviera el silencio antes de levantar la mano, señal de que iba a hablar. Sólo se oía el viento que se quejaba con un silbido que le permitió llevar su voz muy lejos en la explanada:

-Mañana recibiré las órdenes de Yahvé en la montaña para que podáis vivir eternamente en paz en la tierra. La ley fundamental es la que fue observada por los primeros habitantes que la siguieron ciegamente bajo pena de no prosperar en su supervivencia. Mientras que la siguieron, vivieron felices. Cuando la olvidaron, perdieron el paraíso, y los supervivientes de la cólera divina tuvieron que huir a otra patria, a otro "Corazón". Por ello, bajo pena de que también perdáis vosotros la tierra prometida, deberéis aceptar obedecer los preceptos de los mandamientos para preservar las ventajas adquiridas. También debéis enseñarlos a vuestros hijos, para que no se cieguen por el bienestar ofrecido por Yahvé. Habéis visto en Egipto los templos que permitían honrar a Ptah, a la altura de ese Dios hecho de gloria y de magnificencia. Habéis contemplado sus tabernáculos, sus sacerdotes y sus vestimentas en las procesiones en el Gran Río y en las ciudades. Yahvé, que es el nombre bajo el que honraremos Dios, deberá contentarse por el momento con un templo portátil y de un tabernáculo provisional, nuestros obreros intentarán tejer, tallar y modelar con todo el amor posible, los elementos que harán de ello un lugar santo a la imagen de nuestra fe y de nuestra confianza en los beneficios que Yahvé nos concederá. Los herreros y los orfebres cincelan en este momento los ornamentos y las joyas que se lucirán en el lugar sagrado. Cuando lleguemos al lugar de la tierra prometida, construiremos un verdadero y gran templo, mucho más espléndido que el que habéis podido ver en Ath-Ka-Ptah.

Una ola de aplausos se elevó en el día teñido de una niebla ocre, que se convirtió en naranja con un sol invisible. El viento retomaba vigor como si hubiera esperado el final de la homilía de Moshé, levantando una capa de polvo de arena en forma de espiral, su color llama le daba un aspecto particular, como una gigantesca antorcha elevándose en la niebla. Todas las miradas se levantaron para seguir la evolución ascendente que empujaba la espiral hacia las cimas circundantes.

La cumbre de la Montaña seguía invisible, pero su ubicación parecía arder con un fuego en las altas cumbres. El juego de luces, más claro en la altitud, dejaba entrever cegadoras llamaradas cambiantes ahí donde caían aún los últimos rayos solares.

Moshé volvió a entrar en su tienda para descansar un poco, no sabía qué quedaría de él después de esta estancia indefinida con Dios, y a pesar de la presencia de Aarón, de sus dos hijos y de los patriarcas, sentía aprensión. Era ya un anciano y no se sentía alma de profeta, incluso si debía admitir que hoy, efectivamente, había sido el Salvador de estos desgraciados que buscaban su tierra. ¿Pero realmente la buscaban? Esta pregunta le preocupaba incesantemente y le hacía más daño que ese viento terrible del que tampoco podía protegerse. Con estos pensamientos, se durmió. Seföra veló por él toda la noche, su esposo había tenido un sueño agitado y cuando llegó el momento de recibir a los que iban a presentarse frente a Moshé, lo sacudió suavemente. El viento seguía quejándose, y aunque ella hubiera querido dormir no hubiera podido. Resultó que a los patriarcas les ocurrió lo mismo y llegaron con los ojos entreabiertos y tambaleándose sobre sus piernas. Dos faltaban por estar enfermos. Todo parecía sobrenatural y fantasmagórico bajo los rugidos tempestuosos de este particular viento cálido. Moshé no reaccionó frente a la ausencia deseaba por Dios que desencadenaba todos los elementos para impedir de alguna forma la escalada, pero el Salvador perseveró ya que los tiempos se habían agotado.

El día aún no se había levantado, cuando la extraña nube estaba presente a su cita a pesar de que la noche aún cubría su manto sobre la explanada. Esta fluorescencia cósmica atravesaba el grueso manto de niebla con una luminosidad aún más extraña que la niebla de los últimos días. Se unía a las formas translúcidas ocres desencadenados por el viento ardiente. Todos los hombres salieron apoyándose en sus bastones para frenar el empuje del viento que los llevaría más rápidamente de lo que hubieran deseado. El día consiguió aparecer a través de la bruma plomiza de la que parecían formar parte.

Cuando el sol se levantó, en oriente, el cielo era invisible, pero una claridad dorada los abrazó justo en el momento en el que llegaban al pie de la Montaña. La gran pared de granito negro apareció de repente como iluminada por flechas ardientes, y tres de los patriarcas las consideraron advertencias por lo que, espantados, se dieron media vuelta sin dar explicación alguna. Moshé, al ver a los otros indecisos, gritó:

- ¡Hombres de poca fe los que temen caminar hacia Dios! Vergüenza a los que huyen por segunda vez. El peso de las conciencias de mis hermanos es tan pesado que dudan en seguir el camino hacia la verdad.

La voz del guía, deformada por el viento y la niebla, se percibía como acolchada, como si viniera de otro lugar y no de la boca del que tenían frente a ellos. Les golpeó en el fondo de su conciencia, ya que, sin estar convencidos, todos se giraron para huir hacia el campamento donde se sentían seguros. Aarón se enfadó al verlos salir corriendo y desaparecer en la niebla. Se giró y mirando a Moshé digo:

-Pero ¿han perdido por completo la cabeza? Parecía como si el fuego celeste hubiese prendido en sus túnicas.

Moshé tenía la misma imagen en el espíritu y sonriendo por primera vez desde hacía tiempo, dijo:

-Más parece un fuego interior que los devora. Su alma se ha rebelado contra el sacrilegio que todos cometían al desear presentarse frente a Yahvé con sus miserables requerimientos.

Sorprendido por la respuesta, Josuah preguntó:

- ¿Qué tenían que temer?

-Que los llantos y lloriqueos con los que pensaban entretener a Dios se vuelvan contra ellos. O verse fulminados.

Como para apoyar la afirmación de Moshé, un trueno reventó encima de sus cabezas con gran resonancia contra la pared rocosa. En algún lugar en las cercanas alturas había tormenta. Frente a esta señal del cielo, Moshé respiró profundamente antes de decir:

-Más vale que vuelvas al campamento, mi primogénito.

Aarón se sobresaltó:

- ¿Por qué dices eso? No tengo ningún reproche para dirigir a Yahvé, incluso si me siento algo envidioso de tus prerrogativas, ya que soy el primer pontífice de Yahvé, y tú su profeta. Voluntariamente obedezco tus órdenes esperando que Dios me confiera las vestimentas y ornamentos a mi cargo para enseñar al pueblo los mandamientos de Yahvé, a pesar de que algunas veces me subleve contra los hechos, nunca me he quejado.

-Justamente por ello te pido volver a la explanada. Toda esa gente sigue siendo egoísta e inocente, dispuestos a escuchar cualquier voz que se eleve entre ellos si nadie está ahí para protegerlos.

-Me gustaría subir contigo, Moshé, ni uno ni otro está en buena forma y el tiempo es espantoso. Juntos alcanzaremos más fácilmente la cima.

-Ellos aún no tienen los hábitos que son los símbolos exteriores de su autoridad. Únicamente tú serás escuchado si les hablas como conviene, tú eres el pontífice de esta nueva religión, como antaño fuiste el de Ptah. Ocurre lo mismo con Guershom y Elzerión, mis dos hijos son iguales que los tuyos. Debéis volver para ejercer tu autoridad suprema.

- ¿Podrás llegar tu sólo con Josuah?

-Josuah tampoco me acompañará hasta la cima, se quedará a media pendiente con las provisiones por si lo necesito.

- ¿Y el mal tiempo?

-El viento es efímero, incluso si dura cincuenta días, y ocurre lo mismo con este calor que disminuirá con la altitud. No tengo miedo porque Yahvé está conmigo.

Aarón indicó regresar a sus dos hijos y a los de Moshé, a los pocos pasos su primogénito se giró para ver si el patriarca y Josuah avanzaban a pesar del viento y el polvo que revoloteaba, al verlos le pareció que ascendían la montaña como en una aspiración anaranjada, como si las llamas los subieran a la cima. La niebla volvió a cubrirlos y desaparecieron, no vio nada más que la pared que bailaba en una bruma ocre. En su interior se dijo que era mejor así, ya que, si algo le ocurría al Salvador, podrían asegurar la sucesión.

Moshé tenía otros problemas en mente que los que se reservaban los humanos. Apoyando una mano sobre su bastón, y la otra cogida al robusto brazo de Josuah, intentaba resistir a los elementos desencadenados. El anciano se hundía entre las rocas mientras intentaban encontrar un sendero, y se agarraban fuertemente ahí donde anteriormente habían puesto sus pies. En esta primera etapa, dolorosa para el cuerpo Moshé, se rebelaba contra su debilidad que lo incitaba a abandonar el ascenso hacia el cielo, pero Josuah ponía todo su empeño en ayudarle evitándole los mayores esfuerzos; y él se dejaba tirar, empujar, elevar, mientras su mente estaba en otro asunto: la vida y la muerte, la salud de los demás y su propia enfermedad, en la alegría y la desesperación, la abundancia y la hambruna, las posibilidades de nuevas guerras con pueblos semejantes a los alamecitas. De pronto oyó la voz de Josuah decirle sin aliento:

- ¿Y si descansábamos un momento aquí, oh venerado maestro?

Con asombro Moshé miró a su alrededor como si acabara de abrir los ojos. No vio gran cosa, la niebla era aquí aún más espesa. Se situaban en un hueco suficientemente profundo ya que se prolongaba más allá de lo que alcanzaba la vista. El viento seguía soplando tan fuerte y ruidoso como antes, pero la claridad opalescente era más brillante, como si la luminosidad lo llevara a proseguir este ascenso hacia la divinidad.

Sin contestar, se dejó posar a tierra, mantenido por un brazo de Josuah, antes de que éste se dejara caer sobre la hierba junto al anciano tan agotado como él, o más. Después de pocos segundos de respiraciones intensivas contra el viento, Josuah tomó el odre que llevaba sujeto por una cinta alrededor del hombro, se la tendió a su compañero que rehusó beber, al igual que comer cuando le ofreció el alimento.

En cuanto Josuah hubo acabado de comer, Moshé le indicó que era hora de retomar el ascenso. La visibilidad era nula y ninguno de los dos podría decir la altura de la subida que ya habían realizado. Pero el patriarca deseaba estar lo más alto posible antes de que cayera la noche. La segunda etapa empezó, más agotadora que la anterior, y a lo largo de la cual se despertaron todos los sufrimientos enterrados desde hacía meses y años en lo más profundo del anciano. Le parecía que ya no era la niebla, sino nubes celestes las que lo elevaban ayudándole a ascender, a elevarse sin cesar. Esas nubes se convirtieron en rocío portador de todas las dulzuras, o bien desencadenaban una espantosa tempestad con un horrible ruido para sus oídos doloridos. Pero perseveraba, se imaginaba entrar en un palacio cuyos pilares le prestaban ayuda para mantenerlo y ayudarle en su ascenso cada vez más difícil y peligroso. Estaba tan extenuado que pensó pedir gracia a Yahvé, cuando oyó la voz entrecortada por el esfuerzo de Josuah decirle:

-Ya no se puede avanzar más, venerable Moshé. Debemos detenernos.

A continuación, se dejó caer jadeando y desconsolado por la tarea a la que se enfrentaba: había recaído en él toda la responsabilidad del transporte del anciano durante la espantosa tormenta que acababa de cruzar, no recuperando su respiración empezó a preocuparse ya que no sabía que la altitud disminuía la capacidad pulmonar al ascender. Moshé también se había sentado, su bastón entre ambos junto a las piernas, como si supiera por este gesto instintivo que recuperarían sus fuerzas.

Este segundo descanso fue más largo y permitió a los dos cuerpos adaptarse a la altitud, el viento seguía tan cálido y como el día, a pesar de su oscuridad no parecía dispuesto a decaer. Moshé acabó decidiendo seguir adelante. Josuah se incorporó para esta tercera etapa antes de la noche, tiraba con dificultad de Moshé en la espesa niebla que no le permitía ver los pies del patriarca, ello hasta que Moshé sólo vio el color negro a pesar de que su voluntad era más fuerte que cualquier impresión o sensación. Literalmente sentía los colores explotar contra sus tímpanos, rodeando su cuerpo de llamas que no le quemaban, pero que le hacían sudar. Un suelo muy movedizo hizo el equilibrio inestable durante un corto momento antes de que estallaran rayos cegadores que le hicieron gritar. Se dejó caer sobre una roca a su alcance apoyado en el brazo de Josuah, que con alegría le dijo:

-Acabamos de salir de esa dificultad, oh maestro, estamos salvados.

Abriendo sus párpados, Moshé vio un espléndido sol poniente al filo del horizonte despidiendo sus últimos rayos dorados. Bajo sus pies, una inmensa masa de nubes entrechocando se movía dejando ver la violencia de los elementos que ahí seguían desencadenándose. Aquí el aire era más sano, sensiblemente más fresco, y en poco tiempo claramente más frío. Josuah desenrolló la manta del patriarca, luego sacó algunos alimentos para restituir las fuerzas, el venerado anciano no opuso resistencia en ello y luego se enrolló en la manta entre dos rocas para protegerse del frescor que caía del cielo. Josuah, se sentó, apoyó su cabeza en sus rodillas y se quedó dormido por agotamiento.

La mañana siguiente el sol los despertó casi al mismo instante. El astro del día navegaba en un cielo azul sin nubes, éstas se habían cristalizado a unos treinta codos bajo ellos, seguían su tumulto en un aspecto caótico que daba escalofríos. Moshé pensó en los emigrantes en el campamento que aún debían padecer el fuerte calor y los trabajos de la construcción del tabernáculo, del arca y de todos los ornamentos para el culto. Pensó que el momento de seguir el ascenso había llegado y tomó una decisión diciendo a Josuah:

-Es aquí donde nos separamos durante unos días.

- ¿Cuánto tiempo, oh venerado?

Moshé levantó la cabeza para contemplar la cima que tanto le llamaba, aún estaba lejos, además tenía mucho que hablar con Yahvé antes de volver al campamento, dijo pensativo:

-No te puedo decir el número de días, Josuah. Mejor que esperarme aquí, vuelve, baja y ayuda a Aarón en su responsabilidad, no será suficiente para él mis hijos y los suyos. Tú tienes autoridad, estás acostumbrado a mandar a los soldados y serás más útil con él que esperando aquí mi regreso.

-Pero maestro, a tu regreso estarás aún más agotado. No podrás bajar en este mar de nubes donde las tormentas son terribles. Debo permanecer para asistirte en la bajada.

Moshé pensó que no estaría mal tener su apoyo y dijo:

-Bien, baja al campamento y cada diez días vendrás a ver si estoy aquí, donde te esperaré descansando.

-Te obedeceré, maestro, pero ¿qué comerás?

-Aquí no falta vegetación, también hay bayas comestibles, déjame lo que llevas en tu bolso, y vuelve.

Josuah encontrando esta solución satisfactoria para su consciencia, aceptó obedecer, se fue sin mirar atrás y pronto desapareció entre las nubes, en ese ambiente irreal. Moshé se quedó solo para abordar a Dios, pero antes sabía que debía alcanzar la cima y volvió a retomar la escalada, mucho más dura al estar solo. Reflexionaba lo que debía hacer, preguntándose si no hubiera sido más fácil realizar la Tablas de la Ley divina al pie de la Montaña a la vista de todos, en lugar de atrincherarse detrás de una barrera, quizá demasiado santa para ser comprendida por las generaciones venideras. Había abandonado una fe anterior, la de Ptah, no porque Ptah fuese un dios falso, sino porque los que habían luchado para llegar al poder y conservarlo había erigido un ídolo para derrocar a Ptah. Eran falsos hombres dedicados a la destrucción. Yahvé permitiría a todos los oprimidos de estos falsos hombres retomar su destino en un muevo lugar.

Agarrándose a un saliente de roca, accedió a un tipo de sendero practicable que subía serpenteando. Quizá era un camino de animales, cosa que no le preocupó. Mientras subía, sentía que retomaba aliento. Pero ¿qué hacía realmente ahí? Hubiera podido rezar en solitario en la explanada. Desgraciadamente desde las primeras horas de vida de la humanidad, lo que es escondido tiene más valor que lo que se muestra a la luz del día, sobre todo si se trata de Dios. Algunos ídolos eran buenos, porque visualizaban una cierta forma de divinidad, como lo había hecho el Toro, en los egipcios, forma en que honraban a Osiris. Ello estaba en el orden natural de las cosas terrestres y celestes, y en acuerdo con el movimiento del sol. Hoy el Carnero lo sustituía, pero como servía de ídolo a los adoradores del Sol, no podía ser también el de los hebreos, era pues conveniente prohibir sencilla y directamente cualquier representación de Yahvé, fuese la que fuese. Largo camino le esperaba hasta que el pueblo dejara de implorar en vano el nombre el Eterno, dejara las blasfemias y mentiras, o bien para que no rece con unas manos que han cometido hurtos o asesinatos. Mientras tanto, era él quien penaba y caminaba sin saber siquiera si ello sería realmente útil a esta población inmadura. ¿Qué importa pues si la Ley es la dada por Yahvé o sea la dictada por Ptah? Agotado por la caminata y sus pensamientos, Moshé se dejó caer al suelo diciendo en voz alta:

-Señor, mi Dios, soy el que obedecerá tu Ley, importándome poco que venga de uno de tus numerosos nombres ya que eres su Creador.

Con las dos manos cogidas al bastón, el patriarca retomó su aliento a la vez que cerraba sus ojos para no ver el sol cegador en su cénit cuando una voz grave sonó en sus oídos trayéndole el consuelo que necesitaba:

-Moshé, hijo mío, estás sentado en mi dominio, haz aún un pequeño esfuerzo para llegar hasta mí y te enseñaré la Ley de tal forma que se quedará grabada eternamente en tu espíritu, incluso si la que escribirás en el granito es destruida.

¿Sería la propia voluntad del anciano capaz de dialogar de este modo a través de una nube con el Espíritu Santo, que le permitía comunicar? El hecho es que retomó el ascenso con el fin de alcanzar su meta antes de la noche si era posible. Justo antes de que el sol desapareciera bajo el horizonte azulado, el patriarca alcanzó una amplia zona plana donde se abalanzaban todos los vientos del universo, no estaba en la cima, pero sabía que era el lugar de la cita[111]. Y una cavidad entre dos grandes rocas le dio la

---

[111] El Sinaí propiamente dicho, no tiene nada que ver con el Hor-em-Geb, o Horeb, tiene tres cimas, la más alta a 2637 m. con el monasterio de Santa Catalina actualmente. El Djebel Musa está a una altitud de 2285 m. y ahí es donde se detuvo Moisés.

razón, ahí se alimentó con algo de torta acompañada con un trago de agua, después se durmió profundamente apretando con fuerza su bastón de sicomoro, especie de acacia sagrada de Egipto.

De este modo Moshé aprendió no sólo la ley y los diez mandamientos, base de la creación del Creador, sino las ocho cosas que existían antes de ello, en el espantoso caos. Una era, sin duda, el río de la penitencia que es la antimateria del Gran Río Celeste que había estudiado en su juventud, pero los millones de almas que ahí residían en permanencia, en esta penitencia líquida ardiente, elevaron sus voces furiosas contra él, haciéndole responsable de todos los males:

- ¿Qué vienes a hacer cerca del que nos ha castigado? ¿Vienes a soportar el peso de nuestros pecados? Porque tú y los tuyos sois los responsables de la larga estancia de nuestra permanencia en este lugar infernal desde el que expiamos.

- ¿Cómo podemos ser responsables de vuestro castigo? Vuestras culpas no son las de mi pueblo.

Una gran carcajada resonó haciéndole daño en los oídos, después la respuesta:

-Tus faltas son numerosas y son idénticas a las nuestras, ya que sabíamos, como tú lo sabes, que la humanidad está demasiado pervertida para aceptar vivir según la ley de un Dios justo y bondadoso.

-Si mi pecado es grande, lo expiaré cuando mi tiempo llegue, pero debo intentar salvar la humanidad que Yahvé ha guiado hacia mí.

Una exclamación de despecho se extendió en el río de la penitencia y todas las almas desaparecieron. Con el silencio de vuelta, la oscuridad desapareció poco a poco para dar lugar a una luz blanca, cegadora, desde la cual la misma voz grave oída en sus sueños le dijo:

-Moshé, hijo mío, mira: estás entrando en el santuario porque no has cedido a los requerimientos de los que deseaban verte en la penitencia junto a ellos. Tendrás ahora mejor idea para decorar tu santuario de abajo.

Moshé vio cortinas escarlatas, púrpuras y blancas, sosteniendo un techo celeste en perpetuo movimiento. Todas las cosas que contemplaba eran en el mismo momento reproducidas por los artesanos del mundo inferior que había dejado abajo, eran idénticas a las de los antiguos templos de Ptah. Repentinamente vio aparecer frente a él un hombre que le dijo:

-Soy el Mesías. ¿Por qué has llegado antes de mi venida?

Desconcertado, Mohsé contempló este ser, parado, con siete diademas de oro, y se dispuso a clamar su inocencia para afirmar que jamás había sido tomado por un mesías, cuando la voz de Yahvé lo cortó:

-He enviado a este antes de tu llegada, para que libere el pueblo que he elegido para perpetuar la raza humana, si es digna de serlo. Tú irás a la Tierra para reinar eternamente. Pero, desgraciadamente, habrá nuevos pecadores, y te pondrán bajo un yugo de deshonor cuando desees salvarlos de nuevo.

Y este Mesías, que oyó por primera vez, dijo:

-En la alegría de mi corazón, aceptaré todos los sufrimientos, si los dolores de la humanidad pueden ser tomados a mi cuenta por mi muerte.

Una corriente enorme recorrió la cueva, y Moshé se dijo que debía ser un suspiro del Eterno cuando volvió a oír la voz grave:

-Moshé aprende la totalidad de la Ley para poder enseñarla e impedir de esta forma, quizá, que el mismo inicio vuelva a reproducirse para traer un nuevo fin[112].

El sueño del patriarca duró dos días y una noche, quizá el extremo cansancio del anciano fuera la causa, o el aire enrarecido de la cima más liviano y menos pesado. El hecho es que se levantó fresco y dispuesto, cogió dos placas de granito plano que se dispuso a gravar con un cuchillo especialmente afilado traído con los utensilios de Egipto por los herreros. Después de varios ensayos infructuosos, tardó treinta y tres días en la tarea. Todo estaba dispuesto para golpear los espíritus débiles de los hebreos e inició su descenso después de haber colocado cuidadosamente las dos tablas en un gran saco que le había entregado Josuah.

Pensando de repente en este excelente hombre que tanto lo había apoyado en el ascenso, deseó volver a verlo a media pendiente para que le aliviara el peso de la carga. Si fuera de utilidad en el futuro para el pueblo, se sentiría aliviado porque Yahvé como él sabían hasta qué punto esta humanidad aún podía blasfemar en ausencia de una sólida ley. ¿Qué vería al volver, después de haber pasado más de tres veces diez días alejado?

Esta pregunta quedó sin respuesta hasta varias horas más tarde cuando llegó al lugar donde se había separado de Josuah. El viento era más grato, la cincuentena había acabado por este año.

Josuah lo divisó y se lanzó hacia su encuentro gritando:

-Maestro, maestro. ¡Qué contento estoy de volver a verte!

-Yo también Josuah. Tengo prisa por llevar la Ley que te entrego, cuídala bien. ¿Qué tal por ahí abajo?

Mientras que cogía el bolso, Josuah contestó penosamente:

- ¡Maestro, oh, maestro! Es hora de que vuelvas: Todos se han vuelto locos.

---

[112] Moisés, que fue el último de los patriarcas y el primero de los profetas, hizo varias revelaciones inspiradas antes de su muerte, incluyendo la de su propio final y la forma en la que sería embalsamado. Pero, sobre todo, anunció la llegada de un Mesías en un tiempo indeterminado, del que hablaremos en el tercer apartado de este libro, pero que ha determinado a los doctores de la Ley judía rechazar a Cristo como el verdadero Mesías. Por ello, siguen esperándolo.

GLORIA A OSIRIS: EL TORO CELESTE

"*Y cuando Moisés entró en el campamento de los hebreos, vio el ídolo en pie. Era un toro de oro, y delante un altar de oro, cerca del cual estaba Aarón. Y el pueblo cantaba y bailaba: He aquí nuestro dios, el dios egipcio que nos devolverá a Egipto*". (EDMOND FLEG. Moisés).

Después del décimo día, Josuah volvió solo de la primera etapa del Sinaí, la población había renegado porque el viento tórrido que soplaba sin cesar, les impedía salir para dedicarse a los preparativos del culto, ordenados por Aarón y sus hijos. Después del segundo retorno del hijo del sheik Abemilek sin Moshé, dijeron varias voces abiertamente que era hora de tomar la situación en sus manos. El Salvador había muerto sin llevar a cabo su tarea, si es que ello hubiese sido posible, y cada día la situación empeoraba hasta tal punto que el día de la tercera salida de Josuah al Sinaí, unos doscientos hombres habían atropellado la tienda de Aarón obligándole a tomar partido:

- ¿Qué piensas hacer con nosotros, oh tú que fuiste un gran sacerdote en Egipto al que hemos seguido hasta el corazón del desierto?

-Esperemos el regreso de Moshé, no tardará.

Varias voces gruñeron:

-Moshé ha muerto, ha sido visto transportado al cielo en una nube.

El pontífice se mofó:

- ¿Cómo podéis pretender tal visión, cuando nadie ha visto el sol desde hace varias veces diez días y el viento ardiente disuade a los que lo pretenden?

-Sin embargo, Moshé aún no ha vuelto y estamos seguros que esta ilusión llega a su fin. Dios nos ha castigado por irnos de Egipto.

- ¡Volvamos, volvamos! –gritaron decenas de voces reclamando la partida.

La población empezaba a rodear a Aarón y sus seguidores, éste pálido de cólera elevó sus brazos para reclamar silencio, pero tuvo que gritar:

-Orad a Yahvé, desdichados. Si Dios os oye, hará recaer su cólera y el camino a la tierra prometida os será prohibido para siempre.

-Nada nos importa la tierra prometida, Moshé nos ha engañado, estamos en el desierto y nuestros hijos tienen hambre.

-Es verdad, así es. -gritaron las voces exaltadas y coléricas de la masa.

Uno de los sublevados, apoyado por la situación, dijo:

-Lo que deseamos es volver a Egipto, donde trabajábamos duro, es cierto, pero comíamos y teníamos un techo donde protegernos de la intemperie.

-Este viento que os paraliza también existe en Gosén y en todo Egipto, ¿no lo recordáis? Una tienda bajo la Montaña de Yahvé os protege mucho más de las tormentas que un techo y además os traerá las dulzuras prometidas.

-Pero ya no deseamos a Yahvé. Tú eres un sacerdote de Ptah y nuestro jefe. Vuelve a poner a nuestra disposición el Toro, símbolo de Osiris, el dios que conocemos desde cuando íbamos a Ath-Ka-Ptah y que veneran todos los grandes del reino.

-El Toro se ha convertido en un falso ídolo desde que los grandes ya no son los descendientes de Ptah. Moshé lo declaró formalmente a todos antes de la salida. Lo ha demostrado consiguiendo la independencia del faraón que Yahvé ha hecho morir para castigarlo. ¿Deseáis un castigo mil veces peor por no obedecer al Salvador?

-Nos mofamos de lo que ha dicho el que pretende salvarnos, ya no está con nosotros. Deseamos orar a Osiris para que nos devuelva a nuestro país, Egipto.

- ¡A Egipto, vamos a Egipto! –gritaron otros.

Exasperado, Aarón se preguntó con amargura lo que era en realidad la raza humana. Era lúcido frente a la poca fe de esta muchedumbre, pero aun así intentó razonar:

-Egipto nunca ha sido vuestra patria. Todos sois descendientes de Abraham y de José.

-Entonces por qué José, al esposar una egipcia, permitió que siguiera honrando a Osiris y perpetuar en su matrimonio los usos y costumbres egipcias.

-Porque, en su tiempo, Ptah y Yahvé eran uno, un mismo Dios. Pero desde entonces, los adoradores del Sol establecieron el Carnero como símbolo, el que debía hacer concordar el cielo con la tierra, y con el nuevo nombre de Dios que Moshé os ha pedido adorar, y debemos respetar este mandamiento.

-Moshé ya no está. Retoma tus insignias de gran sacerdote de Ptah y constrúyenos la estatua del Toro Celeste para que podamos implorar perdón y nos permita volver a la tierra de Gosén.

-Sí, sí, pidamos a los herreros hacer una estatua de Osiris. Sólo él puede salvarnos: Gloria al toro celeste. "Gloria a Osiris, Gloria a Osiris, el Toro Celeste".

Ya no eran una decena de voces las que repetían la consigna, sino varios miles. Aarón pensó sobre esta masa excitada sin saber lo que era conveniente hacer. En el fondo, el pontífice reconocía que Moshé llevaba demasiado tiempo fuera para poder sobrevivir, había estado enfermo últimamente, cualquier paso en falso hubiera podido hacer que se rompiera una pierna y haber muerto de hambre en esa altitud. Aarón sintió un repentino escalofrío y tomó una decisión como si él mismo estuviera inspirado por Dios. Después de todo, el verdadero Ptah, el de los orígenes, al que había consagrado una gran parte de su vida era el mismo que había recibido el nombre de Yahvé. Así que no sería un sacrilegio adorar la representación terrestre de su hijo Osiris, modelando la estatua de un toro para sus nerviosos hijos que tanto gesticulaban. Ello quizá permitiría a Moshé, si aún estaba en vida, llegar hasta ellos. Tomaría su tiempo para hacer los planos y construir la efigie. Con voz conciliadora, tomó la palabra y la muchedumbre escuchó en silencio:

-Hijos de todas las tribus y del país de Egipto que estáis con nosotros para ir a la tierra prometida, os construiré una estatua erigida a Osiris. Tendréis vuestro toro.

Hubo tal ovación que Aarón se volvió a preguntar si seguía el buen camino, y para retrasar aún más la labor, de repente, encontró una solución aún mejor:

-Escuchad, escuchad todos. Para hacer una estatua a la gloria de Osiris, para que interceda a vuestras súplicas y que venga junto a vosotros, conviene que sea una estatua a la medida de su gloria, en oro y tan grande como la de Egipto.

-Sí, sí, hagamos una estatua en oro, en oro.

Aarón, que pensaba oír murmureos de reprobación, de nuevo se sorprendió y se derrumbó. No quedaba más que ejecutar esperando que la situación se aclararía durante el tiempo de la realización. Concluyó dando consejos:

-Ya que es así, mis dos hijos extenderán frente a mi tienda grandes paños para que todas las mujeres depositen sus mejores joyas de oro y todos los utensilios de los que disponen para que la estatua sea suficientemente grande. Nuestros orfebres empezarán en cuanto tengan los planos.

Pero la gente protestó:

-No, que empiecen ahora mismo el trabajo con el oro. El Toro tendrá una bella forma. Metamos el oro en la forja.

El resto de la muchedumbre insistió:

-Pongamos el oro frente a la tienda de los herreros, ¡que empiece el trabajo!

Durante una hora, una efervescencia extraordinaria reinó en el campamento, a pesar del viento y de la arena que se levantaba formando una inmensa nube de polvo, nadie se preocupaba en el afán de reunir todo el oro posible. El precioso metal surgió de todas las tiendas en forma de pequeñas joyas, utensilios minuciosamente preservados a lo largo de las pruebas pasadas. Debían hacerse perdonar por el dios tradicional, y cada uno deseaba ir al más allá de la vida terrestre siguiendo el camino del Toro Celeste.

Aarón consideraba la actividad de este hormiguero humano con ojos abiertos como platos. ¿Y qué? Esta multitud, por temor de haberse equivocado de divinidad y dirigida por algunos astutos, ahora deseaba volver con sus carceleros. Algo incomprensible estaba ocurriendo y sin duda atraería la cólera divina, sea cual fuere su verdadero nombre. Y él, como pontífice, encabezaba esta maquinación fuera de su voluntad sin poder hacer nada más que retrasar el proceso, pero en contra de sus deseos todo parecía acelerarse.

Conforme iban pasando las horas, el tiempo parecía avanzar a saltos prodigiosos. Empujados por los animadores, los herreros ya habían fundido el oro, mientras que otros cuatro obreros confeccionaban la armadura que sería el armazón de lo que sería más adelante un cuadrúpedo. Al amanecer, la niebla opaca empujada por el viento cálido dejó entrever un gran cuerpo semejante a un toro o ternero, erigido sobre un pedestal. Con prisa se modeló la cabeza, y tal como salió se situó en su lugar. Al fin, dos grandes cuernos fueron injertados antes de que la noche cayese.

Por la mañana la estatua se había acabado. Lo que complicó aún más la situación, fue que el viento de la cincuentena se detuvo bruscamente ese día. La temperatura se suavizó y una extraordinaria tranquilidad invadió la explanada donde vivían decenas de miles de personas. Hasta tal punto que toda esta humanidad ansiosa calló como para retomar aliento. Los rayos de sol, que cayeron desde el cielo azul por primera vez desde hacía cuatro veces diez días, iluminaron la estatua dorada, que apenas recordaba la efigie del Toro Celeste, pero que cegó a la asistencia. Para estos hambrientos fue una señal divina indicando que era el camino correcto, creyéndolo, un grito de alegría surgió de todos los pechos, el entusiasmo llegó a su apogeo y Aarón fue llevado en triunfo.

El día se desarrolló locamente, extendiéndose cantos y bailes. En cuanto cayó la noche, fuegos de alegría se encendieron y nuevas rondas de cantos y bailes se iniciaron aún con más desenfreno. Las mujeres hicieron lo necesario para distraer a los pocos seres preocupados que pensaban en Moshé, desaparecido en esa montaña que, al fin y al cabo, nada tenía de sagrado.

En ese momento llegaron Josuah y el Salvador a la cresta que dominaba el campamento. El hijo del sheik de los madianitas había dejado el lugar al alba y abría ojos asustados por las escenas que se desarrollaban alrededor de las grandes fogatas. No se atrevió a girarse para ver a Moshé, pero sintió los músculos del brazo que sostenía agarrotarse y tensarse, de pronto temió por lo que iba a ocurrir. Moshé dijo con voz apenas reconocible:

-Dame la bolsa con la Tablas de la Ley, Josuah. Me voy a adelantar para arreglar esta afrenta hecha a Yahvé. No puede esperar. La cólera de Dios será terrible.

Y la de Moshé también era tal que hasta temblaba. Su furor no podía contenerse. No había dedicado veinte años de su vida para llegar a esto. Entregó su bastón augural a Josuah desprendiéndose de él, por primera vez desde que lo había recibido de Yahvé, para poder sujetar mejor las dos piedras en las que había grabado los Mandamientos. En poco tiempo llegó hasta el promontorio que dominaba el campamento, cerca de la tienda del patriarca, seguido de Josuah.

La claridad de un fuego lo iluminó como una sombra danzante en la pared rocosa, los bailarines se detuvieron y gritos de asombro se elevaron, poco a poco el conjunto de la población se atemorizó creyendo en una aparición sobrenatural. Moshé elevó entonces lentamente sus dos brazos diciendo:

- ¡Vergüenza para todos! No hay palabras para calificar lo que veo. Tengo en mis manos las Tablas de la Ley, escritas con la sangre de todos los inocentes, nuestros antepasados muertos para asegurar vuestra paz, y veo animales semejantes a los borregos que han entregado sus pieles para cubrir las tiendas de vuestros sueños. Os habéis convertido en animales y me he entregado todos estos años para salvar unos cuerpos sin alma. Con el fin de que Yahvé borre de su recuerdo lo que deberé ver hasta mi último aliento, sólo me queda borrar lo que ha sido grabado para asegurar vuestra llegada a la tierra prometida.

Con gesto amplio extendió sus dos brazos blandiendo encima de su cabeza las dos piedras de granito para lanzarlas con violencia sobre una roca a los pies de los primeros seres que se habían agolpado bajo el montículo en el que estaba, entre los que se encontraban Aarón y sus dos hijos impotentes por detener tal cólera.

Las tablas, tan duramente escritas, se rompieron en pequeños trozos. Las palabras eternas, prescritas por el Creador, volvieron al silencio y al polvo terrestre. El ruido del estallido no había cesado cuando Moshé gritó:

-La maldición de Yahvé caiga sobre vosotros. Vergüenza para mí y desgracia para vosotros. Prometisteis dejar el Toro, convertido en ídolo para los egipcios al partir, y no tener otro Dios frente a vosotros más que Yahvé. ¡Desgracia por este abominable perjurio!

Las mujeres ya estaban de rodillas implorando perdón, pero Moshé no tenía corazón para ceder a la piedad. Los cuarenta días en la Montaña habían sido agotadores. Bruscamente se giró y entró en su tienda donde Séfora lo esperaba. Su esposa lloraba a su héroe muerto, no había participado en la blasfemia general y el milagro de esta súbita resurrección le había afectado de forma que tuvo que tenderse sin poder asistir a Moshé.

Durante la noche, algunos de los cabecillas presos de pánico, rompieron trozos del toro y huyeron antes de que se diera la alarma. Con el fin de evitar otro robo del oro, los herreros fueron despertados y fundieron el resto en lingotes en espera de una decisión futura. Las mujeres seguían llorando y solicitando clemencia a gritos para evitar que la maldición recayese sobre sus esposos. Aquí se alió el pánico con la naturaleza humana y engendró males que empezarón a afectar sin distinción a toda la población.

Uno de los crisoles, con el oro licuado a punto de ser vertido en un molde, cayó violentamente y todo el metal fundido cayó en una nube de vapor y fue absorbido por la arena que rodeaba el pozo de agua necesario para la forja. Todos los que lloraron la pérdida del oro, a la vez que bebían del pozo, se envenenaron sin darse cuenta y perecieron más de tres mil personas con horribles dolores, incluyendo a seis de los cabecillas. El terror que se apoderó de los humanos, frente a esta visión de espanto, les impidió enterrar los cuerpos correctamente. Cada uno se quedaba encerrado en su tienda, a solas con su conciencia, y la lepra surgió de la fosa común antes de que los últimos cuerpos hubiesen desaparecido.

Al día siguiente aparecieron seis casos, las lamentaciones de las mujeres que venían a presentar a Moshé sus hijos cubiertos de terribles llagas, enternecieron a Séfora que intercedió cerca del Salvador. Repuesto de su cansancio, pero aniquilado moralmente por las escenas de su regreso, seguía rezando y dialogando con su conciencia para poder determinar en qué había fallado para que este pueblo llegara a tal desenfreno. Las solicitudes angustiadas de su esposa acabaron por hacerlo salir de su letargo:

-Por Yahvé, oh tú que los has llevado hasta medio camino de la tierra prometida, haz que queden algunos para continuar el viaje. Que los que han blasfemado paguen el precio de sus actos, pero salva a los demás, te lo ruego. Sal fuera y mira esos pobres niños que van a morir, ellos no han hecho nada, dormían, no saben ni lo que es el mal. ¿Por qué deberían morir?

Moshé salió de su tienda, abrió sus ojos y escuchó, no había duda alguna que la furia del Eterno empezaba su obra. Eran cien, pero mañana serían miles, y pasado mañana... ¿quién sobreviviría? Moshé, superada su cólera, dijo:

-Llorad mujeres pecadoras. Llorad a esos hijos que se mueren por vuestras culpas, porque Yahvé aún no está apaciguado.

Las mujeres redoblaron los lloros y, como le rompían los tímpanos, volvió a su tienda. Solicitó a su mujer ir a buscar a Aarón, al que hacía dos días que no veía. Ahora que deseaba volver a sus responsabilidades, quería saber cómo se había iniciado todo. En poco tiempo, el que había sido su hermano de sangre, su primogénito en Egipto hacía más de cincuenta años, entró en la tienda con los rasgos cansados, seguramente había envejecido en poco tiempo ya que los hechos le habían marcado terriblemente. Los dos hombres se miraron en silencio y Moshé preguntó:

- ¿Ya te creías el jefe de esta comunidad infantil para llevarla al mayor pecado que existe para la humanidad?

-Estás enfadado y lo comprendo muy bien, hermano, pero conoces bien a este pueblo, si crees que soy responsable de lo que se ha producido durante tu ausencia...

Aarón se dispuso a explicar la situación con el fin de justificarla, pero no satisfizo a Moshé, que replicó:

-Tú eras un gran sacerdote en Egipto, Aarón, y sabías que la pérdida del alma es como si el ser humano quedase desnudo. Aceptando la construcción de lo que para ellos era un ídolo, y no una representación de Yahvé, has cometido la acción la más vergonzosa que hay.

-Sé que actué mal cediendo a la presión del pueblo. Sé que Yahvé representa mi vida, y pido que deje de matar a inocentes.

-Dios no desea tomar tu vida, ni la mía antes de que hayamos acabado nuestra obra. Debemos ir hacia Canaán.

-Pues dile a Yahvé que salve al pueblo antes de quedar diezmado.

-Bien, lo haré, pero ordena de inmediato la construcción de la "tienda de la Alianza", que se erija en las afueras del campamento impuro. La consagraré y quizá Yahvé acepte perdonar los supervivientes de esta lepra.

A lo largo de los seis días siguientes se montó la tienda de la Alianza, que sería de hecho un templo portátil consagrado al culto de Yahvé hasta la edificación de un gran lugar de oración idéntico en la tierra prometida. Cada uno venía a suplicar a Moshé para que volviera a grabar las tablas de la ley del Eterno, incluso Aarón, a pesar de su minuciosa vigilancia de las diversas medidas del conjunto religioso, encontró un momento para solicitar al guía del pueblo:

-Devuélvenos esas tablas de la Ley de Yahvé, oh hermano, sin ellas la tienda de la alianza no será nada, ¿de qué nos sirve si está vacía, para qué haber solicitado este tabernáculo, si sólo hay perfumes y un candelabro con siete ramas de oro? Está vacío. ¿Crees que el Espíritu de Dios vendrá al sanctasanctórum, si no figuran los mandamientos dictados?

Moshé, apoyándose firmemente sobre su bastón, miró con dureza a Aarón:

- ¿Quién te crees para suplicar así? Tú has fallado en mi ausencia, mientras hablaba con Yavhé. No tengo responsabilidad alguna en la imperdonable falta colectiva cometida aquí. La afrenta a Yahvé merece un castigo.

-Ya ha matado la lepra una buena tercera parte de la comunidad, y Yahvé ha perdonado, desde hace dos días no hay más casos. Haz lo mismo: Perdona.

- ¿Quién soy yo para perdonar lo que sea? Cuando una de las jarras que sirve para acarrear agua se agrieta, se tira y se acaba de romper. Nadie acusa al alfarero de haber hecho mal su trabajo.

-Claro que no, pero el que la ha roto acude de inmediato al alfarero para adquirir otra. Tu pueblo se acusa desde hace días y días por haber ofendido a Yahvé, y sabe que al creerte muerto actuaron de igual forma. Después de ello, pensaron honrarte en el fondo de sus almas, tú que primero fuiste egipcio antes de ser el Extranjero, edificando ese Toro que representaba a Osiris. Tú mismo dijiste que era el hijo del mismo Dios y que habría otro en un tiempo futuro para asegurar la población en peligro. Ellos lo han creído. El águila seguía su ronda por el cielo y el león seguía rugiendo. ¿Por qué el Toro no podría ser el símbolo de la esperanza y de la libertad?

Derrotado por la larga parrafada, Moshé recordó que había visto en sueños en el Sinaí al próximo Mesías, pensó no haber hablado de ello a nadie. Incluso ahora creía que fue un sueño. Vio una nueva señal que le imponía el olvido. Por ello, dijo tranquilamente:

-Bien, me retiraré dos días, un poco más alto en la montaña para no importunar al Eterno con mi presencia, y grabaré una nueva tabla de la Ley y sus mandamientos, pero la cólera de Yahvé aún no se ha apaciguado, lo presiento, y témela desde hoy mismo ya que vuelves a ser el responsable.

Aarón salió encorvando la espalda, pero su corazón estaba contento, había decidido tomar el martillo y volver a grabar el texto tres veces santo. ¿Qué importaba si Dios le reprendía? Ya había realizado su tarea y era hora de entregar su alma al que era su creador.

En la víspera del día decidido por una buena configuración con los astros para consagrar el tabernáculo, Yahvé no la emprendió contra Aarón, sino con la carne de su carne. No podía ser una coincidencia.

Nabad y Abiu, los dos hijos del pontífice que debían convertirse en grandes sacerdotes a su vez, desde el día después del holocausto de un novillo para alejar el pecado y un magnífico carnero para agradecer a Yahvé su clemencia, se ocupaban en la purificación de la Tienda de la Alianza. Ese día habían encendido sus incensarios antes de poner incienso, y fueron encontrados más tarde inanimados y asfixiados por las emanaciones de la mezcla que habían hecho. ¿Qué habían añadido? Nadie lo supo, pero para todos fue evidente que Yahvé había castigado a Aarón en su prosperidad, para que el pontífice del pueblo supiera distinguir desde ahora lo puro y lo impuro, lo profano y lo sagrado.

Los dos hijos de Aarón no tuvieron gracia a los ojos de Moshé que los hizo inhumar en un lugar retirado, fuera de la vista de la población arrepentida. La inauguración de la tienda de la Alianza, o tabernáculo, se hizo en el mayor recogimiento y con fervientes oraciones. El pontífice oficiaba siguiendo estrictamente la ley del Señor todopoderoso. A los diez mandamientos de la Ley se le adjuntaron las trescientas sesenta y cinco prohibiciones, una para cada día, y las doscientas cuarenta y siete ordenanzas, una por cada órgano del cuerpo. Y todos reconocieron que esta ley era sabia, aunque las generaciones que seguirían la tuvieran cada vez menos en cuenta, pero esto es otra historia. Esta tabla reaparecida, y la evocación de los textos sagrados egipcios surgidos de los cálamos de los escribas atentos a la conservación de los textos sagrados, se ha mantenido, a través del paso del tiempo, en la exageración de su origen. El levita es de alguna forma la prueba evidente y formal.

Moshé retomó sus actividades, preparando la gran partida tal como era conveniente. Debía organizarse para cruzar territorios semejantes a los de los amalecitas. Josuah fue encargado de censar todos los hombres válidos para llevar armas, con el doble objetivo de conocer el número total de almas activas de la población en camino para un futuro destino.

Como existían doce tribus y los "extranjeros", surgió una amarga discusión entre los jefes y los patriarcas para delimitar el emplazamiento de cada uno alrededor de la tienda de la Alianza, siendo esta disposición la misma para los desplazamientos futuros. Se establecieron zonas de influencia de forma muy delimitada ya que las tribus de Judá, de Rubén, de Efraím y de Dan agruparon a las ocho restantes a su alrededor. La amargura de Moshé llegaba a su colmo, al igual que su exasperación frente a la ceguera y egoísmo que parecía tener su lugar en la ciudad. Para los "extranjeros" que habían dejado Egipto con ellos y que eran igual en número, se decidió que los varones que esposaran hijas de una u otra tribu, verían sus hijos ser miembros de pleno derecho en dicha tribu. Para las extranjeras que fueran tomadas como esposas por hebreos, sería igual. Así a partir de la tercera generación, no habría más que hebreos repartidos en doce tribus aliadas por el tabernáculo y la Ley, a falta de una misma sangre.

Moshé intentaba encontrar una forma de llevar a cabo esa unidad que los jefes habían desechado al no desear mezcla alguna entre tribus bajo pena de perder toda la herencia de bienes y de suelo en la tierra prometida. Moshé imaginó cómo crear un lazo indestructible de alianza que pensó podía ser tan benéfico como la tabla de la Ley de origen divino, por ello el pectoral que ideó contendría las doce piedras celestes, a pesar de que no tendría siempre las mismas santas propiedades.

En todos los tiempos los grandes de Egipto han llevado en su pecho, engarzado en un metal que variaba según el día del nacimiento, un mineral específico, receptor de los rayos cósmicos propios al "corazón" de la constelación de las Doce que había presidido a la impregnación de la parcela divina en la envoltura carnal humana, desde la salida del vientre de la madre. Él mismo siempre había llevado esta piedra violeta, amatista, insignia distintiva que le había anudado la divina princesa Termutis el día en que Yokhebed le informó del día exacto del nacimiento del pequeño llamado Met.

Moshé concibió el proyecto de forjar en un pectoral[113] mayor, con las doce piedras cósmicas como signo distintivo de Israel, nombre adoptado por las doce tribus como nombre genérico. Cada una de las piedras estaría atribuida a una de las doce grandes familias que se mantendrían unidas mientras que el pectoral reuniese los doce minerales. Dando a entender que el día en que una u otra de las piedras desapareciese del pectoral, Israel ya no sería.

Con el objetivo de no renovar estériles discusiones, Moshé eligió situar las doce piedras sobre el pectoral, con el mismo orden que las tribus alrededor del Tabernáculo, así los minerales fueron engarzados de derecha a izquierda, en cuatro filas de tres, de la forma siguiente:

Sardónice	Topacio	Esmeralda
Escarmouche[114]	Zafiro	Diamante
Ágata	Jacinto	Amatista
Crisólito	Cornalina	Jaspe

Este arreglo, así como los Números atribuidos a las influencias de las doce piedras, debían anular todo capricho de separación de la nueva nación, aún en proceso de creación.

Pasaron dos años antes de que todo estuviese dispuesto para la señal de partida. Esa alba llegó sin faltar, el paso del tiempo en el espacio ya no podía perder un segundo en la Tierra. Se desmontó todo, y se cargó y embaló cuidadosamente. Unos equipos fueron designados para llevar el sarcófago de José y el Arca de la Alianza. Para el sarcófago, sus propios hijos de la tribu de Rubén se encargarían del relevo, pero para el arca fue diferente. Después de violentas disputas, finalmente fueron elegidos los hijos de la tribu de Leví, los hijos de Kohat.

La larga caminata empezó con un sólo objetivo: Alcanzar la Tierra prometida por Dios. Moshé se dio cuenta de que, a pesar de todas las promesas humanas, el hebreo seguía siendo un humano a imagen del egipcio: caminaba, comía, se reproducía, pero no pensaba si los actos que realizaba estaban dictados por el conjunto de las coordenadas que dependen del cielo. Sin embargo, la Ley de la Creación fue hecha para esa multitud en movimiento en busca de una nueva patria. Moshé había explicado con paciencia que todos los poseedores de los mandamientos debían perpetuar la enseñanza eternamente sin cambio alguno. Pero la humanidad seguiría siendo lo que era desde milenios: un animal dotado del poder de la reflexión que desgraciadamente

---

[113] Véase nota a final del capítulo
[114] N del T: su traducción sería Escaramuza (¿mineral?).

se veía sujeta a nefastos factores externos como el hambre y la envidia, o propulsada por intuiciones internas que no tenían valor alguno, como el beneficio o la necesidad de pelearse constantemente para evitar unirse.

Moshé veía con tristeza el futuro, sobre todo cuando él no estuviese para decidir en el nombre de la comunidad. Bendijo la caravana y dijo: "Parte hacia la Tierra prometida, oh Israel, con las Tablas de la Ley. Llevas la Sabiduría a tus espaldas en el Arca de la Alianza. Este conocimiento te fue revelado por Dios. Haz, oh Israel, que todos los pueblos hasta el fin de los tiempos digan: Este pueblo es el único sabio e inteligente".

El legislador no dijo más que eso ya que en el fondo de su corazón sabía que esto no era una profecía y que Israel seguiría matándose internamente hasta el fin de los tiempos prescritos, su egoísmo sería inconmensurable. Hasta tal punto lo sabía, que el primer descanso en la primera caminata, ya se dejaron oír recriminaciones sórdidas y partidistas.

NOTA

A Propósito del Pectoral llamado de *Moisés*.

El TAU-ANKH de los egipcios.

Conviene ante todo retomar el significado de la palabra piedra, que es moderna y que no existía en la antigüedad. Se trataba de *calculi*, que eran pequeños trozos de minerales que servían para contar y calcular, de ahí: *Calculi*.

El Apocalipsis de San Juan ofrece una de las claves para la comprensión del significado de las doce piedras. Dice en el capítulo 2, versículo 17, dirigiéndose a la iglesia de *Pérgamo*: "*El que tenga oídos que escuche lo que el Espíritu dice a las Iglesias: Al vencedor daré el maná escondido, le daré también una piedra blanca que llevará grabada un nuevo nombre que nadie conoce excepto el que lo recibe*".

Algunas piedras, "las doce piedras", correspondían en Egipto a talismanes que los bebés llevaban desde su nacimiento en las familias nobles, e igualmente en las familias del clero de Ptah. Esta tradición remontaba a unos orígenes lejanos de los rescatados del Gran Cataclismo que había aniquilado Aha-Men-Ptah, que era la Atlántida de Platón. Cuando abordaron las costas marroquíes, desprovistos de lo necesario, en cuanto solucionaron los alimentos, empezaron a buscar yacimientos de estas doce piedras en el territorio de Ta Mana, lugar de Poniente, es decir Marruecos.

En 1972 y 1973 recorrí el país a todo lo largo para encontrar con éxito personalmente esos lugares olvidados o perdidos. Ocurrió lo mismo en Egipto y en el Sinaí, a pesar de las grandes dificultades debidas a la evolución política en estos territorios.

Para comprender bien la realidad de este valor cósmico, debemos retomar cada nombre y restablecer el origen en relación con el Tau-Ankh egipcio. Por ejemplo, la palabra Zafiro, es una pronunciación que viene del hebreo *Sapir, que significa la "cosa bella"*. Sin embargo, la piedra correspondiente en jeroglífico es la que lleva el nombre *de Sirio* o *Sothis* en griego, *Sap'ti* en lengua faraónica. Era una forma de honrar "la cosa la más bella" antes de darle el nombre de Sep'ti que irradiaba la radiación transmitida por las Doce.

Es muy probable que se haya necesitado miles y miles de años de investigaciones y de experimentos para llegar a esta espléndida piedra que no tiene nada que ver con lo que comúnmente se llama "Zafiro", pero que sigue siendo sin embargo el "Sapir" es decir la cosa la más bella a ver. Se trata precisamente de una variedad de calcedonia azul que es una variedad de cuarzo fibroso con elementos irradiantes muy particulares. Ocurre lo mismo más "piedras", como el diamante o la esmeralda, por ejemplo. El término "piedras preciosas" no significa el valor económico del guijarro, sino si su rareza y su enorme valor en el plano espiritual. Por ello, Moisés esperaba un pectoral, (Tau-Ankh en jeroglífico, que significa vida eterna hasta en el más allá) conteniendo las doce piedras que serían la garantía de una nación imperecedera e indestructible.

Para comprender bien el fenómeno "viviente" incluido en estas piedras, debo ceder la pluma al bibliotecario de la ciudad de Ginebra, en el año 1777, muy famoso por su erudición y que después de haber traducido del latín los *Opúsculos de física animal y vegetal* del abad Spallanzani, escribió, además de la introducción, este pasaje:

"*Nunca se ha descubierto jugo en los minerales, pero ¿por ello debemos concluir que no están organizados? No lo creo, es más natural presuponer que su organización, que es tan sencilla como su composición, es quizá también difícil de observar. Además, sabemos que algunas piedras son grasientas al tacto, otras echadas al fuego dejan escapar mucha humedad, algunas se vuelven cóncavas al enfriarse, otras se cargan de electricidad al calentarlas. ¿No podríamos suponer que existe algún tipo de fluido que en ello podría circular? ¿Quizá un fluido más sutil que los conocidos, como el fluido magnético que fluye a través del fuego?*"

El poder benéfico de la piedra unida a su propio nacimiento estaba tan arraigado en los egipcios que se ha perpetuado a través de los hebreos por Moisés, luego por los "magos" caldeos y babilónicos, en Grecia y en Italia.

Marco Antonio, que había adquirido de Cleopatra una magnífica amatista, la perdió a su regreso a Roma. Un día, muy apenado por esta pérdida a la que hacía responsable de su desgracia, vio que el senador Nonnius llevaba también una, alrededor de su cuello. Por ello le rogó que se la devolviera. Nonnius se negó y, por miedo a la represalia, prefirió huir abandonando todos sus bienes, tan seguro estaba que, gracias al poder benéfico de su piedra, reharía una nueva fortuna en el extranjero, cosa que ocurrió. Además, ya conocemos el final de Marco Antonio.

Para finalizar esta nota aquí están los nombres de las piedras en jeroglífico, con los nombres de los meses y su correspondencia astral:

SORINE	MESORI	21 marzo	Aries
THETINE	THOTH	21 abril	Tauro
PAOCINE	PAOPHI	22 mayo	Géminis
HATHINE	HATHOR	23 junio	Cáncer
CHONITE	CHOIAK	23 julio	Leo
THONITE	TOBY	24 agosto	Virgo
MAATITE	MECHIR	23 septiembre	Libra
PAATITE	PAYNI	22 octubre	Escorpio

PHARMOTE	PHARMENOTH	21 noviembre	Sagitario
PAAMOTE	PHARMUTHI	31 diciembre	Capricornio
PACHOTE	PACHOR	21 enero	Acuario
EPHOTE	EPIPHI	20 febrero	Piscis.

TERCERA PARTE
EL EXPATRIADO

> "Sea la que fuere la desconfianza de la crítica, motivada por la tardía época de la compilación bíblica y por el entorno legendario a menudo concedido a los personajes y a los acontecimientos, no por ello la Biblia ha dejado de tomar el espíritu de los tiempos que precedieron a la época histórica: Ella aporta inestimables testimonios acerca del sentimiento religioso, el estado moral, la constitución de la familia y la sociedad de los semitas". (ALEJANDRO MORET. Historia de Oriente, T. 1).

> "¿Qué lugar podrá recibirte? ¿Y cuál será la señal que indique tu sepultura? Todos los que mueren son enterrados en la tierra en su momento, pero tu sepulcro se extenderá de Oriente al Poniente y del sur hasta la mitad: Ya que todo el globo de la tierra será tu sepulcro. ¿Te vas, pero quién alimentará al pueblo? Son seiscientos mil, aumentados gracias a tus oraciones, señor Moisés". (LA ASCENSIÓN DE MOISÉS. Extraído del fragmento, trad. J. Bonsirven)

INTRODUCCIÓN

La tercera y última parte de la vida de Moisés, convertida en mística antes de entrar en la leyenda fantástica e irreal, cuenta el final del gran hombre que sólo fue un expatriado por no decir un apátrida, ya que murió viendo las orillas del Jordán, pero sin penetrar en la tierra prometida. Lo que podría sorprender al lector es que en la segunda parte no se hayan descrito meticulosamente las leyes. Es patente que todos los libros sagrados al uso: la Biblia, el Corán y la Torá ofrecen páginas y páginas de ello. Cada uno puede, pues, buscarlas sin tener que investigar. Por otra parte, lo más importante en lo que me alcanza es que esas leyes ya existían desde hacía siglos y siglos en la legislación egipcia que las había restablecido después de un éxodo anterior en condiciones similares, a otro nivel, bien conocido por Moisés.

Incluso los que niegan con vigor este hecho por cuestiones de exégesis, están obligados a reconocer que el Pentateuco bíblico se caracteriza por el lugar que ocupa en Egipto. Este país aparece en todas las filigranas, o por alusiones o por términos directos, bien bajo forma de pesadilla de servidumbre, bien como país fértil donde la vida era ruda pero cómoda en relación a las privaciones padecidas en el desierto. En la lectura del Pentateuco, cualquier lector reconocerá no sólo a Moisés, educado en el conocimiento egipcio, sino que, incluso los escribas que redactaron las tablas de las leyes que vivieron en ese país la mayor parte de sus vidas.

La salida de Egipto es recordada en todo momento por el escritor como un lamento latente profundo en su ser y resurgido a través de la nueva legislación proveniente de su viejo país. El relato bíblico que sigue paso a paso el éxodo de todo un pueblo oprimido compuesto de hebreos, egipcios y prisioneros liberados de la esclavitud, es el segundo drama histórico, más conocido que el anterior, desde Ath-Ka-Ptah hasta el Segundo corazón de Dios, que los griegos pronunciaron Ae-guy-Ptos y nosotros Egipto.

La Torá judía, cuyos primeros textos levitas sirvieron para componer el Pentateuco del Antiguo Testamento tal como se conoce en nuestras biblias o en el Corán, vanagloria en cada página y de mil formas diferentes las maravillas egipcias, incluso en el momento de la salida de Egipto donde vemos bajo una forma muy politizada la referencia a la fiesta la más solemne referida por Moisés: la de la Pascua. Incluso la consagración a Yahvé de los primeros nacidos viene del "milagro" de la décima plaga que, de hecho, no lo es. Fue una invención de los levitas mil años después de la introducción de la ley mosaica en el Sinaí.

Se trata de una referencia tendente a reconfortar a los hebreos de que su salida fue una victoria sobre los egipcios, y, sin embargo, es innegable que no sólo desde la estancia de José y Jacob en Egipto, y luego con la ocupación de los hicsos durante dos siglos, la mezcla de las razas fue tal que era imposible decir quién era egipcio y quien no. Si admitimos que los oprimidos en la servidumbre que dejaron las orillas del Nilo contenía a partes iguales hebreos y los otros, que a partir de la tercera generación el pueblo hebreo tenía tanta sangre egipcia como judía en sus venas.

Hasta tal punto que, desde el Éxodo, los acontecimientos se fechan de forma precisa, no partiendo de Abraham o de Adam, sino contando los días desde la salida de Egipto, así como lo habían hecho los supervivientes de Aha-Men-Ptah a partir del día del Gran Cataclismo. La fecha de la fundación de Hebrón, ciudad de Palestina, es sustituida por la de Tanis, capital faraónica. Lo que supone con toda lógica que ésta era más conocida por los escribas ya que la usaron como fecha de partida en su calendario. ¡Sin embargo es en Hebrón donde están las tumbas de los patriarcas!

También es sorprendente leer en el Génesis, bajo la pluma del escritor, que la fertilidad de la llanura de Sodoma y Gomorra era como un "jardín de Yahvé semejante a Egipto" (Gén. XIII-10). ¿Por qué no escribieron que el jardín de Yahvé era semejante a la llanura de Megido o a la de Séfala que aún siguen siendo tan espléndidas para los visitantes de Israel?

Esta incesante referencia a Egipto, y no a Caldea de donde surgió Abraham, siempre ha sido una sorpresa para mí, pero se explica fácilmente cuando comprendemos que Moisés no hizo más que reintroducir las leyes egipcias modificadas a los hebreos para que éstos accedieran a la gloria terrestre y a la vida eterna, pero no a la decadencia egipcia únicamente debida al abandono de su fidelidad a Ptah, el Creador de las criaturas humanas.

Una prueba más científica y precisa es permitida gracias a la continuación del mismo versículo citado: ..."*semejante a Egipto cuando llegas a Zoar*"... Los exegetas han intercalado el significado del texto asegurando que ese Zoar era en realidad el Zeghor de la llanura del Jordán. Pero desde 1882, todos los egipcios saben[115] que el Zoar indicado fue una importante localidad en tiempos de Moisés situado en el actual Wadi Tumilat en el extremo de la tierra de Gosén desde donde justamente salieron los emigrantes.

Para dar ejemplos sencillos, los incesantes murmureos contra Moisés de los que habla el Pentateuco, provocados por los sufrimientos padecidos, no eran más que comparaciones entre su estado presente en el desierto y el que tenían en Egipto. Las privaciones que padecían en su larga marcha no eran más que quejas en relación con la "abundancia de la que gozaban en Egipto". Antes del pasaje del Mar Rojo, los fugitivos gritaban: "¿No hay suficientes tumbas en Egipto? ¿No era mejor servir a los egipcios que morir en el desierto?". Superaron el mar Rojo, asistieron al final de un faraón y siguieron quejándose: "¿Por qué no habremos muerto en Egipto, cuando estábamos sentados frentes a las ollas llenas de carne? ¿Por qué nos has sacado de Egipto para matarnos de sed, a nosotros, a nuestros hijos y rebaños?".

Los ejemplos son numerosos tanto en el capítulo del Éxodo como en el de los Números. Dejaré las citaciones textuales solicitando al lector escéptico leer los dos capítulos numerados del Antiguo Testamento. Aún más importantes son las reflexiones que se deben hacer referentes a la ley llamada "mosaica".

El protocolo del Decálogo empieza con estas palabras: "*Yo soy Yahvé, tu Dios que te ha hecho salir de Egipto, de la casa de la servidumbre*". Este inicio del texto llamado los Diez Mandamientos nos indica lo que era real y de actualidad para los que vivían en esos tiempos. No se trata de forma alguna de la esclavitud de los hebreos en la construcción de los ladrillos, ya que esa esclavitud los alimentaba a pesar de los duros trabajos. Se trata por supuesto de la servidumbre religiosa realizada por los adoradores del Sol, los de Amón el Carnero, en contra Ptah, el Dios-Uno, Creador del Universo. Es lo que dice Dios bajo su nuevo nombre de Yahvé: "*Seguidme fuera de la servidumbre religiosa instaurada en Egipto que fue mi segundo corazón y que ahora blasfema cada vez más. Seguidme y os daré una tercera tierra: es una promesa formal*".

Prácticamente todas las ordenanzas para los trescientos sesenta y cinco días se refieren a los textos sagrados de Egipto: "*Si un extranjero reside en vuestro país, no lo molestéis, y amadlo como a vosotros mismos, porque habéis sido residentes en el país de Egipto*".

Entre paréntesis, esta ordenanza retomada en varios lugares del Antiguo Testamento (Ex. XXII,21; XXIII,9; XIX,33; Deut. X,19; XXIII,7 etc.) afirma que los hebreos "residían" en Egipto y no fue como "esclavos".

Las ofrendas, los sacrificios, las purificaciones, la construcción del Tabernáculo y del Arca cuyas medidas son dadas en codos egipcios, la madera de acacia, el tipo de sicomoro, el único que se usaba en Egipto para ese tipo de realizaciones santas. Todo, absolutamente todo, es de origen divino monoteísta, importado de Ath-Ka-Ptah y

---

[115] Véase la obra de J. Dumichen: *Geschichen: Geschichte des alten Aegyptens*. Tomo 1, pág. 882.

llevado hasta Israel frente a la ceguera de los hijos de las dinastías faraónicas antiguas. El reinicio durante la era del Carnero de una tentativa de renacer, con un segundo pueblo elegido agrupando diferentes etnias en una entidad convertida en el pueblo judío, ¿fue llamada al mismo final? ¿cómo en el advenimiento de la nueva era de Piscis? Esto será objeto de un estudio posterior con Jesús, el Cristo. Pero es útil hacer esta pregunta para observar lo que ha ocurrido anteriormente en esta región de la tierra.

    En esta parte del relato, Moisés se convierte en legislador y sus preocupaciones están lejos de acabar. El venerable patriarca conocía la realidad de esta transmisión de las leyes, y sabía por qué ocurría, por ello no reparó en los medios usados. Moisés cada vez se aleja más de lo que era, había sido egipcio, luego un extranjero y a partir de la nueva salida para el Sinaí, no era más que un expatriado o un apátrida.

LA RUTA DEL SUFRIMIENTO[116]

> "*Y de pie frente a Dios, Moisés habiendo tomado su lugar, en la nube oscura le hablaba cara a cara. Él decía al Señor: ¿No acabaré? ¿Hasta dónde quieres que aún lleve mis pasos? ¿Viviré, pues, siempre poderoso y solitario?*[117]. (ALFRED DE VIGNY. Moisés).

En el primer día de esta larga marcha, que sería un verdadero calvario, las instrucciones de Moshé acerca del establecimiento del campamento, en la inmensidad de la llanura desértica a lo largo de la cadena montañosa, dieron un rigor militar al campamento que Josuah debía controlar para evitar cualquier discusión.

El emplazamiento del tabernáculo y de su recinto había sido determinado por los hijos de la tribu de Leví que estaban a su cargo, la multitud se instaló siguiendo los acuerdos anteriores entre los jefes de las doce tribus y el consejo de los setenta Ancianos. En el septentrión, es decir al norte de la tienda de la Alianza. Se erigieron los tejidos de las habitaciones de los hijos de Merare, los que llevaban las vigas del santuario, sus columnas y sus telas. Más al norte, detrás de ellos, se erigían los estandartes de las tres tribus de Simeón, Gad y Rubén. A izquierdas del tabernáculo, se situaron los hijos de Gersón, que se ocupaban del servicio del santuario. Detrás de ellos, hacia el occidente solar, se montaron las tiendas de las tribus cuyos emblemas eran el ágata, crisólito, y amatista: las de Benjamín, de Manasés y de Efraín. Por fin, a la derecha del lugar santo y de Yahvé, hacia donde el sol se levanta, Moshé erigió su estandarte como jefe supremo, manteniendo cerca de él la tienda de Aarón, detrás, las de los dos hijos del legislador, y más al este se erigieron las tiendas de las tres últimas tribus: la de Isacar, Zabulón y Judá.

De esta forma, la ley con todo su rigor regía los menores actos de la vida diaria al igual que los más importantes. Y para que nadie olvidara ni por un instante la Alianza,

---

[117] Poema de Alfred de Vigny, este gran poeta francés que vivió de 1797 a 1863 fue más estoico que cristiano, a menudo comparado a Pascal sigue siendo uno de los mayores soñadores inspirados. Escribió en su diario dirigiéndose a Dios: "*Siento sobre mi cabeza el peso de una condena que padezco para siempre, Señor. Ignorante de mis fallos y del proceso, aguanto mi cárcel, donde trenzo paja para olvidar*". El poema completo: Moisés, (cuyo extracto ha servido de epígrafe).

Moshé llevaba visiblemente sobre su túnica el pectoral con las doce gemas que parecía irradiar la fuerza de la persuasión de esta unidad, sin la cual Israel no sería más que pequeñas tribus nómadas matándose las unas a las otras. Aarón se había quedado solo en el concepto de rigor sacerdotal e intentaba educar los dos hijos de su menor, Gersón y Elzerión, para que pudieran tomar la sucesión llegado el momento.

Pero resultó que, desde el inicio de esta agotadora marcha a través del desierto, se redoblaron los murmureos de reprobación, y comiendo su escaso sustento se preguntaban cuánto tiempo duraría y si aún debían padecer epidemias que mermarían las familias; añoraban las sandías y los pepinos jugosos de su fértil tierra de Gosén, al igual que las cebollas y la carne cocinada en sus ollas. Después de la sexta etapa, más larga por preceder el descanso del día del Sabat, los murmullos se tornaron acusaciones.

En el día del Señor, los estómagos hambrientos olvidaron lo que sus ojos habían visto, y escuchado sus oídos, como de costumbre se dirigían a la tienda de la Alianza para mantener el oficio prescrito para la oración ritual a Yahvé que era una llamada a la perpetua clemencia más que un himno de agradecimiento. No eran ángeles y su alimento era esencialmente terrestre, sin embargo, las codornices y el maná escaseaban.

Al llegar al valle inferior bordeando la cadena del Sinaí, Moshé temió verse sometido a la prueba que en realidad esperaba. La ruta del sufrimiento culpó al jefe de la cohorte que era como la de todos los generales que hacían cruzar los desiertos a sus ejércitos imponiéndoles grandes privaciones. La única diferencia, y la más grande, es que los soldados esperaban el botín después de la batalla, mientras que esta humanidad se dirigía hacia un país que no situaba y donde hipotéticamente habría ríos de miel y leche.

El legislador se convertía en el que padecía a esta población en perpetuo movimiento y eternamente en busca de alimentos. Las quejas se precisaban, sublevándose contra las restricciones alimentarias decididas uniteralmente por el patriarca en el nombre de Yahvé. Él intentaba explicar que Dios actuaba como médico benefactor hacia sus criaturas humanas, pero en Egipto todo el mundo sabía que cuando un médico prescribía a un enfermo la prohibición de algunos manjares es porque podía salvarlo, y si le permitía comer a placer todo lo que deseaba, era porque estaba en el umbral de la muerte. Al final, exasperado por todos los compromisos a los que se veían reducidos, se decidió nombrar seis Sabios para constituir un gran consejo que tomaría todas las decisiones oportunas[118].

---

[118] A propósito de los 72 del Gran Consejo: Aquí también la Biblia incontestablemente ha reducido el número a 70 por comodidad, la prueba formal es dada en la traducción del texto del Pentateuco por los "Setenta". Este término de 70 es admitido y deja a entender que había 70 traductores judíos. ¿Pero cuál fue la verdad?
Históricamente, los anales nos dicen que el rey Ptolomeo Filadelfo, con el fin de enriquecer la biblioteca de la capital de Alejandría, solicitó al gran sacerdote Eleazar de Jerusalén, unos hombres capaces de traducir al griego los libros sagrados hebreos. Eleazar eligió a seis sabios doctores de las leyes judías de las doce tribus de Israel para enviarlos a Alejandría. Ptolomeo Filadelfo los recibió con grandes honores y los estableció en una residencia real en la isla de Faros

Desgraciadamente durante estas transacciones inter tribales, un rebaño salvaje fue abatido por los hambrientos, a pesar de la prohibición de comer esa carne impura, la devoraron introduciendo una nueva epidemia. Sus estragos fueron devastadores en un tiempo de seis días. La pestilencia sólo pudo ser barrida por un viento que barrió la llanura el segundo Sabat y que obligó al pueblo a permanecer en sus tiendas. Por ello, el valle se llamó "el sepulcro del deleite" denominación que aún permanece actualmente en el nombre hebreo: *Kibroth-Hattahava*.

Moshé ni siquiera se atrevía a pensar cuánto aún debía durar este camino del sufrimiento, y para rechazar la angustiosa pregunta enseñaba las leyes a los miembros del gran consejo para que pudieran gobernar con sabiduría. La mayoría de ellos ya juzgaban con equidad las discrepancias planteadas, pero muy a menudo solicitaban consejo al venerable legislador.

En la tensa y dolorosa atmósfera que reinaba en el campamento en el que cada uno pensaba en su sufrimiento, ya nadie se atrevía a decir que tenía hambre bajo el temor de una nueva plaga. La partida se preparaba para iniciar una nueva etapa que los llevaría a las puertas de Elzerión. Josuah fue a ver a Moshé:

-Llegamos a casa y me alegro. Mi padre ha hecho llevar a la explanada lo necesario para preparar un campamento donde se amontona comida suficiente para el pueblo que ha sobrevivido a la desgracia de la peste. ¿Podríamos aprovechar este descanso para trazar un mapa y dejar de errar?

- ¿Qué quieres decir?

-Para evitar nuevas plagas, humanas esta vez, deberíamos enviar algunos exploradores para que indiquen cual sería la mejor ruta a seguir, tanto para alimentarnos como para sobrevivir.

- ¿Yahvé no ha asegurado nuestra victoria?

- Sólo hemos tenido que luchar contra los amalecitas, y en realidad no fue ni una batalla. Mi padre el sheik siempre ha temido una invasión de oriente, es decir el lugar hacia donde nos dirigiremos después de dejar este campamento en la llanura de Elzerión.

-No creo que sean más peligrosos que los asaltantes de Amaleq.

-Yo temo que sí, maestro. Si nuestra ciudad tenía tratados y acuerdos con los egipcios, con este pueblo de los moabitas y el de los gigantes fue imposible firmar nada.

- ¿Los gigantes? Nunca he oído hablar de ellos.

-De esta forma los llamamos en Elzerión, son más altos que nosotros, no gigantes, pero sí especialmente más salvajes, para ellos somos como saltamontes.

- Tienes mucha imaginación Josuah inspira el temor saludable que aleja a los débiles.

---

para permitirles traducir en paz los cinco libros del Pentateuco, cosa que hicieron entre los 72 juntos, aunque más adelante y aún hoy, sólo se nombra los "Setenta".

-Nuestro ejército tiene experiencia en ello, maestro. Pero, además, hay otro hecho a considerar: llegamos en la estación del crecimiento y los alimentos pueden aparecer en los árboles y en el campo, nuestros exploradores nos dirán donde crece la cebada, donde hay uvas y demás frutos, todo ello nos facilitaría la marcha.

Después de un corto momento de reflexión, Moshé aceptó la idea y dijo:

-Tu clarividencia como jefe de armas es grande, Josuah. Elige entre los soldados una docena de hombres inteligentes y los enviarás para que se adelanten en el desierto. Elige un hombre de cada tribu y envíalos en diferentes direcciones mientras que acampamos en Elzerión.

-Haré lo que dices. ¿Me permites hacer una visita a mi padre para despedirme? Seguramente no lo volveré a ver.

-Actúa según tu conciencia, Josuah, y si quieres quedarte junto a tu padre para aliviarlo en su vejez, lo comprendería.

-El sheik tiene otros hijos y una familia muy numerosa que le ayudará a realizar sus últimas voluntades. ¿Puede venir Elzerión conmigo? Mi padre se alegraría mucho al volver a ver el que lleva el nombre de su ciudad.

-Seguramente mi hijo deseará acompañarte.

-Gracias, venerable maestro. Después de haberme despedido de mi familia, volveré, porque mi vida ya está junto a tu pueblo.

-Que así sea, Josuah y que Yahvé te bendiga en tu resolución.

La implantación en este valle fue la oportunidad para grandes alegrías porque A bemilek había hecho muchas cosas. Los primeros días las patrullas de la milicia de Elzerión recorrían la explanada, vigilantes para evitar cualquier pillaje o infiltración en la ciudad, pero pronto se tranquilizaron al ver que el orden estaba establecido por doquier y que cada día los tribunales de los sabios del gran consejo despachaban. El ejército desapareció en beneficio de un entendimiento muy cordial con la población madianita. El pueblo bien se hubiera quedado ahí para siempre, sin hacer nada más que alimentarse.

Fue a lo largo de un juicio para hacer jurisprudencia, y en el que Moshé había sido invitado, que llegaron Abemilek, Josuah y Elzerión seguidos de numerosos notables que fueron invitados para escuchar. Un hecho muy grave que ofendía a Yahvé había ocurrido la víspera contraviniendo los preceptos dictados por Moshé: se había cortado un árbol en el día de Sabat, y quien viole el descanso de ese día debía morir.

Moshé, en el fondo de su corazón buscaba excusar al infractor pensando que lo denunciaron algunos hijos de otra tribu, celosos de los privilegios de Manasés, ya que si hubiera sido cualquier otro hijo de otra tribu nadie lo hubiera denunciado. Su convicción fue reforzada por el hecho de que, en el transcurso del interrogatorio, la inclinación de la balanza se hizo con descaro. Los sabios habían preguntado:

-Zelofehad, hijo de Sefer: ¿Ignorabas que ayer era Sabat con la prisa por preparar madera para tu familia?

Antes de que el culpable pudiera contestar, los que lo habían llevado contestaron que sus compañeros le advirtieron antes de que fuera a por sus herramientas.

- ¿Y era madera para el altar del sacrificio, honorable hijo de Sefer?

Antes de que el culpable contestara, los demás exclamaron:

-Claro que no, todos sabemos que esa madera era para cocinar los alimentos para su familia. ¡Que se reúna el pueblo para lapidar al profanador! Él ha fallado, que muera, es la Ley, la Ley.

Un apretón en el corazón comprimió el pecho del patriarca cuando se dio cuenta de que los jueces le aplicarían la Ley con todo rigor sin preocuparse de las circunstancias exteriores que indujeron al culpable. Sintió una gran tristeza que lo removió y se levantó de su asiento para saludar a Abémilek y su séquito que estaba sorprendido por la solemnidad de los jueces. Se dieron un abrazo emotivo y el sheik de Elzerión dijo:

- ¿Dejarás este hombre perecer, tú que eres el sabio entre los sabios?

-No puedo hacer más que confirmar la decisión de los jueces, oh tú que eres el más justo entre los justos. Es la única forma de evitar en el futuro que las generaciones infrinjan la Ley.

-Incluso si tu conciencia no se queda tranquila. Yo he logrado a lo largo de mi vida aplicar las limitaciones de la ley oral madianita, y puedo abandonar esta vida dejando a mi primogénito el legado para que siga el mismo objetivo. Ahora te despido, Moshé ben Yitro, y deseo que el peso en tus hombros pueda aliviarse en tu próxima partida.

-Lo agradezco, Abemilek, que sea igual para ti. Nos iremos en los próximos días y te deseo un buen descanso eterno. Que Yahvé te bendiga.

Tres días más tarde, los primeros exploradores volvieron, habiendo conocido varias poblaciones que había antes de llegar al fértil valle del Jordán donde corrían, efectivamente, todas las dulzuras de la tierra, pero, para llegar, unos y otros aseguraban que sería muy difícil ya que el poder de las ciudades controlaba las rutas y la fuerza de su ejército era visible por doquier.

Ya fuese Gadi, hijo de Susi, de la tribu de Manasés, que se había introducido entre los amorreos para ir a Canaán, o el hijo de Yephune, Caleb, de la tribu de Judá, o bien Shamua, hijo de Zakur, de la tribu de Rubén, todos habían cruzado el territorio de los moabitas y de los jebuseos y los tres reconocieron al unísono que sería una matanza si cruzaban. Los hombres serían matados, las mujeres y niños llevados a una esclavitud mil veces más aterradora que la que habían padecido en Egipto.

Rápidamente la población se enteró de los resultados de los exploradores, hijos de jefes de tribus, y de nuevo la emprendió con Moshé tratándolo de impostor y que la tierra prometida no era más que un señuelo destinado a dejar las orillas fértiles del gran río egipcio. El legislador, sin tener en cuenta las lamentaciones y lloriqueos de un pueblo que tan pronto condenaba como glorificaba, reunió a tres exploradores y a Josuah en la tienda del Gran Consejo para estudiar las informaciones que tenían con los Ancianos. Al terminar esta importante reunión Moshé agradeció a los exploradores:

- Habéis sido designados por Josuah para que con vuestra vista y oídos, veáis y escuchéis de forma clara y precisa lo que ocurre en las tierras vecinas de la tierra que nos es prometida por Yahvé. De las tres cosas que deseaba oír y conocer, como el número y el poder de las poblaciones; la prosperidad de las ciudades y sus defensas; la naturaleza del suelo y de los cultivos, habéis sido magníficos en el trabajo. Josuah me ha solicitado teneros bajo su mando y acepto gustosamente, espero que le ayudéis tan bien como hasta ahora y con inteligencia en lo que os sea requerido por el bien del pueblo. Ahora podéis descansar con la bendición de Yahvé.

Los tres jóvenes, orgullosos de servir tal jefe, agradecieron el descanso. Josuah suspiró al ver que el patriarca estaba tan preocupado como él sobre cómo interpretar la información de los exploradores, decidió acompañar al patriarca a su tienda y en el camino para reconfortarlo le dijo:

-Aún quedan nueve exploradores por llegar, maestro, puede que exista un camino más cómodo, en esta época del año cualquier camino asegurará nuestro alimento con la ayuda de Yahvé.

-Pueda el Eterno hablar por tu boca, Josuah, saldremos pasado mañana hacia el territorio de los amorreos si no hay otra posibilidad. Los hijos que falten nos alcanzarán ya que nuestra marcha será lenta antes de llegar al desfiladero de las montañas.

Así se hizo. La larga columna humana, escoltando los carros y los rebaños, avanzaba con impaciencia en cortas etapas hacia la tierra deseada. Cuando la multitud llegó a los confines de la zona montañosa, la naturaleza cambió de repente casi sin transición, el pueblo llegó a la entrada del tórrido desierto de Paran donde el elemento líquido era escaso.

Se instaló un verdadero campamento para una estancia más prolongada concebida por los Ancianos con el fin de reaprovisionarse de agua y alimentos. El proceso convertido en mecánico se puso en acción. Las tribus plantaron metódicamente sus tiendas en los lugares preestablecidos, mientras que los hijos de Merari juntaban las vigas, los travesaños, los pilares y los zócalos del tabernáculo, los levitas erigían la tienda, extendían las alfombras, plantaban su bandera, instalaban las cortinas y telas en el suelo con todos los cordajes apareados. Al fin, Aarón y los hijos de Moshé penetraron después de haberse purificado para poner los velos que rodeaban el santa sanctórum después de quitarlos de alrededor del Arca. Una vez hecho, Elzerión retiró una delgada tela trenzada en oro que cubría el candelabro de siete brazos durante el viaje, y Gerschom limpió con esmero el altar y la mesa de oración.

Todo hubiese sido perfecto si los espíritus de los hebreos hubieran respetado las normas de igual forma. Pero conforme los hijos de las otras tribus volvían de su viaje de reconocimiento en país desconocido, las almas se agitaban y las voces se elevaron cada vez más. La rebelión alcanzó su punto álgido al regreso de Yigeal, de la tribu de Issachar en compañía de Guhel que tenía una gran barba rizada, hijo de los de Gad, proviniendo de Hebrón, ciudad importante más antigua que la Tanis egipcia, donde vivían los descendientes de Anaq. Ellos traían magníficos higos y granadas jugosas que provocaron el deseo a toda la población, pero los propósitos que plantearon a Moshé revolucionaron a todos los que tuvieron fiel eco de ello:

-Los dos nos hemos dirigido hacia el país donde Josuah nos ha mandado por rutas diferentes, cerca de Hebrón nos hemos vuelto a encontrar en un lugar donde fluía la leche y la miel, como puedes ver en las hermosas frutas traídas. Pero la gente que vive en la ciudad y en los pueblos cercanos son muy poderosos y mucho más numerosos que nosotros. Los hijos de Anaq, son los reyes, y han asegurado las defensas, las fortificaciones son impenetrables. Para llegar a Canaán debemos franquear esta zona ocupada por el hitita, el jebuseo y el amorreo, lo que es imposible.

- ¿Cómo puedes asegurarlo?

-Son mil veces más numerosos que nosotros y están diez mil veces mejor equipados.

Moshé hizo llamar a Josuah y los demás exploradores para una confrontación general de las observaciones. Los más numerosos aseguraron que el pueblo no estaba en condiciones de cruzar las tierras ocupadas en gran número. Los otros, incluido Caleb, aseguraban que la vista de la multitud guiada por un verdadero Dios bastaría para derrotarlos, pudiendo así apoderarse de sus ciudades. A lo que contestaban los primeros que para ellos y sus familias no era cuestión de aventurarse en ese lugar ocupado por seres humanos como si fueran saltamontes. Todos los hijos de Israel gritaban abiertamente su eterno sufrimiento, siempre las mismas quejas a los oídos de Moshé:

-No hemos muerto en Egipto, y ello al menos nos hubiera evitado perecer en este desierto del que no saldremos jamás vivos. Nuestras mujeres e hijos serán llevados cautivos. ¡Volvamos a Egipto!

Entonces la cólera del Salvador fue tal frente a esta ceguera que volvía a poner en cuestión su llegada a esa tierra que tanto aspiraba a conocer antes de morir que su voz se elevó terrible y amenazante mientras que el cielo se cubrió y los rayos tronaron con furia y con tal potencia como si hubiese sido el propio Yahvé:

-En verdad, os digo que todos sois unos cobardes y unos ciegos, rehusáis ver el camino hecho para perderos en una errática caminata con el fin de volver al país de la servidumbre y al falso dios. Os digo además que o bien avanzamos hacia la tierra prometida por Yahvé a sus hijos, o bien morimos todos.

Como para darle razón el trueno volvió a estallar con fuerza extraordinaria sin causar daño alguno en el campamento. El momento de la reprimenda no parecía una coincidencia y ello inspiró el temor de un nuevo castigo, aún más terrible que los anteriores. Se desmontó el campamento metódicamente y los carros fueron cargados para una nueva etapa en el desierto, acercándolos a Canaán.

El quinto día de marcha, una numerosa tropa armada se lanzó sin advertencia sobre la avanzadilla que estaba haciendo un reconocimiento unos doscientos codos por delante. Murieron veintidós y el resto de los hebreos fueron llevados presos antes de que llegasen los primeros de Israel formados por Josuah.

Al ver la vestimenta de los dos soldados enemigos muertos dejados en la arena, Moshé pudo concluir que se trataba de la tropa del rey Arad, como advertencia, temiendo una invasión y una carnicería, indicó que retrocedieran antes de verse sometidos a un exterminio total. Josuah llegó a la misma conclusión y suplicó al maestro:

-Deben creer que son más fuertes y nos atacarán mañana. Permíteme disponer las tropas entrenadas que seguirán un plan de ataque y no de defensa. Ello fortalecerá la tranquilidad del pueblo cuando comprenda que es tan fuerte como los demás.

Moshé asintió con la cabeza, manteniendo el silencio con evidente consternación. Imbuido del precepto "No matarás", había solicitado que los que fueran en avanzadilla, no llevaran armas a pesar de la oposición del jefe militar. Hubo, pues, veintidós muertos por su culpa.

El día siguiente al alba, las hordas enemigas invadieron el campamento a la hora de despertar, pero bajo las tiendas surgieron centenares y miles de hebreos bien armados con espadas y lanzas, dispuestos a pasar a la ofensiva. Bajo el efecto de la sorpresa, la derrota fue completa, una hecatombe se amontonaba en el campamento: los despojos de los de Arad. Entre los hebreos hubo pocos muertos y menos heridos aún. Recuperaron a los prisioneros del día anterior amordazados como bestias dispuestas a ser llevadas al matadero.

La victoria había sido total. Moshé se acordaba de su campaña militar en el país de Saba, y comentó a Josuah los efectos beneficiosos de soltar a los prisioneros, que irradiaría el temor, contando la aplastante victoria de los hebreos. El soldado miró al patriarca con admiración al ver que éste se revelaba ser un estratega sutil en el arte militar. Y un centenar de prisioneros fueron liberados y echados a latigazos para que contaran el poder el pueblo elegido de Yahvé, el objetivo era que llegara hasta otros reinos para inspirar el temor de esta colonia en movimiento a la que nadie podría resistir. Las puertas de las ciudades se abrieron antes de ofrecer resistencia y arriesgar la destrucción total.

El séptimo día era el del Sabat, y se quedaron en el lugar para glorificar a Yahvé antes de proseguir en pequeñas etapas su avance a través del desierto sin demasiadas dificultades. Vieron una cadena montañosa, señal del fin de sus verdaderas dificultades. Se acercaban a la tierra de Canaán y tras oír a los exploradores que habían visitado el lugar, la larga columna acampó a los pies del macizo que aportaba un viento fresco por las noches. Finalmente, Moshé vio un emplazamiento ideal para una etapa prolongada que lindaba de alguna forma al oeste con el país de los moabitas y de los amorreos y al este con el país de Edom, región que planteaba nuevas preocupaciones. Efectivamente, no hacía dos días que el campamento provisional se había instalado, cuando unos emisarios del rey Seón llegaron para rogar que doblaran sus tiendas y que se fueran por donde habían llegado. Faltó poco para que los hebreos indignados lincharan a los enviados a pesar de sus insignias de embajadores. Como el campamento estaba más allá del territorio edomeo, Josuah los protegió hasta que volvieron a su suelo natal.

Apenas de regreso, preparó sus tropas para un ataque en toda regla, manteniendo a un tercio en la retaguardia del campamento, en las primeras alturas montañosas, dispuestas al combate, otro tercio amontonado en la avanzadilla del campamento, en reserva bajo las tiendas.

Al día siguiente, poco después del alba, llegaron las tropas de Seón y se colocaron en posición de ataque pensando que ese despliegue de fuerzas amedrantaría a los que le plantaban cara. Cuando creyeron haber sembrado el temor en los espíritus, se abalanzaron hacia adelante dando gritos espantosos destinados a derrumbar al adversario. Pero éste, sin hacer movimiento alguno y sin decir palabra, esperaba imperturbablemente el choque. Cuando faltaban unos pocos codos, los edomitas flaquearon al ver esos hombres semejantes a estatuas de piedra, con las puntas de sus lanzas brillando al sol dirigidas hacia sus pechos. Se detuvieron desconcertados y se hicieron matar no por sorpresa, sino por culpa de ese asombro frente a esta tropa que esperaba a que los enemigos llegaran al alcance de sus armas.

Por segunda vez, la aplastante victoria acabó un combate que parecía incierto. Ahí también, gracias a la asistencia de Yahvé, habían triunfado sin problemas y sin grandes pérdidas. Por ello, Moshé permitió a Josuah y a sus bravos guerreros ir a la ciudad del rey Seón para afirmar la superioridad de los hijos de Israel.

Cuando volvieron tres días más tarde para festejar el Sabat, traían un enorme botín, pero ningún prisionero: la ciudad estaba vacía de sus habitantes antes de que llegaran.

Esta guerra relámpago había provocado un gran temor entre las poblaciones vecinas, particularmente las fronterizas que temían por sus ciudades y sus bienes. Por ello, uno de los reyezuelos cercanos llamado Elieg, buscó un medio original de escapar a la destrucción o a la esclavitud. Imaginó apoyarse en la magia y en los oráculos que estas regiones mesopotámicas habían heredado de tránsfugas egipcios, varios siglos antes, probablemente expulsados del país de Ptah por dedicarse a actos de brujería. Elieg pensó utilizar a los descendientes de estos recluidos, que no vivían lejos de su ciudad, en su arte de predecir el porvenir y en la confección de amuletos protectores de todos los maleficios.

Un tal Balaam era maestro en esta ciencia secreta de las profecías y de sus protecciones, por ello el rey de Edom se dirigió a él, ya que parecía haber ejecutado cosas realmente increíbles. Envió a sus emisarios, pero el mago rechazó cortésmente la invitación a palacio con el pretexto de que la divinidad estaba en contra de cualquier desplazamiento de su servidor en esta época del año. El reyezuelo no se perturbó cuando sus enviados volvieron con la noticia y los volvió a enviar con una bolsa bien llena de oro, a sabiendas que tal presente sería aceptado y que saldría más barato que el pillaje y la quema de la ciudad por los hebreos, salvajes invasores.

Muy seducido por la oferta y por lo que esperaba a cambio de ayudar al rey, Balaam accedió a la petición después de haber consultado a los oráculos que confirmaron que había, a pesar de todo, un momento preciso favorable para tal desplazamiento. Como necesitaba material para exorcizar a los diablos extranjeros, solicitó unas horas de plazo para preparar todo lo necesario para el palacio. No tenía duda en poder llegar antes de la caída de la noche, era lo mejor para los dioses oraculares.

Más tarde, en el camino hacia la residencia del rey, la montura de Balaam se detuvo repentinamente, sin querer avanzar ni un paso. Ni las órdenes, ni los latigazos en su espinazo pudieron cambiar su actitud. Se encabritó, coceó, se fue a derechas, luego a izquierdas errante y bailando sin conservar rumbo alguno, realmente parecía haber perdido la cabeza. Balaam, muy preocupado, consideró que debía interpretarlo como un presagio muy funesto, pensó en dar media vuelta, pero en ese momento un fuerte salto lo desmontó. Cayó pesadamente en la arena dura, arañándose las piernas y los brazos mientras que su mula huía con la carga. No pudiendo proseguir su camino hacia el palacio, donde sería sin duda arrestado, decidió cambiar de dirección para dirigirse al campamento de los hebreos con el deseo de contar su desventura y solicitar asilo.

A su llegada, fue llevado a la tienda de Moshé a quién relató detalladamente lo ocurrido. Como conclusión planteó una cuestión diplomática al patriarca:

- ¿Quién soy yo para maldecir a los que son los protegidos de Dios?

El Salvador miró al hombre cuyos ojos huidizos lo esquivaban. No parecía mentir, aunque la verdad parecía diferente. Balaam se preguntó frente a la insistencia de la mirada inquisidora si había hecho bien en omitir la bolsa de oro que había aceptado a cambio de los servicios que no había realizado. Con rudeza Moshé replicó:

-Elieg que aquí pides gracia. Si hubieras ido hacia él, ya estarías muerto. Es inútil gemir, ya que no veo todos tus pensamientos. Por esto te digo que mi pueblo sólo arremeterá en contra de los que intenten hacerle daño. Por ello, la Ley permanecerá intransigente, no acepta que nadie se mezcle a los demás, intentando hacerles perder su fe en Yahvé, tan caramente adquirida desde nuestra partida de Egipto.

-Pero mis ancestros también dejaron Egipto, oh poderoso jefe.

-Como brujos expulsados de un territorio en el que debían haber hecho el bien para el pueblo de forma gratuita. Si tus antepasados dejaron Egipto es porque eran unos ladrones.

-Pero ¿cómo sabes todo eso?

-Lo sé, y con ello basta: nadie puede engañarme.

Balaam se dispuso a protestar y exponer sus buenas intenciones, pero Moshé prosiguió:

-Enviaré un embajador a Elieg. Si deseas mantener tu vida, serás su intérprete, ya que hablas bien el edomita.

El mago pensó que su última hora había llegado y gritó:

-Oh, no señor, el rey me matará, y a tu enviado también.

-Quizá tengas razón, tú que eres un mentiroso. Mi enviado irá solo a exponer la petición de mi pueblo y más vale que ese salvaje de Elieg acepte dejarnos pasar por su territorio.

Cuando el embajador volvió, era portador de un mensaje indicando que el reyezuelo vendría en persona a discutir con Moshé al día siguiente. ¿Se trataría de una trampa? Esta pregunta intrigó al patriarca toda la noche, pero no recibió ninguna señal, ni mensaje para darle cualquier indicación. Por la mañana se sentía mal, ¿sería por la falta de sueño?

Elieg, mientras tanto, avanzaba sobre la ruta con una pequeña escolta, venía sobre todo para intentar conocer el número de los emigrantes que deseaban forzar su prohibición de paso, para intimidarlos y disuadirlos. Ello le daría tiempo de huir en caso en que los hebreos fueran tan poderosos como contaban los rumores de las leyendas.

Esta entrevista tomó un giro inesperado, que el rey de Edom no había ni imaginado y que no hubiera podido creer al no ser que lo viera él mismo, y así fue. Yahvé deseó comprobar la fe de los elegidos de su pueblo antes de su entrada en Canaán. Elieg llegó al campamento y Edom no fue invadido por los hebreos esa primavera memorable, en cambio, el lugar del campamento Kades-Barna o la llanura de Kades, se convirtió en célebre desde ese mismo día antes de permitir la última partida a través del país de Moab[119].

---

[119] Desde el punto de vista geográfico e histórico, este campamento de Moisés es célebre ya que inmortaliza más adelante la famosa batalla de Kadesch donde Ramsés II conservó la vida por milagro de la Divinidad Una de Egipto, unos doscientos años más tarde. Es esto un punto muy importante que demuestra la anterioridad de Moisés sobre Ramsés, dos siglos, y así pues del paso del mar Rojo bajo Tutmosis II. Si esta batalla de Kadesch hubiera tenido lugar antes del campamento de Moisés, la Biblia, en concordancia con los hechos egipcios a lo largo de este periplo, lo hubiera mencionado sin duda. Lo que no fue el caso.

LA PRIMERA BATALLA DE KADESCH

"*Estamos en Kadesch, desierto en los confines de tu territorio. Te lo rogamos, permítenos cruzar tu país. No entraremos en los campos ni en las viñas y no beberemos el agua de tus pozos, andando por el gran camino sin desviarnos ni a derechas ni a izquierdas*". (ANTIGUO TESTAMENTO. Los Números. XX-16/17).

Elieg era un tirano duro y autoritario, lo que era normal para cualquier dirigente que deseara sobrevivir a sus gentes bárbaras que sólo vivían siguiendo sus instintos, y que se matarían los unos a los otros si no hubiera rigurosos reglamentos. Mientras, se dirigía a ese campamento que cubría la superficie del desierto, y que sus exploradores habían indicado, reflexionaba en el mejor medio de resolver el problema que tenía.

Había recurrido a un mago emigrado de Egipto, pero había desaparecido sin dejar huella a pesar del importante pago que le había sido entregado. Después había consultado los adivinos de su corte que vaticinaban sin ton ni son, a pesar de las nuevas ofrendas y del sacrificio de un joven virgen en el altar de Baal. No hubo presagio benéfico alguno. Tenía la certeza de que sería mejor negociar con la banda de hebreos antes de lanzarse contra esa masa en la que sus valientes guerreros podían caer en una emboscada.

Curiosamente, cuando llegó a la entrada del gigantesco campamento precedido de sus consejeros y con una guardia de cien soldados, fue Aarón a quién vio en primer lugar y lo tomó por el jefe de esta muchedumbre. Moshé estaba extremadamente cansado, cada vez más a menudo, el peso de sus responsabilidades lo doblegaba, por ello prefirió reunir los miembros del Gran Consejo para esperar la llegada del rey. Delegó en su primogénito, tan parecido a él mismo, siempre dispuesto para servir.

Aarón se había revestido con las ocho vestimentas que le prevenían de cualquier embrujamiento antes de dirigirse a la extremidad del campamento por donde entraría Elieg. Digno y recto, apoyado sobre su bastón con las insignias del sacerdocio, miró al rey y su séquito avanzar hacia él, sin moverse y revestido con todo el simbolismo de la divinidad, se sentía investido del poder de Yahvé. Era indudable que impresionaría a ese reyezuelo que jamás habría visto tales vestimentas.

Aarón había iniciado su atuendo con un ligero paño de lino retorcido alrededor de sus riñones, la camisa del mismo tejido le ceñía los hombros, una túnica recta, sin pliegues alguno, de lana marrón espesa se apretaba al talle por un *abnet*, ese cinturón de diecisiete pliegues ocultos, además llevaba una túnica con forma de chaqueta con campañillas, el efod tejido en oro, el pectoral de su función y la tiara con triple corona. Todo había sido estrictamente definido años antes con la ayuda de Yitro a la sombra del Sinaí. Su aspecto era impresionante, indicando los ocho símbolos de su investidura: la grandeza, la fuerza, la gloria, el amor, la justicia, la verdad, la piedad y la misericordia. Todo ello había llevado a su persona ser adulada por el pueblo, mientras que Moshé era muy temido y a menudo odiado. Pero para un extranjero que veía a ese gran sacerdote por primera vez, respiraba realeza.

Elieg, de pronto se sintió desnudo frente a este hombre que lo miraba, nerviosamente hizo signo a uno de sus consejeros para que se acercara y le sirviera de intérprete. Mientras que éste se precipitaba cerca de su soberano, Balaam, que estaba escondido detrás de la imponente estatura de Aarón, a su vez se acercó para traducir las palabras del reyezuelo a Aarón, tal como Moshé le había ordenado. Elieg tuvo un movimiento de sorpresa que pronto controló, reservándose para más adelante la necesidad de aclarar el misterio de esa presencia que presentía le daría la solución. Recobrando su compostura, sonrió y con tono empático dijo:

-Saludos a ti, o poderoso rey de un pueblo innumerable. Es con alegría que te presento los saludos de mi pueblo para tu paso cerca de nuestra patria.

Con un gesto de la mano Aarón lo cortó en su oratoria:

-Yo no soy el rey de este pueblo, o poderoso Elieg, sólo su jefe espiritual. Es como representante de Yahvé que estoy encargado de llevarte frente a Moshé, nuestro guía.

Cuando el consejero le tradujo la frase, el rey de Edom miró al sacerdote con incredulidad. Este personaje que llevaba corona y vestido de oro, sólo era un criado. ¿Cómo sería el jefe?, pero no pudo profundizar en su pensamiento cuando Aarón le dijo:

-Si me sigues, te llevaré hasta el gran consejo que está reunido esperándote para presentarte su requerimiento. Después, Moshé te recibirá en la tienda de los huéspedes de honor.

Elieg y Aarón se adelantaron andando seguidos por los consejeros y los guardias, bajo las miradas atónitas del gentío en silencio y agrupado para verlos. El rey se sorprendió al ver esta muchedumbre morena, vestida con tejidos oscuros, sin sonreír y donde cada uno parecía estar revestido de una austeridad severa que parecía formar parte de su personalidad. A su derecha dejaron la tienda del tabernáculo, para llegar hasta la del gran consejo, suficientemente amplia para contener a los setenta y dos miembros del senado, más los jefes de las tribus y los Ancianos. Moshé esperaba pacientemente apoyado aún en su bastón augural frente a todos los miembros que podían permanecer de pie.

Al ver los ojos del patriarca observarlo, Elieg supo enseguida, a pesar de la poca opulencia de su vestimenta, quién era el jefe supremo de los hebreos. Como debía ganar tiempo antes del paso de los hebreos en Edom, levantó las dos manos en señal de paz a la vez que avanzaba rápidamente hacia el patriarca para honrarlo con aparente humildad:

-Saludos para ti, gran jefe del pueblo que vuelve a su hogar, ahí donde su dios lo espera. Que tu regreso se haga sin problemas por el lugar del levante solar. Yo mismo he deseado traerte mi promesa.

Moshé apenas inclinó su cabeza, descontento de oír este preámbulo por el propio rey, que le indicaba seguir su camino por el lugar más largo y montañoso: el este. Territorio de los moabitas, pueblo que era abiertamente enemigo de los hebreos desde que había firmado un acuerdo de ayuda militar recíproca con los egipcios, y sin embargo, contestó:

-Bienvenido, rey Elieg, de parte de todos los miembros de nuestro consejo que representan al pueblo invencible de Yahvé. Ellos tienen un requisito que quieren exponerte y espero que estarás por conceder. Después discutiremos los detalles en la tienda de los invitados.

Apenas instalados en los sillones de honor, el rey y Moshé escucharon a Caleb, el portavoz de los setenta y dos:

-Una multitud incalculable ha dejado las orillas del Gran Río donde vivía un rey egipcio muy autoritario que nos dejó salir, ahora ya murió por su propia locura. Hemos caminado durante varias revoluciones solares para alcanzar un país que nos es prometida por Yahvé, nuestro Dios Eterno. Casi hemos llegado, ya que se trata del país de los cananeos. El modo más rápido de llegar es cruzar tu país. Si aceptas, juramos solemnemente que no entraremos en ningún campo cultivado, ni cogeremos nada, tampoco tocaremos los frutos de tus viñas ni tomaremos agua de ninguno de tus pozos abiertos por tu pueblo. Sólo caminaremos por la gran ruta, sin poner un pie ni a derechas ni a izquierdas del sendero hasta haber pasado los límites fronterizos que indiquen que ya no estamos en tu territorio.

Elieg escuchaba de boca de su consejero la traducción, susurrada al oído, de la larga solicitud sin perder su rigor impasible, demostrando a ojos de los que observaban el seguro hábito de la tergiversación, o de la diplomacia. El silencio que siguió no fue roto por el anfitrión, que manifiestamente reflexionaba sobre las consecuencias inevitable para él en esta travesía y la forma en rechazar este paso sin atraerse la cólera de esta multitud. Moshé se levantó y golpeó el suelo con su bastón:

-Estas son las palabras de los representantes elegidos, vayamos a la tienda de los invitados donde podrás reponerte y dar tu respuesta.

Lo que más sorprendía al reyezuelo era sin duda la austeridad general para todo y a propósito de cualquier cosa. La cena tampoco había sido un festín. El rigor coronaba todo lo que había visto y oído desde que había llegado. Pensaba que esta población no conocía nada más que un conjunto de leyes que la tenía prisionera. Este pensamiento le trajo de inmediato una respuesta en su espíritu que le hizo pestañar, tan luminosa le pareció. Esa falta de libertad bien tenía que llevar a los jóvenes a cometer los excesos en otro lugar. Elieg acababa de encontrar el modo de disuadirlos de su ideal sin entablar un combate sangriento que quizá no tornase en su favor.

Viendo que el patriarca intentaba penetrar el anonimato de sus pensamientos, tomó precipitadamente la palabra para desarrollar su idea:

-Realmente eres el profeta del que me han hablado todos los que han oído hablar de ti, oh Moshé. Eres poderoso y generoso, tu pueblo es de una sabiduría que me confunde, y mi gente debería aprender para tomar como ejemplo. No ignoras lo disipados y emprendedores que son por falta de una educación semejante a la que aquí tiene lugar. ¿Podría sugerirte que mientras que hablo con mi consejo de Ancianos, cien o doscientos jóvenes de nuestra burguesía vinieran a visitar las instalaciones de este campamento y la vida ejemplar de las familias que lo forman?

Moshé intentó en vano buscar la posible trampa escondida detrás de estas dulces palabras que no eran conformes a la mentalidad de los bárbaros de este país. Balaam, que interpretaba las frases, le hizo además sospechar en el susurro continuo de la traducción. Pero el Salvador no vio objeción alguna, más que la intención de investigar el secreto del éxito que sólo se debía a las leyes puestas en marcha por la intervención de Yahvé. Si estos salvajes idólatras deseaban venir a Dios, podría ser una cosa buena. Sin embargo, antes de dar su respuesta preguntó:

- ¿Cuánto tiempo durará la reunión de tu consejo y cuándo conoceremos su resultado?

-Unos cinco o seis días lo más tardar, oh poderoso Moshé.

El Salvador contestó con sequedad:

-Pongamos que el séptimo día, después del Sabat de mañana. Enviaré a recoger la respuesta a tu palacio, porque no tenemos tiempo que perder por los fuertes calores que no tardarán en llegar.

-Perfecto, oh Moshé, recibiré a los embajadores con gran honor. Esperando ese día, ¿qué te parece la idea de enviar aquí una delegación? Podría añadir algunos comerciantes que traerían finas telas y púrpura que intercambiarían por joyas o ganado. ¿Qué piensas, Moshé?

El patriarca tuvo una duda que el rey de Edom recibió con alegría, pero escuchó la respuesta sin moverse:

-Debo hablarlo con los miembros del consejo, pero como están esperando el resultado de nuestra entrevista en la sala de reuniones, te daré la respuesta después de la siesta, antes de tu partida.

Esta memorable reunión del consejo fue muy agitada, ya que varios jefes veían en ello una trampa sin poder definirla, y otros, con Aarón en cabeza, encontraron el medio de actuar de forma eficaz para introducir la doctrina de Yahvé en el espíritu de los jóvenes extranjeros que serían un día sus vecinos. En cuanto al comercio, sería bienvenido ya que la ropa estaba muy usada y faltaba púrpura para el tabernáculo.

Moshé, en cuanto a él, no se fiaba de Elieg, le pareció una araña peligrosa tejiendo meticulosamente su tela para aniquilar al pueblo elegido, por ello se sumó a la decisión de la mayoría que aceptaba sin restricciones la llegada de un grupo de jóvenes por un período de siete días.

A decir verdad, la idea y el medio de vencer a los que eran capaces de salir vencedores de las peores situaciones, le había llegado a Elieg observando el modo de vida de estos seres extraños que basaban su forma de vida en la rigurosa observación de las leyes dictadas por su dios único del que no tenían representación en su campamento, ni en imágenes ni en estatuas. Instintivamente, el rey de Edom había comprendido que la única manera de vencerlos era hacerles transgredir una de sus leyes. Seguramente la más fácil de infringir sería la que prohibía el libertinaje, que llevaría fatalmente a la impiedad y, por consecuencia, al final de este absurdo pueblo. Sólo debía servir el cebo del placer a estos hombres frustrados.

Para Elieg ello no representaba dificultad alguna, ya que las mujeres de Edom eran famosas por su belleza y su gran sabiduría en el arte de avivar el deseo. Algunos faraones de Egipto habían solicitado varias concubinas que apreciaban y formaban parte de la flor de su harén. No tendía duda en encontrar un centenar de bellezas deseosas de hacer una visita a los hebreos en cuanto supieran que los hombres eran fuertes, musculosos y de aspecto hosco. Elegiría a las jóvenes de buen linaje edomita controladas por mujeres ancianas expertas en el arte de las alcahuetas que buscarían favorecer relaciones.

Mucho antes de llegar a su capital, el rey había desarrollado un esquema bien estructurado para reducir a la nada el adversario. Sólo necesitó un día para reunir los miembros del Consejo privado y motivarlos a pasar a la acción organizando todos los preparativos necesarios para lograr su plan, hablándoles en estos términos:

-Para grandes males, grandes remedios, consejeros míos. Mi corta estancia en el campamento de los hebreos me ha permitido darme cuenta que no tenemos oportunidad alguna de enfrentarnos por las armas, no podremos impedirles pasar a través de Edom, saquearán nuestras ciudades a placer, matarán a muchos, harán lo que quieran con nuestras mujeres y se llevarán como esclavos a nuestros hijos.

Se escaparon gemidos de todas las bocas frente a la triste perspectiva prevista por el rey. Elieg esperó el final del efecto dramático para levantar un brazo reclamando de nuevo la atención y proseguir su disertación, ya que el tiempo apremiaba:

-Existe sin embargo un medio eficaz para escapar a este desastre. Es la única posibilidad de cambiar el curso de las cosas para tener una gran victoria.

Los suspiros de alivio que surgieron de los presentes cubrieron la voz del rey que tuvo que detenerse. Exasperado gritó:

-Callad y escuchad, se supone que sois mis consejeros, pero sólo pensáis en enviar a mis guerreros a una matanza en Kades-Barna. No sé por qué no mando a mis soldados atravesaros a todos con sus lanzas como advertencia a los que os sustituirían.

El silencio se hizo pesado y el Consejo solicitó a Elieg proseguir su idea:

-Ellos pronto se convertirán como vosotros en seres gordos y estúpidos. Así que escuchad, ya que tengo una proposición, después la aceptaréis y os organizaréis para que desde esta misma noche todo quede preparado.

Satisfecho con la orden, añadió con voz amenazante:

-Como las mujeres padecerían lo peor en caso de una invasión, es necesario que algunas de ellas se ofrezcan para salvar lo que más aman en su corazón: sus cuerpos y sus hogares. Sabéis que vuestras mujeres superan a todas las demás por su belleza, incluso los moabitas hacen incursiones en nuestras fronteras prefiriéndolas a las suyas.

Nada cautiva más a un hombre que una bella mujer. Si de aquí a esta noche encontramos unas cien mujeres dispuestas a prostituirse para salvar a su patria, ganaremos la batalla sin perder un sólo hombre.

Los consejeros se consultaron con la mirada de sorpresa, pero encantados de oír que tal eventualidad fuera posible. Sin embargo, mantuvieron silencio esperando más detalles del rey que satisfecho prosiguió:

-Buscad desde ahora hasta esta noche ese centenar de jóvenes mujeres susceptibles de salir para el campamento de los hebreos. Más vale para ellas aceptar de buen grado y, si no, usad a mis soldados para esa tarea. Las llevaréis a palacio, donde viejas casamenteras les enseñarán lo que deben hacer, ya que no deberán ceder sus encantos a quienes intenten apoderarse de ellas. Deberán aguijonear los instintos, hacer arder a los hebreos hasta que se vean presos de sus deseos sin permitir a sus cabezas reflexionar. Deben convertirse casi en bestias en celo obedeciendo sólo los deseos de nuestras mujeres. Las ancianas les enseñarán todo eso y venceremos por el pecado de esos creyentes en un dios demasiado riguroso. Su campamento será el de la prostitución y el desenfreno, el mundo entero se reirá de ellos eternamente. Así será porque nuestras mujeres no cederán a sus deseos más que cuando hayan renunciado a su fe, inclinándose frente a Elfegor, nuestro dios, al que tratan como un ídolo para salvajes. Dicen que nosotros somos los bárbaros, pero les demostraremos que son ellos.

Después de esta parrafada, el rey de Edom recuperó su aliento antes de decir:

-Buscad a cien bellas mujeres antes de esta noche y mañana por la mañana serán unas comerciantes de tela, partirán acompañadas por unos valerosos cien hombres al campamento de los hebreos. Harán como si aprendiesen lo bueno que hay en esta civilización que viene de Egipto. Todo el mundo debe estar preparado al alba, hombres y mujeres con las monturas cargadas de las mejores telas. He hablado.

La sesión del consejo privado se levantó al oír la última frase, sin opción a réplica. Por la mañana del segundo día después de la visita de Elieg al campamento hebreo, una caravana llegaba a Kades-Barna, plantó sus tiendas dispersándolas en diferentes puntos estratégicos, las erigieron preferentemente en los lugares populares para que los jóvenes confraternizaran y las ancianas los hicieran entrar en sus tiendas con el pretexto de hacer negocios. Incluso si el idioma era algo diferente, el de las manos era mismo en todo el mundo, ello facilitó enormemente la tarea de las alcahuetas dispuestas a dar lo mejor.

En cuanto se dispusieron los rollos de telas de lino y de púrpura junto a otras iridiscentes, las viejas se sentaron como modistas delante de su mercancía y las jóvenes que las enseñaban iban vestidas de forma sencilla, pero dejando ver sus encantos, siguiendo algo la moda egipcia, contrastando con el rigor vestimentario de las mujeres del campamento.

Movido como por un mecanismo perfectamente estudiado, los hombres no tardaron en amontonarse alrededor de los puestos, mirando poco las telas, pero sin perder de vista a las jóvenes gráciles e inocentes dependientas de las que todos sus movimientos púdicos excitaban las miradas. Hubo unas cuantas horas de dudas en la elección de los tejidos, pero en el momento del almuerzo común fueron rápidamente desechadas con la ayuda del vino traído por los edomitas, más fuerte que el que solían beber los hebreos.

Llegó la hora de la siesta, algunos emigrantes, entre ellos los guerreros los más temerarios de Josuah, se dispusieron a conquistar las bellas recién llegadas eligiendo entre los rollos expuestos en el interior de las tiendas. Si las jóvenes se dejaron acariciar, no permitieron ninguna otra primicia ese día, a pesar de que seguían riéndose como si no ocurriese nada extraordinario. Ello tuvo el don de perturbar a todas esas almas austeras poco acostumbradas a tales diversiones.

Al día siguiente, si el intercambio de las telas se amplificó gracias a la presencia de Aarón que trocó tres carneros por un rollo de espléndida púrpura, también lo hizo de forma más sutil el juego del amor entre las bellas edomitas y los tenebrosos hebreos, las miradas cómplices y el deseo intenso se contenía difícilmente. Las bellas mujeres simularon estar atemorizadas diciendo:

-Nos odiáis demasiado para que podamos amaros como os merecéis. ¿Por qué deseáis destruir nuestro pueblo e invadirnos? Somos pacíficos y no tenemos defensas frente a vuestro poderoso ejército. ¿Por qué deseáis matarnos?

Por supuesto que los ingenuos emigrantes replicaban:

-Es falso. Nunca se ha tratado de destrucción alguna en la tierra de Edom. Las órdenes eran caminar únicamente en la ruta, sin mirar ni a derechas o izquierdas hasta llegar al país de Canaán.

- ¿Y hubierais obedecido tal orden?

-Por supuesto, lo hubiéramos hecho, siempre obedecemos a nuestros jefes.

-Incluso si en el curso del camino, alguna de nosotras se hubiera presentado para ofreceros cortesía.

Los jóvenes hebreos, entre los más fuertes, enrojecían entonces como niños. Fue el caso del joven soldado Salom, hijo de Fineal, uno de los cuatro comandantes del ejército dirigido por Josuah.

Salom sujetaba una joven morena magnífica, muy ligeramente vestida que le hablaba sin cesar aparentando no ceder, pero sin ser arisca. Él ya no sabía lo que le decía, ni le contestaba y frente a la inocente pregunta referente a la travesía de la tierra de los edomitas, afirmó como los demás que sólo eran unos pacíficos viajeros y le dijo:

-Ahora que estamos aquí los dos, pídeme lo que quieras, aceptaré de antemano para demostrarte mi buena fe. Pero por favor, te lo suplico, deja de resistirte y ven a mis brazos.

Pero la joven edomita retrocedió aún un poco más, con un espanto perfectamente simulado, dándole a entender el motivo de su miedo:

- ¿Cómo quieres que vaya a amarte, cuanto tú, como todos los hebreos, oráis a un dios invisible que para mí ni existe, y no puedo abrazarlo como hago con el mío cuando le pido satisfacer una oración?

- ¿Cómo? No lo vemos, pero está presente por doquier.

—¿Dónde? Tu dios es invisible e impalpable. Si tan honestamente deseas amarme como pretendes, debes honrar a Elfegor, nuestro dios, cuya estatua está en la habitación junto a mi lecho. Lo venero para cada acto importante de mi vida, y acogerte para amarte sería uno.

Esa frase bien construida para calentar el más rígido espíritu, desbordó al que ya sentía un fuego intenso. La bella edomita apartando la cortina, enseñó el ídolo a Salom:

—Oremos a Elfegor para agradecerle nuestra unión, y seré tuya.

El hijo de Fineal contempló el lecho acogedor y aceptó adorar al dios de los edomitas. Ocurrió igualmente para el centenar de hebreos que esa noche estaban en las tiendas con las bellas extranjeras. Incluso los que habían sido más ariscos, arduos defensores de las leyes dictadas por Moisés en nombre de Yahvé, quedaron cegados en esta cuarta noche oscura. La insistencia de los edomitas, aliados en gracia e inocencia venció a los más fieles hijos de Israel. Apresurados por abrazar a esos jóvenes cuerpos vírgenes, abjuraron de su fe y se prosternaron frente a los ídolos de piedra que representaban a Elfegor.

De esta forma, la terrible noche de desenfreno y de lujuria se convirtió en el alba más terrorífico y dramático.

En todas las tiendas extranjeras sonaban gritos de júbilo de los que se entregaban impunemente al placer. Pero estos gritos tan significativos se oían en el exterior de las tiendas. Esa noche, las mujeres judías lloraron por la perversión de sus esposos, las madres observaron en silencio el deshonor de sus hijos a ojos de Yahvé. No hicieron lo mismo los Ancianos que, comprendiendo la situación, alertaron a Aarón. Él no tardo en observar la extensión del desastre que en tan poco tiempo había removido todo el campamento.

A su vez, se precipitó a la tienda de Moshé para avisarlo y poder tomar las medidas que se impondrían para restablecer el orden según las prescripciones de la Ley y de sus Mandamientos. Al entrar en la tienda, oyó las voces de Josuah y Fineal que ya contaban la catástrofe. Y oyó a su menor gemir:

—Oh, Yahvé, Yahvé. La angustia aprieta el corazón desde que esos salvajes irrumpieron en el campamento, cada uno de los progresos realizados en nuestra marcha hacia la tierra prometida se veía contrarrestado con una prueba. Cada nueva prueba, a pesar de los sucesivos perdones, era un nuevo retroceso en la fe. Y lo que nunca se atrevieron a hacer a lo largo de la larga caminata en el desierto, incluso en la adoración de la representación terrestre de Ptah, ahora lo han cometido, la peor de las impurezas, ahora que llegamos a la pureza del lugar santo que nos has prometido. Tu castigo sólo estará a la medida de esta espantosa blasfemia. Toma mi vida al tiempo que te llevas a los culpables, porque no sobreviviré.

En ese momento, Aarón se presentó frente a él y dejó de hablar, contemplando la nueva túnica púrpura del pontífice que se golpeó tres veces el pecho con fuerza antes de decir:

—El culpable soy yo, oh tú que eres nuestro profeta. Debería haber escuchado tu intuición de advertencia hacia los edomitas, pero estaba celoso de tu autoridad. Yo soy el que debo morir porque mi tiempo ya ha llegado. Castiga a los culpables y a mí el primero ya que he favorecido la entrada de los extranjeros en nuestro campamento. Incluso he intercambiado la púrpura que llevo puesta por unos carneros y ello me ha maldecido. Después de la muerte de los culpables te ruego me lleves a la montaña para matarme con tus propias manos.

Moshé levantó una mano para hablar, después la volvió a bajar, aún no era el momento de ocuparse del gran sacerdote y sin contestarle se giró hacia Josuah y Fineal.

-Tú, Josuah, reúne enseguida trescientos hombres y quema todas las tiendas extranjeras. Que nadie salga de ellas, ni hombre, ni mujer de la raza que sea, si alguno intenta escapar debéis matarlo y empujarlos a las llamas. Que se haga en seguida, es una orden.

Josuah se inclinó sin decir nada, dispuesto a salir mientras que Fineal añadió:

-No temas nada, venerable, me pondré a la cabeza de un centenar de hombres y empezaré por quemar la tienda en la que está Salom, mi hijo menor, porque ha pecado gravemente contra Yahvé, después seguiré hasta exterminar a todos los culpables.

Y durante las dos horas anteriores al alba, la caza contra todos los que habían confraternizado con los edomitas fue horrible. No sólo las bellas mujeres ardían vivas, sino que más de cien jóvenes muchachos fueron matados a golpes de lanzas sin poder escapar de las llamas. Incluso las monturas edomitas fueron echadas a las llamas con todos los rollos de tela. En un momento dado apareció Aarón con su rollo de tela púrpura para tirarlo a las llamas. Con un ligero golpe de viento inesperado, el campamento se incendió por el este propagándose a la casi totalidad del campamento. Después de haber incendiado varias tiendas llegó hasta la tienda del tabernáculo y Aarón fue llamado para organizar la lucha contra las primeras llamas que lamían las cortinas exteriores. Aarón, en la prisa, se puso delante a la espera que las llamas lo alcanzaran y redujeran su cuerpo a cenizas antes de consumir el lugar santo. Por suerte el viento cayó y se observó que el fuego había alcanzado a todas las tiendas que no habían sido extinguidas con cubos de agua.

Al amanecer, doscientos veinte hebreos faltaban a la llamada, se habían reducido a cenizas junto a los edomitas. La suerte estaba echada tal como recordó Balaam algo más tarde cuando Moshé lo hizo llamar para interrogarlo sobre el modo en el que había presentado el maleficio de los edomitas.

Aarón no había podido encontrar el sueño y estaba presente, mantenía su solicitud de irse para entregar su alma a Yahvé en la montaña cercana y poder expiar sus innumerables pecados. Moshé suspiró con resignación antes la adversidad contra la que debía defenderse sin cesar. Alcanzaba sus ochenta y siete años y se sentía muy cansado, demasiado cansado.

BALAAM SERVIDOR DE DIOS

> *"Lo que es necesario que sepas, es que no está permitido de ningún modo, excepto en el oficio del templo, leer o explicar el nombre inefable que es yod, he, vav, hé. Encontramos un ejemplo en la Ley de Moisés, donde está escrito: En todo lugar donde pondré la memoria de mi nombre, yo vendré a ti y te bendeciré.* (MAIMÓNIDES, Comentarios sobre la Mischna).

-Moshé, hermano mío, te repito que en verdad Yahvé me reclama y no me desentenderé de su llamada. A lo lejos vemos una montaña alta y ahí me reuniré con él. Mis hijos ya no están para acompañarme a mi última morada. ¿Aceptarían los tuyos guiar mis pasos inciertos hasta la cima?

Se podía sentir cómo su voz estaba animada por una decisión inquebrantable que nadie podría derrumbar, incluso poniendo toda la persuasión. Moshé inclinó la cabeza, demasiado emocionado para hablar.

-Te lo ruego, hermano mío, que Elzerión me visite para que pueda preparar mi sustitución. Es perfectamente capaz para ocupar esta alta función sacerdotal. Reúne al pueblo para que vea a mi menor vestir las insignias del pontificado, y después partiremos.

-Que se haga según la voluntad de Yahvé, tú que sigues siendo mi primogénito de sangre, incluso más allá de la vida. Sin embargo, como levantaremos el campamento mañana mismo para rodear el país de Edom, te ruego que permanezcas siendo el jefe espiritual hasta que lleguemos a la cadena montañosa que linda con el territorio de los moabitas. Entonces estableceremos un nuevo campamento y el pueblo será reunido para tu partida acompañado de Gershom y Elzerión. Por el momento descansa, yo tengo que hablar con Balaam a quien enviaré como embajador al rey Balaq, el moabita. Habla su mismo idioma y espero que no debamos combatir.

-Bien esperaré a la próxima etapa, hermano, espero que Balaam consiga su cometido. No tendrá que enrojecer por los acontecimientos de esta noche, ya que la fuerza espiritual del pueblo sale reforzada después de la terrible prueba. La fidelidad de todos está asegurada desde ahora, no hay nada que temer frente al resultado de un próximo ataque.

Con un suspiro de cansancio, Moshé miró Aarón salir de la tienda antes de girarse hacia Balaam, que había quedado impasible sentado en su sillón de pieles tendidas, sentándose junto a él, le dijo:

-Posees poderes hereditarios, Balaam, ya me he dado cuenta de ello en el transcurso de estos últimos días. He observado que no los usas para hacer el mal o para enriquecerte, tal como lo hicieron tus ancestros en Egipto, también he visto que el nombre de Dios, ese que no debe ser reproducido con forma de imagen, tenía un significado preciso para ti.

-Es Ptah, el inefable, oh Moshé, más exactamente es Ptah-Hotep: el Padre de la Paz.

Moshé abrió más sus ojos frente a este hombre del que conocía la formulación jeroglífica de lo inexpresable: PTH-HTP, que se pronunciaba: Ptah-Hotep, y prosiguió rápidamente:

- Balaam, no hay duda alguna que tu llegada aquí estaba prevista por Dios, para que ayudes a mi pueblo a llegar a la tierra que le ha sido prometida por el Señor, y que se sitúa más allá de Moab.

-Seguiré las órdenes del Eterno y las tuyas, Moshé.

-El país de Canaán está cerca, pero aún quedan muchas emboscadas. Tú mismo has asistido a una, desgraciadamente terrible en su resultado.

-Parecía necesaria para reforzar la influencia de Dios sobre tu pueblo, Moshé.

-Justamente, hablemos un poco de Dios antes de abordar la misión que te será confiada par que comprendas algo mejor el espíritu que me anima.

-Te escucho atentamente, Moshé.

-Yahvé es el nuevo nombre del Señor, el mismo que has conocido como Ptah. Desde Ateta, la denominación propia para Dios ha sido suprimida de la jeroglífica para que sólo quede el "Ser" sin nombre, a quien nadie puede solicitar una ayuda que pueda quebrantar la estructura del "Corazón". En todos los templos de Egipto, los cartuchos que invocaban a Ptah permanecían vacíos de toda denominación. Es lo que he querido recrear para este pueblo elegido, con una forma más adaptada a la comprensión actual, ya que el nombre de Ptah ha sido extensamente divulgado por los adoradores del Sol convirtiéndolo en un ídolo a su medida. Por este motivo, el equilibrio del mundo se ha roto y sus criaturas fueron esclavizadas bajo la adoración de Ra. Como si se pudiera comparar el sol al poder divino, cuando sólo es un instrumento.

El patriarca tuvo que detenerse, ya que en su homilía se había dejado llevar mucho más de lo que su edad permitía para tal discurso. Retomó su aliento y Balaam aprovechó para demostrar que poseía una parte del conocimiento:

-Desde que estoy a tu lado, aunque sólo sean pocos días, me he dado cuenta de algunas cosas, Moshé, por ejemplo, si existe una gran concordancia fundamental entre el monoteísmo original y el que tú has instituido aquí, también existe una diferencia primordial: consiste en no poseer representación alguna de Dios, figurada o grabada.

—Es exacto, ya que uno de los mandamientos exige que no hagas estatua alguna, ni imagen de las cosas que están ahí arriba en los cielos.

—Está muy bien, Moshé, pero ¿por qué ese cambio?

—Las estatuas gigantes de Egipto, a semejanza de animales como el toro que destruí en el Sinaí, modeladas como seres extraordinarios con cabezas de pájaros o cuerpos de reptiles, han sido las semillas que han permitido desarrollar una zoolatría que ha alejado a las almas, esas parcelas divinas, de la percepción de la ley de la Creación. Por querer hacerlo muy bien, los primeros sacerdotes formados por Osiris, hijo de Ptah, engendraron la idolatría del Sol y por no dirigir correctamente, fueron desdeñados.

De nuevo la respiración se le entrecortaba al patriarca, su vejez se hacía más pesada y ya no se atrevía a preguntarse si conseguiría llevar su pueblo hasta las orillas del Jordán. Ahora se concentraba en la tarea presente y ardua que consistía en cruzar sin problemas la tierra de Canaán. Balaam le permitió de nuevo retomar su aliento al decir:

—Ahora comprendo mucho mejor porque los textos dictados, son de hecho una proscripción, al tiempo que una condenación, del ritual que había en Egipto para honrar a Ptah. Eres un gran legislador, Moshé. Tu visión de las cosas espirituales ha hecho de ti un profeta visionario del futuro. Es cierto que esta adoración incondicional de Dios bajo el nombre de Yahvé, que cada uno puede interpretar e imaginarse en sus oraciones con la forma que desee, permanecerá monolítica, siglo tras siglo, a lo largo de la eternidad.

—Ojalá fuese verdad, Balaam, tú que sin duda también eres un sabio desconocido. Sin embargo, por desgracia, el pensamiento humano no está en acuerdo con la parcela divina que constituye su fundamento. He tenido ejemplos cada día desde nuestra salida de Egipto. Habrá nuevos éxodos de este pueblo reconstituido antes de que se vuelva a perder en una dualidad donde se enfrenten el bien y el mal de diversas formas. Nacerá un salvador, que ya he visto en sueños, y fundará una nueva religión en la que Dios ya no se llamará ni Ptah, ni Yahvé, sino con otro nombre, aun surgiendo del mismo y único benefactor, como los anteriores, un día desaparecerá y caerá en decadencia. Me gustaría que nuestros sacerdotes lo impidieran tanto por su firmeza en la observación de las leyes como, sobre todo, haciéndolas respetar por el pueblo, incluso con dureza de corazón inexorable para los que falten a ello.

—Pero la casta de los sacerdotes, Moshé puede contrarrestar esta funesta evolución para toda la humanidad. Es cuestión de tribunales y de jueces, y eso ya lo has previsto.

El patriarca tuvo un movimiento de hombros significativo:

—Has conocido el pontificado faraónico, con sus grandes sacerdotes, sus religiosos de cuarta clase, sus sacrificadores, sus ministros del culto para cada momento u ocasión del día, la realización de todos los ritos sagrados según los textos jeroglíficos retomados escrupulosamente desde Ateta, y cuidadosamente fijados por los médicos de las leyes, y los guardianes de los templos. ¿Cuántos tribunales y jueces existían en Egipto antes de que saliéramos? Todos se convirtieron en instrumentos de un partido idólatra sin fe, renegando de las enseñanzas divinas y sus mandamientos. No quedan más que unos textos grabados en unos lugares santos abandonados, mira más cerca, mira a Aarón.

-Pero Moshé, precisamente Aarón es la prueba evidente de la continuidad del monoteísmo de Ptah. Hubieras podido preveer su nostalgia de la antigua religión, causa del desastre de esa noche. Quizá deseó inconscientemente restablecer todo el poder de la divinidad y es lo que le ha hecho ceder en algunos puntos del dogma.

-Más bien pienso que es la envidia de estar siempre relegado al segundo plano en las decisiones a tomar, mientras que si fuese el primer gran sacerdote... lo que a su vez fue la causa de sus pecados contra Yahvé.

- ¿No crees más bien que todo ha ocurrido porque fue durante una parte de su vida un religioso muy escuchado en Egipto?

- ¿Qué quieres decir Balaam?

-Has impuesto a tu pueblo una religión desprovista de todo ornamento y de cualquier representación, en oposición a lo que se practicaba en Egipto. Sin embargo, todo hombre, ya sea campesino o guía de hombres como un gran sacerdote, tiene un cuerpo compuesto de forma idéntica, con sus doscientas cuarenta y siete partes, posee un alma semejante a su nacimiento, aunque más adelante se modela de forma diferente. Es por ello que el ser humano, pobre pequeña criatura en la infinidad de la creación del Creador, necesita demostrar su compasión con la presencia de un testigo a su vista, incluso si su oído no percibe ningún sonido a cambio. Es por ello, como recordabas hace un momento, que tu pueblo al no verte descender del Sinaí, elevó un toro para orar a Dios, ya que ello representaba la estabilidad que habían conocido en Egipto. ¿Por qué Aarón hubiera actuado de modo diferente? Ya no tiene las mismas vestimentas y aún menos las fabulosas joyas que eran las insignias distintivas de su alta función. Aquí el pontífice sólo tiene una vestimenta muy austera.

Después de un momento de reflexión, el patriarca admitió que se había equivocado acerca del que un día, un pontífice, le hizo hermano primogénito de sangre, aún sin tener el alma suficientemente receptiva. Así, dijo:

-Debes tener razón, Balaam. Intenté en el momento de la concepción de la tienda de la Alianza, y de su contenido, conservar lo que permitiría al pueblo sentirse en un lugar santo y venerado ya conocido, donde cada uno supiera que el Señor que reina en esta morada le sacó de la esclavitud de un dios que ya no era más que un ídolo.

-No es suficiente para que renazca la verdad de los dogmas reencontrados. El arca y el tabernáculo, aunque griten su semejanza ya no atraen las miradas, falta el entorno sacerdotal con toda su pompa, su oro y sus demostraciones figuradas, es por lo que les falta que niegan al pensamiento fijarse en el nuevo nombre de Dios.

-Es un aspecto angustioso que ya fue estudiado en su momento, justamente con Aarón y con un santo hombre venerado, que hizo de mí su hijo espiritual: Yitro. Convenimos de común acuerdo que sería diferente. La desnudez del lugar santo permite una mejor concentración del alma que desea encontrar a Yahvé. Mientras que los elementos decorativos sólo recordarían la sombra decadente de un Ptah transformado en ídolo solar.

-En tal caso, ¿por qué haber conservado el arca y el tabernáculo, ya que todos los emigrantes venían de Egipto?

-Justamente por eso, aquí no se trata de una representación cualquiera, sino de una disposición normal del Santo lugar, donde cada uno se sentirá como en casa a la vez que está en la casa de Yahvé. Si hubiésemos tocado eso, el pueblo hubiera sido un extraño y hubiera desconfiado de Yahvé, el tiempo de adaptación hubiese sido muy largo. Por ello, se decidió que el tabernáculo conservaría, en su conjunto, la misma disposición que en los templos erigidos a orillas del gran río egipcio. Tuvimos que adaptar los materiales, como la madera, la acacia que sigue estando disponible en este desierto, se construyó un templo portátil para todo el tiempo de nuestra vida nómada. El Arca fue desprovista de toda idolatría, pero sigue siendo reconocible para los creyentes que rezaban en Egipto. Todo ha sido purificado y santificado por la bendición de Yahvé siguiendo las prescripciones ancestrales, he aquí lo más importante. Siempre debemos mantener en el espíritu que mi única misión en este mundo ha sido dictar las leyes propias para educar, con los medios que tenía a mi disposición, a los hijos descendientes de Jacob para que abordaran su nueva tierra con pensamientos adultos referentes a la supremacía de Yahvé sobre los falsos dioses que quedaron en Egipto, y que eran el origen de su servidumbre.

La respiración del patriarca, parecía un silbido. Permitiéndole una nueva pausa, ya que no acababa de llegar al preciso motivo por el que lo había hecho llamar. Balaam dijo:

-Ya he comprendido todo eso, Moshé, desde hace una semana me he interesado mucho en este nuevo culto cuyo Dios se beneficia de un sacerdocio tan semejante al de Egipto. Las ofrendas realizadas a Yahvé son las mismas que las exigidas por Thoth-Met y sus sacerdotes en el momento de la adoración matinal, de ello hace unos pocos años en el momento de su paso hacia a Asiria. También están todos los objetos sagrados del culto que señalan su origen monoteísta egipcio, también los orfebres, los carpinteros, los artesanos que han cincelado y tallado, no pueden renegar que han aprendido lo esencial de su arte con maestros de obras egipcios. Ordenándolo todo, te has convertido en el gran arquitecto de la corte distribuyendo el trabajo a los miles de obreros encargados de asegurar la construcción de un templo de piedras en el antiguo país.

Con atención mantenida, Moshé había oído las palabras de Balaam, que sólo expresaban la verdad. Este hombre lo asombraba por su conocimiento de los hechos. Incontestablemente, era algo más que un sencillo mago o hechicero. Antes de llegar al propósito que tanto deseaba, aprobó con una voz que de nuevo expresaba admiración ruda:

-Has comprendido lo que ha motivado mis esfuerzos, Balaam, pero ¿quizá he llegado demasiado lejos en esta imitación de un monoteísmo decadente?

-Sólo es decadente por causa de la ceguera de los hombres y su falta de reconocimiento hacia el Creador, Moshé. Es por este motivo tan sencillo que la idolatría de Ra ha sido predominante y ha engendrado la servidumbre de los creyentes hacia un dios convertido en ídolo sin darse ni cuenta.

-Quizá, pero ya no soy más que un viejo parlanchín a quien le gusta recordar las cosas buenas que se hubieran podido hacer en Egipto, si Dios hubiera pensado de forma diferente a mi propósito.

-Pero no lo fue. Moshé, te pareces mucho al Jacob del que me hablaban mis padres sin cesar, ellos a su vez tenían la historia de sus antepasados que también son los tuyos. Y ese Jacob contaba los mismos hechos que tú, pero en sentido inverso. Él estaba en las orillas del gran río egipcio y recordaba los buenos tiempos que había pasado en la tierra de Canaán, ahí donde tú te diriges con tu pueblo.

-Pero Jacob consideraba su sueño una quimera ya que sabía que su vida en la tierra llegaba a su fin. En lo que a mí se refiere, Egipto está muy lejos, detrás de nosotros, estamos en un inmenso campamento y la tierra de Canaán está muy cerca ya que no tenemos más que el país de los moabitas por cruzar y llegar a la meta.

-Será tarea fácil, Moshé, los moabitas son bárbaros borrachos de sangre, su poder hacer pensar en una raza de gigantes sin fe ni ley. Además, son más altos que la media de los seres humanos y aprovechan la superioridad de la fuerza de sus músculos para considerar a los demás pueblos como unos...

-Saltamontes, ya lo sé, mis exploradores ya me han informado a su regreso.

-Ya sabes pues que la fuerza no te bastará para luchar contra ellos. ¿No te gustaría usar la astucia?

-Es por esa razón que te he hecho llamar como experto en magia y porque hablas su lengua. Conoces bien su mentalidad y deberías ser útil a tus hermanos, ya que dices que tenemos el mismo origen por Jacob.

-Poseo mi ciencia por mis padres que eran unos servidores de Dios. Oh, Moshé, incluso si los ancestros que me precedieron no eran más que magos que buscaron asegurarse una gloria personal. Yo estoy a tus órdenes, soy un devoto servidor de Dios. Y de hecho me gustaría saber por qué ese nuevo nombre de Yahvé, que me era desconocido hasta que llegara aquí. No puedo servirlo sin conocer ese origen.

Moshé marcó una corta duda, ya que jamás había explicado a nadie este origen que había sacado de un lejano pasado con Yitro y Aarón. Pero Balaam era sin duda un servidor que debía tener acceso a los privilegios del conocimiento, por ello dijo:

-Este alfabeto, que ahora usamos, no se compone más que de consonantes siguiendo el ejemplo de lo egipcio. Sin embargo, al igual que en la jeroglífica, cuatro de ellas tienen un sentido oculto, escondido que permite todas las articulaciones de pronunciación. Son estas cuatro "mudas" que hacen hablar a todas las demás. Son: *aleph* y *hé* que son las causantes del movimiento "a" en nuestro idioma oral, *vav* para las vocales "o"y "u"; y *yod* para "e","i". Es por ello, que estos cuatro caracteres mudos, que hacen función de vocales, forman las palabras que se acoplan en frases. Era, pues, sabio usar estas cuatro "mudas", fundamento del Verbo y de la Palabra para escribir el nombre del Eterno Todo Poderoso: Yahvé.

-Comprendo mejor el significado, Moshé, pero no temes que más adelante se diga que has utilizado la filología egipcia para concebir un principio idéntico al de la jeroglífica que escribía el nombre de Dios con tres caracteres ocultos.

—Ello no tiene mucha importancia ya que Ptah representaba al Dios-Uno, que es el nuestro. Además, tenemos aquí un tetragrama, que no sólo es la plenitud divina, sino la realización de la bondad celeste para los terráqueos. Yahvé es el símbolo que representa esta entidad.

—Pero PTH de Ptah representaba el carácter sagrado del Eterno gracias a la tríada divina que volvía ciclo tras ciclo. Este tetragrama es una completa ruptura con el pasado.

—No sólo es una ruptura, sino un cambio radical en la noción misma de la presencia omnipresente de la divinidad.

—No comprendo el por qué, Moshé.

—Balaam, veo que, aunque eres un hombre sabio, sólo has tenido acceso a dieciséis puertas del conocimiento. La décimo séptima te fue cerrada. Debes saber que esta definición permite volver a poner en aplicación todos los mandamientos olvidados, y ello con firme autoridad para volver a traer el futuro de los seres humanos en la tierra en acuerdo con las evoluciones combinatorias del Cielo. Esta es la diferencia esencial entre Ptah y Yahvé. La antigua terminología se remitía a la pureza y a la bondad de los elementos que componían la raza humana. Yahvé será más flexible en la observación de los edictos de su Ley y, sobre todo, será implacable en los castigos resultantes de los pecados cometidos por los que ignoren deliberadamente y a propósito los diez mandamientos principales.

—Sin embargo, el Dios de todos los hombres ha puesto en cada corazón un instinto malo junto a uno bueno, oh Moshé. El sacerdote se ve alcanzado de misma forma que cualquier humano. Que Ptah se convierta en Yahvé no cambiará este hecho nefasto.

—Ahí te equivocas, Balaam, el tetragrama atrae con tal fuerza la entidad divina cuando es implorada, que destruye los malos instintos respondiendo a la llamada que se le solicita. Lo que manifiestamente no hizo Aarón, sin duda porque mantuvo su primera idea acerca del sacerdocio a la egipcia.

Balaam frunció las cejas en un esfuerzo de concentración, Moshé hablaba con doble sentido, y los que le escuchaban debían traducir simultáneamente lo que callaba para poder comprenderlo. Y ello parecía estar lejos de cualquier evidencia incluso para un erudito:

—Pero tú, Moshé, ya conocías la debilidad de Aarón en ese aspecto, sabías, pues, de antemano que fallaría transgrediendo la Ley que él mismo había ayudado a establecer. Estaba encadenado por sus propios prejuicios ancestrales y no hiciste nada para disuadirlo.

—No soy Dios, Balaam, sino un sencillo servidor fiel al igual que tú, y no podía preveer el comportamiento del pontífice, ya que sólo el hombre es único dueño de sus reacciones frente a un acontecimiento importante.

—Entonces, ¿cómo quieres que sepa si peca o no? No es responsable de lo ocurrido.

—La Ley ha sido dictada para todos, incluido yo mismo. Ha sido transgredida de forma abominable y los culpables han sido castigados por el señor todopoderoso.

Bueno, casi todos los culpables. Y para que Yahvé obligue la humanidad a sobrevivir a sus propios malos instintos, debe permanecer intransigente en su dogma, inflexible en la observación de los mandamientos e implacable en el castigo. Y desde que Aarón respaldó en el Sinaí la adoración del Toro, el tetragrama de la divinidad protegiendo su pueblo se ha alterado.

-Quizá el tetragrama, Moshé, pero no Dios. Lo quieras o no, el Toro sigue siendo el símbolo de la divinidad, al igual que un fragmento del poder de Ptah, ya que representaba para ellos el Hijo de Dios: Osiris.

-He prometido frente al Eterno, en mi oración en la montaña sagrada, que la idolatría moriría. No puedo renegar de este juramento bajo pena de dejar de conducir mi pueblo hacia la tierra que le está destinada.

Balaam miró al anciano inquebrantable en su concepto de servir a Dios. Con voz más suave le preguntó:

-La Ley que has puesto en aplicación dice, efectivamente, que un hombre que ha hecho el voto por juramento frente al Eterno, debe cumplir todos los sonidos que su boca ha proferido. Bien, pero un hombre sabio, o un servidor de Dios, ¿no se puede desligar de su juramento?

Moshé inclinó su cabeza en signo de negación:

-Limítate a ser un hombre sabio, Balaam. La justicia divina debe llevarse a cabo con todo su rigor.

-Eso, ya no tiene nada de humano.

-Justamente, porque es divina. El tetragrama ha sido elegido con esta precisa intención: inspirar un temor saludable antes que bondad, y piedad antes que abundancia.

Esta vez fue Balaam quien sacudió la cabeza, indignado:

-Antes, los tres jeroglíficos de Ptah tenían un simbolismo preciso, y tu tetragrama me deja ciertamente una expectativa muy fría.

-Quizá porque no ves más allá de ese número cuatro.

Se hizo el silencio, los ojos de Balaam se encogieron y se atrevió a preguntar:

- ¿Qué quieres decir, maestro?

-Durante siete días, en varias ocasiones, he enseñado la Ley a los que entraban en edad de ser inteligentes. Y tú deseas aprenderlo todo en siete minutos, Balaam. Les he enseñado el sacrificio del holocausto y el de la acción de gracias; el del pecado voluntario y el que no lo era; el del Sabat, el de cada día y cada mes; el sacrificio de Pascua para que estemos en acuerdo con las paradas celestes, pero aún no he inculcado a ningún hombre la explicación del tetragrama de la palabra Yahvé. Únicamente Aarón y Yitro conocían su sentido real, tú eres el primero a quien revelaré este gran secreto, ya que, desde ahora, de ti dependerá la llegada del pueblo a la tierra prometida por el Eterno.

Moshé se calló un momento para concentrarse mejor, hacía tiempo que la formulación que iba a realizar estaba en lo más profundo de su ser. Balaam aceptó la pausa a pesar del nerviosismo que lo invadía, al fin el patriarca dijo:

-La enunciación del nombre del inefable, al igual que su escritura está reservada a los únicos "servidores", ya que puede engendrar tanto el bien como el mal. El inefable debe permanecer en lo inexpresable para el pueblo. Es por este motivo que Yahvé debe ser la aproximación reservada a los creyentes. Hemos conservado ante todo el nombre dado por el incognoscible mismo para los que han sido llamados a convertirse en los pastores de este rebaño principalmente turbulento y egoísta formado por los humanos. Es por ello que el tetragrama de las cuatro consonantes-mudas-vocales está en verdad articulado en *siete vocales*, que celebran al Dios inmortal y grande, el Padre Eterno de todo lo que es, lo que fue y lo que será: Yéouaïh[120]. Para escribirlo, en una súplica es conveniente añadir los tres puntos que marcan la diferencia con el tetragrama ya que permite adjuntar tres vocales mudas más. Ahí reside el misterio sagrado que se debe enseñar con la mayor precaución. El valor adjunto a cada una de las letras se ilumina de forma a atraer en su surco la influencia de la siete Fijas que hacen moverse la tierra según la ley de la creación deseada por el Eterno.

Moshé se detuvo para retomar aliento, Balaam vació su pecho del aire acumulado durante este largo monólogo que había escuchado con gran atención, al fin dijo:

-Ahora comprendo mejor la prohibición que alcanza a todos los que usan en vano el verdadero nombre de Yahvé, pero ¿cómo un pueblo entero puede aceptar ser dirigido por un Dios si eternamente es incognoscible, impalpable e invisible?

-La amenaza del castigo eterno debería resolver ese problema. Todo lo que ha ocurrido a lo largo de este éxodo, ya fuera milagroso, o espantoso, lo ha llevado a cabo el Todopoderoso, centenares y miles de personas han sido testigos de ello. Algunos hablan con espanto y los hijos de sus hijos hasta la generación mil lo contarán. Ello bastará para demostrar la existencia de Yahvé y su poder.

- ¿Estás seguro de ello en el fondo de tu corazón?

-No sólo de mi corazón, Balaam, sino también de mi alma. Ya es tarde, el sol está alto y deseo que partas hacia Balaq, a visitar al rey de Moab.

Balaam hizo una mueca, sabía que ese tirano tenía fama por ser el más bárbaro de los moabitas, y dijo:

- ¿No sería más dignamente recibido un embajador de tu pueblo?

-La dignidad no tiene nada que ver con este problema que debo resolver lo más rápidamente posible. Después de lo ocurrido la pasada noche, es inútil intentar cruzar el territorio de Edom. Una carnicería nos esperaría en cada desfiladero montañoso donde no podemos defendernos. Debemos conseguir de Balaq la autorización de cruzar sus tierras sin intervención alguna y un embajador perdería demasiado tiempo en discusiones. No podemos esperar un resultado diplomático.

---

[120] Es evidentemente el nombre que todos los textos santos pronuncian como Jehová.

-A Balaq no le gusta parlamentar es demasiado colérico. La paciencia no es su principal cualidad, es más, no posee ninguna. Es muy sanguinario y muy rapaz, me sorprendería que no intentase con un golpe de fuerza atacar a la multitud que te acompaña aprovechando su posición y su poder, organizaría el pillaje y la matanza.

-Justamente te he llamado para que ese plan que habrá germinado en su espíritu se vea trocado con tu ciencia de la magia y sutileza.

- ¿Qué quieres decir?

-Tu fama en estos países está hecha, ¿verdad?

-Efectivamente, varios reyes me han consultado, incluyendo al rey Balaq.

-Perfecto, ya me parecía que tu presencia entre nosotros tenía motivo de ser y estaba escrito en la gran carta celeste. Volverás a ver al rey de Moab hoy mismo para aconsejarle sobre el futuro cercano que le espera a él y a su pueblo si intenta cualquier cosa contra el mío.

-Una advertencia de mi parte no lo haría para nada cambiar de opinión, Moshé. Deberías comprenderlo igual que yo.

-Por ello, no sólo le darás el consejo o la advertencia, sino que le informarás de algunas visiones que has recibido directamente, desde hace varios días del nuevo dios de los hebreos que se llama Yahvé.

Balaam sonrió y después de unos segundos de reflexión dijo:

-Si lo entiendo bien, quieres que actúe como un profeta visionario, lo que soy en realidad, aunque aún no he sido alcanzado por la gracia divina y por ello aún no he recibido el mensaje que debo transmitir.

-Exacto, Balaam, como todos los tiranos tendrá un temor irracional por lo que no comprende y no ve. Debes usar tus armas y tus conocimientos, no puedes fallar.

-Lo conseguiré, Moshé.

VISIONES Y PESADILLAS

> "*Es el alto grado de la facultad imaginativa, en virtud del cual una cosa aparece a un hombre y es vista por él, como si existiese actualmente fuera de él como si la percibiera por medio de sus sentidos externos.*"
> (BUXTORF More Neboukim- T.II, XXXVI-293. Ed. 1674).

Balaq, rey de Moab en tiempos de Moshé el Expatriado, era un bruto sanguinario que había usurpado el poder, pero era un descendiente de Lot, hijo de Haran y hermano de Abraham. Era, pues, de la misma sangre de los que se acercaban a su territorio, sabía que el rey de lso amorreos rechazaría el paso y que Moshé no podía aventurarse sin correr peligro en los desfiladeros montañosos con su pueblo y preferiría fraguarse una ruta cruzando Moab. Por ello había movilizado todas sus fuerzas armadas, ya que no deseaba que esos saltamontes con rostro humano arrasaran sus tierras cual nube de langostas dejando la desolación.

Las fronteras estaban, pues, fuertemente vigiladas cuando Balaam se aventuró en territorio moabita. Enseguida fue rodeado por lanzas amenazadoras, salvando su vida gracias a su identidad de mago esperado en la corte por el rey Balaq. En ese momento se celebraba una reunión extraordinaria con todos los consejeros alrededor del trono de su majestad para poder entrever la posibilidad de evitar el choque mortal sin ceder el paso. Pero después de varias horas de discusión, cuando la luz ya no alumbraba la asamblea, la única conclusión era que la fuerza de los hebreos no residía en sus brazos, sino en la palabra de Moshé, y que deberían intentar encontrar un oponente que sea más fuerte que él en el arte de hablar.

La inesperada llegada de Balaam fue considerada como la señal del salvamiento esperado, la reputación del mago tan elogiosamente extendida en todos los territorios de esta parte del mundo fue recibida con un silencio. El servidor de Dios saludó protocolariamente a Balaq antes de dirigirle la palabra:

-Te saludo, rey de Balaq, el más poderoso de los grandes hijos que dirigen este mundo. Vengo para alumbrarte las visiones que el Eterno me ha prodigado a través de la ciencia con la que me ha impregnado.

El rey de los moabitas, nervioso por la larga discusión que acababa de mantener sin resultado alguno, le devolvió el saludo con tono agrio:

-Nada me importan tus deseos. Estamos en guerra con ese pueblo salido de Egipto. Ya tiene varias grandes victorias en su poder, y desea aniquilarnos cruzando el país de los moabitas. Ya que estás aquí ¿qué puedes predecir acerca de la batalla que tendrá lugar?

-No soy profeta, Balaq. Sólo tengo visiones que a menudo están en lo cierto.

-Y yo pesadillas. Así que contesta a mi pregunta sin tardar antes de que me encolerice.

- ¿Qué motivo tendrías para ello? No soy nadie no tengo poder alguno, ni te deseo ningún mal. ¿Por qué declarar la guerra a un pueblo que sólo desea dirigirse a Canaán?

-Necesitan sobrevivir durante su travesía y lo destrozarán todo en el país de Moab. Serán como saltamontes abatiéndose en la tierra, nada quedará después de su paso. Más vale prevenir que curar. ¿Me vas a ayudar?

Su voz se suavizó, necesitaba algo de diplomacia con este mago dotado de grandes poderes, según quienes habían sido alcanzado por su bendición; y cuando maldecía, la desdicha era mortal. Con tono más dulce añadió:

-No estoy enfadado contra ti, Balaam, sino contra todos mis consejeros que sólo son monos haciendo muecas de miedo cuando necesito sus servicios. Pretenden que un pequeño dios habla a su jefe, cuyo nombre es Moshé. ¿Qué sabes de ello?

-Es el Dios Todopoderoso creador del universo el que habla a Moshé, rey Balaq.

-Lo admitimos, pero tú también hablas con un dios...

-Con el mismo, ya no que existe más que uno en los cielos.

-Entonces pídele qué camino debo tomar para que los hebreos no crucen el país de Moab.

-Si se lo pidieses tú mismo, poderoso rey, tendrías una respuesta mejor que la que yo te daría.

-No tengo ninguna relación con los dioses. Aquí no hay sacerdotes y si hubiera habido alguno, estaría bajo mis órdenes y no bajo las de otros.

- ¿Dices que los faraones de Egipto son unos débiles?

Los murmullos brotaron de las bocas de sus consejeros aconsejando a Balaq un poco de modestia. Ya era suficiente con hacer cara a los hebreos, no debía arriesgarse a provocar una invasión del ejército egipcio, al que seguro no podrían enfrentarse. Una esclavitud en ese país no era de interés, por ello tras una mueca añadió:

-No hablo de los egipcios, cuanto menos los vea mejor estoy. Hoy hablo de los hebreos, son ellos los que me dan pesadillas.

-Quizá están inspiradas por Dios. ¿Podrías describírmelas?

-Mis visiones no tienen interés alguno. Sólo te pido las tuyas para indicarme la decisión correcta.

—No te puedo contestar de esa forma. Debemos sacrificar un cordero o un toro en el altar erigido en la montaña, frente al amanecer del sol. Es el mejor medio para hacerse escuchar por el Dios Celeste. Estarás junto a mí si deseas que mi boca diga las palabras que deseas ver volar hacia los oídos divinos. Seguro que habrá algún lugar cerca de la ciudad donde podamos realizar este acto y desde donde dominaríamos la llanura del campamento de los hebreos.

Balaq reflexionó unos momentos acerca de la ubicación, pensando que podría ser de alguna forma benéfica para él. Las colinas no faltaban y se disponía a dar su respuesta cuando un consejero vino a susurrarle al oído unas palabras que parecieron sorprender a Balaq, satisfecho dijo con voz casi alegre:

—Tengo lo que hace falta en una montaña cercana que vigila el gran valle donde están los emigrantes. En la cara occidental se erige un antiguo altar que estaba dedicado a Baël, dios del fuego de los amorreos, en el tiempo en el que venían aquí a adorar el Sol. Estarás cómodo para hacerte oír y recibir tus visiones. Desde ahí yo mismo podré ver qué aspecto tiene el campamento en el que reside tal multitud que impresiona hasta mis consejeros.

—Debemos partir enseguida, si deseas que todo esté preparado al amanecer.

—Reuniré mi escolta y saldremos.

Mucho antes del alba, al día siguiente, mientras que aún dormían el rey y su guardia, Balaam estaba ajetreado en el altar de piedras erigido siglos antes. En la lejanía, más abajo y cerca del horizonte, se veían miles de centelleos, eran las fogatas frente a las tiendas de los hebreos. El mago suspiró por enésima vez a causa de la tarea que Moshé le había asignado. Iría hasta el final del engaño porque su alma y su cuerpo estaban volcados en ayudar a los emigrantes a llegar al final de sus penas. Desde donde estaba, el lugar parecía un observatorio y, al despuntar el día, aceleró los últimos preparativos, acumuló la madera sobre las piedras según el mandamiento previsto para los rituales. Enseguida brotaría el fuego, y sería visible para el campamento, indicando a Moshé que el servidor de Yahvé hacía bien su obra.

Con el primer rayo de sol alcanzando el altar, todos los participantes en el rito estaban presentes. Balaam degolló con un corte seguro la garganta de un toro, después de un carnero, ambos traídos por los soldados de Balaq, el rey no había escatimado y deseó que hubiera dos víctimas para que el holocausto tuviera más peso. Después el mago tomó la llama de fuego traída desde el palacio, para que el fuego divino abrasara las ramas dispuestas sobre las piedras. Mientras tanto, dos consejeros despellejaron las pieles para que el sacrificio consumiera completamente la carne y los huesos. Balaam dijo extendiendo los brazos hacia el cielo:

—Oh Dios de la Eternidad, dígnate recibir este toro y este carnero que son los indicativos de tu fuerza pasada y de tu bondad presente para tus criaturas. Dígnate escuchar mi oración. Oh Todopoderoso Señor. Dígnate luego informarme sobre la voluntad terrestre.

Retrayendo sus brazos contra su pecho, Balaam dijo a Balaq:

-Durante el holocausto, me voy alejar para solicitar a Dios inspirarme sus visiones para informarte tal como tú deseas acerca de lo que ocurrirá en esta región. Mientras, te ruego vigiles el fuego para que no queden más que cenizas a mi regreso.

Aquí se mezcló lo real y lo irracional, en el sentido en que desde el momento en el que estuvo sólo para rezar, fue como tomado por un transporte celeste, su poder visionario rechazaba su técnica adivinatoria. El más alto grado de su imaginación intuitiva, en virtud del cual todas las cosas le aparecían como si saliesen de su cuerpo y, pues, como si realmente existiesen, eran de esta forma perceptibles a un sexto sentido. Las fronteras de su alma retrocedían hasta el límite del infinito, afinándose mal con la orden dada referente a los sacrificios de los animales pareciendo a su vez un truco de magia.

Por ello, cuando volvió y el humo negro acababa de diluirse en la atmósfera, Balaam contempló las cenizas en un estado segundo, haciéndose el intérprete de un oráculo divino. Habló con voz inspirada, manifiestamente era otro quien pronunciaba las frases, sembrando la desesperación entre los asistentes y en Balaq que intentaba disimular su angustia al oír:

- ¡Balaq, rey Balaq! Este sacrificio puede llegar a consumirte a ti enteramente si no escuchas al cielo. Me has pedido maldecir a los hebreos para que no pudieran cruzar tu país. ¿Cómo podría yo maldecir lo que Dios ha bendecido? Cualquiera puede penetrar en un viñedo si su guardián se ha dormido, pero Yahvé nunca duerme y este pueblo es su viña. ¡Balaq, rey Balaq! mira abajo para comprender el pensamiento que anima al que guía esta humanidad. La multitud se dirige hacia una tierra prometida para vivir y prosperar en una soledad donde se encontrará sola, fuera de la solicitud de las otras naciones, no por una herencia ancestral de las tierras sino siguiendo las particularidades originales de las tribus que forman esta gran familia. Si debe luchar, lo hará con una energía dada por Dios, ya que nada podría hacerles abandonar sus tradiciones originales salvadas de Egipto por Yahvé. El pueblo se erige como un león, ha progresado a la velocidad de un leopardo y no se detendrá más que después de haber alcanzado las tierras que se sitúan entre los dos ríos, incluso si para ello debe saciar su venganza en los pueblos que hayan intentado oponerse, emborrachándose con la sangre de todos los que maten. He acabado de describir lo que he visto.

Después de estas últimas palabras, Balaam se dejó caer al suelo bajo el peso de la tremenda tensión que había mantenido como en un trance. Balaq, se preguntaba si no estaba viviendo una nueva pesadilla, mucho más llena de verdad y más preocupante sobre su futuro. Miraba con espanto al mago que volvía a tomar poco a poco consciencia, y no sabía si debía mandar cortarle la cabeza o intentar disimular lo que el visionario había profetizado. Como Balaam lo miraba, decidió optar por la segunda.

- ¿Cómo? Te pido que maldigas a los hebreos e intentas al contrario convencerme de que yo seré el maldito si no los dejo cruzar mi país.

- ¿Eso es lo que he dicho, rey Balaq?

-Lo has dicho adornándolo con bellas palabras proféticas, pero tu boca ha pronunciado palabras abominables. De hecho, has bendecido a los hebreos.

-No era yo el que hablaba, poderoso rey, era Yahvé que es millones de veces más poderoso que el más poderoso rey de la tierra. Prueba de ello, es que están ahí después de haber matado en primer lugar al faraón que se oponía a ello. Eso seguro que lo sabrás.

-Efectivamente, estoy al tanto, pero la diablesa que ha tomado su lugar es mucho más peligrosa para nosotros, nos está sangrando en vida.

-Pero estás vivo y eres próspero. ¿Crees que, si Moshé apoyado por su Dios decide pasar a la fuerza por tus tierras, te quedaría algún bien, o incluso la vida?

-Esto no me satisface para nada, Balaam. No te cortaré el cuello por ahora porque deseo que intentes por segunda vez intervenir en mi favor, y te escucharé.

-Me es imposible volver a hablar en el lugar donde ya se ha realizado un holocausto y una profecía. Deberemos buscar otro lugar, en otra cima desde la cual se vea el campamento.

Balaq tuvo un momento de duda antes de decir:

-Bien, vayamos a la cima de Pheor, desde ahí podrás seguir viendo a este hormiguero humano que deseo aniquilar y ver desaparecer. Si no puedes maldecirlos, al menos bendíceme.

Poco tiempo después, la columna de los moabitas que escoltaban Balaam llegaba a otro lugar donde los soldados se pusieron a erigir un altar de piedras. Un toro fue traído, esta vez con prisa, para el sacrificio. Los mismos gestos engendraron los mismos ritos, Balaam pronto volvió a estar en las mismas disposiciones espirituales idénticas a las del amanecer. Cuando empezó a profetizar destrozó cualquier esperanza de Balaq que esperaba esta vez recibir una bendición:

- ¡Balaq, rey Balaq! Presta mucha atención a las palabras que son pronunciadas por el Eterno que se sirve de mi boca ya que es el Creador de todos los hombres. No se parece a ti que intentas truncar el destino y cambiar su curso. Dios no es un hombre, y su voluntad es inmutable. Una vez ha hablado, nadie puede ir contra de sus decisiones. Nadie puede pues maldecir lo que él bendice. Yahvé los protege y les concederá su apoyo en todas las circunstancias. Si hay guerra, en los combates, los demás pueblos serán considerados como bestias salvajes que los hebreos aniquilarán haciendo un festín inolvidable, después de haberse saciado de la sangre de sus víctimas. - ¡Balaq, rey Balaq! Más vale que no pidas más presagios, ni hechizos hacia los hebreos ya que todo se volvería contra ti. He acabado de transmitir las palabras de Yahvé.

Balaq soportó muy tal todas estas profecías pronunciadas en un estado de trance que marcaba espanto en todos los rostros de los soldados presentes alrededor del altar. De nuevo, esperaron a que el rostro de Balaam volviese a su normalidad antes de decir:

-Por segunda vez, te permites oráculos que van en contra de mis esperanzas. Puedo admitir que no eras tú el que hablabas, y considerar tus palabras como una advertencia celeste. Por ello dejaremos de realizar sacrificios inútiles. Más vale un silencio sin peligro que palabras llenas de amenazas. No maldigas a nadie y prométeme de no bendecir a los hebreos con tu magia.

Balaam retuvo una sonrisa:

-Te lo prometo solemnemente, oh poderoso rey.

-Está bien, bajemos a rendir cuenta a mis consejeros y a tomar las decisiones que se imponen.

A lo largo del descenso, Balaq se detuvo en un promontorio para tomar aliento. Balaam que estaba cerca de él, indicó señalando abajo el inmenso campamento de los hebreos, ordenado alrededor del Tabernáculo, tribu tras tribu según las leyes dictadas por el Salvador, también se veían los pozos, el nacimiento del agua, los árboles, todo indicaba un lugar donde reinaba incontestablemente la paz, y dijo:

-Mira, poderoso rey. Mira y admira la belleza de las tiendas de los hijos de Jacob; son el preludio de las agradables moradas en la tierra prometida por Yahvé. Es fácil imaginar lo que serán en los fértiles valles y en el del Jordán. Los cedros y las acacias ofrecerán su sombra para la oración de agradecimiento diario a Yahvé. El agua correrá por doquier trayendo prosperidad eterna. En cuanto a los que por envida intenten oponerse contra la felicidad tan caramente pagada desde su partida de Egipto, serán aniquilados. Te lo repito: en verdad lo que Yahvé ha bendecido, permanecerá bendito hasta el fin de los tiempos.

El rey de los moabitas en cólera gritó:

-Sal de mi vista antes de que te corte la cabeza, aunque pierda la mía. Deseaba cubrirte de honores, pero no tendrás nada más que la vida salva. Tu Yahvé te ha despojado del resto.

Muy contento de salvarse, Balaam bajó a toda prisa la pendiente hacia el campamento de los hebreos. Esa misma noche tuvo lugar una conferencia en la tienda de Moshé que tenía fiebre, Aarón, Josuah, Fineal escucharon todos con suma atención el relato de Balaam. Después de un breve momento de silencio, Moshé preguntó lo que a todos intrigaba:

- ¿Qué crees que hará Balaq?

Sin dudar, Balaam respondió:

-Concentrará todas sus fuerzas en la frontera para impedirte el paso, pero no te atacará, teme demasiado tu alianza con Yahvé.

-En tal caso, para qué combatir si decidimos ignorarlos.

-Si tú inicias la batalla, él está situado en un terreno sólido con sus soldados y será una lucha de hombres contra hombres.

- ¿Cuándo piensas que habrá reunido todas sus tropas?

-Ya las tiene reunidas, Moshé. La zona fronteriza está infectada de soldados y el resto de sus ejércitos está apostado en las colinas que dominan la ruta. He observado que están dispuestos para el combate.

Cada uno se sumergió en sus propios pensamientos. Moshé no sentía estar en disposición de encabezar su pueblo, ya que sabía que todos serían invencibles. Fue Josuah el que tomó primero la palabra concentrando todas las miradas:

-Desde hace una semana, los acontecimientos se han precipitado a tal ritmo que el pueblo entero está movilizado bajo tus órdenes, venerable. Los soldados están como fanatizados por causa de la desolación que se abatió sobre el campamento como la peor de las catástrofes. Fineal lo confirmará...

El pobre hombre bajó la cabeza sin contestar, escondiendo sus lágrimas y su duelo, había acabado con el pecador, pero expiaría su falta hasta el día del último juicio. Josuah prosiguió:

-Todos los soldados están en plena forma, y ya nada les puede inspirar miedo. Si tú lo mandas, oh venerable, ellos combatirán y vencerán a los moabitas, sea cual sea su fuerza.

Moshé suspiró y digo:

-No solo estoy clavado en esta cama, sino que ya no estoy en disposición de dirigir un ejército, y aún menos de llevarlo a la victoria.

Josuah se incorporó:

- ¿Crees que yo podría desde ahora asumir esta carga, oh venerable? Creo que he sido merecedor de las insignias.

Con un movimiento de su cabeza, Moshé asintió:

-No es una falta de confianza lo que me hace rechazar esta posibilidad. ¿Pero si tú diriges el pueblo, quién mandará de forma eficaz los ejércitos de Israel?

-Está Caleb, que es un gran jefe, podría muy bien secundar a Fineal que ampliamente ha demostrado su valor de jefe en esa dramática noche.

Moshé observó a Aarón que sin decir nada inclinaba la cabeza, ya no deseaba tomar parte en las decisiones importantes, pero asentía demostrando su acuerdo. El patriarca pensó que los setenta y dos miembros del consejo también estarían de acuerdo; por ello aprobó las palabras expresadas por Josuah y, cansado, dijo:

-Que el consejo se reúna mañana al alba y que Josuah tome sus funciones en ese momento, así podré descansar. Asistiré al Consejo por última vez y entregaré al nuevo guía el pectoral con las doce piedras que serán la garantía de la unión y de la fuerza de Israel.

Así se hizo en este octavo día del cuatro mes del año ochenta y nueve de la vida de Moshé. Atándole el pectoral con un cinto de oro, Moshé dijo frente a todos los Ancianos que asistían al acto histórico:

-Hijo, lo que he empezado, te toca a ti acabarlo.

Dos horas más tarde, cinco veces mil soldados de cada tribu estaban dispuestos a partir, esperando el momento de la salida junto a dos generales supervisando las órdenes: Fineal y Caleb. Toda esta fuerza armada esperaba la llegada de Josuah que no tardó. Había ido a buscar a Moshé para que hablará a los combatientes.

El patriarca se apoyó sobre su bastón augural, y con voz segura y fuerte para que llegara lo más lejos dijo:

-Esta batalla, que será la última antes de vuestra llegada a la tierra que os fue prometida por Yahvé, debe ser ganada por vosotros, y lo será. Pero con una condición: que no consideréis este combate como el que os debe asegurar la supremacía de un país por conquistar. No se trata de habitarlo un día, sino de sencillamente cruzarlo para tener acceso al país de Canaán que será el nuestro. Sólo con esta condición venceréis. Como el rey de Moab ha rechazado nuestro paso, ganaréis la batalla y destruiréis todas las ciudades después de haber sacado el botín que servirá para amueblar nuestras nuevas moradas cuando alcancemos nuestro lugar más allá del río. Matad a los hombres y las mujeres, conservad a los niños y a los adolescentes que aumentarán el número de nuestra población. Ahora salid para luchar por la gloria de Yahvé y volved orgullosos de vuestro éxito y vuestro botín.

Fortalecidos por esta exhortación del venerable anciano, Josuah levantó una mano solicitando silencio. Se inclinó respetuosamente frente a Moshé, besó el pliegue de su cinturón y dijo:

-Puedan ser tus días aún innumerables, oh venerable, en poco volveremos llenos de orgullo por haber sido gobernados por tal hombre de bien y dispondremos a tus pies el inmenso tesoro que traeremos. -Y elevando la voz, añadió- ¿Verdad, soldados?

De sesenta mil pechos al unísono salió un "sí", y la orden de partida fue dada por los dos generales y repetida oralmente por los ciento veinte comandantes de los batallones.

Volvieron treinta y cuatro días después, escoltando un botín y una innumerable columna de prisioneros, jóvenes niños y niñas destinados a aumentar la población en la tierra prometida. Todos los demás seres vivos habían sido pasados por las armas incluyendo a los animales que no habían podido ser llevados.

Cuando reaparecieron, precedidos de sus trompetas, sus rostros tranquilos no demostraban los esfuerzos que habían tenido que realizar, ni los estigmas sangrientos de la guerra. Conforme descargaban los carros que habían transportado el botín, las joyas se acumulaban en la explanada frente a la tienda de Moshé. El éxito total de la victoria parecía deslumbrar al pueblo reunido. La pila se transformó en montículo, luego en colina y en una verdadera montaña que los soldados borrachos de gloria subían para depositar en su cima cada vez más cargas.

Josuah, indiferente a los gritos de alegría, había ido a ver a Moshé para contarle los principales hechos de la batalla:

-Al tener nuevos escudos protectores, más largos y más anchos, el avance de nuestros soldados era semejante al de un muro de granito en movimiento triturándolo todo a su paso. Miles de moabitas fueron de esta forma masacrados antes de que la huida fuera su único medio de sobrevivir. Después de un avance cada vez más rápido, en el cual los pequeños pueblos fueron completamente quemados por la retaguardia entrenada para ello, llegamos a la capital frente al palacio real, pero Balaq y toda su corte ya habían huido hacia el interior. Todos los adultos que hemos encontrado han sido inexorablemente matados en un primer momento, tal como lo habías solicitado, venerable. Luego, mientras una parte del ejército perseguía a los fugitivos a la vez que embestía las ciudades del resto del país de Moab, otra parte de los batallones entrenados reunía metódicamente el botín fuera de las casas, lo amontonaba en las plazas públicas a la vez que reunían los jóvenes separando los varones de las hembras permitiendo el recuento. Si sales fuera verás situados en dos amplios rediles cerca de treinta mil niños y más de cuarenta mil niñas cuya amplia mitad están en edad de ser tomadas por esposas por los soldados que están solteros. La ciudad real ha sido totalmente quemada antes de nuestra partida, hasta tal punto que los hijos de la segunda generación que crucen más tarde este lugar maldito entre todos, no sabrán jamás decir el lugar que fue habitado.

Satisfecho por la exposición de los hechos, Moshé cerró un momento los ojos para dirigir una oración de agradecimientos mudos a Yahvé, luego preguntó:

- ¿Todos los moabitas han sido perseguidos?

-Todos los soldados y todos los habitantes de las ciudades como de los campos, hombres y mujeres han sido pasado por el filo de las espadas y de las lanzas. Los hemos dejado en el lugar para que las bestias salvajes los devoren. Aún podremos verlos cuando crucemos el país. El botín está amontonado en la explanada frente a tu tienda, ¿qué se debe hacer con él, venerable?

-Será dividido según los textos dictados por la Ley, tanto para los soldados y el pueblo, como para el templo de Yahvé.

-Se hará según tu voluntad, Moshé. Que tu sueño sea el del reposo del justo.

Cuando Josuah salía, Aarón entró. Después de los saludos y de las palabras de alegría frente a la victoria y los pocos muertos o heridos del ejército de los hebreos, el rostro del pontífice se endureció ya que deseaba que el patriarca volviera a considerar su caso personal a pesar de su evidente cansancio:

-La formación sacerdotal de tu hijo Elzerión está acabada, Moshe. Es hora de nombrarlo pontífice del pueblo en mi sustitución, tal como lo has hecho con Josuah. Debo prepararme para mi partida.

-Haz lo que te dicte tu conciencia, hermano de sangre. Mis días igualmente están contados y creo que no alcanzaré la tierra prometida.

-Deseo de todo corazón que Yahvé te reservara esa alegría.

- ¿Sería una alegría?

-Estoy seguro de ello, pero no será mi caso ya que he pecado demasiado y debo expiar. Que mi cuerpo nunca sea llevado a la Tierra prometida. El sarcófago de José es suficiente para recordar el dolor a los hombres.

-Se hará según tu voluntad, Aarón.

-Antes de que nos vayamos, me gustaría saber por qué has ordenado esta matanza de los moabitas.

-Todos los jóvenes han sido preservados, y serán todos hebreos en la tercera generación.

-Pero la muerte de un ser humano, si no es debida a una necesidad como la de defenderse en la batalla, es un verdadero crimen y el que lo practica es responsable de un grave error en contra del Creador mismo, ya que quita la vida a una imagen humana idéntica a la original y del común parentesco que une a toda la humanidad.

-Si hubiera pertenecido a los moabitas, jamás nuestro pueblo hubiera vivido seguro en la tierra de Canaán.

-Pero no pueden estar todos muertos, hermano, quedarán seguramente algunos ocultos en las cuevas u otros lugares. Un mes no es suficiente para aniquilar a un pueblo, oh hermano.

-Lo sé, Aarón, por ello los supervivientes no intentarán jamás por puro miedo provocar otra aniquilación aún más tremenda.

- ¿Pero nuestros soldados son unos asesinos?

-He indicado una purificación total, no sólo de los cuerpos y de las vestimentas, sino también del botín y de los prisioneros. Tú mismo vigilarás que el ritual sea perfectamente respetado y que los soldados sean lavados de cualquier mancha sea la que sea.

Aarón retuvo su indignación, sería su última acción de gran sacerdote. Se inclinó y dijo:

-Se hará según tu voluntad, hermano.

Se giró sin esperar respuesta alguna, el pontífice salió al exterior donde brillaba un sol radiante. La alegría general de la gente que bailaba alrededor de una montaña de oro y de joyas le revolvió el corazón. Este pueblo lo desconcertaba y lo desilusionaba, se daba cuenta, ahora en el umbral del más allá de su vida, que había abandonado su sacerdocio en Egipto, para una multitud tan ciega y tan impía como la que estaba a orillas del gran río. Siguió caminando hacia el tabernáculo acelerando su paso. En su avaricia el pueblo lo ignoraba por completo, se hizo camino en medio de una avalancha, como un pordiosero al quien nadie presta atención. Con resignación, esperaba con ansia el día de su partida.

EL FINAL DE AARÓN

"*En el más elevado de los dos picos aislados culminando el Djebel Nebi-Haroun (o montaña del profeta Aarón), existe una construcción llamada la tumba de Aarón. Esta montaña, cerca del mar Muerto, se identifica con el Monte Hor a través de una antigua tradición generalmente admitida*" (F. VIGOUROUX. Diccionario de la Biblia).

A través de cortas etapas bordeando el desierto de Sin, progresaba la columna ininterrumpida de emigrantes. El sexto día, el descanso tuvo lugar bajo un macizo montañoso del que dos cimas sobrepasaban ampliamente a las demás. Ese fue el lugar elegido por Aarón para decir adiós a sus menores y a la comunidad entera.

La oración matinal fue concelebrada por el viejo pontífice y Elzerión sin que el acontecimiento que seguiría se filtrase. Al final de la exhortación, Aarón levantó las dos manos para indicar que no había acabado de hablar y dijo:

-Es hora para mí deciros adiós, ya que Yahvé me llama cerca de él. Con la ayuda de los doce sacerdotes consagrados, Elzerión será investido con su alto cargo de pontífice. Él me sustituirá a partir de hoy en mi tarea.

Un murmullo de terror recorrió la asistencia, pero ningún fiel se atrevió a elevar la voz y la ceremonia de entronización prosiguió hasta su fin. Elzerión fue revestido con todas las insignias de su alto cargo, y Aarón tuvo la apariencia de un muy anciano sacerdote alcanzado por una extrema fatiga derrumbándose bajo el peso de los pecados inolvidados de su alma.

Antes de acabar su homilía y su sacerdocio, con voz emocionada que intentaba disimular, recordó lo que juzgaba esencial para la perpetuidad del culto a Yahvé y para la santa alianza de las tribus de Israel:

-A lo largo de mi vida entre vosotros, no he dejado de recordaros lo que debíais dejar, como odiaros entre vosotros y pelearos, incluso debéis dejar de discutir para llegar a estar unidos y formar un pueblo. Sólo tenéis una posibilidad: amaros los unos a los otros. Ello es lo que permitirá mantener la santa alianza en armonía celeste. Sin embargo, muy a menudo he tenido que intervenir en peleas viscerales, vanas en todos los sentidos del término. Existen doce tribus entre vosotros, cada una ha recibido prerrogativas que han sido estrictamente definidas y aceptadas. Además, están los hijos de Leví que han sido investido con el alto cargo de servir al tabernáculo. Muchos de los que murmuran contra la potestad de los levitas, olvidan que rechazaban llevar a cabo el pesado trabajo del transporte y ensamblaje de la tienda de la Alianza donde cada día, como hoy, oráis para agradecer a Dios haber hecho de vosotros su pueblo elegido. Por otro lado, mis hijos fueron castigados antes que yo por sus terribles pecados, y no tengo descendiente que haya podido heredar esta función que, por ello, le viene de pleno derecho al primogénito de nuestro Salvador, es decir, a Gershom. Para ayudarlo en esta pesada tarea, la tribu de Leví ha sido situada fuera de la unión de las doce tribus, al igual que Dios que combina los movimientos que anima el cielo permaneciendo fuera del Cinturón de las Doce que lo compone, los levitas convertidos en hijos de Dios serán desde ahora intocables y fuera de la jurisdicción humana. Los hijos de esta tribu observan y sirven todo lo necesario para el homenaje a Yahvé frente a la tienda del testimonio. Sólo se dedicarán a este servicio, que nadie entre vosotros quiso a pesar de la envidia de algunos y los celos de otros. Los levitas son los guardianes de los objetos de culto. Son como el don de las doce tribus de Israel a Yahvé, y os digo en verdad: Cualquiera que ataque a los levitas, morirá.

Otro murmullo se elevó en la asistencia permitiendo a Aarón retomar aliento y proseguir:

-Incluso en la tribu de los levitas nada ha sido dejado al azar, como sabréis. Cada familia tiene una función precisa que nadie puede postular o envidiar, ni siquiera desear. Todos los hijos de Leví han sido censados en su momento siguiendo sus casas paternas y sus familias, al igual que cada uno de vosotros lo habéis sido en vuestra propia tribu para el censo general. Pero los levitas acamparán en el occidente del tabernáculo, en primer lugar, no sólo como hijos de Dios, sino para que se levanten los primeros para desmontar la tienda sin hacer ruido y estar listos para la salida. De igual forma la volverán a montar cada noche a la hora del descanso sin molestar. Elzerión será desde ahora la autoridad que comande a todos los jefes de la familia de esta tribu, sobre el de Laël cuyos hijos vigilarán la propia tienda, sobre su manta, sobre la cortina de la entrada y las que cubran el suelo, al igual que sobre lo que pertenece al ministro del altar y a sus accesorios. Sobre el de Urziel cuyos hijos tienen la guardia del arca, de la mesa, del candelabro, de los vasos del santuario, sus altares y sus velos así como todos los objetos relacionados con este servicio. Sobre los hijos de Abiahihel, que tienen la guardia de las tablas y de los travesaños sagrados de acacia en la tienda, de sus columnas con sus bases, de las columnas del contorno del atrio, de las estacas y las cuerdas y todo lo relacionado a este servicio. Vuelvo a decir y a repetir que, en verdad, nadie entre los levitas tome en sus manos otro ornamento que el que le ha sido designado. Que los hijos de Quehat no toquen jamás el Santa Santorum, pero que depositen el velo suspendido en la entrada, en el momento de la partida, y lo enrollen alrededor del Arca del testimonio, poniendo encima de ello la piel violeta que a su vez volverán a cubrir con un paño púrpura antes de situar las barras del Arca. Lo que nadie más podrá hacer bajo pena de muerte. Ellos serán los que al final de este servicio igualmente envolverán cuidadosamente la tabla de los panes de la proposición en un paño violeta y situarán junto a ella los incensarios, los pequeños morteros, las copas, los jarrones que sirven a las libaciones; los panes permanecerán sobre la tabla. Extenderán sobre ellos una sábana escarlata que cubrirán con un cobertor de piel violeta, luego situarán las barras de la tabla. Tomarán un lino de púrpura violeta y cubrirán después el candelabro con sus lámparas, sus pabilos y todos los vasos de aceite necesarios para el mantenimiento de las lámparas, sobre todos estos objetos depositarán una manta de color violeta, luego situarán las barras. Cubrirán con un paño púrpura violeta todos los jarrones que se usan en el santuario, extenderán encima un cobertor de piel violeta y situarán las barras. Quitarán las cenizas del altar y lo envolverán con una manta púrpura. Situarán junto a él todos los jarrones para su servicio, es decir los braseros, los tridentes, tenedores, ganchos y palas; cubrirán los vasos del altar todos juntos con un cobertor de piel violeta y situarán las barras. Si os repito extensamente el detalle de las operaciones que los levitas desarrollarán a diario, es para que después de mi partida, ninguno más desee que se le recuerde sus obligaciones hacia su familia y sus agradecimientos. Mientras que todo ello sea respetado, además de los diez mandamientos habitualmente prescritos, la paz reinará entre todos los hijos de Yahvé. Entonces Israel vivirá eternamente. He hablado. Adiós.

El viejo pontífice levantó las manos en el aire, y sin demora se giró y salió seguido por el nuevo legado supremo. Una procesión con Aarón en cabeza, asistida por Elzerión y Gershom, se dirigía a la tienda de Moshé. Éste se había vestido para la ocasión con la vestimenta tradicional de cuando él mismo guiaba el pueblo en el desierto. Estaba de pie, apoyado sobre su bastón, parecía tan sólido como siempre si no fuera por el ligero temblor en sus manos y su espalda más encorvada.

Con un gesto amplio, invitó entrar a su primogénito, a continuación, levantó el brazo para indicar que deseaba mantener esta entrevista a solas. Sentados cara a cara, Moshé contempló su viejo compañero de ruta y con apremio dijo:

-He estado muy equivocado contigo, que fuiste mi apoyo tanto tiempo. Probablemente haya pecado mucho más que tú.

-Habías sido designado para ser el Salvador de la Aguas de este pueblo infiel y desagradecido, Moshé. Tenías, pues, una meta suprema actuando como lo hacías, lo que no era mi caso.

-Pero sólo cometiste un único pecado grave, Aarón, eso no merece esta muerte que preparas en soledad.

-Grande es tu clemencia, hermano. ¿Pero no es por el único pecado de la curiosidad que la muerte intervino en este bajo mundo hace tanto tiempo en Aha-Men-Ptah?

-Sí, hermano, pero en aquel tiempo se trataba de una mujer curiosa, y no de un gran sacerdote que estaba seguro de actuar correctamente reintroduciendo el toro sagrado del Egipto decadente. Fue un error y no un pecado.

-Dices eso para consolarme y posponer mi decisión a una fecha ulterior.

-Es verdad, hermano, espera aún un poco, mi tiempo también está cercano, dejaremos esta tierra juntos.

Aarón sacudió la cabeza negativamente, lentamente, como con pesar:

-Ya he ungido a tu hijo Elzerión, y el pueblo reunido ha aceptado que me sustituya en el pontificado. Incluso si el toro no fue una culpa frente al Eterno, mi conducta hacia los de Edom enturbió para siempre mi rostro. La vergüenza acumulada sobre nuestro pueblo por las hijas que dejé entrar y actuar libremente en el campamento fue la causa de miles de muertos. Debo partir desde aquí mismo para no manchar más con mi presencia el campamento santo que llegará a la tierra donde acabarás tus días.

Esta vez fue Moshé quien sacudió la cabeza:

-Te equivocas, hermano, en poco tiempo haré como tú para que no quede de mí más que un recuerdo de lo realizado, ciertamente no tendría en cuenta mis propios pecados si descansara entre el pueblo.

-Actúa según tu voluntad, así como lo hago yo mismo dejándote al pie de esta montaña, Moshé.

-A la hora de mi huida de Egipto, cuando por primera vez entré en el país de los madianitas, yo mismo ascendí en parte esa montaña, y descansé en un pueblo en su flanco en la vertiente occidental. Cuida bien de ti, esa montaña está bajo la protección del Señor.

-Tus hijos me acompañarán y pronto me uniré con los que Dios ha llamado cerca de él.

-Todos estamos en manos de Yahvé, hermano. Que apoye tus pasos a lo largo del ascenso.

Aarón se levantó, se inclinó frente a Moshé sin añadir palabra alguna antes de girarse y salir. En el exterior una muchedumbre apiñada y silenciosa lo esperaba. Elzerión y Gershom esperaban pacientemente. Las mujeres al ver al viejo sacerdote se pusieron a llorar en voz alta, lo que hizo retroceder al viejo pontífice de un paso. Levantó su mano para solicitar silencio y habló asegurando su voz:

-Yahvé me reclama, y ya voy tarde a la cita. Os ruego volver a vuestros hogares y permanecer durante este día. Únicamente Elzerión y Gershom me acompañarán. La vida sigue, en poco tiempo llegaréis a la tierra que tanto habéis esperando a lo largo de estos años. No olvidéis jamás que se lo debéis a Yahvé. Debéis estar en la alegría hoy y eternamente. Volved sin dolor, ya que esto sólo es un hasta luego. Id en paz.

Con pesar, la muchedumbre se dispersó lentamente, entrando en sus tiendas respectivas para esconder la inmensidad de su dolor. La pena daba lugar al dolor, ya que esta multitud no volvería a ver a Aarón ir de hogar en hogar reconfortando al débil o al oprimido. Para el pueblo, Aarón estaba incontestablemente más cerca del alma de la pobre gente. Enseñaba con bondad a los niños y a los jóvenes de las nuevas generaciones; explicaba su futuro deber hacia Dios a los mayores, a los nacidos a lo largo de la ruta y que comprendían mal los sacrificios impuestos a los adultos. Es por lo que la tristeza se transformó en inmenso dolor. Pero el anciano partió en paz por el sendero de la montaña de Hor, asistido a su derecha por Elzerión y a su izquierda por Gershom.

El ascenso duró todo el día, Aarón había deseado subir hasta la verdadera cima que sólo se ve después de haber accedido a la cúspide del primer monte. En las pendientes de este segundo ascenso se abrían unas cuevas que llamaban la atención, pero no fue más que al llegar a la cima misma que Aarón vio la excavación que le serviría de tumba:

-Aquí es donde entraré, hijos míos, este lugar me conviene perfectamente para mi último sueño terrestre.

Los dos hijos de Moshé estaban aterrados. Elzerión intentó que el anciano reconsiderase su decisión:

-Desde esta mañana he sido investido para las más altas funciones, oh Aarón, así lo has decidido y lo has hecho. ¿Pero estoy realmente preparado para asumir todas esas responsabilidades?

-Eres totalmente digno de ello, Elzerión. La experiencia vendrá en seguida.

-Pero no tengo tu don para dialogar con Dios, Aarón. Por más que suplico, Yahvé no me deja oír su voz para enseñarme el camino. Nunca me contesta.

- ¿Realmente lo crees?

-Absolutamente, estoy seguro de no haber recibido respuesta para ninguna pregunta.

-Sin embargo, hace unas semanas que resuelves con bondad las dificultades de los que acuden a tu santidad y a tu fe.

-Por supuesto, eso no tiene nada que ver con el angustioso problema que me preocupa y que será crucial por tu ausencia.

-Te vuelvo a preguntar: ¿Realmente lo crees?

Elzerión bajó la cabeza, pensaba que tenía alguna dificultad para explicarse de forma sencilla, que el anciano que lo miraba no lo comprendía, y ello demostraba que no tenía la madurez necesaria para dirigir espiritualmente una multitud en marcha siguiendo las órdenes de la divinidad, con voz más firme mirando fijamente al anciano respondió:

-Muchas cosas aún están oscuras, me gustaría resolverlas y no he tenido tiempo de hablarlas contigo.

-¿Qué, por ejemplo?

-El problema de los sacrificios, entre otros. Alguna gente pobre murmura en contra de la riqueza de los de la tribu de Leví, que tanto has defendido esta mañana, también sobre los tesoros que se acumulan en beneficio de los servidores del tabernáculo.

-Ello fue debatido en su momento y resuelto así, Elzerión.

-Ya lo sé, venerable. Pero no comprendo la animosidad de algunos contra ese impuesto que se añade al quinto de sus ingresos. De hecho ¿por qué imponerles este pesado sacrificio ya que todo lo que tienen no bastaría para apaciguar la cólera divina en caso en que se desencadenara de nuevo? Y, en verdad, todo pertenece al Señor...

Aarón tuvo un suspiro enigmático:

-Me recuerdas a mi juventud, Elzerión, cuando el pontífice contestaba a los novicios que preguntaban ese tipo de preguntas: "Dios pide al humano su medida". El sacrificio de un toro la mañana, la familia se lo dividirá guardando una parte para los indigentes, porque el Todopoderoso no desea el corazón del toro, sino la ofrenda del que practica el holocausto.

-Así queda más claro, venerable, pero y ¿la quinta parte de las riquezas reservadas a los sacerdotes y a los levitas? Toda la multitud hace sarcasmos cuando se dice que sirve para volver a comprar los pecados de los que han fallado.

-Ahí también Yahvé hace participar al humano, según su estado, a la recuperación de la pureza perdida. La más pequeña pieza de oro del pobre será tan bien recibida como la pesada joya de un humano cómodo. Los sacerdotes y los levitas no disponen de ningún bien personal, no sólo deben alimentarse y vestirse, sino, además, conservar todas las partes del Tabernáculo en un buen estado para la mayor gloria del Eterno. Es totalmente normal que el pueblo entero participe en este esfuerzo que le permitirá llegar a una nueva tierra que asegurará su futura riqueza.

Elzerión miraba sus pies para no dejar ver sus ojos, no deseaba que el anciano percibiera que no estaba convencido de que este sacrificio de todos fuese buena causa para el templo.

Pero Aarón leyó en lo más profundo de su alma, como si se tratara de un rollo de papiro que iba desplegando, por ello prosiguió con el deseo de apaciguar el corazón de su sustituto:

-Es inútil bajar la cabeza, Elzerión, me superas diez mil veces. Eres digno retoño de Moshé, eres apto para asumir la tarea ya que mi tiempo se ha acabado. Es hora de empezar el tuyo, y conforme avances en la realización de tu sacerdocio, la vía divina se abrirá ampliamente en tu espíritu. Entonces contemplarás al Eterno en toda su gloria. Al principio yo era como tú, cuando estudiaba en las grandes escuelas de los templos egipcios. Además, lo hice con tu padre, y si nuestra instrucción llevaba un ritmo acelerado, no asimilábamos las realidades monoteístas tan rápidamente como lo han hecho los hijos de tu pueblo.

- ¿Cómo puede ser posible?

-Porque los pontífices de Egipto se preocupaban más de sus prerrogativas de iniciación que de asegurar la perfecta y total comprensión del valor de Dios. Lo que no fue mi caso a lo largo de mi sacerdocio, ni el de tu padre. Años y años de sufrimiento en el camino de la tierra prometida nos han permitido a uno y otro alcanzar la necesaria serenidad para comprender la voluntad divina dibujando la vía por hallar.

- ¿Oías pues la palabra de Yahvé?

-No, a decir verdad, nunca he sido apto para oír la voz del señor hablándome directamente.

- ¿Sin embargo, Dios estaba contigo al igual que con mi padre?

-No del mismo modo. Igual que ahora los levitas, Moshé fue considerado desde su nacimiento como un hijo de Yahvé. No fue mi caso. Sólo fue mucho más tarde, en el momento en el que el Eterno estimó que debía sumarme a tu padre, cuando intervino en mí directamente. Aún tengo dificultad en comprender esa lejana época, tomaba una intuición personal como una orden divina, de ahí una cierta envidia y gran deseo de acceder yo mismo a la suprema responsabilidad de llevar un pueblo, que no era el mío, sino el de Moshé ben Yitro, hijo espiritual de Yahvé. De ahí los errores abominables que han acabado con mi reprobación de los humanos que caminan incansablemente en busca de su felicidad. Por suerte para tí no será igual ya que vivirás en Canaán.

-Tú también si lo deseas, venerado. Estamos cerca de la meta, como has visto esta mañana el pueblo ya te echa de menos y te llora.

-Más vale eso que ser odiado, y temo que eso se produzca antes de lo pensado. Ha llegado el momento propicio para desaparecer, no faltaré a la cita deseada por Yahvé, por ello te he cedido el puesto esta mañana.

La resolución de Aarón era inquebrantable y Elzerión se calló sabiendo que no podía contrarrestar esta determinación. Gershom, que no había dicho nada durante el épico diálogo, se limitó a observar las nubes que se amontonaban rápidamente sobre sus cabezas, aprovechó el silencio para adelantarse un paso y preguntar:

-Tu nombre es el de un gran hombre, tres veces santificado a pesar de lo que tú pienses, y será bendito para siempre. Será transmitido generación tras generación como siendo el hermano mayor de Moisés, permanecerá siendo el del primer pontífice de la religión monoteísta de Yahvé. Pero tu patronimo es el de un egipcio, intraducible en el idioma de los hebreos. ¿Por qué lo has conservado bajo su forma, cuando la segunda generación desde la huida de las orillas del gran río está creciendo?

-Es una buena pregunta Gershom. Si mis hijos hubieran sobrevivido, ellos hubieran llevado los nombres decididos por el Eterno, para que sus funciones en el seno del pueblo estuviesen bien definidas. Este nombre de Aarón tenía un significado preciso en egipcio. Lo he conservado cuidadosamente como el don de Dios que era. Porque, y recuérdalo bien, un nombre es más precioso que el aceite más fragante. ¿Hasta dónde llega el olor de los perfumes? Desde la habitación donde duermes hasta la habitación donde comes. En el exterior ya no existe, sin embargo, un nombre como el mío se reconocerá hasta el final del mundo civilizado, hoy y hasta siempre.

-Tienes razón, bien mereces tu nombre, venerado Aarón, ya que toda tu vida has vivido en la sabiduría a la sombra de Dios.

-Pueda Yahvé pensar como tú, Gershom. Es hora de penetrar en la cueva. Sed buenos pastores, cada uno según sus propias disposiciones. Ayudad a vuestras ovejas a avanzar en buen orden siguiendo los mandamientos de la Ley. Al menor capricho, convertiros en carnero dispuesto a luchar con todas sus fuerzas para defender a los que tenéis bajo vuestro cargo. ¿Estaríais dispuestos a morir si fuese el caso?

Al unísono ambos hermanos respondieron "sí" mientras que el cielo se había ennegrecido y rugía de forma sorda. Aarón llenó sus pulmones:

-El Todopoderoso se impacienta, entraré en la cueva. Volved a bajar sin dudar y dejadme verme cara a cara con Dios. No tengáis remordimientos algunos, me voy satisfecho, nos volveremos a ver en el más allá de esta vida en el reino de los bienaventurados.

Al terminar, se giró y se introdujo en la cavidad que se abría en el flanco de la pared de la cima. Pronto desapareció a los ojos de Gershom y de Elzerión mientras que súbitamente los rayos dieron voz, como para cubrir el último paso del que había sido el primer instrumento de Yahvé frente a la multitud que había aceptado seguir desde su partida de Egipto.

Los dos hombres bajaron rápidamente, pero la lluvia los sorprendió mucho antes de que llegaran al campamento. Toda la población se protegía dentro de las tiendas mal impermeabilizadas para tal diluvio. Se precipitaron de común acuerdo hacia la tienda de Moshé, para ver a su padre sentado bien recto en una silla, con Séfora a sus pies apoyando su cabeza en el brazo de la túnica del patriarca.

Moshé tenía la mirada fija, perdida en un insondable lugar, como si siguiera con el pensamiento la marcha de Aarón a través del oscuro dédalo de la muerte. De pronto el trueno dejó de sonar, la lluvia se detuvo y se hizo el silencio, poco habitual en esta pesada humedad. Moshé movió la cabeza como si saliese de un sueño extraño para él mismo y murmuró:

-Aarón, mi hermano primogénito está desde ahora a la derecha de Dios.

Viendo su esposa a sus pies y sus dos hijos que lo observaban, añadió con más tono:

-Aarón era un hombre santo. Se establecerá un duelo de treinta días para que su alma more en la eternidad junto a Yahvé, con las oraciones rituales de cada mañana.

Después de un breve silencio, insistió con voz triste:

- ¿Por qué no he me fui en su lugar?

Elzerión contestó con naturalidad:

-Porque aún no hemos llegado a Canaán, padre y porque tu pueblo aún te necesita mucho.

Moshé sonrió frente a esta impetuosidad. Consideró la ropa mojada de su hijo convertido en pontífice y dijo:

-Ya hablas como un conductor de ovejas, hijo mío. A tu vez, estás revestido de los ocho ropajes sacerdotales de pontífice, y es perfecto. Sin embargo, no olvides nunca que los cuatro exteriores son los del muy venerado Gran Sacerdote, y que sus significados no deberían jamás ser olvidados, ya que aportan la humildad que hace que nadie sea indispensable a los ojos de Yahvé. Has ceñido la túnica de jacinto con franjas de campanillas que te defenderá contra todos los tipos de calumnias; también el efod tejido en oro que te protege contra la idolatría y el renacimiento del Toro de oro. Llevas puesto también el pectoral con dos broches, que tiene las doce gemas que te protegen contra cualquier abuso de poder, y, por último, tu cabeza es coronada por la triple tiara que rechaza todas las posibles blasfemias en este bajo mundo. Esta cuádruple ventaja te da grandes responsabilidades, hijo mío.

-Estoy dispuesto a asumir todo su peso, padre.

- ¿Estás seguro, hijo? Deberías tener en cuenta, igual que tu hermano, el desgraciado ejemplo de los dos hijos de Aarón, Abiu y Nadab que perecieron en el humo de los holocaustos. Ciertamente creían ser invencibles y todopoderosos. En el día indicado, recuerda a lo largo de la fiesta, la dedicatoria, ellos habían llenado la escudilla de plata con la más bella flor de harina y una copa llena de oro con los mejores perfumes. La escudilla de plata también tenía su aceite para la oblación; todo parecía dispuesto para el sacrificio expiatorio y para la acción de gracias. Fue en ese momento en el que cayeron muertos. No hagáis como ellos, hijos míos. Únicamente Dios es Dios, con el poder de vida y de muerte para el que le sirve o imagina poder igualarlo.

Siguió un breve silencio que rompió Séfora:

-Por el momento, si no deseáis poneros enfermos uno y otro, deberíais quitaros esa ropa mojada y poneros una túnica seca. Están en la habitación de al lado, después beberemos todos algo caliente.

Elzerión y Gershom acompañados por su madre salieron cuando Josuah solicitaba permiso para entrar:

-Perdona mi intrusión, venerado. He oído decir que tus hijos habían regresado de la montaña.

-Así es, Josuah. Aarón ha entregado su alma al señor y Dios lo ha aceptado con alegría. Mi hermano merecía ser bien acogido en el más allá de la vida terrestre. Ahora tú lo sustituyes y pronto seré yo el que se vaya.

Josuah gritó:

-Aún eres indispensable, venerado. Antes reinaba la discordia y el odio entre las familias y las tribus. Hoy la paz reina en el campamento a pesar de ser precaria. Has apartado la mala mirada de todos los demonios, pero tienen prisa en volver. Yo no soy apto para luchar contra todas las hipocresías. Eres necesario para el pueblo hasta nuestra llegada a Canaán. Luego, descansarás y serás venerado por todo el pueblo.

-No soy más que un hombre, Josuah, que siempre ha servido de forma devota a Yahvé, nada más. Desde ahora eres tú, y sé que la unión de la multitud se hará bajo tu bandera. Junto a Aarón, he realizado lo más duro: la construcción del tabernáculo y las prescripciones referentes a la Ley y sus mandamientos. Esto ya está acabado igual que mi tiempo en esta tierra, cada uno tiene una parte de responsabilidad, hoy te toca a ti, Josuah.

-Pero si el pueblo protesta por seguir los preceptos, la Ley no se conservará mucho tiempo. La multitud aún no está madura y tú debes seguir protegiéndola, venerable.

Moshé sacudió la cabeza negativamente:

-Por tus mismas palabras demuestras que mi tiempo ya ha llegado, Josuah. A la hora de la enseñanza de la Ley al pueblo, Aarón siempre estaba el primero para proclamar las palabras de Yahvé. Yo instruía a los Ancianos, que después transmitían la enseñanza recibida. Mi hermano primogénito ya no está, es Elzerión quien lleva el cargo general del pontificado, y pienso que Gershom le ayudará sustituyéndome. Es lo natural, la consecuencia del paso del tiempo. Sin embargo, en el papel de jefe supremo que ahora es el tuyo, no olvides jamás que el estudio de la Ley supera el valor de los sacrificios y los enaltecimientos prodigados por los humanos para unos agradecimientos que no pueden ser más que envidia o hipocresía. A lo largo de mi vida he observado que en las cenas en las que no se hablaba de la Ley, comía bajo miradas burlescas. Y cuando las palabras demostraban el interés de los participantes, sabía que estaba sentado en una mesa bendecida por el Señor. Haz de forma a buscar siempre la comprensión de la Ley, ya que ninguno de los seres humanos del pueblo buscaría por gusto.

-Los jóvenes que crecen se rebelan contra la enseñanza, venerado. Incluso Aarón, bendito sea, se percataba de ello.

-Los diez mandamientos están escritos en las dos tablas de piedra y permanecerán siendo la base comprensible de la Ley para todos, incluyendo a los jóvenes, ya que forman un sólo mandamiento. Cada uno de ellos, en una tabla, responde a uno de los demás en la otra tabla. Es un exceso de complicación en la enseñanza que irrita a los adolescentes. Ya lo he explicado para no tener que volver sobre ello.

-Es verdad, venerable. He aprendido perfectamente que el primer Mandamiento: "Yo soy el Eterno, tu Dios" está frente al sexto que es: "No matarás", ya que el asesino también destruiría el pensamiento de Yahvé que vive en la conciencia, incluso en la inconsciencia, de cada uno de nosotros.

-Ocurre lo mismo para los demás mandamientos hasta el quinto con su correspondiente en el décimo: "Honra a tu padre y a tu madre" y "No codicies". Ya que la unión entre estos últimos mandamientos de las dos tablas, el que los viola, los destruye a todos. Efectivamente cualquiera que codicie ambicionará cualquier día otro dios que Yahvé, y el que no honre a sus padres, también se rebelará contra Dios, ya que adorará a otros, y no santificará ningún día, dará testimonio sin razón contra todos, robará y matará en pensamiento, al igual que cometerá adulterio. Será el fin del mundo...

-¿El nuestro, venerable?

-Quizá, pero no es lo que deseo. El egoísmo y la impiedad han destruido Egipto. Podría ocurrir lo mismo dentro de dos milenios para Israel. Pero ya no estaremos ahí, ni uno ni otro para ver esa abominación. Ahora déjame, Josuah, me siento agotado y debo descansar si aún deseas conservarme algún tiempo.

LA BATALLA POR YASER

"*Después de la dura batalla que opuso Adonibesek a Josué, lívido al ver los malos tratos cometidos por el tirano, ordenó que le cortasen las extremidades de los pies y de las manos, con el fin de que comiera en las mismas condiciones que a los que había mutilado*" (FRANÇOIS-XAVIER FELLER. Biografía Universal. Ed. 1844)

Al acabar el duelo treinta días después, Moshé mandó reunir el consejo, deseando tomar la palabra por última vez antes de que la multitud volviera a salir hacia Canaán bajo el mando de Josuah, era hora de que su periplo acabase.

En cuanto todos los miembros del consejo estuvieron en la tienda de los Ancianos, Moshé entró con Josuah a su derecha y Elzerión a su izquierda, mientras que Gershom vigilaba el desmontaje del Tabernáculo. Este mes de tristeza había marcado profundamente al patriarca a pesar de que intentaba no dejar aparentar dolor alguno en su rostro. En cuanto se sentó, tomó la palabra entrado en el fondo de sus preocupaciones:

-Pocos de vosotros sois los mismos antiguos compañeros de los días en Egipto que conocieron a Aarón. El tiempo avanza más rápidamente que nosotros, y todos tenéis prisa por llegar al país entre los dos ríos que será el vuestro. Con algunos de vosotros, que seguís siendo mis fieles compañeros, he vivido grandes peligros, sin embargo, Dios no quiere que os asista en las dos luchas que tendrán lugar en Canaán. Serán vuestras, dependerán de vosotros y de vuestra fe en Yahvé para que salgáis victoriosos y consigáis la paz. Desgraciadamente, el pasado no me permite augurar el futuro. Con el tiempo la verdad se gasta, y acaba por borrarse como los buenos propósitos. Por ello deseo recordaros algunos datos esenciales que están encerrados en las tablas de la Ley, y en el arca de la Alianza. Me gustaría en esta última arenga fortalecer vuestra confianza en el que parece desvanecerse a vuestras miradas y que está omnipresente por la Ley cuya guardia os ha confiado. Ojalá no perdáis jamás, o permitáis que nadie se apodere del Arca que la contiene ya que ese día sería el fin del Israel. Entonces comprenderéis que Yahvé os ha abandonado, incluso si antes no estabais convencidos de su presencia, ni de su existencia. Si la poca vida que queda pudiera servir para prevenir ese desastre, mi final sería bienaventurado. Pienso que, a pesar de lo que todos podéis reprocharme, existen miles de ejemplos quizá menos visibles que los de Aarón, por supuesto, para que conservéis en la memoria la excelencia de la afección que he llevado al pueblo y a su progresión en el espíritu del Señor. Me he esforzado por inculcaros mi pasión por esta vida en la que el alma puede inclinarse demasiado hacia el "Mal" cuando sólo ha sido creada para vivir en esta tierra en el "Bien" general. Hijos de Israel, mis queridos antiguos compañeros que comandáis desde ahora las cohortes bajo la dirección iluminada de Josuah, guardad bien grabado en vuestro espíritu la única verdadera felicidad en este bajo mundo: Conservar a Yahvé como aliado. Para ello siempre deberéis observar estrictamente los menores detalles de su Ley. Él sólo os la ha concebido para que os mantengáis para siempre como su pueblo elegido, pero puede volver a tomarla con miles de medios si vuelve a ponerse en cólera. Si os apresuráis en servirlo, os guiará hasta la tierra prometida, que pronto alcanzaréis a pesar de algunas dificultades que aún surgirán para probar vuestra confianza. Pero para que Dios os bendiga en la nueva tierra, en vuestro nuevo "Corazón", procurad rendir siempre fiel obediencia a Dios. No toméis otras leyes que las que os he dado de su parte. Guardadlas con gran esmero, evitad ante todo cambiar cualquier cosa por descuido criminal en lo referente a la religión. Como todo es posible para aquellos a los que Dios asiste, os convertiréis en los más temibles de todos los hombres si seguís este consejo, superaréis a todos vuestros enemigos y recibiréis durante vuestra vida las mayores compensaciones que la virtud puede dar. La virtud en sí misma será la principal, ya que es a través de ella que se consiguen todas las demás, ella sola puede haceros felices, y puede conseguiros una reputación y gloria inmortal entre las naciones extranjeras. Esto es lo que podéis esperar si observáis religiosamente las leyes que habéis recibido de Dios a través de mí. Si las meditáis constantemente sin permitir que nadie las viole. Dejaré este mundo con el consuelo de dejaros en la prosperidad; y os recomiendo sabia conducta a los jefes, a los magistrados que siempre cuidarán de los demás. Pero Dios debe ser vuestro principal apoyo. Sólo a él seréis deudores de las ventajas que habéis recibido hasta ahora a través de mí; y no dejará de protegeros siempre que no dejéis de reverenciarlo y de confiar plenamente en su socorro. Por ello, no os imaginéis, como hasta ahora, que la libertad consiste en desobedecer constantemente para vivir mejor; es un gran error contra el que siempre conviene luchar para poder corregirlo en nosotros y en el pueblo. Guardaros de dejaros llevar por la cólera, como a menudo os hacéis atrevido a hacer contra mí, ya que parecéis olvidar que de esa forma me habéis puesto en gran peligro, mucho mayor que perder la vida en manos enemigas. No lo digo para haceros reproches: no lo deseo en el momento en el que estoy dispuesto a separarme de vosotros, apenaros por el recuerdo de lo que se hizo antes, ya que no he testimoniado el menor resentimiento cuando yo sufría. Lo digo para que seáis más sabios en el futuro, y porque deseo que comprendáis cuán importante es no murmurar contra los jefes. Después de cruzar y haberos convertidos en los dueños de la provincia de Canaán, estaréis satisfechos de todos los bienes, pero si perdéis el respeto que debéis a Dios y abandonáis la virtud, Él os abandonará también y se convertirá en vuestro enemigo. Perderíais, con vergüenza por desobedecer, los países que habréis conquistado con su ayuda; os convertiréis en esclavos en todas las partes del mundo y no habrá tierras o mares donde no aparezcan las marcas de vuestra servidumbre. Entonces ya no será hora de arrepentimientos por no haber observado esas santas leyes. Es por ello que, para no caer en esa desgracia, no dejaréis con vida ni a un sólo enemigo después de que los hayáis vencido. No creáis que no es importante matarlos a todos sin ahorrar a ninguno, ya que, de otra forma, a través de la comunicación con ellos, podríais dejaros llevar a la idolatría y abandonar las leyes de vuestros padres. Os ordeno también emplear el hierro y el fuego para arruinar todos los templos, los altares y todos los bosques consagrados a sus falsos dioses para que no quede ni huella. Es el único medio para que conservéis la posesión de los bienes de los que gozaréis, y para que nadie de vosotros se deje llevar por el mal por ignorancia. He escrito siguiendo el mandamiento de Dios las leyes que debéis seguir, llego a mis noventa años de vida en esta tierra y os puedo asegurar que según la forma en que os comportéis, tanto en los asuntos particulares como públicos, observando la Ley, seréis los hombres más felices, eternamente. He hablado: es hora de dejar este lugar donde la mayor tristeza nos ha alcanzado a todos con la partida de nuestro bien amado hermano Aarón.

Nuevamente miles de carros se pusieron a balancearse en una cola interminable, dividiendo la población en sus varios grupos, tal y como estaba previsto. La larga columna progresó a través del país de Moab hacia Canaán. Las ciudades, incluso las más pequeñas se rodeaban sistemáticamente con el fin de evitar cualquier riesgo de epidemia. Aún permanecían numerosos cadáveres en las casas después del santo holocausto de todos los habitantes adultos por el ejército de Josuah hacía ya casi dos meses. En los campos no ocurría lo mismo ya que los animales salvajes sólo habían dejado esqueletos perfectamente limpios en la hierba. Escasos sobrevivientes huían despavoridos al ver los guardias armados de la avanzadilla. No había duda alguna que durante siglos esta tierra fértil sería presa de bandidos y de tiranos vecinos de las ciudades fronterizas cercanas en el este bullicio de pequeños estados independientes que se odiaban unos a otros y se combatían constantemente.

Josuah verificando que todo se desarrollaba con normalidad en la avanzadilla, se había dirigido hacia el carro sonde descansaba Moshé. Dejó su montura a uno de sus adjuntos, subió la barandilla para situarse frente al anciano que observaba el paisaje a través de una apertura en la tela. Josuah le dijo con un tono tranquilo:

-El país de Moab al acercarnos a Canaán es de una fertilidad asombrosa, todo parece crecer abundantemente, la hierba es grasa y buena.

Moshé se quedó pensativo, con la mirada fija en el exterior como si no hubiera detectado la presencia de Josuah, al cabo de un rato, giró la cabeza y escudriñando a Josuah dijo:

- ¿Quieres decir que esta tierra es mejor que lo que podría ser la de Canaán?

-No, venerable Moshé. Todos los exploradores ya han asegurado el suelo donde corre la leche y la miel, únicamente constataba la evidente riqueza de estas regiones que cruzamos y han llamado la atención a varios de nuestros hermanos.

-Si esos hermanos se rebelan en contra de la decisión general y desean permanecer aquí, envíamelos.

Josuah respiró aliviado y satisfecho, ya que, efectivamente, varios granjeros le habían comunicado el deseo de detenerse en esta tierra que ya no tenía propietarios. Pero Josuah no había venido por este asunto y con mirada triste hizo la pregunta que llevaba en el corazón:

-Venerable, ¿por qué hablas constantemente de tu inminente partida?

-El pueblo no ha dejado de desear mi muerte, ya es hora, tengo noventa años.

-No es cierto. Bien sabes que es muy humano echar la culpa a alguien cuando no está bien, y de cubrirle de incienso cuando todo va bien. El pueblo te venera y te respeta. Y ya no tiene más que una idea: llevarte a buen puerto en el país donde conseguirá la gracia por tu intercesión con Yahvé. Tendrás una sepultura digna de ti, y las generaciones venideras, siglo tras siglo, honrarán tu memoria.

-Mi memoria no necesita tumba para ser venerada. La Ley bastará para recordarme si es que existe dentro de mil años.

- ¡Cruza al menos el río, oh venerable!

-No entraré, Josuah. Deberás entrar sólo y en cabeza.

- ¿Qué? ¡Nos has traído hasta aquí y vamos a llegar sin ti! No es posible. Recuerda lo que has sufrido por ellos, incluso tú mismo lo has recordado esta mañana. Tus penas en Egipto y en el desierto merecen tal abnegación.

-Es gracias a lo que llamas "penas" que he podido inculcarles el amor que Yahvé tenía para ellos, pero cualquier sufrimiento tiene un fin y el mío llega a su vencimiento.

-Mereces otra recompensa que esa, venerable. Es imposible que hayas luchado sin cesar para la glorificación de Dios y que no te veas recompensado.

-Sin embargo, así será, Josuah, porque el señor lo desea.

-Acaso hubiera Yahvé olvidado su propia ley, que te ha hecho transcribir cuidadosamente y conservar en el Arca, cuando dice: "Dale al obrero su sueldo cuando llegue la noche" ¿Sería Dios semejante a un príncipe que se deshace de su fiel servidor cuando se hace demasiado viejo para seguir sirviéndole?

Moshé se incorporó incómodo:

-No blasfemes, Josuah, sabes muy bien que planteas mal la pregunta. La vida de cada ser humano alcanza un término ineludible y el mío ya ha llegado. Pero mi tarea de servir a Dios sigue a través tuya y no se detendrá con mi desaparición. Un profeta desaparece, otro ha nacido en ti.

-En tal caso, sé mi discípulo hasta nuestra llegada a Canaán.

-Es imposible, Josuah, porque conviene que todos los dirigentes de esta generación del pecado desaparezcan antes de llegar al río para que no lo crucen. Únicamente los purificados pasarán a la otra orilla del río con las nuevas generaciones.

- ¿Pero tú eres un impuro, venerable?

- ¿Crees que la vejez me dispensa?

-Absolutamente no. Pero sólo has caminado por las sendas que te abría el Eterno. Has rechazado la injusticia y la impostura y has renunciado a toda alegría personal. ¿A eso le llamas impuro?

-Sin embargo, a menudo he cometido un pecado imperdonable, Josuah. Te lo voy a reconocer ya que este secreto pesa sobre mi consciencia. En varias ocasiones, he dudado de Yahvé, y dudando del Creador, he dudado de sus criaturas humanas y de mí mismo. He dudado de la tierra y de las promesas de Dios y por ello no entraré, cubierto de mis pecados y suciedades morales.

-Ahora que pronuncias tú las palabras, anciano, tú que eres el modelo de los hombres que este pueblo no posee. ¿Quién podría negar que en esta larga cohorte no hay una mayoría de cobardes, hipócritas, ladrones, pervertidos, envidiosos, mentirosos, blasfemos y criminales? Y ¿quieres compararte a ellos y asegurar que te has equivocado en tu juicio? Pues claramente no, no has dudado de las criaturas ni de su Creador. Has situado cada uno en su justo lugar, intentando reintegrar al bien, los que partían del mal. Has actuado de tal forma porque creías en ellos tanto como creías en Yahvé. No es porque tu corazón está decepcionado que debes mortificarte de tal forma y quitarle al pueblo, que poco a poco mejora, la alegría de erigirte una sepultura digna de ti y de las generaciones venideras.

-El futuro. ¿Quién podría asegurar hoy lo que será? Las desilusiones se sucederán unas tras otras entre los dos ríos. Estoy incluso seguro que un día el Arca que contiene la Ley será robada o destruida bajo el peso de los desconsuelos.

-Ahí también te equivocas, venerable. El pueblo bendito de Yahvé será quizá vencido mil veces en los años venideros, pero esperará pacientemente otras mil veces el regreso de los bellos días. Y porque será paciente, Dios volverá a hacer lo mismo para sacarlos del caos, ya que es el Creador y los humanos son sus criaturas.

-Pero, Josuah, yo no soy Dios para tener tal paciencia. Sé en el fondo de mi corazón que debo detenerme no lejos de aquí, quizá para no ver todas las atrocidades que se cometerán en Canaán bajo el nombre de Yahvé, por sus hijos. En cualquier caso, he tomado la decisión firmemente tal como lo hizo Aarón, bendito sea cerca de Dios.

Josuah sólo podía doblegarse frente a la inexorable firmeza del anciano, pero antes de que pudiera contestar, se oyeron unos gritos del exterior, enseguida preguntó a su ayudante:

- ¿Qué ocurre, Abiram?

-Unos soldados de la avanzadilla desean hablar de inmediato contigo.

Josuah se giró respetuosamente hacia Moshé en señal de despedida dijo:

-Debo irme, venerable. Puedan los días venideros hacerte reflexionar y reconsiderar tu decisión. Que Yahvé te asista y sobre todo que te bendiga por la vida ejemplar que has llevado.

Y montando su montura siguió a su ayudante a lo largo de la columna de personas para dirigirse hacia los exploradores. Esta inmensidad heterogénea incluía carros, bestias de todo tipo, trineos, niños y mujeres a pie, los portadores del Arca y todos los aparejos del tabernáculo, los del sarcófago de José, todo ello siempre lo llenaba de una alegría serena. Tenía la responsabilidad de esta multitud, pero no se sentía oprimido por las angustias que incontestablemente habían minado a Moshé.

Al llegar al frente, Josuah se detuvo cerca de un grupo compuesto de soldados que a su vez rodeaban un grupo más pequeño. Al verlo, los hombres de armas se apartaron dejando aparecer a dos viejas mujeres y un niño derrumbado sobre una tumba recién cavada. En estos tiempos revueltos y en país de moabitas, ello no tenía nada de extraño y Josuah frunció las cejas al no comprender por qué había sido molestado para ver esta escena, por ello con voz severa dijo:

- ¿Que ocurre que sea tan importante para desplazarme?

-Lo que han contado estas mujeres es tan horrible, Josuah, que, al contarlo a nuestro jefe, te ha solicitado.

-No veo nada. ¿Qué ocurre, pues?

El soldado pareció molesto, miró a las mujeres tumbadas sobre la tumba, pero como no hablaban el idioma de los hijos de Josuah, optó por explicar la situación:

-Aquí estamos cerca de la ciudad llamada Yaser, sigue estando en el país de Moab, pero un reyezuelo que era vasallo de Balaq aún la controla. Nuestras tropas no llegaron hasta este lugar tan lejano para ejercer la represión, por ello la población vivió tranquilamente hasta hace dos meses. Momento en el que un cierto rey de Besech, tierra situada en Canaán, ha invadido los países limítrofes aprovechando la muerte de Balaq y de muchos moabitas. Este tirano se llama Adonibesek, es de una crueldad inimaginable, según estas mujeres ha invadido unas sesenta ciudades con sus tropas y ha pasado por el filo de las espadas de sus soldados a todos los habitantes. Sólo han guardado algunas mujeres y los príncipes de las ciudades invadidas.

- ¿Y qué? Es la cruda realidad de la guerra y de los más fuertes.

-Por supuesto, Josuah. Pero tú no actuarías de forma tan cruel hacia los que no te han hecho nada, y cuyo único fallo era ser más débil que tú. A los príncipes capturados les ha hecho cortas las extremidades de los dedos de los pies y de las manos, de forma que, para comer los restos de sus comidas, deben arrastrase por el suelo, bajo su mesa para poder coger con la boca los restos.

-Vaya, eso sí que es cruel y sanguinario. Y nada indica que ese loco cananeo no busque enfrentarse a nosotros, así que debemos destruirlo. ¿Saben estas mujeres dónde está?

-Sí, justamente el esposo de la mayor consiguió arrastrarse hasta aquí, a pesar de no tener extremidades, aquí mismo ha muerto después de haberlo contado y perdido toda su sangre. En este momento este Adonibesek está en Yaser, en el palacio real con todos los capturados mutilados obligados a seguirlo como perros.

- ¿Saben acaso estas mujeres algo acerca del pequeño ejército o si este ejército tan sanguinario y bárbaro se compone de miles de hombres fuertemente armados?

Unos momentos de meditación en solitario, en el que las mujeres llorando añadieron una nota conmovedora, mantuvieron a Josuah bajo el sol. No tardó mucho en sopesar el pro y el contra de una eventual lucha. Acababa de tomar una decisión cuando Fineal apareció escoltado por el comandante de la avanzadilla que lo había hecho llamar.

-Te saludo, general, llegas a punto para informarte.

-Te saludo Josuah, y acabo de tener noticias muy tristes.

-Estas malas noticias vienen muy a propósito, conviene dar una lección a ese repugnante cerdo de nombre Adonibesek. Reúne a doce jefes de diez centenas, entre los más bravos y los menos sensibles. Debemos vengar a toda la pobre gente torturada, incluso si hubieran sido moabitas. De esta forma, conseguiremos con este combate dos victorias. Este tirano es cananeo y algún día hubiéramos debido luchar contra él en nuestra tierra prometida, su fin prematuro solucionará ese asunto. Los soldados que están aquí, te explicarán las informaciones de estas mujeres acerca de la ciudad donde se ha establecido temporalmente.

-He comprendido tus deseos, Josuah.

-Tus tropas deberán estar preparadas para salir al alba próxima para asegurar la ciudad de Yaser. Ese tirano cree vivir impunemente del producto de sus rapiñas y tendrá una sorpresa que deberá ser la última para él. Pero lo conservarás encarcelado cuidadosamente, para que sea juzgado por sus crímenes. En cuanto a mí, volveré al campamento para informar a Moshé.

-Tus órdenes serán escrupulosamente ejecutadas, Josuah.

-El campamento se instalará en el lugar previsto para todos, y se mantendrá por cinco días hasta el fin del Sabat. Que todo sea preparado para el día anterior a la fiesta consagrada al Señor. Me uniré a ti a partir de mañana noche para el asalto final.

-Esperaremos tu llegada para decidir el mejor momento, Josuah.

-Muy bien, ten mucho cuidado en caso en que te cruces con los fugitivos por el camino, quizá haya prisioneros que consigan escapar.

Una actividad febril reino toda la noche en el campamento de los guerreros que quedaron estupefactos por los malvados actos del reyezuelo cananeo. Al despuntar el alba, después de la bendición de Yahvé traída por Elzerión, una tropa de doce mil hombres se puso en marcha hacia Yaser. Llegó poco antes del crepúsculo y optó por permanecer esa noche detrás de las colinas que los escondían a las miradas de los eventuales centinelas. En cuanto el campamento estuvo montado, llegó Josuah con una escasa escolta preguntando:

- ¿Todo está preparado para dar la orden de asalto?

-No faltará ningún escudo ni ninguna espada a la llamada, en cuanto los exploradores vuelvan con la información.

- ¿A cuántos has enviado?

-Cuatro, Josuah. Los mejores. Volverán y nos dirigirán directamente al palacio donde retoce ese maldito rey. Más vale que aproveches mientras para descansar un poco, hay una tienda dispuesta para que pases la noche.

-Descansa tú también, general.

El alba aún no había despuntado y Josuah ya estaba despierto. Todo estaba listo para asaltar la ciudad. El sol empezaba a aparecer y los guerreros ya gritaban mientras que invadían Yaser. El globo solar aún no había llegado a su plenitud cegadora cuando el jefe supremo penetraba en la morada real tomada por Fineal y sus tropas de élite.

No se oía ningún grito de victoria por parte de los vencedores. Las escenas de horror se habían multiplicado bajo sus ojos conforme avanzaban a través de las ciento cincuenta habitaciones del palacio. Adonibesek fue tomado prisionero antes de haber podido salir de su lecho donde había tres mujeres horriblemente mutiladas.

Cuando Josuah llegó hasta este ser repugnante, postrado y gimiendo por su infortunio, se giró para vomitar, acababa de cruzar la sala de los festines donde había unos veinte nobles, príncipes de las ciudades cercanas, abominablemente mutilados tal como las ancianas habían descrito. Estaban replegados sobre ellos mismos cuando penetraron sus salvadores. Lo primero que solicitaron y suplicaron fue que se acabase con sus vidas y su calvario. Josuah no sabía si debía llegar hasta esa extremidad. Frente a su duda un príncipe, de los más jóvenes, entre los más lúcidos levantó sus muñones aún ensangrentados hacia él, diciendo con voz determinada:

-No puedo seguir viviendo así, poderoso rey. Pero antes de que realices mi última voluntad, que es matarme, deseo ver ese repugnante animal arrastrase como yo y los que hemos sido obligados a ello. Córtale las manos y los pies. Oblígale a correr tras su alimento como lo exigió de nosotros.

Estaba frente a ese humano que había sido un tirano sanguinario, tirado a sus pies suplicaba su gracia en contraste con la valentía de los torturados. Había tomado su decisión y a pesar de su rostro pálido, su voz no tembló cuando ordenó:

-Llevad a este cerdo a la sala de banquetes, reunid a los desgraciados príncipes mutilados para que asistan al juicio de este déspota. Traed también a diez soldados de este infame cerdo para que asistan al proceso de modo que puedan volver a Canaán para contar lo que aquí ocurre bajo nuestra jurisdicción.

De prisa se instaló un sillón para permitir a Josuah acomodarse. Se trajeron unos cojines para que los príncipes torturados pudieran descansar mientras presenciaban el acto. En poco tiempo todo estaba listo. Adonibesek fue traído en la amplia estancia donde había cometido sus estragos. Un gruñido de cólera brotó de veinte bocas, el rey intentó retroceder, pero la mano firme de los guardias lo empujaron y tuvo que caminar en los charcos de sangre aún húmeda, testigos de su crueldad. Llegó frente al sillón de Josuah. Fineal estaba a su derecha y le indicó arrodillarse, pero Adonibesek preso de debilidad, se doblegó y se derrumbó a los pies del sillón, llorando se puso a gemir y suplicar:

-Oh, tú que eres un rey poderoso, ten piedad de otro soberano cuyo único error ha sido de querer enseñarle a todos la obediencia debida a todos los que gobiernan.

Josuah tuvo un nudo de desprecio:

-La obediencia, ¿dices? ¿Qué sabes tú de la verdadera forma en la que se debe obedecer las leyes de la naturaleza y del Creador? No eres más que un infame tirano y sólo hay un castigo para ti.

-Te suplico gracia, en nombre de todos los dioses que adoras.

- ¿Los dioses? Es lo único que no debías haber invocado para solicitar clemencia, ya que no existe más que un Dios; y frente a tu espantosa conducta sólo existe un remedio: ojo por ojo. O si prefieres: mano por mano y pie por pie.

Una mirada de asombro llenó los ojos del tirano cuando comprendió exactamente el significado de la sentencia que se estaba dictando cuando los soldados lo elevaban por los hombros para poder ejecutar la sentencia.

Una mesa baja de granito, ensangrentada demostraba que ya se había usado como lugar de suplicio. Mientras que dos hombres lo sujetaban firmemente, un tercero sujetó una mano y con su espada cortó los cinco dedos, hizo lo mismo con la otra mano. Cuando Adonibesek se desmayó. A continuación, ocurrió lo mismo con los pies y el cuerpo ensangrentado aparentemente inerte se agitó con convulsiones.

Todos los asistentes que habían sido mutilado de la misma forma habían observado la escena sin pronunciar palabra. Fue el joven príncipe que habló la primera vez, quien volvió a tomar la palabra:

-Te lo agradezco, poderoso rey, en nombre de todos mis compañeros, por haber lavado la afrenta realizada a toda la humanidad por este ser que no tiene de hombre más que el nombre. Ahora te ruego que prosigas y que nos mates a todos, ya que no tenemos manos para hacerlo nosotros mismos. Es una petición general a través de mi voz.

Todos los presentes respondieron al unísono "Sí" como un eco. Pero en ese momento se oyeron unos gritos. Adonibesek volvía en sí. Josuah, blanco, gritó para hacerse oír:

-Que lo lleven en una habitación lejana y que durante los tres próximos días se le tire la comida para que viva aún y después que se las arregle. En cuanto a vosotros, pobres hermanos de infortunio, que se haga según vuestro deseo. Indicad a mi general el lugar de vuestra sepultura. Él ejecutará vuestra última voluntad. Os digo adiós, que Yahvé os acoja en su santa morada para toda la eternidad.

A lo largo de los dos días siguientes, la tristeza de Josuah dio lugar a una situación febril, ya que el jefe supremo era constantemente llamado a los diferentes lugares donde habían sido amontonados fabulosos tesoros como resultado de las rapiñas de Adonibesek en las ciudades que tan odiosamente había sometido con su salvajismo. Fueron necesarios más de trescientos carros para poder transportar el botín. En el cuarto día, el tesoro de guerra se dirigía hacia el campamento donde el pueblo esperaba su regreso.

Una larga fila de seres en la desolación había solicitado unirse a la tropa y Josuah lo había permitido. En esta última mañana en Yaser el único ser aún vivo que quedaba era Adonibesek que, habiendo hecho temblar a una multitud, no era más que un títere desarticulado que gemía y se sumía en la locura.

EL REPARTO DE JORDANIA

> "*En ese mismo tiempo, las tribus de Gad y de Rubén, así como la mitad de la de Manasés, que eran muy ricas en ganado y en todo tipo de bienes, rogaron a Moisés darles el país conquistado un tiempo antes, por tener unos pastos abundantes*", (FLAVIO JOSEFO. Historia antigua de los judíos).

El inmenso botín traído de Yaser por las tropas de Josuah fue objeto de muchas envidias, pero el reparto se hizo siguiendo la orden dictada por Moshé. La mitad del tesoro de guerra, entre otros, todo el metal, ya fuera oro, plata, bronce, hierro, estaño o plomo, fue distribuido a los combatientes después de una retención de un cinco por ciento destinado al pontífice Elzerión, constituyendo las primicias debidas a Yahvé. Hacia ellos no hubo ningún litigio.

Fue para la segunda mitad, la reservada al resto de la población cuando se oyeron las protestas, mucho más enérgicas que en el momento del reparto del botín en Balaq. Siguiendo la regla, uno por cincuenta de esa mitad fue dada a los levitas que velaban por el Tabernáculo. Era mucho, demasiado según los príncipes de las doce tribus que veían de esta forma amontarse a los pies de los hijos de Levi, brazaletes de oro, cadenas de tobillos, anillos y sortijas de plata, múltiples objetos de orfebrería.

Los únicos que no parecían demasiado descontentos eran los hijos de Gad y de Rubén. Esas dos tribus las componían miembros muy apacibles, la mayoría pastores que tenían a su disposición numerosos rebaños muy prósperos. Les gustaba el oro para alegrar la apariencia de sus esposas, pero no ayudaba en nada a que la hierba creciera más verde y más tierna para sus borregos y bueyes. En cambio, todos estaban de acuerdo de forma unánime en reconocer que el suelo de la tierra que pisaban era lo que habían buscado desde que partieron de Egipto. Se lo habían comentado a Josuah en privado antes de que éste fuera a conquistar Yaser y proceder a la exterminación de Adonibelek.

Mil hombres de cada una de las dos grandes familias de pastores habían participado en la represalia contra el tirano cananeo y en este día de Sabat, que era el día del descanso semanal, este tema era objeto de todas las conversaciones de los ancianos. Los jefes de una parte de la tribu de Manasés se habían unido a la reunión, ya que ellos también disponían de numerosas bestias de granja. Después de continuas peleas, se decidió hablar directamente con Moshé al día siguiente antes de su partida.

El patriarca se mantenía desde ahora encerrado en su carro, lejos de los desplazamientos. Karmi, Beria y Galaad, delegados de sus respectivas tribus, llegaron para exponer su requerimiento. El primero, de la tribu de Rubén se hizo portavoz del trío:

-Desde hace algunos días atravesamos el país de Moab, con tierras muy fértiles que vemos sin envidia ya que están malditas por Yahvé. Pero la semana anterior hemos pasado por unas zonas prósperas en pastos donde nuestros rebaños se han saciado con un alimento nutritivo manifiestamente bendecido por el Muy Alto.

Moshé ni siquiera levantó la mirada para asentir. Ya sabía a través de Josuah lo que deseaban y preparaba su respuesta y su contra ataque. Con voz neutra dijo:

- ¿Y bien?

Karmi se sorprendió por la brevedad de la respuesta, no sabía si el anciano alcanzaba a comprender el alcance de lo expresado. ¿Estaría demasiado derrotado por los años? Karmi se preguntó por un instante si debía proseguir, pero después de mirar a sus compañeros siguió:

-No sólo el suelo de Yaher, sino el de Dibón, el de Mehón, el de Hesebón y el de todo el entorno es rico. La tierra no sólo da trigo y cebada en abundancia, sino que produce un excelente forraje para el ganado.

- ¿Y qué?

Por segunda vez, Karmi se detuvo, el patriarca debía estar demasiado cansado para ofrecer consejos a los que se lo solicitaban. Sin embargo, una señal de Galaad le motivó a decir:

-Esos países ya no están alcanzados por la cólera de Yahvé, ¿verdad? Oh tú que eres el venerado intérprete de la palabra divina.

-Así es, esos territorios no están marcados por el Señor.

Karmi respiró aliviado frente a esta firme respuesta que le dejaba entrever que el anciano no estaba tan despistado como aparentaba. Y rápidamente, sin dejar ver su emoción de alegría, dijo al patriarca:

-Nosotros, de las tribus de Rubén, de Gad y de Manasés estamos entre los más fieles servidores de Dios y los más agradecidos por todos los dones que nos aporta. Sin embargo, tenemos mucho ganado por alimentar, venerable. Y tantas familias por alojar gracias a los productos que nos ofrecen los animales. Nosotros tres, aquí presentes, representamos una quinta parte del pueblo que te acompaña y te venera.

-Todo eso ya lo sé, Karmi. Dime más bien lo que esperas de mí, ya que estoy muy cansado.

Frente a esto último, Karmi tomó una gran bocanada de aire antes de expresar su preciso requerimiento, no previsto en el programa:

-Nosotros tres, Galaad de Manasés, Beria de Gad y yo, Karmi de Rubén, te suplicamos en nombre de nuestras tres tribus que nos han delegado para implorarte la gracia de darnos la propiedad de esta tierra a la que eternamente cuidaremos de forma celosa. Permítenos tomar aquí lo lotes que nos corresponderían al otro lado del gran río cuyos afluentes ya dan de beber a nuestros rebaños.

Moshé permaneció en silencio y parecía haber recaído en su torpeza, Karmi retomó con voz más alta:

-Toda nuestra gente, pastores o no, reconocen el buen hacer de esta solicitud, ya que el lugar es perfecto para el pastoreo de todos nuestros animales. Hay agua muy pura, buen heno, la tierra produce por sí misma, y gracia a Dios, una hierba tierna y buena que nuestros borregos aprecian.

Moshé suspiró lentamente. Todo eso no le daba buena espina. Todas las tribus habían aceptado llegar hasta más allá del río, en esta Tierra prometida que ya se había dividido según los criterios establecidos por la disposición del campamento alrededor del tabernáculo. ¿Se estaba produciendo con esto una separación de las tribus que se iban a adjudicar la primicia antes que los tiempos se acabasen, con el fin de recibir su parte y sus privilegios? Y dijo mordazmente:

- ¿Vuestro espíritu ya está tan degradado, hijos de Gad, de Manasés y de Rubén? ¿Ya pensáis en renunciar a todos vuestros compromisos?

Un silencio de hielo se abatió en la atmósfera sobrecalentada por el sol en el cielo. Karmi se atrevió a preguntar:

-No comprendemos lo que quieres decir, venerable. Nuestras intenciones son puras y te juramos que permaneceremos fieles servidores del todopoderoso.

- ¿No será más un modo de rehusar las luchas que debemos presentar para asegurar la posesión del país de Canaán y de las tierras que se os darán según las prescripciones?

Una serie de protestas dolorosas se elevaron de la boca de los tres hombres que aseguraron solemnemente que tal idea nunca se le había ocurrido a ninguno de ellos. Karmi de nuevo se hizo eco de los pensamientos de los otros dos delegados de las tribus:

-Nosotros no deseamos más que ocupar unas tierras ricas, sin dueño alguno. Tú nos insultas, oh venerable. Si crees que deseamos permanecer aquí y no cruzar el río a fin de evitar ayudar a nuestros hermanos a conquistar el suelo que será suyo.

-Ya hay muchos reyezuelos de tribus semejantes a la de Adonibesek que se pelean en esas tierras y que deberán ser expulsados por las buenas o las malas. Y, como habéis dicho, sois la quinta parte de la población y eso representa una fuerza armada que no cruzaría el río para luchar junto al resto del ejército.

-No habíamos pensado en ello, venerable y se lo diremos al consejo a nuestro regreso. Pero a pesar de ello, deseamos permanecer aquí y mantendremos esta solicitud con la mayor firmeza.

-Si, si -dijeron al unísono Galaad y Beria, ratificando a Karmi.

Moshé enrojeció de cólera y su tono se hizo amenazante:

-Así, ¿Creéis que podéis instalaros aquí impunemente en un momento tan inoportuno?

Su voz no daba lugar a duda alguna acerca de las maléficas intenciones que Moshé se disponía a manifestar. Si el lugar hubiera sido menos estrecho que el interior del carro, cada uno hubiera dado tres pasos hacia atrás. Pero Karmi contesto con voz quejica:

-Te lo suplico, oh venerable, no nos adjudiques ideas que no están en nuestros espíritus. Si hemos venido hasta ti es porque esperamos encontrar un punto de entendimiento que satisfaga tanto al resto del pueblo como a nosotros.

-El único modo de conciliar ambos deseos es seguir el éxodo general, sin alegría ni descanso, junto a vuestros hermanos que pronto estarán enfrentándose a los últimos enemigos que nos quedan por vencer.

- ¿No se podría conciliar las dos cosas, te lo vuelvo a rogar? Nosotros no habíamos pensado en ello.

-Pues es un hecho, y no es justo que un todo sea abandonado en beneficio de una parte. Sería lo contrario que debe ocurrir para el buen reparto de todos los derechos. Todos sois iguales, seáis unos pastores y otros no; formáis una única nación que tiene los mismos padres. Sois una sola casa y detenéis los mismos usos y costumbres. Tenéis en común las mismas leyes libremente aceptadas, que nadie puede transgredir. Cada uno de estos lazos comunes, estrecha vuestro parentesco que favorece el buen hacer de Yahvé sobre este pueblo elegido que es "Uno". ¿Deseáis romper todo eso y tener mi bendición? Pues os digo que no.

-No nos maldigas, venerable, únicamente deseamos el bien de la nación bendita de Yahvé de la que formamos parte íntegramente.

-Entonces, ¿por qué después de haber merecido una parte igual a la de vuestros hermanos, en lo que hay de más grande y de importante, deseáis más que las demás tribus en el reparto de la tierra prometida?

-Pero no queremos más. Oh venerable. Abandonaremos voluntariamente las tierras que nos serían destinadas del otro lado del río y sólo nos quedaríamos con estas.

Moshé observó los tres hombres antes de contestar con tono de desprecio y tajante a la vez:

-En este negocio miserable, os portáis como si fuérais los maestros que echan huesos a sus esclavos. Esta tierra os gusta y abandonáis los demás a su suerte sin preocuparos de los que sería de ellos. Ya no os preocupan sus eventuales desgracias. Eráis unos hombres sensatos y os habéis convertidos en estúpidos hasta ahogaros.

Se impuso un pesado silencio por la incomprensión que reinaba. Esta vez fue Galaad quien tomó la palabra para intentar que Moshé comprendiera las intenciones del conjunto de los pastores:

-Te aseguro de corazón, venerado, que nuestro más profundo deseo es permanecer compañeros de lucha junto a nuestros hermanos que van a luchar contra los cananeos, pero también deseamos asegurar el futuro de nuestros hijos.

-Triste futuro, a decir verdad, en vuestra ceguera y prisa vais a cometer un error abominable, os precipitáis a otro castigo ejemplar, ya que, si la justicia inmanente difícilmente se pone en marcha, una vez que la cólera divina explota, nada, absolutamente nada, puede detener el movimiento. Si mantenéis el pensamiento de permanecer aquí mientras vuestros hermanos luchan por Canaán, seréis aniquilados con vuestros hijos, os azotarán plagas mucho peores que las que nos permitieron salir de Egipto.

Un silencio más denso se hizo, y esta vez fue Beria quien a su vez tomó la palabra:

- ¿Qué es lo que nos aconsejas, venerable?

-Debéis cruzar el río con la comunidad y ayudar a aniquilar a todos los enemigos. Cuando no queden batallas por librar, cuando la rendición de todos los rebeldes se haya realizado y las cuentas del reparto de las tierras y del botín se hayan acabado siguiendo la Ley, entonces, y sólo entonces, podréis decidir vuestro futuro. Esta es la expresión de la justicia y de la legalidad instaurada entre vosotros desde el Sinaí.

Beria asintió en signo de entendimiento y de aceptación de este veredicto sin recurso alguno, y contestó:

-Es natural que estés indignado, venerable, ya que pareces ver lo que de hecho es evidente. Supones que tenemos prisa en dejar a nuestros hermanos para evitar las inevitables luchas más allá del río.

-Es lo que me habéis comunicado...

-Sin embargo, nos conoces y sabes que nada nos asusta y que nuestra valentía no es de comentar, ya que nuestros hijos son los que siempre han estado en la avanzadilla. No somos unos cobardes y nuestra presencia aquí lo demuestra. Además, guardamos como acto de valentía la incondicional obediencia a tu voluntad, contra la cual jamás nos rebelaríamos, ya que tu autoridad nos has traído hasta aquí. Por ello consideramos una señal divina este fructuoso acercamiento a esta tierra sin propietario. Pienso que hay un modo que puede satisfacernos a todos, oh venerable.

Moshé abrió los ojos y fijó su mirada en Beria, era un hombre plácido que hablaba bien y con tranquilidad. Sus compañeros se habían reincorporado para oírlo mejor. El patriarca preguntó:

- ¿Cuál es tu proposición, Beria?

-Es muy sencilla, venerable, que la próxima etapa en lugar de durar una sola noche, se extienda el tiempo necesario para el acondicionamiento de estas tierras para nuestras tribus, de forma que nuestras mujeres e hijos estén seguros y después partiremos junto a todos nuestros hermanos de armas para conquistar Canaán para ellos. Después volveremos aquí sin pedir nada más.

Esta vez, Moshé cerró los ojos abandonándose en una profunda reflexión. Ninguno de los tres hombres que tenía frente a él se atrevió a moverse para no molestar la meditación del patriarca. Tras un largo momento de silencio, el anciano suspiró profundamente y abrió los ojos para decir:

-Si tus palabras no están sujetas a engaño alguno, Beria, y si los Ancianos de las tribus lo confirman, los lotes de la tierra de este país que solicitáis a Yahvé serán vuestros sin que ninguna calamidad os alcance. Esta tierra os será asegurada eternamente. Tal como lo solicitáis, después de haber asegurado a vuestras mujeres, hijos y ganado, cruzaréis el río junto a vuestros hermanos, formando por batallones según vuestras tribus, armados y dispuestos a combatir de inmediato en caso necesario. Y sólo cuando todos los enemigos hayan sido aniquilados, y cuando la paz esté establecida entre todas las tribus restantes en Canaán, sólo entonces podréis volver con vuestras familias y rebaños para disfrutar de los bienes que Yahvé os concede en toda plenitud, siguiendo vuestro actual deseo podréis sacar el máximo provecho. He hablado, que así sea.

Los tres hombres se inclinaron con respeto sin atreverse a demostrar su alegría ante tan bienaventurada e inesperada conclusión. Únicamente Beria añadió antes de dejar a Moshé:

-Sigo siendo tu devoto servidor, oh venerable, sea lo que tú desees, lo haré sin dudar.

Así se hizo, una gran efervescencia reinó desde ese día en el campamento que se había instalado al pie del monte Nebo para varios días o quizá semanas. Las tribus de Gad y de Rubén tanto como la de Manasés dirigieron todos sus carros hacia los territorios que tanto tiempo habían explorado repartiéndoselos equitativamente. Los de Rubén no tuvieron que caminar mucho ya que prefirieron las tierras que rodeaban el macizo del monte Nebo, bordeando al oeste por el mar Muerto y el río que desembocaba, los de Gad se atribuyeron la región más al norte, y los de Manasés, se situaron aún más al norte.

Muy atareados cada grupo ocupó las ciudades abandonadas, las fortificaron para evitar eventuales incursiones de los bandidos que desearían apropiarse de mujeres solas. Se elevaron miradores para poder vigilar estrechamente el acceso a los pueblos. En diecisiete días todo estaba preparado en estos territorios anexados y todos los hombres que podían portar armas partirían para una larga temporada. Pero el día décimo octavo, cuando terminaban los preparativos de la reunión de los guerreros de las tribus de los pastores, las mujeres de los jefes rodearon a Galaad y Karmi para informarles de su oposición a esta partida, ya que afirmaban que Dios no había tomado parte en ello, y que solo se debía a la voluntad de Moshé.

Karmi solicitó silencio para contestar a las mujeres indignadas, una vez conseguido, habló con voz pausada:

-Mujeres de las tribus de Gad, Manasés y Rubén, hemos expuesto extensamente nuestro punto de vista al patriarca. El que fue nuestro Salvador y quien efectivamente nos ha permitido llegar hasta estas tierras donde hoy vivimos, él nos rogó mantener nuestra palabra y estamos ligados por un juramento inquebrantable que debemos mantener bajo pena de que todos muramos de forma violenta.

Una de las mujeres exclamó:

-Siempre son los levitas que amenazan a los demás, estamos hartas.

-Sí, sí, estamos cansadas. –Añadieron unas decenas de mujeres en eco.

Karmi, excedido por esta falta de comprensión, elevó el tono:

-No seáis una banda de lloronas que atraen la cólera de Yahvé. Parece que ya habéis olvidado el momento en que los levitas padecieron todos los males. ¡No lo olvidéis!

Dejó pasar un tiempo de silencio antes de añadir:

-El todopoderoso ha puesto fronteras entre los pueblos, al tiempo que nos permite poner pilones fronterizos para establecer nuestros nuevos dominios, tal y como existen en cualquier parte de este mundo creado por Dios. Así como Yahvé separó la luz de las tinieblas, ha permitido a las tribus de Israel salir de las naciones, y a los levitas fuera de las demás tribus. Porque ni las cosas, ni las razas, ni incluso las familias pueden ser iguales en el seno de esta creación terrestre. Cada una tiene una función bien definida, y ello le asigna de forma obligatoria un cierto lugar. Nosotros hemos solicitado un cambio y sólo se hará efectivo si respetamos nuestro propio acuerdo. Así lo hacen todos los pueblos para vivir en la tierra, así espera Israel dominar a los demás pueblos, así ilumina a los levitas en relación con Israel. Al oíros, parece que sea más fácil para Dios hacer que el sol brille en el cielo que para vosotros conservar la calma entre las tribus de Israel y la de Leví. ¿Por qué siempre la tomáis con los levitas? ¿Por culpa de Moshé? Pues él ya no es nada, es Josuah el que ha sido nombrado para asegurar la pesada empresa de sucesión, y ¿si hubiese sido un hijo de Leví? No olvidéis jamás la justicia de Dios cuando se plantaron doce bastones frente al tabernáculo para que Yahvé eligiese él mismo su servidor.

La misma mujer se volvió a quejar antes de responderle:

-Olvidas que todo el mundo susurró que Aarón había elegido expresamente un bastón mucho más húmedo que volvió a brotar durante la noche. Los levitas son unos impostores y no deberíamos obedecerles yendo a la guerra para salvarlos.

Karmi sentía el aire quemarle la garganta cuando contestó a la líder:

-No te conviertas en una calumniadora como el renegado de Datán, que ha muerto. No debes hablar de esa forma, eres mujer avisada y deberías saber discernir entre lo que es posible y lo que no lo es. ¿Qué ceguera te lleva a la pérdida llevando contigo a centenares de mujeres y niños inocentes?

La líder calló. Karmi se sintió satisfecho en este momento indeciso que ponía en riesgo toda la operación. Al día siguiente, la larga tropa de hombres bien ordenados desfilaba hacia la sombra del monte Nebo antes de penetrar en el campamento donde fueron aclamados por la muchedumbre que los esperaba ansiosamente. Moshé, enterado acerca del comportamiento de Karmi, lo hizo llamar bajo su tienda. Cuando llegó el hijo de la tribu de Rubén, Josuah estaba hablando sobre la salida hacia el río. El patriarca a su vez hablaba de su propia partida hacia su última morada para el día siguiente al alba. Al oír estas palabras Karmi se sintió muy apenado y gritó:

- ¿Qué, venerable, después de habernos prometidos llegar a Canaán, tú no deseas acompañarnos personalmente?

—Una gran página del libro de la vida de Israel se girará cuando se pase el río. La tierra prometida será la del pueblo elegido. Josuah ya ha sido elegido jefe, y está bien así, él no necesita vigilancia. Bien, ¿estáis reunidos todos para partir?

—Tal y como lo habíamos prometido, venerable, pero nuestras esposas no estaban satisfechas. Si no nos acompañas hasta Canaán, puede que haya bastantes deserciones desde los primeros días.

—Es acerca de ello que he te hecho llamar, Karmi. Me ha llegado la información de que me has defendido en la plaza pública de tu nueva ciudad con furia. Te lo agradezco, he sido tan criticado a lo largo de mi vida que una defensa siempre es bienvenida.

—Me he indignado, ya que me parece un sacrilegio hablar mal de un profeta como tú.

—No soy más que un servidor del Eterno, Karmi, como Josuah lo es desde que me ha sucedido. Es Yahvé, y no yo el que escrutaba a los seres a través mía. Es Dios el que sabe qué espíritus eran humildes, dulces, o bien irascibles, vanos y orgullosos. Yo, ciertamente no poseo ese amor para la posteridad que tú mismo posees en lo más profundo al igual que Josuah, y frente a vosotros os declaro con toda humildad que no lo he conseguido, ya que mi deseo era ante todo establecer una ley hecha con todo el rigor. La necesidad me ha obligado dejar en un segundo plano la sabiduría e incluso la bondad.

Con afecto Josuah intervino:

—¿Es bueno flagelarse moralmente, venerable? Sin ti, una multitud aún viviría en Egipto, perdiendo su alma y toda la posibilidad de una vida en el más allá por culpa de las peores servidumbres: las del espíritu. Nosotros te debemos esa liberación y ello pasa antes que cualquier otro sentimiento.

—Es por ello que llevarás el pueblo ahí donde no he podido hacerlo, Josuah. Para cada tarea hace falta un obrero. Y como te estaba diciendo, tendrás un buen adjunto en Karmi, que no sólo habla con su espíritu sino con su corazón.

—Siendo tu heredero espiritual, me suscribo voluntariamente a esta idea que yo mismo ya había entrevisto, oh venerable.

Moshé sonrió satisfecho:

—Eres realmente mi digno sustituto, Josuah.

A lo largo del diálogo, Karmi contemplaba a los dos hombres como si fueran ellos mismos seres divinos. Comprendía perfectamente lo que decían, pero no veía a dónde querían llegar, ya que el hijo de la tribu de Rubén no podía soñar en abandonar a su pueblo en esta nueva tierra llena de promesas futuras.

Como si leyera en los pensamientos de Karmi, Moshé se levantó y puso sus dos manos sobre sus hombros, lo que era un signo de muy grande consideración. Lo miró fijamente a los ojos y le dijo con voz emocionada:

—Conviene que el guardián de la higuera coseche el primero sus frutos. He sentido la sabiduría de tu corazón, no te pido ser un discípulo de Josuah, pero sí convertirte en su representante en las nuevas tierras ocupadas por las familias de Rubén, de Gad y de Manasés, en cuanto el resto del pueblo haya ocupado Canaán y puedas volver junto a tu familia.

- ¿Cómo me podéis pedir eso los dos, si ni siquiera sé si saldré vivo?

Moshé volvió a sentarse en su sillón y con una sonrisa contestó:

-Nosotros lo sabemos, Karmi, estás marcado por Yahvé para realizar una gran misión en esos territorios. Más tarde, muchos que no saben nada, pretenderán saberlo todo, como Josuah o yo mismo, aunque sólo sean unos insensatos. Tú también tendrás nuestro conocimiento.

Karmi estaba maravillado por lo que decía el patriarca, que hacía de él un hombre importante. Pero se sentía triste al comprender que este excepcional anciano, marcado por Dios para realizar grandes hazañas, iba a dejar esta tierra ahora que la tarea asignada estaba realizada. Ser servidor del Eterno no era tarea fácil y este fin le parecía muy triste.

De nuevo la voz de Moshé lo sacó de sus pensamientos, y contestó como si se le hubiese hecho una pregunta de forma firme:

-Más allá de la vida terrestre está la eternidad en la paz de Yahvé, hijo de Rubén, es por ello que la tristeza no conviene cuando ha llegado el momento de dejar su cuerpo. Es la mejor lección que he recibido de mis primeros maestros en Egipto.

Josuah intervino:

- ¿Los egipcios no estaban equivocados, venerable?

-No, Josuah, ya que Yitro me repitió los mismos mandamientos. Ya he intercedido con Yahvé para salvar este pueblo que jamás ha tenido reconocimiento alguno. Lo he ejecutado todo sin rebelarme, he orado demasiado para sacar a Israel de los maleficios en los que se cegaba. Mi tiempo de reposo ha llegado, es hora de que otro tenga el fervor y la piedad necesaria. Es Josuah, que debe comprender el espíritu de Dios, y sobre todo hacerse comprender por el pueblo. Mañana al alba, ambos me acompañaréis hasta el monte Nebo.

Sus últimas palabras premonitorias fueron seguidas de un silencio en el que se podía sentir la emoción de los corazones. Al borde de las lágrimas, Karmi preguntó:

- ¿Nadie puede hacerte cambiar de opinión, venerable?

-No. Mi decisión está tomada y vuestra tarea se verá facilitada. Demasiadas ventajas se han concedido a esta multitud que tiene tendencia a olvidar quién le provee sus riquezas. Todos los bienes exteriores no tienen valor para la salud del cuerpo y aún menos para la del espíritu. Deberéis luchar contra esta rebelión maléfica de otra forma que la mía. Es necesario superar el río para ello, la armonía que debe reinar entre el cielo y la tierra, entre el Creador y sus criaturas está a punto de romperse. Josuah lo impedirá con medios diferentes.

El nuevo guía tuvo un signo de impotencia:

-Es de lo único que aún dudo, venerable. ¿Podría Dios desear vengarse de la impiedad y de la ceguera de los que ha modelado a su imagen y destruirlos completamente?

-Serás iluminado por Yahvé mismo llegado el momento, como lo he sido en los momentos decisivos de nuestro largo éxodo. Ahora es tiempo de dirigirse al tabernáculo donde mis dos hijos que me están esperando para darles mi adiós terrestre.

- ¿Vendrán con nosotros mañana?

-No sería bueno que dejaran la multitud en vísperas de ese gran día en el que se cruzará el río para penetrar en el país de Canaán. Y lo prefiero así.

¿Podía abrir su corazón a este pueblo que casi había obligado a Dios hacer de él un profeta?

NOCHE DIVINA EN EL MONTE NEBO

> *"Ellos conocían ese Dios al que se atrevieron a ultrajar, hasta el día que, fijado sobre la santa montaña, vuestro pueblo, Señor, pueda vivir en el recinto de los muros asegurado por sus manos para conducir sus pasos en la santa herencia, donde vuestro poderoso brazo lo salvó del naufragio"*
> (XAVIER DE MAISTRE. El Cántico de Moisés).

Una voz interior sacó al patriarca de su sueño: "Moshé es el momento de prepararte para reunirte conmigo. Te espero".

Abriendo los ojos, tomó inmediatamente consciencia, como en el mejor momento de su juventud. Vio a Séfora que estaba inmóvil frente a su cama, sus labios temblaban y su rostro era pálido. Suspirando Moshé efectivamente pensó que ya era hora de dejar este mundo de miserias y de aflicciones donde jamás había podido ser feliz más que unos pocos minutos. Hizo un signo de asentimiento a la que estaba frente a él, tanto para estar en acuerdo con su conciencia como para verla irse.

La claridad del día se presentaba, pero aparentemente no el sol, ya que aún ningún rayo dorado se introducía por la apertura de la tienda. Vio su ropa nueva de lino blanco, probablemente tejida por Séfora que ya había salido para prepararle una bebida caliente. Realizó cuidadosamente sus abluciones, como si se dispusiera a dirigirse sin más al tabernáculo para dialogar frente a Yahvé. A continuación, se puso la ropa interior y se puso su nueva túnica resplandeciente justo con los primeros rayos de este globo solar que había sido objeto de tantas pasiones a lo largo de su juventud en Egipto. El día se anunciaba bueno, lo que le permitiría llegar a las orillas del más allá en buenas condiciones. Acercándose a la cortina abierta que lo separaba del exterior, se sorprendió sonriendo, era buena señal. Se descubrió pensando, algo tarde, al juego de sus antiguos maestros de la Medida y del Número de los templos egipcios, intentando vivir de antemano su fin terrestre precediéndolo de algunos segundos.

Pero Moshé interrumpió bruscamente sus suposiciones al ver el pueblo presente, justo más abajo de donde estaba plantada su tienda. Miles y decenas de miles de seres humanos se habían reunido bajo sus pies con sus cabezas alzadas, una miríada de ojos brillaba bajo el sol que empezaba a dorar los rostros. Todos esperaban tranquilamente la aparición del que les había abierto las puertas del país donde al fin iban a permanecer, todo gracias a él.

Josuah, Elzerión, Caleb, Fineal y Karmi estaban en los primeros puestos en el sendero que subía hacia la tienda. Fue el nuevo guía supremo quien tomó la palabra en un silencio absoluto:

-Tu decisión de dejarnos está tomada, oh venerable, y si te satisface es que es buena según la voluntad de Yahvé. Así nadie intentará retenerte. Pero todos han deseado estar presentes para aportar su apoyo moral junto con todo su afecto. En Egipto demostraste una fuerza inquebrantable, tanto hacia ellos como en relación al señor. Conseguiste sacarnos de ese país de servidumbre, has demostrado cólera contra el Toro de oro, pero has intercedido para solicitar la benevolencia de Yahvé contra los que habían pecado de forma horrible. Al fin, y es lo más importante, has demostrado amor incluso hacia los que te odiaban o te envidiaban hasta hoy. Por todos estos motivos, el pueblo está presente para decirte adiós y solicitarte una última bendición.

Emocionado por esta verdadera prueba de afecto que no esperaba, Moshé respiró para que su voz fuese firme y no se rompiera bajo el peso de la pena:

-Todos vosotros sois mis hermanos y hermanas de sangre, y efectivamente, hoy os dejo. Vuelvo junto a Yahvé a unirme con mis venerados ancestros. Es justo que le demos gracias aquí mismo por todos los beneficios realizados durante mi vida. Dios me ha apoyado tanto durante mis penosos trabajos en el establecimiento de las leyes que harán de vosotros el primer pueblo del mundo cuando mañana al fin hayáis cruzado el río para penetrar en vuestra tierra. Sólo he sido un ejecutor, un servidor que no merece la consideración que demostráis. Por ello deseo retirarme solo, para no ser más adelante objeto de un culto idólatra, ya que únicamente Dios es Dios. Él es el autor de la Ley que ahora está contenida en el Arca, en el fondo del tabernáculo, y cada palabra debe permanecer eternamente grabada en el fondo de los corazones de todas las tribus de Israel. Esta única Ley os mantendrá en paz mientras que la observéis escrupulosamente. Pero a partir de mañana seréis llamado a luchar para expulsar a los inmundos, deberéis usar la fuerza y lo que ocurrirá será una excepción que nunca más debe convertirse en base de otra regla más que la Ley. Conviene, pues, que os dé una última advertencia, a fin de que todos vosotros, mis hermanos y hermanas, jamás caigáis en la desgracia. Deseo y ruego a Yahvé por ello, después de que hayáis tomado posesión de las tierras fértiles, las poseeréis entre vosotros en paz y en total descanso. Que no tengáis más enemigos a temer y que no tengáis ningún problema doméstico. Si, no obstante, os vierais obligados a iniciar otra guerra además de esta en la que habréis aniquilado a todos los cananeos sin excepción, hombres, mujeres y niños, para ser los únicos poseedores de esta tierra prometida por Yahvé, deseo fuertemente, y será mi última voluntad, que los guerreros observen estrictamente los mandamientos dictados. Que esta guerra de ninguna forma se produzca en vuestro nuevo país, donde fluye la leche y la miel, ya que se agotarían antes de poder comprender el cómo y porqué. Si creéis que ello debe ocurrir, enviad emisarios a los reyes avariciosos demostrándoles total fe vuestras fuerzas de infantería y caballería, haciéndoles comprender que no los teméis y que únicamente les ofrecéis una paz honorable mucho más fructífera para todos. Pero si aun así se cegaran en sus pretensiones, entonces nuestro ejército caminará intrépidamente a su encuentro tomando a Yahvé como general en jefe. Este señor todopoderoso, que siempre ha sido el más sabio de vuestros defensores, sabrá inspirar a vuestro comandante de generación en generación. Los soldados siempre deberán ser escogidos entre los más valientes para evitar cualquier deserción perjudicial para la victoria, que la disciplina en los campamentos militares sea ejemplar. Si necesitáis cortar madera para construir máquinas de guerra, no uséis jamás ningún árbol frutal. Si atacáis una ciudad sin defensa, no matéis a la población inofensiva, siempre podrá ofreceros todo lo que necesitáis. Deseo que todo se desarrolle así eternamente en este país que se convertirá, a partir de mañana, en el de los hijos de Israel. Mi bendición alcanzará a todas las tribus unidas hoy en esta asamblea del pueblo. Bendigo a los hijos de Rubén, que sean recompensados por haber salvado a José en su tiempo, que de ellos salgan, hoy y para siempre, los héroes que formarán la fuerza de Israel y la gloria de la Ley. Bendigo a los hijos de Judá, que sean recompensados por haber hablado en favor de Benjamín en su tiempo, que de ellos surjan los reyes de la guerra, pero también los de la paz. Bendigo a los hijos de Leví que serán recompensados por no haber idolatrado jamás, que de ellos salgan los sacerdotes de Israel y el perdón de Yahvé. Bendigo a los hijos de Benjamín que serán recompensados por su celo defendiendo las palabras del todopoderoso, que de ellos salgan los fervientes defensores de los mandamientos y que descansen eternamente en paz en el esplendor de Yahvé. Bendigo a los hijos de José, que sean recompensados por su paciencia y su obediencia incondicional, que de ellos salgan los bien amados de Yahvé, para ellos lo mejor del rocío de los cielos. Que sean benditos los hijos de Ephraim y de Manasés, que sean recompensados por haber sido los primeros recién nacidos en el país del toro, poderosos y victoriosos, que salgan de ellos las miríadas que se abatirán sobre los enemigos de Yahvé. Benditos sean los hijos de Zabulón, que sean recompensados por todos sus dones al Señor, que de ellos salgan los exploradores que encontrarán la púrpura y el oro necesario para el esplendor de Yahvé. Bendigo a todos los hijos de Issachar, que sean todos recompensados por todos los sacrificios que han ofrecido al Señor y que permitieron el éxito. Que de ellos salgan los que aportarán la abundancia de los mares. Bendigo a los hijos de Gad, que sean recompensados los que lucharon como leones, que de ellos salgan los que acometerán la justicia de Dios y aplicarán sus sentencias a las tribus de Israel. Bendigo a los hijos de Dan, que sean recompensados por sus almas apacibles y orgullosas, que de ellos salgan los valerosos productores de rebaños que asegurarán la prosperidad de Israel. Bendigo los hijos de Neftali, que sean todos colmados de los favores del Eterno, que salgan de ellos los pescadores de peces que colmarán de alimento celeste en las próximas generaciones. Bendigo a los hijos de Asher que sean recompensados los que adoran a Yahvé antes de realizar cualquier acción, que salgan de ellos los privilegiados cuyos pies estén siempre bañados en aceite, para que la seguridad de Israel se beneficie sin cesar de su vigilia. De este modo la seguridad del innumerable pueblo permanecerá mientras dure su fidelidad.

　　Después de un momento de duda, Moshé optó por no bendecir la descendencia de Simeón, ya que se había deshonrado a los ojos de Yahvé al pecar en el campamento con las mujeres de Moab. Cerró sus párpados un instante para recogerse antes de pronunciar sus últimas palabras. La muchedumbre permanecía en silencio, roto por algunos llantos de las mujeres que no podía aguantar sus lágrimas. Al fin, el que ya no era más que un anciano con un pie en el más allá dijo:

　　-Felices sois. Oh tribus de Israel, formáis el pueblo bendito de Dios y permaneceréis siéndolo mientras que forméis una unidad moral y política. Os digo esto porque no ignoro que después de mi partida, en un momento, no tardaréis en desear apartaros de la ruta que os he trazado. Pero en verdad os digo: Estas son las cosas que ocurrirán y que servirán de signos para vuestra prosperidad como para vosotros. Si os mantenéis fieles al juramento de no obedecer más que la Ley conservada en el arca de la alianza, el éxito coronará todas vuestras empresas, conseguiréis la abundancia, la gloria, y una multitud para sucederos. Pero si no respetáis esta alianza formal con el todopoderoso, la maldición se abatirá de nuevo sobre todos. Vuestros enemigos os derrotarán, y huiréis en caminos desérticos sin que la intervención divina os procure ayuda para sobrevivir. Os vuelvo a decir que, en verdad, desde una punta del mundo, otra nación que venera el mismo Dios bajo otra forma, se abatirá sobre vosotros como una división de águilas, porque ellos serán creyentes y vosotros unos impíos. Guardaos de romper la santa alianza bajo pena de muerte, ya que no sólo vuestras prósperas ciudades se verán bajo el yugo y los horrores de la guerra, sino que toda vuestra inocente progenitura será destruida y no encontraréis descanso alguno para vuestras almas que errarán siglo tras siglo, en una eternidad negra e implacablemente maldita. Manteneos pues fuertes y valerosos, no temáis más que la cólera del Eterno si un día transgredís su Ley. He alcanzado la edad límite fijada por Yahvé, mi estancia aquí se acaba. Josuah, vuestro jefe supremo es el más fuerte y el más valeroso de todos, y él deberá guiar vuestros pasos según la Ley en la tierra prometida a vuestros antepasados. Bendigo particularmente este servidor de Dios, que sean recompensados todos los que servirán a Yahvé sin condición, que salgan de ellos todos los que mostrarán la verdadera vía de la vida terrestre para que reine eternamente el acuerdo y la armonía entre el cielo y la tierra. *All'el Yah.*

Un inmenso clamor repitió la bendición mientras que Moshé con lágrimas en los ojos veía dibujarse frente a él las cimas que en pocas horas lo acogerían. La muchedumbre no parecía dispuesta a dejar la explanada donde ahora el sol brillaba con fuerza. Josuah subió la pendiente para acercarse al anciano aún inmóvil y hablar a la multitud:

-El venerable Moshé ha hablado. Yahvé lo bendiga por cien veces cuando se haya reunido con él en el cielo. Ahora dispersaos como él mismo ha solicitado, no le impidáis el paso, ni lo sigáis. Volved a vuestras tiendas y orad.

Moshé con esta última frase empezó a ver el pueblo dispersarse hacia sus respectivas moradas provisionales. Se sentía orgulloso del que iba a sustituirle. Yahvé permanecería en el seno de Israel, ya que no sería bajo Josuah que los milagros realizados por el Señor transformarían al guía en ídolo divinizado. De ninguna forma esta multitud puede otorgar su futura confianza a un hombre de carne y hueso susceptible de creerse Dios cualquier día. Esto sería otro fin horrible para Israel, y esto ya no lo podía decir, su voz desde ahora se apagaba y los humanos para los que se había sacrificado desaparecían poco a poco de su vista. El Eterno enviará a otros profetas, escuchados y seguidos, incluso si uno de ellos desencadenase por su culpa una catástrofe, porque Dios permanecerá en todos los tiempos como el único todopoderoso capaz de restablecer el equilibrio universal y la paz entre las criaturas humanas.

Josuah subió el resto del sendero hasta llegar al patriarca que permanecía inmóvil. Sujetándolo por un brazo, le ayudó a llegar hasta Karmi que lo cogió por el otro brazo vigilando que el anciano no diese ningún mal paso a pesar de estar apoyado en su bastón, el que había recibido unos cincuenta años antes. Moshé no se giró para dar el último saludo a Séfora y a sus hijos que lo observaban desde la entrada de la tienda del patriarca donde no volvería a entrar.

Contrariamente a lo que hubieran creído sus dos acompañantes, el anciano no se agotó a lo largo de la primera parte de la ascensión al monte Nebo. Una especie de sendero serpenteaba, demostrando que desde hacía tiempo los indígenas lo usaban para llevar los rebaños a la cima. Sin embargo, Josuah prefirió marcar el ritmo para poder alcanzar su objetivo en mejores condiciones físicas. El sol llegaba a su cénit, el cielo era limpio y permitía contemplar una buena parte de la tierra de Canaán, hacia la que se dirigiría el pueblo, no desde mañana tal como había dicho el patriarca, sino después de los treinta días de duelo.

Con voz firme, Moshé captó la atención de sus acompañantes:

-Mirad esa tierra, hijos míos, más allá de la cinta plateada formada por el río, está la tierra prometida, jamás la pisaré, pero puedo contemplarla, mañana entraréis en ella. Ese río que se pierde en ese lago dorado bajo el sol, asegurará la producción de leche y miel que tanto he vanagloriado, asegurará la prosperidad, al igual que el gran río de Egipto lo hacía para los de Ptah.

Mientras que hablaba, les pareció a los tres que su vista de pronto se agudizaba de forma extraordinaria, ampliando su campo de visión hasta ver más allá del Jordán y del mar cerrado que brillaba en contrapicado. Y cuando Moshé con un gesto amplio del brazo extendió su bastón, inició su profética descripción, cada uno de los tres podía ver realmente todos los lugares:

-Mirad esta tierra donde está instalada cada tribu: desde Hermón acabando en el desierto en la punta del horizonte. Cada uno de los emplazamientos específicamente definido está en el lugar preestablecido, siguiendo el plan divino tal como Yahvé lo ordenó alrededor del tabernáculo ambulante. Los viñedos en las orillas del mar de las lavas de Sodoma, rosas de Jericó en los pastos de los hijos de Rubén, de la tierra de Dan hasta la de Neftalí, del norte al sur y de Este a oeste como todo lo que el sol abarca, todo está dispuesto por el esplendor de Dios para la mayor gloria de sus criaturas.

Josuah, al igual que Karmi, estaba mudo como una estatua por el poder visionario de su mirada, a pesar de la lejanía del espacio expresó con voz vibrante:

-Los hijos de Israel te deben todo eso, oh venerable. Has mantenido las promesas que has hecho, y el Eterno las suyas.

Moviendo la cabeza negativamente, Moshé gimió:

- ¿Por qué crees que me ha sido prohibido llegar hasta Canaán? No deformes la verdad, Josuah, ya que seré venerado a pesar de no merecerlo. En lo más profundo de mi corazón dolorido, sé que sólo he sido un rodamiento en el seno de una inmensa mecánica cósmica. He sido obligado a acometer lo que debía ser en el cuadro del futuro divino. Ya había sido designado para esta tarea, como si hubiera nacido con un anillo de cobre en mi nariz, de la misma forma que un buey ciego que sólo debe tirar del carro en un camino ya trazado.

-Pero justamente, oh venerable. ¡Ya llegamos! El tiempo de la servidumbre también se ha terminado para ti. Podrías descansar...

Moshé lo interrumpió bruscamente:

-En pocas horas descansaré en esta montaña, en la gran paz que procura la eternidad junto al Señor. Partiría más tranquilo si no fuera por esas nubes que veo amontonarse repentinamente en este nuevo país que atraerá muchas envidias.

-De ello no has hablado, oh venerable. ¿Sería posible protegernos de los efectos nefastos?

-De alguno, sí, Josuah, pero eres un simple mortal, como yo, y algún día llegará el momento que debas ir al cielo. No he hablado de esas tremendas cosas ahí abajo porque en el fondo de mí espero que uno de nuestros sucesores los saquen del país que les ha sido dado con el precio de nuestras vidas.

-Si te puede tranquilizar, cuéntanos tu visión sobre estas pruebas para que las repitamos de derecho, llegado el momento, al sucesor.

Moshé meditó unos instantes y admitió que Josuah hablaba con sabiduría:

-Más que pruebas, Josuah, es una nueva esclavitud, peor que la que tuvo lugar en Egipto, donde sólo Dios fue la causa. Los hijos benditos de las tribus de Israel serán duramente castigados. Los veo encadenados a largas cadenas, recibiendo latigazos de los hijos de Edom que silban felizmente en su victoria. Los supervivientes que no son capturados erran huyendo perseguidos a través de los montes y los valles, otros esperan la muerte con los pies descalzos y los puños cortados, sin auxilio para calmar su dolor. Oh, hijos de Benjamín, de Gad, de Efraín que habéis podido salvaros, no tenéis bendición a la que ataros para sobrevivir, por ello moriréis de hambre y de desesperación. Oh hijos de Rubén, de Dan, de Manasés, erraréis sin que Yahvé os conduzca hacia una nueva tierra llena de promesas, moriréis de hambre y de sed en el desierto tórrido.

Moshé suspiró dolorido con su débil pecho:

-Sus crímenes deben ser horribles y blasfemos para que Yahvé los abandone de tal forma a su suerte después de haberles dado todo lo que era posible acordar a hijos obedientes. Ha sacado arenas ardientes del desierto para plantarlas en los jardines sombreados. Les ha quitado su árida ignorancia para hacerlos penetrar en la fuente de la renovación. Pero el sacrilegio en el futuro será tal que el Creador expulsará a los encadenados a pesar de sus lágrimas y sus súplicas de piedad, hasta que la muerte de los hijos de Israel ocurra al tiempo que la del país.

Un silencio marcó el final de esta catastrófica profecía. Karmi, al fin, se atrevió a hacer la pregunta que, igualmente, quemaba los labios de Josuah, pero temía que fuese un sacrilegio:

- ¿Pero actuando así, oh venerable, Yahvé no está firmando él mismo el fin de su reinado en la tierra que él mismo ha creado?

Esta angustiosa pregunta impresionó el espíritu de Moshé, y como respuesta tuvo una visión que derrumbó toda la comprensión original de su fe en el Creador. Por ello, él mismo había pensado que había interpretado mal las visiones y que era una deformación espiritual, algo como una fuerte reminiscencia de un pasado lejano interpretado como un futuro cercano. Ya que, sin duda alguna, se trataba de otra concepción del monoteísmo. Al fin de cuentas, no se podía tratar más que de un futuro más o menos lejano, ya que los hebreos veían el principio del fin. Después de Moshé, habría muchos más profetas, y uno de ellos introduciría otra concepción de la divinidad, pero ¿sería incomprendido hasta el punto de ser lapidado? El anciano cerró los ojos, no deseaba ver ese sacrilegio en el fondo azul del horizonte. Y como sus dos discípulos aún estaban suspendidos por sus palabras, explicó demostrando las menos emociones posibles lo que había sentido:

-Dios ciertamente no desea el fin de este mundo que le ha dado tantas preocupaciones en su creación. No. El Creador seguirá buscando criaturas más moldeables a su entendimiento. Bajo mis párpados cerrados, como respuesta a mi paciente búsqueda para una solución, se ha aparecido un inmenso templo, con una claridad cegadora por su blancura, llenando el espacio por completo, y en la plaza donde estaba arrodillada una innumerable muchedumbre rezando por el Mesías rechazado por los hijos de Israel. Por ello desde el fondo del pozo donde habrán caído nuestras tribus, surgirá un nuevo profeta que deseará llevar a los supervivientes hacia una nueva fe. Pero no será reconocido e igualmente será lapidado, de ahí la terrible cólera de Dios.

- ¿Cómo puede tal templo ser erigido, oh venerable?

-Nada es imposible al Señor, Karmi. Pero creo que ese edificio no es de este mundo tal como lo conocemos. Su grandeza demuestra que estará, como soporte, omnipresente en todos los espíritus. Surgirá del cielo, trayendo una nueva comprensión de Dios. Quizá por ello, alcanzará una amplitud insospechada a partir del momento en el que los abominables hechos y blasfemos se produzca por culpa de los hijos de Israel. La terrible muerte de ese profeta provocará una toma de conciencia donde el amor real del hombre por Dios recreará al todopoderoso bajo un nuevo nombre. He aquí lo que no he deseado compartir con el pueblo esta mañana, y vosotros tampoco lo haréis, ya que sería como promover desde ahora mismo el fervor hacia Yahvé que ha permitido el milagro de alcanzar esta nueva tierra. Estos desheredados, sea lo que sea lo que piensen, han llegado al final de sus miserias y deben mantener la esperanza en días mejores. No podéis decepcionarlos ya que van a realizar el primer ensayo de crear un reino de Dios en la tierra.

Un nuevo silencio se implantó, pero Josuah que no comprendía el origen de ese Mesía preguntó:

- ¿De dónde podría venir ese profeta, venerable? ¿El pozo del que hablas sería Egipto?

Después de una corta reflexión, Moshé contestó:

-El tiempo de Egipto terminó como la tierra de Ptah, Josuah. Incluso si ello aún no lo parece, es cierto que el abandono de Dios significa que un día cercano, no quedará de ese país más que piedras sobre piedras de lo que fue gloria y vida. Pienso que el día en el que la abominación se produzca, será en Israel y contra un hijo de Israel. Es por ello que, en el futuro, después de esta traición, tampoco quedará nada de lo que un día será el esplendor de este mundo. Pero, sin embargo, habrá en otro lugar, unos hijos de Dios que intentarán conectar su presente al pasado monoteísta que fue el nuestro para unirlo al futuro que deberá asegurar el porvenir de las criaturas de Dios... pero este sol empieza a caer y es hora de volver a retomar el ascenso. Nuestra pequeña conversación me ha aliviado ya que esta visión atormentaba mi corazón.

Los tres hombres retomaron su lento ascenso por el sendero que había sido marcado por un rebaño que había pastado allí. Alcanzaron un promontorio que dominaba todo el horizonte, Moshé se detuvo y levantó la cabeza, viendo la cima cerca dijo:

-Hijos míos, ha llegado el momento de separarnos, ya es tarde y deseo que lleguéis al campamento antes de que anochezca. La bajada será fácil para vosotros, llegaréis enseguida.

-Pero no podemos dejarte aquí así, venerable.

-Pues sí, os veré bajar y luego volveré a ascender. Antes de que cierre la noche, ya no seré de este mundo, os lo puedo asegurar formalmente. Id hacia vuestro futuro con mi bendición, hijos míos. Acercaos para que os dé el beso formal y luego os iréis sin giraros.

Los dos hombres, con los ojos llenos de lágrimas, recibieron sobre su frente el beso del que iba a desaparecer. Después se giraron y tomaron el mismo camino para bajar sin volverse. Moshé ni siquiera los siguió con la mirada, cerró deliberadamente su corazón al pasado para afrontar la última hora de su vida. Si hubiera tenido alguna posibilidad de sobrevivir, hubiera contemplado más tiempo el país que lo habría recibido con los brazos abiertos, pero no era el caso. Se decidió a emprender la subida cada vez más rápidamente agotándose por la altitud y la rarificación del aire. Sus pulmones empezaron a silbar y su bastón ya no le ayudaba a afianzar sus pasos.

La cima, al fin, apareció antes sus ojos, a pocos codos. Pero como el camino serpenteaba hacia la otra vertiente, decidió detenerse sobre un pequeño llano, en el borde de la extensión que era la tierra de Canaán bajo él. El sol se ponía alumbrando extrañamente la región, haciendo del mar interior una inmensa placa resplandeciente color sangre desde el que salía serpenteando un río escarlata. La vegetación verde se oscurecía y la niebla empezaba a cubrir el horizonte en tinieblas.

Moshé temblaba, y su temblor se acentuaba cada segundo sin que se diera cuenta. El frío caía rápidamente con el crepúsculo. Repentinamente, el bastón sobre el que el patriarca se apoyaba resbaló en una placa de granito. Moshé perdió el equilibrio y cayó en el precipicio sin dar un solo grito. Su bastón se atascó en una roca que se desprendió. Giró en el vacío, mientras que la roca precipitada al vacío desencadenó una avalancha de piedras más o menos gruesas que acompañaron el cuerpo que giraba cayendo. Una tercera parte de la pendiente fue superada en menos tiempo del que hace falta para escribir esta escena. Un enorme bloque, al rebotar, rompió una arista, abriendo una grieta donde se detuvo el cuerpo dislocado de Moshé cuya vida ya había dejado su alma. Y toneladas de piedras y tierra cubrieron ese hueco donde estará para siempre encarcelado, como si él mismo lo hubiera deseado, convirtiéndose en polvo anónimo.

En el mismo momento en el que Josuah y Karmi penetraban en el campamento, un espantoso estruendo resonó a través de lúgubres ecos que, resonando como trompetas graves, hizo salir a la multitud de sus tiendas pensando que ese siniestro sonido era preludio de un terremoto. Todos los ojos se elevaron hacia la cima del monte

Nebo que se cubría de un polvo fino elevándose hacia el cielo, formó un aura luminosa, ya que el sol poniente le daba un tinte púrpura que revoloteaba de forma extraña, como si llevara en su seno un alma hacia Dios.

Cada uno comprendió, sin saber cómo, que se había producido el acontecimiento, que Moshé había muerto, y que había subido a la derecha de Yahvé. Repentinamente todo el pueblo rompió a llorar, mezclando sus gemidos al eco que seguía anunciando el acontecimiento hasta llegar a la cima. Decenas de águilas se pusieron a planear alrededor del monte quejándose por la destrucción de sus nidos y quizá la pérdida de sus aguiluchos.

Josuah al observarlas extender desesperadamente sus alas como para llamar la benevolencia divina, recordó las últimas frases del patriarca en relación con la destrucción de Israel. Lo que acababa de ocurrir ahí arriba, era ciertamente una señal precursora de la voluntad divina para que todo se acometa según su voluntad, y según la alianza que había firmado con Moshé en nombre de todas las criaturas de estas tribus. Por ello, el nuevo jefe supremo debía velar y vigilar sin cesar las acciones más o menos en contradicción con la Ley, para poder reprender las infracciones antes que los delitos tomaran proporciones mayores que sólo Yahvé pudiera corregir.

A lo largo de los treinta días de duelo que siguieron, apareció una noticia aún más estricta. Josuah decretó un tipo de ley marcial destinada a la obediencia de los soldados hacia sus oficiales, y Elzerión instituyó un estudio más intensivo de la Ley mosaica entre los hijos para que más adelante no pudieran ni soñar en contravenirla. Pero todos olvidaban que su origen humano iba al encuentro de la usura del tiempo, engendrando el olvido, lo que provocó que generación tras generación, el derrumbe del templo de Jerusalén. Moisés ya no era Moshé, sino un santo hombre cuyo nombre, a pesar de ser tres veces bendito, no era un polo atractivo para los que deseaban asegurar la continuidad de Israel siguiendo nuevos conceptos que ellos promovían actuando bajo la tapadera del patriarca. De esta forma nació el cristianismo que intentó barrer los vendedores del templo antes de expatriar la fe hacia otro país lleno de nuevas promesas.

A MODO DE CONCLUSIÓN

Han sido necesarios ocho años para recoger los elementos indispensables para la redacción de esta obra. La bibliografía adjunta dará al lector una idea de los libros consultados con el fin de conservar una cronología lo más exacta posible. Por otra parte, los viajes realizados a Jerusalén, Jericó, el monte Nebo y el sur del Sinaí, sin olvidar Egipto para ver el supuesto lugar de la travesía de las aguas sin mojarse los pies, me permitió hablar extensamente con los religiosos acerca de mi obra en preparación. Varios rabinos en Jerusalén, e igualmente sacerdotes católicos de diferentes congregaciones, sin olvidar a varios obispos coptos del desierto de el-Fayum en Egipto, muy interesados por el concepto de un Moisés egipcio, me facilitaron la síntesis en su posesión de los relatos precisos de esos tiempos; y al fin también numerosos eclesiásticos en Francia, tanto protestantes como católicos.

Era el momento de escribir este libro de "Moisés el Egipcio" y sacarlo de la fabulación en la que los primeros capítulos del Antiguo Testamento, lo había situado, para poder darle su verdadera dimensión humana, demostrando la fraternidad de sangre que une estrechamente "*Judíos y Egipcios*".

Pudiese este libro llevar a los jefes de Estados del Próximo Oriente, Sr. Menahem Begin y el presidente Anouar Sadat, la piedra angular necesaria a la duradera "Paz" en esta parte del mundo. Pudiese también demostrar la inutilidad de las guerras, ya que todos los hombres son en definitiva hermanos de una misma y única sangre humana.

¿Pudiese decirse que este libro es un monumento de erudición? ¿Debemos clasificarlo de novela histórica? ¿Sencillamente como novela? El futuro lo dirá y, ante todo, el lector al que he sometido en recordar algunos hechos para aportar unos momentos de reflexión. Me sentiré satisfecho por ello, sea cual sea su propia conclusión.

Albert Slosman.
París, 1972.
Jerusalem, 1974
Chantilly, julio 1975
El Cairo, 1977
París, 1980.

Otros títulos

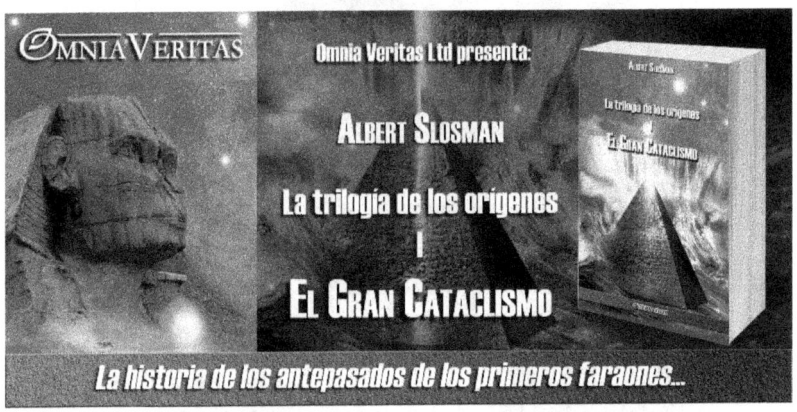

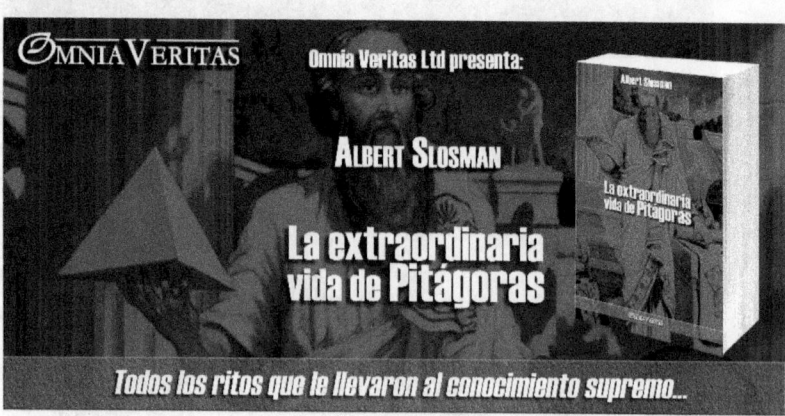

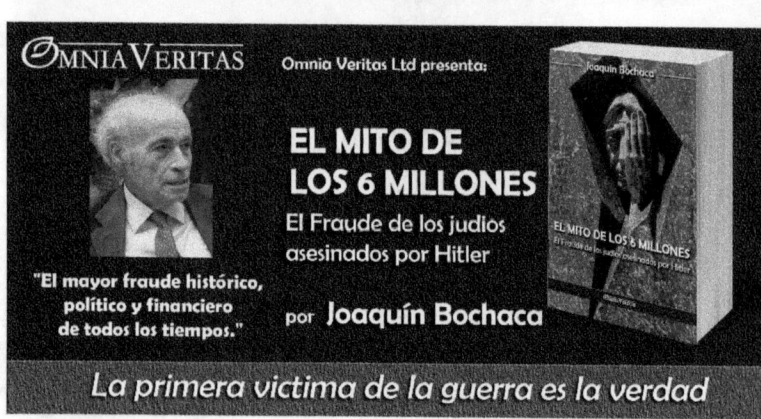

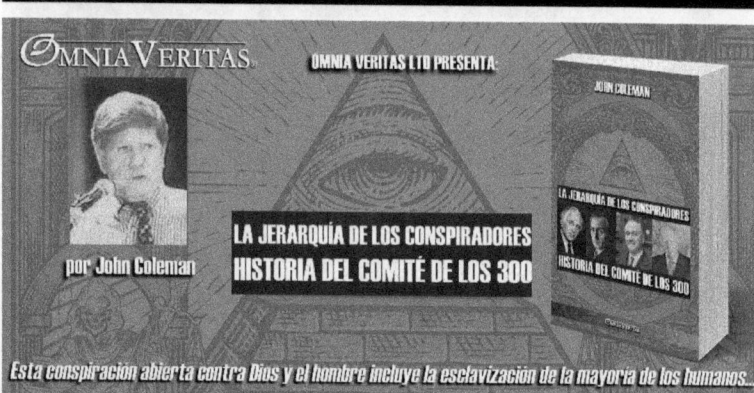

www.ingramcontent.com/pod-product-compliance
Lightning Source LLC
Chambersburg PA
CBHW071311150426
43191CB00007B/588